索·恩 历史图书馆

〔美〕本杰明·M. 弗里德曼 (Benjamin M. Friedman) —— 著

宗教
与资本主义的
兴起

尹景旺

译

RELIGION AND THE
RISE OF
CAPITALISM

社会科学文献出版社

SOCIAL SCIENCES ACADEMIC PRESS (CHINA)

作者简介

本杰明·M. 弗里德曼，哈佛大学经济系威廉·约瑟夫·迈尔（William Joseph Maier）政治经济学教授，曾任哈佛大学经济系主任。著有《清算日：里根时代及以后美国经济政策的后果》(*Day of Reckoning: The Consequences of American Economic Policy Under Reagan and After*)、《经济增长的道德后果》(*The Moral Consequences of Economic Growth*)等。他还就经济政策问题为政策制定者撰文，向一些国家出版物供稿。他现居马萨诸塞州剑桥市。

译者简介

尹景旺，首都师范大学哲学系副教授，研究方向为宗教学、法哲学。

索·恩 历史图书馆已出版书目

001　大战：1914~1918 年的世界

002　帝国统治的逻辑：从古罗马到美国

003　冷战的终结（1985~1991）

004　伏特加政治：酒精、专制和俄罗斯国家秘史

005　反战之战：律师、政客与知识分子如何重塑世界

006　征服世界：一部欧洲扩张的全球史，1415~2015

007　共济会四百年

008　西方通史：从古代源头到 20 世纪

009　西方通史：世界大战的时代，1914~1945

010　西方通史：从冷战到柏林墙的倒塌

011　西方通史：当前时代

012　会战成瘾：军事史上的野心陷阱

013　血染开普敦：布尔战争史

014　文明的经纬：纺织品如何塑造世界

015　死敌：太平洋战争，1944—1945

016　西线：第一次世界大战史

中文版序

　　2024年11月，美国选民的决定让唐纳德·特朗普再次胜选，这代表着美国政治的巨变。前总统在竞选连任失败后再次当选，上次还是在一百多年前（1892年格罗弗·克里夫兰和本杰明·哈里森的再次对决），时过境迁了。更重要的是，特朗普的当选不仅仅是一场政治胜利，也是选民对美国政府当前运作的普遍不买账，他们不买账的，还有二战至今国际秩序的关键部分，科学和专家知识，以及公共和私人行为的普遍规范。自共和国早期以来，自美国革命后的一代人以来，还没有出现过对长期存在的公共思想和理想如此大规模和多维度的逆转。

　　特朗普当选，究其根源，离不开本书的两个核心主题：经济和宗教。从现象层面上看，美国公众对国家经济状况和发展轨迹的不满，显然对选民选择有重要影响。新冠疫情期间和之后的快速通货膨胀，成为最常被提及的不满事由。即使在通胀放缓之后，公众仍然对像食品、汽油、房租等必需品价格的居高不下感到愤怒。在美国许多地方，住房在过去和现在不仅很难买到，而且即使能找到也很贵。更糟糕的是，美联储旨在减缓通胀的货币政策，将抵押贷款利率提高到了过去20年来的最高水平。随着房租和房价上涨，以及借贷成本增加，许多家庭根本买不起房。此外，尽管失业率一直较低，但许多美国人觉得，现有的工作都不是好工作。

然而，这些细节仅仅是选民对经济不满的深层原因的征候。几十年来，温和的总体增长与日益扩大的不平等形影相随，这意味着许多美国家庭的生活水平是停滞不前的。自2000年以来，经物价上涨调整后，美国的实际GDP增长率平均约为2%，或人均GDP增长1.3%，远低于中国近几十年来惊人的快速增长。正常美国家庭的生活水平，甚至还达不到每年1.3%的提高。截至2023年（这是我写这篇序言时所能获得的最新数据），处于美国收入分配中间层的家庭收入，仅比2000年高出19%——年平均增长率不到0.8%。这些年来美国经济总体扩张的大部分成果，都被已经处于或接近顶层的人攫取。

这种日益扩大的不平等，即便难以量化具体影响，其原因还是众所周知的。大多数经济学家指出，技术变革极大地增加了对某些技能的需求，同时减少了——在某些情况下，有效地消除了——对其他技能的需求。如果美国的教育体系跟上了发展的步伐，增加新技能工人供给，以满足对新技能日益增长的需求，那么这种偏重技能的技术变革，对于工资和收入来说就无足轻重；但是这个国家的教育系统显然未能很好地适应这种变化。不平等扩大的第二个主要原因，是相关世界劳动力供给的猛增，这一点更难从经验上评估，因为一些发展中国家的工人，当下有能力在国际市场上竞争。在美国，和在许多其他国家一样，劳动所得在总收入中所占的份额一直在下降，而资本所有者所得的份额却相应地增加了。对于日益扩大的不平等，也存在许多仅对美国适用的解释：法定最低工资赶不上通货膨胀，工会作为美国经济中的重要力量销声匿迹，使限制高管和主要股东获得大部分公司回报的公司治理失灵，以及其他潜在的解释。

不管每一种解释的具体权重如何，在这一时期的大部分时间里，它们共同导致了经济不平等的急剧扩大。加上经济总产出的适度总体增长，这种日益扩大的不平等意味着许多美国家庭的生活水平提升缓慢，对大多数人来说几乎是停滞不前的。美国选民的不满也便不足为奇了。怨声怨气，大多只是这种更深层次的经济失败的不同表现。

与此同时，宗教信仰和归属，以及除了实际的信仰和归属之外，源于这些信仰和归属的态度和偏好，也在特朗普胜选中发挥了作用。选举刚刚结束一个月，尚无法获取任何一家对2024年投票数据的系统分析，如合作选举调查［Cooperative Election Survey，原国会合作选举调查（Congressional Cooperative Election Survey）］定期产生的数据。但任何关注2024年大选的人都知道，在美国高度多元化的宗教景观里，对特朗普的支持并非整齐划一。当数据可用时，它们肯定会（像以前的选举一样）证实，宗教信仰和归属是美国个人投票的强大驱动力。它们会（像2016年和2020年那样）表明，福音派新教教派的成员不成比例地投票支持特朗普；其中，属于"传统主义者"的福音派教派的人比例更大。

经济和宗教这两股强大的力量，并不是独立而行的。正如我在整本书中所展示的，自两个半世纪前现代西方经济学诞生以来，两者就一直紧密交织在一起。当时英语新教世界的宗教思想中的新运动，特别是远离预定论加尔文主义的运动，是我们现在所谓"经济学"（当时这个词还没有现在的含义）的革命性思维路线的关键推动力量，我们恰当地将它与亚当·斯密、大卫·休谟和他们的同时代人联系在一起。这些新的宗教思想带来了对人性更良善、更乐观的看法，以及对人类能动性更广泛的理解。这两者对斯密在《国富论》(1776年)中的核心贡献都至关重要，该书展示了在适切的条件（竞争性市场）下，只受自身利益驱动的个人行为如何最终让他人过得更好。

尽管不是自觉的，斯密还是把他那个时代的新宗教思想应用到了世俗领域，特别是经济行为领域和经济行为所导致的实质性结果上。

那是很久以前的事了。我在这本书里还主张，在此后的两个半世纪里，即使西方国家的经济发生了演进，经济学家提出的问题也自然地发生了变化，但宗教思想对经济思维的这种基底性影响仍继续有效。然而，在这一过程中，影响的焦点发生了改变。科学史家托马斯·库恩（Thomas Kuhn）的著名观点表明，当一门科学学科处于婴儿期时——就像经济学处于斯密、休谟及其同时代人做出革命性贡献之时——它甚至在最基本的概念上也经常受到外部影响。随着时间推移和学科逐渐成熟，其基本理论思维越来越不易受到外部影响。相反，外部影响会在方法和实施层面起作用。如本书所讲，这一过程在经济学领域也随着时间的推移而展开。今天，经济学领域的理论工作，很少受到宗教或其他外力的影响。相比之下，在实际问题上的应用，尤其是在经济政策问题上的应用，情形依旧。

我在本书的最后一部分讲到宗教思维对经济思维的这种持续影响，或许在美国关于经济学的公开对话中表现得最为明显，尤其是该国时下关于经济政策和政府在经济中的作用的辩论。与其他高收入国家的公民相比，美国人在个人信仰上仍然特别虔诚（尽管，久而久之，在积极参与宗教活动方面没那么虔诚了）。民意调查一再显示，美国人对经济政策和政府角色等重大问题的看法都相应地取决于他们的宗教信仰和归属，如喜欢大政府还是小政府；穷人是否能够并且应该依靠自己摆脱贫困；对最富裕公民的征税该高还是低；在环境和气候影响等领域，该有更多还是更少的监管。

此外，人们的宗教信仰和他们对经济政策问题的看法之间的关系，不是随机的。自16世纪早期新教改革以来，它们遵循的思路，很容易从西方宗教思想的历史演变中理解。预定论思想，与更普遍的相信任何人都可以被拯救，个人行为对拯救是有效的，这两者之间的区别仍然很重要。因此，对于弥赛亚何时回归的思想差异，或者说对隐喻的弥赛亚时代何时到来的不同看法，也仍然很重要。

认为宗教思想和经济思想的联系是特朗普获胜的唯一，甚或是最重要的驱动力，实为不智。但完全忽视这一点，不仅会忽略过去几个世纪宗教思维和经济思维在历史上的共同演化，还会忽略这种共同演化在当今世界创造的联系的经验证据。这本书的目的是叙述那段历史并提出证据。

本杰明·弗里德曼

马萨诸塞州剑桥

2024 年 12 月

译者序

　　历史往往会冲破归纳的企图而走出一条意外的路，意外的讯息能否被提前捕捉到，尤其是还能带上预期性或前瞻性，是一代一代创新型研究者的动力和目标，本杰明·弗里德曼无疑属于这样的研究者。他的新书《宗教与资本主义的兴起》，不仅梳理了斯密以来宗教和经济两大主题在欧洲的交织演进，以及18世纪末和整个19世纪在美国的协动，而且剖析了20世纪大萧条前后宗教保守主义和经济保守主义的联合。以此为基础，弗里德曼力图揭示当今美国的经济思维、公共政策乃至总统大选背后的宗教底色，从而一定程度上揭示历史的意外。

　　弗里德曼的书名，很容易让人想到一本同名的经典之作，他自己在本书导言中写道："大约一百年前，英国历史学家R.H.托尼出版过一本同名书。托尼的书是对马克斯·韦伯的经典著作《新教伦理与资本主义精神》的回应，也在一定程度上是反驳。"弗里德曼在导言中同时也承认，自己的新书对韦伯论题有所回应，但"实质上更接近于在翻转韦伯的立场"，关注焦点不是经济行为，而是有关经济学的思维。

　　梳理弗里德曼与韦伯、托尼之间或多或少的承继关系，对于深入理解这部著作的旨趣有所助益。全书行文中虽只提及托尼一次，但弗里德曼取了与托尼的名著相同的书名，后者的影响可见一斑；韦伯的名字反复出现，文中一再提到他的一个重要见解：宗教影响力在丧失原有神学基础之后，仍会在世俗领域发挥长久影响。① 在弗里德曼看来，美国宗教保守主义和经济保守主义的联合，总体上没有超脱韦伯上述见解的模式。

弗里德曼不仅选取了与托尼同样的书名，在对韦伯的回应和批评上，也与托尼有很多相似之处。托尼在《宗教与资本主义的兴起》第四章注 32 里总结了韦伯《新教伦理与资本主义精神》的主要观点，并承认了韦伯的贡献及对自己的启发，但同时指出，韦伯的论证在很多地方是片面的和过度的。托尼认为，说资本主义企业只有当宗教变革已经产生出一种资本主义精神之后才能出现，有点牵强附会。托尼举了 15 世纪的威尼斯、佛罗伦萨或者德国南部、弗兰德地区为例。弗里德曼对此也有同感，早在出版于 2005 年的《经济增长的道德意义》中，他就从相似的立场出发批评了韦伯，只不过他以犹太人和中国人为例。②

在托尼看来，韦伯对加尔文主义、清教和资本主义精神的讨论都有过分简化之嫌，它们实际上比韦伯的讲述更为复杂。后来加诸加尔文主义的个人主义，并不是历史上的加尔文主义真正具有的。韦伯所理解的资本主义精神，多多少少忽略了有助于商业企业发展的一些思想运动，这些运动虽与宗教没有什么关系，但同样有助于经济关系上的个人主义态度。比如，马基雅维利对于传统伦理限制产生的消解作用，至少同加尔文的作用一样强大；还有生意人和经济学家关于金钱、价格和贸易的思考。弗里德曼在本书前四章从斯密出发，重点讨论了激活

---

① 弗里德曼在本书导言、第 3、5、6、7、12、15 章的正文或注释均提到韦伯，这一思想尤其体现在导言、第 6 章和第 15 章。

② R. H. 托尼，《宗教与资本主义的兴起》，赵月瑟、夏镇平译，上海译文出版社 2006 年版，第 316–317 页。本杰明·弗里德曼，《经济增长的道德意义》，李天有译，中国人民大学出版社 2013 年版，第 15 页。

市场和竞争的经济学思想在法国、苏格兰、英格兰的演进，与托尼的上述批评同声相应。

可以说，韦伯的理想类型不能反映历史真实，而是一种有利于社会学分析的简化的"事后回看"，作为经济学家的弗里德曼，与作为历史学家的托尼一样，认为有必要还原宗教－伦理－经济之影响关系的复杂性，更加突出那种影响的交互性、延滞性和迁转性。

交互性，意在强调影响不是单向的，而是双向或多向互动的。在弗里德曼看来，在宗教和经济发展的复杂关系中，有理由怀疑到底是什么影响什么。韦伯的核心论题是道德准则促进经济增长，弗里德曼则认为自己在《经济增长的道德意义》中的理论走得更远：经济增长不仅依赖于道德动力，还具有正面的道德意义。经济增长不仅会带来物质生活上的改善，也会对社会道德取向和政治体制发挥有效影响。人们生活水准的上升、停滞或下降，会影响到他们对自己、对同胞以及对整个社会的态度。在《宗教与资本主义的兴起》中，弗里德曼仍然看重这一点，"我们投身于国家乃至世界范围的经济增长，既出于物质上的考虑，也因为我们认为经济进步的同时会带来道德上的进步"。（导言第 7 页）

出于对韦伯立场的这种延伸，弗里德曼在《经济增长的道德意义》中强调了伦理－经济的结构一致性反过来会推进宗教的扩散，进而又带动商业本身的进步，对于这一点，弗里德曼同样引用了托尼在《宗教与资本主义的兴起》中的相似看法。但弗里德曼仍然看重的是一种反向关系：如果不断上升的生活水准还能对社会道德的取向和体制产生正面影响的话，那么，这种在道德上被宗教思想给予支持的经济活动，最终会促进优越的道德结果。

可以看到，弗里德曼在《宗教与资本主义的兴起》中明显表现出了更大的学术抱负，他把重心放到了宗教思想与经济思维之间的紧密关联上，以及这种关联带来的更为宏观的世界观层面的变化，然后从这种历经长时段形成的新世界观出发，重新看待宗教、经济、伦理层面的演化。在此过程中，宗教要素先是逐步沉淀为世俗化的沉积物（或为思维、信念，或为图景、世界观），这些世俗化的东西又随着时间的推移显示出巨大力量，敏锐的思想家们能洞悉其宗教的基底。在这里，弗里德曼紧紧抓住了宗教 - 伦理 - 经济之影响关系的另外两种特性——延滞性和迁转性。

延滞性，是指相互影响的要素和关系在弱化或消失后，这种影响效应仍会持续存在；而迁转性意味着，影响关系在相关要素退隐或不复存在时，会转向其他领域继续生效。弗里德曼在自己的新书中不止一次地表达了这样的观念：加尔文教派在历史上催生出导致现代资本主义的个人行为形式，而且，在大多数人不再相信预定论之后，预定论信念的影响仍然存在很长时间。弗里德曼与韦伯一样，承认宗教有强大影响力，而且宗教信仰消退后这种影响力仍势头不减。托尼也表达过类似的观点，托尼讲的是清教徒身上具备的企业生活和成功创业所必需的品质，当宗教与企业的关联或对企业施加的限制逐渐弱化和消失后，这些品质以及对这些品质的推崇仍会保留下来。①

正因为弗里德曼关注更长时段的经济学思维，所以他更看重宗教思想对经济思维影响上的延滞性和迁转性。在他看来，现代经济学的缔造者们，并不是生活在韦伯强调的那个时代，而是生活在讲英语的新教徒对预定论的信仰消退一个多世纪以后，但经济学家的思维又肯定与消退后的沉积物离不开，这些沉积物因为有时间的加持，会像酶一样自发地把握住社

---

① 托尼，《宗教与资本主义的兴起》，第 165 页。

会"底物"的构造，进而重塑经济生活的秩序，急速催化整个社会；这种沉积物的最初层，在弗里德曼看来，应当追溯到亚当·斯密。

　　斯密作为经济学的奠基者、经济学思维的创始人，是本书前两章考察的重点。对弗里德曼而言，考察经济思想和宗教思想重要观念（斯密时代是那些聚讼纷纭的神学问题）之间最开始的联系，有助于解释现在和过去选民在选举中、民众对公共政策的态度中种种令人困惑的现象。从起源出发来理解复杂的社会现象这一点，在宗教学领域，容易让人想到涂尔干在《宗教生活的基本形式》中的方法，弗里德曼在导言的注释中，明言自己的宗教定义类似于涂尔干的观点：宗教，不只是每日或每年的仪式往复，还能将信徒团结成一个道德共同体，它具有某种内在信仰结构的体系，是人们如何看待自己生活世界的一个重要组成部分。

　　斯密对市场和竞争的作用的洞察，其实就反映了一种越来越广泛的内在信念，即创造世界的仁慈的上帝，希望人类造物幸福，故而将对引导人类行为极为必要的建制赋予了世界，市场机制便是其中之一。在弗里德曼看来，早期经济学家之所以能够洞察到竞争性市场中个人主动性所带来的有益后果，是因为挣脱加尔文主义预定论的运动扩大了人们对人性及其可能性的认识。进一步讲，这种对于人类潜力和能动性的良好感觉或内在信念，得力于宗教思想的历史性转变，就像韦伯在一个不同语境下道出的，这些最初由宗教思想牵动的世俗观念，比最初促使它们产生的宗教原动力和宗教纷争要长寿得多；自此，那种良好感觉，以及经济观点背后的宗教影响，不管我们是否意识到，都会在现代道德共同体中继续起作用，持续影响现代西方经济思想的发展轨迹。

　　正如韦伯将美国视为阐释自己观点的主要例子一样，弗里德曼在勾画宗教对经济思维的历史影响时，也将斯密过世后的焦点转向了美国。之所以选择美国，并不是说代表经济学思维的一流经济学家多为美国人。对弗里德曼来说，宗教对经济学的公共对话，以及对有关经济政策问题的辩论的这种影响，没有任何地方比美国发挥着更强有力的作用，也可能没有任何地方比美国的情况更令人困惑。

　　韦伯选取美国作为观照点时，曾把富兰克林视为新经济秩序的时间观和效率观的代表。① 在《经济增长的道德意义》中，弗里德曼就上述想法对韦伯提出了补充性建议，认为韦伯可以扩大人选的范围，在富兰克林之外提到马瑟或爱德华兹这些对美国宗教思想起到重要推动的人物。② 在新书中，弗里德曼不仅进一步扩大了人选，也扩大了主题的范围，着力回溯了比韦伯、托克维尔笔下更为复杂的美国经济秩序的要素，其中包括美国主要大学的兴办、西进运动、科技迭代、财富福音和社会福音的发展、教会的新型布道方式，重点刻画了这些要素与宗教之间更为复杂的影响关系，描绘出了一幅托尼未涉及的美国宗教与资本主义发展的新图景。

　　在这幅新图景中，宗教不是作为一个静物对另一个领域施加机械影响，它在施加影响的同时，自己也在不断受到影响、发生变化。美国建国以来，政治思潮、商业金融、大众媒介的变革深入到宗教领域，甚至提前规定了宗教思想的走向。成长在美国新经济秩序下的神学家、经济学家、企业家、小说家、画家等，在重塑着美国的宗教格局、道德风尚和公共政策。可以看到，美国的资本主义，至少让美国宗教发展出了韦伯和托

---

① 韦伯，《新教伦理与资本主义精神》，阎克文译，上海人民出版社 2018 年版，第 217–218 页。

② 《经济增长的道德意义》，第 37 页。

尼都未曾细述的三个特色：一是第 10 章里讨论的向国家层面位移的预定论或"昭昭天命论"，二是第 11 章里的财富福音、社会福音等诸福音的竞争，三是第 13 章、第 14 章里由危机和冲突促成的宗教保守主义与经济保守主义的联合。

19 世纪以来，活跃的经济活动开始对美国宗教思想产生重要影响。随着越来越多的美国人将生活道路把握在自己手里，个人能动性在经济领域中的作用，变得比以往任何时候都更加明显。意识到他们的经济命运掌握在自己手中的新态度，质疑和削弱了预定论的宗教思想。进入 19 世纪下半叶，总的趋势，不仅是继续接受以人类能动性为中心的宗教信仰、反对预定论，而且一些教派认为，自身不顺势而为的话，便会与作为年轻共和国特征的开创进取精神相抵牾。既然个人的主动性和努力确实带来了物质上的成功，他们为什么不能通过自己的努力来获得灵性上的救赎呢？由此，福音诸派百花齐放，一些神学家开始强调圣俗领域两种进步之间的平行。

在一些福音派信徒看来，新千年将在美洲开始，上帝赋予了美国一个特殊角色来展现这一神圣进程的实现。正统加尔文主义的个体预定论，原本在丧失阵地，但随着经济上的成功，以及民主的传播和福音的传播，个体预定论开始向国家层面位移，获得了意想不到的力量。美国被看作肩负着"昭昭天命"，其事业具有神圣起源。这种自信乃至自负，带来了神学复兴运动和基要派的得势，势头之高涨，一直持续到大萧条之前。

大萧条对美国的宗教态度产生了持久的影响。尽管对后千禧年主义的未来心存疑虑，但在时代压力下，大萧条时期越来越多的美国人，在面临（无论是真真切切的还是潜在威胁的）个人贫困时，在对他们生活世界的稳定性感到彻底恐惧时，把目光投向了他们的宗教或教派，寻求慰藉。宗教保守主义与经济保守主义，得利于此种大形势而携手结盟，向罗斯福及其新政发难，把新政和新生的苏联共产主义相提并论，视它们为圣经《启示录》中提过的末世大敌。

　　弗里德曼在《经济增长的道德意义》中清醒意识到，当19 世纪中期英国人在欢呼"进步的时代"，大洋对岸的美国人在大谈"昭昭天命论"时，马克思观察到不断迈进的工业化给工人及其家庭带来的深重苦难，并且设计了一种改善事态的经济理论和革新现实的政治纲领。但弗里德曼在文中也把马克思当作反对商业进步的代表。① 到了《宗教与资本主义的兴起》，弗里德曼循着韦伯的思路在深挖宗教保守主义和经济保守主义在历史上如何联合起来的同时，也开始剖析《共产党宣言》和共产主义如何一时间成了资本主义的大敌。

　　20 世纪中期宗教保守主义和经济保守主义的联合，虽很大程度上是为了应对苏联的威胁，但哪怕这种威胁已经逐渐消失，这种联合还是延续了下来。当下，保守的经济思想，尤其是那些与公共经济政策相关的思想，其所附着的连续不断的宗教含义，也遵循着类似的过程。讲到这里时，弗里德曼大段地引用了韦伯的思考来理解这种宗教影响：

　　　　这种模式我们并不陌生。马克斯·韦伯在寻找他所谓的新教伦理的历史根源时指出，他赋给预定论加尔文主义和其他形式禁欲主义新教的思想和行为模式，远比最初产生它们的宗教信仰存续长久。韦伯称，渴望外部迹象来揭示一个人是否在选民之列，让信徒将宗教价值与勤俭等实践美德以及商业成功本身联系在一起。随着时间的推移，这种宗教价值观演变为对这些"新教"行为形式做更普遍意义上的道德评

———————————
① 《经济增长的道德意义》，第 12、63 页。

判，此种道德评判与任何特定的灵性内容相分离，并且独立于任何神学基础。因此，韦伯总结道，在禁欲主义新教盛行的国家，对个性特征的尊重，在最初催生它们的宗教信仰的吸引力减弱后依然存在。实际上，这些信仰所孕生的态度立场，已经世俗化了。（本书第 416 页）

借用韦伯的这种看法，弗里德曼挖掘了美国保守宗教势力的影响在世俗领域的延滞和迁转。弗里德曼写道，特别是在美国，宗教对公众如何看待经济和经济政策的影响是强有力的。通过联系韦伯对新教伦理之起源的解释，弗里德曼指出，即使最初将宗教思想和经济思想的相关方面结合在一起的力量，即苏联共产主义的威胁，已经消失，上述影响仍然广泛存在。这种影响塑造了这个国家大众文化的许多方面，从教育到政治到通俗文学，到公众在经济问题和经济政策问题上的态度。美国大选，甚至中美关系，概莫能外。

有延滞和迁转，就难免会出现变形和扭曲，不管造成它们的别有用心是出于物质利益还是意识形态。弗里德曼在第 14 章也提到了宗教保守主义对马克思和共产主义的宗教化理解，这并不令人陌生。把马克思、共产主义、《共产党宣言》作宗教比附，在西方现代思想中屡见不鲜。[1]经济学家熊彼特在《从马克思到凯恩斯十大经济学家》中的立场很有代表性，但他在经常被提到的马克思先知身份之外，更加看重马克思的社会学家、经济学家和导师的身份。[2]而反观宗教保守主义、基要主

---

[1]　例如，托尼不仅称马克思为"最后的经院哲学家"，还把加尔文为 16 世纪资产阶级所做的事，与马克思在 19 世纪为无产阶级所做的事相提并论，可参见托尼，《宗教与资本主义的兴起》，第 22、67 页。

[2]　熊彼特，《从马克思到凯恩斯十大经济学家》，宁嘉风译，商务印书馆 2022 年版，卡尔·马克思部分。

义，他们不仅把马克思和共产主义妖魔化，把罗斯福和罗斯福新政也妖魔化，在他们眼里，与自己立场相左而又有情怀、有信仰的，都要被打入敌对宗教阵营。但历史已经证明了这种理解的荒谬和幼稚。[1]

凯恩斯曾指出，"现代资本主义是绝对反宗教的"，托尼用赞同的语气引用过这一点，并用赞同的语气引用了马克思《共产党宣言》中对资本主义文明的诊断。资本主义精神及其价值体系，把积累财富奉若神明，因此也可说，对财富的崇拜，是资本主义社会的实际宗教。在托尼看来，马克思等理论家明智地对这种体系发出了警告和谴责。[2] 韦伯在 1918 年关于社会主义的演讲中，认为《共产党宣言》非常值得赞赏。虽然韦伯关心的是理性化和官僚制时代里人类最后的尊严和自由，而马克思关心的是无产阶级的命运，但他们的批判态度都来自他们各自所面对的现实性，他们所关心的都是人类解放的问题。因此，卡尔·洛维特在细加比较韦伯与马克思之后得出，他们都是"科学的"人。[3]

"宗教"还是"反宗教"的帽子，"科学"还是"反科学"的标签，往往取决于观察者的学识和胸襟，一再引用韦伯、托尼、熊彼特、凯恩斯的弗里德曼，不会不了解这一点。虽然在展现 20 世纪出现的意识形态、宗教观和价值观的对抗时，弗

---

[1] 在实践中，这种污名化会加剧政治冲突，"正如乔治·凯南（1951）所批评的那样，污蔑对手为邪恶化身滋生了'总体战争'心态，阻止了妥协，并因此加剧了国际紧张局势"。转引自《宗教与美国政治》，徐以骅、章志萍、刘倩洁等译，宗教文化出版社 2024 年版，第 59 页。

[2] 托尼在明确指出资本主义社会应受到谴责的同时，对马克思主义的治疗方案却并不认同，对此可参见托尼，《宗教与资本主义的兴起》，学报版导言第 5 页，以及第 162、173 页。

[3] 卡尔·洛维特，《韦伯与马克思以及黑格尔与哲学的扬弃》，刘心舟译，南京大学出版社 2019 年版，第 8、39 页。

里德曼免不了会有自己在取材和叙事上的选择性，但无论如何，他在这部著作中尽可能表现出的真诚和写实，所勾勒出的从斯密时代至特朗普时期西方经济和宗教交织互动的连贯主线，能让我们很大程度上廓清美国大选背后的选民投票谜题，有助于我们认清美国保守力量的一些本来面目，一些绝对论断和荒诞预言。

历史总会在一个一个前进的节点上逸出自己的旁支，让想做出绝对断言的预言和偏见一再被修正、被否弃。

感谢段其刚老师的信任，把这本书的翻译工作交给我；感谢编辑周方茹老师，译文很多地方，得益于她的认真严谨；感谢为这本书的顺利出版提供过帮助的师友亲朋。书中肯定还有不少舛误，文责在于译者，恳请读者不吝指正。

尹景旺

完稿于北京

2024 年 12 月 15 日

翻译说明

以下为译者参考译本，为术语统一和行文方便起见，有些译文会略作改动，正文中不再另作说明。

圣经中译一般采用和合本翻译，除非作者在文中特别指明圣经诸英译本（如詹姆斯国王钦定版、标准译本修订本）。

托马斯·孟，《英国得自对外贸易的财富》，袁南宇译，商务印书馆 1965 年版。

斯密，《国富论》，杨敬年译，陕西人民出版社 2001 年版。

霍布斯，《利维坦》，黎思复、黎廷弼译，杨昌裕校，商务印书馆 1985 年版。

曼德维尔，《蜜蜂的寓言》，肖聿译，商务印书馆 2019 年版。

休谟，《人性论》，关文运译，商务印书馆 1980 年版。

孟德斯鸠，《论法的精神》，张雁深译，商务印书馆 1963 年版。

韦伯，《新教伦理与资本主义精神》，阎克文译，上海人民出版社 2018 年版。

托克维尔，《论美国的民主》，董果良译，商务印书馆 1988 年版。

目　录

导　言 / *001*

第 1 章　经济学、政治学与宗教 / *008*

第 2 章　通向亚当·斯密之路 / *036*

第 3 章　哲学基石 / *072*

第 4 章　竞争性市场机制 / *097*

第 5 章　预定与堕落 / *121*

第 6 章　对正统加尔文主义的攻击 / *144*

第 7 章　美国殖民时期的加尔文主义之争 / *185*

第 8 章　对人类进步的各种看法 / *215*

第 9 章　新共和国的政治经济学 / *248*

第 10 章　神职身份的经济学家 / *273*

第 11 章　竞争的诸福音 / *308*

第 12 章　寻求社会进步的经济学 / *337*

第 13 章　冲突与危机 / *361*

第 14 章　宗教保守主义与经济保守主义的联合 / *387*

第 15 章　公众交谈中的经济学 / *415*

致　谢 / *444*

注　释 / *448*

参考文献 / *514*

索　引 / *548*

亚当·斯密（1723—1790）

导　言

我们关于经济如何运行的想法，以及我们对经济政策的看
法，来自哪里？西方世界的大多数人，尤其是美国人，只是理
所当然地认为，我们组织经济领域这样一个人类活动当中数一
数二的区块，主要围绕着借道市场的个人主动性。但是这种假
设是从哪里来的？何以如此众多之人，尤其是美国人，往往会
把对以市场为中心的经济处事方法的任何挑战，视作对自身生
活方式的根本威胁？

经济学家约翰·梅纳德·凯恩斯提出了一个著名的观点：
即使是那些认为自己不受思想世界任何影响的最务实的人，他
们的思想也是经济学家和其他学界思想家之前说过的话的产
物。[1] 这可能是实情，但即便如此，也只是又提出了一个问
题：经济学家的思想从何而来？欧洲历史学家弗里茨·斯特恩
（Fritz Stern）深思后认为，历史学家为什么这般思考可能与
他们所思考的内容一样重要。[2] 经济学家当下为什么这般思考，
同样重要。

我们关于经济学和经济政策的观点一直根植于宗教思想，
这是本书的核心论点。我们大多数人都不了解宗教思想是如何
塑造我们经济思维的，当偶尔有人提出这些联系时，它们也大
多被误解了。宗教，其实在有文字记录之前就塑造了人类的思
维，这里的宗教不仅指每日或每年的仪式往复，还有那种内在
信仰结构，它是人们如何看待自己生活世界的一个重要组成部

分。[3]在这本书里，我的看法是，宗教信仰对现代西方经济学影响深远，并且在今天依然很重要。当今经济学的批评者有时抱怨说，经济学家和许多普通公民对自由市场的信仰本身就是一种宗教。事实证明，这个想法有一定道理：不是从批评者想表达的那个角度上，而是从更深层次、更以历史为根据的意义上来讲。

不过，这一点不仅仅是观念史的问题。宗教思想的影响也表现于，今天的美国人以及其他西方国家的公民，如何看待我们这个时代许多极具争议的经济政策问题。人们的经济观点和宗教信仰（往往包括他们本人并不持有的宗教信仰）之间的联系，可以追溯到美利坚共和国成立之前，它左右了经济学是如何成为我们今天所了解的那种思维方式。这也有助于解释我们经常看到的许多美国人令人困惑的行为，他们对经济政策问题的态度似乎与自己的经济利益背道而驰。

我们现在所说的经济学，其思想的根本转变，很大程度上是由当时英语新教世界中新兴的、聚讼纷然的宗教思想方式塑造的，我们理应将这种转变与亚当·斯密及其18世纪同时代人联系起来。宗教思维对现代经济思维所产生的这种影响，从一开始就表现为一种共振态，这种共振后来一直延续下来。尽管在整个20世纪，随着经济环境的改变、经济学家提出问题的变化以及其分析工具的升级，这种共振的形式也在不断演变。尽管在很大程度上我们并没有意识到它们——这就是为什么每当我们偶然发现它们时，它们造成的后果似乎令人困惑——特别是在美国，与宗教思想的持久共振，继续形塑着我们今天对经济问题的讨论，以及我们对经济政策问题的公开辩论。

xi　　我深知，说宗教对亚当·斯密或他同时代的许多人的思想有着关键性影响，起初会令许多知识渊博的读者难以置信。斯密的好友大卫·休谟，对现代经济学的创立也发挥了重要作用，他是一个公开的怀疑论者，也是组织化宗教直言不讳的反对者；休谟曾因称英国国教会主教为"迷信的护持者"（Retainers to Superstition）而揽得恶名。据我们所知，斯密充其量是美国人归之于托马斯·杰斐逊的那种自然神论者。几乎没有证据表明斯密积极参与了宗教活动，更不用说有宗教热忱。我的立论显然不是要说，他们是虔诚的信徒，会自觉地将自己的神学取向带到自己的经济思想中。

　　我想表达的是，现代经济学的缔造者们，生活在一个宗教比我们今天所知的西方世界中的任何事情都更普遍、更重要的时代。关键还在于，那时的智识生活更加融会相通。不仅各科学和人文学科（用今天的词来说）的知识往往在同一个圈子里讨论，并大多由同一群人讨论，而且神学也是讨论的一部分。作为格拉斯哥大学的道德哲学教授，斯密所教授的部分内容是自然神学。他和他的同事、朋友不断接触到当时关于神学思想新路向的新论争。在我看来，他们听到的、读到的和讨论的，影响了他们的经济学见解，就像今天的经济学家的思想，明显受我们从物理学、生物学或人口学中了解到的知识塑造一样。

　　这一观点极大地改变着我们对西方世界历史进程的看法，今天的经济学正是这一历史进程的产物。人们历来认为，我们今天所知的经济学思维方式是启蒙运动造就的，更具体地说，斯密革命和随后经济学作为一门知识学科的发展，是世俗现代化进程的一部分。这种世俗现代化是从一种历史性变革的意义上来说的，即以上帝为中心的宇宙思维转变成被我们现在广泛称为人文主义的思维方式。尼古拉斯·菲利普森（Nicholas Phillipson）在他获过奖的亚当·斯密传记中，引了斯密本人的一句话来提醒人们，不仅《国富论》，而且斯密整个有关人的现代科学，都"建立在启蒙运动对宗教的典型性攻击的基础上"。[4]菲利普森只是在陈述一个被普遍接受了的观点。就斯密和他的同时代人的意趣所指而言，这已经足够准确了。但是，对重大历史进程的诠释，若仅依凭有关行动者有意识表露出来的旨趣，必然是有局限的。正如美国历史学家戈登·伍德（Gordon Wood）所言，与其说人们常常是思想的操纵者，不如说他们往往是思想的受制者。[5]有些文化影响，哪怕时间才过了几十年，似乎也能明显看出来（几个世纪效果可能会更好），但对于那些他们自身观念受其左右的人来说，这些文化影响往往被忽视。

意识到斯密革命一定程度上来源于神学中的新思想，以及当时的宗教辩论塑造了这场革命，就引出了对前述问题不同的解释。当然，这里所讲的来源关系和塑造作用，不是因为这是斯密和其他现代经济学创始人的意趣所指，而是因为他们那个时代的神学辩论从根本上改变了他们对人性和日常人类互动底色的看法。理解两个多世纪以来经济思想的演变如何继续反映这种最初的宗教影响，也可以引出不同解释。认识到这种深层知识联系对我们当今政策辩论的影响，亦可以引出不同解释。

考察经济思想和宗教思想重要观念（斯密时代是那些聚讼纷纭的神学问题）之间最开始的联系，有助于解释现在和过去种种令人困惑的现象：为什么如此多的美国人，尽管他们进入高收入税档次（top income tax bracket）的可能性非常渺茫，却赞成保持高收入的低税率？更令人吃惊的是，为什么这么多没有机会继承应税遗产（taxable estate）的美国人会力主废除遗产税？这些反税斗士、政府商业监管的反对者以及无数低收入却站在企业利益一边的人〔他们不为企业工作（也不拥有企业的股票）〕，却不成比例地属于美国影响力越来越大的福音派教会，这仅仅是巧合吗？宗教思想对经济思想的这种历史影响在当下表现出的意义，也不仅限于美国：为什么今天会有一种关于如何组织经济和实施国家经济政策的"盎格鲁－撒克逊模式"？为什么在其他方面与我们非常相似的国家，却有那么多人反对它？

　　大约一百年前，英国历史学家R. H. 托尼（R. H. Tawney）出版过一本同名书。[6]托尼的书是对马克斯·韦伯的经典著作《新教伦理与资本主义精神》的回应，也在一定程度上是反驳。韦伯曾声称，加尔文教派在历史上催生出导致现代资本主义的个人行为形式，具体来看，该派信奉人们是否得救在他们出生之前就是已经决定好的事情，他们对此是无法控制的。此外，韦伯认为，在大多数人不再相信预定论之后，预定论信念的影响仍然存在很长时间：的确，时间长到让大多数人忘记了该信念在最开始时影响过他们父母或祖辈的行为。

　　本书持论与那场长期论争的部分见解是一样的——宗教有着强大的影响力，强劲的宗教信仰消退后这种影响力势头不减——但实质上更接近于在翻转韦伯的立场。书中的主要焦点不是经济行为，而是有关经济学的思维。不同之处还在于，现代经济学的缔造者们，并不是生活在韦伯强调的那个时代（且不论他对这个问题的看法是对是错），而是生活在讲英语的新教徒对预定论的信仰消退一个多世纪以后。我认为，早期经济学家之所以能够洞察到竞争性市场中个人主动性所带来的有益后果，是因为远离扩大了人们对人性及其可能性的认识。进一步讲，这种对于我们人类潜力的良好感觉，得力于宗教思想的历史性转变，此一转变先是在时间上早于那种良好感觉出现，而后与之相得益彰，自此，这种感觉持续影响着现代西方经济思想的发展轨迹。

　　正如马克斯·韦伯将美国视为阐释其宗教对经济发展之影响这一观点的主要例子一样，本书在勾画宗教对经济思维的历史影响时，也将亚当·斯密过世（1790年）后的焦点转向美国。原因当然不在于我将19世纪美国经济学家认作他们那个时代执此新学科之牛耳的思想家。那种卓越多半要归于伟大的英国经济学家，包括大卫·李嘉图、约翰·斯图尔特·穆勒、斯坦利·杰文斯和阿尔弗雷德·马歇尔。但是，我在书中的重要目的也包括，阐明宗教影响之于我们有关经济学的公共对话，以及之于我们今天正在进行的有关经济政策问题的辩论的意义。这种影响，没有任何地方比美国发挥着更强有力的作用，在不了解其起源的情况下，也没有任何地方比美国的情况更令人困惑了。

理解宗教思维与属于我们并塑造我们今天生活世界的经济思维之间的历史联系，不仅有助于解释经济学如何成为现在的样子，还有助于解释我们当前经济政策辩论中难以理解的方面，特别是围绕市场的效用和适当作用，以及类似意义上，政府在我们社会中的适当作用的问题。我们可能没有——一定程度上我认为我们真的没有——意识到塑造我们经济观点的宗教影响，但它们仍在起作用，我们未来的经济轨迹取决于它们。正如另一位美国历史学大家伯纳德·贝林（Bernard Bailyn）的著作所指出的，思想不仅对事件有影响；思想通常在运思者头上运行，以他们无法预见和我们换其他思路无法解释的方式，指引他们的思考和选择。[7]

某些宗教思想进路对经济学的影响，即亲近一些观点而对另一些观点有种本能的厌恶，最大程度简化了我们看待经济世界的方式，那个其重要组成部分乃是市场、激励机制和经济行为的世界，这一点放在历史视角下来看会很好理解。对于个人力争实现主要展现于经济领域的自我提升，我们有信心其能取得成效；我们看重经济上的自我提升，视之为政治自由的表现；我们投身于国家乃至世界范围的经济增长，既出于物质上的考虑，也因为我们认为经济进步的同时会带来道德上的进步；最重要的是，对市场机制功效的那种信念，深信这种功效能调动个人经济能量，为我们自己和他人的利益服务。所有这些都反映了宗教思想的影响，这种影响既发生于历史，也表现在当下。宗教思想的这种影响，渗透到了今天普通公民思考经济问题的方式中。而且，随着时间的推移，它变得愈加美国化，因此，它也影响了世界其他地方如何看待我们的国家和我们。

经济学，如我们所知，依然是一门年轻的科学。宗教思想的影响，在经济学创建之时就已存在。 _{xv}

本杰明·M.弗里德曼（Benjamin M. Friedman）

剑桥，马萨诸塞

2020 年 7 月

第 1 章

经济学、政治学与宗教

科学思想是科学以前的思想的一种发展。

——阿尔伯特·爱因斯坦

经济观念从来就是它们自己时代和地域的产物。

——约翰·肯尼思·加尔布雷斯（John Keneth Galbraith）

1776 年是一个发生过重要事件的年份，我们回过头看如此，置身其中的人也同样这么认为。拿美国人来说，这年大事记就很能说明问题：1 月，托马斯·潘恩出版了振奋人心的战斗檄文《常识》，年底又见证了他的《美国危机》（"现在是考验人们灵魂的时刻……"）的出版；[1]3 月，华盛顿率领新组建的大陆军把英国人赶出了波士顿；7 月 4 日在这个新国家通过的《独立宣言》，也有着垂世不朽的意义。要谈这一年的大事，不会只讲到革命，自然也不会只讲到大陆东岸共进退的那 13 个州。3000 英里之外，在如今是加利福尼亚的地方，新建筑在太平洋海湾平地而起。它便是今天旧金山的普雷西迪奥（Presidio）。

视线转到大西洋对岸的英国，在这个国家的观念和文字的鲜活世界里，1776 年同样见证了一系列重大事件。2 月，身为议员的爱德华·吉本，出版了杰作《罗马帝国衰亡史》的首卷。这部著作最终写了六卷，时至今日仍是英语世界最脍炙人口的历史作品。它因在叙述古罗马没落衰亡时的爽直犀利，而被许多读者视为对自己时代的英国的诠释。8月，久病缠身的休谟于爱丁堡家中逝世。休谟的同时代人将其排在苏格兰启蒙运动最优秀者之列。此后对他的这一定位经久未变。同年3月，休谟的密友和学问追随者，另一位苏格兰人，亚当·斯密，出版了自己的一部著作。不像亦师亦友的休谟那样著作等身，斯密52岁时才出版自己的第二部著作，但就是这部《国富论》，将成为有史以来最有影响力的作品之一，在形塑西方观念的同时也形塑了此后的日常生活行为。作品的重要影响几乎随即显现。至1790年斯密去世之时，《国富论》英文本已出了5版，还被翻译成了德语、法语、丹麦语和意大利语。不出十几年，又有了荷兰语译本、西班牙语译本（因受宗教法庭的反对而被延迟出版）、瑞士语译本和俄语译本。[2]

　　《国富论》的面世，标志着对下述问题的思考发生了根本层面上的转变：经济行为背后的促因是什么，从中又能推导出什么，以及由此而来，政府当如何实现人民的富足和国家的昌盛。与几位前人一样，斯密认为，个体主动进取，虽只为提升自己的经济利益，却最终也能增进他人的福祉。他一个极为重要的见解是，此种互利效果得以产生的环境须是市场经济，并且，产生这一后果的机制须是竞争。借着斯密这部重要著作的出版，数世纪里自上而下的经济活动，开始让位于更偏重个体层面驱动和更强调竞争的实业活动。不这样做的地方，当权者要么改变了道路，要么退出了历史舞台。

　　然而，斯密的观念，以及斯密所吸收借鉴的同道先驱的观念，又源出何处呢？这种人类活动中心层面上的至关重要的转变，何以基本发生在18世纪，而非之前或此后的几个世纪？智识土壤中的何种变化，或者说，休谟、斯密呼吸其间并彼此交谈其间的创新空气背后，那更大范围的气流中的何种变化，

有利于他们二人及众多同时代人，朝着这样一种崭新的、有如
此强大影响力的方向思考？

究其因，有一个是大家公认且有较多文字为证的，那便
是牛顿科学，以及此新兴科学对一系列物理规律和规律背后
诸原理的强调。[3]休谟和斯密研究计划的重头，是要对标哥白
尼、伽利略、开普勒、牛顿等伟大科学家在物理世界取得的成
就，建构出一门有关人的科学。及至休谟和斯密的时代，牛顿
首次出版于 1687 年的《自然哲学的数学原理》(*Philosophiae
Naturalis Principia Mathematica*，后文均简称《数学原
理》)，在英格兰、苏格兰的受教育者当中已成为共同知识财
富的一部分。此书的影响可谓无处不在。休谟在自己的《人性
论》中写道，研究人类行为的阶段，还停留在类似天文学在哥
白尼时代之前的阶段；休谟下此论断时，斯密尚在本科生就读
期间。[4]

第二个强有力的影响因素是宗教思想，这一点较少为人
理解，也较受人忽视。18 世纪下半叶实际上完成了两种思想
上的转变。其一是经济思想上的，我们要公正地将其归因于斯
密。另一个转变则发生在说英语的清教世界的宗教思想上。宗
教改革以后，主导英国人和苏格兰人宗教生活的，是远离正统
加尔文教义的思潮，它带来了有关人性的新观念，有关男男女
女所有人的目的的新观念，以及有朽生命结束之后会何去何从
的新观念。较之严格的加尔文教派义理，新思想的核心在于
拥有一个更为宽广的人类能动性概念，蕴含了一种在常人做选
择、采取行动的可能性上更为乐观的看法。与此同时，关于个
体之人与世界作为整体的最终命运的长久争论，也呈现出了新
的形态。到斯密和休谟弱冠之年，讲道台上布道的神学家和神
职人员，相比一个世纪前，对这些问题有了完全不同的看法。
此外，这些新的宗教思想进路，难免聚讼不已，这种状况使上

述问题愈发突显于同时代那些非教界的有识者面前。

18 世纪出现的这种时机契合，并不纯粹是机缘巧合。宗教思想的变化对西方世界经济思想关键转折的影响是深刻的，目前看来也是持久的。不只是 18 世纪斯密引领的革命，实际上从那之后西方经济观念的发展都反映出，休谟、斯密时代那与时俱进的宗教思想上的根本变化在发挥着影响。今天，特别是在美国，这种影响在当下对经济政策的公开辩论中仍举目可见。

问题是，宗教思想的变化，为何以及如何改变了经济学这样一个"远房"领域的观念发展轨迹呢？

现代经济学的缔造者们并非宗教至信至虔之人，他们也不希求将个人神学取向塞进他们的世俗思考之中。休谟并不遮掩自己是一个不可知论者，他公开嘲讽各种形式的建制宗教，在许多人眼里是个无神论者。[5] 他的朋友威廉·罗伯逊（William Robertson），一位杰出的苏格兰教会人士，提到休谟时用的称呼是"那位正直的异教徒"。[6] 斯密不向外人袒露自己在宗教问题上的精神取向；不过在他的著述和展现人前的举止中，没有证据可以表明他有着真正意义上的笃信之情。上述问题的答案，一定是在别处。

爱因斯坦在 1918 年——此时已发表广义相对论，但获得诺贝尔奖是在 3 年后——针对科学研究员如何提出他们的观点做了自己的思考。爱因斯坦并没有刻意把自己仅归为科学家中的一员，原因在于，他认为科学家与更广泛意义上有创造性、有思考力的人没有什么不一样。在他看来，对有创造性、有思考力的人最要紧的，是洞穿纷繁世事的方式。要做到这一点，就需要一种简化的原理，一种预备好的参照框架，来略过细枝末节，聚焦于重要之事。爱因斯坦写道："人们各以适合自己的方式，寻求让自己构建出一种简化的和易于测度的世界图景，再试图以这种图景在某种程度上取代经验世界，继而超越经验世界。这便是画家所做的，也是诗人、思辨哲学家、自然科学家所做的，只是他们的方式各不相同。"[7]

爱因斯坦的世界图景观念［对他这个德语词的另一种译法是"世界观"（worldview）］，形塑着个体思维，尤其是在创造力要直面现实世界的前沿地带；世界图景这种观念也同样吸引着其他人。[8]埃里克·埃里克森（Erik Erikson），这位在自己的甘地传记和马丁·路德传记中探寻人类深层动机的心理学家，提到了个人的世界"全局观"（all-inclusive conception）或生命"全局观"，认为它从各方面看都是影响人们直面挑战的主要因素。[9]科学史家杰拉德·霍尔顿（Gerald Holton），也是20世纪后期爱因斯坦思想研究的权威，称世界图景观念是一种"主题前设"（thematic presupposition）。[10]

值得注意的是，塑造个人创造性思维的世界图景，往往不是某个人独有的。霍尔顿解释世界图景时，认为它更有可能是某人所处生活时代普遍共有的东西。思想者的文化根源成了重点所在，思想者本人和他身边科学家群体成长的环境，"单个个体的或者一个时期的内在构造"，成了重点所在。[11]一个特殊时代，一个地方，甚或特殊地域的一个时期，它们的大局大势，无不浸润着芸芸众生的思维。罗伯特·默顿（Robert Merton）这位科学史家，曾出色探究英国17世纪皇家学会——世界上存续至今最古老、最负盛名的科学机构之一——建成之初的智识环境，他也以同样的思路，谈到了促使新观念产生、兴衰的"文化土壤"。[12]政治理论家埃里克·尼尔森（Eric Nelson）则更贴近社会科学，把对强大新思维有重要影响的因子描述为"组织假设"（organizing assumptions），认为人们是借着这种"组织假设"来解释世界的。这些背景信念，最终让个体获得了"心智习性"，一个由意义和联想组成的完全不可见的精神世界。[13]

一种世界观，为一个时代和一个地域所共有，这一看法并不是专就科学而论的。早于爱因斯坦 70 多年，拉尔夫·沃尔多·爱默生（Ralph Waldo Emerson）就侧重强调过自我之外世界观的起源，他指出，任何作家"都需要一个他自己无法提供的基础：一片坚硬而混沌深沉的土壤"，这种基础是当时的大众心智给予的。爱默生认为，时代的观念"流布人间"；它们"默化了所有呼吸其间的人"。我们"几乎是通过我们皮肤的毛孔"吸摄这些观念。它们构成了"时代精神"。[14]临近爱因斯坦时代，英国经济学家马歇尔提到了"神秘"一词："它不再神秘；但又如过去一般流布人间，孩子们下意识便已受教颇多"。马歇尔说这话时想的是工业技能，但这个观念的可适用范围要更广。[15]同样，20 世纪初的哲学家阿尔弗雷德·诺斯·怀特海（Alfred North Whitehead），谈到了一些显而易见的预设，预设如此明显而"人们并不知道他们在预设什么，因为他们从未想过以别的方式来应付世情"。[16]

为什么从这个意义上说，某人的世界观可能对科学思想的发展很重要？十几年后爱因斯坦回到这个主题时直言：科学思想不会自己冒出来。思考科学问题，与思考生活的其他方面或思考我们的周遭世界是密切相关的。在霍尔顿另一个有启发性的比喻中，"地下联系"提供了一座桥梁，将文化的人文部分（特定时间、特定地域的居民的共同点）和科学部分连接起来。它带来了个人世界观或时代世界观里不同元素的"共通性"。[17]爱因斯坦进一步点出了其中的关系，世界观首先到来，科学观念接踵其后："科学思想是科学以前的思想的一种发展。"[18]

创造性思维背后有某种世界观在发挥核心作用，这一观念来自爱因斯坦，并得到上述 20 世纪科学史家们的附和。这一观念不免让人联想到思忖着物质和能量基本性质的物理学家的形象，或者在实验室里动手做研究的化学家或生物学家的形象。正如霍尔顿归总的，科学家的理论只是其更普遍的世界观（world image）的一部分。[19] 爱因斯坦在把画家、诗人和哲学家也考虑进来时，明确表示，任何创造性思维的路径都必然遵循作为其基底的世界观，因此也与世界观相合。爱默生认为同样的原则适用于作家，怀特海相信它适用于哲学家。经济学没有理由与众不同。

无疑，这个想法会冒犯一些经济学家。对于许多从业者而言，经济学是以适合分析手头问题的方式，对理论假设和可观测的证据进行组合和释义。经济学家成长的文化土壤，或其内在心智结构，跟他们给出的经济分析没什么关联。爱默生所谓的时代精神就更无关联了。任何面对相同证据或做出相同假设的人，都应该考虑进行相同的分析，从而得出相同的结论。

9　　今天大多数经济学家都明白，这种理想化的描述是不准确的。对于由现代经济生活的全方位和多样性提出的种种令人瞠目的问题，单个研究人员会选择其中一个或至多不过几个来分析。更重要的是，每个人都选择以特定方式来界定所选问题。探究特定问题的研究人员，总会为自己选择一组初始假设（每个假设都与一些更基本的潜在假设相吻合，比如有目的的人类行为）。在可观察的经济活动的所有潜在相关方面中，采用什么证据也是一个选择问题。[20] 简言之，经济分析是一项高度个体化的工作。爱因斯坦的洞见，对经济学家的适用性，不亚于对物理学家或对诗人、画家的适用性。20 世纪最伟大的经济学家之一萨缪尔森，肯定也认为实情如此。萨缪尔森写道："不懈钻研一门科学的前见，诚为明智之策。"[21] 他这里讲的便是自己的学科。

20 世纪经济学家熊彼特，一战后担任祖国奥地利的财政部长，后在哈佛大学任教近 20 年，他认为前见与经济学的相关性是不言而喻的。在熊彼特看来，要考虑像经济学这样的领域中的问题，我们显然都"须先将一组独特的连贯现象形象化，使之成为我们分析工作的有价值对象"。因此，无论我们做什么分析，"都必须先从分析前的认知行为着手，该行为给分析工作提供素材"。[22] 熊彼特将这种分析前的认知行为称作"图景"（Vision）。他这个词的意义相当于爱因斯坦"世界观"的意义。

想必亚当·斯密就有这样的世界观。因为他与大卫·休谟以及其他将敏锐头脑转向经济学领域的苏格兰启蒙思想家，大多同时生活在一个地方，孕育出他们的思想和写作的那种世界观，（用熊彼特的话来说）他们的"图景"，是他们所共有的。那是他们的时代精神，他们所创造的新智识学科反映出了这一点。经济学家约翰·肯尼斯·加尔布雷思在哈佛大学的职业生涯与熊彼特的职业生涯有过短暂重叠，他认为那种联系很普遍："经济观念从来就是它们自己时代和地域的产物。它们不能与自身所诠释的世界分隔来看。"[23]

进言之，斯密和休谟的新思路更能反映他们那个时代的主流世界观，原因正在于斯密和休谟所创造的智识学科是全新的。他们都不曾认为自己是经济学家；在他们那个时代，尚未形成一个可判别为经济学的研究领域。塞缪尔·约翰逊的《词典》于 1755 年出版，他给 economy 下了五个定义，但没有一个具有今天的含义。斯密是一位道德哲学教授，而不是经济学教授。只是在《国富论》出版后的一百年间，斯密的贡献才促成了新学科的融合，新学科起初叫"政治经济学"（political economy），一直到差不多 19 世纪末才被称为"经济学"（economics）。

哲学家和思想史家托马斯·库恩，因其对科学革命的结构方面的研究而闻名，和爱因斯坦一样，他也看到了文化的非智力方面的重要性，特别是"制度和社会经济"因素在科学发展当中的作用。然而，库恩并不只以物理学这样历史悠久的领域为例，还以遗传和进化生物学等新兴领域为例。他注意到，当一个研究领域处于起步阶段时，这些制度和社会经济基础的影响是非常显著的。他认为，在一个新领域发展的初期，"社会需求和价值观"是决定其从业者要解决何种问题的主要力量。"同时代常识"也是如此。相比之下，随着一个领域的成熟，其从业者接下来可能会继续从其他学科引入技术，以前未开发过的资源里的新信息可能仍受欢迎，但该领域所依赖的基本概念，一般来说会与这些外部影响"隔绝"。[24] 但某些重大冲击还是有可能破坏一个成熟领域的标准假设；熊彼特举了 1930 年代大萧条的例子，这次大萧条让凯恩斯及其追随者看到，市场经济并不会在不滑向进一步萧条的情况下自动恢复充分就业。但也要看到，一个领域的基本概念及假设的可塑性，一个领域基础层面上对外来影响的开放性，会随着该领域的成熟而逐渐减弱。

因此，早期创造者的世界观即使在他们个人离世之后仍会存在。在经济学领域肇端之时，休谟和斯密将他们的思想应用于经济学；事实上，肇创之因主要在于他们的想法和书写。因此，他们开创的经济学特别容易受到他们所在社会文化的影响。

那么，是什么形成了亚当·斯密及其同时代人的世界观呢？

经济思想革命——《国富论》为其发展高潮——是苏格兰启蒙运动的产物。[25]18 世纪中叶，生活在爱丁堡和格拉斯哥的一群趣味丰富、引人瞩目的人〔他们多为男性，一个杰出例外

是作家兼沙龙主持人艾莉森·柯克柏恩（Alison Cockburn），
她比休谟小 1 岁[26]，带来了智识上百花齐放的时期，他们承
袭了稍早时候霍布斯、洛克和沙夫茨伯里等英国人的成就，同
以孟德斯鸠、伏尔泰和卢梭等经典思想家为代表的法国启蒙运
动比肩而行。他们对西方思想，尤其是对经济学和政府治理思
想的影响，在 200 多年后仍相当大。[27]

　　可以肯定，这些人都是才华横溢之人，有着非凡的智识
专注力。而且，他们还是知识广博的思想家，所通晓的研究领
域远不止他们为众悉知的个人专长。例如，斯密饶有兴致写过
的主题既有天文学、物理学，也有音乐、舞蹈、诗歌。去世
前，他正致力于推进一项涵盖所有"模仿艺术"的重头工作。
休谟，其见解在当今的经济学中仍占突出地位，尤其是在国际
贸易以及货币与价格之间的关系等主题上；他还撰写过关于政
府、古典历史和道德哲学的文章，一些特定主题他自然也会涉
及，像爱情和婚姻（对这位终身未娶之人而言这个话题有点奇
怪）、人类灵魂不朽（他本人是怀疑的）以及如何写随笔。有
生之年，休谟最著名的作品是他在 1754 年至 1761 年出版的
六卷本《英国史》。

　　苏格兰启蒙运动中的许多重要人物——相比于斯密，会
更像休谟——都是多产的作家；他们对自己的称呼是"文人"
（literati），撰写了大量专著和散文。他们关注彼此的著述，
并抽时间对其阅读讨论：借助通信、私人拜访、公开讲座（斯
密由哲学学会赞助在爱丁堡做了系列讲座）、俱乐部和社团的
聚会，他们让已展开的对话变得常态有序。格拉斯哥，斯密在
此地大学任教近 15 年，距休谟常住的爱丁堡只有 40 多英里。
二人交情甚笃，休谟在他的住所留了一间房，供斯密过夜用。
即使在 18 世纪的旅行条件下，斯密也可以乘坐早班马车离开
格拉斯哥，及时到达爱丁堡，与自己和休谟同在的一个俱乐部

12

里用餐［正餐（dinner）通常是在下午两点开始[28]］，第二天一早返回格拉斯哥。柯科迪（Kirkcaldy）是斯密童年时期的故乡，他后来在那里写下《国富论》的大部分内容；它甚至离爱丁堡更近，尽管穿越福斯湾需乘渡轮（直到 1890 年才有桥梁），让整段旅程变得不那么有时间保障。

　　按照今天的标准，苏格兰的启蒙时代也算得上一个社交活跃的时代。最重要的是，文人喜欢在志同道合的群体中进餐。格拉斯哥有文学社和政治经济学俱乐部。除了赞助斯密讲座的哲学学会外，爱丁堡还有群贤会（Select Society）、牡蛎俱乐部（Oyster Club）、纸牌俱乐部（Poker Club）（如此命名的意思是激起批评火花，而不是指纸牌赌博），甚至还有听起来冗长刻板的"苏格兰爱丁堡激励艺术、科学、制造、农业协会"。大量其他团体也纷纷涌现，将爱丁堡和格拉斯哥受过教育的精英聚集起来。像斯密和休谟一样，苏格兰启蒙运动的其他重要人物，大都隶属于各个追求智识卓越的俱乐部；他们经常在外聚餐，这一点显而易见。

　　我们今天回忆起的这些重要人物，他们当时并没有在找各自不同的兴趣时分散到不同的俱乐部。斯密和休谟都是爱丁堡追求智识卓越的餐饮俱乐部"群贤会"的初始成员。该俱乐部成立于 1754 年，31 位创始成员是一个职业多元化的团体。占比最大的是律师，有 15 位。考虑到下面两个因素，这种比例便不足为怪了：律师在社会和政府中的作用（当时甚至比现在还要大），以及 1707 年英格兰和苏格兰联合法案特别保留了苏格兰法律体系的独立性。在群贤会存在的大部分时间里，正餐宴会都在辩护律师图书馆（Advocates' Library）下方的公共空间举行，休谟是该法律图书馆的管理员或馆长，图书馆位于曾经作为苏格兰议会的大楼内，但在 1707 年之后成了法庭（今天它仍然是苏格兰高等法院所在地）。群贤会的初始成员

还包括 5 位苏格兰教会的牧师、4 位大学教授（包括斯密）、3
位医生和 2 位军官，以及 1 位商人、1 位独立文人（休谟）、1
位画家。[29]

　　18 世纪中叶的苏格兰，不乏紧迫的经济和政治问题，而
且这两个问题往往缠绕在一起。1707 年，也就是休谟出生前 4
年，斯密出生前差不多 15 年，苏格兰人实际上已经投票否决
了他们国家的存在。通过接受之前已将威尔士并入的与英格兰
联合法案，苏格兰取消了自己的独立议会（直到 1998 年才重
组）。联合法案还进一步降低了王室的地位，此地位在一个世
纪前就已经被英格兰和苏格兰的王冠联合削弱。这一特殊政治
行为的动机主要是经济方面的。18 世纪的苏格兰依然极度贫
困，依赖仍主要是封建形式的农业，其海外贸易基本上受阻于
英格兰限制性的贸易和航海法律。与英格兰联合一体，让苏格
兰得以涉足利润丰厚的国际贸易，而贸易本身是英格兰借助其
海外帝国和皇家海军获得的。联合一体，也为苏格兰广阔草场
上饲养的牛群打开了英格兰市场。

　　尽管 1707 年创建的联合国家到休谟尤其是斯密成年时已
成事实，但其创建背后的问题仍牵动时局，尤其是在苏格兰。
联合一直是自上而下的，在苏格兰平民当中普遍不受欢迎。反
对之声持续存在，不仅针对苏格兰此时在统一的大不列颠王
国中的地位，而且更旗帜鲜明地针对该王国的新教和汉诺威
君主制。1745 年——当时休谟 30 多岁、斯密 20 出头——反
联合和反汉诺威势力拿起武器对抗大英政府。詹姆斯党叛乱
（Jacobite Rebellion）虽以失败告终，却成为苏格兰传说和传
奇的永恒组成部分。当时，它导致大量人员死亡并造成大规模
破坏。苏格兰没有人会注意不到这一点。斯密在十几年后对这
一事件的描述，表现了他当时的惊惶不安："1745 年，四五千
名手无寸铁的高地人占领了这个国家未开垦的地区，没有遭到

14

未参战居民的反对。他们打到英格兰，举国骇然，若不是常备军的弹压，他们会毫不费力地夺取王位。"[30]

苏格兰以独立换联合背后的经济问题仍然存在。加入英国的海外贸易，并不是一个抽象目标。联合的主要目标是让苏格兰繁荣，但在18世纪中叶，这在很大程度上仍未实现。尽管人口受教育程度更高，但苏格兰人的收入和生活水平仍远低于英格兰人的水平。亚当·斯密在《国富论》中写道，他对儿童死亡率感到悲伤，即便到了那个时候还是如此之高，在某些地区，多达一半的劳动家庭的孩子在四岁前就夭折了。[31]这本书细致阐明了要以竞争市场代替久为人知的垄断和政府干预的网，某种程度上该书可被视为服务一个国家（当时是更大国家内部的一个地区）的操作指南，以实现更大的经济成功。那时候，苏格兰商人打理着英国与美国的大部分烟草贸易［做得最大的是格拉斯哥的亚历山大·休斯顿（Alexander Houston）］，但还有更多这样的贸易要做，在国内也有更多的贸易有待营利。斯密的书就是要回应这两个问题。

此外，就在斯密撰写《国富论》的过程中，对苏格兰而言更为紧迫的经济问题，陡然生变。1772年，一家伦敦银行倒闭，著名股票投机商亚历山大·福代斯（Alexander Fordyce）是其合伙人，这在英国乃至欧陆引发了一连串倒闭。它造成苏格兰两代人以来最严重的银行危机。除了最担心苏格兰发生经济衰退之外，斯密特别关心此事的另一原因是，他的主要赞助人布克卢（Buccleuch）公爵——斯密在1760年代做了两年公爵的导师和旅伴，后来继续为后者的金融事务提供建议——是道格拉斯·赫伦公司（Douglas, Heron & Company）的主要外部股东。道格拉斯·赫伦公司位于埃尔（Ayr），它的倒闭成为苏格兰危机的中心。[32]但更为普遍的经济损失也很令人揪心。休谟在危机最严重的时候写信给斯密，讲述了最近的银行倒闭、工业破产、失业蔓延，甚至对英格兰银行的稳健性愈发"质疑"。知道斯密正在写一本应对经济问题的新书，休谟问他的朋友："这些事件对你的理论有些什么影响吗？"[33] 确实有影响：在《国富论》中，斯密对银行业改革以及危机引发的其他实际问题发表了很多看法。这个论题其实更广泛地流布于世，是苏格兰人街谈巷议的话题。

美国的局势也是风云变幻。美国独立运动涌动了好几年，就在斯密即将完成写作时演变成了武装冲突。奴隶制的争论由来已久，英国的废奴运动比美国更早开始（而且，在 19 世纪，它也更早取得成效）。正如整个英格兰的情形，这些问题在苏格兰也引起了激烈的争论。斯密预见到，北美大陆上出现的任何政治实体，无论是在人口数量还是经济规模上都将远远超过英国，因此将北美大陆保留为殖民地的做法终将难以为继。[34] 因此，他支持美国独立，力劝英国唯一要做的是尽其所能达成理想协议。[出于这个原因，斯密在英国政策制定圈子中不受欢迎，一直到 1782 年，诺斯（North）勋爵政府随着前一年美国在约克镇获胜而垮台。次年，从冲突一开始就支持与殖民地大陆会议谈判的威廉·皮特（William Pitt）上台成为首相，斯密才开始作为著名的政策顾问受到欢迎。] 斯密也反对奴隶制，不仅仅基于其他英国废奴主义者提出的道德理由，还因为他认为奴隶在经济上的效率不如自由劳工。《国富论》回应了这两个问题。

除了英国和美国这些具体层面上的问题外，17 世纪末和 18 世纪，西方世界的大部分地区都在讨论更偏概念性的政治问题。英国、法国、荷兰和其他地方的思想家，都在争论君主制相对于共和制的优点，争论民主的可行性，以及个人自由之价值与限制个人自由之必要性孰轻孰重。到 18 世纪中叶，英国的托马斯·霍布斯和约翰·洛克以及法国的孟德斯鸠和卢梭的

16 思想，已成为受教育者的共识。美国革命，以及根据1787年宪法建立的新共和国，都是上述长期政治讨论的产物。法国大革命也是，不过它相对而言不那么成功。苏格兰启蒙运动的思想家是这场持续对话的积极参与者。

宗教也是他们世界观的核心要素：不是因为这些处于那个时代、那个地方的最重要思想家是宗教人士——重复一遍，他们不是——而是因为，宗教在那时，比当今西方世界任何可与之比拟之事，都扮演了更核心、更普遍、更具整合性的角色。事实上，宗教与世俗之分别本身是一个现代观念，在人类历史上的多数时期是闻所未闻的。[35]

宗教思想在苏格兰启蒙运动持续的社会和智力互动中占有重要地位。例如，在群贤会的最初成员中，苏格兰教会的5位牧师的人数超过了除律师之外的任何其他职业团体。俱乐部存续的时间里，入选之人刚过100，其中14位是神职人员。要理解一个时代和地域的人何以表现得与我们自己的想法不同，我们必须对他们所生活的世界，以及他们的世界所接受的假设有所了解。正如一位经济领域的著名史家所注意到的，要探究经济观念的起源和意义，"我们必须想象自己在偷听过去的谈话……我们观察之人的语言和文学、宗教和政治、品位和道德"。[36] 当斯密和休谟在外就餐时，神职人员也会时常参与到他们的谈话之中。

与神职人员频繁互动，也是大学生活的常态。在18世纪，英格兰和苏格兰的（也包括美国的）大学，仍然主要是教会机构，最初是为了培养神职人员而建立的，宗教和神职人员在它们当中都发挥了核心作用。群贤会创始成员的5位牧师中，最著名的是威廉·罗伯逊。罗伯逊比斯密年长两岁，经常担任苏格兰教会大会的主持人。他也是一位历史学家，撰写了多卷关于欧洲、苏格兰和美国的著作，还是爱丁堡大学校长（principal）——用今天的美国词来说是 president。（托马斯·杰斐逊的藏书里有罗伯逊的《苏格兰史》和休谟的《英国史》。[37]）亚当·弗格森（Adam Ferguson），斯密的同时代人，是一位哲学家、早期的经济思想家和苏格兰启蒙运动的杰出人物。他是爱丁堡的自然哲学教授，后为道德哲学教授。（他自荐出任大学校长，可这个职位由罗伯逊接了过去。）弗格森还是苏格兰教会的一名持证传教士，早些时候他曾担任著名的黑卫士兵团（Black Watch regiment）的牧师。

　　与今天的大多数大学不同，在亚当·斯密时代，还没有人想过将神学家单列到独立的"神学院"，更不用说将他们置于外围，同他们所在大学发生的其他事情保持一定物理距离。[今天，哈佛神学院是一个独立的教师和学生团体，坐落在距哈佛园（Harvard Yard）半英里的独立建筑物里；耶鲁神学院华美地端居"山上"，距耶鲁大学校园中心 1 英里多。]当时多数大学教员人数都太少，课程高度整合，无论如何都无法进行分割。当斯密在那里任教时，格拉斯哥大学的在职教授仅 14 名。除数学、逻辑和道德哲学（斯密的教席）这些科目，以及当今大学文理学院常设科目的教职人员外，还有一位教会史教授和一位神学教授。

　　再者，宗教思想融入课程的方式，远非神学和教会史等学科教授专有。毫不奇怪，标准的本科课程既包括物理学，也包括道德哲学。但二者都是从自然神学的角度来教授的：试图通过研究上帝创造的世界来了解神圣面向。牛顿的《数学原理》当然是指定用书，但它也是作为自然神学研究的一部分来教授的——如牛顿本人所设想的那样。

　　在达尔文之前的时代，科学家们大多认为他们的发现与基督教教规没有矛盾。（一个多世纪前，宗教裁判所因伽利略支

18　持哥白尼关于地球和其他行星围绕太阳旋转的理论，对伽利略审判定罪，但到了 18 世纪，日心说已被接受。）相反，许多做出伟大贡献的人，尤其是牛顿，均是虔诚的宗教人士。他们把物理科学看作对他们所了解的宗教的支持，而不是颠覆。他们发现的物理规律和机制，是上帝创造之美的一部分。因此，这种大学课程，很容易让耕耘各自思想领域的教授之间形成一种切实兴趣互通，虽然这些思想领域在我们今天看来是各不相同的，我们现在往往要么将其归到宗教一栏，要么将其归到世俗一栏。整合性的通识课程，还需要大学在排课上有持续的协作。

　　苏格兰大学（像牛津大学和剑桥大学一样）教职任命也取决于宗教的认可，并且教师随后要接受宗教方面的规训。亚当·斯密在格拉斯哥大学读本科期间最敬佩的老师是道德哲学教授弗朗西斯·哈奇森（Francis Hutcheson）。后来斯密接替了他的位置。1738 年，当斯密还是一名学生时，格拉斯哥长老会以哈奇森的教学与苏格兰教会教义相悖为由，对哈奇森提起正式指控。哈奇森以前的一名学生，在出版物上以同样的理由攻击他的教学，随之而来的是一场公开论战，哈奇森的一群教员同事为他辩护。（10 年前，另一位格拉斯哥教员也面临过类似指控，但斯密当时还是孩童，可能没太注意到。）

　　哈奇森的所谓异端邪说，包括他的这样一个信念，即某些行为是否促进了人类幸福是判断其道德良善的标准；它对随后的（不仅对斯密的，而且也对 19 世纪的）经济思想演变具有重要意义。对哈奇森的指控演变成了一场正式审判，最后哈奇森被证明是无罪的。但发生在自己最喜欢的教授身上的这场公开攻击，无疑给年轻的斯密留下了深刻的印象。为了在大学担任教职，13 年后，他不得不出现在该市的长老会面前，签署《威斯敏斯特信仰告白》（Westminster Confession of Faith）——

一个世纪前由英国清教徒议会颁布的加尔文主义信条。斯密对此事的看法没有被记录下来，但他没有公开表示过反对。[38]（他确实曾请求允许他在每次讲座开始时略过强制性祈祷，但被拒绝了。）

相比之下，斯密的师友大卫·休谟尽管取得了巨大的智识成就，却从未设法获得大学任命。1744年，爱丁堡大学伦理学和精神哲学（大致相当于道德哲学，但也关注人和圣灵之间的关系）的教授讲席空缺，休谟身边的朋友为他的候选人资格进行游说。要让一位恶名昭著的怀疑论者向苏格兰青年讲授这个科目，这事并非当时人人都能接受。此外，大学参议院还责成此教席的持有人尽职调和道德哲学与神学，特别是教授"基督宗教的真理"。当时的大学校长威廉·威沙特（William Wishart）反对休谟的任职，爱丁堡15名在任牧师中的12名也反对。格拉斯哥的弗朗西斯·哈奇森同样反对。经过几轮越来越激烈的政治活动，包括威沙特对休谟的观点提出正式指控，以及休谟的书面辩护，[39]这个职位最终落到了一位名不见经传的爱丁堡商人手中，他在前任正式辞职前长期缺席的这段时间，接管了前任的课程。但对休谟来说，故事并没有就此结束。用他传记作者的话来说，"令人惊讶的是，休谟愿意在1751年去竞选格拉斯哥大学的逻辑学教席，但所幸，面对同样的结果，他心态平和"。[40]

宗教在18世纪与政治不相分离，甚至对休谟和斯密这样的人更显出其分量。今天我们认为纯粹是神学上的争论——关于上帝的本质，关于上帝与人的关系，最重要的是关于哪些人将获得灵性救赎，如何获得，以及没有获得灵性救赎之人最终命运将如何——当时却是国家为之战斗、人们为之赴死的问题。有时战斗和死亡就发生在一个国家内部，就像不久前在英格兰和苏格兰发生的那样。战斗即便不发生在战场上的军队之间，政党和派系之间的政治斗争仍具那种战斗的本质。他们争吵的那些观念，不可能不塑造休谟和斯密的世界观。

到苏格兰启蒙运动时期，欧洲大部分地区的宗教和政治已难解难分地交织了两个多世纪。罗马天主教会走过了一千多年的团结之路——当然，在此过程中，教会内部存在派系纷争，甚至偶尔出现分裂——马丁·路德于 1517 年发起的宗教改革，开启了天主教徒和新教徒漫长的身份判定之争。从理论上说，这场斗争可以在个别教会甚至个别家庭的层面上演。然而，在许多世纪以来形式上认天主教为正宗的背景下，西欧大部分地区很快就采用了"教随君定"（cuius regio, eius religio）的原则。直白而言，你的宗教就是你统治者的宗教（或如一位历史学家所引申的那样，"你来自哪里决定了你的宗教，在那里，别的宗教不被宽容"[41]）。

结果是宗教和政治交织在一起，宗教忠诚引发的争斗，其最直接的形式是政治单位层面上的。有时发生在单个城市，如苏黎世或日内瓦，有时发生在一个地区，如某个德意志邦国或荷兰省份，有时发生在一个大的民族国家，如波兰、立陶宛，或是我们更关切的英格兰和苏格兰。"教随君定"，至少在从字面上看来，它要表达的一个意思是，每个政治实体的统治者或共和国情形下的统治体，选择了它要遵从的宗教；但是，这种选择如果与地方偏好，尤其是与具有政治影响力的精英的偏好过分相左，就可能危及统治者对权力的掌控。因此，新运动一旦四分五裂，天主教和新教之间、新教诸竞争派系之间的斗争，不可避免会在政治层面有所显现。

接踵而至的一系列冲突，不仅仅是高度政治性那么简单，它具有破坏性和致命性，在休谟和斯密的生活时代仍未止息。苏格兰 1745 年的詹姆斯党叛乱，有对独立国家被埋没于新的统一国家持续抵抗的因素，一定程度上可被看作民族主义性质的，但更重要的是，它是对立于英国本身的一种竞争性姿态，包括对立于英国的王朝和宗教忠诚。叛乱的高地人和他们在英格兰的盟友，都在为恢复英国遭流亡的斯图亚特君主制而战，反对从 1714 年开始统治的汉诺威人。他们心中属意的国王人选是"老王位觊觎者"詹姆斯·弗朗西斯·爱德华·斯图亚特（James Francis Edward Stuart），他是 20 多年前被废国王詹姆斯二世仍健在的儿子。（詹姆斯二世在法国流亡时去世，路易十四立即承认他的儿子是英格兰、苏格兰和爱尔兰的合法国王。）邦尼王子查理（Bonnie Prince Charlie）是叛军富有魅力的年轻领袖，也被称作"小觊觎者"，是詹姆斯二世的孙子。

詹姆斯二世当初被赶下王座的主要原因正是他的宗教信仰。他是一名天主教徒，他的妻子也是一名天主教徒，刚诞下一子（未来的"老王位觊觎者"），他们计划将其抚养成一名天主教徒。英国人从伊丽莎白一世统治之后，就想着要拥有一个新教君主和一个新教教会，于是便有了 1688 年的光荣革命。詹姆斯二世逃离了这个国家，君主制、英格兰教会以及苏格兰教会自此成为新教徒的。光荣革命，至今仍与大宪章和 1832 年大改革法案（Great Reform Act）等里程碑事件，并立为英国宪政发展进程中的标志性环节。它发生在亚当·斯密和大卫·休谟两人父辈所生活的年代。

这种政治与宗教的融合，往往会带来致命的后果，不仅仅发生在苏格兰。一个世纪前，英国内战的持续时间比詹姆斯党叛乱要长得多，而且人员伤亡要大得多。它一定程度上也是宗教冲突，若就此而论，这场冲突是新教对立观点之间的斗争。1633 年，国王查理一世任命极为反对清教徒的威廉·劳德（William Laud）为坎特伯雷大主教，领导英格兰教会。不出所料，劳德很快就开始迫害清教徒，恢复臭名昭著的星室法庭审判，并炮制其他打压措施。[42] 反对国王而成立的议会派，以及由议会集结起来并很快置于奥利弗·克伦威尔领导下的军队，都主要由清教徒组成。议会军和王党军队之间断断续续打了 9 年，约有 20 万人死亡——按当时英格兰人口的百分比计算，它比近 3 个世纪后英国在第一次世界大战中的死亡率还要高一些。[43] 回首 1720 年代，乔纳森·斯威夫特在《格列佛游记》中，借布罗卜丁奈格（Brobdingnag）国王之口，称这个时期"阴谋、叛乱、谋杀、杀戮、革命、放逐，层出不穷"。[44]

議会一方一占据支配地位，其支持者便以叛国罪让国王受审。在定罪后，他们处决了（保王党则说是谋杀了）国王——劳德几年前就被处决了——并废除了当时那个已经掌权近 8 个世纪的英国君主政体。他们建立了清教徒共和政体，随后是克伦威尔及其儿子仅持续了 11 年的护国公时期[①]。可以看到，这个短暂的时期标志着英国清教徒宗教运动及其所拥护的正统加尔文主义神学的高潮。到 18 世纪中叶，加尔文主义思想已经式微，但它们还在苏格兰和美洲部分地区广为流传，在亚当·斯密时代，英国内战仍是鲜活记忆。许多人的祖父辈，都曾参加当时的战斗，他们中的许多人为之付出了生命。在催生了美国革命的政治煽动时期，反叛的爱国者分发的传单有时会签上"OC"，它指的是奥利弗·克伦威尔。

此前，欧洲大陆的宗教冲突已经历了一段更为腥风血雨的历史。16 世纪，天主教法国与该国的新教胡格诺派进行了 8 次内战。1572 年，3000 多名胡格诺派教徒在巴黎圣巴塞洛缪日大屠杀中丧生。["大屠杀"（massacre）一词，在法语和英语中首次使用时指的都是此次暴行，而"难民"（refugee）一

---

① 原文如此，疑有误。护国公时期从 1653 年持续至 1659 年，共 7 年。——编者注

词，最初被用于指逃离法国的胡格诺派教徒。]三十年战争同样主要是天主教对新教的冲突，尽管一个额外的复杂因素是，西欧大部分地区当时处于西班牙帝国或神圣罗马帝国（两者都是天主教的）名义统治之下，帝国某些地区的统治者或民众渴望挣脱帝国的束缚，但初衷很少是因为他们偏爱一种宗教胜过另一种宗教。1618 年开始的战斗蔓延到欧洲中部和北部的大部分地区，破坏程度非常大。一般认为，当时死亡人数约有800 万，其中包括因军队传播的疾病造成的死亡，换算成欧洲人口的百分比，是第一次世界大战死亡率的两倍，与第二次世界大战相当。[45]

在接下来的一百年里，包括霍布斯、洛克等英国人在内的大部分欧洲思想家，都为之触动，怀抱避免这样的人类悲剧在未来再次发生的心愿。三十年战争中值得纪念的事件，包括布拉格保卫战，其间波希米亚庄园的新教代表将两名天主教哈布斯堡皇帝的代表从官邸窗口掷出，再现了两个世纪前他们祖先的大胆反抗；天主教联盟的军队围攻并洗劫海德堡［除了造成死亡和破坏，整个帕拉蒂尼图书馆（Palatine Library）也被挪到了梵蒂冈］；白山之战，根除了中欧大部分地区的新教；[46]对帝国自由城马格德堡（Magdeburg）的洗劫，导致大约两万居民，主要是新教徒，要么直接被杀，要么在吞噬该镇的大火中被活活烧死。所有这些都成为欧洲通识历史的一部分，被教授给每个小学生。一个半世纪后，人们对它们记忆犹新。新教欧洲（主要在北部）与天主教欧洲（主要在南部）之间的分界线，在当时仍然存在，就像今天仍然存在一样，它是三十年战争留下的。

到那时，独立的苏格兰教会的特色，以及苏格兰新教和长老会的特色都已鲜明确立。宗教是一个如此敏感的话题，以至于合并苏格兰和英格兰的联合法案完全回避了这个话题。取

23

而代之的是，一项单独的《确保苏格兰新教信仰及长老制教会安全法案》（Act for Securing the Protestant Religion and Presbyterian Church Government），实现了名称所宣示的目标。到亚当·斯密和大卫·休谟的时代，苏格兰教会内部的冲突是彻头彻尾的派系冲突：发生在教义和仪式问题上大多支持更自由立场的温和派与更保守的福音派之间。（"温和派"是更为自由的团体对自己的称呼，"福音派"是后来给他们更保守的反对者贴的标签。）这两个团体都是新教徒，并且都认为自己是法国－瑞士改革家约翰·加尔文的追随者；加尔文两个世纪前紧随德国马丁·路德发起的改革运动，堪称第二次新教改革。然而，温和派和福音派的分歧是真实存在的，两派的对抗也十分激烈。[47] 在过去一个半世纪宗教冲突的背景下，每个人都明白其中的利害关系可能是深远的。因此，无视宗教争端，就是拒绝涉入政治的重要维度——想必休谟和斯密都不会考虑这样做。

斯密成年时，温和派是苏格兰教会的主要派系，虽然他和休谟肯定不是教士，但他和休谟在很大程度上属于"温和派文人"（Moderate literati）圈子。与他们一起在群贤会用餐的神职人员都是温和派的。该团体在教会大会中的事实领导者是他们的朋友威廉·罗伯逊，他是大会的常任主持人，也是爱丁堡大学的校长。斯密在格拉斯哥的老师弗朗西斯·哈奇森于1746 年去世之前，一直是对温和派而言影响重大的哲学导师。斯密在《国富论》中公开表达了他对这些人的钦佩："在欧洲的任何地方，或许很难找到比荷兰、日内瓦、瑞士和苏格兰大部分长老派牧师更有学问、更有礼节、更独立和更应受到尊敬的人了。"[48]

因此，温和派的世界观是斯密世界观的一部分，在与这些人多年交往和共餐之后，他不可能不接触到他们在和福音派辩论中提出的神学思想。又正是因为这些思想处于激辩之中，人们才谈论它们并搦管为文。而且，像苏格兰启蒙运动的所有文人一样，苏格兰教会的温和派是极擅表达的谈话者和著述者。仅仅作为那个社会和文化的一员，生活在那个时代和那个地域，斯密、休谟以及其他神职人员之外的知识分子，就会不断接触到他们神职人员朋友的神恩观念和信仰，接触到他们对人性所持的正面看法。我们会看到，斯密在《国富论》中阐述的经济思想，尤其是他有关个体自利所驱动之行为会带来有益结果的见解，以及市场竞争在其中的作用，都与温和派的神学惊人的一致。

因此，无论是身处大学环境当中，还是经由那些塑造了苏格兰启蒙运动的一系列无偏狭的社会智识活动，斯密和他的同时代人，都能经常接触到宗教思想中时时涌现的争辩、张力和新思想。今天也一样，从事某一学科研究的多数人，包括经济学家们，会不断遇到其他研究领域的思想。智识学科之间的交叉融合是人们司空见惯的现象，当一种思想类型的观念所涉范围足够大、足够重要，引起了更为广泛的关注时，它往往也会影响其他领域的思想，有时包括远离其谱系的领域。

25

譬如，自牛顿之后，机制和系统"定律"这样的概念，强有力地塑造了西方思想，影响所及，远不止于我们通常会与物理学联系起来的那些学科领域。实际上，这些概念作为组织原则，明确了该以什么标准来解释已观察到的现象。同样，随着达尔文 19 世纪中叶（《物种起源》于 1859 年出版）有争议假说的问世，进化和适应的概念也成为构造许多其他学科主题的隐喻，比如政治机构和社会组织。还是 19 世纪，当化学的新进展吸引了公众眼球时，反应的概念以及催化剂所引发的反应的概念，作为结构隐喻，在一系列学科的思想中扮演了类似的角色。相同的影响发生在 20 世纪，当时原子物理学与核物理学方面取得的重大突破，令公众陶醉其中，这让将任何类型的单位划分为亚单位，然后再将这些亚单位划分为更小组成部分的通行观念，在许多思想领域中盛行。再后来，随着超出地球引力的火箭的出现，逃逸速度的概念同样成为许多跨界应用里的标准隐喻。

现时代的经济思想，无疑也从其他科学学科汲取观念为己所用。一个显而易见的例子是国际贸易方面的。按美国对所有国家的美元出口额排名，美国最主要的贸易伙伴是加拿大、墨西哥、中国和日本。名单直接显现出促进国家间贸易的两个影响因子：地理位置（加拿大和墨西哥是仅有的两个与美国接壤的国家）和经济体规模（中国和日本是排在美国之后的世界最大经济体）。当今经济学家用来解释各国之间贸易规模的标准框架是这样假定的：在所有其他条件相同的情况下，任何两个国家之间的贸易量都和各自的经济体量成正比，与它们之间某个距离函数成反比。（其他潜在的影响，例如两国的政治关系，又比如其中之一或两者是否位于海岸，再如可用的交通设施当然也在起作用；它们是简化理论得以成立的"所有其他条件"的一部分。）但是这种关系——两个实体之间某种联系的强度与每个实体的大小成正比，与它们之间的距离函数成反比——与牛顿的万有引力定律非常相似。[49] 相似之处并非巧合。经济学家经常称这一理论为国际贸易的"引力模型"，承认此一灵感来自物理类比。[50]

另一个例子，因 2007—2009 年的全球事件而为人所知，涉及的是金融危机的蔓延。由于交叉存款持有和交叉贷款模式造成的银行之间的相互关系，以及银行与其大客户非金融公司之间的存款和信贷关系，一个机构的倒闭可能威胁到另一个机构的生存。有时能将一家银行的错误或一家公司的单个业务受挫变成更普遍的危机的，正是其中一家银行对其他多家银行的依赖：每个陷入困境的借款人的负债都是其他人的资产。当大量银行遇到困难时，它们无法放贷（更严重的情况下，甚至无法承担赔付责任），往往会引发整个经济的产出和就业的收缩。借鉴生物学，更具体地说是借鉴流行病学和免疫学等医学领域，经济学家试图将这种金融相互依存关系理解为"传染"模型，认为一家倒闭的银行会"感染"其他银行。2007—2009年金融危机一过，经济学家和政策制定者都把减少这种金融传染纳作公共政策的主要目标。[51]

另一个例子也是来自国际经济和商业关系的，涉及美国或德国等国家在现有技术前沿取得的技术进步，在远离技术前沿的低收入国家应用的速度和模式：西方的创新——杂交玉米等新作物，或制造钢铁或半导体的新方法，或新的电信技术——需要多长时间才能在非洲应用？非洲农民、制造商或电信公司又如何获得新技术？经济学家借鉴化学和生物学，常将跨境技术转移描述为一种新技术"渗透"欠发达经济体的过程，其方式类似于粒子透过生物膜。[52]

还有一个人们熟悉的例子是，随着时间推移，一个经济体的劳动力从一个部门或行业转移到另一个部门或行业的方式。劳动力从农业转移到新兴制造业的高生产率岗位就业，是经济发展初期和中期阶段的一个典型特征，在19世纪上半叶的英国和整个19世纪及20世纪初期的美国都出现过，在今天的中国、印度和巴西等国家也广泛可见。但即使在已经深度工业化的发达经济体中，国际竞争或新兴技术也经常导致劳动力显著而持续地重新分配。与50年前相比，美国今天制造鞋子或电视的工人要少得多，而从事软件设计和网络运营的人数则要多得多。经济学家经常到人口学领域去寻找思考这种"迁移"的系统方法——在这种情况下，迁移不是从一个地方到另一个地

方（尽管也可能涉及），而是从一种就业形式转到另一种就业
形式。[53]

上述对经济学的种种影响都起源于某一门自然科学：物理
学、生物学、化学或人口学。每一种影响都是经济学家有意识
借鉴其他那些学科的结果。但并不是说，这种理智交叉受精的
过程就天然地受到限定，要去使用源出于这些科学的观念；这
种模式只是反映了，现代经济学家接触到了对于现今形成的大
学生活同等重要的其他学科。这个过程也不限于经济学家或其
他思想家自觉摸索出的借鉴。

在亚当·斯密的时代，以及之后的一个多世纪里，我们今
天视为经济学家的学者普遍接触到来自不同学科领域的思想，
重要的是，其中就有宗教思想。许多情况下，他们（当然也包
括斯密）能接触到这些宗教观念，并不是出于任何刻意探索，
而仅仅是经由常态化的智识交流，智识交流构成了他们日常生
活的核心。这些观念只是他们"文化土壤"的一部分，是他们
那个时代"精神"的一部分。英语新教世界的宗教思想所产生
的新观念，由于在这一时期极具争议性，且处于激辩之中，所
以对于既非神职人员也非神学家的同时代人的思想（无论他们
是否意识到），都具有显著的影响。

斯密和他的同时代人不断接触到的新神学观念，尤其是那
些关于人的本性、这种本性所预示的个体之人的最终命运，以
及人类能动性的潜在可能的新神学观念，塑造了他们对世界及
其运作方式的根本感受。这些观念构成了他们带进自己思考和
写作的思维模式的一部分。用爱因斯坦的话说，这些观念是
他们世界观的一部分，用熊彼特的话说，是他们的前分析"图
景"。斯密及其追随者所开创的经济学，同他们生活其间的宗
教观念有深厚的联系，这并不出人意料。

此种联系依然存在，并且依然很重要。经济学不只有文化根源，领会这一点，有助于理解经济学本身，以及理解它源于何处。较之过去，经济学领域在我们今天生活的世界中具有广泛得多的意义和影响力。理解经济思想的根源以及这些根源背后的含义，有利于让我们理解我们的社会和政治。

29

第2章
通向亚当·斯密之路

对于将一切都与上帝联系起来的慈善而言，最与其背道而驰的莫过于把一切和自己联系起来的自爱了，话虽如此，却也没有什么能比自爱产生的效应更近似于慈善产生的效应。

——皮埃尔·尼科尔（Pierre Nicole）

众多蜜蜂当中的那些最劣者对公众的共同福祉贡献良多。

——伯纳德·曼德维尔（Bernard Mandeville）

仅受个人自利驱动的行为，能够且在合适的条件下会不单单为这些个体带来有益的结果，还会为其他人带来有益的结果，这一观念正是奠定现代西方经济学基础的核心见解，也就是我们今天所知的"看不见的手"概念。话分两头，在亚当·斯密那里，对这一短语的使用既非原创，也不那么具体。其他一些思想家以前也有过相同的提法，但没有人给出完整的解释，而且，这个观点几乎没有通行起来。斯密以竞争市场为中心的解释，为其带来了实质性内容，并被证明是有力的。在西方世界，特别是英语国家，尤其是美国，它成为过去200年来经济思想和经济政策的主流。今天，大多数美国人只视它为理所当然。

　　然而，就在 18 世纪初，多数思考这些问题的人，还有着大不相同的看法。少数认真思考这个主题的思想家，并非全然接受普通人有能力知道什么符合他们自身的经济利益。更重要的是，即使人们对自身利益有着清晰正确的认知，也不能假定追求自身利益就一定会产生有益的结果。恰恰相反，纯粹为了个人的私利而行事被认为是一种恶德，而描述这种行为的标准形容词则是"恶毒的"（vicious）。在此之前，17 世纪的重商主义者同样质疑过，出于个人动机的行为能否使一个国家的经济变得更好；他们的方法是自上而下管理经济事务。更早些时候，植根于罗马天主教会传统的中世纪经院学者，对出于个人动机的经济活动和更普遍意义上的市场作用持悲观态度，更倾向于为所有买卖之物弄出一套"公平价格"的理论。

30

　　斯密于 1776 年出版的《国富论》，首先对私人利益带来公共福祉的观念，给出了一个我们今天所看到的那种连贯、完备的解释：个体确实在正确感知他们的自身利益。（至少他们在工作或经营企业时是这样做的；斯密，毕竟是一位富有洞察力的道德哲学家，对消费者的选择，尤其是富人作为消费者的选择，仍持高度怀疑的态度。）追求自身利益的愿望，是一种人性的内在方面，在道德上并不比我们吃饭或呼吸的事实更令人不齿。在市场这种正当的经济条件下，追求我们的自身利益会产生对他人和我们自己都有益的结果，实际上也是理想结果。在市场条件下产生这些更广泛的理想结果的机制是竞争。毫不奇怪，斯密的贡献，最终让邪恶和恶毒这类用语在这一语境中销声匿迹。

　　《国富论》立即获得了成功。亚当·斯密成为国内大受青睐的政治顾问，而且也成了国际名人。到 18 世纪末，斯密关于竞争在市场环境中作为"看不见的手"的观念，以及由其而来的好处的观念，已为人悉知，并被广泛接受。从那时起，它就构成了西方经济学和经济政策思想的基础。

看待如此重要问题的这一全新方式从何而来？为什么它出现得正当其时，但从历史的角度看，似乎又那么突如其来？

• • •

31　　自人类开始将思想形诸笔墨（时间可能还要早得多）起，如何看待自利行为，以及如何处理它有时造成的麻烦，也就是说，如何处理它在道德上构成的挑战以及在实践中带来的问题，一直是人类思想的重头戏。《希伯来圣经》和《新约》都表明了人们对诱惑和危险的深刻认识，这些诱惑和危险，与人们只顾自己、不顾他人有关。早期中东的其他圣俗文献，以及斯多亚派和伊壁鸠鲁派的古典哲学家们，也以不同的方式涉猎过。后圣经时代犹太人和基督教的道德说教，也以这个问题为底色，从 7 世纪开始，伊斯兰思想也是如此。文艺复兴时期的人文主义传统赞扬了共和主义德性，那时的人们把这些德性与古希腊和前帝国时代的罗马关联起来，同样是想要说明政治体优先于自我的必要性。

在亚当·斯密时代，出现的较大新变化是将经济福利考虑进来。在斯密那个时代之前，没有多少人认为今天意义上的社会生活水平，即总体经济福利，是一个值得深思的问题。对有没有人能就此做出大文章来，共识就更少了。在圣经时代，人们知道经济状况会时好时坏，但他们主要将这种差异归因于两种影响：丰收与歉收，战争与和平。在以农业为主的经济中，收成自然是头等大事，而经济主动性似乎难对收成有何影响。圣经对此事的看法是，丰收是对德行操守和虔信之举的酬赏。（"你们若留意听从我今日所吩咐的诫命，爱耶和华你们的神，尽心尽性事奉他，他必按时降秋雨春雨在你们的地上，使你们可以收藏五谷、新酒和油。也必使你吃得饱足，并使田野为你的牲畜长草。"[1]）再者，憧憬和平乃是圣经的要旨，虽说肯定不是只讲求这个因。（"使人和睦的人有福了：因为他们必称为神的儿子。"[2]）

　　早期基督教的神父们和中世纪的经院哲学家们，同样对如何提高社会物质生活水平不感兴趣。基督教强调的重点不是此生，而是彼世，这方面远甚于犹太教。（"不要为自己积攒财富在地上。"[3]）经济行为固然重要，但主要因为构成它的个体行为可能是有罪的，因此可能会阻碍个人灵魂的得救。（"那些想要发财的人，就陷在迷惑，落在网罗和许多无知有害的私欲里，叫人沉在败坏和灭亡中。"[4]）从整个社会的角度来看，重要的不在于生活水平，反正没有哪一个人可以影响到它，而在于人们的经济交往是否依循宗教原则。只要价格公道，买卖便被接受。个人借贷也是如此，但前提是不收取利息。[5]

　　此外，在教会的眼中，提高一般生活水平，即使有可能，也不一定是可取的。奥古斯丁认为，对物质财富的过度欲求，与性欲、权力欲一样，是人类的三大罪之一。不论什么样的获取方式，财富都是一种危险。（"我实在告诉你们，财主进天国是难的。"[6]）早期的基督教思想，反倒是赞美催生出一批批隐士甚至苦修者的那种禁欲生活。在中世纪，修士和许多平信徒也甘守清贫，像方济各会和多明我会这样的托钵修会，则回避私人慈善以外的物质资助。

　　文艺复兴走向了不同的方向，将贵族对荣誉和荣耀的追求理想化。然而，当时的思想家所认为的荣耀之事，与大众生活水平无关，而是君主们及其扈从臣下的奢华炫示，以及他们建造的纪念碑式公共作品——宫殿、教堂、喷泉、花园。君主的荣誉和荣耀也来自军事冒险。一个社会的生产能力之所以重要，是因为它使建造纪念碑式作品和制造武器成为可能，而不

32

在于它能给普通民众带来任何直接利益。与此同时，拥有更多的人口也变得可取。较小的国家生活在被大国征服的持续威胁之下。（出于军事原因，对更大人口规模的偏好在文艺复兴之后并未消失；一战之后的英国和希特勒掌控下的德国，都奉行鼓励提高人口出生率的生育政策。[7]）

在欧洲，由此导致的经济活动对"国家理性"的屈从，以及相伴而来的对更多人口的偏好，在 17 世纪太阳王路易十四统治下的法国达到了新的高度。虽然路易十四在位 70 多年，超过了对大多数统治者来说难能可贵的统治时间，但要增加一国的适龄参军人口数量绝非易事。另一种选择是雇佣外国兵来扩充国内军队。然而，佣兵，尤其是提供这些佣兵的外国头领，必须得到报酬。 除了购买武器外，对雇佣军的潜在需求，让人们将一国持有的货币金属（主要是黄金和白银），作为衡量其财富的指标。

因此，重商主义那套通行的经济计划，促进了国内制造业的发展，尤其是那些在出口市场可能有吸引力的产品，与此同时，还抑制了进口——所有这些都是为了积累金银条块。为此，长期担任路易十四财政大臣的让 - 巴普蒂斯特·柯尔贝尔（Jean-Baptiste Colbert），创办了哥白林（Gobelin）挂毯工厂，以及生产各种其他产品的企业。建立法国玻璃厂后，柯尔贝尔同时就禁止了进口威尼斯玻璃。这样的想法几乎不只在法国流行。1664 年于伦敦出版的当时最畅销的英国政治经济学著作之一，名为《英国得自对外贸易的财富，或，对外贸易平衡是我们财富的法则》（*England's Treasure by Forraign Trade, or, The Ballance of our Forraign Trade Is The Rule of our Treasure*）。用作者托马斯·孟（Thomas Mun）的话来说，国民经济的目的是蓄养"战争的命脉"（sinews of war）。[8]1670 年代，英国禁止进口法国商品，如葡萄酒、亚麻布和白兰地。⁹18 世纪的《英国航海法》也一定程度上服务于这一目的。

此类重商主义政策，远非它们标榜的那样具有中立性，这并非偶然。对某种商品生产或销售的垄断，保护了获得皇家特许之人的利益，并阻止了可能寻求进入该行业的其他人。对售卖的垄断也为国王提供了急需的收入。因此，随着时间推移，这些政策背后的"国家理性"与生产者的利益混为一谈；毕竟，他们生产的商品要么在出口时以黄金和白银支付，要么在国内出售以取代进口商品时保留下了金属铸币。相比之下，公众的消费吸收的是可能销往国外的商品，有时甚至还需要进口商品。因此，重商主义计划的另一个要素是保持低工资，如此便降低了人口的生活水平。一般来说，重商主义政策需要自上而下来实施，牵涉到大量国家授予的垄断企业和国家强加的贸易限制。

直到 18 世纪，主要是在英格兰，甚至在苏格兰，对经济问题的思考才开始集中于提高一个国家的整体生活水平。可以看到，苏格兰人希望入伙英格兰的殖民贸易，从而达到与英国人已经享有的经济发展水平相当的水平，这是 1707 年与英格兰签订联合法案的主要动机。取缔苏格兰人的国家议会，并且出于种种实际考虑而同时取缔他们的王室，必定会招致争议。领导反对派的著名苏格兰政治家和经济思想家安德鲁·弗莱彻（Andrew Fletcher），同样寻求加快苏格兰的经济发展；但他没有与英格兰结盟，而是赞成苏格兰建立自己的海外贸易帝国，该计划在如今巴拿马的一块殖民地上拉开帷幕。¹⁰ 但弗莱彻的计划在 1700 年失败了，因为 3 次灾难性的探险一共让约 2000 人丧命，甚至损失了公司注册资本的一半还多。这一失败，加上苏格兰连年歉收（据当时估计，三分之一的人死于饥馑¹¹），最终成就了几年后开始的联合运动。

因此，毫不奇怪，正是在苏格兰，在联合法案之后的几十

年里，国家生活水平的概念和提高生活水平的目标，才或多或
少以我们今天所知的形式进入了经济思想。18 世纪中叶著书立
说的大卫·休谟，对国际贸易中的重商主义思想，尤其是对积
累金银的痴迷，做了最尖锐的批驳。休谟解释说，一个国家持
有金银的增加会提高其商品的价格，从而使重商主义者希望通
过积极的贸易平衡去达成的目标落空。他还揭示，一旦超越军
事对抗的观点，一国外部那些竞争国家的繁荣，不仅有利于那
些国家自身，而且对该国国内也有好处：外国财富的增长，意
味着国外对该国国内生产商品的需求增加。"不仅作为一个人
来说，而且作为一个英国子民来说，"他写道，"我为德国、西
班牙、意大利甚至法国自身的商业兴盛祈祷。……如果英国和
所有这些国家的君臣彼此抱有宽仁大度的感情，它们就会更加
繁荣。" 12

通往财富的途径，是与他国进行贸易，而不是征服它们，
再掠夺其财富，奴役其人民，这一理解在欧洲人的思想中初露
端倪，休谟的国际贸易理论反映了这一点。13 他对国际贸易的
益处以及货币和价格之间的联系机制的说明，今天仍然是西方
经济思想中被普遍接受的内容。

亚当·斯密进一步阐述了贸易作为繁荣之路的想法，并
更加明确地提出了提高国家总体生活水平的目标。斯密伟大作
品的标题指涉的是生活水平，而不是对金银的持有。事实上，
《国富论》是一本政策制定指南，旨在让一个国家从像苏格兰
这样的低经济发展程度，提升到像英格兰那样繁荣的程度。斯
密通篇对此一主旨挂念于心。他指出："当绝大部分成员贫穷
困苦时，没有一个社会能够兴旺发达和幸福。"重中之重是
"劳动贫民即社会绝大多数人的生活状况"。14 他提出的问题是
如何改进它。

对自利做出新思考的时机也已经成熟。要解决这种深达人性的问题，传统路数是靠两种方法来限制潜在有害的个人行为：由国家或较小共同体甚至家庭施加的外部限制，以及由宗教造设的内部限制。每一种方法都对那一目的有价值，但即便是两种加在一起也显然力有未逮。千百年来，乌托邦梦想一直都有，但没有一个社会找到消除犯罪的方法，更不用说去消除所有尚达不到那种程度的有害行为了。

在亚当·斯密时代之前的百余年间，这个主题是英国公众关注的焦点。一边是公民德性，另一边是腐败，而人们往往在腐败和基于市场的商业之间勾画出明确的关联，公民德性与腐败的问题，成了整个英国清教革命时期辩论的主要内容，也是在议会方取得内战胜利后建立的共和政体治下辩论的主要内容。[15]查理二世随后的君主制复辟，又充斥着当时欧洲王室通常炫耀奢华的特征，引来了针对奢侈消费的强烈道德抵制，以及对国家道德品格的高度关注。[16]古典时代之后，与奢侈相关联的柔弱表现，是一个特别受关注的问题。托马斯·孟论贸易的著作，在复辟发生四年后出版（尽管写于更早时间），哀叹"我们在吸烟、喝酒、宴乐、奇装异服和把我们的时间滥用在偷安和享乐方面的普遍堕落"。在孟看来，这样的堕落，"使我们在身体方面毫无丈夫气，使我们的知识欠缺，使我们的财富贫乏，使我们的勇气低落，使我们的事业遭到不幸，并且使我们为敌人所轻视"。[17]相比之下，正如政治家和政治理论家阿尔杰农·西德尼（Algernon Sidney）宣称的那样，清贫是德性之母。[18]

这个问题并没有随着查理之死而消失。在 1688 年光荣革命中即位后，威廉和玛丽多次发表宣言，反对"邪恶、不道德和腐败"。1699 年，英格兰教会成立了一个"基督教知识促进协会"，其宗旨大致相同。除了在国外的传教工作外，在英

36

国国内，该协会还设立了慈善学校，教授孩子们当时的日常科目，包括宗教和道德。安妮女王于 1702 年威廉去世后登上王位（玛丽已经先于他去世），而后发布了一则告谕，"鼓励虔诚、德行及防止和惩罚邪恶、亵渎、不道德"。

不过，对公共道德的担忧，不仅仅困扰着顶层权威。从 1690 年代开始，伦敦和其他城镇出现了私人性质的"礼俗改革协会"，通过揭发邻居的不当行为来加强道德纪律：性行为不端、酗酒、赌博、亵渎，甚至只是不持守安息日。然而，这些志愿团体的表现却不尽如人意，几十年内便销声匿迹。[19] 与此同时，像约瑟夫·艾迪生这样广受欢迎的散文家，在《旁观者》（*Spectator*）中反复强调同样的主题。[20] 从事商品买卖的詹姆斯·威斯顿（James Whiston）指斥"懒惰、奢侈、放荡"，以及"宗教、德性和公共正义的衰败"。[21] 丹尼尔·笛福的《摩尔·弗兰德斯》（*Moll Flanders*，1722 年）中精进不休的主人公，体现了那个时代对个体道德懈弛的看法。不久之后，历史学家伯纳德·贝林（Bernard Bailyn）写道："浸淫于横财中的那一代人，陷于自我放纵、使人柔弱的奢侈和贪婪的追逐。"[22]

这种恶习和不道德带来的经济影响，随着南海泡沫（South Sea Bubble）的破灭，在 1720 年之后变得尤为明显。此次泡沫事件是金融史上以破灭收场的经典投机事件之一，可与一个世纪前的荷兰"郁金香狂热"事件，以及自那之后无数经典的由市场过剩引发的经济衰退相提并论。早在差不多十年前，英国政府按照传统的重商主义思路创建了南海公司，授权这家私营公司垄断英国与西班牙南美殖民地的贸易。政府还将新公司视作整合英国国债的工具。1719 年，公司对外发行股票，在随后的炒作中，股价很快上涨了 10 倍。一年后，当公司倒闭时，许多个人投资者，包括地位显赫之人，都血本无归。虽然赔钱的那些知名投资者都来自贵族和有产绅士——因乔治国王本人是公司的名誉董事会主席，他持有股票吸引了一批精英客户——但许多小投资者也失去了他们的股份。

更糟糕的是，南海惨败也成为大规模腐败的表征。事实证明，该公司股价的惊人上涨与今天常见的欺诈有关。舞弊现象现在司空见惯，但 18 世纪初期在公众眼中却为新奇事，股票操纵、内幕交易、对公司盈利前景的漫天吹捧、基于当前持有资产的安全性为投资者提供贷款以购买更多股票，种种劣行都在这场灾难中发挥了作用。议会的主要成员还收受贿赂，从一开始便为投机推波助澜。然而，就在当时，南海公司也不是独一家。其他寡廉鲜耻的发起人也在实施类似的计划，要着如出一辙的花招，只是规模要小一些。1734 年，议会通过了一项法案，谴责"股票交易中邪恶、有害和破坏性做法"。[23]

南海事件演变成了一场公共奇观，引来的既有蔑视，也有嘲弄。乔纳森·斯威夫特的诗《泡沫》（*The Bubble*）出版于泡沫破灭后一年，记录了公众的嘲笑：

> 聪明哲学家你来解释
> 当钱进到南海时，
> 什么魔法使我们的钱变多了；
> 抑或这些变戏法者欺骗了我们的眼睛？
> 说得真好，投入你的钱；
> 转眼就不见了——它又回来了；
> 女士们，先生们，看哪，
> 这里每一块都有十块那么大。[24]

威廉·贺加斯（William Hogarth）极具象征意义的版画《南海绘图》（*The South Sea Scheme*）也作于 1721 年，展示了一个想象中的伦敦场景，其中心是由金融财富之轮代表的一场狂欢之旅，乘客是那些在南海股票上下了赌注并赌输了的各行业普通人：一名绅士、一名神职人员、一名妓女和其他为人熟悉的角色。描绘的场景有一贼人打劫了一位绅士；天主教、犹太教和非国教的新教神职人员（各人身份从其着装便能轻易辨识）以掷骰子作赌局，摆出的姿势与在许多大家熟悉的耶稣受难像中戏弄基督袍子的兵丁一样；诚实的命运之神，戴着眼罩表明她没有偏见，在人群鼓掌喝彩中被恶魔折磨；另一个恶魔用鞭子抽打荣誉之神；一根巨大柱子的底座刻着"谨以此碑铭记 1720 南海带给这座城市的毁害"，风格模仿的是克里斯托弗·雷恩（Christopher Wren）为纪念 1666 年伦敦大火的题字。此版画深孚民望，开启了贺加斯的职业生涯。[25]

南海泡沫从公众注意力消失一段时间之后，剧作家、小说家和艺术家继续嘲弄恶习和罪恶，以及二者时常惹出的不折不扣的愚蠢，当时的流行观念将它们视作英国生活的特征，尤其是伦敦和较大市镇的生活特征。约翰·盖伊（John Gay）写于 1728 年的《乞丐歌剧》（*The Beggar's Opera*），塑造了一群沉溺于贪婪和恶习的角色，以不朽人物波莉·皮恰姆（Polly Peachum）为首［她一定程度上是当时首相罗伯特·沃波尔（Robert Walpole）的讽刺性化身］。乔治·李洛（George Lillo）的《伦敦商人》（*The London Merchant*, 1731 年）、塞缪尔·理查森（Samuel Richardson）的《克拉丽莎》（*Clarissa*, 1748 年）和亨利·菲尔丁（Henry Fielding）的《汤姆·琼斯》（*Tom Jones*, 1749 年）都塑造了将贪婪和不道德人格化的人物。

同样，贺加斯于 1732 年创作的六幅铜版组画，名为《一名烟花女子的历程》（*The Harlot's Progress*），描绘了一个年轻乡村女孩在伦敦的职业生涯，从无邪的新来者到优雅的绅士情妇，从街头妓女到监狱囚犯，再到因性病而早逝。贺加

威廉·贺加斯，《南海绘图》（1721 年）。贺加斯夸张地演绎了南海泡沫破裂所揭开的金融和道德崩溃，这一年，他刚 24 岁

斯创作于 1738 年的《谷仓里穿扮的巡演女演员》（*Strolling Actresses Dressing in a Barn*），同样突出了那个时代戏剧生活的艳俗一面，那些在舞台上给富人表演的女性，画作中多处涉及她们身上想当然会有的道德不检点。他创作于 1751 年的杰作《金酒小巷》（*Gin Lane*），是一场关于乖常、破坏和死亡的骚乱，这一切皆归因于底层市民的嗜酒（金酒主要是穷人喝的）；与 30 年前引人发笑的南海寓言形成对照，《金酒小巷》的刻画手法是令人可怖的现实主义。全套组画吸引了大量普通读者，当时其他不那么有名的艺术家的类似作品也是如此。对国家道德品质的关注，并不局限于小范围的精英阶层。

40

威廉·贺加斯，《金酒小巷》（1751年）。贺加斯描绘的许多肮脏和堕落的形象，都与那些年让伦敦民众震动的著名事件有关

　　该主题也是学者论述的重中之重。在宗教改革和内战创伤的刺激下，以及在欧洲大陆三十年战争、西班牙－荷兰战争和其他众多敌对行动的刺激下，英国在17世纪末、18世纪初对恶习和德性问题进行的大量讨论，反映出了对这些冲突带来的残酷和死亡的记忆，以及对它们背后不宽容、狂热和迫害的记忆。讨论集中于人的"合社会性"（sociability）或缺乏"合社会性"的问题，以及人类社会要管理好自身的那些题中应有之义。[26] 人们现在所生活的市场社会愈加复杂和匿名，进一步加剧了这一挑战。

　　争辩两端是托马斯·霍布斯和沙夫茨伯里伯爵安东尼·阿什利·库珀（Anthony Ashley Cooper）针锋相对的观点。霍布斯像他那个时代许多人（稍往后还包括大卫·休谟和亚当·斯密）一样，试图将人类研究置于更健全的科学基础之上。他的思想还反映了后文艺复兴时期关于人性的现实主义立场（当时和现在许多人称其为犬儒主义）。古典时代和文艺复兴时期被解释为英雄德性的东西，在霍布斯看来仅仅是为生存而奋斗的形式——所有自利当中最根本的形式。在他所谓的自然状态下的生活是"孤独、贫困、卑污、残忍而短寿"。生活在"持续的恐惧和暴力死亡的危险中"，人类不得不诉诸社会契约来让自己免于在"每一个人对每个人的战争"中灭亡，否则他们将被这种战争吞没。[27] 这种需求不会随着时间的推移而减少。即使在经历了数千年的文明之后，希望通过与生俱来的德性来抑制经常使人们产生冲突的自利，仍是一种幻想。如哲学家和神学家约翰·诺里斯（John Norris）在 17 世纪末所言，"慈爱不仅始于家庭，而且很大程度上也止于家庭"。[28]

沙夫茨伯里对人性的看法更具善意，更符合即将绽放的启蒙运动。在他看来，人们不仅具有五种人所共知的身体感官，而且还具有第六种感官：道德感。它实际上是一组"关于情感的情感"，[29] 使我们能够理解幸福与不幸、正确和错误、德性和邪恶之间的区别，而无需宗教的教诲或国家的约制。此外，这种与生俱来的道德感，使我们更偏爱道德行为而非不道德行为。正如希腊和罗马的斯多亚派很久以前所争辩的那样，人类幸福之路也就是过上有德的生活。只要人们认识到，幸福是可能的，并理解其基础所在，那么，德性（无论是公共的还是私人的）与一个人的自利（毕竟也是在谋求幸福）之间便不存在冲突。德性和自利是相容的。

霍布斯的宿命论悲观主义和沙夫茨伯里的斯多亚式（有人会说是乌托邦式）乐观主义，标志着 17 世纪后期英国在思考人性基本问题上，以及在思考随之而来的人民和平相处、自

42

治的前景问题上，成为争辩两端各自所能达到的极点。但是经济活动可从哪里被纳入这类思考方案呢？个中联系似乎一目了然。即使撇开霍布斯将自利视同基本生存（包括对衣食住所的需求）不谈，经济领域也可能是最明显的领域，普通人的日常行为皆在这一领域围绕着自利展开。

随着英国经济（仍主要是农业经济）在商业市场中扮演越来越重要的角色，这个问题变得越来越重要。自给农业（即便曾经是）早已不再是常态。大多数农民都在寻找市场，而且越来越多地寻找市场来维持他们的营生。即使是在领主庄园耕种的佃户，也依靠店家和各种货物供应商来获得日常必需品。在大多数情况下，手艺人和市民完全依赖市场互动，既是他们所生产之物的卖家，又是他们所需要之物的买家。到 17 世纪末，霍布斯和沙夫茨伯里等思想家面临的一个重要挑战，是要去理解经济日趋商业化背后的社会基础。

正如人类保护自己和家人免遭他人侵害，甚至有可能的话要去支配他人的自利欲望，势必会带来一场一切人反对一切人的霍布斯式战争（在这场战争中，每个人都可能丧生，许多人会丧生），在新的市场经济中，无限制地追求自我利益，也势必会带来灾难。但是，霍布斯以隐喻手法一劳永逸地诉诸社会契约的解决办法，显然在经济领域中找不到对等办法。单纯假定多数人会从某种斯多亚意义的理念出发，认为行事端正最终能令他们变得幸福，从而在市场活动中端正行事，似乎也不在理。

尤其是在经济生活领域，克服利己主义带来的危险，似乎是一个绕不开的挑战。商业社会的进步和传统农业的相应退步，在一个长久以来将土地财产视作尊严和德性、将商业（包括投机性金融）视作腐败的国家，尤其令人担忧。罗马天主教会在许多国家拥有大片农田，通常认为乡村生活比城市生活更可取。宗教改革后，这种偏见在许多新教国家仍然存在。因此，现在越来越多的人口从乡村迁移到城市，只会加剧许多人眼中道德滑坡的威胁（同样的迁移潮，在 19 世纪和 20 世纪初的美国，也引发了这种担忧）。[30]

早在南海泡沫之前，东印度公司（1600 年）和更晚些的英格兰银行（1694 年）的成立，让商业和金融的兴起有了官方背书，但腐败与道德败坏、柔弱化形影相随的印象，仍盘旋于公众头脑。1706 年，丹尼尔·笛福将"信用女神"（Lady Credit）描述为妓女，"一个忸怩作态的姑娘"，"会主动追求大多没机会接近她的人"。相比之下，"如果你主动追求她，你就会失去她，或者必须以不合理的价格购买她"。[31] 笛福在 1724 年的小说《罗克珊娜》（*Roxana*）中塑造的主角妓女，是"信用女神"的化身。此时，在大银行的支撑下，金融市场得到了发展，同时也推动了政府债务的增长，当时和现在一样，许多人认为这是公序败坏和滑坡的特别诱因（也是造成南海事件的部分原因）。

此外，每个人也都明白，自利可能会威胁到社会的和平自治能力。再次与围绕家族内部传承或由君主持有的土地财富的安逸传统形成对比，追求金融财富造成的腐败影响，在许多人眼里似乎威胁到了个人自由、政治稳定，乃至国家自卫的能力。在 1739 年出版的第一部重要著作中，大卫·休谟强调了经济自利所引发的普遍恐惧。休谟写道，所有别的人类激情"要么很容易受到抑制，要么沉溺其中时不会产生如此有害的后果……只有这种为我们自己和我们挚亲谋取物品和财产的欲念，是永无餍足的、恒常普遍的，具有直接的社会破坏性"。[32]

一种更为乐观的思考自利的后果的方式（尤其是在经济领域），最早出现在 17 世纪后期的法国。奇怪的是，这种乐
44

观主义的源头是罗马天主教会内的一个团体，他们对人性持极为负面的看法。这批詹森主义者，荷兰 - 比利时主教科尼利厄斯·詹森（Cornelius Jansen）的追随者，同时也活跃在巴黎，他们是奥古斯丁派，信奉圣奥古斯丁关于罪在人类生存中举足轻重的观点。但奥古斯丁也认为，罪所激发的行为在某种程度上是对罪的补救。他认为，人破坏社会的冲动在一定程度上受到他人欲望的制约，而这些他人欲望也是人类有罪本性的结果。因此，人类拥有一定和平共处的能力，尽管是有限的。（奥古斯丁同样将婚姻、奴隶制、私有财产和国家等人类建制，视为对普遍存在之罪性的部分补救措施。）

给经济学带来洞见的这条通路，发端于詹森及其追随者共持的另一个重要的奥古斯丁信条：由于这种有罪本性，只有一些人会获得灵性救赎，并且至关重要的是，不可能知道谁将得救而谁不会得救。[33]16 世纪和 17 世纪初，随着加尔文主义在北欧许多地区迅速传播，这种观念重新受到重视，一定程度上是针对众多加尔文主义者对自己能得救表现出的自信满满。（如果奥古斯丁是对的，他们怎么可能知道？）然而，这也给天主教徒提出了一个难题，因为在如此多大家熟悉的环境中，人们可以很容易地观察到彼此的行为——有些人将毕生献给慈善事业，其他人自私地追求自己的利益。天主教徒相信（并且依然相信），一个人在尘世的"作为"，在决定他或她最终的得救上发挥着重要作用。那么，为什么不可能判断出一个人是否可得救呢？

詹森一直小心翼翼地避免在自己有生之年发表对这个主题的看法，当时三十年战争仍在进行，宗教异端邪说很危险。他的主要著作《奥古斯丁》在他去世两年后的 1640 年才面世。书中，他承认正义行为"慈善"对于拯救的重要性，但仍然接受了足够多的新教思想元素，质疑了为拯救目的所行事工的功效性。教宗乌尔班八世旋即谴责了该书。在路易十四看来，詹森的想法不仅在神学上不合理，而且对法国国家也是一种威胁，应他的要求，乌尔班的继任者英诺森十世，在十几年后再次谴责《奥古斯丁》。尽管如此，詹森弥合天主教和新教思想之间的裂隙的尝试，依然具有很大的吸引力，尤其是在法国。詹森主义思潮的大本营位于巴黎郊外的王港（Port-Royal），它不断发展壮大，最终于 1718 年被教会拒绝承认，遭到绝罚打击。然而，在此之后，詹森主义的思想和影响力仍然存在于许多法国教育机构当中。[34]

在 17 世纪后期，当这股思潮达到顶峰时，众多法国詹森主义思想家对道德问题进行了深入探究，这也使他们的见解触及了经济学领域前身的诸多点位。[35] 收获最大声望的有两位，一位是天主教神父和神学家皮埃尔·尼科尔（Pierre Nicole），他在王港的詹森派学校生活和教学，一位是让·多马（Jean Domat），他是一名律师和法学者，也与王港詹森团体关系密切。两人都出生于 1625 年，所以当詹森主教的《奥古斯丁》面世时，他们已经 15 岁了。尽管他们二人有关前述主题的论著在许多方面相似，但尼科尔给出了最为直接的论据，证明自利不论是与整个社会还是与社会内部诸个体的福祉都是相容的。

尼科尔是一位多产的作家，拥有大量英语和法语读者。1662 年，他和同为詹森主义者的安托万·阿尔诺（Antoine Arnauld）出版了《思考的艺术》（*The Art of Thinking*）。70 多年后，当亚当·斯密在格拉斯哥大学读本科时，该大学仍在使用这本书作为逻辑学的授课教材。不过，《道德论说文集》（*Moral Essays*）才是尼科尔最著名的作品，它于 1670 年代用法语写成，不久后便出版了英文译本。[36] 英语读者很看重这些文章。（约翰·洛克本人翻译了其中三篇，却发现已经有了

45

英文译本，他一直未发表自己译成的内容。³⁷）

尼科尔一篇题为《慈善与自爱》的文章，单刀直入地解答了詹森对加尔文主义者得救信心的含蓄指责所带出来的难题。³⁸尼科尔一开始便转向内心，解释说，由于人类的动机很复杂，即使细心内省，人们也不可能确定他们何以行所为之事。在任何既定情况下，我们的行为都单纯出于善意吗？抑或出于某种自私的目的？又或者可能两者兼有？尼科尔给出的结论是，无论我们多么专注地审视自己的动机，我们都无法辨清，只有上帝才能真正察验人心。

转到外部现象上，他认为，尽管我们有能力观察他人的行为，但无法准确弄清楚他人动机实质如何。这个观点反过来又使他得出了一个关键洞见：部分甚至完全出于自利的行为，有时它们必定会带来的一些后果，与那些出于慈善动机的行为造成的后果无法区分。若非如此，那么仅通过观察某人的行为，就很容易判断出某人的行为是出于慈善还是出于自利。尼科尔看到："对于将一切都与上帝联系起来的慈善而言，最与其背道而驰的莫过于把一切和自己联系起来的自爱了，话虽如此，却也没有什么能比自爱产生的效应更近似于慈善产生的效应。"³⁹

尼科尔的解释是，即便我们可能完全受自利的驱使——"我们心中藏着多么可怕的怪物"——但我们仍然明白，行事时对他人表现出明显的善意，往往符合我们自己的利益。自利让我们试图取悦他人，因此隐藏了驱动我们的自利本身。自利"非常清楚如何用慈善的外表来装扮自己，以至于几乎不可能确知它和慈善的区别是什么"。它"完美地模仿了慈善……它给我们的回应和慈善给我们的一模一样，并以同样的方式和我们打交道"。最后，慈善和自利导致了同样的外在行为。表面上的德行，可能只是掩藏恶习的一副面具。情况又回到，只有察验人心的上帝才能明白就里。[40]

　　尼科尔见解里有一个含义与詹森派的奥古斯丁主义思想是完全合拍的，即自利本身解答了霍布斯对人们彼此共同生活能力的担忧。虽然每个人的利益都跟他人的利益相对立，但"作为这场战争起因的自爱，毫不费力就为人们如何实现和平相处指明了出路"。社会秩序之所以可能，正是因为我们腐败的本性。由于自利以这种方式指导我们的行为，就算"在慈善无立足之地的国家（Estates），因为真正的宗教从那里被驱逐，人们也会生活在和平、安全和舒适的环境中，就好像他们活在一个圣人国度（Republick of Saints）"。社会不仅依靠其成员有罪的自爱维系自身，也在借助自爱的效应，原因或许在于上帝"深谋远虑地"以这样一种方式设计了这个世界。[41] 它是上帝使堕落造物得以生存的方式。

47

　　尼科尔还看到，同样的原则也适用于日常的经济活动。进言之，不仅自利让我们的行为方式类似于出于慈善动机的行为方式，为满足我们物质需求而进行的经济活动，可能会更加类似。他归结道："这是人们所践行的一切商业活动的源泉和基础。"[42] 在另一篇文章中，尼科尔以旅行者能够在没有朋友的城市找到住处为例说明了这一点："去到乡间，我们到处会遇到乐意服务行旅者的人，他们提供房舍来招待这些行旅者。"他解释说，客栈老板提供这些服务不是出于慈善，而是出于自利。"为他人缘故建造一整栋房子，并在屋内配上所有必要的家居用品，然后把钥匙交给他人，这会是慈善之举吗？"但出于经济自利的驱使，客栈老板乐此不疲。以同样的方式，"仿照并借力于这种商业，生活的所有必需品都在某种程度上得到了供应，而并没有同慈善混为一谈"。[43]

　　人们得以和平共处、物质需求得以满足，这些基本的人类活动成果，是否因此使得自利在道德上为善了呢？忠实于自己宗教原则的尼科尔并没有往前迈出这一步。在他的论证中，自利会产生有用的实际后果，但它仍是人类腐败本性的一个表现。事实上，正是因为人们固有的道德缺陷，自利才有了用武之地。每个人都"无限制地爱自己；只爱他自己，让所有一切都围着他来"。[44] 但他行事时仍然表现出慈善的样子，因为他知道这样做于己有利。我们无法摆脱与生俱来的不完善，但在尼科尔看来，我们不应该为其击掌叫好，更不用说为其赋予道德或宗教价值。因为，是上帝将我们在俗世的恶行转为善用，将自利变为福祉，但自利在灵性上依然是灾难性的。慈善和自爱可以达成实践中的共生，但它们在道德上仍然是相互对立的。

但是，无论在道德上是否可以接受，自利行为产生了尼科尔（以及多马）归因于它的那些后果的事实，对经济学产生了重大影响。另一位詹森主义思想家、行政官员和法官皮埃尔·德·布阿吉尔贝尔（Pierre de Boisguilbert），往前推进了这一见解，发展出了近乎现代的经济学概念。[45] 布阿吉尔贝尔比尼科尔和多马要小一辈，他在王港接受教育时，柯尔贝尔的重商主义的缺点越来越明显。想将法国经济作为一个企业来运营，就好像它只是太阳王的个人财产一样，这根本行不通。布阿吉尔贝尔看到这是不必要的，这正是他的贡献所在。

布阿吉尔贝尔的《法国详情》（Detail of France）于1695 年出版，副标题"论财富减少的原因及其补救方法"很有针对性，它从经济角度对当时的法国重商主义发起了首次正面攻击。[46] 在出版于 1704 年的《谷物论》（主要讨论农业经济中的一个重要主题）中，他就此做了进一步分析。[47] 法国当局注意到了此书。具有讽刺意味的是，布阿吉尔贝尔本人就从事书报审查工作，但当他在几年后将这两本书收入自己的作品集再版时，这两本书都成了禁书。他甚至流亡国外好几个月。

布阿吉尔贝尔认为，像法国这样的国家是可以在没有国家干预的情况下实现经济"富足"的。关键是自由贸易，而不是自上而下发指令去鼓励出口、禁止进口。通过将尼科尔的推理扩展到经济整体，他主张，当个人遵循自身利益（即使它自然会和所有其他人的利益相冲突）时，他们采取的行动共同地将社会推向繁荣。布阿吉尔贝尔利用这一根本洞见，在思考市场的作用和功能方面取得了重大进展，包括市场所带来的意料之外但可能的积极后果，即他眼中的"互惠效用"。[48]尽管他做此分析的时间比较早，但分析进路非常复杂，表现出了对价格作用的理解，它预见到了 70 多年后亚当·斯密在《国富论》中的贡献。《谷物论》甚至有了对竞争在此一过程中的重要性的理解。"商人多，商品多，符合所有买家的利益，"布阿吉尔贝尔写道，"商人只有确信他的邻居（其店里摆满了同类商品）会更加理性，他才会变得理性。"[49]

布阿吉尔贝尔的著作，在法国以外和在他身后的直接影响并不大。（值得注意的是，它们仍未被翻译出来。）但这些著作塑造了下一辈人理查德·坎蒂隆（Richard Cantillon）的思想；坎蒂隆是法裔爱尔兰银行家和商人，他的《商业性质概论》整合并进一步阐发了布阿吉尔贝尔的工作。[50]这本书写作时间明显是在 1730 年代初，但一直到坎蒂隆去世 20 多年后的 1755 年才出版。1760 年代，亚当·斯密逗留法国期间，正值该书成为人们讨论的话题。[51]斯密手边有一本，他在《国富论》中提到了坎蒂隆对工人工资的看法。[52]

与此同时，随着伯纳德·曼德维尔那本惊世骇俗的《蜜蜂的寓言》于 18 世纪初面世，对长期存在的自利问题的一种乐观的思考方式在英国盛行开来，只不过，重要的一点是，它没有了尼科尔甚至布阿吉尔贝尔的奥古斯丁派 / 詹森派的道德主

49

义。曼德维尔也是欧洲大陆人，从履历看，他是荷兰医生，出生在鹿特丹，在莱顿接受教育；但他于 1690 年代移居伦敦并用英语写作。[53] 他最初在 1705 年以嘲讽诗的形式提出自己的见解，题为《蜂巢嗡嗡》（*The Grumbling Hive*），诗里讽刺了英格兰和作者出生地荷兰等国的公民，他们虽享受较高生活水平，但对他们眼中的奢侈和腐败感到忧心。1714 年，曼德维尔将这首诗扩写成书，以散文体释义诗句。1723 年，南海泡沫破裂之后，他对该书作了增补。正是这个增补本在当时备受瞩目（惹得谤议纷纷）。

曼德维尔选择蜂群来表现人类社会，表现社会中的经济，这对他那个时代的读者来说再熟悉不过了。柏拉图、亚里士多德和维吉尔等古典作家都曾将井然有序的蜂巢与希腊城邦（polis）或罗马城市（civitas）进行类比。中世纪的作家和艺术家都关注蜜蜂的效率和无私的劳动，经常将其和修道院的生活相提并论；许多蜜蜂的图像都配有文字"不为我们自己"（non nobis）。蜜蜂和秩序的联系，在文艺复兴时期也为人悉知。在莎士比亚的《亨利五世》中，坎特伯雷大主教意味深长地告诉这位年轻的国王，"蜜蜂就是这样发挥它们的效能；这种昆虫，凭着自己天性中的规律把秩序的法则教给了万民之邦"。[54] 当时的许多政治理论家在提及蜂王的作用时，也认为井然有序的蜂巢表现出了绝对君主制下的政府理所当然具有的优势。[55] 在 16 和 17 世纪，蜂巢也是一种宗教象征——有时甚至用于谐谑；《神圣罗马教会的蜂巢》（*The Beehive of the Holy Roman Church*）是首次出版于 1569 年的讽刺短文，在接下来的 200 年里被多次重印。英国清教徒同样将蜜蜂视为基督教社会团结和服从的象征。[56]（这一用法在美国也很常见，19 世纪的摩门教徒将犹他州取名为"蜂巢州"。）

为达到他在《蜜蜂的寓言》的目的，曼德维尔需要解决的

佚名英国版画（约 1692 年）。左边的拉丁语文字引自维吉尔的一句诗，意为"因此，我们蜜蜂酿蜜，不是为了我们自己"。右边的说明文字写着"书中自有一切"

第一个问题是，如何从道德的角度评估人的行为。也许是出于本意，但更可能是作为他论证中枢力量的陪衬，他追随了尼科尔和多马，他在荷兰接受的教育让他谙熟二人的想法；他们实际是在探究"意图的道德性"问题，而这是 12 世纪以来宗教学说的主要内容：对于道德目的而言，重要的是人们的意图，而不论他们所做之事带来了什么结果。[57]"我们不能根据其行为可能造成的结果去判断一个人，而要根据事实本身以及引发其行为的动机去判断"，曼德维尔的这一主张，仿佛是在回应尼科尔。[58]此外，曼德维尔采用了严格的德性概念，排除任何自利因素；从道德的角度看，混合动机并不比单纯自利更好。

　　因此，在当时英国争辩的图景中，曼德维尔持的是反沙夫茨伯里立场。也就是德性，要严格界定的话，很大程度上是超越人性的；我们采取的所有行动均出于自利，或者至少部分是出于自利；因此，大多数人类行为都是恶行。他有针对性的目

51

标，首先是那些在他看来广受尊敬的虚伪的宗教领袖，他们宣扬慈善，但一直享受着职位带给他们的财富和声望。他更大的想法，则是要从更普遍意义上搅动自己那些安逸的读者，迫使平信徒也质问一下自己的仁善形象。财富和德性之间的任何假想联系，都是毫无根据的。

然而，曼德维尔的真实立场与尼科尔的是相同的。恶行，在他看来不过是出于个人自利的行为，却可能对社会有用。他为自己的书选定的副标题——"私人的恶德，公众的利益"——恰如其分地概括了其本人的主旨。针对他所看到的教会标榜的自我正义感，以及私人慈善机构的支持者反复宣扬的虔诚套话，他敏锐地指出："骄傲和虚荣建立的慈善组织，多于所有美德之和建造的慈善组织。"[59]

因此，曼德维尔对人类行为实际后效的热情，超越了沙夫茨伯里。此外，正如尼科尔阐述过的（以及布阿吉尔贝尔后来详述过的），曼德维尔试图证明这一原则特别适用于经济行为问题。事实上，经济领域此种意义上的恶行不仅有用，而且是必要的。原因在于人们普遍如此看待恶行："最懒惰、最懈怠之辈，最能挥霍、最胡作非为之辈，全都必定要为公众利益做些事情。"再者，其他人从我们所谓的恶行中获得的好处，不是我们能预见的，也不是我们所寄望的。普通人，即"短视的俗人"，在他们的行为所引发的一系列事件中，只能看到前端的一个环节。意外后果的法则，之后启蒙思想的一根台柱，在经济领域显出了效力。[60]

52　　曼德维尔的核心论点是，经济上的自利让每个人（在他《蜜蜂的寓言》中是每只蜜蜂）寻找对他人有用的门路，即使有用仅仅意味着帮助满足他人愚蠢的需求。因此，经济（蜂巢）形成于"数百万蜜蜂无不在纷纷尽力满足着彼此间的虚荣与贪欲"。结果不仅是充分就业——"他们的工作却比工蜂更多"——而且是一个运转良好的社会，这个社会在满足构成其个体的需求和愿望的同时享有公共秩序。"每个部分都被恶德充满，"曼德维尔承认，"然而，整个蜂国却是一个乐园。"存在唯利是图的情况不假，但"众多蜜蜂当中的那些最劣者对公众的共同福祉贡献良多"。[61]

曼德维尔明确指出，带来这种令人瞠目的繁荣和公共秩序的，是每个人（每只蜜蜂）都在努力让他人的欲望得到满足，而这些欲望本身可能是可鄙的。"奢侈（在 17 世纪或 18 世纪早期显出一种无度的不良之态）亦在支配着上百万穷苦之士，可恶的骄傲则主宰着更多人：皆因为嫉妒心与虚荣心本身均为激励勤勉奋斗的传道人。"甚至，曼德维尔所指出的特定人类弱点，在当时和后来引起反消费主义者惋叹的那些弱点，也产生了同样的有益效果："他们那种可爱的愚蠢与无常见诸其饮食、家具以及服装……却在推动着贸易的车轮前进。"[62]

毫无疑问，由这些个人恶德激发的各类勤奋活动的总和，为每个人提供了更高的生活水平："因此，恶德培育了匠心，它与时间和工业携手，带来了生活的便利、真正的乐趣、舒适、安逸，程度如此之高，非常贫穷的人比以前的富人生活得更好。"[63]随着时间的推移，经济发展蒸蒸日上，以至于今天的穷人比昨天的富人生活得更好，这成为西方有关进步的思想的重要内容。18 世纪末，亚当·斯密也提出了类似的观点。至 19 世纪中叶，历史学家托马斯·巴宾顿·麦考莱（Thomas Babington Macaulay），鄙夷那些心心念念渴慕往昔的人，"那种往昔，对贵族根本谈不上安逸，那种安逸缺失是现代男仆都无法忍受的，那个年代，农民和店主吃的早餐，哪怕瞥上一眼，都会在现代济贫院引发骚乱"，而且"那般岁月，享受最纯净乡村空气的人，其寿命也赶不上我们现在生活于条件恶劣的市井陋巷之人"。[64]麦考莱的这种态度，在曼德维尔那里早就有了。

53　　不过，曼德维尔的论证更有针对性，他的文风给《蜜蜂的寓言》增色不少（无疑也带来了更多读者），不仅诙谐幽默，还辅以大量实例，讽刺当时的三教九流：为增加收入而滥开药物的医生，懒惰无知的牧师，不诚实的政府部长，以及"扒手、破门盗贼……小偷、强盗"。他举的许多例子都是有意夸张，"老千、寄生虫、皮条客、玩家（赌徒）、造假者、庸医、占卜者"。[65] 同样（在增补本中的另一篇文章中），薄幸的妓女，高傲的公爵夫人，挥霍的浪荡子，甚至是"贪婪的、信誓旦旦的恶棍，他们从孤儿寡妇的泪水中榨取了无数财富"。[66] 他声称，所有人都以某种方式使他人过得更好，即使他们的行为只不过是出于自己变态的自身利益。其他英语作家，如约翰·霍顿（John Houghton）和尼古拉斯·巴尔本（Nicholas Barbon），之前也提出类似的论点（霍顿甚至同样使用了消费者驱动工业之轮的形象）。[67] 但引起公众强烈反应的人是曼德维尔，正是他欣然接受了自以为是的道德家们所谴责的一切。

以同样的嘲讽语气，曼德维尔还利用蜂巢形象进一步指出，在经济领域，此种恶德不仅是有益的，而且是必要的。在诗的最后，蜜蜂哀叹自己的道德缺陷，祈求诸神攘除恶德，代之以"诚实"——它们的愿望得到了满足。但这种新出现的德性压制了所有行业。没有对时尚和奢侈品的趋之若鹜，便无活可干，经济活动面临崩溃，蜂巢的繁荣消失不再。面对失业和不得已的无所事事，蜜蜂逃离殆尽，留下的蜜蜂再也无力守护蜂巢免遭敌人侵害。[68] 即使是旧重商主义用以满足军事安全的人口条件，若没有恶德推动经济，也不可能维系。

当然，这里的恶德并不仅仅意味着根据个人利益行事，因此曼德维尔的立场就像之前尼科尔的一样，认为意图与一个人行为的实际结果无关。意图和结果之间的二分，可能对作为执

业医师的曼德维尔特别有吸引力。[69] 考虑到当时的医学知识水 54
平，以及没有正规的职业资格认证（即使是在最先进的国家，
职业资格认证也是近两个世纪以来才出现的），那时的伦敦人
很难区分良医和庸医。二者治疗病人均出于相同的动机：谋
生。但他们的意图，甚至更广泛意义上的个人性格，对治病这
一目的来说是无关紧要的。重要的是医治的结果，至少曼德维
尔希望病人在他和其他医生之间做选择时看重的是这一点。医
生的治疗，最终源于他想要养活自己和家人的"恶德"，这一
事实可能表现了他在道德上的失败，缺乏足够的基督教慈爱；
但这与医疗结果无关。为此，曼德维尔反复强调意图对人类行
为的道德性的重要意义，但这种强调至多是避实就虚之策。从
修辞上来说，这是一个极为有效的托词。

　　如曼德维尔书中副标题所示，私人恶德带来公共利益，但
最后情况不止于此；推而论之，"在渴望伟大的民族中"，恶
德——自利——实乃"国家之必需"。寻求消除这种恶德，是
误导人的，甚至是危险的。"只有傻瓜才努力造就一个伟大而
诚实的蜂国。"[70]

　　为什么这还称不上亚当·斯密"看不见的手"呢？为什么
今天的经济学家不将曼德维尔或尼科尔，而是将斯密视为他们
的学科之父呢？[71]

　　18 世纪从智识上说是牛顿的时代。这位伟大的科学家曾
教导那个时代的探究者从系统和机制的角度看世界。在长达 40
年的职业生涯中，艾萨克·牛顿彻底改变了人类对宇宙物理法
则的理解，其中包括运动和重力的法则，光学、天文学和许多
其他自然现象的法则。他还创造了用于科学研究的物理工具，
如反射望远镜，以及概念工具，如现代微积分。但能包罗并凌
驾于这些具体贡献之上的是牛顿创造了一个科学世界观，如苹

果掉到地上、潮汐运动、行星绕太阳公转、一束光分成七色；
55 这类可观察现象乃是一个普遍系统的反映，这一系统不仅支配
着这些可见形式，还支配着整个物理世界。在这个普遍系统之
下，有一套人类能够理解和应用的法则和机制。虽然自然秩序
有着难以想象的宏大和复杂，但了解其中一些元素和支配它们
的法则还是可能的。

牛顿的科学成就及其对同时代人和后世思想的影响是难以
估量的。1661 年，19 岁的牛顿进入剑桥大学三一学院。他在
那里一直待到了 1701 年。这一年，他接受了一项就任伦敦皇
家铸币局总监的政治任命，享受了政府津贴，余生 26 年里他
对这份工作兢兢业业。1703 年，他当选皇家学会会长，有生
之年，年年续任。1705 年，他成为第一位被授封爵士的英国
科学家。[72]

牛顿于 1687 年出版了《数学原理》。即便是用拉丁文写
的，这本书的影响也是巨大的。标题虽被译为"自然哲学的数
学原理"，但它主要是一部我们今天意义上的物理学的作品。
它主题丰富，阐述了牛顿运动定律、万有引力定律、适用行星
轨道的定律，以及后来被称为牛顿力学的其他内容。牛顿在
有生之年出版了这部书的另外两个拉丁文版本，但直到 1729
年，也就是他去世两年后，它们才被译成英文。[73] 牛顿的门
生、后来成为爱丁堡大学数学教授的科林·麦克劳林（Colin
Maclaurin），撰写了一本教科书，进一步扩大了牛顿著作的
影响范围。教科书于 1748 年（麦克劳林本人刚刚过世）出版。
不过，早在此之前，《数学原理》就已经成为剑桥大学、格拉
斯哥大学及其他大学标准课程的组成部分，引导着年轻的英格
兰人和苏格兰人从体系和机制的角度看世界。

在受牛顿方法熏陶的知识分子看来，尼科尔的论说文和曼
德维尔的《蜜蜂的寓言》，都算不上真正自成一体的理论，既

没有为论证给出任何体系，也没有为各自主张的因果关系提供
任何机制。尼科尔注意到，行事表现得像出于慈善动机，会符
合他们的自身利益，但他没有说明为什么会这样。他只是提供
了一个有见地的观察。曼德维尔一再指明，个体的自利导致每
个人所作所为的目的是让他人迎合自己的需求，满足自己的欲
望，但他论说时是通过举一串机智的例子，而没有真正解释其
背后的原因。二者，尤其是曼德维尔，强调经济领域是人类生
活中最适用其见解的地方。但对于自利的有益效果可取得的条
件，或能使其发挥出作用的机制，两人都没有讲到。曼德维尔
即便将这种个体自利的总体效应同社会的整体繁荣、平稳运行
联系起来，也没有解释为什么会如此。

　　有一点可作明证，在《蜜蜂的寓言》增补本中，曼德维尔
只是提到了"老练政治家的机巧谋划"这个概念，它与早期的
詹森主义思想一脉相承，但很难称得上一个系统机制，无法满
足习惯于牛顿思维的读者，也肯定不会成为后来经济学思维方
式切实可行的基础。[74] 说得更具体些，尼科尔和曼德维尔在阐
发他们为自利行为博取的有利结果时，都没有表现出任何对市
场作用或竞争机制的认识（尽管布阿吉尔贝尔有所涉及），从
而领先于斯密在 70 多年后所做贡献之精髓。因此，尽管他们
早在斯密之前就提出了基本的见解，但何以今天吹捧市场经济
优点的商界领袖和政治家，将斯密而不是尼科尔或曼德维尔作
为他们思想的源泉，何以我们将《国富论》而不是尼科尔的论
说文或曼德维尔的《蜜蜂的寓言》作为现代经济学的起点，个
中缘由，不难释明。

　　尼科尔的论说文在英语世界中引发的讨论相对较少，布阿
吉尔贝尔的书则看不到英语译本。相比之下，曼德维尔的《蜜
蜂的寓言》引发了激烈的争论。和霍布斯之前的作品一样，曼

56

57 德维尔的作品引起了广泛关注，原因在于它会破坏人们对宗教的归属感。但这种反应也映衬出了世俗旨趣所在，无论是通俗文学的还是知识学术的。例如，亨利·菲尔丁在他的小说《汤姆·琼斯》和《约瑟夫·安德鲁斯》（*Joseph Andrews*）中一再表现出对曼德维尔思想的失望。（菲尔丁有意将曼德维尔的名字 Mandeville 缩写为 Mandevil；其他一些作家则更露骨地将其写成 Man-devil。[75]）同时，英格兰和苏格兰启蒙运动的主要人物，包括早年的亚当·斯密，以及年长于他的弗朗西斯·哈奇森、大卫·休谟，在 1720 年代至 1770 年代就这些问题撰写的著述，多是对曼德维尔的回应。[76] 斯密临终之时，距曼德维尔诗作首次发表已过去 85 年，他仍在修订自己在《道德情操论》一书中就曼德维尔诗作所写的内容。[77]

这种批评性回应的部分原因在于曼德维尔的讽刺语气，和那些用来说明私恶如何带来公益的蓄意攻击性例子（老千、寄生虫、皮条客），造成这种反响可能正是曼德维尔想要的结果。[78]《蜜蜂的寓言》是不道德主义的缩影。[79] 增补本 1723 年甫一出版，恶名昭著，当时伦敦的一个大陪审团指控其为"公害"。最终，这本书尚未被审查便获得了额外的宣传。除其嘲讽语气及核心论证里的道德悖论外，《蜜蜂的寓言》还有意置喙 18 世纪早期英格兰和苏格兰辩论的几个高度敏感的问题。不同于"礼俗改革协会"的虔诚意图，也不同于英格兰教会慈善学校那种更具体的计划（曼德维尔公开反对的一项事业），一心想着要向英国青年灌输德性，曼德维尔著作要做的相当于跳过道德教化，让"恶德"发挥有成效的作用。他对"恶"行漫不经心的态度，至少从表面上看像是在纵容罗伯特·沃波尔政府日益明显的腐败行为，自 1721 年这位沃波尔就是英国"事实上的首相"（"首相"一职那时尚不存在）。[80]

但当时有成见的思想家，针对的也是曼德维尔基本论证中的实质内容。虽然曼德维尔没有阐明私恶－公益的局面是如何产生的，但他显然点到了某种要害。约瑟夫·巴特勒（Joseph Butler），英国国教会的神职人员，数年后因任职布里斯托尔主教和圣保罗堂主任牧师而声名显赫，他很快就谴责了1723年版《蜜蜂的寓言》中公然的不道德行为。（巴特勒也是曼德维尔所蔑视的慈善学校的支持者。）随着大陪审团的起诉，以及巴特勒于1725年和 1726年在伦敦宣讲的几篇广受讨论的布道文，《蜜蜂的寓言》及其作者的恶名更为昭著了。

尽管巴特勒以道德为由谴责《蜜蜂的寓言》，但他本人的思想经常越出宗教而融入当时更广泛的哲学论争中，巴特勒最终接受了曼德维尔的核心内容。他承认，自爱不仅是基督要求去尽的义务（"爱人如己"），它还是"我们对社会做出正确行为的主要保障"。事实上，"在共同的人生历程中，我们的义务与所谓的利益之间几乎没有什么不一致之处"。巴特勒对此种机缘巧合的解释，表达出了对上帝与人之间和谐关系的看法，也表达出了对上帝的仁爱的看法，这种仁爱体现于上帝将理智的和友善的本能，即"理性和冷静思考"，赋予人类，而这一点立基于基督教对古典斯多亚派的诠释。[81] 人是神意手中的工具，既可以行公共善也可以行私人善。正如斯多亚派声称的那样，通往德性的真正路径，是要在我们不同且经常相互冲突的欲望之间取得适当的平衡。[82] 他坚称，曼德维尔不恰当地将自爱解释为恶习（又冷嘲热讽地对其报以喝彩），将道德上和宗教上实为可接受的行为，错误地解释成不光彩的行为。有关市场和商业的作用的思考，其后能得到发展，很大程度上受益于巴特勒主教的思想，哈奇森和休谟都承认了他的影响。[83]

弗朗西斯·哈奇森在1725年的著述中，也接受了尼科尔和曼德维尔分析论证的要素。他与尼科尔一样意识到，哪怕是想要厘清我们自己的动机都困难，遑论其他人的动机了。他写道："所有人都有自爱和仁慈，这两大原则会共同作用于一个人的同一行为。"因此，"大多数情况下，人们不可能清楚，他们身边之人受其中某一原则的影响会有多大"。[84] 哈奇森站在曼德维尔一边也主张，无论我们把人们想成多么慷慨或多么具有公共精神，他们至少还需要一些自利因素来导引，去做任何社会都需要做的工作。倘使明智之人不能从中获得个人利益，即便有着"最博爱的胸怀也几无可能让明智之人守正笃实"。[85] 有这种想法的，不止哈奇森一人。大约在同一时间，巴黎大学校长、另一位詹森主义者查尔斯·罗兰（Charles Rolin）问道："如果人们都安逸、有钱和富裕，谁还费心去耕地、挖矿、漂洋过海？"[86]

然而，哈奇森追随沙夫茨伯里早先提出的思想，仍坚持对深层次的人性做更温和的解释：我们与生俱来拥有五种人所共知的身体感官，外加一种道德感，它是我们对德性的本能认可和对恶习的不认可的基础。（比沙夫茨伯里又前进了一步，哈奇森认为我们还有第七感，它是能使我们做出审美判断的一种天生的美感。）这种天生的道德感，使我们有种对同胞宽仁的自然情感，因此也使我们不仅有一种自求幸福的愿望，还乐见他人幸福。由是，我们通过助人达成所愿而获得满足。这样做便符合了我们的自身利益。对于哈奇森和沙夫茨伯里来说，德性和自利是一致的。这个想法也颇受欢迎。亚历山大·蒲柏（Alexander Pope）在 1734 年发表的《人论》中宣称："理性、激情，达成了一个伟大的目标 / 真正的自爱和社会性是同一的。"[87]

就像巴特勒的基督教斯多亚主义一样，哈奇森的道德感解释，为曼德维尔笔下的蜂巢所享有的繁荣给出了一种替换解释，也就是说，倘若人们对这种所谓道德感培养的仁慈有足够的信心，蜂巢照样会繁荣。但是，巴特勒和哈奇森的回应，都不是站在曼德维尔问题本身的角度来应对曼德维尔的挑战。对于曼德维尔来说，或者至少从他在《蜜蜂的寓言》中（无论是否真诚）提出的思想的角度来看：出于自利的行为仍然是一种恶德，即使激励我们行动的自利，只是出于乐见别人幸福；归根结底，它还是在做让我们快乐的事情。此外，曼德维尔几乎不会接受那样一种泛化的自利概念作为出发点。

　　大卫·休谟也提笔回应曼德维尔。休谟在 1752 年写道："放荡不羁之人，即使是对邪恶的奢侈也给予赞扬，还将其描述成对社会极为有利。"（此时《蜜蜂的寓言》仍备受讨论，休谟脑海中想到的人当是曼德维尔）。然而，"另一方面，道德苛严之人，甚至会责备毫无恶意的奢侈"。既然这后一句话出自一位对建制宗教和神职人员出了名的敢叫板的批评家，休谟的读者们也就知道他指的是谁了。[88] 不过，对物质享受导致的道德腐败的忧心，并不会只限于教会。塞缪尔·约翰逊的《词典》对"奢侈"的种种定义里，就包括"好色""性欲""陷溺声色"。[89]

　　那么，一个理性之人应该得出什么结论呢？英国思想出现了一些要素，有意卸掉系于奢侈概念的道德包袱，[90] 跟随这种变化的同时，休谟还循着牛顿为我们理解物理世界所取得的成就，胸怀更广阔的目标，想要重建对人的研究，避免让人性论证从区分善行和恶行起步。对物质奢侈的欲望，包括曼德维尔谈及的饮食、家具和着装上的无常，真的是一种恶习吗？它是否必然导致柔弱化和丧失"尚武精神"？休谟表示反对。在他看来，"奢侈是一个含义非常不确定的词"，因此，"德行与恶习之间的界限无法在这里准确划定"。因此，无论属于哪种感官声色的心意满足，都不能被认为是邪恶的。理由之一便在于，一个时代认作奢侈的东西，结果被视为必需品。然而，更重要的还在于，休谟并没有像中世纪的宗教思想家以及像阿尔杰农·西德尼这样更晚近的哲学家那样，将贫穷与德性结合起来，而是强调生活在他所谓的"更奢侈的时代"迎来的是道德进步。两千多年前，亚里士多德曾提出更高的生活水平会促进民主。[91] 休谟现在则认为，更高的物质生活水平会促进"工业、知识和人性"，并最终促进自由。[92] 更高的生活水平，带来了科学的传播、提升了自治、更仁慈的行为和更礼貌的举止。物质进步带来道德进步的主题，贯穿了他后来的《英国史》，并最终成为启蒙思想的核心。

乔赛亚·塔克（Josiah Tucker）——曾是巴特勒主教在布里斯托尔的专职牧师——跟随他的导师（还有哈奇森）寻找一种宗教基础，以便让人们认可自爱会让人们设法在为自己服务的同时，也促进公共利益；此外，他一直明确拒绝曼德维尔的"自私假设"，拒绝他归于曼德维尔和霍布斯名下那更大层面上的犬儒主义和怀疑主义。1750 年，也就是巴特勒首次谴责《蜜蜂的寓言》差不多 25 年后，塔克叹言："《蜜蜂的寓言》的作者能说出私恶即公益，何其荒谬！"恰相反，"唯有德行，才能让国家昌盛"。[93]

塔克比他的导师巴特勒走得更远，直接针对经济问题撰文发表看法，包括英国商业体系造成的损害这样的问题。到 18 世纪中叶，塔克就发达国家与贫穷国家之间，以及一个国家内部贫富阶层之间的经济关系提出了有影响力的观点，并呼吁以自由贸易取代重商主义和垄断。塔克也洞悉到了生产专业化的重要性，早于亚当·斯密 20 年后《国富论》中的相关见解，只不过斯密称之为"分工"。[94] 然而，曼德维尔《蜜蜂的寓言》激起的争论所带来的教训，仍是核心所在。自爱是"受造物的伟大推动者"。它是"所有技艺和科学、政府和商业的存在本身都倚赖"的原则。[95] 自爱的使命是"使自我利益和社会利益保持一致"。[96] 亚当·斯密手边有几本塔克的著作，而且极有可能通过他们共同的朋友休谟，斯密认识塔克本人。[97]

因此，及至 18 世纪中叶，迎来新突破的阶段已经到来，这一阶段出现的一种针对尼科尔和曼德维尔悖论的解释方法，可以满足基于清晰可理解的因果机制的牛顿系统解释标准。前方道路，在知识分子面前，至少呈现为一条三岔路。

其一，这种解释，该像曼德维尔做过的那样，集中于人类活动的经济领域一隅，还是该像哈奇森的道德感理论尝试过的那样，从更大范围去找寻并诠释自利行为的有益影响？

其二，对于以这种方式行事之人的意图和期望，这种解释应该做出什么假定？是否该跟随曼德维尔，将人们视为短视的俗常之人，他们在任何因果驱动的事件链中只看到一个环节，还是该像曼德维尔之前的沙夫茨伯里和之后的哈奇森那样，反向假设，即使人们行事出于自利，他们也仍预见到欲行之事的后果，包括他人将受益的可能性？

其三，尼科尔、多马、曼德维尔、沙夫茨伯里和哈奇森等，都曾在人类德性与恶习两相对立的背景下提出过这些问题，新阶段的思路会在这种长期传统中延续下去吗？抑或更好的情形下，跟随休谟的指引，弃用恶习和德性这种道德语言，而只关注出于自利动机的行为是否会在实际上产生有益的后果，如果会，那么如何会，以及在什么条件下会？

亚当·斯密尝试了三岔路上每一条路的二元可能。

62

第 3 章

哲学基石

> 我们之所以追求财富、避免贫穷，主要也就是因为人类会有这样的感觉。①
>
> ——亚当·斯密

亚当·斯密是苏格兰启蒙运动的产物，他有生之年最终成为那个时期最杰出的人物之一。1723 年，斯密出生在与爱丁堡隔福斯湾（Firth of Forth）相望的柯科迪小镇，家里也算书香门第，但并不富裕，他就读于当地的教区学校，14 岁时进入格拉斯哥大学。[1] 他后来的思想，明显得益于 1730 年代这所大学教授的标准课程，即希腊古典文学课，其中特别值得一提的是，讲授内容包括斯多亚派哲学家（斯密当时和后来特别倾心于埃比克泰德和马可·奥勒留）；逻辑方面使用的是法国詹森主义者皮埃尔·尼科尔和安托万·阿尔诺合著的教材，以及约翰·洛克的《人类理解论》；还有数学方面的，以及物理学方面的，包括天文学和牛顿力学。

---

① 此句似应置于上下文语境来理解，故将整句话引述于下："就因为人类比较容易完全同情我们的喜悦，而比较不容易完全同情我们的悲伤，所以，我们才倾向夸耀我们的财富，而隐藏我们的贫穷。最令人感到羞辱的，莫过于必须在众人面前展露我们的窘迫困厄，又同时感觉到，虽然我们的处境暴露在所有世人的眼前，却没有任何一个人为我们感受到我们自己一半的痛苦。不止如此，我们之所以追求财富、避免贫穷，主要也就是因为人类会有这样的感觉。"（《道德情操论》第一编，第三章，第 2 节）。——译者注

对斯密的思想发展尤其重要的课程还有自然神学：对上帝的研究，不是基于圣经中的权威启示，而是基于逻辑原则，基于对我们生活其间、被认为由上帝创造的人类世界和物理世界的观察。[2] 但是，当时所教授的自然神学领域，并不仅限于狭义上的宗教学科。它融合了道德哲学和自然法学，同时，它要探究基于逻辑和观察得来的法律原则，而不是学习一个国家政治权威制定出的具体法律。斯密的工作也相应涵盖了自然神学领域的这两个方面。格拉斯哥大学里对他思想影响最大的导师，要数道德哲学教授弗朗西斯·哈奇森。40 多年后，斯密在自己笔下亲切地称他为"永远难忘的哈奇森博士"。[3]

在科学和宗教仍主要被视为同盟而非对手的时代，自然神学当中也包括了物理科学。正如清教徒牧师理查德·巴克斯特（Richard Baxter）在近一个世纪前总结的那样，物理学是可被知晓的有关上帝造化的知识。[4] 同样的想法在剑桥博物学家（也是一位牧师）约翰·雷（John Ray）17 世纪后期那本广受赞誉的著作的名字中也显而易见——《创造物中体现出的上帝智慧》（*The Wisdom of God Manifested in the Works of the Creation*）。[5] 斯密在格拉斯哥期间，大学用于自然神学教学的教材之一便是牛顿的《自然哲学的数学原理》，这倒也遂了牛顿的愿。这位伟大的科学家在这本书出版几年后，就曾表述："当我撰写关于我们太阳系（our System）的论著时，我留意到这些原则在思考人的问题上，在支持有神论的信仰上，或许也适用，没有什么比发现它适用于这样的目的更令我高兴的了。"[6]

研习牛顿对斯密的思想产生了重大影响。[7] 在关于天文学史的文章中，斯密不吝于表达自己对牛顿的敬慕之情，所致敬的不仅是今天意义上的科学家身份的牛顿，还是哲学家身份的牛顿；此文的撰写，斯密显然从年轻时就开始了，但直到去

64

世之后它才被允许发表；在尚未发表的作品中，这是唯一一部他没有让好友休谟在自己去世时销毁的。[这篇文章的全名是《引领和指导哲学探究的原则；以天文学史为例》("The principles which lead and direct philosophical Enquiries; illustrated by the History of Astronomy")。]文中，斯密写道，艾萨克·牛顿爵士的天才和睿智，造就了"哲学史上最伟大、最令人钦佩的进步"。牛顿思想的"坚实性和可靠性，我们在其他任何体系中去找寻都是枉费心力"。它不啻人类有史以来最伟大的发现。8

牛顿思想中如此吸引斯密的主要是它的统一性和连贯性："发现至关重要、无比崇高的真理巨链，这些真理全都通过一个基本事实串联起来，而这一基本事实是我们每天都在经历的实在。"9 在斯密首次引起爱丁堡知识精英关注的公开演讲中，他对牛顿的体系和亚里士多德的体系做了区分，认为前者能够仅从几个基本原理解释众多不同的现象，而后者则为每种现象提供不同的原理。他告诉听众，牛顿体系大大优于亚里士多德体系。10 就此而论，斯密认为牛顿所取得成就的重要意义，实际上整个物理科学的重要意义，显然超出今天狭义上的科学之外。斯密去世时，他的藏书不仅有《自然哲学的数学原理》，还有牛顿的其他四本书。11

17岁时，斯密获得了牛津大学贝利奥尔学院（Balliol College）的奖学金，并在那里待了六年。毫无疑问，他利用这段时间广泛阅读，并思考所读内容。但在这些年里，他没有写出自己的专著，也几乎没有留下他所读或所思的记录。在这些年里，他显然没太能从大学教师或同学那里发现什么智识刺激。他后来回忆说，"在牛津大学里"，"大部分大学教授甚至完全放弃了教学的角色"。12 他于1746年夏末回到家中。

回到柯科迪，受过良好教育但23岁没有带薪工作的斯密，很快就引起了爱丁堡知识精英的注意。爱丁堡，实际上是整个苏格兰，正努力从詹姆斯党人叛乱中恢复过来，该叛乱在这年 4 月以斯图亚特军队在卡洛登（Culloden）一役的失败而告终。但后叛乱时期也标志着苏格兰启蒙运动时代高峰的开始。卡姆斯（Kames）勋爵亨利·霍姆（Henry Home），一位富有的苏格兰律师，也是一位著名的政府和政治学思想家（是大卫·休谟的远亲 13）。在他的赞助下，斯密接受委托发表两个系列的公开演讲，一个系列是关于修辞学的，另一个系列是关于法理学的。

1748 年至 1751 年的爱丁堡演讲授课，让斯密有机会投入一项受休谟启发的项目，该项目旨在对人类行为进行系统的科学研究，堪比牛顿在物理世界取得的成就。正如休谟十年前在他的《人性论》（撰于他 25 岁生日之前）中阐明的那样，该项目的目标是构建"一个建立在几乎是全新的基础上的完整的科学体系"。14 斯密热情地加入了这项计划。虽然他当时没有发表他所写的内容，但他后来思想的各个方面，包括《国富论》的部分内容以及他在格拉斯哥的教学讲座文稿（直到他去世后很久才出版），似乎已经在爱丁堡的这些早期公开演讲中初具形态。

更直接的是，爱丁堡演讲提升了斯密在苏格兰智识圈子中的知名度，其效果足以让斯密在格拉斯哥逻辑学和形而上学教职空缺时顺利当选。当第二年新学年开始，他也刚好就回到大学开始授课。然而，一个月后，道德哲学教授职位空缺，次年春天，斯密获得该职位。29 岁的他，坐上了自己老师弗朗西斯·哈奇森曾经的教席。

斯密在格拉斯哥多年教学的主要成果是 1759 年出版的《道德情操论》。与休谟一样（之前还有像卢克莱修等古典哲学家），斯密把人类的想象视为我们物种的显著特征，并围绕它建立起自己的理论。[15] 对休谟和斯密来说，想象活动，某种程度上是为了寻找宇宙中的秩序。面对我们生活世界的扑朔迷离和错综复杂，我们感受到一种本能的需要，去将某种秩序感加之于我们的感知上，而让我们能做到这一点的正是我们的想象。[16]［就此而论，爱因斯坦对一个人世界观（德文原词是 Weltbild）起源的看法，与休谟近两个世纪前的表述如出一辙。］

这种对秩序的渴望，在我们与他人打交道时尤为迫切。斯密认为，我们将自己置于他人的角度的心智能力——以他人的眼光看待事物，而同时心中装着的只是自己——是我们有能力参与社会互动的关键。（他可能会着迷于今天对一定程度上无能力想象他人感受的孤独症的研究。）"由于我们没有直接体验到他人的感觉，"他写道，"只有透过想象，我们才能对他的感觉有所感知……借由想象，我们把自己摆在他的位置。"[17]

的确，把我们自己置于另一个人的境地，如斯密所言，只是"想象上的错觉"。[18] 但这种错觉足以达到斯密的目的，并为他对未来数年的经济行为的思考奠定基础。尽管他没有在第一卷中追究这一点，但这种错觉有可能促成的社会互动，自然包括我们的经济交往。以不同之人生产不同商品然后彼此交换为中心的商业，不是凭空出现的。在《国富论》中，斯密只是假设我们能够为其他人提供他们想要的商品或服务，只要他们给予我们去这样做的充分动因。（曼德维尔在《蜜蜂的寓言》中含蓄地做出了同样的假设。）不过，这种能力反过来又假设了一种在先的能力，即知道他人想要什么。他没有必要去解释这种在先的意识，因为他在《道德情操论》中完成的部分工作就是，我们的想象力使我们至少能够对他人的想法做出合理猜测，因此也能对他们可能想要什么做出合理猜测。

想象，是斯密《道德情操论》行文所依据的最重要的人类禀性，但其他禀性也很重要。斯密遵循牛顿的模式，也将自己的分析建立在一组基本原理上，不过在斯密这里，基本原理成了一组人类物种的特征，他将这些原理直接视为既有事实。我们的想象只是其中之一。其次是人类天生的社会性，人们从与他人的交往中获得愉悦，同时也关心着他人的福祉。斯密没有着力去解释这些与生俱来的社会偏好来自哪里（只是承认，如果没有想象，我们所谓对他人福祉的关心，就将毫无意义）；它们就是我们的组成部分。他认定："当自然女神为社会树人的时候，她赋予他一种根本的愿望，使他想要取悦他的同胞，并且赋予他一种根本的憎恶感，使他讨厌冒犯他的同胞。"[19]

这个想法显然附和了他的老师哈奇森关于与生俱来的道德感的主张，以及哈奇森对人初性善的看法——如此，我们的道德感不仅使我们能够区分是非，而且让我们更愿意看到同胞顺遂无虞。然而，斯密并没有提出某种第六感，而只是认定一个既有事实：对他人福祉的关心，包括欲求他人愉悦和不愿冒犯他人，是人性的一部分。言下之意，我们的想象，给了我们一种能力去预判，我们如是这般关心着的他人，对我们接下来可能要付诸的行动，感觉到的会是愉悦还是冒犯。

做出进一步基本假设，从而使得斯密能够将这种高度乐观的人类社会性理论，与它对政府的蕴意联系起来，这始终是启蒙运动社会理论建构的终极目标。斯密把人类的幸福视为一个毋庸置疑的目标。为什么？原因在于，如他在《国富论》[①]后来的修订版中所言，"指挥一切自然活动的那个伟大、仁慈与全知的存在（Being）……决意……随时在这世界上维持最大可能的幸福量"。这个全知的存在是谁？或许是上帝？在《道

68

---

① 此处应为作者笔误，引文出自《道德情操论》，参见注21。——译者注

德情操论》中，斯密还使用过其他这样的表述（同样是首字母大写 [20]）：伟大的宇宙主宰（Director），伟大的宇宙统领（Conductor），甚至是"那个神圣存在（Being），亘古以来便以其仁慈和智慧指挥着宇宙这部庞大无比的机器"。斯密在这本书的其他地方阐释得更清楚，管理宇宙这个伟大体系，是"神的工作，而不是人的工作"。因此，答案看来是肯定的，斯密将我们人类世界的这些特征归因于神圣的起源。[21] 然而，无论这种表述是真心诉诸神圣意图，还是仅仅借当时的传统词汇表达着一种自然的拟人化，它都无非想表达，包括政府在内的人类建制的目的是促进人类幸福；这一点再次附和了哈奇森和休谟，但也标志着与 17 世纪思想的重大分野。

那么，是什么让人们快乐？此处，斯密求助于他从斯多亚学派那里接受的训练——但又带着一种变动，变动背后反映的是休谟（实际上可以说是整个启蒙运动）对人作为社会存在之角色的强调。斯密指出，幸福的本质是安宁和享受，如埃比克泰德或马可·奥勒留所声称的那样，并且，他还以类似的方式继续赞扬人所共知的那些斯多亚德性——"克己、自制、驾驭情感，（它们）必使我们本性抒发的一切行为举止都符合我们自身尊严、荣誉与合宜的德性标准"。但是，斯多亚派那种在荣誉和德性上克己自足，在严苛的隔绝中享受安宁的老套作风，并不是斯密心中所望。的确，过平静的生活是幸福的关键；但不是要从社会孤立出来，"与人共处和交谈……是使心灵恢复平静的最有效的两贴药方"。[22] 斯密感兴趣的，不是作为单个有机体的人，而是我们与生俱来的社会本性所带来的可能性和挑战。斯密起初是一位道德哲学家，后来成为一位经济学家；他不是一位生物学家。

我们的想象力、我们与生俱来的社会本性、我们对幸福的渴望以及幸福本身深层次的社会起源，诸如此类相互关联的假设，带来的主要结果是斯密在著作开篇标题中的点睛之词：同情。在这方面，他也是跟随了自己的导师。20年前，休谟写道："人性中任何性质在它的本身和它的结果两方面都最为引人注目的，就是我们所有的同情别人的那种倾向。"[23] 源于人类想象的同情，成为斯密所谓道德情感理论的核心。[24]

不管人有时看起来多么自私，斯密假定"在他人性中显然还有一些原理，促使他关心他人的命运，使他人的幸福成为他的幸福必备的条件"。但是，关注他人的幸福——这种同情——之所以有意义，只是因为我们的想象使我们能够推断他们是否幸福；他解释说，"同情感赖以产生的基础"，正是"那种处境转换的想象工作"。然而，为此目的的想象不仅仅是梦想。我们在心里和别人换了位置，就像我们在梦中那般；但一直以来我们都清楚我们就是在这样做。因此，这种"处境转换的想象"也是"我们同情感的根源"。由于我们内在固有的社会性，我们希望这种感觉是相互的，不仅我们对他人有这种情感，而且我们也会是他人情感的对象，"最让我们觉得愉快的事，显然莫过于发现他人的感觉和我们自己心里头全部的情绪相一致"。[25] 一个显而易见的结果是，我们很乐意在他人面前做那些倘若我们独自一人做会认为是在浪费时间的事情（例如，大声朗读一本我们已经读过的书）。体验的分享层面是其中的重点。

然而，对于斯密的论证思路（尽管不是因为他后来从中得出的经济含义）来说重要的是，引起我们这种同感能力和我们对他人同感之欲求的同情，只是人性的反身性要求的结果。它不是由任何有意识的自利驱动的（至少不像斯密理解的自利那样），因此他的论证（他相信）没有落入曼德维尔设下的陷阱，即我们所做的任何事情哪怕一定程度上出于自利都构成恶习。相反，人的同情——我们同感的能力和我们对同感的欲求——

只是一种牛顿式第一原理，是在观察和内省的基础上假设的，而非来自某条更原初的潜在命题。斯密想到的同情，不是源于我们的自利（此种情形下，它已经在质疑曼德维尔的立场），而只是我们与生俱来的本性的一部分。但它是一种关键的反作用力，防止我们屈从于自利而可能从某种程度上威胁到日常社会结构。

斯密很清楚自利所带来的问题，他认为斯多亚哲学吸引人的一个地方就在于它怀有克服这些问题的抱负。斯密的早期思想，尚未洞悉到市场的作用，实际上也尚未将注意力完全转向具体的经济行为，在这一时期的代表作《道德情操论》里，人们天生的同情正是服务于克服自利所带来的问题的。他写道："人性之尽善尽美，就在于多为他人着想而少为自己着想，就在于克制我们的自私心，同时放任我们的仁慈心。"[26]斯密明白，人类永远不会达到完善，不过，知晓朝哪个方向去完善，对于把握什么是实际可为的，可能会是有价值的指南。

那么，我们如何判断我们的行为呢？在斯密看来，甚至我们的道德判断也是基于社会层面的。他解释说："既然我们对各种美丑的感觉，是如此显著地受到社会习惯与时尚的影响，那也就不可能指望，我们对行为美丑的感觉，会完全不受这两种因素的左右。"[27]他为这种影响开出的特定社会机制，发轫于我们对他人也有同感的欲求，以及我们（又一次是在想象中）知道他人所思所想的能力。拥有了这些品性，我们不仅仅可以向内评判我们的行为，而且我们也从其他人看待它们的角度来进行评判。

71   斯密为此目的而在心理上建构出一个"公正的旁观者"，我们想象这样一个"公正的旁观者"会像"每个局外人"一样看待我们的行为；换句话说，就像任何没有个人利益牵涉其中的人一样看待我们的行为。[28]［他的苏格兰同胞罗伯特·彭斯

（Scot Robert Burns），曾对斯密的道德情操理论表达过钦佩之情，他后来以自己名句"以他人看待我们的方式看待我们自己"，把握住了斯密这一观念。[29]〕此外，斯密诉诸"公正的旁观者"这一概念去澄清，他所说的同情，在我们如何看待他人方面，与人们更为熟悉的怜悯或钦佩的概念不同。例如，我们对遭受伤害之人的同情，并不是"该伤害很可能在受害者心中激起的那种狂怒"，而是"该伤害在公正的旁观者心中激起的那种义愤"。[30]

可以明显看到，斯密的"公正的旁观者"与个人良知这一标准观念之间的相似之处，更重要的还有，"公正的旁观者"与许多宗教传统所要求的内省和反思性评价之间的同声相应，斯密并没有回避这一点。他写道："我们爱我们自己的程度必须只像我们爱我们的邻人那样，或者也可以说，我们必须只像我们的邻人能够爱我们的程度那样爱我们自己，是自然给我们的伟大教训。"[31]我们如何知道我们的行为是否足以让我们的邻人爱我们？原因仅在于我们是有想象力的生物。简而言之，受我们"公正的旁观者"的意识指引的这种想象，也具有伦理力量。[32]但在斯密的演绎中，这种伦理力量无非源出于人的天性，不会如人们通常所见到的那样诉诸宗教或某种外在意义。再者，由于"公正的旁观者"不过是位"无涉利害"的看客，我们所珍视的关爱也不出邻里之间，这种伦理力量便植根于我们所处环境的社会习俗中。正是通过社会，我们瞥见自己。斯密并没有预先摆出一套普遍的道德观。[33]

我们的想象使我们能够将自己视为一个"公正的旁观者"的想法，也让斯密进一步做了一个迟早会更为直接地影响其经济思想的区分：在赞美和他所谓的"值得赞美"之间的，在被尊重和值得尊重之间的。可以肯定，我们两者都想要。自然不仅赋予我们一种让他人认可我们的欲求，还赋予我们一种成为他人应该（ought）会认可的对象的欲求。斯密还明确表示，两者之中，值得赞美——成为"自然而恰当的赞美对象"——对我们来说更为重要。（相应地，我们有一种"对应受谴责的恐惧"。）[34]

如果我们所接受的是不值得赞美的赞美——例如，如果某人获得了公众的认可，或者赢得了奖章或奖品，而实际上工作是由另一个人完成的呢？斯密对这种不应得的赞美不以为然，视我们可能从中获得的任何乐趣都是不当之得。他写道，只有最软弱和最肤浅的人才能从这种名不副实的赞美中获得满足。相反，如果我们没有得到应得的认可，想到我们虽然实际上没有得到任何赞扬，但我们的行为仍是值得去做的，我们应该感到欣慰。在这里，我们想要成为应该被认可的对象的自然欲求，也是具有道德力量的。它通过我们自己的自然倾向来约束我们的自利行为，而没有诉诸宗教或国家。[35] 它还发挥着重要的经济功能，支持对包括陌生人在内的其他人的信任，从而让日常商业交往中的普通交易得以发生。

除了为理解个人行为的动机奠定基础之外，在《道德情操论》这第一部重要著作中，斯密先行一步，提出了他近20年后于《国富论》中费尽心思发展起来（并如此高度评价）的分析思路的关键部分。事实上，他在《道德情操论》中诉诸"看不见的手"意象所做的分析，相比于他后来《国富论》中的相关分析，更接近我们对现今这个标准隐喻所传达的内容的正常理解；斯密在两部著作中各只使用了一次这个短语。在两种情况下，斯密试图阐释的观念，均是人们所熟知的非预期后果这一启蒙原则。这一观念对经济安排，特别是竞争市场的深远影响，是斯密第二部著作的主题。但即使是在《道德情操论》中，他用来阐释那种启蒙原则的背景也是经济背景。

斯密在第一部著作中用"看不见的手"这一意象针对的具体问题，是土地所有权的极端集中。18 世纪苏格兰的土地所有权甚至比英格兰的更加高度集中，今天仍然如此。封建领主的子孙后代拥有的大庄园占了大片的耕地和牧场，而大部分农业劳动力由无地佃户和有酬劳动者组成。而且，一如既往，城市工人不生产基本食物。因此，一个自然的担忧，可能是该国大多数公民的食物太少。但这个结果并不是斯密和他的同时代人认为他们所观察到的。相反，他们看到的是，"在身体自在和心情平静方面，所有不同阶层的民众几乎是生活在同一水平上的，难分轩轾"。[36]

怎么会这样？斯密解释说，答案，换句话说，无视土地所有权极度不平等而推动食物近乎平等分配的那股力量，无非在于受意外后果法则引导的自利行为。在他看来，"既骄傲又无情的地主，当他望着自己那一大片广阔的田地，完全没想到同胞们的需要，只想到他本人最好吃光那一大片田地里的全部收成"。但地主的这种想法是没有意义的，因为"他肚子的容量……不会多于最卑贱的农民的肚子所能承受的"。与此同时，地主从食物以外的物事中获得快乐，包括不会从他自己田地里直接产出的物品。或是为了表达他对富有地主的不屑，或只是为了增强论证的说服力，斯密将这些物品描写为没有本质价值的"小玩意和小饰品"。它们的吸引力仅在于满足地主的虚荣心。[37] 但就像曼德维尔笔下蜜蜂的无常和虚荣一样，这种虚荣心为城镇居民提供了就业机会，并最终为他们提供了食物。

斯密在这里虽没有明确考察市场机制，这种机制只出现在后来的《国富论》中，不过，经济交换的作用仍然是他解释的核心：地主为了获得他想要的任何其他物品，"不得不"将自己土地产出的大部分食物交给工人和商人，他们则为他提供他想要的各种小玩意和小饰品。无论是通过直接易货交易，还是通过货币交易（以货换现金，然后以现金换货），地主用自己的农产品交换来银鞋扣和华丽纽扣，以满足自己的虚荣心。结果，他和这次交易另一方的城镇居民"被一只看不见的手引导而做出的生活必需品分配，和这世间的土地平均分配给所有居民时会有的那种生活必需品分配，几乎没什么两样"。[38] 这一论证是有说服力的，斯密的同时代人注意到了这一点。爱德华·吉本在其《罗马帝国衰亡史》一开篇，就以斯密这一思路为样板描述早期罗马帝国。[39]

斯密通过选取一个以人类基本需求为中心（没有什么比有得吃更重要了）的例子，来说明意外后果原则的运行，从中可以看出，他早在《道德情操论》里，就已然接受了这样一个观念，即仅出于自利的行为也可以使他人生活好起来，当时这一观念经由尼科尔和曼德维尔等思想家，还有稍晚一些的乔赛亚·塔克，已经为人熟知。[40] 循此观念和原则，最后，城镇居民有了足够的食物。此外，斯密对于这种结果如何产生的描述是态度鲜明的：地主的行为"没想到同胞们的需要"。尽管他最终为总体人群提供了生计，但他这样做是"在没打算要有这效果，也不知道有这效果的情况下"。[41]

这种看似天意的结局是某种神圣干预的结果吗？多年来，斯密的许多读者都这么认为。[42] 毕竟，存在着这样一个悠久的传统，至少可以追溯到柏拉图，以想象出来的"看不见的手"来掩藏上帝的角色。[43] 在《道德情操论》的其他地方，斯密注意到，"当我们受自然女神的原则引导去增进某些凑巧是某一精巧开明的理智也会建议我们去追求的目的时"，我们行为的最终原因"事实上是属于上帝的智慧"。[44] 但正如他避免说宇宙的伟大指引者是谁一样，在讨论土地所有权高度失衡的情况下每个人还如何有食物吃的时候，斯密只是援引了"看不见的手"，并没有深究下去。

74

在他思想演进的这一节点上，今天经济学家根据《国富论》所理解的"看不见的手"这一原则，在他那里还没有充分发展起来。虽然用食物换小饰品是斯密例子的核心，但这种交换是否发生在市场中，如果是，市场两边的诸多参与者是否有竞争，还不是讨论的主题。不过，无意的和不可预见的后果的原则，还是展现得淋漓尽致，这里得出的主要结论是，地主的行为，即使单纯是为了自己的利益，却也同时"增进了社会的利益"。[45]

• • •

斯密在《道德情操论》中援引"看不见的手"这一比喻的背景，也揭示出了一种对消费者行为的态度，他的这种态度在一定程度上打击了后来对其核心经济论点的传统解释——它提醒我们，斯密的思想远比那种简化处理过（并在政治上净化过后）的形象丰富得多，这种简化形象有时近乎漫画效果，今天往往弥漫着一种奉其为圭臬之感。与当前大部分经济思想尊重个人消费者购买时可任性挑选相比，斯密很少尊重消费者的偏好，尤其是富人的偏好。[46] 相反，在这方面，他的想法呼应了曼德维尔，后者在《蜜蜂的寓言》里描写了蜜蜂的虚荣、无常和愚蠢。在斯密这里，地主的动机仅仅是攒积小玩意和小饰品。在《道德情操论》的其他地方，斯密将此类物品斥为"玩具……小玩意……它们全部加起来的效用，无疑也不值得为它们忍受负重的疲累"。进而言之，对此类物品的欲求不仅是愚蠢的，而且在许多情况下是有害的。他问道："有多少人把金钱挥霍在没啥作用的玩物上以致倾家荡产？"[47]

斯密还认为，大多数人不仅夸大了个人物品的价值，而且往大了说，夸大了财富和权力的价值——而且这种误解往往被

75

证明在道德上是有害的。"这种对有钱有势者的钦佩乃至几乎崇拜,"他写道,"是我们的道德情感败坏的一个重大且极普遍的原因。"斯密重复了自己在贬低人们对个人消费品的欲望时使用过的轻蔑用语,认为即使"富贵也只不过是没啥效用的小玩意"。真正重要的是道德品质,"就像在宗教信仰和美德方面有伪君子那样,在财富和社会地位方面也会有伪君子"。[48]

然而,斯密和曼德维尔一样,看到了这些误入歧途的偏好所具有的经济效用,在斯密的笔下,这些偏好使城镇居民能够获得食物和其他必需品,因此,他不赞成任何要求人们改变生活方式的禁令。曼德维尔为"推动着贸易的车轮"的那些人类弱点辩护。[49]斯密也是如此,尽管他蔑视人们满足他眼中所谓轻浮之念的欲望,因为那些欲望往往集中于琐碎甚至可鄙的物品上,但他仍然下结论说:"幸好自然女神是如此这般地哄骗了我们。"他的解释几乎是对曼德维尔的转述:"正是此一哄骗,激起了人类的勤勉,并使之永久不懈。"[50]

除了对我们的道德品质造成危险之外,斯密还提出了一个复杂的心理学论证,认为许多人不仅在对可以购买的特定物品的欲求上误入歧途,而且在对更高的总体物质生活水平的向往上也误入歧途。在他看来,原因是他们没有预料到,要去适应新的生活标准——无论是更高还是更低——就会改变他们看待问题的方式。他写道,"人生中的不幸与失调的主要来源,似乎是过高估计各种永久的处境之间的差别":贫穷与富裕之间,以及默默无闻与声名远播之间的差异。相反,所有人都迟早会适应他们永久的处境,这是确定无疑的。他心仪的斯多亚学派说得在理,由于人类有能力适应生活带来的一切,"在某一永久的处境和另一永久的处境间,就真正的幸福来说,并没有任何根本的差异"。与斯密通常强调人类想象力相反,他在这里看到的是,我们毫无意义地寻求更高的生活水平所带来的痛苦和混乱的原因，正是想象的失败：我们太专注于要让自己穿上别人的鞋子，对那双一旦我们习惯了新生活水平就会一直穿在脚上的新鞋子本身，却没做考虑。[51]

一旦人们的生活超过某个最低水平（唉，他的许多可怜的同胞未能达到），人类幸福在很大程度上便与我们的物质生活水平无关，这一观念反映了斯密在斯多亚哲学方面受到的训练。但他对这种现象的解释——基于我们的意见和偏好会适应我们所习惯的生活水平——通过建立起一个明确的机制支撑了斯多亚派的教导，以偏牛顿的方式构建出了这个论证。此种适应形式（解释它的现代术语），在多大程度上钝化了生活水平与个人或整个社会的幸福之间的联系[①]，仍然是当今经济学家和心理学家之间激烈争论的话题。[52]同样存在争议的是，人们是否可以预料到或提前考虑到，他们对自己的整体生活水平或对特定物品消费的看法会以这种方式发生适应性变化。[53]（人们没有考虑到这种未来适应性的明显例子是选择吸烟或吸食海洛因等上瘾行为。）除非对这些适应性人类进程完全不予考虑，否则，其含义会再次破坏优先满足消费者任何偏好的主流现代经济思想，而具有讽刺意味的是，人们通常将这种主流现代经济思想视作斯密的思想。

跟随曼德维尔，斯密在《道德情操论》中也指出，我们消费者的许多选择是受社会驱动的，这一点不同于对食物的基本需求，斯密在"看不见的手"有益运行的例子中，将这一基本需求置于核心位置。[54]在曼德维尔的讽刺诗中，蜜蜂只是出于虚荣心而欲求衣服和家具方面的最新物品。但在其扩展版《蜜蜂的寓言》的评论中，他给出了更切合实际的解释。当人们去

77

---

① 钝化（blunt），可参考"股市指标钝化"，此处的钝化似乎指涉的是，生活水平与幸福这两者的指标渐渐失去相互指示意义。——译者注

陌生的地方旅行时，他们自然希望所遇之人对他们有好感。然而，陌生人一开始判断他们的唯一根据是他们的穿着。曼德维尔同样认为，即使在本地，同样的动机也适用，当人们住在大城市时，"在那里，无名之辈在一个小时中能遇上五十个陌生人，却只能遇见一个熟人，因此可以享受到被大多数人尊重的快乐，但得到尊重的并非他们本人，而是他们的外表"。尤其是去到别处时，每个人都想着要"穿高于自己社会地位的衣服"。[55]

对斯密来说，我们对精美服饰等商品的需求同样是基于社会的，但具有更值得嘉许的道德基础。就像我们欲求获得赞美一样，这些消费者需求源于我们想象别人会如何看待我们的能力，以及我们对"同感"的欲求：我们不是出于追求更高的生活水平本身而追求它，而是出于我们相信它会给别人留下好印象。在斯密看来，"我们之所以追求财富、避免贫穷，主要也就是因为考虑到人类会有这样的感觉"。正如我们同情其他人一样，我们希望他们也同情我们。但我们相信人们会更多地同情我们的快乐而不是我们的悲伤，因此"我们才倾向夸耀我们的财富，而隐藏我们的贫穷"。[56]我们希望人们对我们有同情心——不是怜悯，而是斯密同感意义上的同情——而且我们认为，展现出富有和隐藏我们的不幸会刺激他们这样去做。

78 多年后，在《国富论》中，斯密进一步详述了我们消费偏好的这种社会基础，其含义再次与现代经济思想的主导趋势相左。他的观点是，即使我们对构成必需品内容的看法也是一种社会产物。讲到必需品时，他指出："我所说的必需品不只是维持生活必不可少的商品，还包括国家风俗习惯使得成为维持有声望之人的体面，甚至是最低阶级人民的体面所不可缺少的东西。"[57]为了证明他的想法，他将穿麻布衬衫（按他的定义他认为在欧洲大部分地区是必需品）和穿皮鞋（在英国视之为

男女的必需品，但在苏格兰只视之为男人的必需品，而在法国
则不是男女的必需品）二者进行了对比。

然而，在自己两本著作中，不论是《道德情操论》还是
《国富论》，斯密关于我们偏好的社会起源的论证基础不仅仅
是为了表象而注重外表，还在于我们对他人的道德印象的关
注：他注意到"但在现今，在欧洲的大部分地区，一个值得称
赞的日工没有一件麻布衬衫，就不敢在大庭广众中露面"。原
因是什么？没有一件这种衬衫"会被认为是表明贫困到可耻的
地步，要不是做了极大的坏事，没有人会落到这种地步"。[58]
我们之所以要那般避免看上去贫穷，是因为其他人会认为，如
果我们如此贫穷，那么我们必定在道德上也是有缺陷的。

在《道德情操论》中，斯密甚至预见到了一百多年后美国
经济学家托尔斯坦·凡勃伦（Thorstein Veblen）提出的著名
的"炫耀性消费"概念：我们希望通过消费来吸引他人羡慕的
欲望，这不仅影响我们购买的数量，还有购买的内容。[59]在 19
世纪末著述的凡勃伦，试图解释镀金时代的金融家和实业家气
派十足的穿着，在他看来，他们建造豪宅、举办奢华的娱乐活
动，主要是为了给他们的社会同侪和普通公众留下深刻印象。
早于凡勃伦的论证，斯密指出，富人的邸第、花园、马车配备
与仆役侍从，全是"每个人一眼便可瞧出有什么便利的东西"。
像牙签或指甲刀这样微小、私密的用品，对我们来说可能同
样有用，但在别人眼里并不那么醒目。结果，这些有用的小
物品，"和富贵的华丽气场相比，是不那么可取的虚荣选项"；
（用凡勃伦的形容词来说）更惹人注目的支出的"唯一优势正
在于此"。[60]如凡勃伦更为明确指出的那样，斯密在这里也表
现出了对消费者偏好的怀疑，这种怀疑极大地动摇了现代经济
思想的中心原则。

此外，斯密对我们作为消费者的偏好所持偏见态度的每

79

一个面向，无论是基于我们选择上的纯粹犯傻，还是我们未能预见到我们会习惯不同生活水平的后果，或者我们希望给他人留下深刻印象的欲求如何歪曲了我们自己想要的东西，都不是他在后来研究中往前推进、更加直视经济活动时抛诸身后的早期观点。《国富论》反映出的也是一套对富人消费偏好不屑一顾的看法。在那里，斯密也将富裕阶层购买的物品称为"只适于做儿童玩具而不值得人们认真追求的一些美观而无价值的小玩意"。[61]

在斯密后来的想法中，富人为了满足幼稚和轻浮的欲望而挥霍收入的倾向，在另一个不同的语境下仍具有重要影响。斯密的主要关切始终是改善他所谓"劳动贫民……社会绝大多数人"的命运。[62]随着他思想的推进，他越来越清楚投资在提升生活水平方面的关键作用，他所谓的投资不仅是我们今天通常认为的工厂和设备，还有提高农业生产率方面的。然而，作为一个实际问题，投资只能来自那些收入足以满足其生活需求并有富余的人：换句话说，主要是富人。那种细碎之物上的无用花销，他们最终并不能从中获得真正的乐趣，却由此浪费了有资产者本来可以用作投资的本钱，这些投资会使他们的农场佃户或商店雇员增加产出，从而带来工人工资和生活水平的提升。

然而，着眼于斯密在理解市场和竞争的重要作用方面的巨大贡献，我们要关切的就只是，当众人作为商品和服务的生产者和提供者时他们所理解的于他们有利之事，而不是当他们消费从别人那里获得的商品时于他们有利之事。尽管斯密对我们有关物质消费将如何影响我们的幸福这一错误看法有所保留，但他认为也大可不必去批评人们单纯追求他们眼中的自身利益。他只是简单地把自利行为接受为人之天性的一个要素（这一原则后来在《国富论》中会讲得更加明确）。更重要的是，斯密得出的结论是，我们出于自利行事，哪怕是以有时不得正道的方式，对我们作为个体之人来说在道德上仍是有益的。他写道："节俭、勤劳、慎重、注意与专心，通常被认为是从自利的动机培养出来的习惯"，并且，所有这些都是"很值得赞美的品行"。相比之下，粗心大意、不注重节俭之所以受到责备，不在于"它们缺乏慈善的动机，而在于它们对自己的利益缺乏适当的注意"。[63]

因此，追求自身利益并为自己的个人幸福和利益着想，是值得称道的行动原则，能够引领大多数人过上有德的生活，尽管他们的动机不光彩，甚至有时是愚蠢的。"在社会中下层的生活中，"斯密（指的是他那个时代的主体人群）写道，"通往美德的路，和通往富贵的路……幸好在大多数场合，几乎是一条相同的路。"相较而言，"可惜，在高阶层的生活中，情况并非总是和前述相同"。[64]

既已推定，大多数追求自己财富的人都让自己走上了德性之路，斯密坚定地抛开了任何将自利行为与恶行等同起来的看法。"恶行"和"邪恶的"这两个词确实出现在《道德情操论》中，而且频率还不低。但它们总是意指别的东西——不合社会的激情，比如仇恨、怨怒或报复心；不公正，例如欺诈、残忍或暴力；甚至是违背我们自身利益的那些行为，如不节制——而不是意指单纯对自身利益的追求。

第一部著作中仍然少了某种东西。就像尼科尔、曼德维尔、巴特勒和其他人之前做过的那样，斯密现在也已表达出，当人们为自身利益行事时，他们可以改善别人的生活。他给出了一个有力的例子，说明这种结果显然是通过经济交换发生的。他甚至将这个例子与隐喻性"看不见的手"的挥动联系起来。能做到所有这些，源于他对个人行为背后的动机有着非凡的洞察力。但《道德情操论》仍未能将基本论证推进到能大步超越《蜜蜂的寓言》止步的地方。斯密一再嘲弄地主的轻浮动机，在他解释土地尽管高度集中但食物分配仍几乎相等这一情形时，甚至还回忆起了曼德维尔虚荣而无常的蜜蜂。极为重要的是，斯密没有具体说明所有这些得以运行起来的机制。从后来发展成为现代经济学核心的那些思想来看，书中缺少的是市场、竞争和价格的作用。而这不得不有待他 17 年后的第二部著作。

可以肯定，斯密思想在这两部著作的间隔时间中所取得的进步，既反映了他自己的独立思想，也反映了他对其他人当时就这两个重要主题正在撰写或已经写成的内容的吸纳。整个 17 世纪，包括苏格兰和英格兰在内的欧洲许多地区日益商业化。城镇的规模和重要性都在增大。1600 年，只有 3% 的英格兰人口居住于人口在 4 万以上的城镇；到 1750 年，这个比例超过了 8%。100 年之后，比例达到接近 20%（到 1900 年超过 50%）。[65] 这种渐进的城市化，在一定程度上是《道德情操论》中"看不见的手"的恰当例子，因为越来越多的城镇居民需要吃饭；斯密接下来在《国富论》中也会进一步考察城镇的发展（尽管在这样做时没有使用"看不见的手"这一用语）。与此同时，农业也变得越来越商业化，越来越多的农民生产农作物是为了在更广阔的市场上销售。而且，金融市场的复杂程度，包括借贷两方面，也在迅速提升，这主要发生在伦敦以及一些较大的城镇。

尤其是在南海泡沫之后，事态发展引起了广泛的关注，其中大部分是出于道德原因。但也出现了相反的观点。讨论该主题的一些思想家认为，以市场为基础的商业的发展，对道德产生了积极的影响。法国政治理论家孟德斯鸠男爵在斯密《道德情操论》出版前十年，发表了《论法的精神》，他写道："哪里有善良的风俗，哪里就有商业；哪里有商业，哪里就有善良的风俗。这几乎是一条普遍的规律。"孟德斯鸠接着说道，商业"如我们每天都看到的，正在使野蛮的风俗日趋典雅与温厚"。[66]

孟德斯鸠饱含情感的评论，立基于商业参与的自由意愿本性，在斯密的思想中自由意愿本性也是被凸显的一个方面。在许多乡村环境下，支配经济交换的是传统的固定关系，这种关系既是个人性的，又是在时间流逝中保持高度静态的，与这种关系不同，在典型的以市镇为中心的市场上，购物者面对许多供应商，他们可以从供货商那里购买任何特定商品。没有规定要求顾客必须从前一天光顾过的商家那里购买商品。鱼贩或屠夫，如果因欺骗顾客而出了名，甚或只是粗鲁地对待了顾客，都会眼睁睁看着本来是他们的交易转移到了相邻摊位。孟德斯鸠的论证继续展开，商业中，卖家必须懂得待客之道，否则他们做不成生意。同样的原则适用于市场，它与传统的租佃制度或学徒制度安排完全不同。粗鲁无礼或消极懈怠的工人将赚不到工资。市场的规则，对文雅行为具有天然的亲和。[67]

但是，商业带来的好处不仅仅是个人的彬彬有礼。斯密同时代的其他人将这一想法扩展到更重要的道德品质。巴特勒主教将现代商业形式视为一种道德化力量，甚至是基督教化的力量。[68] 在 1739 年的一次布道中，巴特勒指出，国家间的贸易，为"基督教的宣讲"（Profession）及"传播"（Propaganda）提供了机会，给尚未接触到真宗教的人们提供了机会。[69] 他的门徒乔赛亚·塔克问道："宗教和政府的目标，仅通过普遍性商业体系要如何来落实？"商业不仅是正义的基础，也是仁爱、慈善和同情的基础。[70] 约瑟夫·普里斯特利（Joseph Priestly），同样是英格兰教会的牧师，也是因发现氧气（就在斯密出版《国富论》两年前）而闻名今日的科学家，像巴特勒和塔克一样，他是典型的启蒙运动人物，有着更为广泛的对哲学和人际关系的兴趣，他写道，商业"往往能极大地扩展思想，并治愈我们许多有害的偏见"。[71] 斯密的个人藏书里有普里斯特利撰写的五本著作和小册子。[72]

与斯密有私交的其他人，表达了类似的观点。他的朋友和俱乐部同仁威廉·罗伯逊，爱丁堡大学校长兼苏格兰教会牧师，也是一位历史学家，将这一想法扩展到国际关系中。他写道："商业往往会消除那些在国家之间固化歧异和敌意的偏见"，并且应和了孟德斯鸠，"它让人们的举止温文尔雅"。[73] 大卫·休谟甚至认为商业的好处扩展到了激励人学习上。[74]

对商业的教化效应的信念，不只限于法国和英国。在美国，费城医生和改革派政治家本杰明·拉什（Benjamin Rush）在自己的著述中指出，商业的影响"在使人类变得人道起来上，仅次于宗教的影响"。[75] 本杰明·富兰克林和托马斯·杰斐逊在独立战争后被国会派去与欧洲国家就条约进行谈判，他们写道，他们希望实现"对人类非常有价值的目标，即商业的全面解放和将所有国家聚集在一起实现对幸福的自由交流"。[76] 甚至托马斯·潘恩，这位撰写过激进小册子以将北美爱国者动员起来加入 1776 年革命事业的作者，后来也写道："商业的发明……是通向普适文明的最伟大的路径，但它是以并不直接源起于道德原则的方式做到的。"[77] 有了这样一些流行一时的基调，以及斯密已经表现出的对经济安排的兴趣，商业，从市场环境中自愿交换的意义上来说的商业，在他日后的著作中发挥关键作用也就不足为奇了。

还存在第二种也是更古老的思想路径，在曼德维尔那里也可以找到，但他没有将其阐发开来，这条路径围绕着这样一种观念推进：进入经济领域时，特别是在基于市场的商业背景下，要让竞争发挥一种特殊作用。常见的论题是如何克制对自身利益的追求，它最开始针对的是如何克制君主对荣誉和光荣的追求。传统看法是压制诸如此类的"激情",这是宗教和国家一直渴望去做却收效甚微的任务。然而,也有一个不同的想法,它主要与欧陆思想家有关,想通过一种激情与另一种激情对抗的方式,来利用那种潜在的破坏性倾向,如此,不仅可以防止伤害,甚至还可以将潜在的能量引导到一些有价值的目标上去。[78] 尽管曼德维尔冒犯了公认的道德原则,但休谟一直试图理解曼德维尔那发人深省的洞见在何种情形下可能会有效,他猜测:"一个国家中有两种对立的恶习,可能比只有其中一种更有利。"[79]

法国启蒙运动的哲学家克劳德·爱尔维修(美国革命期间,本杰明·富兰克林在巴黎逗留时与其遗孀有过一段当时闹得沸沸扬扬的交往)更尖锐地提出了这一点。在他看来,目标是"武装我们的激情,让它们自相反对",理由在于"只有激情才能战胜激情"。[80] 霍尔巴赫男爵是一位与斯密同时代的法籍德裔哲学家(二人皆生于1723年),明确了把实现公共目的作为目标,从而将前述想法提升到了更高的水平:"激情是激情的真正平衡物;我们决不要试图摧毁它们,而应该试着引导它们;让我们用其中对社会有益的来抵消那些有害的。"[81] 这种引申开来的讨论,虽在某种程度上看是抽象的和哲学的,但仍然具有实践意义。斯密本人认识爱尔维修和霍尔巴赫,两者的想法在《国富论》对市场和竞争的论述中显而易见。十年后在美国宪法中建立起来,并由詹姆斯·麦迪逊和亚历山大·汉密尔顿在《联邦党人文集》中阐发的政治制衡制度,也清楚地反映了这种思想的影响。[82]

此外,这一思路的某些方面,已经明确提出了经济自利在抵消激情中的特殊作用。贪婪,虽然通常被认为是一种令人厌恶的人类特征(更不用说在天主教教义里还是一种大罪),但一直被认为涉及一种特殊的计算理性的形式。[83]

84

因此，在一个人有潜在危险的诸本能当中，首先将这种更理性的对物质利益的欲求，看作对其他欲求最合情合理的限制，这似乎很自然。正如休谟和斯密所相信的那样，这种欲求总是对个人的想法起作用。休谟认为，"贪婪，或对获得的欲求，是一种普遍的激情，它在任何时候、任何地方、对所有人都起作用。"[84] 斯密在《国富论》中做出了同样的假定。

但是，如果一种激情可以在个体的思维过程中抑制另一种激情，而且，如果有极大能力实现这种约束的激情正是经济上的自利，那么，假设一个人对经济获利的欲求可能抑制另一个人的欲求，便只是在前述说法上往前推进了一步。从这个角度来看，霍布斯隐喻式的社会契约，代表了每个人更强烈的生存本能对每个人的进攻性激情的控制。然而，在经济背景下，这种一劳永逸的安排并不这么一目了然，即使从假设来看也是如此。对经济获利的欲求以及由此产生的努力是无止境的。随着斯密思想的向前发展，市场和竞争的作用，采取了一个人的经济自利对峙另一个人的经济自利的可持续方式。如此一来，竞争不仅会约束双方，同时还会调动每个人的自利所产生的能量和主动性，从而达到某种共同目的。斯密在《国富论》中所推进的这一步，正是循着巴特勒主教、塔克院长以及法国的布阿吉尔贝尔在自己面前指出的道路。它给出了曼德维尔挑战性悖论所缺失的那种深层机制。

第 4 章
竞争性市场机制

> 每一个人为改善他自己的状况而自然地做出的努力……就是一个十分强有力的原则，单是它，不借任何帮助，不但能给社会带来财富和繁荣，而且能克服人类法律的愚昧对它的运作所施加的无数的无礼阻挠。
>
> ——亚当·斯密

《道德情操论》出版后，斯密仍是格拉斯哥大学的道德哲学教授，继续推进受休谟启发的工作，旨在构建一门全面而可靠的人的科学。然而，与他第一本书侧重于个体的内在思想不同，现在他将注意力转向社会建制的起源和演变，包括经济生活的组织。从牛津返回之后，他在爱丁堡发表的公开演讲部分借鉴了自己十年前所做的思考，1760 年代初，他在格拉斯哥讲授"法律、警察［police，意思是我们所说的政策（policy）］、岁入和军备"。[1] 斯密从未发表过这些讲座内容，也没有把它们放在自己的著作中。在他去世很久之后，两位听过这些讲座的学生记录下的大量笔记，被编入一本名为《法理学讲义》（*Lectures on Jurisprudence*）的书。[2] 他后来将自己在这些讲座中提出的一些想法写进了《国富论》。

1764 年，时年 41 岁的斯密辞去了格拉斯哥大学的职位，受聘担任一位 17 岁的苏格兰贵族巴克勒（Buccleuch）公爵的个人教师和旅伴。从那年 2 月到 1766 年 10 月，两人结伴出行——先是到图卢兹,然后是日内瓦,最后是巴黎。1766 年秋天,公爵的弟弟和另一位苏格兰朋友加入了他们,弟弟在巴黎的去世令这次旅行戛然而止。但斯密与巴克勒公爵的亲密关系,在后者成人后的很长一段时间内依然如故,他继续就金融事务向这位可能是苏格兰最富有的人提供建议,同时受其资助。例如,斯密对 1772 年苏格兰银行业危机的密切关注,部分原因在于公爵是处于这场危机中心的银行的最大股东。[3] 但两人私交也一直是有的。据称,公爵在多年后表露了他的这份情感,"我们一直保持着友谊,直到他去世的那一刻"。斯密是"我敬爱和尊重的朋友,不仅因为他才华横溢,而且因为他一身正派"。[4]

在欧陆智识圈子生活了近三年,让因《道德情操论》而广为人知的斯密有机会与法国启蒙运动的许多主要思想家直接互动,包括伏尔泰、霍尔巴赫和爱尔维修。他遇到的其他人,如雅克·内克尔(Jacques Necker,十年后成为路易十六的财政大臣)和安 – 罗伯特 – 雅克·杜尔哥(Anne-Robert-Jacques Turgot,后来任总审计长),对与经济学相关的问题有着更直接的兴趣。[5] 斯密关于人类诸社会如何在经济上从原始状态发展到先进状态的思想,以及接下来又对它们的法律和政府产生了何种后果的思想,与杜尔哥 1751 年在索邦大学的演讲内容非常相似;但由于斯密早在去巴黎之前,就已经在格拉斯哥的演讲中阐述了这些观念,因此他和杜尔哥之间有过的任何讨论,显然都不是这些观念的来源。[6]

在这些新交往的人当中,弗朗索瓦·魁奈(François Quesnay)对斯密后来的思想影响最大。魁奈是一名年长斯密近 30 岁的医生,后投身研究经济问题,到斯密访问时,他已成为法国以重农学派著称的思想流派中的领军人物,该流派强调土地和农业是经济财富的唯一来源。(重农主义者的政策是

要求提高农产品价格。）斯密发现，这种对农业的狭隘关注并
没有说服力，不过，重农主义者的一些想法还是极大地影响了
他的思想。[7] 譬如，重农主义者强调"农业盈余"的必要，也
就是说，生产的食物应多于从事农业工作的人所需要的，以使
农业以外的经济发展成为可能。这种观点与斯密在《道德情操
论》中关于用食物交换城镇制造商品的内容相似，但相关讨论
并未对经济增长或发展产生直接影响。斯密在《国富论》中回
到这个主题，并得出了大致这样一个结论：经济中存在的盈
余，虽不一定对农业，但对投资是必要的。进言之，斯密发现
重农主义者对法国重商主义的反对与他自己的思想高度一致。

斯密对魁奈感兴趣之处，还在于后者对国家经济要素之
间相互关系的系统思考方式。魁奈当时新出版的《经济表》
（*Tableau Economique*），用与一个多世纪前威廉·哈维发现
的血液循环的类比，分析一个部门的支出如何成为另一个部门
的收入。[8] 斯密在巴黎逗留 10 个月期间，二人成为好友，当
1767 年魁奈出版他的《重农学》（*Physiocratie*）时，他送给
了斯密一本。[9] 尽管斯密对将重心放在农业上持保留态度，也
尽管重农主义者回避了价格体系或劳动分工这两个斯密思想中
两个核心要素的重要性，在《国富论》中他还是赞扬了魁奈
的方法，称其"在已经刊行的有关政治经济学的著作中，或许
是最接近于真理的"，非常值得任何对这门科学感兴趣的人关
注。[10] 他后来说，如果魁奈活到《国富论》的出版（可惜他早
去世了两年），他会把自己的书献给这位法国朋友。[11]

除了他遇见之人的直接影响外，在法国的这段时间斯密接
触到了其他的思想方式，这些思想方式在其后续工作中得到了
发展。在《国富论》中，斯密提到了坎蒂隆，但没有提到布阿
吉尔贝尔。不过，坎蒂隆 1755 年的著作本身就是布阿吉尔贝
尔 60 年前思想的产物。虽然二人都没有活到斯密访法之时，

88

89　但他们的思想已经在法国圈子里产生了影响。尽管没有仔细分析竞争机制和价格体系的核心作用，也没有表现出对该机制具有改善生活水平的强大力量的信念，他们所强调的市场的积极作用却预示着斯密后来的贡献。[12] 他们对重商主义政策的反对，也一样预示了斯密后来的贡献。斯密最早动手写作《国富论》显然是在法国期间。正如他在 1764 年 7 月写给休谟的信中所言，"我已经开始写一本书，来打发时间"。[13]

　　从巴黎回来后，斯密在伦敦停留了几个月，然后回到家乡柯科迪。在接下来的 9 年里，他把大部分时间都放在了《国富论》上，同时密切关注经济和政治事件，包括北美殖民地日渐深化的危机。他所写的内容一定程度上反映了这些时代关切。例如，为了应对具有广泛破坏性的 1772 年苏格兰银行业危机，《国富论》呼吁禁止银行以超过 5% 的利率放贷，在斯密看来，只有以高风险项目寻求融资的借款人才会愿意支付如此高的利息；同时，他还就银行如何为自己留存准备金，呼吁出台一些严格限制。（斯密说，他之所以赞成这些限制，理由与他赞成在爱丁堡联排住宅之间设置防火墙的规定一样。）而且，他更多地思考了他在法国那些年汲取到的东西。

　　然而，推动他思考的主要实践动力，仍然是让苏格兰在 18 世纪初放弃独立的那种挑战：如何增强经济活力并使苏格兰更具生产力，从而提高日常生活水平。及至 18 世纪中叶，这个国家在经济领域尝试过的几乎所有事情，往好的方面看可能是不必要的，而更可能的后效是适得其反。与此同时，当时正在发生的物质进步完全来自个人的主动性，与国家的方向无关。[14] 重商主义显然不是什么解决之道。然而，在依赖政府授予的垄断、特许及其所施加的其他限制几个世纪后，要想拒绝国家干预，就要在思想上有一个全面改变。为这种转变提出有说服力的理由，需要一个坚实的理论基础。

1773 年，斯密返回伦敦，之后留在那里继续写《国富论》，直到 1776 年 3 月该书出版。[15]

• • •

正如在《道德情操论》中所做的那样，斯密在《国富论》中提出了其论证所依据的具体假设。一是重申他在前一本书中的观点，即人们欲求提高物质生活水平的普遍动力。他写道："改善自己状况的欲望……是我们从娘胎出生一直到我们进入坟墓之前所经常具有的。在这两个时刻之间的全部生涯中，没有一个片刻，是任何人……不想去做某种改变或改进的。"[16]尽管斯密在他先前的书中指出，"宁静"是通向人类幸福的途径，但他现在意识到，持续的不安和努力更接近人类生存的特征。[17]

斯密很清楚，大多数人想要改善的是他们的经济状况："增加财富是大部分人……想要用来改善他们的状况的手段。"[18]斯密可能仍然更偏向于人们采用他的斯多亚观点：从社会和谈话中寻求宁静和享受。但他将他的工作视为科学，而不是说教，正如休谟和卢梭说的那样，是要见识人之本真，而且，为了他的第二本书的目的，他现在只是把大多数人谋求改善自身物质福利之举，视为一个已观察到的事实。[19]他们的潜在动机，是否如他在《道德情操论》中所主张的那样是由社会驱动的，以至于更高的物质生活水平只是吸引同情和同感的手段，对于他在新书中力图实现的目标并不重要。真正体现生活水平的，是否因此就是那些在别人眼里醒目的方面，而不是可能会对人们真正幸福有更大贡献的其他方面，这个问题也不重要了。对他当前的目标而言，重要的是"每一个人改善个人状况的一致的、经常的和不断的努力"，以及这样一个事实：对大多数人来说，实现这一目标的主要途径是提高物质生活水平。[20]《国富论》的重点完全放在了经济活动的世界上。

91
斯密进而假设这个经济世界是一个"商业"世界。在《道德情操论》出版后，他在格拉斯哥为学生讲课时，探索商业在历史上是如何兴起的，以及为什么随着时间的推移，它在很大程度上取代了早期的经济组织形式，如自给农业或游牧畜牧。但正如他现在撇开了他早先对人们何以如此关心自身物质生活水平的分析，而只是假定他们就是如此，他在《国富论》中同样超越了商业何以占据主导地位这一问题。对于这本新书的目的而言，这也成了一个既定事实。

《国富论》这本新书，之所以价值长青，很大程度上在于斯密就商业的两个关键构成要素（专业化生产和自愿交换）分别做出的阐述。正如《道德情操论》开门见山表达出人类同情的普遍性，《国富论》的第一句话就渲染了生产专业化的优势——斯密称之为劳动分工。[21]第二章的开篇将专业化生产与自愿交换联系在一起。本书其余部分的主体内容，都可解读为是在阐释斯密及其同时代人眼中的商业这两个关键特征所发挥的作用。

斯密在这本书的开头便强调，经济生产中的专业化具有重要优势，这一点不同于每个人都试图单独进行尽可能多的生产活动（自给农业是这方面的典型）。在他看来，这是任何社会从既有劳动力和物质投入中获得更多产出，从而提高其生活水平的主要方式。他声称，"劳动生产力最大的改进，以及劳动在任何地方运作或应用中所体现的技能、熟练和判断的大部分，似乎都是劳动分工的结果"。他接着很快就谈到了那个著名的例子，即分配给制钉厂工人的众多专业任务［pin 是我们现在所谓"钉子"（nail）在 18 世纪的标准用词］。此外，由于消费是"所有生产的唯一目的"，所以分工生产可以提高劳

哈格里夫斯的珍妮纺纱机，18 世纪后期。珍妮纺纱机发明于 1760 年代，通过让一名工人用一个纺轮同时带动多个纱锭（后来的机型，超过 100 个），极大地提高了棉纺织业的生产率

动生产率这一事实，意味着这样做也为全体劳动人口提供了更高的生活水平——这一点仍是斯密贯穿全书的主要目标。因此，他的思想最初就聚焦于"劳动分工提供了那么多的好处"，他热情地称赞它带来的普遍繁荣。[22]

斯密强调专业生产是提高生产力和生活水平的关键，这一定程度上反映出了他动手写作的时代和地域。他知道，日常生活水平，尤其是英国的日常生活水平，比以前有了很大的提高，这里面肯定是有原因的。他的目标是让苏格兰和像苏格兰一样的其他国家提升到更高的水平。有更大的市场才会有更大规模的生产，这反过来又催生出更多的专业化。进入英国市场，尤其包括英国的海外贸易，会使苏格兰有机会获得这些好处。

尽管推动我们现在所说的工业革命的一些主要技术进步，

92

在《国富论》的时代已经被使用，例如，詹姆斯·哈格里夫斯（James Hargreaves）的珍妮纺纱机，以及托马斯·纽科门（Thomas Newcomen）的早期蒸汽机（虽然还不是詹姆斯·瓦特的改进版），但它们显然太新了，斯密或任何时人还无法参透它们意义的根本所在。它们的应用从地理上看仍然囿于一隅。到1770年代，这些新设备仅在英格兰的一个郡（兰开夏）和苏格兰的一个郡（拉纳克）被广泛使用。斯密未能掌握工业革命技术基础的一个迹象是，他选择了一家制钉厂，而不是纺织厂，作为解释提高了的生产力的样板；至19世纪初，英国工业革命的重心显然是纺织业。[23]

直到1830年代，有思想的观察家才开始将持续的技术进步视为生产力不断提高的源泉，这在当时甚至没有发生在英国，而发生在美国。[24]一旦意识到这一点，它的影响会是巨大的，影响面不止于经济思维。但是，半个多世纪之前撰述的斯密，并没有看到这一点。相反，他专注于自己在工业化最初阶段所目睹的工人任务的日益专业化，他也看到这种专业化在许多手工业中发生得要更早。愈益深化的劳动分工，是他眼里能解释生产力不断提高以及由之而来的生活水平得到改善的唯一缘由。[25]

或许出于这个原因，斯密竭力主张，大多数工人并不是因为他们的能力存在任何先天差异而选择了不同的专业。相反，他认为，让他们能力有别的，主要是他们各自任务中的工作经验。他写道，"不同人的天赋才能差异实际上比我们所想象的要小得多"，把一个行业的人与另一行业的人的区分开来的不同技能，并不是劳动分工的原因，而是劳动分工的结果。引用下面一个例子无疑是为了让人印象深刻，但对于那些注意到这本书的扉页表明其作者以前是道德哲学教授的人来说，会有点忍俊不禁，斯密往下是这样说的："最不相同的人物之间的差异，例如一个哲学家和一个普通的街头搬运夫之间的差异，似乎不是由于天赋，而是由于习惯、风俗和教育产生的。"他认为，在 6 岁或 8 岁之前，两者几乎无法区分。但后来他们从事了截然不同的职业，从那时起，他们各自的才能开始出现分歧，"直到最后，哲学家的虚荣心就不肯承认有任何相似之处"。[26]

这不仅仅是个人谦逊和间接幽默的问题。如果人们在经济生产中的专业角色主要反映了人们与生俱来的才能差异，那么，这些生理差异就会对劳动分工的深化，以及分工背景下经济生产力和生活水平的上升空间，构成天然的限制。相比之下，如果是教育和经验决定了不同的人在不同的任务中的效率高低，那么训练人们朝着更专业化的角色发展就是可行的。因此，至少从原则上来说，劳动分工可以越来越细化，生活水平可以无限地提高（情况确实如此，但不仅仅是由于这个原因）。

与此同时，斯密还对这种日益专业化的结果表达了深刻的保留意见——同样是因为人们的经验形塑了他们的能力，而不是相反。[27]斯密在工业革命之初提笔写作，目睹了新兴大规模生产经济中人们干着越来越专业化和重复性的工作，他敏锐地感受到人类势必为之付出的代价。他的担忧不仅仅是苦恼于大多数人无法成为哲学家。斯密再次回到描述制钉厂劳动分工的个例，他写道，随着分工的细化，大多数人在工作中所做的"仅限于少数非常简单的操作，常常只是一种或两种"。问题在于，如果一个人以这种方式工作一整天，工作日天天如此，个别同样的操作总是导致相同的结果，那么，他就"没有机会发挥他的理解力，或发挥他的发明才能，找到克服所遇到的困难的办法"。[28]总之，这样的人没有了思考的必要。

斯密接着用毫不客气的语言描述了枯燥、重复的工作对人之能力的影响："因此，他自然丧失了发挥这种能力的习惯，通常变得像一个人可能变成的那样驽钝和无知。他们精神上的无感觉状态使得他不仅不能领会或加入任何合理的谈话，而且也不能怀有任何宽宏、高尚或温和的感情。"危险也不仅限于少数特殊情况。在每一个经济发达的社会，这将是绝大多数劳动人民的命运，"除非政府设法去防止它"。[29]斯密认为，补救措施是公共部门资助的普及教育。[30]

如果这些可悲的后果源于工人的专业化，那么是什么导致了这种组织经济活动的方式？在斯密看来，劳动分工不是由于一个人与另一个人存在先天能力差异，他也断绝了这是任何一种人为计策的可能。（他的想法没有为曼德维尔笔下的老练政治家留下空间。）那么，它是如何产生的？他认为，这是每个工人都希望自己作为个体更富有生产力的直接结果，再加上我们进行交换的那种自然倾向：正如斯密所指出的那样，"人性中某种倾向……一种互通有无、进行物物交换、彼此交易的倾向"。斯密只是单纯地接受了这种普遍的倾向，认为这是人性另一个可观察的方面，是一个显而易见的事实，其起源"不是我们现在要研究的题目"。相反，他将渴望与他人交易作为人类的另一个显著特征。他注意到，"这是所有的人普遍都有的倾向，而其他的动物则没有"。单纯将我们的这种倾向作为既成事实，并认为它为人类独有，斯密在《国富论》中对人类交换倾向的处理，与他在《道德情操论》中对人类想象和同情的处理极为相似。[31]

因此，斯密将专业化生产解释为提高生产力的欲望和我们与生俱来的参与经济交换的欲望的产物。但同样明显的是，交换经济商品的欲望，更重要的是，这样做的必需性，反过来又是专业化生产的结果：铁匠不能吃马蹄铁，乳牛场女工不能穿牛奶。有些人，比如哲学家，根本就不生产生存必需品。因此，一种商品交换另一种商品的需要，既是斯密论证思路上的原因，也是专业化生产的结果。然而，两种情形无论哪一种，重点都在于商业的两个基本特征自然而然地结合在了一起。

此外，不像专业化生产——主要对生产过程的物理性方面发挥作用——经济交换的至关重要性还强化了斯密在《道德情操论》中提出的更广泛的社会思想。他在书中称，人际交流和相互接触对于人的社会本性至关重要，如果个人的经济需求迫使他们与他人互动，那么情况就会更乐观。像休谟和他之前的其他思想家一样（例如 17 世纪的德国哲学家塞缪尔·普芬多夫），熟悉他们作品的斯密，也将经济需求视为人类社会性起源的一部分。"人总是需要有其他同胞的帮助"，他指出，事实上，"他在任何时候都需要有大量的人的合作和帮助"，不过，"单凭他们的善意，他是无法得到这种帮助的"。[32] 正如他多年前在格拉斯哥的演讲中所说的那样，要得到他们的帮助，就需要找对路子。[33] 我们天生的实物交易和交换的倾向为我们做到这一点提供了自然的途径。我们有能力预测其他人可能愿意接受什么样的商品或服务来换取我们所能提供的一切，这一能力本身是人类想象所产生的同情的结果。

然而，《国富论》的创新之处，以及这本书在当时和现今何以如此重要的原因，在于斯密对竞争的深刻理解，这种竞争发生在市场内，是作为商业环境下开展的经济活动的主要组织机制。斯密的分析集中在价格的动态作用上，包括作为劳动力服务的价格的工资。他没有在数学上计算出联动性供求关系；一百年后，阿尔弗雷德·马歇尔这样做了。[34] 不过，斯密很清楚价格的几个功能，并对其做了细致说明：作为稀缺性的反映，可使消费者购买更多便宜的商品并迫使他们放弃购买昂贵的商品；作为生产的诱因，激励工匠和制造商多生产某些商

96

品而少生产别的商品；也可作为分配指南，将稀缺且因此昂贵的资源引导到更有价值的用途上，同时让更丰富且因此更便宜的资源用到不那么重要的用途上。今天，价格所扮演的这些角色，甚至对把握西方经济学最基础的一面都是至关重要的。它们是《国富论》中的创见。

至关重要的是，斯密将价格决定机制完全建立在买卖双方对各自利益的追求之上。例如，在劳动市场中，"劳动工资的多少取决于雇主和工人双方订立的合同，但双方的利益是对立的。工人想要尽可能多的工资，而雇主则希望支付尽可能少的工资"。[35] 工人偏爱更高的工资，而雇主偏爱更低的工资，这并没有出于道德考量的动机，无非人性而已。让市场获得恰当工资的，是工人和雇主让各自的利益进入相互竞争的方式；所谓恰当，是就其能反映出劳动力的稀缺性而言，从而激励恰当数量的人去从事能充分发挥他们效力的生产活动。工人和雇主都追求自己的利益，从而为整个市场带来了恰当的工资。

在其他市场也是如此，让买卖双方达成一种价格的——这种价格充分反映出所生产商品的稀缺性以及生产这些商品所投入的劳动力和原材料的成本，并把生产导引到正确的商品上和制造它们的最佳技术上——又是这些需求者和供应商之间相互竞争的方式，他们又一次仅仅是出于自身利益。同样的原则，在一个接一个的环境中一遍又一遍地发挥作用，它始终以市场竞争为基础，每笔买卖后面的对立双方都有着对立的自我利益。

靠着这一洞见，斯密最终解开了尼科尔和曼德维尔早在一个多世纪前提出的悖论：让曼德维尔的每只蜜蜂去满足其他蜜蜂的欲望，而因此从全局上使蜂巢繁荣起来的，正是通过市场机制运行着的自我利益。用尼科尔的话来说，慈善并非必需。正如斯密《国富论》最常被引用的一句话所总结的那样：

"不是从屠夫、酿酒师或面包师的恩惠，我们期望得到自己的饭食，而是从他们对他们自利的打算。我们不是向他们乞求仁慈，而是诉诸他们的自爱之心，从来不向他们谈我们自己的需要，而只是谈对他们的好处。"[36] 市场竞争是我们追求自身利益却也造福他人的机制，价格体系是市场竞争的运行方式。通过市场上展开的竞争，并通过这种竞争对价格的影响，牵动起来的每个个体改善自己状况的努力成了"国家和国民富裕以及私人富裕的原始动力"。[37]

这一结果是与启蒙时代非预期后果和自发秩序原则息息相关的一个显著例子，斯密反复强调，这个过程的参与者并非刻意让自己的行为给他人带来好处，甚至都没有预见到这些好处。的确，如他在《道德情操论》中详细论述过的那样，人类有着对彼此的同情，但这种同情并不是在这里起作用的东西。即使人们愿意增进他人的经济福祉，斯密也不希望自己的牛顿"系统"版本必须依赖于他们拥有能这样做的足够知识。例如，在劳动力市场上，"劳动者的利益虽然和社会利益密切地联系在一起，但他既不能了解这种社会利益，也不能理解它和自己利益的联系"。[38] 这种远见是不可能的，也是不必要的。仅仅通过为自己争取一份尽可能高的工资，每个工人便发挥了自己的一份作用，使工资总体上达到了恰当的水平。

后来经济学家和公众理解为"看不见的手"的内容（尽管斯密在本书的这一部分没有专门使用这个著名的比喻），最终现出真身。[39] 这意味着，即使经济交易的双方相互竞争，即使每个人都只追求自己的利益，但在适当的条件下，双方都会受益，其他人也会受益。用现代术语来说，经济关系——也是在适当的条件下——不是零和的。休谟表达过，人们获取商品和财产的兴趣"对社会具有直接破坏性"，与之相反，斯密现在要说的是市场竞争如何通过"增加财富"，使得改善自身状

98

况的普遍努力从更广泛意义上提高了生活水平，甚至促进了人类的合社会性。[40] 其他人，比如布阿吉尔贝尔和塔克（以及之前的尼科尔和曼德维尔），已经认识到自利行为可以促进公共善。但正是斯密解释了市场竞争是如何做到的。这个带上了斯密特征的观念，新颖且影响深远。它很快就显现出了巨大的吸引力。[41]

非有意为之却能带来有益后果的原则是通过市场运转起来的，斯密对这一原则的信心贯穿整个《国富论》。在《道德情操论》中，他详细阐释了地主（愚蠢地）用农产品换取其他想要的商品，使食物即使在土地高度集的情况下也被平均分配。在那个例子中，制造这些物品的工匠显然从交换中受益了。然而，地主除了满足被误导的虚荣心之外，并没有受益。斯密在《国富论》中回到了这个话题，更加轻视地主个人通过交换获得的东西：他们从"小饰品和小玩意"那里，获得的只是"为了满足最幼稚、最无价值和最卑鄙的虚荣心"。[42]

但斯密现在对这一点的思考更开阔了。只有通过这种食物换小饰品的方式，城镇生活才有可能。城镇和乡村的经济相互依存是 18 世纪思想中的一个共同主题，它已经隐现于曼德维尔的思想中，并出现在许多后继作家的作品中。斯密现在认为，城镇生活的出现最终不仅使市民受益，而且使整个社会受益。此外，城镇的建立所带来的改善属于自由和治理领域，这始终是启蒙运动的崇高目标。[43]

斯密对原始社会治理的弱点一清二楚，也对这种治理的专制性质一清二楚。18 世纪，苏格兰高地很大程度上就是这样一个地方。道路很少，没有邮政服务，警察也很少，武装团体林立。在高地叛乱失败之前，氏族首领对他们的属民拥有绝对的权力，他们维持着频繁与邻族交战的武装随从。偷牛很常见，氏族战争也屡见不鲜。宗教冲突尤甚，异见者遭到抓捕凌虐，甚至遇害（一名大主教曾被暗杀），在联合王国成立之前的一个半世纪里，有超过 3000 名男女因巫术被绞死。[44]

在斯密《国富论》的叙述中，地主在成全城镇生活时最终放弃的，不仅仅是在他们土地上生长的食物，还有他们"按照自己的意思进行战争"的能力，以及他们"干扰司法的正常进行"和"扰乱国家的治安"的随心所欲。在城镇出现之前，乡村原野一派"暴力、抢劫和混乱的场面"很常见。一俟城镇出现，"在乡村也和在城市一样，建立了正规的政府"。最终的结果是"秩序和良好的政府，随之在乡村居民中引入了个人的自由和安全，这些人以前生活在几乎是和邻人不断作战的状态中，处于对他们上级的奴役依附的状态下"。[45]正是城镇的出现消除了霍布斯笔下一切人对一切人的战争，正是经济交换使这种向好局面得以发生。

而且，至关重要的是，这一结果并不是任何人有意为之。无非是自利性市场交换的结果，"一次对公众福利至关重要的大变革，就这样由两个不同阶级的人民实现了，他们丝毫没有为公众服务的意图"。两个群体都未能了解或预见到"一个的愚蠢和另一个的勤勉"会带来什么。斯密对这一非同寻常的结果的描述，跟他在《道德情操论》中说明非预期后果（并诉诸"看不见的手"）这一原则时的描述非常相似，但又并不相同。在他有关城乡交换的早期思想中，只有市民受益。在《国富论》中，整个社会都受益了。[46]

市场竞争会带来积极的但非预期的利益这一原则，与斯密撰写巨作的目标保持着一致，不仅（对现实）具有描述能力（descriptive power），而且具有规范效力（normative force）。倘无持续不断的技术进步（斯密并未预见到这种进步），一个经济发达的国家继续提高其生产力并相应地提高生活水平的方法，在斯密看来就唯有不断提升专业化程度——劳动分工，并以此专业化来生产普通商品和提供服务。但是，如果一个国家的市场体系不够发达，或者没有充分的市场，而只是存在大量政府构设的垄断和其他竞争障碍，那么该国可以通过消除这些障碍，来实现只此一次的生产率提高。

因此，斯密不仅尖锐地批评了像他在法国所观察到的重商主义制度，而且尖锐地批评了当时在英格兰和苏格兰实行的诸多形态的经济限制。他在《国富论》中详细阐述了自己对重商主义的反对，论重商主义一章的开篇就对"财富由货币或金银组成"这一"通俗的观念"提出了反对，指出它是错误的。由于这个错误的观念，他认为"所有欧洲国家都在研究如何采用一切的可能手段，在国内积累金银，尽管效果很不理想"。他接着用大量的历史细节解释了这种努力时常导致的政策失败。在他看来，更根本的是，虽说"消费是所有生产的唯一目的"，使得只有在带给消费者更好结果所必需的范围内，生产者的利益才值得提升，但在重商主义下，相反的取向却占主导地位："在重商主义体系中，消费者的利润几乎经常因生产者的利益而被牺牲；似乎将生产而不是将消费看作所有工商业的最终目的。"[47] 对斯密来说，这种想法太落后。

在更具体的层面上，现在特别就英格兰和苏格兰而言，斯密反对地方关税以及加在国外进口货物上的税收或禁令（反对这两者都是为了让货物更自由地流动）；[48] 反对传统的、行会强制执行的学徒规定（为了有更自由的劳动力分配）；反对政府授予的垄断（为了更自由地选择生产什么以及谁可以生产）；以及反对财产转让上的其他限制（为了有更自由的所有权，因此带来更自由的土地分配）。在写到英国在美洲和加勒比地区的殖民地时，斯密反对奴隶制。他意在让自己的著作成为提高国家生活水平的实用指南。既然人们对经济获益的天生欲求和对贸易的内在倾向在驱动着他们，让市场竞争自然地发挥作用，便是实现上述目标的最有效方式。

斯密还认识到，政府并不是对竞争构成有害障碍的唯一来源。正是基于他反对国家垄断和特许的理由，他直言不讳地批评商人企图垄断市场，或以其他方式联合起来迫使价格上涨或工资降低。在格拉斯哥和爱丁堡，也可能在他长期逗留伦敦期间，他密切观察了商人和雇主，对他们的动机和做法持怀疑态度。他直截了当地说道："如果有人信以为真……认为雇主们并不联合，那他就是既不明真相，又不懂世故。雇主们随时随地有一种默契的又经常的、融洽的联合。"斯密作为自由市场倡导者的流行形象是正确的，但今天经常将他说成会支持私营企业做任何想做之事则是不对的。他写道，商人构成了"一个阶级的人们……他们常常想要欺骗公众甚至想要压迫公众，因而在许多场合，他们确实欺骗了公众，压迫了公众"。[49]

但是，尽管斯密把政府设置的竞争障碍或商人勾结造成的竞争障碍与损害联系在一起，认为一个国家可以通过消除这两者而获益，但斯密强调的并不是他所看到的市场机制的脆弱性，相反，是市场机制惊人的稳健性。[50] 由于对市场的积极力量有这种强烈的信心，所以他从来不是今天许多政治保守派眼中所有监管的强硬反对者。他赞成对银行业实行严格的限制（比今天任何西方国家所实行的都严格），以防止金融危机和随之而来的经济崩溃，就像苏格兰在 1772 年所经历的那样，并且他赞成把公共教育（虽不如我们今天所拥有的全面，但远远超出当时英格兰所拥有的）当作一种解决办法，用于克服他所担心的不断细化的劳动分工对人类智力造成的钝化影响。

同样，基于直接的分配理由，他还主张累进所得税（"富人不仅应当按照他们收入的比例对公共开支做出贡献，而且应

102

当比这个比例贡献略多，这并不是非常不合理的"）；更高的豪华车高速公路通行费，同样是基于分配理由（因而使"懒惰和虚荣的富人很容易地为救济穷人做出贡献"）；酒类零售税，尤其是对酒厂课征的重税（尽管生活在苏格兰！）；当然，还有对任何种类的垄断利润征税（"垄断者的利得，当他们能获得这种利得时，肯定是最适当的课税对象"）。[51]

某些更极端的看法错误地把斯密描绘为反政府的理论宣扬者，这更不可能了。斯密深知人类有相侵和相害的倾向，因此商业社会为了繁荣需要的不仅仅是自由，还有安全和正义。商业的双重基础，专业化生产和自愿交换，共同为人类带来这些好处。反对奴隶制的斯密，很清楚今天经济学家及其他人所说的"令人厌恶的"交易。[52] 即使安全可以私下提供，却没有什么可取代国家成为正义的保障者。斯密在《国富论》中所写的大部分内容，在某种程度上都是关于法治的。而它只有国家才可以提供。

在当今许多经济学家和政治人物看来，市场经济是一个如此精密的机器，任何干预，尤其是旨在实现更公平结果的干预，都会严重破坏它。与这种观点不同，斯密认为，被市场竞争利用好的自利的力量，足以克服政府或勾结起来的商人设下的大多数障碍，看到这种不同很重要。[53] 他写道："每一个人为改善他自己的状况而自然地做出的努力，当其具有施展的自由和安全时，就是一个十分强有力的原则，单是它，不借任何帮助，不但能给社会带来财富和繁荣，而且能克服人类法律的愚昧对它的运作所施加的无数的无礼阻挠。"这里不需要古典共和主义的德性见识，即个人愿意为了共同利益牺牲自己的利益；所需要的只是"完全自由和公正的自然制度"。在竞争激烈的市场中运作的自利力量，"它常常强大到足以维持事物趋向改革的自然进程，尽管有政府方面的浪费和行政方面的最大失误"。[54]

"看不见的手"这一比喻，后来逐步代表了斯密在竞争性市场机制的运作上的洞察力，从这一点来看的话，那么，具有讽刺意味的是，斯密在《国富论》中使用这个著名短语的地方，其论证的基础实际上讲的是市场自由运作的一个障碍，尽管它并不是由政府或商人私下勾结设下的。争议的问题是商人选择是在国内还是在国外投资。其中潜在的担忧（今天也一样为人熟知）是，虽然商人可能会从其他国家的投资中赚得更多，但支付给他的雇员的工资会流向外国工人而不是国内工人。那么投资者的自身利益将与社会（在此情形下是国家）整体利益发生冲突。

斯密在《国富论》中像往常一样认为，仅仅由于自利而采取的经济行动，最终会在经济上让社会普遍受益。然而，在这种情况下，他指向的原因，不是在完全无摩擦的市场里不受限制的投资流动，而是他所观察到的大多数商人的偏好，偏好的原因在于市场的不完善，特别是对安全的担忧，让他们投资于自己的国家而不是国外。在斯密看来，商人一般会觉得在国内投资比在国外投资更安全，斯密认为，这种对安全的担忧便说清了通常随之而来的结果。[55] 他写道：商人"宁愿支持本国劳动而不支持外国劳动"，"只是为了自己的安全"。但有了这一额外的考虑，自利的力量介入了，随之而来的往往是其同胞的受益。"他指引这种劳动产品使它具有最大的价值，也只是为了自己的利得；在这种场合，也像在许多其他场合一样，他被一只看不见的手引导着，去达到一个他无意追求的目的。"[56]（要强调一点，斯密写的是，商人"被一只看不见的手"引导着，而不是仿佛被一只看不见的手引导着，指出这一点是因为他的原话经常被错引。[57]）

市场竞争引导下的个体对自身利益的追求会导致更普遍利

104

益的意外后果，对于这一原则的普遍性和稳健性，斯密是有信心的，这让他接下去说道，商人只关注自己的财富，相比于他可能从社会角度出发做出的任何有意识的努力，会更为有益，不仅对他自己而且对他人也是如此："他追求自己的利益，常常能促进社会的利益，比有意这样去做更加有效。"曼德维尔曾嘲讽说，骄傲和虚荣建立的慈善组织，多于所有美德之和建立的慈善组织，斯密与这种嘲讽相应和，接着又说："我从未听说过，自命为公共利益而从事贸易的人做过多少好事。"[58]

借助对市场竞争在利用自我利益谋求整体利益中所起到的作用这一基本洞见，斯密在《国富论》中不仅解决了尼科尔和曼德维尔提出的悖论，而且推进了休谟指导他所启动的更广泛意义上的工程。的确，他并没有涉及人类思想和活动的全部范围。但在人的经济参与领域——人类生存的一个基本维度，也是一个多数成年人把可有作为的主要光阴投入其中的基本维度——斯密给出了一个"系统"：一个通过类似牛顿的机制将原因和结果联系起来的有力描述，所有这些都牢固地建基于观察和指明了的假设上。使斯密的论点引人注目的，是他的论证：在市场竞争条件下，个人自利行为的有益后果不仅是无意和不可预见的，而且是系统的，因此也是完全可以解释的。他展示出了可人人晓喻的那种机制。

斯密描述市场机制时所使用的语言，甚至也具有鲜明的牛顿风格。休谟在 1752 年的一篇关于国际贸易平衡的文章中，使用了重力的类比，来解释黄金如何被吸引到出口超过进口的国家，这篇文章仍是对这一主题进一步思考的基石。[59] 在解释商品市场如何将其价格维持在使供给量等于需求量的水平时，斯密写道，他所谓的"自然价格"[今天我们认为的市场出清的均衡点（market-clearing equilibrium）上普遍存在的

价格] 就是"中心价格，所有商品的价格都不断地向它移动。
各种偶然事件有时使它们停留在中心价格之上，有时又迫使
它们下降，甚至略低于中心价格。但是不管有什么障碍阻止它
们固定在这个静止和持续的中心，它们总是经常地趋向这个中
心"。[60] 当时，他可能也恰好在撰写行星固定于自身轨道的相
关内容。

然而，斯密的研究在一个重要方面超出了牛顿的范围。在
牛顿的系统中，地球绕太阳运行，而没有坠入并焚毁或飞入太
空并冻结，不是因为地球对此事有任何意图，而是因为起作用
的物理机制平衡了影响地球的内拉力和外推力。与行星不同，
人类确实有意图地在行动，分析他们的动机是斯密在《道德情
操论》和《国富论》中所做工作的重头。他基于观察做出假
设，人们在经济领域的目的就是要提升自我利益。但是通过他
构设的机制的运作，人们仅出于这个原因而采取的行动，最终
却让他人过得更好了。他设想的这种系统因果关系，不需要人
类行为者的意图，甚至不需要远见。而且由于这种机制只依赖
与生俱来的人性，它会在一个接一个的环境中出现，在任何地
方它都不会受政府干预或私人勾结的阻挠。

斯密在《国富论》中的论证还具有其他引人之处。从人们
彼此之间自然互动的意义来强调社会的积极作用，斯密在这方
面的论证接近于休谟的思考。不过，相比之下，在《国富论》
里，推动人们参与社会的主要是经济需要，这与斯密自己在先
前著作中所强调的也大不相同。商业社会为人类社会提供了物
质基础，也创造了需要。市场的核心作用，同样与霍布斯对国
家必要性的强调形成鲜明对比（尽管斯密也承认国家在提供市
场经济活动所依赖的安全和法治方面具有一定作用）。最后，
斯密论证的核心机制，是一种在人类的自由条件下最有效的机
制，它始终是最重要的启蒙价值观。如果经济成功的关键在于

106

市场竞争，那么自由就在双重意义上是可取的：不仅出于它本身，而且从工具意义上看，它是在市场机制下推进到更高生产力和更高生活水平的媒介物。

凭借《国富论》，亚当·斯密站到了启蒙思想家的前列，从那之后一直如此。这部著作在英格兰、苏格兰以及在外译中，一时好评如潮。在杜格尔德·斯图尔特（Dugald Stewart）1800—1801年发表一系列公开演讲之后，它的知名度上升到了新的高度。斯图尔特比斯密小30岁，从1785年到1820年在爱丁堡大学当了35年道德哲学教授。正如科林·麦克劳林半个世纪前曾帮助普及了艾萨克·牛顿的《数学原理》一样，现在斯图尔特名为"《国富论》"的讲座引来了更广泛的听众的关注。（因为斯密用英语写作，而且写得极好，斯图尔特没有必要像麦克劳林那样把牛顿拉丁文著作翻译成教材。）

更重要的是，《国富论》奠定了我们现在所谓"经济学"的基础。一位经济思想史学家正确地将这本书称为"古典政治经济学的源头"。[61] 它也成为现代经济思想的基本来源。市场
107 竞争的作用一直是该学科的核心概念工具。从那时起，该领域的大部分发展都涉及更深入、更复杂地研究市场竞争的运作方式，以及如果不这样做会产生什么后果。一个又一个的西方国家，许多围绕政策的辩论，不约而同转向了如何让竞争性市场发挥作用，以及当它们不能发挥作用时该怎么做。

是什么让斯密得出这些有力洞见？诚然，他从前人那里学习过。从他在法国的那段时间开始，他就知道布阿吉尔贝尔和坎蒂隆以市场为导向的研究。他花了数十年时间思考曼德维尔带来的挑战，他知道曼德维尔那令人震惊的想法所引起的回应，有来自巴特勒、哈奇森、休谟和其他许多人的。他大概也

知道尼科尔论慈善和自爱有外在相似性的文章，纵然没有对此的直接证据。[62] 他也了解英国与他同时代那些经济思想家们的工作：不仅有他的良师益友休谟，还有他们的俱乐部成员亚当·弗格森；巴特勒主教的门徒乔赛亚·塔克，与斯密一样，将经济视为一种自调节机制，因此他反对商业垄断和其他市场限制；詹姆斯·斯图亚特爵士，一位斯密的苏格兰同胞，与斯密不同，他支持自上而下的经济体系，并呼吁对经济进行更恰当的公共管理；此外还有一些别的经济思想家。[63]

　　斯密所受的教育和自身的经验也很重要。他从对斯多亚派的研究中吸收的源于宇宙内在合理性和宇宙秩序的自然和谐的假设，同这样一种信念完全合拍，即自然的人类欲求和倾向，任其自如的话，会导致无人能料及或无人意想到的有益结果。自然与理性是完全相容的，人类本能与理性设计是完全相容的。[64] 从这个角度看，不论政府监管还是私人垄断，都代表着对自然秩序的破坏。[65] 甚至"看不见的手"的比喻也是一个为人熟悉的斯多亚主题，象征着自然倾向与理性择选之间的会通。[66] 斯密的分析，一定程度也反映了他对自己所碰到的经济活动众多方面的密切观察，这些经济活动从柯科迪的乡村生活到爱丁堡、格拉斯哥和伦敦的商业繁华，还包括他去法国和瑞士时的见闻。这些经历，往往有助于他对不同经济行为者在不同情形下如何行动，得出更为具体的结论。

108

　　还有一个影响因素是，斯密和他同时代的许多人一样，高度重视个人自由。斯密那一代人在光荣革命的余晖中成长起来，他们不仅拥抱革命带来的政治稳定，还拥抱对传统自由重新焕发的信心。市场的交易往来，重要的是包括劳动力市场的流动，所提供的更大的行动自由，无疑具有一种吸引力。任何给出这种自由的经济体系都必然会得到支持。

　　但即使是这些影响似乎也不足以解释斯密通过《国富论》取得的惊人的智识突破。还有别的东西在起作用，塑造了（爱因斯坦意义上的）那种世界观，不仅引导了斯密的思想，而且让他的同时代人在他一提出见解后便欣然接受了它。

第5章
预定与堕落

我们的本性荒芜乏善，诸恶却孳生蕃茂，以致蠢蠢
不安。

——约翰·加尔文

按照上帝的预旨，为了彰显他的荣耀，上帝预定有些
人和天使得永生，而其余的人或天使则受永死。

——《威斯敏斯特信仰告白》

亚当·斯密和他的同时代人，在经济领域里人类前景的问
题上引起了深刻变革，那个时代，这种变革并不是社会中唯一
涌起的智识浪峰。宗教思想也在发生深刻的转变。斯密出生前
两个世纪，新教对罗马天主教会的反叛就已在德国开始（再往
前一个世纪波希米亚进行了一次早期不成功的尝试）；到斯密
成年时，在很大程度上已达到了成熟的稳定态。当时，欧洲的
新教和天主教各自所占的地域版图，与今天大致相同。相比之
下，新教徒在每一种宗教都会面临的根本问题上的观念争斗，
却方兴未艾，在英语世界尤其如此。

路德宗教改革的核心问题，很大程度上并不是18世纪英
格兰和苏格兰新教徒所争论的问题。改革前的天主教义围绕着
普世教会的集中化建制的地位展开。根据已有教义，教会是人
与神之间必要的中介，这种角色体现于天主教神职人员的职位

上。平信徒个体借着恩典获得救赎，也通过参与由神职人员管理的教会圣事，以及通过他们自己的善行而获得救赎。不完善状态下的人类不可避免会有罪行，此时，教会赦免他们所告解之罪。（赦免减少了罪人须在炼狱中遭受罪罚的时间，但这与他最终的救赎无关。）

马丁·路德领导下的宗教改革运动，反映了神职人员和平信徒中根深蒂固的不满情绪。神职人员中许多人反对教会教阶制的集中化权威，寻求把权力下放到地方神职人员以及公允选出的平信徒那里。与此同时，许多平信徒渴望一种更个人化的敬虔形式，与上帝建立直接关系，而不需要进入修道院，也不需要教士充作中介。一些神职人员——例如，15世纪中叶，托马斯·厄·肯培（Thomas à Kempis）在自己有影响力的《效法基督》（*Imitatio Christi*）一书中——也赞同这种关于提升平信徒在教会内部地位的观念。随着识字率的提高和私人藏书的增加，平信徒有了更直接参与的热情，其中一种表现便是，希望具有一种凭靠自己来阅读和解释圣经的能力。但对于大多数平信徒来说，这需要拉丁文本之外的圣经译本。

然而，教会大多反对将圣经翻译成当代语言——与其说是反对翻译本身，不如说是出于保护教会对圣经解释权的控制。[1]教会的许多教义和实践（例如忏悔圣事）都源自拉丁文中的特定词语。诚然，《圣经武加大拉丁译本》自身就是从原初希伯来文或（对《新约》来说）从希腊文翻译过来的，4世纪之后，人们对古代语言的理解力有所提高。但由于武加大译本"经年累月的使用"，教会已奉其为完全权威，因此"没有人敢于，或以任何借口拒绝它"。[2]此外，有些人认为圣哲罗姆和当时的其他译者是受神启示的，因此即便有错，他们也是出于神的旨意。翻译成另一种语言，就可能传达出不同的神学内容。更糟糕的是，为传达不同神学而采用的不同用语，甚至可能是一

圭多·雷尼（Guido Reni）《天使现身哲罗姆前》（*Angel Appearing to Saint Jerome*，约 1638 年）。哲罗姆，4 世纪和 5 世纪初的一位神学家，拉丁教会的四大博士之一，译有《圣经武加大拉丁译本》，该译本保持了一千多年的权威性

个持异端思想的翻译者有意为之。但即使没有因翻译而改变意义，未受过训练的读者也可能误解文本。教会担心，以日常语言来读圣经的普泛做法会导致误解，甚至是异端邪说。[3]

随着时间的推移，技术的进步决定了事件的进程。古腾堡在 1439 年发明了活字印刷术，让许多人负担得起批量生产书籍的成本，翻译运动于是变得势不可挡。（著名的《古腾堡圣经》出版于 1454 年，并没有带来直接威胁；它是官方的拉丁文本。）到 15 世纪末，欧洲约有 350 个城镇拥有印刷机，刊行了 3 万种出版物，印刷了 900 万册书。[4] 教会无法阻止本土语言版圣经的出现。[5]

112   宗教改革的直接催化剂是人们普遍反感与教会出售赎罪券相关的腐败行为，这些腐败行为往往依靠在某些方面类似于现代营销的运动来推进，伴随着教会统治集团当中显而易见的奢华。16 世纪初，教宗儒略二世批准了几种新形式的赎罪券，旨在资助他对罗马圣彼得大教堂的大规模修葺。儒略二世于 1513 年去世后，他的继任者利奥十世遵循常例，取消了其前任发布的所有赎罪券，但对所谓的圣彼得赎罪券做了例外处理。两年后，利奥将其升级为全大赦赎罪券——可免除炼狱中对信众毕生罪愆的惩罚。而且，得此券者不必告解，甚至不必在内心悔罪。新赎罪券将在德国、法国和其他国家的指定地区销售 8 年。[6]

兜售活动引起了广泛的不满。1517 年 10 月的最后一天，住在德国一个指定兜售地区的修士马丁·路德，将他《关于赎罪券效能之论辩的九十五条论纲》（*Ninety-five Theses on the Power and Efficacy of Indulgences*）钉在维滕贝格城堡的教堂门口。在他用德文写成的《关于赎罪券和恩典的布道》中，他向更广泛的受众阐述了他所看到的问题。这里再次表明了印刷技术的重要性。路德的布道文是一本 12 页的小册子，1518 年初首次印刷，两年内印刷了 20 多次，平均下来每次印刷了 1000 份。它在受过教育的阶层中获得了广泛的读者。路德笔耕不辍，至 1521 年，他流通于世的各种作品数量达到 50 万份。[7]

起初，路德的意图是要在现有教会内部进行改革——他发起的运动也由此得名。但 1521 年年初，教宗对其做出绝罚。几年之内，他不仅抛下了神职身份，还结了婚。他和他的追随者越发明白，他们改革后的教会无法与罗马天主教结合。尽管信义宗在路德去世 20 多年后才被视为现代意义上一个独特的新教教派，但他们努力的结果是一个新教会的建立，而不是对旧教会的改革。时至今日，信义宗教会仍是德国乃至整个斯堪的纳维亚地区新教的主要形式。

瑞士和荷兰（不久后英格兰和苏格兰也一样）等国新教
运动背后的主要思想家是约翰·加尔文，他的作为和影响实际
上相当于第二次宗教改革。尽管路德发起了仍被称为"宗教
改革"的运动，但在今天，尤其是在英语国家，归正宗新教
（Reformed Protestantism，或归正宗教会）是指加尔文新教。

1509 年，加尔文出生于法国，比路德要小一辈，他还是
个年轻人时就脱离了罗马天主教会，1534 年或 1535 年某个时
候（历史记录不明确），遭逢针对新教徒（new Protestants）
愈演愈烈的暴力时，他逃到了瑞士。[Protestants 这个标签
源于抗议（protest，拉丁语为 protestatio）的正式表述，由
改革者在 1529 年斯派尔宗教会议（Diet of Speyer）上提
出。] 1536 年，他出版了《基督教要义》（*Institutes of the
Christian Religion*）第一版，这是新教神学的开创性文本，
之后的新教神学将以他的名字命名。加尔文在余生中继续修改
和扩充这部伟大作品（除此之外他还有很多其他著述）。最初
的版本大致有 200 页。1559 年出版的最终版本（今天通常被
视为权威经典），已超过 1500 页。它在 1561 年首次被翻译成
英文。

也是在 1536 年，加尔文定居日内瓦，直到 1564 年去世
之前一直安家于此。在他的领导下，这座城市奉行的是神权政
治形式，世俗政治权威与新成立的归正会之间没有什么区别。
加尔文在日内瓦启发了瑞士和其他地方的年轻门徒，他们在他
死后接过衣钵。不到一个世纪，荷兰和英国的主要宗教内里无
疑变成了加尔文主义的。至此，英格兰教会和苏格兰教会都已
成为加尔文主义思想的产物。

因此，亚当·斯密和他同时代人所经历的宗教思想上的唇
枪舌剑，主要是受加尔文思想，而不是路德思想左右。重要的

113

是，这些争辩不是在虔诚的信徒和非信徒之间，也不是在新教徒和天主教徒之间。问题的焦点在于，讲英语的新教徒自己信的是什么。

辩论围绕三个基本问题展开。其一，人性的道德本质是什么？人类是否"完全堕落"，即他们无法自己做出道德选择并以道德方式行事？还是上帝在创造人这一物种时赋予了其内在的善良禀性，使任何人在正确的鼓励和教导下，都可以追求道德正直的生活并有可能实现它？

其二，人死后会怎样？ 如果个体之人的属灵命运有不同，那是什么决定了这些不同的道路？任何人都可能有资格获得救赎，还是只有一些人有资格获得救赎？如果只是一些人，而且只是少数人，那么，是什么决定谁得救谁不得救？尤其是，人们自己的选择和行动对此是否重要？或者，个体是不是被"预定"的，以至于有些人不可避免地会获得救赎，而对另一些人不可避免的是，不仅不会获得救赎而且不能获得？

其三，为什么是人类首先存在？在达尔文之前，对于虔诚信徒来说，答案当然是人类存在乃因为上帝创造了他们。但创造是为了什么？为了神自己的荣耀？出于其他目的？无论目的是什么，人类的幸福对这种目的是否重要？更要紧的是，人类幸福是为我们人类备下的一种神圣安排，甚或是一种特定的神圣安排？

关于人性的争论，虽在上述情形里发生于基督徒之间，但源出于《希伯来圣经》中的创世叙事。《创世记》描述上帝将新造的人——尚未命名的亚当和夏娃——安置在一个园子里，他指派他们"修理看守"，并赋予他们对所有动植物的支配权。上帝还允许他们吃那里的任何植物（大洪水之后才允许吃动物）。但有一个例外："分别善恶树上的果子，你不可吃。"[8]

本杰明·韦斯特（Benjamin West），《亚当和夏娃被逐出乐园》（*The Expulsion of Adam and Eve from Paradise*，1791 年）。韦斯特对这一悲剧时刻的描述，仅仅暗示了伊甸园一边的荣耀，男人和女人（还有蛇）要被驱离这种荣耀，而另一边，一个黑暗和荒芜的新世界在等待着他们

然而，受一条善言之蛇的引诱，夏娃吃了不可吃的那树上的果子，并把禁果给了亚当，亚当也吃了。

对于这种违反上帝明确指令的行为，上帝的回应是对亚当、夏娃及他们后裔的三重咒诅。（上帝也咒诅了蛇及其属类。）对女人，是痛苦生产："我必多多加增你怀胎的苦楚，你生产儿女必多受苦楚。"对男人来说，是必受劳苦："地必为你的缘故受咒诅；你必终身劳苦，才能从地里得吃的……你必汗流满面才得糊口。"对两者来说，还有死亡：必受劳苦"直到你归了土，因为你是从土而出的。你本是尘土，仍要归于尘土"。[9] 没有了伊甸园轻松的生活，人类将居住在一个普遍稀缺的世界。作为死亡来临和为生存必受劳苦的象征，上帝将二人赶出伊甸园，又在门口安设基路伯和发火焰的剑，阻止他们再进入。人类在繁茂园中的惬意生活，让位于在一个严酷而充

115

满威胁的世界中挣扎求生。

但是，除了生育、劳苦和死亡的物理现实之外，对亚当和夏娃的后裔而言，换句话说，对所有的人类而言，接下来的道德后果是什么？尚未出生的人，乃至所有后裔，是否以某种方式与他们始祖的罪有关？初人的不顺从所显示的道德缺陷，是否就证明他们所繁衍的整个物种会有与生俱来的犯罪倾向？116（受益于今天的遗传学知识和 DNA 的作用，我们有可能以更机械论的方式来表述这个问题；但几个世纪前的神学家即便他们有能力，大概也不会选择这样做。）令人极其困扰的或许在于，既然上帝首先创造了人类，而且上帝是"照着自己的形象，乃是照着他的形象"造男造女，那么，这种天生的罪的倾向，对上帝的意图甚至神圣之本性意味着什么？ 10

奥古斯丁，这位 4 世纪末和 5 世纪初的主教，今天也许以其感情炽烈的自传体《忏悔录》而闻名，他勾绘了众多世纪以来成为基督教主导观点的学说。他写道，上帝"创造了义人"。但后来亚当犯了罪。此后，"我们都在那个人里面，因为我们都是那个陷入罪中的人"。此外，所有人类都要繁衍后代的"胚种本性"已经存在于亚当身上。由此，奥古斯丁概言："此一本性因罪而败坏，复为死亡枷锁所困、遭公义所谴，人之后裔只能承此罪性而生。"人——在亚当身上——生来就有自由意志。但是"自由意志的滥用，引致灾祸连绵，人类本原由是堕落，犹如根处腐坏，直至第二次死亡的毁灭。" 11 人类独凭己力，无行善之可能。奥古斯丁文集最早的印刷版于 16 世纪初发行，他的思想受到广泛讨论，此时宗教改革正呼之欲出。

路德同样将对人性的负面评价视为信徒信仰的重要组成部分。他写道："从你开始有信心的那一刻起，你就了解到，你身上的一切都是应受谴责的、有罪的和可咒诅的。"他引用保罗给罗马人的书信——这里引用的又是《诗篇》第 14 篇——

"并没有行善的，连一个也没有"。[12]（《诗篇》作者是否就暗指了奥古斯丁意义上的先天堕落，不甚明朗;《诗篇》并没有说所有人天生不能行善，而是说"他们都偏离正路"。[13]）路德继续谈到诫命向人表明应该做什么，但并没有给他做这件事的能力。"它们的目的是教人们认识自己，通过它们，人们可以认识到自己无能力做好事，并对自己的能力感到绝望。"[14]

　　加尔文则更偏守奥古斯丁对人性的严酷看法。在他的解读中，"初人的反叛使我们陷入的悲惨毁灭"，意味着"无知、虚荣、贫穷、虚弱，以及——更有甚者——堕落和腐败"，不仅存在于亚当和夏娃自己，还存在于他们之后的所有人。加尔文接着将整个人类从亚当的罪中获得的原罪定义为"我们本性里承袭下来的堕落和败坏，扩散到灵魂的各个部分"。原罪，不是我们仅因为始祖的错误而遭惩罚的问题。加尔文坚称:"这不是为他人违法担上的义务，我们是通过他的过犯，被卷入了咒诅之中……不仅自亚当那里的惩罚落在了我们身上，而且他引发的传染症也存在于我们身上。"[15]

　　加尔文特别强调这种与生俱来的堕落，并以强劲有力的语言来描述它。"这种邪恶在我们身上从未停止，"他写道，"我们的本性荒芜乏善，诸恶却孳生蕃茂，以致蠢蠢不安。"又说"人的本性如此堕落，只能受驱动或被驱使着走向邪恶"。在堪比后克里克 – 沃森时代（post-Crick-and-Watson era）基因解读的一段话中，加尔文声称，即使是新生婴儿"也不是因为别人的错而有罪，而是因为他们自己的错而有罪。因为他们罪的果实还没有结出时，种子便已纳藏其中。他们本性整体其实就是罪的种子"。[16]

　　加尔文对人类普遍堕落教义的重视，源于该教义与基督教有关耶稣十字架上自我牺牲这一核心信仰的本质相联系。如果有些人没有罪，基督的牺牲对他们而言会是什么？但是，基督教对堕

117

乔瓦尼·迪·保罗（Giovanni di Paolo），《救赎的奥秘》（*The Mystery of Redemption*，出自但丁《神曲·天国篇》，约 1450 年）。亚当和耶稣代表了人类经验的始末——堕落和救赎——中间是天使报喜，贝雅特利齐向但丁解释这个奥秘，在他们面前的是天国里的查士丁尼

落的解释暗示了一种深刻悲观，对人类具有脱离上帝某种行为、某种恩典来救赎自己的能力的深刻悲观。由于亚当和夏娃的不顺服，以及他们所有后裔的承袭性堕落，没有人是无罪的。（该教义本质上具有基督教性质，对此的一个提示在于"罪"和"堕落"这两个词并没有关联出现在《创世记》的叙事中。[17]）如保罗写给哥林多人的书信中所言，"死既是因一人而来，死人复活也是因一人而来。在亚当里众人都死了；照样，在基督里众人也都要复活"。[18] 如加尔文所说，"我们的主以真人现身，并取了亚当的人格和名，以代亚当顺服天父……为我们受应受之罚"。[19] 亚当和耶稣代表了人类灵性之旅的两端，一个腐化了所有后来之人，另一个则为他们提供了救赎。没有堕落，受难就失去了意义。这一时期的基督教艺术经常将两者一同描绘，这并非巧合。亚当往往并不以完整肉身出现在画面中，他的颅骨置于基督脚边。[20]

然而，人类有着与生俱来的堕落，这一观念的影响超出了神学领域。它提供了一种解释，来理解人类彼此相害，甚至彼此灾难性的行为，这些行为如何一代又一代无可救药地相续而

存。对于经历过三十年战争和英国内战的破坏和暴行的欧洲人
而言，这一观念引发了特别的共鸣。世俗思想家关注人类合社
会性的诸多局限，以及这些局限对治理提出的挑战，他们同样
用这些术语来建构他们的分析。对霍布斯来说，一切人对一切
人的潜在战争，是堕落人类表现出的最大威胁。皮埃尔·尼科
尔笔下，那个借自爱促发我们作为的"我们内心的怪兽"，更
直接地表达了加尔文关于人类腐败和堕落的观念。（尼科尔是
罗马天主教徒，但作为詹森主义者，他赞同加尔文激进的奥古
斯丁神学。）他打算从分析自爱如何"用慈善的外表装点自己"
来解释，一个由堕落之人组成的社会如何仍能和平有序地运
行。[21] 亚当·斯密追随自己的老师弗朗西斯·哈奇森，将市场
视为一种规范个人行为的机制，并且认为这一机制在人类不完
善的情形下至少给出了有限的正义。

　　加尔文关于堕落和原罪的观点，在英国新教（尤其是教会
高层）中越来越占主导地位。[22] 1533 年，就在加尔文离开法
国前，亨利八世治下的英国脱离了罗马天主教会。然而，这次
决裂的直接原因不是神学上的而是政治上的：亨利想要再婚，
希望给英国带来一个男性继承人，但教宗拒绝取消他与结发多
年的妻子阿拉贡的凯瑟琳的婚姻［尽管得到托马斯·克兰默
（Thomas Cranmer）的支持，克兰默是坎特伯雷大主教，因此
也是英国最高级别天主教的教士］。虽然与罗马天主教分离是
出于政治缘故，但新独立的英国教会此时必须在教义选择上做
决断。

　　这一过程很混乱，部分原因在于亨利死后，在英国是保
持新教还是回归罗马天主教的问题上，仍存在争议。新教徒
和罗马天主教徒都声称他们构成了真正的大公教会（Catholic
Church）。直到 1558 年亨利的小女儿登上王位成为伊丽莎白
一世之后，这个问题才朝着有利于独立的新教教会的方向得到

汉斯·梅姆林（Hans Memling）《末日审判》（*The Last Judgment*, 1467–1471 年）。众灵魂在末日审判中被区分对待，面临着截然不同的命运。梅姆林此类画作中的图像，让信徒们直面他们对自己永恒命运的希望和恐惧

解决。英国教会的《三十九条信纲》，此后不久以拉丁文起草，但直到 1571 年才正式以英文颁布，成为安立甘宗（英国国教会，但今天是包括英国国教会在内的全球宗教团体）的信仰告白汇要，沿用至今。[23] 教会《公祷书》，最初基于宗教改革前的教堂礼拜，但在 1552 年修订中去除了罗马天主教的元素，它指导着日常和每周的礼拜和实践，《三十九条信纲》则被编入了此《公祷书》里，从历史上看，教会认为二者是完全相容的。自 1571 年起，法规要求每一位受命牧师都必须认同这些信条。[24]

在人的本性问题上，《三十九条信纲》紧跟加尔文：原罪[也称为生来之罪（birth-sin）]"并不是随亚当而来的……它是每个人本性的缺点和败坏"。人"自己本性倾向于恶"。[25]毫不奇怪，正是 16 世纪最倾心加尔文主义的英国国教会成员，

120

为《三十九条信纲》的既有形态赚得尽可能多的权威性。

差不多一个世纪后，正统加尔文主义在英国如日中天之时，上述教义未有变动。英国内战期间由议会召集的清教徒神学家聚会达成的《威斯敏斯特信仰告白》，宣称"我们的始祖……吃禁果而犯罪……并且，因此而死在罪中"。这对亚当和夏娃的后代又有何影响？"他们既是全人类的根源，这罪孽就归算在他们全部的后裔身上，那罪中之死，以及败坏的性情，也同样传递给了他们。"它对人类性格的持续影响是深重的："这原初的败坏……使我们完全不倾向善，也完全不能行善，而是与善完全对立，一心倾向恶。"[26]

• • •

鉴于所有人——甚至是新生儿——的原罪的和败坏的本性，新教徒该如何看待他们个体的最终救赎前景？加尔文如此着力阐述的堕落，《三十九条信纲》和《威斯敏斯特信仰告白》中再次重申的堕落，是否使每个人都受到了永恒的咒诅？如果有一些人竟得拯救，那么会是谁？以什么途径？最重要的是，对于合乎情理关心自己最终属灵前景的信徒来说，有任何人能获得那些途径吗？

对于这样的问题，《希伯来圣经》和《新约》福音书基本上都没有涉及。尽管圣经的前面部分含蓄地提到了某种死后的生活，譬如雅各担心他小儿子的死会使他白发苍苍"下阴间"，而不是像亚伯拉罕和以撒那样让他"归到他列祖"，以及扫罗把早亡的撒母耳招上来（从哪里来没有说明）寻求建议，[27]但复活和之后的来生的概念直到《但以理书》才明确进入圣经文本，这是迟至公元前 2 世纪后添加的。[28]这位先知预见了世界末日，也预见了那些先前活着的人某种形式的重生，他预见到"睡在尘埃中的,必有多人复醒,其中有得永生的,有受羞辱、永远被憎恶的"。人各有命具体又指什么呢?"智慧人必发光,如同天上的光;那使多人归义的,必发光如星,直到永永远远。"[29]但以理没有提到那些注定受羞辱和被憎恶之人的特征。

《马太福音》有类似提法,纵使没有明确指出那些将享受永生的人的特定属性(如《但以理书》中讲到的智慧和公义)。相反,耶稣用的是一个比喻,开头这样说:"天国好比一个王为他儿子摆设娶亲的筵席,就打发仆人去,请那些被召的人来赴席,他们却不肯来。"此处明显透露,人类的选择(在这个比喻中指是否参加喜筵),关系到谁将进入天国。但当这个比喻进到结局,一个参加喜筵的宾客"没有穿礼服"时,调子变了。看到他,国王对使唤的人说,"把他丢在外边的黑暗里",在那里他会哀哭切齿,然后耶稣以一句隽语结束了这段比喻,"因为被召的人多,选上的人少"。因此,单凭人类意志是不够的。[30]次经《以斯拉四书》同样讲到"至高者造这个世界是为了众人,但要到来的那个世界是为了少数人"。[31]

是保罗,而不是福音书作者,阐述了只有少数人得蒙拣选的意义。保罗在他写给罗马人的信中,思考了上帝是否弃绝了以色列人,这封信通常被认为是他最重要的作品。[32]保罗问道:"上帝弃绝了他的百姓吗?"他答曰:"断乎没有。""如今也是这样,照着拣选的恩典,还有所留的余数。"但余数的拣选若是照着恩典,那这一推论就会带来一个重要蕴意:"既是出于恩典,就不在乎行为,不然,恩典就不是恩典了。"[33]保罗在给以弗所人的信中重复了这一点:"你们得救是本乎恩,也因着信,这并不是出于自己,乃是神所赐的。"[34]对加拉太人,他写道:"凡有血气的,没有一人因行律法称义。"[35]神并不是按人们的行为来选择谁进入天国,比方说,《但以理书》里的义人，或耶稣比喻里穿着得体的喜筵宾客，由此看来，神纯粹出于自己的恩典行事。拯救不是挣得的。

《希伯来圣经》里比《但以理书》更早的几卷，让人们有理由相信，上帝偏爱某些个体胜过其他人，而且上帝的选择不是基于人类行为而来的；尽管就此论题，更早的几卷有别于但以理或保罗的写法，但仍没有明确涉及个体死后的生活。雅各和以扫还在腹中待产时便彼此相争，上帝对他们的母亲利百加说："两国在你腹内，两族要从你身上出来，这族必强于那族，将来大的要服侍小的。"[36] 神没有给出偏爱雅各胜过以扫的理由。更直接地说，保罗强调上帝恩典的作用，而反对上帝会以个人事工或其他品行作为拣选依据，也有鉴于此，逃亡的希伯来奴隶在出埃及期间犯下拜金牛犊罪之后，上帝告诉摩西："我要恩待谁，就恩待谁；要怜悯谁，就怜悯谁。"[37]

在基督教出现之前的几个世纪里，犹太人从柏拉图和其他希腊人那里引入了某种不朽灵魂的思想，这种灵魂超越肉体的寿命而长存，或许是永恒的。既如此，对那一灵魂在个体身上命运的关切，便获得了越来越大的意义。然而，在但以理对肉身复活的思考中，重点是根据每个个体的品行给予奖励或惩罚。甚至在但以理之前，先知以西结就已经强调，离弃了罪的人，或可免受他否则要遭受的神的惩罚。[38] 一当犹太圣殿在 70 年被摧毁，本该为国家和个人去赎罪的动物献祭就此终结，这种对个人救赎的关注，以及对这种救赎会带来什么的关切，就变得愈加强烈了。[39]

《死海古卷》，其中有许多可以追溯到《新约》福音书和保罗书信的时期，不仅包含了众多来世的内容，还涉及拣选观念的内容，后者清楚地预示了保罗的思想路线。（创作《死海古卷》的宗派团体，大概是在表达对自己特殊命运的看法。）例如，《创世记》的文本有言："根据上帝的怜悯，根据他的善良

123

和他荣耀的奇迹，他亲近地上子民中的一些……被认为在天国里与他同在，成为圣洁的会众，与他的圣者同命运，站在永远生命的行列里。""各人照着上帝安排之命运"各有其命。[40] 神有着为被拣选者安排命运（lot 或 fate）的形象，是《死海古卷》中经常使用的一个典型表述。另一个有代表性的段落，将拣选和从堕落中拯救联系起来，该内容源起于感恩节，为《死海古卷》中独有的一组赞美上帝的类似赞美诗的语句，其中如是写道："你净化了堕落灵魂那里巨大的罪孽，使他可以跻身圣者之列，并与天堂之子的会众走到一起。"[41] 人们虽在地上不纯洁和有所不配，但对安排给被拣选者的命运的敬畏感，却总是一个反复出现的主题。

除了强调上帝恩典的关键作用之外，保罗还引入了类似预定（predestination）的概念：既然对个体的拣选不取决于个体行为，上帝便不仅不需要看这个人如何生活，甚至在这个人出生之前，就可以做出并已然做出了赐予恩典的选择。保罗写信给罗马人说："因为他预先所知道的人，就预先定下效法他儿子的模样。"[42] 在写给以弗所人的信中，保罗进一步解释说，神的拣选不仅早于个人的生命，甚至早于世界的创造。"就如神从创立世界以前，在基督里拣选了我们，使我们在他面前成为圣洁，无有瑕疵。"甚至在创世之前，上帝已经"就按他自己的美意，预定我们……使他荣耀的恩典得着称赞。这恩典是他在爱子里所赐给我们的"。[43]

早期教父同样把谁会得救谁不会得救视为一个中心问题。在这个问题上表述最为清晰的是奥古斯丁，他在去世前两年也就是 428 年写的《坚忍的恩赐》（*Treatise on the Gift of Perseverance*）中，谈到了预定论及其和人类堕落的关系。奥古斯丁写道："这是对圣徒的预定，这是上帝仁慈的预知和准备，借由它们，圣徒之预定极确切地得以实现。"圣徒的预定是上帝的恩赐，上帝"预知"他将此恩赐给予他所拣选之人。奥古斯丁否定了人类行为者在此目的上发挥效力的可能性，同样也呼应了保罗的那种否定立场，即这份恩赐的授赠无论如何都不会是出于对个体自身价值或行为的预期。相反，它是"上帝真正的恩典，即是说，其并非根据我们的品行给予的"。[44]

11 个世纪后，加尔文将保罗和奥古斯丁意义上的预定论，在自己神学中擢升至极其重要的位置。有了预定，拯救，对于那些被拯救之人，便永久可靠了；它不取决于人类的行为。此外，加尔文明确了保罗在该教义上未加指明的一个方面：那些没有预定为圣徒的人怎么办？他们像是由于疏忽或疏漏就被略过了吗？抑或，他们也是上帝有意审判的对象，只是到了他们这里是一个否定性审判？

据《但以理书》，那些不复醒来进到永生的人，将受羞辱和被永远憎恶，在马太所讲的耶稣的比喻中，国王指示他的侍从把那位不受欢迎的宾客丢在外面的黑暗里，让他在那里哀哭切齿。加尔文对预定的看法与此相似。他在《基督教要义》中写道："拯救是白白提供给一些人的，而其他人被弃绝，这是神的预旨。"并非所有人生来平等。有些人享受永生，有些人则遭受永恒的咒诅。上帝"不会无甄别地把所有人带进得救的希望，而是把他拒绝给另一些人的东西给到一些人"。事实上，"通过他公正、不受责难但又不可理解的审判，他已经把那些被他咒诅之人挡在了生命之门外面"。[45]

125

被拯救者的拯救和被咒诅者的咒诅，都是上帝有意做出的选择，这种明显的两面性表述手法，并非加尔文原创。早在 7 世纪，西班牙塞维利亚大主教伊西多尔就指出它是一种"双重"或"双生"预定："存在一种双重预定，被拣选者安息，堕落之人死亡。"伊西多尔反过来将此教义归功于两个世纪前的奥古斯丁。[46] 但加尔文更加强调上帝在决定是否赐予恩典上的两面性意向，并且宗教改革之后，批评者通常所称呼的双重预定，与加尔文思想联系在了一起。

至关重要的是，加尔文紧随保罗和奥古斯丁，将对人拯救或咒诅的选择，归因于上帝本身的恩典，而非此人的行为。他写道，上帝"全然无视行为，选择那些他自己决定的人……上帝纯然随自己的美意，保守他想保守的人"。更具体地说，"关于选民，这个计划是建立在他自由给予的仁慈之上的，而不考虑人的价值"。他也因此追随保罗和奥古斯丁，将这一选择追溯到人出生之前，实则是世界存有之前。上帝"通过他永恒不变的计划，确立了那些他早就决定纳入拯救……之人，以及那些反之他要倾力毁灭之人"。[47] 拣选乃单凭神的恩典，这一概念成为加尔文归正神学的核心所在。无条件的选择（在基督降临之前是以色列的子民，在基督降临之后是个体选民），让人类经验合而归一。[48]

正如德国社会学家马克斯·韦伯（特别是在回顾清教徒的经历时）出色强调过的那样，知道他们要么得救，要么被永世咒诅，而绝无可能影响他们出生前很久就已做出的决定，这让许多加尔文主义信徒深感不安。[49] 正义的行为，甚至信仰本身，可能会给出一个人属于被选中者之列的外部迹象，虔诚的清教徒则可能会通过打量他们自己的举止态度来寻求信心。但是这些潜在迹象也仅仅如此而已，它绝不是因果关系，因为选中与否不可能牵涉人的原因。唯一的决定因素是上帝白白赐予的恩典。由此产生的存在主义焦虑（韦伯使用的一个术语，后来被20世纪中叶的神学家保罗·蒂利希使用[50]）并没有超出加尔文的预判。加尔文写道："所有那些不知道它们是出于上帝自己意志的人，都会因为不断的恐惧而痛苦。"[51] 传讲加尔文教义的清教徒神职人员，他们众多有关炼狱磨难的布道，加剧了这种恐惧（无疑，这正是他们的本意）。

即便如此，加尔文认为预定论是对信徒的一种安慰。他们知道，由于亚当的罪及其带来的全人类堕落，他们完全腐化和败坏了，他们明白，他们自己的秉性只应受到谴责。虽然没有理由归咎于他们自己的品行，品行在这种意义上完全是无力的，他们中的少数人（加尔文一般认为是百分之一，但有时是二十分之一，甚至五分之一）仍然会被拯救，仅仅是靠着上帝仁慈的选择。任何获救之人"都将得到解脱，不仅从之前压在他身上的极度焦虑和恐惧中解脱出来，而且从所有的忧虑中解脱出来"。因此，虽有恐惧，却也有希望。加尔文写道："在令他们害怕的黑暗里，要让人知晓的，不仅是这一教义的有用性，还有它非常甜美的果实。"[52]

像接受堕落学说一样，早期英国新教徒的官方信仰也追随了加尔文的思想。《三十九条信纲》指出："预定得生是神的永恒目的，按此目的（神从创立世界以前）用他恒常的意志规定……把他拣选的人从咒诅中解救出来。"因此，预定是"神的大恩"。它"对虔诚人来说充满了甜蜜、美妙和不可言喻的安慰……因为这大大坚固了他们对永远拯救的信心"。[53]

《威斯敏斯特信仰告白》更彻底地追随了加尔文的思想，明确了双重预定的两面性。其中写道："按照上帝的预旨，为了彰显他的荣耀，上帝预定有些人和天使得永生，而其余的人或天使则受永死。"《威斯敏斯特信仰告白》也追随了保罗和奥古斯丁，"那些在创世以前被预定得永生的人，是上帝……拣选了……惟独是由于上帝白白的恩典和慈爱，并非因为他预见到他们的信心或善行"。其余的人呢？"其余的人，上帝随己意……撇弃他们，并预定他们因自己的罪受羞辱，遭忿怒，使他荣耀的公义得着称赞。"[54]

源于堕落的人类腐化本性同样也暗示着，为什么人类起初

127

便存在，以及由此而来我们生活的目的是什么，这些问题与我们停止存在后会发生什么一样重要。

《希伯来圣经》的许多章节清楚地表明，创世——从其而来的所有一切——是对造物主上帝的荣耀。《创世记》叙述的六天里的每一天，包括第一个男人和女人被造的那一天，上帝都宣称自己所造是"好的"。《诗篇》中对上帝成就的荣耀的讴歌，俯拾皆是。《诗篇》第8篇宣称神的荣耀彰显于天。《诗篇》第24篇反复提到神是荣耀的王。《诗篇》第29篇嘱咐人们"要将荣耀能力归给耶和华"。《诗篇》第57篇对上帝说："愿你的荣耀高过全地。"《诗篇》第72篇和第108篇重复了相同的想法。《诗篇》第104篇表达了对主的荣耀存到永远的信心。《诗篇》第145篇再次向上帝诉说，预言在未来的世代中圣民"要传说你国的荣耀"。《诗篇》第148篇，在发出一系列要赞美神的忠告后，仍以"他的荣耀在天地之上"作结。

创世乃上帝荣耀的观念，也在圣经的先知书中反复出现。以赛亚代表神对他的子民说："凡称为我名下的人……是我为自己的荣耀创造的。"同样，根据《以赛亚书》，神讲到"我的百姓，我的选民。这百姓是我为自己所造，好述说我的美德"。耳熟能详的还有，先知宣称"他的荣光充满全地"。哈巴谷在描述上帝时，想到的是"他的荣光遮蔽诸天，颂赞充满大地"。[55]

《新约》反复表达了相同的主题。例如，《约翰福音》引用耶稣对上帝说的话："我在地上已经荣耀你，你所托付我的事我已成全了。"保罗写信给哥林多人的书信中，教导他的门徒说："所以，你们或吃或喝，无论做什么，都要为荣耀神而行。"上帝荣耀的形象，也是基督教更明确地将创造与拯救相配的一部分。《马太福音》和《路加福音》使用了几乎相同的语言，把耶稣再临描绘成"有能力，有大荣耀，驾着天上的云降临"。[56]

但是，被创造后才堕落的人类，为何却被吩咐行此种荣耀？

上帝从这些败坏之人的荣耀中受益了？据此以及其他圣经内容，加尔文得出这样一个逻辑结论，人类——尽管他们腐化——被创造不是为他们自己，而是为上帝荣耀之故，这种荣耀是所有创造（包括人类的创造）的最终目的。[57] 甚至堕落本身，如同所有发生过的事情一般，也荣耀了上帝。因此，对一些人救赎，以及对另一些人咒诅，也是如此："敬虔之心意识到，对不虔诚、邪恶之人的惩罚以及对正直之人的永生奖赏，同样属于上帝的荣耀。"[58]

加尔文在回应当时的批评家荷兰天主教神学家阿尔伯特·彼济斯（Albertus Pighius）时，引了《箴言》中的一句话："耶和华所造的，各适其用，就是恶人，也为祸患的日子所造。"[59] 他的结论是"上帝虽不需要增益自身，却为了自己的荣耀创造了人类"。这是"人类创造的伟大而基本的目的"。[60] 在这里，加尔文再次追随了奥古斯丁，奥古斯丁在《忏悔录》中曾就此写下向上帝更个人化的表白："你无需于我，我亦并无长处足以有助于你，我的主，我的天主。"[61] 上帝的正义和人类的堕落之间的鸿沟太大了。[62]

但如果是这样，那么要人类积极参与荣耀上帝的一再忠告，其意义又何在？根据加尔文的说法，荣耀上帝是堕落之人所剩的唯一目的。他在《基督教要义》中解释说，在亚当犯罪之前，"圣经除了认为他是按照上帝的形象被创造出来的之外，没有赋予他别的特征"。之后呢？"因此，对人来说，对没有任何荣耀的他来说，现在所剩下的，只是要承认上帝的仁慈，他秉受上帝丰盛恩典时他无法感激的那种仁慈"——也就是说，在堕落之前——"至少，通过承认他自己的贫乏，去荣耀他以前没有荣耀的那位"。[63]

此外，加尔文坚决拒绝任何认为人类荣耀上帝只是为了他们的利益的想法："什么！上帝想让我们去尊崇他的意愿，更

129

多的是为了我们，而不是为了他自己吗？难道他对自己荣耀的看法就被罔顾了，以至于他只关心我们吗？"他还提到了圣经中的许多表述，像《诗篇》中的那些——"那么，那些使上帝的荣耀成为人类救赎的最高目标和最终目的的圣经证言会变成什么？"他回答自己的设问，总结道："让我们坚守这个光荣的真理；——在我们的救赎中，上帝的意念里并没有忘记自己，而是把自己的荣耀放在第一和最高的位置。"他用下面这番应和先知以赛亚的话继续说道："他创造了整个世界，直到最后，这可能是一个庞大的剧场，他在那里展示自己的荣耀。"[64]所有造物作为上帝荣耀剧场的形象，成为加尔文神学的中心主题。

同时，加尔文认为，每个人的最终愿望一定是拯救，而拯救会带来超出人类想象的幸福。他写道："让我们永远记住，永恒的幸福，复活的目标——即使所有人把所有能表达的都说出来，这种幸福的美好也很难被描述出来，哪怕是最小的部分。"神的国，正如加尔文所描绘的，"将充满辉煌、喜乐、幸福和荣耀"。[65]

但加尔文也很清楚，并非所有人都能获得这种幸福。只有那些能够在上帝面前展现谦卑和依赖一面的人才会享有它，只有那些被拣选的人——那些预定的人——才会成功。所有人都可以，也应该，渴望这种至高无上的幸福；但只有被拯救之人，上帝恩典所及之人，才能实现。加尔文写道："如果主愿意分享给选民他的荣耀、能力和公义，而且，还意愿人们沐浴于自己的恩泽，更可盼的是，还以某种方式让他们与自己成为一体，那么，我们当记住，每一种幸福都包含在这种好处之下。"[66]

有鉴于《希伯来圣经》和《新约》中反复出现的要荣耀上帝的忠告，加尔文并不是唯一接受这一目的作为创世根本意图的人。但他独具一格地把这个主题置于他神学的中心，以这种方式表明，上帝所做的一切，所成就的一切，最终都是为了上帝自己的荣耀。用一位现代解释者的话来说，"总是折服于上帝威严的加尔文，将自己和自己的神学奉献给了上帝荣耀"。正是这种"对上帝荣耀的热忱"，赋予了他神学独特的性质。[67]

130

加尔文关于人类存在之目的的观点，与他的堕落和预定的观点一样，也成为他追随者的神学的精髓——不久之后，成为大多数英语新教徒的信仰的精髓。《威斯敏斯特信仰告白》响应加尔文关于上帝自在自足的声明，宣称"上帝拥有一切生命、荣耀、良善和福分，是本乎他自身，出于他自身；唯独他本乎自己，并对自己而言是完全自足的，不需要他所造的任何受造之物，也不从其得任何荣耀，却只……彰显他自己的荣耀"。同样，这种荣耀也是创世的唯一目的："……上帝为彰显他永能、智慧和慈爱的荣耀，就按他自己的美意，在起初……从无中创造了世界及其中有形无形的万物。"[68]

那么，人类存在的目的是什么？我们再来看《威斯敏斯特信仰告白》，"上帝是万物的伟大创造者，他维系、引导、管理、统治一切活物、运动和事物，从最大到最小的……好使他自己的智慧、权能、公义、慈爱和怜悯的荣耀得着称赞"。[69]《威斯敏斯特大教理问答》（Westminster Larger Catechism）是清教徒神职人员于1646—1647年撰写的指导性问答集，他们也起草了《威斯敏斯特信仰告白》。《威斯敏斯特大教理问答》遵循了同样的思路，开篇即问道："人的主要和最高的目的是什么？"里面给出的答案是："荣耀上帝，完全以他为乐，直到永远。"[70]

第6章
对正统加尔文主义的攻击

> 对于竭力洗心归正之人，告诉他们在世上所做的一切
> 无济于事，是最大、最言之凿凿的打击。
>
> ——约翰·蒂洛森（John Tillotson）

> 倘若我们自己没有自由和明确的选择，我们便不可能
> 作为道德行为者，去遵循那正当的和正确的，或公义的和
> 神圣的。
>
> ——约翰·泰勒（John Taylor）

加尔文关于堕落、预定和人类存在的目的的思想，在日益扩张的新教世界中迅速传播开来，在他 1564 年去世后，日内瓦的西奥多·贝扎（Theodore Beza）和剑桥的威廉·帕金斯（William Perkins）等追随者继续阐发这些教义，推进了教义对教徒们的主控力。然而，随着时间的推移，问题出现了，甚至在忠诚的信徒中也一样。预定论，加尔文想要作为安慰本源的那种预定论，在许多信徒看来，却是滋生极度焦虑甚至绝望的温床；它成为一个特别的关注焦点，并不出人意料。

荷兰神学家雅各布斯·阿米尼乌（Jacob Arminius）引发了这场争论，可以说是偶然的。阿米尼乌出生于 1560 年，先在莱顿上学，后赴日内瓦师从加尔文的继任者贝扎。之后他回到荷兰，在阿姆斯特丹的归正宗教会担任牧师。1589 年，一

位同事请他反驳代尔夫特两位牧师提出的观点，这两位牧师拒
绝接受贝扎秉承奥古斯丁和加尔文的主张，即得救的被拣选者
在亚当和夏娃堕落之前就被选中了。[1]大约在同一时间，阿姆
斯特丹的堂会长老团（consistory，当地归正宗教会的管理机
构）请阿米尼乌反驳另一位荷兰神学家的观点，后者对加尔文
主义学说有着更为广泛的批评。在这一争论中，对预定论的两
个方面争议尤甚：那些被拣选者，一旦被拣选上，要得到上帝
恩典的话，是否就得做些事，或者只要有做事的意愿？还是
他们的行为和意志与此目的无关？一旦有人领受了上帝的恩
典，他还会从恩典中堕落吗？如果会，如何堕落？对于每一组
论题，问题都可以被提炼为人类能动性对于个人的救赎是否重
要，这种能动性体现于选择或行动，或两者兼有。

　　由于阿米尼乌曾是西奥多·贝扎的学生，人们认为他会重
申正统的加尔文主义学说。但是，尽管有加尔文主义血统，他
经过研究和思考后，却朝着不同的方向解答问题。他总结说，
出于人类意志的行为是关涉到对上帝恩典的接受的：上帝"预
知"谁会接受信仰，谁不会，并且上帝不是将其恩典随意延
及，而是延及那些他预知要受其拣选之人。虽只有恩典才是拯
救的关键，但恩典的给予不是无条件的，而是基于对谁会选择
信仰的预知。[2]因此，恩典是可能被抗拒的。

　　此外，阿米尼乌总结道，个体之人在接受恩典后可能会
堕落。诚然，那些接受了这种"赐生命的灵"的人，因此拥有
"足够的力量来对抗撒旦、罪、世界以及他们自己的肉体，并
赢得对这些敌人的胜利"。但这种力量不是无条件地在他们身
上。只有当他们"为战斗做好准备，恳求他的帮助，不自暴自
弃"时，上帝才会保守他们免于失败。[3]因此，阿米尼乌对每
一个摆在他面前的问题的解答，都在某种程度上关涉到人类的
选择和能动性。

132

阿米尼乌并不试图发表他那些会叫人意外的结论，他甚至对自己写过但并不发表的东西都很谨慎。例如，在陈述了对圣徒需要为战斗做好准备并恳求上帝帮助的观点后，他谦谨地认为，教会会议（一种正式的教会集会）"组织对圣经进行勤勉研究是有益的，无论某些人是否可能因疏忽……而拒绝了曾交给他们的健全教义"，从而导致他们已经领受的神圣恩典归于无效。他甚至更谨慎地说道："虽然我在这里要开诚布公地表明，我从来没有讲过一个真正的信徒可能会完全或最终脱离信仰、走向毁灭；不过，我也不隐瞒，有些经文在我看来流露出了这个意思。"[4]

然而，对加尔文教正统观念的偏离已经开始影响阿米尼乌的布道。1591 年，阿姆斯特丹牧师群体中他的一位高阶同僚向当地堂会长老团提起控诉。[5] 阿米尼乌设法让堂会长老团相信他没有任何不当的说教，才使得事态平息下来。但在他1603 年被任命为莱顿大学神学教授的节点上，争议骤然尖锐起来。站在对立面的神学家，包括先前控诉阿米尼乌的原告，公开反对大学在处理阿米尼乌和其他持相同观点之人时的程序，并反对他们的学生的论文。这场争论很快也牵涉到教会权威和管治问题，争议焦点在于是宗教团体独有权力，还是世俗当局也能够解雇一位非正统的牧师或教授，或者召开全国性的宗教会议。

阿米尼乌于 1609 年去世，他死后不久开始出版的著作却让争议延续了下去。[6] 不到一年，他的追随者提交了一份正式请愿书给荷兰全国议会（States-General of Holland，荷兰最高政治权力机构），提出了反对占主导地位的加尔文正统的五条要义。尽管阿米尼乌已不再能自辩其词，但他的追随者们还是以他的名义这样做了，他们的立场很快就获得了"阿米尼乌派"的标签。随着时间的推移，对于忠实的加尔文主义者来说，"阿米尼乌派"成为一个通用的绰号，它不仅可指向对预定论特定方面的异议，还可以指向以任何形式与正统加尔文主义的分歧。（阿米尼乌对于阿米尼乌派，从来没有加尔文对于加尔文主义者那么重要。）

　　为了回应阿米尼乌派的请愿，那些信奉加尔文和贝扎预定论的人，提出了他们自己的反对意见，重申上帝恩典的无条件性和从恩典中堕落的不可能性。双方都是这种教义分歧的有代表性的一方，都秉持保罗和奥古斯丁的权威。这场争论暗暗持续达 10 年之久，直到 1618 年，荷兰归正宗教会召开了一次宗教会议。会议在荷兰南部城市多德雷赫特［Dordrecht，通常也称多特（Dort）］举行，与会者包括荷兰教会省级会议和荷兰诸大学的代表。瑞士、英国和德国的归正宗教会的代表也来了。自始至终，会议都是由正统的加尔文势力发起、操办和主导的。

134

　　经过 6 个月的辩论，多特会议不出所料地拒绝了阿米尼乌的观点，并重申了正统学说。会议的官方声明于 1619 年 4月确认并于 5 月发布，围绕"五要义"建构起这一公认的信仰，直接回应了阿米尼乌派提出的挑战，并就此形成了正统加尔文主义的基础。[7] 此后，至少在英语世界的加尔文主义者那里，根据助记词 TULIP（郁金香）来排列"五要义"变得流行起来。[8] 人的全然败坏（Total Depravity）是指堕落后人性的极度腐化和有罪，以致没有帮助，人类不能选择接受信仰。无条件拣选（Unconditional Election），这样一来，上帝拯救谁的选择便仅仅是由他的意志决定的，而不关涉那些被拣选者的任何决定或行动，或任何其他品行——这也就意味着上帝在做拣选时的无限主权，也同时意味着除了接受上帝恩典能起作用外，人类的选择或行动在上帝拣选上不起任何作用。有限的赎罪（Limited Atonement），意思是虽然耶稣的苦难和死

乔治·马什和威廉·弗劳尔殉难（Martyrdom of George Marsh and William Flower），1555年。"血腥玛丽"短暂统治期间，数百名忠诚的新教徒被处决，处决往往是公开行刑，这加剧了英国公众对天主教的反感

亡足以弥补全人类的罪过，但它们只对选民有效。不可抗拒的恩典（Irresistible Grace），带来的是，被拣选者注定要皈信，且仅此一次，任何被选中的人都无法抗拒上帝的恩典或拯救，这一点与阿米尼乌派相反（或许与阿米尼乌本人相反，取决于选择他的哪一种说法）。圣徒蒙保守（Perseverance of the Saints），意味着被拣选者不能背弃信仰（任何起心这样做的人，从一开始就没有真正的信仰），这再次与阿米尼乌派的观点相反。

全国总会接受了多特会议的声明，在教会内强制执行其内容，并下发到全国省级会议。拒绝签字的牧师们——大约200人——遭到免职。那些继续公开反对多特原则的人被驱逐出境。至此，正统方完胜。

人的全然败坏、无条件拣选、有限的赎罪、不可抗拒的恩典和圣徒蒙保守，至少在接下来的 3 个世纪里继续框定着正统加尔文主义信仰的中心教义，在某些方面，它们今天仍然如此。（短语"五要义加尔文主义"——有时甚至是"郁金香"加尔文主义者——仍经常指信奉多特会议制定的归正宗教义的信徒。）但这些观念在许多潜在信徒中引起的不安并没有消失，阿米尼乌及其追随者引发的争辩也没有消失。到亚当·斯密及其同代人那里，也就是多特会议之后的一个多世纪，这种争论在新教圈子里仍然激烈，尤其是在苏格兰。与此同时，宗教纷争，连同其他问题，导致了一场内战和一场革命。

1534 年，亨利八世在被逐出教会的前一年，宣布自己是新独立的英格兰教会的领袖，在他 13 年的余生里，英国教会在政治上是反罗马的，尽管在神学上还没有明显的新教色彩。（亨利本人坚决反对新教。）然而，亨利之死引发了十几年的动荡。他九岁的儿子以爱德华六世之名登上王位，但从年岁或影响力来看他都未曾足以亲掌实权，因此不臣者往往打着自己的算盘，以他的名义主掌国事、党同伐异。仅仅 6 年后，爱德华去世，他同父异母的姐姐玛丽继任。玛丽是亨利第一任妻子西班牙凯瑟琳的女儿，和她母亲一样，是一个坚定的天主教徒，登基不到一年，她就嫁给了天主教西班牙的王子菲利普，而菲利普是神圣罗马帝国皇帝查理五世的儿子，查理五世曾在欧洲大陆与新教徒交战经年。玛丽很快就寻求让英格兰重归罗马教会。然而，当时（玛丽登上王位，距她父亲最初脱离罗马教会已过去了 20 年）越来越多的英国人开始习惯新教，许多人已经成为坚定的新教徒。[9] 她铲除异端的举措——不仅革除教士圣职，更包括公开火刑等残酷迫害（逾三百人罹难）——为其赢得"血腥玛丽"的永久恶名。约翰·福克斯（John Foxes）的《殉道史》（*Book of Martyrs*）记录了许多此类事件，在英

136

国成为继圣经之后读者最多的一本书。

　　玛丽在位仅 5 年，于 1558 年去世。她的同父异母妹妹伊丽莎白，为安妮·博林（Anne Boleyn）所生，博林是亨利与罗马决裂再婚后的第一任妻子。与玛丽不同，伊丽莎白是作为新教徒成长起来的。伊丽莎白在位的 45 年里，英国面临的主要外来威胁是天主教的西班牙。一俟继承王位，伊丽莎白便决心保持她的王国的独立和英国教会的独立，登基次年通过的《信仰统一法令》（Act of Uniform），重申了她对所有教会事务的控制，包括要求所有英国人每周去教堂；阐述了英国国教信仰基本原则的《三十九条信纲》，同样是力图团结英格兰新教群体的结果。女王于 1563 年正式批准了拉丁文版新信纲；8 年之后，我们今天使用的英文版面世，其中做了一些小的改动。随着《三十九条信纲》英文版的颁布，所有被任命的神职人员都必须宣誓服从。预定论神学在英国国教会里优势愈显。[10]

137　　随着英国教会和罗马教会间的嫌隙加深，罗马教会对女王处以绝罚。作为回应，英国所有天主教圣职者都被宣布为叛徒。即便如此，英国能否作为一个独立的新教国家生存下来仍然存疑，直到 1588 年，天公作美，加之弗朗西斯·德雷克的航海术，西班牙国王菲利普二世（30 年前与玛丽女王结婚的他曾为英国国王）派出的无敌舰队被击败，英国取得了历史性的胜利。[11]1593 年，伊丽莎白治下出台的另一项法案规定，对任何拒绝在英国国教会内做礼拜的人，最高刑罚为死刑。[12]

　　然而，这时候，英国新教面对的争端不是来自一个方面，而是来自两个方面：除了天主教西班牙对国家的持续威胁，还有新教内部关于教义教规的日益激烈的争论。由于英国教会最初脱离罗马天主教从本质上看并非出于神学动机，受加尔文及其追随者影响的新教信徒，发现英国国教会仍然过于天主教化。与此同时，即便是由阿米尼乌的追随者引发的争端以及之后多特会议上的辩论尚未爆发，英国新教徒当中，对像预定论这样的加尔文主义教义的抵抗已然开始出现。争论战线，越来越多地出现在新教内部，而不是在新教和天主教之间。[13]

尽管伊丽莎白个人不喜欢加尔文主义，但为了政治稳定，她在执政期间想方设法遏制公开的异议。譬如，当有影响力的神学家理查德·胡克（Richard Hooker）试图阐明归正宗新教和罗马天主教之间的中间道路时，他被指控偏离了《三十九条信纲》，进而迫于压力而肯定预定论。[14] 然而，在伊丽莎白于 1603 年去世后，对立派别之辩愈发喧嚷。新国王詹姆斯一世（已是苏格兰的詹姆士六世），声明支持当时已成正统的加尔文主义观点。他还同意召开一次会议——并非由教会召集、有权立法的会议，而只是一次非正式会议——来辩论这些问题和相关问题。会议于第二年在伦敦郊外的汉普顿宫（Hampton Court）举行。几年前，一位有名望的剑桥神学家对预定论提出过质疑，但遭到伊丽莎白女王的驳斥，之后，清教徒一派试图为坎特伯雷大主教起草的一系列信条［以大主教住所命名，被称作兰贝斯信纲（Lambeth Articles）］谋求认信信条（confession）的地位。但詹姆斯同样对他们不予支持。

出于解决棘手神学问题而召开的会议，到头来难有所成。汉普顿宫会议却不同寻常，它因委托将圣经译成英文而被铭记至今。接受委命的学者委员会，花了 7 年时间完成了他们的工作，新本圣经于 1611 年面世，以召集会议的国王名号正式命名。《詹姆斯王译本圣经》成为最伟大的英语成就之一，在 4 个多世纪的时间里对书面表达和大众口语产生了深刻的影响。

然而，英国新教内部持续存在的宗教争论并没有消失。［来自天主教欧洲的威胁也没有消失。1605 年，伦敦当局挫败了一起炸毁议会大厦和暗杀国王的阴谋；四百年后的今天，英

138

格兰仍然在每年的盖伊·福克斯日（Guy Fawkes Day）庆祝这一意外事件的结局，这一天是以主犯的名字命名的。］对于是否让正统加尔文主义立场在自己掌控的教会内具有约束力，詹姆斯早期虽表达过支持，但在汉普顿宫，他持否定态度。此后，尽管英国国教会仍然是新教，但他继续抵制任何助长加尔文主义教义的行为——一定程度上是担心这样做会加剧与天主教欧洲（主要是西班牙）的紧张关系。在阿米尼乌派争端让这些教义问题愈加昭彰于世之后，甚至在多特会议貌似以有利于加尔文正统、欧陆归正宗的方式解决了争端之后，詹姆斯的立场仍未有改变。

然而，詹姆斯时不时地会继续参与英格兰的宗教争论，而且参与方式并不是有利于该国严格的加尔文主义者，他们现在往往被称为（不是被他们自己而是被其他人，尤其是他们的对手）清教徒了。1618 年，詹姆斯授权发布《文娱告谕》（*Book of Sports*），阐明了周日允许进行哪些活动。这份清单远比清教徒，甚至比许多非清教徒所能容忍的要宽松。[15]1624 年，詹姆斯公开嘉许了一本由英国国教会牧师理查德·蒙塔古（Richard Montagu）写的俏皮不恭且极富争议的书，《一只老鹅的新塞口布》（*A New Gagg for an Old Goose*），书名颇具指向性。蒙塔古是教宗制及其权威的激烈反对者，但这本书的论述突出了英国国教会神学和罗马天主教神学之间的相似之处。持批评意见的读者认为，蒙塔古没有充分地把真正的天主教会（当然英国国教会仍然是其中一部分）和虚假的罗马天主教会区分开来。正是出于这样一种心理，蒙塔古支持的是传统的天主教习俗，这些习俗在英国国教会脱离罗马天主教时已经被取缔了，比如向圣徒祈祷。当时，对教宗制的批评在英国已司空见惯，很少引人关注。相比之下，表达对天主教神学的坚守，甚至进而提倡天主教实践，却极具争议性。[16]

1625 年，当詹姆斯去世，他的儿子查理继位为王时，向天主教靠拢运动所带来的威胁，变得愈发严重了。登基 5 周后，查理娶了一位法国天主教公主。次年，他正式禁止在英国国教会内部讨论预定论。同时，他批准任命著名的阿米尼乌派人士及其同情者为教会神职人员。（其中尤为激怒加尔文主义者的一项任命，是将理查德·蒙塔古提升为主教。）1629 年，查理因预定论之争解散议会后，对教会内部的神学辩论实施了涉及面更大的禁令。1633 年，他将 5 年前被任命为伦敦主教的威廉·劳德（William Laud）提升为坎特伯雷大主教，从而使其成为英国国教会最高级别的教士。

结果，劳德成了后续事件的催化剂，15 年内，查理不仅失去了王国，还丢了性命。这位新任大主教迅速采取行动，重新强调圣礼的作用——例如，在一些有名的教堂中引入高祭坛——从而使英国国教会明显更接近罗马天主教的做法。他还恢复了人像和其他图像，教会早先为回避这些像对清教徒和其他异议者的冒犯而从礼拜场所移除了它们。教义也发生了变化。赫然醒目的那句"你已经把我们从迷信和偶像崇拜中解救出来"，曾被广泛认为是针对罗马天主教的，如今却在重新发行的增补版祈祷书中被删除了。与此同时，教会开始强调罗马天主教会是一个真正的教会，以压制反罗马的观点，一些人怀疑这些观点实际上可能就是针对英国国教会本身的。[17]此时，天主教军队在欧洲大陆进行的宗教战争（我们现在称之为三十年战争）中正处于上风，所有这些动向，都让人们生出一种在与罗马媾和的恐惧。

劳德还着手更严格地执行在英国国教会礼拜时使用官方《公祷书》的要求，从而挫伤了清教徒对有更少仪轨的简化礼拜的渴盼。在劳德的敦促下，查理重新出版了 15 年前的《文娱告谕》，放宽此时在遵守安息日方面暗地形成的更严格的要求。这两个举措都进一步疏远了英国的正统加尔文主义者。更糟糕的是，劳德开始迫害英国国教会神职人员中的"不从国教者"，其中多数是清教徒，而且，在威斯敏斯特宫的星室（因室顶绘有星空而得名）那个臭名昭著的法庭上，对许多人进行审判。

劳德的行为引发了清教徒群体的两种反应，每一种都意义深远。其一，许多英国清教徒对在英国的教会或政体中实现自身目标的努力感到绝望，转而选择在其他地方建立一个新的共同体。1607 年，一群分离派（Separatists）移民到莱顿，荷兰一个活跃的加尔文中心，之所以称他们分离派，是因为他们选择完全脱离英国国教会；其二，1620 年，他们开始在新大陆建立永久定居点，并将其命名为普利茅斯。1630 年，在新成立的马萨诸塞海湾公司［Massachusetts Bay Company，最初被称为新英格兰公司（New England Company）］的支持下，一大群非分离派的清教徒在波士顿定居。随着劳德的行为越来越具有威胁性，这种涓涓细流变成了迁徙大潮，每年有 1000 多人前往美洲。约翰·科顿（John Cotton）于 1633 年移民美洲，成为在波士顿建立的教会的第二位牧师，他是自己笔下那些人中的一员，（用他的话说）"大家看到：通过自由宣讲圣经，通过落实我们教会规训，我们在另一片土地上可以给出更清晰、更充分的见证，胜于在伦敦那悲惨污秽的监狱里所能给出的，在那种监狱里，没有书和笔，没有朋友，也没有聚会的可能"。[18]

然而，绝不是所有的英格兰清教徒都会追随而来，那些留下来的清教徒，他们不仅对大主教，而且对国王都表现出了越来越强烈的反对。[19]1640 年反对变成行动，当时，始终陷于财政困境的查理，召集议会批准课征新税。由清教徒主导的新议会，迅速采取反制查理和他的大主教的行动。议会虽未采取直

The manner and forme of the Arch-Bifhops Triall in the Houfe of Peeres.

PROVERBS 11. 8.
The Righteous is delivered out of Trouble, and the wicked commeth in his stead.

A. The Arch-Bifhop of *Canterbury.*
B. The Gentleman Vfher with his Black-Rod.
C. The Leiutenant of the Tower. D. The Bifhops Councell.
E. The Clarke that reades the Evidence.
F. The Table where the Books and Papers given in evidence lay.
G. The Members of the Houfe of Commons, and Mr. *Prynne* ftanding in the midft of them.
I.I.I. The witneffes, H. Mr. *Henry Burton,* Miftris *Baftwicke.* Mr. *Baker* the Meffenger.
K. K. K. The People and Auditors,within and without the Barre.
L. L. The LORDS. M. M. The Judges, and Affiftants.
N. The Speaker of the Lords Houfe. T. The Hangings of '88. S. *Mich. Sparke.*

对威廉·劳德大主教的审判，1644 年。对劳德的审判最后并没有定罪，但不到一年，依照一项议会法案，他被处决了。他对清教徒的迫害引发了革命和内战，同时也引发了向新英格兰的移民

接对抗国王的行动，但在这一年年底，议会已经以叛国罪指控逮捕了劳德，并对他进行了审判，此时虽未对其定罪，但作为被告他一直受到监禁。

《查理一世被处决》(*Execution of Charles*)，1649 年。弑君标志着清教徒革命只能进不能退，英国开始了长达 11 年的无君主统治

142 　　大部分非清教徒组成的军队，站在了国王一边。作为回应，清教徒议会一派组建了自己的军队，先由托马斯·费尔法克斯（Thomas Fairfax）统率，后由奥利弗·克伦威尔统率。接下来是十年断断续续的军事冲突。虽然战争的进程一波三折，双方各有胜负，但总体来说，议会军的力量越来越占优势，控制了越来越多的国土。1651 年 8 月，随着议会军在伍斯特（Worcester）战场获胜，战争最终结束。

　　与此同时，议会——实际上是下议院——发起了一场革命。1648 年 12 月，控权派（清教徒军队阻止其他成员参与）以叛国罪审判查理。法官裁定查理有罪，1649 年 1 月 30 日，他被斩首。（因此，1651 年在伍斯特率保王党最后一搏的是查理的长子，追随者称其为国王查理二世。）议会随后完全废除了君主制，建立了一个英吉利共和国，以共和国模式进行统治。然而，不到两年，共和政府便垮台了，议会又建立起一个护国政体（Protectorate），这实际上是一个军事独裁政权，克伦威尔担任护国公。

　　这场革命既是宗教性的，也是政治性的。清教徒一掌权，　　143
议会就颁布了新的法律，要求更严格地遵守安息日：禁止游
戏、体育、贸易和旅行。不受待见的《文娱告谕》的所有印本
都被下令烧毁。所有印制，所有布道，都必须得到国家许可。
1645 年，时值战争第一阶段，议会军占据上风，议会便下令
处决了劳德大主教。理由是他"图谋篡改和颠覆上帝的真宗
教……据此想建立教宗迷信和偶像崇拜"。[20] 第二年，议会完
全废除了主教和大主教的职位。这一举动是 5 年前开始的一个
进程的高潮阶段，当时一大群清教徒提交了请愿书，俗称"根
除请愿书"（Root and Branch Petition），呼吁清除主教制所
有的"根""系"。1650 年，随着国王被处死，议会废除了伊
丽莎白时代的《信仰统一法令》，该法案将英国君主置于教会
之首（并强加了清教徒反对的各种礼拜仪式）。

　　除掉国王和主教解决了一些问题，但并非全部。英国国教
会的神职人员和其他有关方面，继续就教会治理和权威问题进
行争论，传统的安立甘宗教徒主张建立新的主教位阶制，一些
清教徒（公理会教徒）寻求各公理会及其任命的神职人员的有
效自治，更有甚者（长老会教徒）偏向于在选举产生的治理机
构中保留教会职权。教会的神学也有争议。1643 年，战争开
始后不久，议会召集神职人员和其他相关方在威斯敏斯特开了
一次宗教会议（Assembly of Divines），就悬而未决的问题
进行讨论。在接下来的几年里，该群体举行了近 1200 次会议。
《威斯敏斯特信仰告白》是他们努力的主要成果，于 1646 年
11 月获议会认可，12 月由议会通过，次年年初公开发布。

　　这成为英国正统加尔文主义运动的高潮。

　　克伦威尔于 1658 年去世，议会指定他的儿子接任护国公。
但独裁统治无法在战功赫赫的将军离世后存续下去。1660 年，

144　军事政权分崩离析，议会重建了君主制。11 年前被斩首的国王的长子查理二世，现在不仅是保王党簇拥下名义上的国王，而且成了真正的国王。

英国也很快与清教徒实践脱轨。与克伦威尔的简朴相反，这位新国王公开展示了当时流行于欧洲皇宫的奢华之风。一登上王位，查理二世便立刻放宽了对清教徒所不赞成的公共娱乐的禁令。旋即出现在伦敦剧场的新剧（一些"复辟剧"时至今日仍偶有上演），往往带有清教徒无法容忍的伤风败俗的色彩。同样，城市街道上的许多新木偶剧，无情讽刺了当时弱势无助的清教徒。

然而，清教徒的失势不仅体现在通俗文化上。1661 年，查理在登基第一年，就再次将《公祷书》作为所有安立甘礼拜的基础，从而恢复了清教徒在 1640 年代废除的礼拜仪式。次年，经国王批准，议会通过了新《信仰统一法令》，要求所有英国国教会神职人员在会众前宣誓同意《公祷书》。大约 1900 名不从国教者和异议者——换句话说，清教徒——拒绝，因而遭到撤职。（执法是严格的；随后的立法规定，被驱逐的牧师出现在其前教区 5 英里范围内是非法的。）与此同时，查理让英国国教会的神职人员到教区复岗，这些神职人员先是在内战期间被驱离，然后又在克伦威尔治下被驱离。新法案还要求所有英国国教会的牧师和执事都必须由教会主教按立，所有非牧师布道者都必须得到主教的许可。因此，复辟是三重复辟：君主制、礼拜仪式和神职人员。现在教授阿米尼乌神学的地区越来越多；有点讽刺意味的是，剑桥，早前众多清教徒神学家的训练基地，比牛津更多地接受了新的异端学说。[21] 复辟之后，正统加尔文主义在教会里势穷力竭。[22]

不过，1662 年的立法后来显然没有达到国王和议会所寻求的统一。因此，1673 年，议会颁布了一套新的《宣誓法》

（Test Acts），要求所有民政官员和军事官员向英国国教会宣　145
誓。（这一要求在接下去的一个半世纪里依然被视作法律。[23]）
英国此时在实践中是坚定的新教一派，但肯定不是清教一派，
在神学上不再信守加尔文正统。天主教徒和持异见新教徒被允
许做礼拜，但他们不再拥有充分的公民权利，尤其是天主教
徒，他们容易遭到罚款和监禁。

　　这种新的平衡，随着查理二世在 1685 年去世和其弟詹姆
斯的上位而被打破。与查理个人宗教信仰上的模棱两可形成反
差的是，詹姆斯在 1660 年代皈依了罗马天主教（当时他住在
法国），几年后他公开成为一名天主教信徒。随着 1673 年《宣
誓法》通过，他辞去了海军最高统帅（Lord High Admiral）
的职务，但没有进行所要求的宣誓。尽管很久以前詹姆斯同意
将自己第一次婚姻中的两个女儿作为新教徒抚养长大，这一选
择后来看是非常重要的，可在第一任妻子去世后，他娶了一位
意大利天主教公主。

　　与此同时，与天主教欧洲的紧张关系再次加剧，就像一
个世纪前一样，只是这次主要的外来威胁不是西班牙，而是路
易十四统治下的法国。随着英国反天主教情绪高涨，以及查理
二世没有合法的孩子，1680 年代初，国王不得不连续解散三
届议会，因为每届议会都准备颁布《排斥法案》（Exclusion
Bill），取消他的弟弟詹姆斯的王位继承权。在查理统治的最
后几年里，阴谋谣言不时传出，其中也有真阴谋，大抵是要加
害他以让詹姆斯登上王位的天主教阴谋。在法国，路易废除了
《南特敕令》（Edict of Nantes），近一个世纪以来，该敕令一
直保护该国的新教徒不受迫害。大约 20 万人随即逃离，这进
一步加重了包括英国在内的新教国家的反天主教情绪。

　　查理一死，天主教徒的詹姆斯继承了王位，成为詹姆斯二
世。他的天主教妻子成了女王。和他的兄弟一样，詹姆斯很快

着手改变——无疑他会说是"恢复"——英格兰的宗教法律。查理的目标是要在英格兰教会内扭转清教徒的影响，同时保持该国的新教，而新国王的目标是完全削弱英国国教会的支配地位，以便为罗马天主教腾出空间。詹姆斯中止了《宣誓法》中规定的向英国国教会宣誓的要求，最先是军官无须这样做，然后是政府官员。不久之后，他开始用天主教徒取代新教高官。此外，他以自己的名义发表了几篇文章，文章据说是他已故兄弟所作，声称天主教优于新教。他还接待了一位教宗大使，这是自一个多世纪前血腥玛丽时代之后英国接待的第一位教宗大使。

1687 年，詹姆斯颁布《信教自由令》（Declaration of Indulgence），宣告他不仅打算完全废除《宣誓法》，而且打算废除所有不利于天主教徒或持异见新教徒的法律。接着，他命令英国国教会的所有神职人员在他们的教会里大声宣读《信教自由令》；那些抗议的人，包括坎特伯雷大主教，遭到逮捕。与此同时，他开始公开安排在宗教问题上会遵照他的指示投票的议员进入下一届议会。

詹姆斯继位第 3 年，1688 年 6 月，王后诞下一子，危机爆发了。根据男性优先的英国王位继承制度，如今将成为王位继承人的，是这个新生儿，而非詹姆斯第一次婚姻中的两个女儿。本来，大家认为，詹姆斯愈发大胆的亲天主教行为在他死后，会由其两个新教女儿中的任何一个终结，但现在这个国家在盘算建立一个永久的天主教君主制，这直接违背了伊丽莎白时代的继承方案。紧张气氛弥漫开来。孩子出生 3 周后，一群有威望的英国新教徒向荷兰奥兰治亲王威廉发出迎立请求，威廉是查理一世的外孙，但更为重要的，他是一名新教徒，又是詹姆斯大女儿玛丽（当时 26 岁）的丈夫。威廉 11 月到达英国，詹姆斯可以指望来保护自己和王国的军队，大都站到了这位外国亲王一边。12月，詹姆斯逃到法国，威廉允他平安无事。

1689年2月，在被誉为光荣革命——有时被称为不流血革命——的事件中，议会宣布詹姆斯实质上已退位，威廉和玛丽作为国王和王后（威廉作为威廉三世），共同继承王位。这一年晚些时候，议会颁布了《权利法案》，该法案最终成为英国政治自由的标志性文件之一。但该法案也重新实施了《宣誓法》，更明确地禁止未来任何英国君主拥有罗马天主教徒身份或与天主教徒结婚。威廉死后（玛丽比他早去世），玛丽的妹妹安妮成了女王。安妮去世后，王位并没有就此传给其同父异母的兄弟，即当时生活在法国的所谓"老王位觊觎者"，而是传给了她的表兄汉诺威公爵，即国王乔治一世；他是与她血缘关系最近的新教徒。

在光荣革命之后，英国的新君主——当时是双君主——迅速采取行动，重塑英国的宗教格局。威廉和玛丽登基的第一年通过了一项新的《宽容法案》，将礼拜自由延及所有新教徒，包括清教徒（既有公理会教徒也有长老会教徒）以及浸礼会教徒和贵格会教徒，但不包括天主教徒。该法案的正式标题阐明了其目的——《国王陛下不从国教之新教臣民免受某些法律惩处的法案》。[24] 英国国教会仍是建制教会，由政府征缴的什一税支撑，也由教徒等人员出资。但从它不再享有垄断正统礼拜仪式的地位来看，它已不再是一个国家教会。

从1691年约翰·蒂洛森任坎特伯雷大主教开始，威廉和玛丽在英国国教会中的一系列新任命，同样给英国新教带来了更加宽容和神学上更加自由的局面。光荣革命后，早先受压于罗马天主教卷土重来的威胁而形成的新教团结之势，已经不复存在。蒂洛森和其他新的教会任职者，虽新教徒身份一望便知，但在教义上大多持普泛性甚至宽容的立场——肯定与坚信加尔文正统教义的人是不同的。随着他们获得任命，英国教会实际上接受了"高教会"和"低教会"神学的划分；这两个团体的神职人员现在可以在教会内自由发表观点。此外，两者都不信奉正统的加尔文主义。尽管《三十九条信纲》仍然有效，但自复辟之后，英国国教会的最高层显然是阿米尼乌派的。随着蒂洛森的任命，反预定论的思想此时在英国国教会的最高层得到了明确的表达。清教徒获得了自由，但教会内部的革命没有持续太长时间。

原因既有神学上的，也有实践上的。既然人们对内战、国王遭斩首和君主制被废除记忆犹新，（迄今为止反对清教运动已近一个世纪的）传统的高教会派认为，宣扬预定论有可能破坏公众对教会和国家既有秩序的忠诚。新兴的低教会派团体，现在由大主教蒂洛森领头，担心意识形态上的极端取向要付出代价，内战和随后11年的清教徒统治生动地证明了这一点。除了军事伤亡之外，在此期间，数百名妇女被作为女巫处决，许多持新自由主义思想的神职人员对巫术的指控持怀疑态度。[25] 低教会派神职人员称自己是"宽容者"（Latitude man），这反映出他们在各种（包括礼拜仪式的和神学的）问题上有意接受自由主义观点，今天一般称他们是宽容自由派（Latitudinarians），他们原则上倾向于反对任何毫不让步的正统观念，而对不同的观点持开放态度。[26]

他们也是在对更广泛意义上的知识潮流做出回应。到17世纪末，对理性之价值重新焕发出来的热忱，开始深入人心，塑造着我们今天所说的启蒙运动，宽容自由派坚定接受了对理性的热忱。在神学圈子里，重心则放在了启示和理性之间被构想出来的互补关系上，新的自主性被赋予了理性。[27] "自然神学"再获关注，其旨趣在于通过将理性应用于认识上帝创造的世界，来寻求有关神的知识。[28] 在霍布斯、沙夫茨伯里和其他人引发了几十年的讨论之后，宽容自由派也开始强调个人德性和品行，站在了教义对立面，尤其是当教义和个人行为相分离，或者威胁要削弱个人行为价值的时候。而且，在光荣革命之后，宽容自由派对于个人自由的价值深信不疑。

光荣革命爆发前及之后的那些年里，最能体现启蒙运动新思想的英国人非约翰·洛克莫属。洛克当时凭借一系列开创性的哲学和政治理论著述，颇负盛名，直到今天，依然如此。在他广为传阅的《人类理解论》中，他详细阐述了理性对于我们成为人的重要意义。他写道，上帝慷慨赐予了所有人"一个会思考的头脑"。此外，上帝给予了我们"理性之光"，"理性必须是我们在每一件事情上最后的法官和向导"。[29]

洛克也是他那个时代实际政治辩论的积极参与者，坚定地捍卫议会事业，并欢迎议会促成的君主更迭。他在荷兰流亡6年后，于1689年出版了《政府论》（他因宣扬"有害的书籍和可恶的原则"曾被牛津大学革职[30]），在一定意义上为新国王和女王的政权辩护。不过，它的大多数论证也基于理性的普遍性，理性是所有人都可以获得的工具，人们也借着它理解自然法。理性是"上帝赋予人类的共同规则和尺度"，它"教导所有愿意求教于它的人"。人的自然自由，以及按照自己意志行事的自由，建立在他拥有理性的基础上；没有它，人类就是"野蛮的"。[31]洛克著名的《论宗教宽容》，也撰写于两位新君主统治英国的元年，但他下笔时心中虑及的是路易十四撤销《南特敕令》，这些论宽容书信试图将英国新《宽容法案》建立在更广泛的哲学原则基础上，拒绝宗教划一。

然而，洛克也是一位笃定的基督徒，他对宗教事务和英国教会的神学抱有直接兴趣。1695年，威廉和玛丽的统治已经牢固，尽管蒂洛森大主教在一年前就去世了，但两位新君主的其他教会任命已能稳定盘面，值此时点，洛克出版了《圣

149

经中体现出来的基督教的合理性》(*The Reasonableness of Christianity as Delivered in the Scriptures*)一书。洛克在书中再次强调了理性作为人类明辨能力的重要性。但他也强调了上帝作为世界创造者的角色,从书名便可看出,他有力地捍卫了理性和宗教的相容性。如他在《人类理解论》中所言,理性本身就是启示的一种自然形式,"清走理性,来为启示腾出空间的人,让二者的光都熄灭了"。[32] 从理性这一核心出发,他还表达了对某些人来说新颖的、更温和的对神的看法:"上帝借着理性之光,向要用这种光的全人类,显明他是善良和仁慈的。"[33]

反过来,这些观点让洛克拒绝加尔文主义建立在上帝恩典只授予被拣选者基础上的堕落和拯救的教义。他认为,同样的神性火花,同样的使人成为人的神赐知识,也为所有人指明了作为人所必须走的道路。上帝把理性赋予了所有人,理性引导人遵从上帝的意愿。洛克援引在启蒙运动的宗教讨论中渐成常识的比喻,将人的推理能力喻为蜡烛,此处指由上帝赐予的蜡烛。是否使用推理能力取决于个人。"用主的蜡烛探明自己职责的人,当其未能履行好职责时,可能也不会错过寻找和解与宽恕之路;不过,如果他不这样用他的理性,如果他熄灭或忽视这光,他可能就看不到什么了。"[34]

因此,与正统加尔文主义认为只有被拣选者才能获得信仰的观点相反,既然上帝给了所有人理性,他们便都有能力找到通往上帝之路。虽然从历史看,"大众"往往未能充分利用人类的这种基本能力来发现真宗教,一旦他们用自身的理性去寻找上帝,"人类理性和思考的部分"会成功找到那位独一无二、至高无上和不可见的上帝。[35] 理性已被赋予了人类,人们很可能视这种赋予行为为上帝恩典,但它被赋予了每个人,是否用它则取决于每个人的选择。

　　新宽容自由主义思想的第二个重要基础是牛顿科学。一个世纪后也是如此，在亚当·斯密和大卫·休谟的时代，科学家和神职人员生活在共同的文化之中。17 世纪，牛津和剑桥的研究员职位通常要求任职者接受神职任命（尽管牛顿经皇家特许成为例外[36]），因此大多数英国学界人士，不论其钻研方向，至少在形式上均为神职人员。[37]与此同时，许多持（渐为人知的）宽容自由主义观点的神职人员，仅在复辟数月后就积极创建了"英国皇家以实验促进自然知识学会"（England's Royal Society for the Improvement of Natural Knowledge by Experiment），他们热情地接受了那个时代如潮水般的新科学发现。[38]在他们看来，新科学有利于宗教信仰，而不是与之敌对。上帝为人类利益计，并非只写了一本书，而是两本书：圣经和自然之书。正如神学家理查德·巴克斯特（不是一位宽容自由主义教士，而是一位不从国教的清教徒）在 1685 年的《新约释义》（*Paraphrase on the New Testament*）中所写的，"真正的物理学是对上帝可知作品的认识，以及对身处其中的上帝的认识"。[39]但是，科学对宗教所表现出来的支持，不仅仅停留于理论上。望远镜和显微镜，都是不到一百年前才出现的新发明，它们不断在揭示新的奇迹，强化了上帝乃是宇宙设计者的论断。[40]

　　牛顿同样认为自己 1687 年（光荣革命前夜）发表的《数学原理》，不仅对人类认识物理宇宙有贡献，而且对人类认识创造宇宙的上帝有贡献。他把宇宙看作一个上帝于其中无处不在、无所不能的宇宙，执行着上帝为所造世界定立的自然法则。[41]在笛卡尔那里，上帝被描绘为创造了机械世界，并给予它最初的推动，但随后任其发展。与笛卡尔不同，牛顿的上帝是钟表匠，上帝不断介入以保持宇宙机制按照神圣计划运行。在《数学原理》中，他写道，行星的轨道需要不断调整，而上

151

帝的手指就做这样的调整。[42]

　　牛顿的研究教人们相信宇宙的运行有规律可循，受可知的规律支配，科学的目标就是要去获得这些知识。但是，相信宇宙是系统的，是人类可以理解的，与任何声称上帝可任意行使自己主权的说法判然有别。因此，它背离了正统加尔文主义的观念，这些观念把无条件拣选看作上帝主权的行使，拣选只是根据上帝自己的恩典行为，而不考虑接受恩典者的任何品行或其他可理解的个体特征。

　　光荣革命后，杰出的科学家罗伯特·波义耳（Robert Boyle）开设了一系列公开讲座，卓有成效地将英国科学和神学思想结合在了一起。波义耳凭借将密闭容器中一定量气体的压强与体积关联起来的定律（现今仍以他的名字命名）而获得盛名，他是皇家学会早期几十年里最令人尊敬的成员。他也是爱尔兰科克伯爵（Earl of Cork）兼财政大臣、爱尔兰最富有的人之一理查德·波义耳的儿子。罗伯特·波义耳于1691年去世，他在遗嘱中安排资金资助一年一度的系列讲座，旨在依据科学原理观察自然世界来确定上帝的存在。第一组讲座由古典学者（剑桥大学三一学院教师）理查德·本特利（Richard Bentley）于1692年举办，它是将人们注意力引向牛顿新近出版的《数学原理》的重要一步。本特利遵循牛顿的神学观点，将引力描述为"上帝的直接命令和手指"。[43]

　　在早期的波义耳系列讲座中，尽管有些讲座在英国知识界和宗教界引起了广泛关注，但其中最著名的是哲学家、安立甘宗牧师塞缪尔·克拉克（Samuel Clark）1704—1705年的讲座。与波义耳的意图一致，克拉克寻求利用牛顿关于物质和空间的思想，得出一个有目的性的、不断介入宇宙运行的上帝的存在。克拉克的用意在于反驳自然神论者和无神论者，前者认为上帝创造了世界，但后来缺席其中，而后者从一开始就

否认上帝的存在。相反，克拉克认为，物质只凭上帝的意志而
存在，而且本身并没有自我运动的能力。重要一点在于：物理
宇宙不是自足性的。上帝不仅是世界存在的原因，上帝还介入
世界的日常运行。再者，上帝的行为肯定不是任意的；它们的
运行是遵循着固有法则的，人们借助观察和理性可以理解这些
法则。

　　克拉克还继续探索了人类在这个法则性宇宙中的角色。正
如他所说，关键问题在于"人类是否真正拥有选择自由与自
主决定行为的能力；抑或相反，人的行动皆是必然的，就像时
钟的运动一样"。虽然他从哲学角度对比自由意志和决定论来
阐述这个问题，但这个论题显然对一个世纪以来的宗教论争产
生了影响。克拉克总结说，哪怕一个决定论的世界，上帝对人
类未来的行为有预知的世界，说人们对自己未来行为有选择自
由，也是不矛盾的。支配人类行为的必然性"仅仅是一种道德
的"必然性，这就相当于"根本没有必然性，没有自由反对者
意义上的那种必然性"。确实，这种道德必然性，显然并不与
人类在选择和行为上"最完善的自然自由"（Natural Liberty）
相矛盾。[44]

153

　　在这些强有力的思想潮流的背景下，以及在光荣革命的
政治气候下，英国新教神学家继续挑战正统的加尔文主义教
义。这场论战中的争议性问题，一定程度上集中于特定的加尔
文主义思想上，但它们也反映了几乎所有西方宗教思想中出现
的上帝主权和人类自由意志之间的紧张关系：但凡有一种神之
观念，它还能为人类思想和行动的独立留下什么施展余地？不
论施展余地多大，个体自由会附上什么道德价值？更成问题的
是，如果上帝的主权是至上的，这是否会让上帝成为世上邪恶
之源？甚至是人类个体所做坏事之源？如果上帝照自己的形象

创造了人，那么，人类的缺陷是不是反映了神的不完善？ [45]

这种探究的一个更具体的方面是，预定论（加尔文宣扬了这一教义而他的追随者对之进行了阐发）与个体道德之间的紧张关系。如果人们知道他们在得救、不得救上是被预定的，并且上帝关于他们个人属灵命运的选择是在他们出生之前（更为重要的是，在世界存在之前）就已经做出了，那么还有什么动因可驱使他们过道德生活？如果上帝的拣选是要咒诅他们，那这对上帝的本性意味着什么？特别是，基于被拣选者仅是一部分人的假定，按众多加尔文主义者的说法，仅仅是一小部分人，而把其余人置于被谴罚之列，这一点有悖仁慈上帝观吗？

如同欧洲大陆上出现了阿米尼乌引发的论争，在英国，质疑之声也早在动荡的 1688—1689 年之前开始出现。甚至在清教势力如日中天的时候，笃信的平信徒也往往持有"预备论"（preparationist）思想，该思想强调了信仰个体要想获得对自己得救某种程度的确信，可采取的一些步骤。这种思想显然淡化了预定的观念。[46] 清教徒政权垮台之际，神职人员中一些有名望者仍接着讨论这个主题。1661 年，复辟事变刚落定，在牛津大学教堂布道的罗伯特·索斯（Robert South），便预先展现了随后那场思潮的初起之态，该思潮完全规避了教义信仰问题，转而愈发强调德性和道德行为。索斯宣称，我们的信仰告白只是我们敬虔的外在标记，我们所信的内容只是开了个头。重要的是我们的实践和我们保持的习俗。索斯并没有回避他对拯救这个至关重要的问题的看法："在末日，重大的决定性问题，不是你说过什么或信过什么？而是，你有没有比别人做得更多？" [47]

1670 年代，剑桥大学三一学院教师、神学家伊萨克·巴罗（Issac Barrow），同样将他的注意力从预定论移开，而选择去强调"上帝的根本善，以及他对人类的特殊仁慈"。这种善的一个关键部分是"普遍神意"，它在我们的日常生活中不断扶持我们，在危险中保护我们，拯救我们脱离众多"恶行"。上帝为人类立下的法，乃是"仁慈地授赠我们不可胜数、无可估量的好处"的一部分。施行这些法时，上帝"与其说在对我们行使主权，不如说在明白表达他对我们的仁慈"。[48]

这种非预定论甚至反预定论的思想，在光荣革命后，尤其是两位新君主任命约翰·蒂洛森为坎特伯雷大主教后，变得越来越流行，也愈加公开。现在，公开挑战正统加尔文主义信仰的人，正是英国国教会的神职之首。尽管蒂洛森是作为清教徒长大的，并在剑桥接受教育，但在英国国教会接受圣职后，他在思想方面呈现出更加自由的面向，强调个体道德优先于坚守严格的神学教义。像许多同时代的神职人员一样，他也对科学感兴趣，成为皇家学会的早期会员。简言之，他的智识倾向是典型的宽容自由主义。

由于对个体道德的深切关注，蒂洛森反对正统加尔文主义者有关全然败坏的看法。蒂洛森承认，"人类的本性可悲地败坏和堕落了；但这种本性不致像恶行恶习铸成的人性那般坏"。他接着说，"以圣经对最坏之人的描述来论证全人类的普遍状况，实为大谬"。此外，许多人（即便不是大多数人），包括"灵魂未得再生者"（unregenerate，用现代福音派的语言来说，那些不会重生的人），有能力理解他们应该寻求过何种生活。他主张，"所有灵魂未得再生之人，并不都缺乏对上帝和属灵之物的感受"；相反，他们"大可能有信守正（persuasion）"。[49]

蒂洛森，作为一名牧师，把促成这种有信守正认作教会宗旨。然而，堕落和预定的教义剥夺了我们哪怕是付出努力的理由。他的结论反映了大多数宽容自由主义者的实践取向，他

155

指出，"对于竭力洗心归正之人，告诉他们在世上所做的一切无济于事，是最大、最言之凿凿的打击"。那么神职人员应该告诉自己的羊群什么呢？在蒂洛森看来，教会训导和许诺的目标，不应是告诉人们，他们能做什么或不能做什么，而是他们应该做什么。相比之下，"说任何事情是他们的责任，而同时我们又向他们宣称这些事情超出了他们的能力范围，这样做，难以令人信服"。[50]

但是，如果道德生活，甚至拯救，是个体之人力所能及的，那还需要神圣恩典吗？像同时代的其他阿米尼乌派信徒一样，蒂洛森看到了人类努力和神圣恩典是同样必要的：没有恩典，人们的努力注定会失败。他肯定"在此我们认定上帝恩典的必要性"，但同时也肯定了"我们与上帝恩典协作的必要性"。人类的选择和行动，或如蒂洛森所言的协作，不仅是可能的，而且是必要的。他引用保罗和诸先知的话，直白果决地告诉他的听众："想办法实现自身的拯救；你们要悔改，让自己离开一切恶道；锻造出你们新的内在和新的精神。"对蒂洛森来说，要规劝人们，这些话就是"我们可以并且应该为悔改和归正做些什么"的所有言外之意。下面这番话，差不多是在总结同时代阿米尼乌派的观点——"在我们看来，没有上帝恩典的强大激励和帮助，无人可能悔改和转向上帝；但我们同样认为，按常理而言，上帝不可能会帮助和扶持那些自己什么也不做的人"。[51]

那么，对于加尔文及其追随者宣扬的预定论，蒂洛森又态度如何呢？蒂洛森直截了当地驳斥："绝对丢弃（absolute reprobation）的教义不是我见过的圣经教义的构成部分。"在他看来，它显然也与仁慈上帝的观念相矛盾。相信"上帝不经考虑人的诸罪便裁定他们遭受绝对毁灭和痛苦"，就等于推翻了所有上帝之为善好的可能概念。蒂洛森认为，"上帝比人类

156

中最好之人还要好无限倍，然而，如果一个人在无法预见到和没有考虑到自己孩子犯下什么错误的情况下，便决绝地剥夺他们的继承权并毁掉他们，那么，大概没有人会认为那样的人是一个好人"。事实上，"对魔鬼而言，要从口里说出比这还要坏的勾当，也非易事"。[52]

蒂洛森领导英国国教会仅三年半，于 1694 年秋猝然离世。然而，他在教会内据有最高职位时，所构设出关于人的主动性具有本质重要性的思想，生命力比他本人更长久，在他死后几十年，他的著作仍继续被人阅读。[53]

就在第二年，洛克发表了《基督教的合理性》一书，该书某种程度上可以被视为对加尔文主义堕落和预定学说的攻击。[54]洛克承认圣经中的堕落故事在基督教中的中心地位，但他断然拒绝了亚当和夏娃的失足永远玷污了人类全体这一说法。他以这样的话开篇："凡是读过《新约》的人，显然都知道，救赎的教义……是建立在亚当的堕落这个前提之上的。所以，要理解耶稣基督为我们赎回了什么，就必须考虑在圣经的记载中由于亚当的缘故我们失去了什么。"[55]

然而，洛克从圣经的叙述中得出的结论并不是正统的加尔文主义者所相信的。他接下去说道："福音的教义是，由于亚当的罪，所有人都要领受死亡。"但是这次死亡意味着什么？他把矛头指向了正统的加尔文主义者，"有些人认为，'死亡'一词指的应该是负罪的状态，这种负罪的状态不仅涉及亚当，而且牵涉亚当所有的子孙，甚至连每一个后裔都要承受……永久折磨"。根据加尔文主义的堕落学说，所有人要走向的死亡，"还是一种必然犯罪的状态，在这种状态下，人的任何举动都会触怒上帝"。[56]

洛克反对这种信仰。与之不同，洛克写道："我必须说明，我所理解的'死亡'不是别的，只能是停止了存在，失去了所有生命和感觉活动。由于亚当在乐园第一次违背了上帝的意愿，所以亚当和亚当的子孙领受了这种意义上的死亡。"换句话说，这里的死亡意味着临床意义上的死亡，而不是道德的或灵性的死亡。堕落的持久结果，不是亚当和他所有后代的堕落，而是他们的肉身有朽。洛克因此得出结论，堕落的教义一定是后出的（且错误的）解释，而不是最初的基督教经文的意思。他强调这种正统解释并没有直接的圣经支持，敏锐地指出："假如亚当所领受的死亡威胁意味着他的子孙的人性败坏，那么为什么《新约》竟然没有在任何地方提到这个。"[57]

除了从自己对圣经的细读来进行论证外，洛克还将自己作为政治理论家的专业知识运用到这个问题上。洛克借鉴了霍布斯在《利维坦》中对一个人为什么可以代表另一个人的讨论——这个问题在 1640 年代一直是国王和议会之间冲突的核心（它在美国革命之前的论战中会再次出现），问到什么使亚当成为整个人类的合法代表，以至于他的罪会影响到他所有的后代。[58] 在提出堕落学说时，加尔文写道："亚当不仅仅是人类祖先，而且可以说是人类本性之源；因此，在他的败坏中，人类应会受到损害。"[59] 他的英国门徒威廉·帕金斯也认为，"他所有后裔都犯了罪"，因为"亚当那时不是一个私己之人，而是代表了所有的人"。[60] 《威斯敏斯特大教理问答》紧随帕金斯的提法，宣称"立盟约的亚当，乃是作为一公共之人，不仅是为他自己，也是为了他的后代，全人类是从他代代相传而来，在他身上有罪，并在那第一次犯罪中与他一同堕落"。[61]

洛克拒绝了所有这些主张，坚持认为亚当不可能代表所有后人，因为代表所需的同意必然不存在。让全人类"由于亚当犯了罪，注定必然遭受永罚，千百万人却从未听说过亚当的名字，没有人授权亚当代自己作为，或出任自己的代表"，这与伟大而无限的上帝的正义或良善是不相符的。[62] 洛克论证的落脚点就像蒂洛森的一样，认为既然人类没有堕落，人类就可以选择接受上帝的恩典，他们的行为对他们的救赎乃是有效的，因此个体道德很重要。[63]

进入 18 世纪，对道德行为重要性的强调，以及对被拣选者和对所有择善而行之人的能力的强调，在英国国教会的神职人员中迅速传播开来。1710 年，在牛津接受过教育的英国安立甘宗牧师丹尼尔·惠特比（Daniel Whitby），发表了《论五要义》（*A Discourse on the Five Points*），显然指向近一个世纪前在多特阐发的加尔文主义要义。[64] 惠特比因其对罗马天主教的排拒而闻名，但他也是一位像蒂洛森和洛克那样的宽容自由主义者。他的论著是对多特加尔文主义原则的系统性攻击。

根据惠特比对自己《论五要义》写作缘起的描述，他"在加尔文主义信仰者执掌的大学里受教育 7 年"，因此他"曾经坚定地接受过他们所有的教义"。但是像蒂洛森一样，他对把亚当的罪归到他所有后代身上的堕落学说不再抱有幻想，以此作为起点，他开始质疑五大多特要义的每一条。看到加尔文主义者－阿米尼乌主义者之争在差不多贯穿整个 18 世纪中所走过的路，他把堕落的问题描绘成与自由意志不可分割的问题。惠特比认为，正如许多清教徒相信的那样，上帝赋予人类生命，作为一段试炼和考验的时期。然而，要使试炼成为真正的试炼，人们必须有选择的自由，在服从上帝和由此服从带来的永恒的快乐，与犯罪及随之而来的不可避免的痛苦之间，做出选择的自由。如果人类像加尔文描述的那样堕落，这种"残缺性"（disability）会阻止他们选择服从，因此让试炼没有了意义。再者，假想上帝把残缺加于所有人，是对上帝仁慈的不公。[65]

相反，惠特比引证《申命记》称："上帝和他的仆人，将生与死、善与恶，陈明在我们面前，让我们自己选择，已经充分证实了我们为试炼状态主张的自由。"他接着附和了约书亚对希伯来人下的命令："今日就可以选择所要侍奉的。"但是选择必须是真实的："谁有选择的自由，谁就有拒绝的自由，反之亦然。"如果所有人都因亚当的罪而堕落，那么，"只在不可能的诸般条件下给他们生命"，只能使"他们必定无法获得生命"。事实上，命令他们在这种情况下选择生而不是死不啻一种伪善，甚至是一种侮辱："实际情形，则无非加于人的可怕厄运上的侮辱，还带着虚伪的善意托词及想要他们幸福的托词，也无非咒诅他们永恒死亡，没有生的可能。"[66]

18世纪接下来的时间，对堕落和预定的反对，以及对道德行为和选择它的自由意志的强调，变得越来越直接和明确。在1740年一部被广泛阅读的专论《圣经的原罪教义》(*Scripture Doctrine of Original Sin*)中，著名神学家约翰·泰勒（John Taylor）有力地论证说，加尔文主义的原罪说不仅不正确，而且与公认的关于上帝良善和正义的圣经教义不符——此外，把人性败坏归咎于堕落的观念，使上帝成了罪的造作者，因为上帝之后安排到这个世界来的造物，有着无法克服的罪性。这种对原罪的反驳，是启蒙思想的核心部分。[67]泰勒从《威斯敏斯特信仰告白》中借取了一些表达，但从它们得出相反的结论，他写道"如果所有的人天生（对良善）全无意愿、毫无能力……完全倾向于所有邪恶"，那么"没有人有义务在世间努力归正，除了亚当，不再有别人，因其在世间为非作歹而该受责备"。[68]

泰勒所强调的基本张力是：我们的自然能力是由上帝绝对权能的作为赋予我们的（就像亚当那里一样），"不由我们认识、赞同或同意"。但是道德品行，就其本质而言，却蕴含"道德行为者的选择和同意"。人类是道德行为者吗？泰勒认为，如果他们是，那么他们自己的自由意志，对于选择和同意这些目的来说一定是首要的。不管怎样，上帝继续让我们的意志派上用场，"倘若我们自己没有自由和明确的选择，我们便不可能作为道德行为者，去遵循那正当的和正确的，或公义的和神圣的"。[69]

我们皆为道德行为者，原因何在？泰勒追随洛克及洛克之后众多启蒙思想家指出，上帝给了所有人区分善恶所需的理性和理解力，而不只是最初给了亚当。因为有了这个礼物，"他们的邪恶必不能归因于一个良善、公正和神圣的上帝……而要归到他们自己身上，是他们滥用了上帝的良善，蒙蔽了他们自己的心志，（并且）滥用了他们的自然能力"。没有理由说上帝是此世邪恶的根源。相反，"上帝是要人正直的"。[70]

• • •

从蒂洛森到泰勒，英国神学家们针对堕落和预定信仰的挑战，愈发明确，其中也间接表达出了上帝对于人类的意图。没有人质疑人类的存在荣耀了上帝，甚至用加尔文当时著名的话来说，整个宇宙是上帝荣耀的剧场。但是，越来越多的人认为，脱离堕落和预定的正统观念之外的那种运动，基于的是这样一种假设，即上帝给人类安设的目标有一个更进一步的、和善的维度：上帝意愿他所造之人享受幸福和安乐，而不单单让人觉得，参与荣耀上帝便理所当然会令他们幸福。

塞缪尔·克拉克这位神学家和哲学家，在 18 世纪初以其波义耳讲座在自然神学中开辟了新天地，在担任威斯敏斯特圣詹姆斯教堂教区牧师的 20 年任期内（从 1709 年到 1729 年去世），他经常在布道中谈到神意所望的人类幸福。（艾萨克·牛顿在这个时期的部分时间里在圣詹姆斯教堂服务。也许不是

160

巧合，1727年牛顿去世时，他作为皇家铸币局总监的职位被提名给克拉克；但克拉克拒绝了。）在克拉克看来，人类幸福是上帝创造世界的目的的一个内在部分。他说，上帝所有诫命有一个共同意图，"它们总是倾向于同一恒常的目的，即全体造物的秩序和幸福"。[71]

此外，克拉克认为，造物主的仁慈显然与堕落和预定的正统教义相矛盾。在他看来，"所有理性造物"的普遍幸福，源于"他们按照上帝赋予他们的本性行事"。[72]但如果人类本性是导向幸福的，这种本性便无关乎那势必使他们陷入罪和痛苦的堕落。相反，上帝的良善"推动他（把每一种善）推及到自己所有造物身上……不管是他（它）们自己天性中所能接受的每一种善，还是在他对全体的全知管理中，对他而言，适宜并合乎情理去授出的每一种善"。根据这一点，"就没有，也不可能有所谓绝对的和无条件的丢弃"。这样的事情将"与我们所有善的概念完全矛盾"。如果堕落和丢弃的教义是真的，那么就会从中推导出神圣良善毫无意义，还会推导出"全能的上帝良善与否，在其自身之内没有了任何意义，对我们来说也没有了任何影响"。[73]

161

克拉克同样驳斥了加尔文的主张，即预定是那些堕落了但也因此受到惊吓的人的安慰之源。相反，克拉克认为，给予好人安慰的是"上帝正义的正确观念"。像洛克一样（虽然并没有援引洛克的理性蜡烛的形象），克拉克认为，如果好人真诚地努力履行职责，他们便会知道，"有一个公正和正义的上帝，就不可能有将他们排除于幸福之外的秘密之法"。"理性造物的幸福和完善"，构成了"上帝创造的伟大目标和设计"。[74]预定论，加尔文所奠定的这一教义，与上述观点完全相左。

另一位拥护人类幸福乃神圣旨意的杰出人士是菲利普·多德里奇（Philip Doddridge）——与克拉克不同，他不是英国安立甘宗牧师，而是独立于英国国教会的"持异见"牧师。多德里奇最出名的，是他积极推动美洲殖民地的福音传教事业。人类幸福作为神圣创造的目的，处于他信仰计划的中心。在1745 年出版的广受阅读的论著《信仰在灵魂中的产生和进步》（*The Rise and Progress of Religion in the Soul*）中，多德里奇称上帝是"伟大的永恒的原创者，也是我们的存在和幸福的作者"，他接着说："一切美好的目标和愿望自你而出；首要的是这样一种要在此世播撒智慧、虔诚和幸福的愿望。"他像克拉克一样指出，上帝赋予的理性，乃是要作为手段，使人类获得幸福。上帝，"如此仁慈的存在"，自然会"特别喜悦与那些谦卑请求（祝福）、请求慈爱救助的人交流……让他们获得与他们理性本性相适合的幸福"。上帝赋予人类能力的目的正在于此。[75]

对多德里奇来说，就连像圣经这样的宗教配设，也是幸福的源泉。学习圣经，如果从中推导出人会自我折磨、相互折磨，那么这属于不得要领。他写道，福音书的伟大设计"是要教导我们憎恶一切不必要的冷酷（Rigour）和苛刻（Severity），不以我们同类的悲伤为乐（delight），而以我们同类的幸福为乐"。在他看来，《新约》是"通往幸福的门道"。宗教的目的是在人类幸福当中增进上帝荣耀。[76]

从上帝的仁慈到以人类幸福为目的，进而到我们有义务以我们同类的幸福为乐的逻辑理路，其影响超出了宗教思想的范围。1731 年，在剑桥任教的哲学家和英国安立甘宗牧师约翰·盖伊（John Gay，《乞丐歌剧》作者约翰·盖伊的堂兄弟），发表了《德性或道德的基本原则》（"the fundamental principle of virtue or morality"）一文。他指出，因为人类的幸福是由上帝意愿的，所以人类有义务采取行动，最大限度增进他们同类的幸福。[77] 盖伊写道："从上帝的本性看，显然，

162

他创造人类的用意就是为了他们的幸福，别无其他。"[78] 至 18 世纪末，盖伊此文已成为为最大多数人寻求最大幸福的功利主义哲学的基础文本之一，此哲学后来由杰里米·边沁和 19 世纪的约翰·斯图亚特·穆勒等知识巨擘进一步发展。

随着时间的推移，上帝慈善这类主题，以及由此而来，上帝以理性能力赋予人的内在善好，也在苏格兰生根发芽。同样，新出现的对个人德性和道德重要性的强调，特别是在格拉斯哥大学弗兰西斯·哈奇森的影响下，也聚焦于人的选择和人的能动性上了。聚焦前者，让苏格兰神职人员对堕落的信仰减弱；聚焦后者，让许多人对正统加尔文教派的预定论更加不满。

与英格兰的情况一样，对苏格兰人来说，1688 年的革命不仅带来了政治后果，也带来了宗教后果。苏格兰的宗教历史甚至比英格兰的斗争更激烈。加尔文主义一派——在苏格兰由于他们的教会管理形式而被称为"长老会"——自 1560 年之后一直统治着苏格兰教会。查理一世曾试图将英国国教的结构强加给苏格兰教会，并迫其使用《公祷书》，但这两项举措都激起了苏格兰社会几乎所有阶层的强烈反对，且均以失败告终。1640 年代英国内战在苏格兰表现得尤为激烈，各派间的冲突反映出他们在宗教、政治和阶级效忠上错综复杂的态势，这种局面甚至也出现于对立的长老会团体之间。复辟后，查理二世短期内成功地推行了主教制，苏格兰教区牧师遭解职的人数接近三分之一；之后乱局又起，1679 年，圣安德鲁斯大主教詹姆斯·夏普（James Sharp）被暗杀。詹姆斯二世（他在苏格兰被称为詹姆斯七世）治下，更多的长老会神职人员被撤换。如在英格兰所做的那样，詹姆斯在苏格兰同样采取措施扶持罗马天主教，将荷里路德（Holyrood）修道院的中殿变成了天主教的皇家礼拜堂，并设立天主教印制机构和耶稣会学校。

光荣革命后，这些变化大部分被逆转了。主教们被免职了。[之后，他们及其追随者组成了一个独立的苏格兰圣公会（Scottish Episcopal Church），不隶属于苏格兰教会，也不同于英国国教会。] 被詹姆斯免职的神职人员复职了。苏格兰教会也被授权使用《威斯敏斯特信仰告白》，而不是英国国教会的《三十九条信纲》。然而，为了防止分离主义倾向，加入教会大会需要宣誓效忠威廉和玛丽。英国安立甘宗牧师如果接受《威斯敏斯特信仰告白》，就可以留在苏格兰教会，但从18世纪初开始，长老会再次统治了教会。即便如此，英格兰涌动的思想潮流，还是影响着苏格兰人的思维。从1707年开始，苏格兰成为大不列颠王国的一部分，至此，重要的法律和任免权都出于伦敦。

至1730年代，当大卫·休谟尚年轻、亚当·斯密还青涩懵懂之时，一个自认是"温和派"（Moderates）的自由思想团体，已经成为苏格兰教会中与启蒙思想最贴近的派别，他们的思想与英国的宽容自由主义者非常接近。这些更为自由的思想家，刻意无视《威斯敏斯特信仰告白》中的加尔文主义教义，到了1740年代，他们和相较而言更为传统的神职同胞之间，产生了巨大的分歧。温和派神职人员是弗兰西斯·哈奇森的智识门徒，在很多情况下是他真正的学生，他们信奉老师有关与生俱来的道德感的思想，这一思想与以堕落和预定为中心的正统思想背道而驰。渐渐地，他们还与休谟、斯密和苏格兰启蒙运动的其他世俗思想家建立起了密切的联系。[79]

随着时间的推移，温和派开始占据苏格兰教会中最重要的职位和许多大学职务，教会对这些职务即便不是说了算，也发挥着影响力。休·布莱尔（Hugh Blair）于1754年成为一个较小的爱丁堡教堂的牧师，从1758年到去世之时，他一直是

164

圣吉尔斯（St. Giles）大教堂的牧师。[80] 他还于 1759 年开始在爱丁堡大学讲课，3 年后他成为修辞学和文学教授。亚当·弗格森，虽不是教会的正式牧师，但被授权传教，1759 年他成为爱丁堡大学的自然哲学教授；自 1764 年起，他一直是道德哲学教授。威廉·罗伯逊于 1762 年成为爱丁堡大学校长，从 1763 年开始，他经常担任教会大会的主持人。

苏格兰温和派认为自己是神学分歧三岔路上的中间派。其余两路，一路是正统的加尔文长老会教徒，通常被称为"俗众派"（the Popular），甚至是"野心派"（High-flying Party），他们信奉严格的预定论。[81] 在 1740 年代初的复兴之后，这一群体越来越多地与更个人化、情感化地笃信宗教信仰和实践（批评者的用词是"狂热"）联系在一起。另一路是自然神论者，他们所信仰的上帝，是一位创造了宇宙但后来没有在宇宙中继续介入的上帝。对于自然神论者来说，凭借对自然的系统观察的自然神学，足以获得对上帝的认识；他们的思想没有给启示留下任何空间，无论是基督教的还是别的启示。

像英国的宽容自由主义者一样，苏格兰温和派对个人道德和德性的关切，也超过了对神学教义的关切。因此，他们的信仰至少有那么一层阿米尼乌派特征。许多人对自然神论也有一些同情，正如他们和休谟的友谊所表明的那样，在某些情况下，他们甚至愿意宽容不可知论者，甚至无神论者。哈奇森撰写过《道德善恶研究》（*Inquiry concerning Moral Good and Evil*）（1726 年）和《论激情和情感的本性和表现》（*Essay on the Nature and Conduct of the Passions and Affections*）（1728 年），作为哈奇森的学生，温和派首先关心的是人际关系中的个人道德行为问题。在抽象的哲学层面上，他们和导师一样，将宗教视为霍布斯唯物主义的对立面。在更为实践的层面上，他们认为，以上帝慈善待人为中心的宗教，其本质作用在于促进人类行为中的德性。

举例而言，在圣吉尔斯大教堂的一次布道中，休·布莱尔从自己和同人的眼界见识出发，评判了"什么是真正的宗教"。[82] 165
他对加尔文教正统的轻视是显而易见的："有一种特定宗教，（如果我们能那么叫它的话），没有资格自命清高；它完全被置于臆测和信条中……或者对有争议的观点充满狂热之情"。他直言不讳地说，这种形式的宗教"不是我们宣扬的宗教"。[83]
相反，"（我们要宣扬的）宗教在于对上帝的爱和对人类的爱"。布莱尔认为，真正的宗教"在于正义、人性和仁慈；在于公正和坦率之心、慷慨和真挚之情；还有节制、克己，以及我们一切行为中对良心以及上帝之法的永久尊重"，布莱尔在这里反映出了温和派对德性的强调，以及他们许多人也从哈奇森那里获得的斯多亚哲学。[84] 堕落和预定根本不在其内。

事实上，根据布莱尔的说法，他及其温和派同人所支持的那种宗教本质上等同于德性。他写道："虔诚的品质，完全有德的品质，我认为是一样的。"[85] 罗伯逊的亲密同事亚历山大·卡莱尔（Alexander Carlyle）在 1770 年担任教会大会的主持人，他也提出了同样的主张——"借由真理知识，让人们虔诚端正"，这是"我们神职的目标"。[86]

布莱尔和卡莱尔这样的观点，以及作为这些观点之基础的洛克、蒂洛森、克拉克和其他英国宽容自由主义者几十年前提出的观点，是斯密和休谟从神职朋友那里听闻得到的，他们二人经常在群贤会及其他场合与神职人员交流。斯密还了解许多英国宽容自由主义者的思想，包括洛克（斯密藏书里有《政府论》和《人类理解论》[87]）、巴特勒主教（斯密称其为"睿智机敏的哲学家"）和乔赛亚·塔克（斯密藏书里也有其作品）。[88]
此外，这些宗教思想，譬如与天生堕落相反的人本性善、与预定相反的人类自由选择和行动的核心作用，以及不只为荣耀上帝也为促进人类幸福的宇宙之设计，都引申出要如何思考世俗世界的意涵。

世俗层面的这种引申意涵，反过来又与新思想的关键要素携手同行，这种新思想最终导致了经济学中的斯密革命，并由此塑造了现代经济学的发展。可以肯定的是，看到观念之间甚至观念集之间的逻辑联系，并不等同于就建立起了历史上的影响关系。[89] 但是，为现代经济学奠定基础的思维转变，不仅在时间上紧跟摆脱正统加尔文主义的运动，而且两者在逻辑上有一致性。斯密和他的同时代人在思考哲学和我们现在所说的经济学时，实际上世俗化了其神职朋友的神学原则的本质内容。[90]

加尔文神学的核心是全然败坏的概念，这意味着人们不能可靠地辨别好坏、对错，也不能一以贯之地根据他们可能察觉到的好坏对错之间的差异采取行动。[加尔文提到了人类区分善恶能力的"畸形废墟"（misshapen ruins）。[91]] 因此，得出他们也无法在更大的背景下区分自己行为是好是坏这一结论，并非一个过分延伸。首先，他们不太可能理解采取何种行动符合他们自己的利益。他们只是听命于自己的堕落本性，几无可能一以贯之地让别人过得更好。

相比之下，如果人类可能担负的原罪都并不意味着加尔文主义的那种堕落，[92] 更具体地说，如果所有人都被赋予理性，如果人之特性是与生俱来的善良，就像英国宽容自由主义者和苏格兰温和派所认为的那样，那么人便都是能够做出道德选择的，并行止有德。这种明显更乐观但仍以神学为基础的人性评判，如果对其做一个自然延伸，便能得出人们也都有能力区分世俗的好与坏，包括理解他们自己的私利。此外，他们与生俱来的本性中没有任何东西阻止他们始终以那种在适当条件下也能令他人受益的方式行事。

预定论的教义，包括无条件的拣选、不可抗拒的恩典，以及那些接受恩典的人不可避免的对恩典的保守，意味着个人不可能影响到自己的救赎，甚至也不可能为自己的救赎有所助力。但还有其他对他们而言重要之事可能是他们无法施加影响的吗？一个人没有能力做出任何选择或采取任何行动来促进他最终的灵性前景，自然而然也就意味着，一个人没有能力做出选择或采取行动来改善自己的物质福祉。这样一个人始终以让别人过得更好的方式来行事，似乎就更不可能符合预定论的思维方式了。

人乃是有道德意识的行为者，有着自由意志和选择。这一观念，意味着个体是能够助力于决定他们是否能被拯救的。他们的最终命运，至少在某种程度上，在他们的把控之内。在洛克的比喻中，他们有上帝的蜡烛，可凭它去看，然后行动；用蒂洛森的话来说，他们能够协作以实现自己的救赎。延伸到世俗领域，人们不仅明白什么符合自身利益，还能够基于这种理解行事。若再假以适当条件，他们即使仅受天性驱使，也能有所作为，改善他人生活。

最后，如果创造的唯一目的是荣耀上帝，那么人类的幸福本身便没有宗教价值，上帝创造的世界也便没有理由说是为了推进人类幸福而被周密安排的。相比之下，如果人类的幸福——包括每个人实现道德生活的潜在能力，以及随生命结束而来的灵的救赎——也是仁慈的上帝的旨意的一部分，那么我们生活的世界就是这样一个世界，即在这个世界里，这些目的不仅是可能的（possible），而且是很有希望的（likely）。推及到世俗的问题上，人类的物质需求和能力也同样是要使生活幸福的。因此，个体人性，以及人类建制，也多半是要带来物质方面的满足的。

这些新思想在前一个世纪出现时与正统加尔文主义思想相

对立，但它们形成了世界观的一个重要部分，亚当·斯密和他的同时代人，试图以此世界观来创造一种类似牛顿为物理世界构建的人类科学。哈奇森和斯密关于人类同情和对同感的欲求的思想，实际上是基督教爱之原则的世俗化（尽管拿哈奇森来说，以明确宗教风格写作的他，没有这种世俗化肯定会舒心自如）；这条原则适用之人，不是本性堕落之人，而是以天生良善为特征的人。人们仅按自己的自然欲望行事，不仅可以改善他们自己的物质生活，还可以改善其他人的物质生活，这一观点也反映出这样一种信念：所有人，而不仅仅是少数人，都可以成功地过上道德生活。斯密对市场和竞争在把可能发生的事情转化为将会发生的事情的作用的洞察，反映了一种越来越广泛的信念，即创造世界的仁慈的上帝，希望他置于世界中的人类造物幸福，因此上帝也将对引导他们行为有必要的人类建制赋予了他们的世界。[93]

就上帝以及上帝和人类的关系展开的新激辩，形成了一种"前分析图景"（pre-analytic Vision），这种图景的出现，时间上要早于斯密及其同时代人在后来所谓经济学的思维方式中做出的贡献。正如马克斯·韦伯在一个不同语境下道出的，这些最初由宗教思想牵动的世俗观念，比最初促使它们产生的宗教原动力和宗教纷争要长寿得多。[94]

第7章
美国殖民时期的加尔文主义之争

> 人不只是一大团物质，也不只是一个机械引擎，仅在一个推动力的指引下运动……他自身之内有一个行动原则，是一个严格意义上和真正意义上的行为者。
>
> ——埃比尼泽·盖伊（Ebenezer Gay）

> 把神描绘成随己意让人类大部分注定沉入永恒的苦难之中，很少有比这样看待神更令人震惊了。
>
> ——查尔斯·昌西（Charles Chauncy）

英格兰和苏格兰围绕宗教思想的争论，最初的特点是抵制加尔文主义的堕落和预定论，随着时间推移，非预定论甚至反预定论神学，逐步占据主导地位。在美国，特别是在新英格兰，也有类似的过程。[1]但又存在显著的差异。说18世纪的北美见证了正统加尔文主义思想的复兴，一定程度上是由于新建殖民地的清教徒起源。然而，一旦这种复兴消退，这个新共和国的许多教堂，就呈现出了一种比英国人或苏格兰人所接受的新教更加自由的新教形式。

马萨诸塞湾殖民地成立于1630年，拜劳德大主教在英国的迫害引发的大迁徙所赐，该殖民地从一开始就是一项清教徒的事业，其市政当局建起的教会严守正统的加尔文主义原则和实践，不允许英国安立甘宗教徒或罗马天主教徒成为居民。[2]

其他离经叛道的信徒也不被允许成为居民；罗杰·威廉姆斯（Roger Williams）虽还不是公认的浸礼会教徒，但在1636年被迫离开殖民地，而且在那里的五年经历一直困扰着他。法院的驱逐令上指控他"提出和散播各种新奇和危险的观点"，并"固守他令人反感的观点，没有丝毫悔过或收回的迹象"。[3]［40年后，当美洲原住民在菲利普王之战（King Philip's War）中袭击普罗维登斯时，驱逐令被撤销，当时住在附近的老威廉姆斯到波士顿避难。］贵格会教徒也不被允许。在1659—1661年，当他们反抗驱逐时，殖民地处决了4人。［1959年之后，其中一位被处决者玛丽·戴尔（Mary Dyer）的雕像伫立在马萨诸塞州议会大厦前，伫立在300年前她在波士顿广场被绞死的位置的对面。］

清教徒离开英国，选择流亡，自然而然地恪守严格的宗教划一。他们来到新大陆是要建立一个独立的联邦，以实现他们眼中的上帝意旨。甘愿与公开的无信仰者（甚至是信仰上帝但所信不同的基督徒）生活在一起，似乎就成了不忠的表现。托马斯·谢泼德（Thomas Shepard），第一代清教徒牧师之一，把对各种形式礼拜的宽容驳斥为"撒旦政策"（Satan's policy）。[4]乌里安·奥克斯（Urian Oakes）在谢泼德之后于剑桥第一教会担任牧师，后来成为哈佛学院的初代校长，该学院是为培养正统清教派神职人员而建立的，他谴责这种宽容是"所有可憎之物的头生者"。[5]纳撒尼尔·沃德（Nathaniel Ward）于1634年来到伊普斯威奇（Ipswich）的教堂担任牧师，他在一本书名谦抑的小书《阿格瓦姆的平凡补鞋匠》（*The Simple Cobler of Aggawam*）中，宣称："我敢于放手行事，成为新英格兰的先驱，以我们殖民地的名义向世界宣告，所有的家庭主义者、反律法主义者、再洗礼派教徒和其他狂热分子将有充分自由远离我们，他们越快离开，我们越好。"[6]这块殖民地严格的清教特征，持续了半个世纪。[7]

　　然而，北美殖民地毕竟还是殖民地，它之后也受到了英国不断变化的政治和宗教潮流的影响。1684年，由于担心一些合并后的英国城镇变得过于独立，查理二世废止了许多皇家特许状，包括马萨诸塞湾殖民地成立以来的特许状。詹姆斯二世继位后，强迫该殖民地接受一名英国国教牧师，并在1688年批准建造一座安立甘宗教堂。这是该殖民地第一座非清教徒的教堂。（"国王教堂"，至今还是这个名字，坐落在波士顿广场附近。）1691年，威廉和玛丽授予此殖民地新的皇家特许状，保留了已建立的清教徒或公理会教堂。然而，为了与英国新的《宽容法案》保持一致，它规定"从今往后，所有基督徒（除天主教徒外）将永远享有敬拜上帝之良心自由"。[8]安立甘宗、浸礼会和贵格会礼拜仪式此时都被允许，尽管不包括罗马天主教。此外，根据新的特许状，清教徒不再独享选举权。公理会以外的新教徒也可以投票。

　　和英国的情形一样，问题很快来了：新教徒，包括那些坚持清教徒传统的人，会持有什么样的信仰，会遵奉什么样的宗教习俗。1699年，部分出于对6年前塞勒姆（Salem）审判的反感——这次审判导致20人因巫术被处决——一群异见者在波士顿建立了布拉特尔街教会（Brattle Street Church）。该组织的领导者约翰·列文瑞特（John Leverett）是一个平信徒；但作为前殖民地总督的孙子、哈佛大学的教职员工（不久后成为哈佛校长），他为这项事业增添了光彩。参与建立新教会的其他人，同样来自波士顿的显赫家族。[之后，它的教区居民将包括像约翰·汉考克（John Hancock）、约翰·亚当斯及夫人阿比盖尔·亚当斯（John and Abigail Adams）这样的名人。]在牧师本杰明·科尔曼（Benjamin Coleman，一位自然神学的有力倡导者）引领下，新教会接受了《威斯敏斯特信仰告白》，但遵循的是一种更具安立甘宗色彩的礼拜形式。科尔曼还因施行比当时其他清教徒教会更宽松的入教条件而闻名，那些教会规定个人有亲历"再生"（重生）的宗教体验，才有资格成为正式成员，或让自己的孩子受洗。[9] 与其他清教徒教会不同，布拉特尔街教会没有将洗礼限制在现有成人会众的孩子身上，它还赋予女性成员参与选举教会牧师的权利。

172
　　大约同一时间，仍是新英格兰唯一高等教育机构的哈佛大学，拓宽了它的课程范围。哈佛学生现在阅读自然哲学，包括沙夫茨伯里的著作，以及英国宽容自由主义者的著作。约翰·蒂洛森的布道成了必读读物，塞缪尔·克拉克的波义耳讲座也是如此。［1740 年，英国信仰复兴主义者、坚定的预定论者乔治·怀特腓德（George Whitefield）访问哈佛时，抱怨道："恶俗图书在师生中风靡。阅读对象是蒂洛森和克拉克，而不是谢泼德、斯托达德（Stoddard）及类似的福音派作家。"[10]］随着书籍、小册子和私人信件在大洋两岸活跃交流——17 世纪初，大多数船只从南安普敦到波士顿只需 6 到 7 周，在夏末秋初的航海季节，平均一周就有 9 到 10 艘船抵达[11]——北美和英国的宗教辩论越来越成为跨大西洋的对话。

　　有些讽刺意味的是，与清教徒传统最有冲击性的决裂发生在康涅狄格州，而非马萨诸塞州。担心波士顿的自由化趋势，尤其担心哈佛可能会走得太偏，乃至接受蒂洛森大主教在英国阐述的非预定论神学，可能还有安立甘宗的习俗，一群坚定的加尔文主义者于 1702 年在科顿·马瑟（Cotton Mather）的带领下建立了一所新大学。（马瑟没能成为哈佛大学的校长，他父亲担任过此职，这可能也是促因之一。）耶鲁，这所位于纽黑文的大学，想要成为正统的堡垒。然而，20 年后，该学院的 7 名教职人员一同宣布皈依英国国教会。主要原因是他们对预定论不满。校董解除了校长蒂莫西·卡特勒（Timothy

Cutler）的职务，并提出一个正式要求，即从此以后，任何担任校长或导师之人不仅要明确认同《威斯敏斯特信仰告白》，还要进一步"表达出他们对自己信仰之健全的满意，反对阿米尼乌主义的和高教会派的（Prelatical，清教徒用语，对安立甘宗的贬称）败坏"。[12]但是破坏已然造成，安立甘派的迅速发展，越来越被视为对该地区公理教会统治地位的威胁。

塞缪尔·约翰逊（Samuel Johnson）——1716年耶鲁大学毕业生，起初是公理会牧师，但后来在1722年加入"耶鲁七人组"——否认自己是阿米尼乌派。但是数年后，他还是按蒂洛森在当时英国为人熟知的方式解释了他对加尔文主义的反对。约翰逊应和了蒂洛森的担忧，即没有什么比对预定的信仰，更能"如此有效地诱使我们对上帝怀有冷酷而不肖的想法，断绝了我们向上帝悔罪和归正的所有用心，刨除了我们的义务"。原因简单明了，"我们应该知道，我们可能被权力无边和冷酷无情的丢弃之法完全铲灭了成功的可能"，若如此，我们在这个方向上的所有努力都将是徒劳的。像蒂洛森一样，约翰逊直接指出，预定论"在我看来绝无可能为真"。这一学说"显然不符合（上帝）乃是世界之道德统治者的理念"。[13]

相反，他相信上帝把人造成了"自由、自制和自决的行为者"，而不是什么堕落说或预定论教义，这是"上帝通过圣经要传达给普众……的理念"。约翰逊认为，决定个体之人救赎的不是神圣的拣选，而是他们自己的选择和行为。此世之后的奖惩状态里，个人的命运不会依据他们从上帝那里任意接受的东西决定，而是根据"他们将如何利用和改善他们所接受的东西决定"。与正统加尔文主义的堕落观念，以及对非拣选之人和丢弃之人的观念相反，"事实上，没有一个人被置于有罪和悲惨的绝对必然性之下"。上帝向人确保，"没有人会因为自己的过错而最终悲惨"。[14]约翰逊之后在北美安立甘宗神职

173

人员中表现活跃，1752 年国王学院（后更名为哥伦比亚大学）在纽约市成立时，他成为该学院的首任校长。

18 世纪接下来的时间里，对正统预定论的公开反对蔓及蒂洛森启迪的安立甘宗之外。公理会牧师以克佩里斯·梅休（Experience Mayhew）在 1744 年的论著《为恩典辩护》（*Grace Defended*）中，以这样一个总起句开场："本文坚持的主要观点是，福音中对罪人有意给予的救赎，确实包含了对重生中所赐恩典的有意给予，或有条件承诺。"[15] 换句话说，上帝恩典是有意给予，而不是简单地被赐予的，而且这种有意给予不是无条件的，接受也不是无可避免的。梅休最出名的身份，是作为玛莎葡萄园岛上万帕诺亚格印第安人（Wampanoag Indians on Martha's Vineyard）的传教士，但他的书也被广泛阅读，受众之广，以致引起在哈佛担任神学教授 40 多年的正统加尔文主义者爱德华·威格斯沃斯（Edward Wigglesworth）的批评，他谴责这本书是"阿米尼乌主义和佩拉纠主义的混合体"。[16]

在 1749 年波士顿的一次布道中，布伦特里第一教堂（First Church in Braintree）的牧师勒穆尔·布里安特（Lemuel Briant）紧跟蒂洛森的思想方式。他抓住的症结又是加尔文否认了个体之人有影响他们属灵命运的能力。布里安特解释说："要么我们正义过活在我们的救赎事件中有一些效用和意义，要么没有。"如果没有，佐证这一点的无从谈起。反证的则有，"最放荡之徒，可能就会是基督教最好的朋友，而最邪恶之人可能就会是在上帝恩典中居于最高位者"。[17]

然而，摆脱预定论思想的运动，在美洲能不落于英国的进展，还得益于循道宗的传播。约翰·卫斯理（John Wesley），福音派新教新立场的英国创始人，于 1736 年在新殖民地佐治亚进行传教活动。他这次到访美洲，只短暂停留，所以不太成

约翰·卫斯理在厄普沃（Epworth）市场十字形建筑物（Market Cross）台阶上布道。以乔治·怀特腓德为榜样，卫斯理在 1739 年转向户外布道，因为教会越来越将他拒于教堂布道坛之外，而且他吸引的群体越来越庞大，即使教堂允许他布道，也无法容纳。久而久之，户外布道逐渐成为循道宗和福音派的标志

功。但事实证明，他的影响是持久的，在美洲的影响不亚于在英国，而且随着时间的推移，这种影响越来越大。像其他信仰复兴主义者一样，卫斯理凭借户外布道和将一种新宗教形式直接带到普通市民面前的做法而闻名。（当被批评没有守着一个教区深耕时，他回答说全世界都是他的教区。）然而，卫斯理远比其他受欢迎的信仰复兴主义者，更系统地发起了一场运动，事实证明他是成功的；尽管他之后从未回过美洲，但他

委派的循道宗传教士在 1760 年代末开始抵达。卫斯理也没有回避自己的思想对当时的实际问题会有些什么影响的话题。例如，他坚决反对奴隶制。（他在佐治亚的时候，那里还不接纳奴隶。）

卫斯理在他的神学中也是大力奉行阿米尼乌主义。[18] 在 1739 年的布道"白白的恩典"（"Free Grace"）中，他提出了这样一个论题：如果加尔文主义的预定论是正确的，那么所有像布道这样的努力就没有什么意义了。它们对被拣选者和对其他人来说都是不必要的。"无论哪种情况，我们的布道都是徒劳的，正如你们的聆听也是徒劳的。"此外，与加尔文认为信仰预定论为信徒提供了甜蜜的安慰相反，他认为该教义"会摧毁宗教的慰藉"。卫斯理还表达了人们当时一种普遍的担忧，即对预定论的信仰侵蚀着道德行为的动机，宗教本来在传统上是要去鼓励道德行为的，他总结："这种令人不安的教义，直接会摧毁我们行善的热情。"更糟的是，它"摧毁了我们对大部分人类的爱"。[19]

与预定论思想相反，卫斯理毕生致力于改变大众的信仰，源于他相信所有人都有能力决定自己的救赎；救赎不是通过"事工"，而是通过他们主动选择接受上帝的恩典。他的听众问，为什么不是所有的人都得救，他回答说，答案肯定不是因为上帝的任意谕旨。阻碍他们得救（任何人得救）的，完全可归于他们自己缺乏意志："不是所有人都得救的原因何在；在于，他们不愿意被拯救。"为了给自己的论证一个圣经基础，卫斯理引用了耶稣的话，如《马太福音》所记："我多次愿意聚集你们，只是你们不愿意！"[20]

卫斯理在预定论方面著述的特别之处，与其说是他与预定论意趣相违的神学——其他人之前提出过这些观点——不如说是他表达反对意见的直接性和力量。他直截了当地说，预定论

"不是上帝的教义，因为它使上帝的神圣安排（Ordinances）归于无效"。事实上，"它直接倾向于摧毁圣洁（Holiness），而此圣洁乃是上帝所有神圣安排的目的"。其明显的倾向是"推翻整个基督教启示"。因此，在卫斯理看来，预定论"是一个充满亵渎的教义……亵渎明确包含在预定的可怕谕旨中"。他最后说："我憎恶预定论。"[21]

　　然而，特别是在新英格兰，由于加尔文主义根系的存在，预定论思想在一段时间内比在母国表现得更有复原力。事实上，正如韦伯和其他人后来强调的那样，新英格兰流行的预定论思想在某些方面甚至更加根深蒂固。17 世纪末、18 世纪初波士顿的首席牧师英克里斯·马瑟（Increase Mather，他在英国光荣革命后参与了殖民地新皇家特许状的谈判），跟随加尔文明确表示，只有少数人在被拣选者之列。英克里斯·马瑟是马萨诸塞州湾移民第一代杰出牧师理查德·马瑟（Richard Mather）之子，也是更为著名的科顿·马瑟之父，毕业于哈佛大学，有着无可挑剔的清教徒血统，其职业生涯在此背景下展开。众多履历里，他担任过波士顿最大和最著名的教堂之一北教堂（North Church）的牧师，并担任过哈佛大学的校长。（他还直接参与了塞勒姆女巫审判。）在他 1720 年一系列名为"唤醒拯救灵魂之真理"的布道中，马瑟直言不讳地称："上帝的选民很少。"世界被分为"被拣选者和所留余数"，他所说的被拣选者，"相比于世上所留余数，仅为少数"。另一个不同的讲法里是这样说的，"主所拣选的是羊群的一小份"。[22]（托马斯·谢泼德，马萨诸塞州第一代神职人员之一，说得更加具体："如果你是上帝挑出来避开即将来临的愤怒的少数人之一，你便是那千分之一。"[23]）

　　马瑟接着重申了加尔文主义的教义，即"上帝的选民是从一开始就被拣选的，是从永恒中被拣选的"，此外，"这个拣选一直有效，永远不变"。他还煞费苦心反驳在他看来另类信仰所带来的威胁，这种信仰如卫斯理不久后宣讲的那样认为，所有人天生都是拯救的潜在候选人，对此，马瑟写道，"我们在这里可以看到某些人已接受的几种观点的错误所在"，包括"普遍救赎，基督为拯救所有人而死"。马瑟针锋相对地指出，"他救赎的对象并非所有人。他没有想要他的血为赎每个人的罪而流，所流之血只为上帝的拣选者，为他的选民"。[24]

此外，如正统派教义所认为的，上帝拣选了他要拯救的人，"不看他们做过任何事工，不考虑他们主张任何应得，他凭自己至高恩典来拣选他们"。因为上帝以这种无条件的方式拣选他们，所以他们不能对自己的地位感到骄傲，甚或自鸣得意。"至于上帝的选民本身，他们本质上并不比地上最卑鄙的弃民（Reprobates）要好。"那些弃民，在他看来是人类的大多数，他们的个人价值并不比被拣选者低，他们情形如何？马瑟的结论是"人类绝大部分将永远死亡"，在他布道的印刷版本中这句话全部采用斜体。[25]

英克里斯·马瑟的儿子科顿也在哈佛接受教育，他追随父亲登上了波士顿北教会的讲坛。[科顿·马瑟也是第一代清教徒牧师约翰·科顿（John Cotton）的外孙，其名因此是随母亲这边。]年轻的马瑟天资聪颖，思维敏锐，著述颇丰。他在许多方面表现出是一个复杂多面的人物，他接受启蒙思想，但只是在其与正统加尔文主义思想相容时才接受。像当时美洲的许多清教徒神职人员一样，科顿·马瑟钦佩哥白尼天文学和牛顿物理学等科学发现新浪潮，他认为作为教区牧师有责任向教区居民讲授这些新发现。他也是天花接种的早期倡导者。除了自身这些科学兴趣之外，他还主张商业改革，理由是商业应是让每个人受益的，而不仅仅是少数人获取财富的手段。[26]与此同时，像他的父亲一样，他是塞勒姆女巫审判的坚定支持者。

　　科顿·马瑟在他的论著《白白的恩典：保有和改善》（*Free-Grace, Maintained & Improved*）中为他所谓"杰出预定论"给出了著名的辩护。他的主要目标是保护这一教义免遭阿米尼乌主义日甚一日的威胁。他写道，即使有些人声称相信预定论，但还是曲解了这一教义，仿佛它是为着让那些要悔罪的人安心或气馁。但这不是这一教义的宗旨。按其正解，该教义不是着眼于任何改变个人生活的尝试，而是着眼于他们属灵命运的不可预测性，它是真确的，也是值得信守的。马瑟的目标是捍卫这一教义。马瑟承认预定论有其神秘之处，甚至深奥难解。但他认为，人们不应"由此妄称，对它要三缄其口，要封藏起来，要拒之于布道之外"。他宣称，这个教义是真实可信的，"是由我们的主和他的使徒们提出的"。它不是"福音可有可无的部分；如果不明示这一点……我们便不是在完整地宣讲福音"。[27]

　　虽然他否认预定的出发点是劝人悔罪或劝人放弃悔罪，但马瑟仍然反驳了蒂洛森的这样一种顾虑：信仰预定论教义，会挫伤神职人员说教或信徒道德行为的积极性。相反，他认为，"它有一种陶冶出信徒们圣洁信仰的神奇倾向，而对它的无知破坏了对上帝的赞美，怀揣上人类的邪恶"。因此，他叮嘱那些希求自己是选民的人："上帝的选民啊，你难道不钦佩上帝拣选你时的绝对主权吗？"但像他的父亲一样，他也警告他们不要把他们的选中（如果他们真的已被选中）以任何方式归因于自己的品行，甚至也不要归因于上帝对其个人价值的预见。这样想就是在倒果为因。"预见我们的信仰和服从是上帝拣选了我们的原因？然后说，上帝拣选我们之前，我们先选择了上帝！"相反，"我们被拣选进信仰和服从，不是因为我们可被预见的信仰和服从而被拣选的。它们是我们被拣选的结果，它们不能成为被拣选的原因。"[28] 马瑟对该教义的清晰阐述，以及他对何为原因和何为结果的严格逻辑区分，不仅构建了殖民地美洲对预定的理解，也构建了像韦伯这样的学者此后对预定的理解方式。

在殖民时期的神职人员中，最有名的当数乔纳森·爱德华兹（Jonathan Edwards），他仍被许多人视为美洲迄今为止最重要的神学家。[29] 爱德华兹 1703 年出生于康涅狄格州，在耶鲁大学接受教育，像科顿·马瑟一样，他是公理会牧师的儿孙辈。在教员们集体改宗后，他毫不踌躇地接受了耶鲁大学校董们外加的条件，并在大学担任了一段时间导师。从 1726 年开始，他成为自己外祖父所罗门·斯托达（Solomon Stoddard）的助手，斯托达是康涅狄格河谷清教徒神职人员的"河神"（river gods）之一，3 年后，斯托达去世，爱德华兹接替他在马萨诸塞州北安普敦担任牧师。[30] 但和马瑟一样，爱德华兹也是一个复杂多面之人，1750 年，他因与教会在入教成员要求上产生分歧，而被解聘。虽然他的外祖父允许教会成员"灵魂未得再生的"子女享有部分成员资格，但爱德华兹试图将他们排除在外。会众拒绝跟随他，而是解聘了他。

离开北安普敦后，爱德华兹搬到附近的斯托克布里奇（Stockbridge），在那里他担任当地莫希干印第安人的传教士。但他仍笔耕不辍，创作了一些极富洞见的作品。1758 年，他被任命为新泽西学院——后来的普林斯顿大学——的第二任校长，填补了因女婿阿伦·伯尔（Aaron Burr）去世留下的空位。[伯尔之子阿伦·伯尔（与其父同名），后来担任美国副总统，因在决斗中杀死亚历山大·汉密尔顿而出名。]但上任仅 2 个月，爱德华兹就因接种失败感染天花，不幸去世。

第一次让爱德华兹广受称誉的，是他在 1730 年代和 1740

年代初的信仰复兴运动（大觉醒）中扮演的角色。这场运动是
从他自己的主场北安普敦和康涅狄格河沿岸其他一些镇子开始
的，他自己并没有参与其中。爱德华兹的保守心性，最初让他
对复兴派的一些较为激进的新举措有所质疑，尤其是对他们往
往在露天和其他非正式场合，向几乎未受过教育的人群进行情
感鼓动。但他很快开始意识到这些新方法有能力触动——不仅
如此，还能实质性影响——大量本来可能不会来教堂的人，或
者即使他们来了，可能仅从表面上看仍未有所动。

　　爱德华兹第一次引起国际关注是他 1737 年出版的《对
北安普敦数百灵魂归正这一上帝惊人造化的忠实记述》（*A
Faithful Narrative of the Surprising Work of God in the
Conversion of Many Hundred Souls in Northampton*），该
书讲述了两年前康涅狄格河谷的信仰复兴运动。一定程度上因
为他的记述是最早发表的报道之一，觉醒运动的支持者很快将
他视为该运动的领袖，尽管他从未有过英国人乔治·怀特腓德
那样成功的布道，后者在几次访问美洲时常能引来大量民众户
外聚集。（怀特腓德最初希望美洲的成功会刺激英国进行类似
的复兴运动。）特别是在 1742 年爱德华兹的论著《关于新英
格兰当前宗教复兴的一些思考》（*Some Thoughts Concerning
the Present Revival of Religion in New England*）出版后，
他成为大觉醒运动最杰出的美洲支持者，该论著面向广大读者
来捍卫这场运动，读者群体包括波士顿及附近其他地区持怀疑
态度的神职人员，以及集会未曾波及之地那些抱有兴趣的平
信徒。

　　爱德华兹的大量著作——其作品集的耶鲁版本多达 26 卷，
网络本达 73 卷——有着公认的学术价值，尤其是像《意志自
由》（1754 年）和《原罪》（1758 年）这样的经典作品，在他
有生之年一直受人敬仰，他身故后此敬意还绵延了两个半世

纪。至去世之时，他不仅在美洲，而且在英格兰和苏格兰的知识界都很有名。虽然看不到亚当·斯密有爱德华兹作品的记载，但他大概非常清楚爱德华兹这个人。

1741 年 7 月 8 日，大觉醒的高潮时期，在康涅狄格州恩菲尔德（Enfield）的一个木结构礼拜堂里，爱德华兹宣讲了美洲有史以来最著名的一篇布道词："握于愤怒上帝之手的罪人"（"Sinners in the Hands of an Angry God"）。据另一位耶鲁毕业生和公理会牧师以利亚撒·惠洛克（Eleazar Wheelock，后来是达特茅斯学院的创始人）的事后回忆，他和爱德华兹一起参加了恩菲尔德和周围城镇的复兴活动，在爱德华兹讲话之前，会场里人声嘈杂。[31] 但是一当爱德华兹开始布道，他的讲话主旨很快引起了他们的注意。当他继续说下去时，他的话给他们的印象是一个有关厄运的消息，这个噩耗他要亲自向每一位成员传达。

爱德华兹的主题是堕落，以及它对普通人意味着什么。他告诉聚会人群，肉欲之人的本性中包含着"地狱折磨的因由"。人们内心的腐化是某种"无节制的、无限的愤怒"。因此，人们"理当被扔进地狱……正义大声呼求对他们的罪做出无限惩罚"。他肯定了英克里斯·马瑟的看法，也认为只有少数人能得救；他指出，大多数此前生活过、现今已死的人，"无疑已经下了地狱"。[32]

为了具象化大多数人的属灵困境，爱德华兹把一个人比作一只悬于火上的蜘蛛，随时都有可能下坠——但被上帝托起：他们握于上帝手中，在地狱深坑的上方。（无底洞这一圣经意象，爱德华兹的听众应该很熟悉；在《诗篇》中，上帝的弃民住在那里，而在《启示录》中，撒旦将被囚禁在那里。[33]）人类理当落入火坑。他们已被宣判如此。这个可怕意象的强度提升了，"坑已备好，火已生起，炉子现在是热的，准备接收它们，火焰此刻沸乎暴怒……坑在他们下面开了口"。更重要的是，"地狱为他们张开了，火焰闪动着环伺他们，恨不得一把攫住他们，吞噬掉他们"。[34]

爱德华兹直接向会众解释说，只有上帝的意志，能阻止那天在场的每个人掉进这个火坑："你的邪恶使你像铅一样沉重，带着巨大的重量和压力坠向地狱；如果上帝放由你坠落，你们会立即下沉，迅速降到无底的深渊。"他告诉他们，他们所有的义都无法将他们从地狱的深坑中托起，正像蛛网无法阻挡落石一样。只有上帝来保护他们。"除了他的手，没有什么能阻止你们随时掉进火里。"[35]

本着一种类似预定论的精神，爱德华兹进而提醒他的听众，在他们的能力范围内，没有什么能影响上帝选择是继续托起他们，还是让他们下坠。爱德华兹告诉听众："你们被一根细线吊着，神圣的愤怒火焰在细线周围闪动，随时准备烧掉它，把它燃成碎段。"但是"你们……没有什么可以抓住来拯救自己，没有什么可以阻挡愤怒的火焰，你们自己拥有的、你们曾经做过的、你们能够做的，都无法促动上帝多给你们一点时间"。因为他们的堕落，他们绝难赢得上帝的恩佑，"把你们置于地狱的深坑之上的上帝，就好比把一只蜘蛛或某种讨厌的昆虫悬于火上的人，厌恶你们……他认为你们除了被扔进火里之外，没有别的什么价值"。事实上，"你们在他眼里，比最可憎的毒蛇在我们眼里，还要可憎一万倍"。[36]

而且，爱德华兹清楚揭示出，他用如此生动的语言所描述的咒诅的威胁（不只是威胁，还是一种难以抗拒的可能性），是教会里的听众正面对的，他们所受之威胁不亚于任何其他人。"上帝对现在地上的许多人极为愤怒，毫无疑问，对这里会众中的许多人也是如此，"爱德华兹警告他们，"超过上帝对现在处于地狱火焰中那一众人的愤怒。"容不得自鸣得意。哪

162

怕对于一个身体健康的人，对于一个没感知到他会受到因意外而撒手人寰的威胁的人，这样的人当下这种状态并不表明，他没有处于永恒的边缘，他的下一步不会迈入另一个世界。他问道，那天在场的人当中有多少可能会在地狱中记得他的布道？"现在在场的一些人，若短时间内，今年年底前，不会下到地狱，这便是一个奇迹。当前在会堂某个位置就座，健康、平静和安全之人，若明早之前去到那里，也没有什么可奇怪的。"[37]

爱德华兹大概是想吓唬他的听众，他成功了。正如另一位参与复兴运动的牧师斯蒂芬·威廉姆斯（Stephen Williams）在他的日记中所记录的那样，"在布道结束之前，整个会堂哀叹声和哭声四起。我该怎么做才能得救？哦，我要下地狱了"。根据威廉姆斯的说法，"尖叫声和哭喊声，尖锐刺耳，令人惊愕"——以至于爱德华兹无法讲完布道。[38] 然而，这篇布道词很快即被全文印刷出来，从那以后，无数次被收录选编。公正说来，这篇布道词在这场运动最后的高潮时期，成了正统加尔文主义美洲传教士对其追随者讲道的典范。

大觉醒运动的热情毕竟还是消退下去了，脱离正统加尔文主义信仰的呼声愈发高涨。1726 年考察新英格兰时，科顿·马瑟讲道："就我看来，这两百个教堂的牧师中，没有一个会是阿米尼乌派的。"[39] 这番话无疑过分自信了。将近四分之一世纪后，当乔纳森·爱德华兹搬到斯托克布里奇时，情况显然不同了。在他对北安普敦教众的告别布道中，爱德华兹警告说："你们应该警惕错误的侵蚀，尤其是阿米尼乌主义和有类似倾向的学说。"回顾了这些观念的支持者在晚近信仰复兴后的恣肆生长，爱德华兹评述道："在这 7 年里，他们在这片土地上取得的进展，似乎比以前任何时候都要大得多。"看向未来，他担心阿米尼乌派正"蔓延到这片土地上几乎所有的地方，威胁着要彻底败坏那些享有福音之特殊荣耀的教义"。因此，新兴的一代，"无疑会深受其害"。[40]

　　爱德华兹讲的话揭示出，对堕落和预定的挑战所收获的民意在稳步增长，这一挑战蒂洛森发起至今已逾半个世纪，新起的挑战还可见于约翰·泰勒的《原罪的圣经教义》(*Scripture Doctrine of Original Sin*)〔接下来还有他的类似作品，如《使徒著述的关键》(*Key to the Apostolic Writings*)〕。在所有反对正统加尔文主义思想的英国神学家中，泰勒在新英格兰是最广受阅读的。[41] 1756 年和 1757 年在斯托克布里奇传教的最后几年，爱德华兹提笔对泰勒做出回应，书名为《伟哉原罪论辩》(*The Great Christian Doctrine of Original Sin Defended*)。爱德华兹对于谁是他的争论对手毫不含糊。"我将考虑我们是否有什么证据来证明，人心天生就具有腐败和邪恶的倾向，"他写道，"晚近许多以原罪教义为敌的著述者，尤以泰勒博士为代表，都竭力否认这一点。"[42]

　　谋定论点和论据后，爱德华兹重申了自己在近二十年前那次著名的复兴布道中表达得淋漓尽致的正统观点。他总结说，人类的自然状态是这样的，"他们普遍走向……他们自己彻底的永恒毁灭，最终为上帝咒诅，成了因为罪而引起上帝无可挽回之愤怒的臣民"。这种结果不是偶然的结果，或仅是个人的错误选择。相反，原因在于"人心的自然状态"。归根结底，"他们的本性是腐败的，因道德腐化而堕落，这让他们整个毁掉了"。[43]爱德华兹的论著刊行于他去世后不久的 1758 年。

184

　　在 1765 年去世后出版的另一论作中，爱德华兹也谈到了上帝创造的目的。在他之前的正统加尔文主义者中，上帝的荣耀便是重中之重。他声称："圣经中所说的上帝工作的最终目的，可一言蔽之，'上帝的荣耀'。"那是"上帝工作的最终目的……创造之化工的最高和最终的目的"。[44]

　　然而，很大程度上超过其多数先驱的地方是，爱德华兹也看到，身为上帝造物的人类，他们的幸福是神圣意图的一个基本构成。在他看来，人类的幸福和上帝的荣耀是不相分离的，因为我们关切的人类幸福来自人们与上帝的关系。他坚称："上帝对造物之善的看重，与他对自己的看重，并不是一种分裂的看重。"两者是结合在一起的，因为上帝为他的造物设定的幸福目标是"与他自身相结合的幸福"。而且，"幸福越大，结合越紧；当幸福完美时，结合便也完美了"。[45] 至少就这一点而言，爱德华兹留下的神学，为在他身后成为美洲新教思想主导趋势的一个关键因素，打开了一条通道。

爱德华兹和其他余留的正统加尔文主义者在 18 世纪中叶的抵抗，没能取胜。正如他离开北安普顿时所认识到的，阿米尼乌主义思想越来越多地影响着美洲教堂的布道，这种思想反对堕落和预定，无论如何，它更关心的是行为上的德性和道德，而非教义上的信仰。此外，自然神学日渐增长的吸引力，成为推动新教思想朝这个方向发展的另一种力量。18 世纪下半叶，自然神学运动，连同那些层出迭现的圣经新解，促进了美洲新教的进一步发展。如在苏格兰和英格兰发生的那样，变革过程笼罩在口诛笔伐的喧嚷中。

自然神学运动之所以具有吸引力，部分原因在于，尽管新教神学家们的论证都基于同一部圣经的启示，但他们显然越来越无法就启示是什么达成一致。《新约》是否如加尔文所言，表明了人类是堕落的，他们的命运是以一种完全不同于他们可能希望达成的任何品行的方式注定的？抑或，如卫斯理和其他人此时声称的那样，那些教义不仅没有在《新约》中有所表露，而且还与《新约》不一致（甚至是对《新约》的亵渎）？尤其是在欧洲天主教徒和新教徒之间，以及英格兰一种新教徒和另一种新教徒之间的血腥战争之后，自然神学似乎可以令人心安地成为普世神学。

　　持阿米尼乌主义思想的美洲神职人员，遵循着约翰·洛克在17世纪末的《基督教的合理性》中行之有效的方法，但又与清教徒历来看重圣经这一点保持一致，他们通常更偏向于关注圣经本身，而不是像晚近《威斯敏斯特信仰告白》那样的信条声明。如果像堕落和预定这样的教义真的如他们更正统的同僚所断言的那样是圣经所说的，为什么不跳过信条直接进到圣经呢？新的自由派神职人员坚信，细读圣经就会发现那些讲法是缺少经文佐证的。

　　此外，随着牛顿科学成就和启蒙运动精神的传播，特别是在美洲受过教育的精英中，所有对启示的诉诸，都让位给了基于理性和系统观察的论证。乔纳森·梅休（Jonathan Mayhew，以克佩里斯·梅休之子），1744年毕业于哈佛大学，1747年开始在波士顿西教堂担任牧师，是自然神学运动在美洲的早期领导者之一。梅休强调的是理性的作用，思路与正统加尔文主义关于人类堕落的观点直接背道而驰。他在1748年布道时说："人天生具有辨别真伪对错的能力。"既然人们拥有这些能力，说"我们的初代父母（First Parents）的背道，造成人类在判断道德和宗教真理上完全无知和无能的学说，就是毫无根据的"。[46]

　　相反，梅休援引洛克的著名比喻，声称："起初，全能者借启示予人理解力，那照亮人心的主之烛……此后便一直燃烧。"这种理解力，而不是任何源于亚当和夏娃不顺从的天生无能，成为人类的显著特征。将人类擢升于野兽之上的正是理性。梅休还借鉴了弗兰西斯·哈奇森新近的思想，以及哈奇森之前的沙夫茨伯里的思想，告诉他的教众，造物主除了赋予人类分辨善恶所需的理性之外，还赋予了他们另一种能力：道德感。人之天性因有了这种道德感，而与加尔文及其追随者

186

所说的堕落恰成反对。梅休写道："凭借这种能力，道德上的善与恶，当它们成为我们思想的对象时，会以非常不同的方式影响我们；道德之善给我们快乐，而道德之恶给我们痛苦和不安。"[47]

在与亚当·斯密《道德情操论》的中心主题之一有共鸣的一长串论证中，梅休还声称，人类与生俱来的合社会性（sociability），包括对他人认可的渴望，是他们行为的关键。[48] 他声称："我们渴望被人们待见；被明智善良之人待见，会带来不小的满足感。"即便如此，他继续说道——现在引入神圣者的角色——我们渴望得到同胞的认可并不是我们行为的最强动力。梅休使用了与11年后斯密第一本书惊人相似的语言，他断言，人们真正渴望的是"那个世界的伟大检验者（Inspector）和审查者（Censor）的认可，我们追求他的高看"。对梅休来说，"上帝本身就是这个宇宙剧场的观者（Spectator）"。渴望获得上帝的认可，是人类最强大的动力，给了每个人获取最大满足的前景。[49] 斯密在《道德情操论》中的公正旁观者（spectator），展现的是一个人在道德判断上的见识，一个"无偏私"的人类观察者在任何既定情况下都会展现出来的见识；但相似之处是显而易见的，用语的相似也很明显。斯密是否读过梅休的布道，不得而知，但如果他的一些苏格兰神职朋友读过，则这种可能性不会让人意外。

梅休背离正统加尔文主义教义，不仅表现在他相信人性当中有道德感指引下的理性能力，还在于他强调了神的仁慈特征。和牛顿一样，他所想象的18世纪的上帝，施行的是可理解的法则，而不是加尔文的上帝，有着神秘莫测的目的。[50] 他同时也认为上帝对自己创造的生物无限仁慈。他认为，正是因为上帝的仁慈，加上人类渴望上帝的认可，理性之人才对他们同类仁慈。此外，上帝的仁慈意味着人类天生倾向于以促进彼此幸福的方式行事。梅休声称:"明智而仁慈之人,会遵守那些最有利于幸福的行为法则。""我们越符合伟大的仁慈法则,我们就越符合神性的完善。"[51]

十年后,梅休在当地神职人员中一位年资较长的同事采纳了相同的理念。埃比尼泽·盖伊,比梅休长一辈,毕业于哈佛大学,那时英克里斯·马瑟还在世,科顿·马瑟正年富力强。但他比二人都长寿(他也比梅休长寿),1759 年,在担任公理会牧师超过 40 年后,盖伊在哈佛发表了"达德利演讲"(Dudleian Lecture)。这个系列的年度讲座,是由马萨诸塞州首席大法官保罗·达德利(Paul Dudley)在 1751 年去世时资助的,旨在探讨包括自然宗教和启示宗教在内的主题。盖伊的论题是"有别于启示宗教的自然宗教"("Natural Religion as Distinguished from Revealed"),[52] 甚至这一题目也指明了与正统思想的背离。论题表明,基于圣经同时还基于理性和观察的神学,不同于仅基于阅读圣经的神学。两种神学会否发生冲突,还在于人们如何解读圣经。

但是盖伊的兴趣不仅仅是在方法论上。他的双主题,一个讲的是通过观察我们生活的世界来推断上帝本质的能力,另一个讲的是基于这种观察得出的结论,即因为上帝是仁慈的,有意让人们幸福自在,所以他们被创造出来时既有能力也有倾向彼此以道德相待。在他看来,神圣者的特性在我们整个造物世界清晰可见。相比之下,下面这番话显然指向堕落和预定的正统思想:"明显与上帝之完善和万物之可能格格不入的教义或信条,是不会被发展为或被接受为经文和神圣的。"盖伊转而以更强势的语言指出:"荒谬和矛盾……不要强加于我们信仰。任何启示的借口都不足以让它们被接纳。"要这样做的话,就是"让上帝的诸礼物自相矛盾"。[53]

人类判别道德行为的能力,我们照全善上帝所要求的去行事的义务，这二者是从上帝赋予我们的"自然理性之光中可以辨识的"。与任何天生堕落的观念相反，"善恶、对错有本质的区别……理解力（如果使用的话）不可能辨识不出来"。因此，所有人都有"自己内心的行为准则"——正如哈奇森的道德感所表明的那样。盖伊认为，通过自然神学，基于对上帝创造的世界的观察，包括我们自己，所有这些都是显而易见的：他指出，"但凡有谁注意到人性中的神圣技艺，并对授出这种神圣技艺的力量和能力进行考察，他一定会看到人性中的这种神圣技艺是为实践德性而设计、制定的"。盖伊进一步借用同时代思想，援引牛顿的引力观来描述这种普遍的人类能力："在理智生命的道德世界中，可能有类似于物质系统中引力的东西，它使人倾心于并吸引人朝向上帝，那位他们完善的中心所在，他们幸福的至上目标。"[54]

但与牛顿的类比只进行到此。鉴于人类有能力知道什么是正确可为的，那重要的便是正确而行。盖伊声称："万物自有法则，有知也有行，自然如此。""认知只是为了作为。"根据约翰·泰勒和其他人的观点，盖伊生动地将人类描绘成充分发展起来的道德主体，能够自主选择和行动。不像苹果掉到地上，"人不只是一大团物质，也不只是一个机械引擎，仅在一个推动力的指引下而运动"。相反，"他自身之内有一个行动原则，是一个严格意义上和真正意义上的行为者"。此外，因为人性这种主动的道德特征源于理性，所以它是使我们成为人的一部分。人性当中使人与众不同的特殊禀赋，正是"自我决定的力量，或者说选择的自由"。这是"人类精神"的一部分。在与生俱来的人类理性的指引下，这种精神是"运动和行动的内在源泉"。[55]

189　　　一代人之后，自然神学运动在美国新教神职人员的知识精英中仍然势力很大。随着 1770 年代美国独立运动，以及随之而来的把曾经相互独立的殖民地统一起来的需要，情况更加如此。有关圣经启示意味着什么的争论，局限在一个地区甚至一个教派中时，已足可搅扰人心。而今，不同的殖民地，就同一宗教的认定这一问题，各自主张不相兼容的看法，且在许多情形下试图推行一己之见。南方各殖民地的建制教会是安立甘会，而新英格兰的则是公理会。许多马里兰人是罗马天主教徒。至少在战斗爆发之前，多数有名望的宾夕法尼亚人是贵格会教徒。[56]一旦这些"美洲人"意识到他们未来的出路在于政治联合，大异其趣的诸派神学所形成的挑战，就变得愈发尖锐了。

查尔斯·昌西的曾祖父是哈佛大学早期的校长，他从1727年科顿·马瑟去世前不久开始担任波士顿第一教堂（Boston's First Church）的牧师。60年后，他仍然在同一个讲坛上。在1740年代，昌西对大觉醒信仰复兴运动的批评最为人知，他认为这场运动是基于情感主义，他担心这会导致社会混乱。某种程度上，他认为像怀特腓德这些受欢迎的巡回者的讲道以及由讲道造成的"狂热"，破坏了公众对他们自己当地教堂和为他们服务的牧师的信心。[57]但像当时的许多其他人一样，他也明白殖民时期美洲的动荡是多点式爆发而非单点式。由于殖民地的教堂构成了社会最基本的机构之一，神学语言自然也成了其他领域争论的媒介。允许神学语言被滥用，对公民秩序是危险的。

在一篇显然写于1760年代，但直到革命战争结束后才发表的论著《上帝的仁慈》（*The Benevolence of the Deity*）中，昌西直言不讳地表达出，自己反对预定和堕落等学说，自己信仰的其实是一个意在让人类享受幸福的上帝。[58]上帝对人类的仁慈以两种关联的方式表现出来。上帝所造世界的无灵性层次——植物、低等动物、矿物、海洋——之所以如此安排，是为了提供物质手段来保障人类幸福。而且，正如乔纳森·梅休早些时候指出的，人类被赋予的诸能力，既让他们有能力以促进自身幸福的方式行动，也吸引他们以促进自身幸福的方式行动。

此外，在昌西看来，对上帝仁慈的信仰与对正统加尔文主义的不信（*disbelief*）密切相关。正是因为上帝是仁慈的，所以人类的堕落和预定是不可想象的。说一些人，甚至可能大多数人，在有罪这一点上没有选择余地，并说这乃是出于上帝的旨意，这种情况完全没有可能。他写道："把神描绘成随己意让人类大部分注定沉入永恒的苦难之中，很少比这样看待神更令人震惊了。"即使上帝"完全乏善，他的本性就算怀恶不悛（positively *malevolent*），一个更糟糕的上帝形象也不可能这样表征出来"。然而，这却是"绝对和无条件谴责之教义的真正含义"。[59]

接下来是一长串反预定论的辩说，追溯到了近一个世纪前的蒂洛森，昌西进一步指出，预定论与人类作为自由道德主体的观念不一致，并认为"它完全摧毁了道德善恶的观念"。然而，提到当时神职人员中剩余的正统加尔文主义者时，他指出："这就是如今一些人所接受的计划，接受这一计划的还有一些被称为牧师的人，他们在自己同胞中被高看成唯一的正统。"但这种教义有着"如此严重的错误"，"如此贬低人类的本性，如此玷辱完善仁慈的上帝"，有人继续对它抱有好感，直叫人费解。相比之下，昌西所信仰的上帝，是要"我们可以永远在自己内心中怀着一个让自己幸福的强大动机"。[60]

尽管昌西的书一直到1784年才出版，但在此之前，他和其他志同道合的殖民地神职人员已经在宣讲神圣仁慈，以及从中而来的人类幸福的信仰含义，前后长达至少20年。一个具有历史意义的重要结果是，第一届大陆会议在1774年的《殖

民地权利宣言》(Declaration of Colonial Rights)中纳入了
洛克有关人们享有"生命、自由和财产"自然权利的经典表
述,两年后第二届大陆会议通过的《独立宣言》则写明了"生
命、自由和追求幸福"。在美国,经久长存的正是第二种表述。

. . .

这一时期自然神学运动的中心主题,强调宗教是一个道德 191
问题而不是教义问题(一些倡导者称之为"实践"宗教),强
调德行的基础在于理性,强调世界是以理性方式构建出来——
人类有理由从这一设定开始——因为创造这个世界的仁慈上帝
有意让人们幸福共生。至少在美国,这场运动还紧密关联着
这样一种信念,即因为所有人都被赋予了理性,因此能够充当
自由的道德主体,所有人都是有可能获得救赎的。[查尔斯·
昌西的另一本书,也出版于 1784 年,但是匿名出版,该书有
一个长标题,标题最后写道"或者,拯救所有人的宏伟目标
在上帝的计划中"(*or, the Salvation of All Men the Grand
Thing Aimed at in the Scheme of God*)。]自然神学也与唯
一神思想(Unitarianism)有着密切的关系:信奉上帝,但同
时拒绝接受传统的基督教三一论上帝概念,即圣父、圣子、圣
灵三位一体的概念。及至 18 世纪末,这些思想也开始传播,
尤其是在美国,且特别是在这一新共和国的知识精英中。[61]

唯一神思想,发轫于 17 世纪早期在英国盛行的神学要
义,当时被许多在美洲的人接受。英国哲学家塞缪尔·克拉
克继 1704–1705 年著名的"波义耳讲座"后,于 1712 年出
版了一本名为《圣经 – 三位一体说》(*Scripture-Doctrine of
the Trinity*)的书。[62] [克拉克此书后来成为约翰·泰勒更有
影响力的《圣经 – 原罪说》(*Scripoure-Doctrine of Original*

Sin）的范本。]虽然从书名来看，这本书可能被认为是在捍卫三位一体的信仰，但实际上其目的是要攻击它，这本书在两代人的时间里一直很有影响力。其中的观念在美洲深孚民意。追随加尔文的清教徒接受了三位一体的教义。但这一教义从来都不是他们关注的焦点，缺乏圣经明文支撑的教义，总是给一场深植于圣经基础上的运动提出一个难题（一些人意识到了这个难题，而另一些人则忽略了这个难题）。[63]对殖民地的许多人和后来的新共和国来说，唯一神思想与其说是拒绝了三位一体说，不如说是把它悬搁起来了。[64]

在许多方面，唯一神思想表现出来的是，自然神学运动和一些与其相似但更世俗的自然神论传统中某些要素的结合。通过观察宇宙的诸般奇迹，唯一神论者推断一定有一个上帝创造了宇宙，并进而推导那个上帝的特征。但是在可观察的世界中，没有什么可为分别出来的圣父、圣子和圣灵提供证据。虽然自然神论者如其名称所示，承认神作为宇宙创造者的地位，但他们拒绝了创世后继续活跃于宇宙中的上帝的概念。因此，对自然神论者来说重要的是道德行为，而不是遵循某种既定仪式的礼拜，当然也不是对任何基于圣经启示的特定神学的坚守。对这些新出的唯一神论者来说，就像在深信不疑的自然神论者那里一样，《威斯敏斯特信仰告白》中提出的加尔文主义学说不仅不可信，甚至不配被接受为一种有用的拟制。

到18世纪下半叶，自然神论在美国像在苏格兰和英格兰一样广泛传播，尤其是在受过教育者当中。尽管亚当·斯密对他个人的宗教信仰缄默不语，但他很可能是一个自然神论者（显然有别于他朋友休谟的不可知论甚或无神论）。[65]新建立的美国的许多开国元勋也是如此，纵然他们并不反对参加宗教仪式。1787年夏天，在制宪会议的代表们在费城聚会4个月期间，他们中的许多人每周日都一起参加仪式——不是在任何特定教堂，而是在城中各教堂无规律轮换参加。许多人到达后的第一个周日，一起去了罗马天主教会圣玛丽教堂做弥撒，尽管该群体中没有一个人是天主教徒。（华盛顿很少参加教堂礼拜，在第一个周日没有加入这个群体，但在第二个周日又特地去了圣玛丽教堂参加弥撒。[66]）唯一神论一旦公开出现，尤其是随着许多公理教会接受了新的思维方式，并随后正式将自身列为唯一神教派，唯一神论在受过教育的群体中具有的吸引力就不足为奇了。

历史回响继之而来，美国第一个拥有公开亮明唯一神教派身份的牧师的教堂，是波士顿的国王教堂——一个世纪前，马萨诸塞湾殖民地的第一个非清教教堂。尽管该教会自成立之后一直是安立甘宗的，但1782年，持唯一神论思想的公理会成员詹姆斯·弗里曼（James Freeman）成为其牧师。3年后，教会所有者投票决定从其祈祷书中删除所有三位一体的语言，大部分采用了塞缪尔·克拉克在近四分之三个世纪前建议的修订。在接下来的20年里，波士顿8座教堂中的其余7座［除了旧南方教堂（Old South Church）］也都成为公认的唯一神教派教堂，尽管毫无疑问许多正统信徒仍然留在他们会众里。进入19世纪不过几年，仅马萨诸塞州就有了39座唯一神教派教堂。到19世纪30年代中期，已经有100多座了。1822年，托马斯·杰斐逊致信一位朋友时写道："我相信，现在生活在美国的年轻人，去世时都将会是唯一神论者。"[67]

唯一神教派及其同情者明确拒绝了正统的加尔文主义的堕落学说。诚然，他们痛苦地意识到人类的罪恶。但是，就像在他们之前指明道路的阿米尼乌派一样，他们不能接受的是，这种不完善是亚当之罪的结果，要不可挽回地归咎于所有人。相反，他们认为众人皆是自由的道德主体，既不被任何祖先的罪行玷污，也不受其拘束。著名的唯一神论者、哈佛大学的神学

193

教授亨利·威尔（Henry Ware）在 1820 年写道："我们毫无理由生下来便感到卑微。要说我们理当感到羞耻，那只能是因为我们做过了什么。"威尔认为，只有当我们意识到"生活过得配不上我们天性中的力量、禀赋和荣光时"，我们才应该自责。[68]

因为这种天性是仁慈的上帝创造的，对它正确的态度，不是乔纳森·爱德华兹在他著名布道中生动阐述的天生堕落之人当有的自我厌恶，而是对人之尊严的欣慰满足。在威尔看来，"上帝创造我们成什么样子，我们应该带着纯粹的满足感去看待它"。让我们有理由感到懊悔和羞耻的，只可能是我们自己造就的自我。[69] 在此之前的 15 年，围绕着威尔的观点，以及对他在哈佛的任命，展开了一场旷日持久的争论；当时，传统做法是只任命正统的加尔文主义者为神学教授。[70] 到 1820 年，对唯一神论思想的抵制早已成过去。威尔帮助建立了哈佛神学院，并两次担任该大学的代理校长。他的儿子小亨利·威尔（Henry Ware Jr.）后来也是该校的教授，成为拉尔夫·瓦尔多·爱默生的主导师（principal mentor）。在许多受过教育的人中，特别是在 18 世纪争执集中之地新英格兰，此种新思维方式已成为主流。随着这个国家步入 19 世纪，情况愈加如此。

唯一神论思想同样反对预定论，反对基于上帝主权和任意决断的拯救一些人而咒诅其他人的学说。威廉·埃勒里·钱宁（William Ellery Channing）是波士顿阿灵顿街教堂（Arlington Street Church）近 40 年的牧师，也是该市首屈一指的唯一神派牧师，他在 1819 年发表的一篇被广为翻印的布道中解释说："我们不能拜倒在一个专制统治的存在面前，无论其多么伟大和强有力。"相反，人们应该礼拜的上帝"不是对待少数人，而是对待所有人……都无限善好、亲和、仁慈；

对每个个体都善好，对整个系统也善好"。在钱宁看来，一个主持正义的上帝和一个仁慈的上帝之间并没有紧张关系。上帝的正义与仁慈是相契合的。[71]

在钱宁眼中，人类行为的德性才是重点所在，德性反过来促进幸福。（作为一个唯一神论者，他认为对三位一体的信仰之于二者都不重要。）如英国宽容自由主义者理解的那样，使人虔敬有信的，是怀有一种虔诚性格，如他几年前所说的，"温和、坦率和仁慈的性情"，而非口口声声认同那些远离日常生活的教义信条。[72] 半个世纪前，苏格兰温和派休·布莱尔（Hugh Blair）曾宣扬，"一种虔诚的性格、一种完全有德的性格……我认为是同样的"。[73] 现在，布莱尔的观点已经成为智慧之谈，至少在新英格兰精英中是这样。在 1810 年的一项法院判决中，马萨诸塞州首席大法官西奥菲勒斯·帕森斯（Theophilus Parsons），裁定支持该州对联邦公理教会的赞助，理由是宗教有助于"让每个受其影响的人，成为更好的丈夫、父母、孩子、邻人、公民和地方官"。[74]

在他广为传阅的 1819 年布道中，钱宁认为，对上帝的真爱，"与对德性、正直和善好的爱完全契合，并且事实上是相等同的"。此外，没有任何障碍——没有从亚当或别的什么人那里继承的天生堕落——阻断任何人实现德性。相反，德性在每个人的道德本性中据有其位。因为上帝是仁慈的，宗教激发的德性乃对人类幸福至关重要。德性和幸福虽不尽相同，却"密不可分"。[75]

因此，在钱宁看来，宗教的作用是培养对德行的向往，这种向往与对上帝的爱是一样的，它将通过使有德之人幸福（也同时增强与他们共同生活之人的幸福），来实现上帝的意旨。正如洛克以及后来的启蒙思想家所主张的，上帝赋予他们的理性使其成为可能。每个人要做的就是提升这种理性。正义不是

195

某种深层的个人宗教体验——重生——的产物,而是教育和培训的产物。甚至重生也是理智发展的产物。钱宁解释说:"我们把这个世界视为一个教化之地。"[76]

唯一神论的出现,并没有结束美国甚至新英格兰的宗教争议。[一代人的时间里,身为公理教会常设教士团(Standing Order of Congregational Churches)的新英格兰神职人员,正式一分为二,一部分属于公理会,另一部分则属于唯一神教派。]托马斯·杰斐逊曾信心满怀,当时活着的每一个美国年轻人死前都有望成为唯一神论者,但事实证明这种期望落空了。以前的各殖民地此时是一个统一国家的组成部分,在一部宪法下自治,曾经的建制宗教,换句话说,曾得到州里财政或其他形式支持的教会,正在逐渐消失。杰斐逊特别将宪法第一修正案解释为"在教会和国家间建起一道隔离墙",因为"宗教是一件完全存在于个人和他的上帝之间的事情",因此"他的信仰和礼拜不受制于任何人"。[77]但是,无论是政治上的统一,还是教会竞取公共收入的情况已不复存在,都没有消除掉一些基本问题上的分歧,譬如人的性格、个体最终的属灵命运,以及人类地上生活的神意安顿。这些争论尽管形式迭变,但一直持续到19、20世纪,并延及今日。

威廉·埃勒里·钱宁凭布道声名鹊起之时,亚当·斯密已去世近30年。但是到那时,斯密和他同时代人创造的新学科,在英国和美国绽放出了新生命,此时对它的称呼是"政治经济学"。[78]正如斯密和他的苏格兰同胞,从身边激烈的宗教争论塑造的世界观中获得了灵感一样,这一新学科的美国践行者们的思想,也同样形塑于同胞歧异纷出的宗教争论。事实上,许多早期的美国政治经济学家本身就是神职人员。

第8章
对人类进步的各种看法

我又看见圣城新耶路撒冷由神那里从天而降。

——《启示录》

人类……在努力消除不便，或努力获得……利益当中，达成他们想象不到的目的。

——亚当·弗格森

堕落还是天性善良，预定还是人类能动性，神圣意图是荣耀上帝还是人类幸福：这些关于人的生存状态和来世前景的激烈争论，在整个英语新教世界，不论是旧世界还是新世界，都成了智识文化的核心所在，亚当·斯密和他的同时代人正是在这样的智识文化中提出了后来成为现代经济学基础的思想。与此同时，一系列意趣迥异的问题，为这一时期旷日持久的宗教争讼提供了又一个战场，这些问题不是聚焦于具有天性和个人命运的人，而是聚焦于整个世界的未来。这场论争在当时的经济思想中也有反映，而且自那以后，它在经济学中继续引发回响。

《但以理书》明确提到来世，讲到早前活着的不同个体的不同命运——"有得永生的，有受羞辱，永远被憎恶的"——它是《希伯来圣经》的后期补续［大部分不是用希伯来语而是用阿拉姆语（Aramaic）写的］。虽然故事发生在犹太人流亡

198 巴比伦期间，也就是公元前 6 世纪，但这本书直到 2 世纪中叶才写成。除了有间接指向个体来世，它还第一次给出了圣经中关于人类历史终结的看法，尽管是高度隐喻性的。《创世记》记述过，法老梦见七只干瘦的牛吃掉七头肥壮的牛，被囚的约瑟为其解梦；这与此故事十分相似，被掳的希伯来人但以理，被要求为巴比伦尼布甲尼撒王解梦。然而，为验视但以理的能力，王要求但以理在讲解梦的含义前，先告诉他，他的梦是什么。

但以理（正确地）回答道，尼布甲尼撒在他的梦里，看到了一个大像，极其光耀，形状甚是可怕。据《但以理书》的描述："这像的头是精金的，胸膛和膀臂是银的，肚腹和腰是铜的，腿是铁的，脚是半铁半泥的。"梦接下去的情况：一块"非人手凿出来的"石头，打在这像半铁半泥的脚上，把脚砸碎了。"于是金、银、铜、铁、泥都一同砸得粉碎……被风吹散。"打碎这像的石头则"变成了一座大山，充满天下"。[1]

但以理对国王这个梦的解释是，雕像的四个部分，金头、银臂银胸、铜腹铜腰和铁腿，代表了四个王国，每个王国将相继统治世界。（金头是尼布甲尼撒的巴比伦。）每一个依次面临毁灭，让位给下一个。但在第四个也是最后一个地上王国被毁灭之后，"天上的神必另立一国，永不败坏"；一旦建立，"这国必存到永远"。然而，建立这个神圣王国的过程并不顺利。在这本书的结尾，先知警告说："有大艰难，从有国以来直到此时，没有这样的。"但那时，神本国的民中"凡名录在册上的，必得拯救"，有些人复醒会得永生，而另一些人受羞辱，永远被憎恶。[2]

写于两个多世纪后的《马太福音》，阐述了但以理对艰难期的看法。按马太的记述，"你们也要听见打仗和打仗的风声……民要攻打民，国要攻打国，多处必有饥荒、地震"。（据

《马可福音》，耶稣也有类似说法："在那些日子必有灾难，自从神创造万物直到如今，并没有这样的灾难。"[3]）但灾难一过去，"地上的万族都要哀哭，他们要看见人子有能力，有大荣耀，驾着天上的云降临"。接下来讲的是"被提"（Rapture）——《希腊语新约》（New Testament Greek）又译为"取去"（seizing）——"那时，两个人在田里，取去一个，撇下一个；两个女人推磨，取去一个，撇下一个。"[4]

圣经最后对末日的描述出现在《启示录》中，《启示录》可追溯到公元1世纪最后10年，也就是皇帝图密善统治时期。在《新约》这部结尾之作，帕特莫斯岛的约翰（John of Patmos）叙述了他的愿景，不仅是推翻一个帝国，而且在光明力量和黑暗力量之间的最后争战中终结尘世本身——这是美索不达米亚神话中一个为人熟悉的主题，可以追溯到《希伯来圣经》之前很久，后来也以希腊化的意象出现。[5]高度象征的叙事描写了一位天使，手里拿着一条大链子和一个无底坑的钥匙。天使"捉住那龙，就是古蛇，又叫魔鬼，也叫撒旦，把他捆绑一千年，扔在无底坑里，将无底坑关闭，用印封上，使他不得再迷惑列国。等到那一千年完了"。[6]

但即使是这样一段时间，也只是暂时的缓解。"那一千年完了，撒旦必从监牢里被释放，出来要迷惑地上四方的列国。"那些国兴起，但"火从天降下，烧灭了他们"。之后魔鬼"被扔在硫黄的火湖里"，要"昼夜受痛苦，直到永永远远"。与此同时，我们所认知的物质世界被摧毁了，而被一个新的、辉煌的创造取代，生活其中的人将永生。约翰所见如下："我又看见一个新天新地，因为先前的天地已经过去了……我又看见圣城新耶路撒冷由神那里从天而降……不再有死亡。"[7]

信徒们如何看待这一切？这些经文因承载着圣经的权威，

而构成了对未来现实世界事件的预言？抑或，这些经文的作者是在试图描述人类的灵性之旅，诉诸具体意象作为隐喻，来揭示对知识有限的人类来说太过隐秘、无法用平实语言来描述的未来进程？

早期的基督徒，时常受罗马官方的迫害，他们从字面上理解这个预言，许多人热切期待着罗马帝国被推翻。在他们的阅读中，但以理预言的四个王国是地中海人在近几个世纪内所知晓的四大帝国：巴比伦帝国、波斯帝国、希腊帝国和此时的罗马帝国。[8]按但以理所见异象（说是预言这些事件，但经文实际上是后来写成的），前三个都灭亡了。现在只剩下见证罗马倒下、基督教信徒从压迫中解放出来，在许多早期基督徒看来，这不久就会发生。据《马太福音》，在描述了人子要显在天上，天使从四方招聚他的选民后，耶稣宣布："这世代还没有过去，这些事都要成就。"[9]耶稣又告诉门徒说："站在这里的，有人在没尝死味以前，必看见人子降临在他的国里。"[10]然而，据《马可福音》，甚至耶稣自己也不知道预言的结局会在何时发生。[11]许多基督徒也把约翰在《启示录》中异象的细节看作发生在个别的罗马制度或个人身上。（一些观点认为经常提到的"野兽"是尼禄皇帝，另一些观点则认为是图密善本人。）特别是在公元70年耶路撒冷被毁之后，预见罗马统治的结束将会带来遍地苦难，似乎是自然而然的事。[12]

之后战争频仍，但罗马帝国并没有覆灭。而且，4世纪初，君士坦丁统治时期，基督教在帝国内部合法化，之后凡为皇帝者，皆对教会采取个人控制。[13]380年，基督教成为帝国的官方宗教，391年，所有异教徒的庙宇被关闭，异教徒的宗教被宣布为非法。基督徒不再受到迫害，反而得到罗马官方的支持，他们无疑继续渴望正义战胜邪恶，但是几乎没有实际的理由希望帝国覆灭。越来越多的基督徒接纳了一种新解释，奥古

斯丁在 426 年的《上帝之城》中最清楚地阐述了这一点：描述
世界末日的圣经文本，尤其包括《启示录》在内，是人类未来
灵性之旅的寓言式表达，它们并不指涉未来实际的世俗事件。
从天而降的新耶路撒冷将是堕落者的救赎。这种隐喻解读遂成
为公认理解，并延续了数世纪。[14] 直到 1522 年，马丁·路德
在《启示录》德文译本的导言中，宣称该文本"既非使徒的，
也非先知的"。[15]

　　不过，圣经对末日的描述，正是造成路德观念转变的众多
问题之一，因为他逐渐意识到，他发起的运动不是要成功地改
革现有教会，而是要竖起一个与之竞争的教会。[16] 随新教运动
而来的对圣经的更大关注，也让这场运动重新关注圣经的启示
文本。当查理五世皇帝的军队在 1527 年洗劫罗马时，他将这
座城市的浩劫解释为上帝惩罚教会邪恶行径的开端。1545 年，
路德再次就《启示录》撰文时，总结道，这部经书即便运用了
高度象征手法，也仍是对未来实际事件的有效预言。大多数新
教徒，不仅包括信义宗，也包括加尔文的归正宗信徒，很快
接受了这种新的观点——实则为旧的（前奥古斯丁时期的）观
点。自那之后，许多新教徒孜孜求索的问题，便是如何将圣经
叙述与对我们生活世界之未来的期望联系起来。如何解读千禧
年，撒旦被释放之前捆锁在无底坑里的那一千年，以及之后世
界末日的大火，一直是人们特别关切的思考点。

　　约瑟夫·米德（Joseph Mede），一位活跃于 17 世纪上半
叶、在剑桥接受教育的英国神学家，跟从路德把《启示录》的
叙述，包括对千禧年的描述，视为对现实世界的预言。[17] 不过，
米德的解释是积极的、乐观的。他认为，《启示录》的作者以
撒旦捆锁的形象，预言了在未来人类历史里，邪恶会失败而福
音要实现。执笔于 1630 年代的米德，可以以一系列事件作为
这种乐观前景的基础：印刷机的发明（1440 年代初），宗教改

革的开始（1517 年）及其在英国的逐步胜利，英国击败了天
主教西班牙派遣的无敌舰队（1588 年），挫败了意图在伊丽莎
白女王死后暗杀新王詹姆斯一世并建立天主教统治的"火药阴
谋"（1605 年），以及查理一世（1629 年）解散议会后清教革
命的开始。[18] 这些好事，向米德暗示着一个朝向更美好世界的
进程，特别是就福音在地上的实现、在人类存世之内的实现这
一意义而言。[19]

　　清教革命和内战的推进，之后的英吉利共和国和克伦威
尔领导下的护国政体，催生了流行的、极端的千禧年思想。约
翰·弥尔顿在他 1641 年的《批判》（*Animadversions*）一书
中宣称，"你的王国临近了……所有造物终要新生了"。[20] 第
五王国派（Fifth Monarchy Men），一个以《但以理书》中尼
布甲尼撒所梦内容来命名的团体，支持清教徒的事业，但反对
护国政体，理由是如《但以理书》叙事所言明的——摧毁四个
地上王国的石头是"非人手"凿出来的[21]——建起第五个也是
最后一个王国乃是上帝的化工，而不是人的造作。当时的其他
团体，如"浮嚣派"（Ranters）和"平等派"（Levellers），
没有把千禧年主义置入他们的核心偏好，但往往接纳千禧年
主义的思想。即使在护国政体垮台和君主制复辟后，千禧
年一派的热情仍不减，部分原因在于象征性的 1666 年正在
临近。[根据给希腊字母表里的特定字母赋值的传统数秘术
（numerology），666 这一数字对应从海中上来的兽，有十角
七头，如《启示录》中预言的那样。[22]]

　　美洲许多清教徒同样信守圣经主义，有着类似的思维。第
一代波士顿牧师约翰·科顿（英克里斯·马瑟的岳父，科顿·
马瑟的外祖父），认为《启示录》中描述的第一个兽代表罗马
天主教会，第二个代表教宗。根据他自己对该文本的先知式解
读，他预言由虔诚的清教徒的布道带来的与千禧年相对应的时

期，将从 1655 年开始。[23]（科顿于 1652 年去世，过早离世使他不能对自己是否正确做出反思。）他的外孙，虽回避了给出日期的麻烦事，但自信地指出："有很多证据向我们揭示，我们荣耀的主，将在美洲立起一座圣城；这城，街道将会是纯金的。"[24]

　　然而，到了 17 世纪的最后几十年，不同的思想潮流开始影响圣经预言的含义。该时期，洛克理性主义潮流，塑造了英国新教关于堕落和预定的思想，也影响了关于千禧年意义的辩论。理查德·巴克斯特，另一位英国神学家，17 世纪下半叶的不从国教牧师，接受了约瑟夫·米德的乐观解读。他也认为迈向千禧年的进程是不可避免的，这将在未来的人类历史中发生。比米德更甚的是，巴克斯特用抽象、隐喻的用语呈现了千禧年的到来：没有圣徒的身体复活或基督显现空中，也没有活人的被提，有的是借着上帝的灵在地上建起一个正义王国。

　　然而，在巴克斯特看来，走向这个正义王国的进程不会是平稳的。迈向千禧年的进程将分特定阶段进行。他认为，其他千禧年主义者"常说，基督的王国开始于千禧年，好像他之前什么都不做一样"。据他的判断，他们的错误在于"没有区分他的王国的几个层级，从概念和胚胎到它的成熟"。他接着列举了通往千禧年的 14 个步骤，从对亚当的应许开始，到"让世界信从和归正"结束。[25]

　　启蒙思想对人类理性力量的影响，在托马斯·伯内特（Thomas Burnet）的思想中更加明显，他是光荣革命后登位的威廉三世的牧师，也是一名医生和科学家。他认为，我们生活世界所牵涉的一切事物，都容易受到人类不断扩大的知识面的影响。他写道，"但凡是这月下世界（Sublunary World，意思是我们人类生活的地上世界）发生之事"——"从混沌到终末整个时期，我相信神意已让我们有能力去理解它们，并会在适当时候公诸人心"。[26] 伯内特甚至更具体提到了世界终末之时，他引用了一个类似洛克的著名蜡烛意象："当万物临近终末时，复活的真理可能会闪耀双重光辉。"[27]

像米德及其之前的巴克斯特一样，伯内特相信，圣经中预言的千禧年指的是现实世界的未来事件，因此迈向千禧年是不可避免的，而且这种进步不是持续发生，而是分阶段发生。然而，与洛克和其他生活时代更相近的思想家的观点一致，伯内特也认为，这种世俗进步将通过自然力量——重要的是包括人类主动性——而不是通过神的干预来实现。他写道，"如果我们要对自然神意……有一个公正的看法……我们一定不能把它的链条截得太短"；不必要地求助于超自然的第一因或奇迹这类解释，实际上是在诋毁神的伟大能力。伯内特谈道，"相比于制作一个必须用手指每小时敲响的时钟，我们认为神会是一个更卓越的钟表匠，他制作的时钟，会借助他事先调配好的弹簧和齿轮，让时钟每小时有规律地敲响"。[28] 伯内特的思想成为流行文化的一部分，在此方面甚至超过了米德或巴克斯特。[29]

包括人类自身行为在内的自然力量是推动我们世界走向千禧年的力量这一观点，连同约瑟夫·米德和其他人在17世纪早些时候普及开来的对千禧年的乐观解读，都具有深远的意义。为实现一个更美好世界而付出的人类努力，现在具有了宗教的，特别是千禧年主义的内涵。而且，在洛克和伯内特之后，知识的传播对这一趋向至关重要。威廉·惠斯顿（William Whiston），一位神学家和数学家，他在塞缪尔·克拉克"波义耳讲座"两年后的1707年该系列讲座中，加入了对知识进步的新千禧年主义解释。在他看来，人们要寻求的目标，是那一"幸福时代"，届时，所有人类怀疑会一扫而空，所有对正确宗教思想的反对会随着我们知识的提升而败下阵来，"神意、理性和启示的指引，将相互印证、彼此融贯"。[30]

在大卫·休谟和亚当·斯密的时代，他们朋友圈里的许多温和派神职人员也信奉一种寓言式的千禧年主义。圣吉尔斯教堂的牧师、爱丁堡大学的教授休·布莱尔，向往着"古代预言所预报的幸福时期；到那时，全世界只有一个主，他的名是独一的"。对他来说，知识的拓展也是千禧年愿景的核心所在："上帝的圣山全域，没有什么是可伤害或可毁损的……并且，地上必充满对主的见识，如海水覆盖大洋一般。"[31]

在北美，乔纳森·爱德华兹同样信奉上帝的王国是分阶段发展的观点。然而，在爱德华兹看来，也许没有哪个阶段是最终阶段。相反，在上帝前后每一次降临中，"旧的天地结束了，新天新地开始了：每一次降临伴随而来的是暂时状态的结束和永恒状态的开始"。[32] 人类历史是一个道德连续体，是一系列的成就，每一个都以某种方式体现了最终状态的要素。因此，新千年的到来是一个永恒的过程；人类的幸福来自与上帝的结合，"随着结合变得越来越严丝合缝，幸福将臻至永恒"。[33] 爱德华兹将 1730 年代和 1740 年代初的大觉醒视为千禧年即将到来的标志。1743 年在述及新近复兴运动时，他以揣测语气写道："上帝之灵的此种运行，如此非凡卓越，很可能就是上帝荣耀工作的曙光，或至少是一前奏，此荣耀之工频繁在圣经中被预言，在其实现进程中更新着人类世界。"[34]

爱德华兹更具体地得出了自己的结论：千禧年很可能首先在新大陆到来——事实上就在美洲，就在靠近他自己所在的北安普敦。"上帝这项伟大工作的起始处一定离我们不远，我们完全可以这么认为。有许多事情使得这项工作有可能在美洲开始。"在陈述了理由（包括圣经方面的和历史方面的）之后，他指出，美洲殖民地是千禧年最初到达之地，他继续说道："如果我们可以假设上帝的这一荣耀之工将始于美洲某处，我认为，如果我们考虑到新英格兰的定居情况，那他一定会让所有美洲殖民地中这个最可能的殖民地，成为这一工作启动的主场地。"[35]

爱德华兹所表达的思想，以及一直可追溯到约翰·科顿等先驱们所表达的思想，远远超出了宗教虔信者的范围。在1765年的日记中，信仰上并非正统的约翰·亚当斯，怀着一种尊崇和惊异的心情看待美洲的定居情势，将其描述为"神意在显露恢宏场面和宏大设计之端绪，是为照亮无知之人，解放大地之上受奴役之人"。[36]

然而，这一不断加深的共识未能解决的关键问题是千禧年（这一时期，邪恶被从地上驱走，借比喻手法来说，撒旦被捆锁在无底坑里）对应人类存在中的发生时间。千禧年的到来，会标志着我们所认知的世界进到终末了吗？抑或，大地会继续以目前的形式存在，而我们人类会继续不受邪恶侵扰地居住其间，一直要走过那预言的一千年（无论按我们的传统来衡量这一时间有多长），直到标志着撒旦最终被击败的那场大火，以及新耶路撒冷从天而降？

区别不仅仅是时间点的问题。如果在千禧年之前世界将结束，并且基督再临，那么，我们生活世界的改善就得不到圣经支撑了，因为，我们（从圣经）所知的人类生活持续到基督再临（Second Coming）就结束了。之后如预言的那样，没有邪恶的一千年（或不管多长时间）将会出现，但享受那种更好状态的人不是像我们这样的男男女女。这种观点，通常被贴上"前千禧年主义"（*premillennialism*）的标签，以表示世界先于千禧年而终结，它孕育了一种丰富的解释传统，这种传统在许多新教团体中，尤其是在美国的新教团体中，一直延续到今天。[37]

在这种对圣经往往做严格字面意义的解释下，被预言的未来事件的准确时间，自然就成了一个令人极感兴趣的问题。倚赖于圣经相关文本的特定内容，特别是《但以理书》和《启示录》中的，学院释经者和通俗释经者都花费心思在找寻圣经所说的和世界将要发生的事情之间有刻意关联的事件。例如，《但以理书》的最后一节首先提到"一千二百九十日"，然后提到"一千三百三十五日"。[38]《启示录》中叙述的事件顺序，（两次分别）指的是"四十二个月"和"一千二百六十天"。[39]这些表述也很可能不是实际按每天 24 小时或标准的月历来算的；[40] 但如果不是这样，它们指的是什么时间单位？从何时开始排算？

累月经年，这类猜度层出不穷，而且往往讲究精准。考虑到《启示录》中的千禧年概念，许多人认为世界将在 1000 年结束，但许多这样的预测牵涉到更为复杂的推理。约翰·科顿认为一种千年形式将从 1655 年开始，这是因为他将《启示录》中提到的 42 个月等同于 1260 天，然后用每"天"代表一年，最后从 395 年开始计数，这一年（至少按一些传统来说），罗马皇帝狄奥多西一世（Theodosius）承认罗马主教为国教之首。

19 世纪初，英裔爱尔兰圣经讲授者约翰·尼尔森·达比（John Nelson Darby）开始宣扬，神圣意志在人类历史的不同特定阶段或"时代"（dispensation）起作用；这之后，前述猜度之风招引了更广泛的公众兴趣。最摄人心魄的预言是纽约州北部浸礼会传教士威廉·米勒（William Miller）的预言，他认为世界将在 1843 年 3 月 21 日之后的一年内灭亡。毫无疑问，1837 年大恐慌造成的艰难时局，以及随后金融崩溃引发的长期经济萧条，包括普遍失业和随着土地与其他资产价格下跌，个人财富的蒸发，增加了大众对米勒预测的兴趣。临近

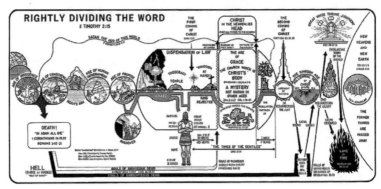

时代论的时间表。上图：约翰·G.霍尔（John G. Hall），《上帝的时代性和预言性计划》（*God's Dispensational and Prophetic Plan*, 1985 年）。下图：克拉伦斯·拉金（Clarence Larkin），《正确段分圣言》（*Rightly Dividing the Word*, 约 1920 年）。上下图都表现了从创世到末日的整个时间跨度

那一年年终，他的许多追随者处理掉他们的财产，穿上白色长袍，登上山顶等待被提。这段时期，往后几经推延，以"大遗憾"（Great Disappointment）而为世人所知。

208 　　但许多美国人继续接受这种时代论的前千禧年主义（dispensational premillenialism），随着 1878 年伊利诺伊州平信徒威廉·布莱克斯通（William Blackstone）出版《耶稣来了》（*Jesus Is Coming*），这类观念得到了进一步传播。这本书以多种语言售出了数千万册（现在仍在印刷），它用散见于圣经的内容描绘出整个世界历史，从创世到第二次降临（布莱克斯通认为第二次降临近在眼前）。[41] 近一个世纪后，哈尔·林赛（Hal Lindsey）的《逝去的伟大行星地球》（*The Late, Great Planet Earth*）［实为卡罗尔·卡尔森（Carole

威廉·米勒的"大遗憾",1843 年。米勒的追随者对末日的预期,以及末日并未按他预测的时间进度发生,成为美国"第二次大觉醒"和内战之间最广为人知的宗教事件之一

Carlson)所撰〕遵循了几乎相同的主题,但没有历史情境,而是从当时的事件中追踪圣经的末日预言,并预测 1980 年代某个时候的第二次降临。这本书是 1970 年代最畅销的非虚构类图书。从 1990 年代开始,蒂姆·莱希(Tim LaHaye)和杰瑞·B 詹金斯(Jerry B. Jenkins)的小说《末日迷踪》(*Left Behind*),把圣经中"被提"的意象("那时,两个人在田里,取去一个,撇下一个")搬进了现代小说。这些书也销售了数百万册,并还在继续销售,它们仍是美国流行文化的重要组成部分。

像威廉·米勒那样更具体的预言,也不断出现。晚近,由一家美国宗教广播网络"家庭电台"(Family Radio)发起的一个组织,广泛宣传了其创始人哈罗德·康平(Harold

209

时代广场，2011 年 5 月。几个世纪以来，包括我们这个时代，对即将到来的末日的预测，一直是千禧年主义者思考的主题

Camping）的预言，即世界将于 2011 年 5 月 21 日结束。[42]

　　相比之下，如果世界要到千禧年之后才会结束（并且，如果圣经文本预言的是地上真实事件），那么，圣经就预言的是这样一个时期，届时我们所认知的人类生活将摆脱邪恶。这种后千禧年主义（postmillennialist）观点，连同与巴克斯特和布尔内特及其追随者联系在一起的对千禧年的自然主义解释，更常与圣经文本的寓意式解读而非字面解读联系在一起。但无论是寓意式还是字面意义，它都给人类改善世界的努力附加了一个额外的宗教价值层面：千禧年虽是现有世界的延续，却会是一个更美好的世界——在知识、社会条件、政治、国际关系和许多其他方面都更美好。像我们这样的男男女女都会乐享其中。

　　这种思维以及随之而来的意象，也弥漫在美国大众的想象中。约瑟夫·米德将西班牙无敌舰队的失败视为这个世界迈向千禧年的里程碑事件；1758 年，在七年战争期间，许多新英格兰人欢呼在新斯科舍省（Nova Scotia）路易斯堡（Louisburg）一举占领法国要塞，认为这是一件具有千禧年意义的事件。在广为传诵的《常识》中，托马斯·潘恩预言，随着美国革命开始，"一个新世界的诞生日即将到来"。美国人赢得属于自己的胜利时将能够"重新开启世界"。[43] 在 1787 年费城会议之后，11 年前签署过《独立宣言》的本杰明·拉什预言，"有德和幸福的一千年将是拟议宪法的必然结果"。[44]

依据对《启示录》叙事的后千禧年主义解释，人类历史不仅是一个改善的进程；这种改善本身还是由人带来的。千禧年不仅是上帝的道德治理；它是人类努力的最终胜利和象征，是通过不断努力得来的。19 世纪初，马萨诸塞州贝弗利（Beverly）的公理会牧师约瑟夫（Joseph Emerson，拉尔夫·瓦尔多·爱默生的远房堂兄弟）写道："导向千禧年的神奇事件，将主要受到人类工具性的影响。"爱默生援引了当时人们熟悉的发条意象并指出："尽管上帝之灵必会推动齿轮，但他处处都会利用人类的主动。"此处关键的含义便是对人类努力的需要："当务之急，我们需要把我们的内心、我们的口才、我们的建言、我们的财产、我们的影响力、我们的祈祷、我们的才干、我们的力所能及、我们的全力以赴，都投入神圣的工作。"[45] 几年后，在一部名为《千禧年的预兆》（*Harbinger of the Millennium*）的作品中，另一位公理会牧师兼美国教育学会秘书威廉·科斯威尔（William Cogswell）同样宣称："那些渴望、祈祷和努力推动这一神圣日子的人，是与（上帝）一同向前推进它的协作者。"[46]1835 年，当时美国最杰出的长老会牧师查尔斯·格兰迪森·芬尼（Charles Grandison Finney）甚至希望："如果教会能尽到自己的职责，三年后这个国家可能会迎来千禧年。"[47] 半个世纪后，当时在美国日益

211

壮大的社会福音运动领袖约西亚·斯特朗（Josiah Strong）写道："未来 15 或 20 年里，基督王国来到这个世界会加速还是会推迟上百年甚至上千年，这完全掌握在美国的基督徒手中。"[48]

因此，后千禧年主义的观点将整个人类的命运与每个个体的努力联系在一起。根据这种观点，19 世纪的反奴隶制运动、当时和 20 世纪头几十年的禁酒运动，以及自那时之后为消除贫困和实现世界和平所做的努力，都不仅有其自身的价值，而且有助于加速上帝之国的到来。教育也是如此。技术的进步，其中尤其是通信技术的进步，同样会引来宗教方面的回响，特别是千禧年主义者的回响。正如约瑟夫·米德给古腾堡的印刷机赋予了宗教内涵一样，两百年后的许多新教徒也以类似的方式看待电报和电话。1858 年第一条跨大西洋电报电缆铺设完成，这使国家间的信息传播和借此方式开展的福音传播成为可能，因此被广泛誉为预示着新千年即将到来的事件。

萨缪尔·霍普金斯（Samuel Hopkins）是乔纳森·爱德华兹的学生，后来凭借自己的能力成为一名杰出的公理会牧师（也是爱德华兹的第一位传记作者），他扩展了后千禧年主义思路，认为千禧年可能已经开始了。和爱德华兹一样，霍普金斯认为第二次降临会发生在我们所认知的世界里。他写道，"耶稣基督，在这个世界上遭受羞辱和凌侮的他……应会在所有人眼前抹去这种耻辱，他为之受苦和死亡的事业，将在这同一世界上蓬勃昌隆、赢得胜利"，这是合理而又可取的情形。[49]

相比于英国的巴克斯特和伯内特，霍普金斯更加侧重从人类知识扩展的角度来解释千禧年的来临。他认为，知识和圣洁"密不可分"，二者在某些方面可以说不分彼此。因此，"一个极为圣洁的时代，一定是一个拥有相应真光和伟大知识的时代"。霍普金斯对快速临近的千禧年的看法，也延伸到了人类知识进步的实际结果上，包括节省劳动力的新发明所带来的物质生活上的舒适便利，这些发明当时正由于工业革命而开始广泛应用。[50]

在 19 世纪，尤其是在美国，这种乐观的千禧年思想，甚至在神学上严格说来属于前千禧年主义的群体中也很普遍，因此他们认为，第二次降临会发生在千禧年之前而不是之后。有些人认为它已经发生了。散布在东部和中西部各州社群中的震颤派（Shakers），生活在"法郎吉"（phalanxes）中的傅立叶主义者（Fourierists），以及定居在纽约奥奈达（Oneida）的至善派（Perfectionists），都认为自己在地上建立起了上帝之国。震颤派——正式名称是"基督再现信徒联合会"（United Society of Believers in Christ's Second Appearing）——相信基督已经化身为圣母李·安（Mother Ann Lee）回来了，该信仰始于她移民美国之前在曼彻斯特监狱里所见到的异象。按该信徒联合会 1823 年之后的信条来看，"基督再现的真正表征从这里开始"。[51]夏尔·傅立叶的追随者同样称引傅立叶本尊为"基督的第二次降临"。[52]波士顿傅立叶主义者查尔斯·达纳（Charles Dana）曾在康科德（Concord）乌托邦式的布鲁克农场（Brook Farm）公社担任领班，他写道："我们最终的目标，不啻地上天堂，要让全地归正。"[53]约翰·汉弗莱·诺伊斯（John Humphrey Noyes）的至善派运动，试图通过实践他们与最初的基督徒联系起来的团契生活来迎接千禧年，他的追随者一度公开表态"天国来了"。[54]

尽管明确可判的后千禧年主义最终消失了，因为大多倾向于对圣经进行偏寓意式解读的人，不再相信任何可以被称为千禧年的东西（至 1850 年代，甚至浸礼会杂志《基督教评论》

也表达了对"社会千禧年"的希望），[55] 但源自后千禧年思想的更一般层面的观念，越来越多地影响了以新教为主的国家的国内改革运动，以及它们的国际政治和流行文化。正如西部的废奴运动和对"美国天命论"（America's Manifest Destiny）的信奉，是早些时候后千禧年主义的表现一样，20 世纪上半叶，对两次大战和二战后创建联合国的共同看法，都带有千禧年主义的修辞意味和象征意义。（在一战期间，即"结束所有战争的战争"期间，英国对《启示录》象征主义的运用尤为明显。）20 世纪下半叶的民权运动也是如此。所有这些都被广泛理解为在地上建立上帝之国的途径。

后千禧年思想的世俗化表达，还持续渗透到流行文化当中，尤其是在美国。1893 年为纪念哥伦布发现新大陆 400 周年而举办的芝加哥世界博览会，给人置身一座白色城市的印象，其设计带有明显的千禧年主义色彩。此次博览会吸引了来自 46 个国家的 2600 万游客，展示了先进的科技奇迹，包括刚面世的美国贝尔电话（游客见证了从中西部到东海岸的第一通长途电话）和第一个全电气化厨房。博览会还主办了许多会议。最大的一次是在 9 月举行的世界宗教大会（World Parliament of Religions）。

同年，社会福音运动领袖约西亚·斯特朗写道："科学，乃是上帝律法和方法的启示，使我们能够有意识地步入他的计划，从理智上与他合作来完善人类，从而加速上帝之国的到来。"[56] 杰出的神学家和早前的废奴主义者詹姆斯·弗里曼·克拉克（James Freeman Clarke，参照他外祖父詹姆斯·弗里曼取的名，后者曾引领波士顿国王教堂倒向唯一神论），提出了一个围绕五要点构建的"新神学"，其中第五点是"全世界人类发展的连续性，或永远向前向上的人类进步"。[57] 随着社会思想的科学组织原则日益从牛顿的物理力学转向达尔文的

213

生物进化，持续积极发展的观念，似乎成了水到渠成之事。但无论是科学进步促进道德进步的观念，还是它在大型世博会上的表现，都不是美国独有的。1900 年巴黎举行的万国博览会上，一个主要展馆的中心摆饰不啻一种寓言，摆饰被置于一个配有喷泉、有彩灯照亮的巨大水池里，代表着人类在"进步"（Progress）的带领下迈向未来。[58]

类似场面下的这种心理及其表现一直在延续着，尤其是在美国。1964 年纽约世界博览会上的通用电气馆内，有一个展示该公司最新消费产品的"进步的旋转木马"（Carousel of Progress），口号是"进步是我们最重要的产品"。塞缪尔·霍普金斯曾称赞省力装置能促进宗教和道德发展，本着这种精神，大多数游客能理解口号的蕴意：家庭主妇会把从日常琐事中解放出来的时间用于改善家庭或世界。迪士尼世界的 EPCOT 主题公园［首字母缩写代表"未来社区的实验原型"（Experimental Prototype Community of Tomorrow）］，于1982 年在佛罗里达州奥兰多建成，目前仍在运营，其特色是一个 18 层楼高的银色网格球体——名为"'地球号'宇宙飞船"（Spaceship Earth）——它已成为该景点最易识别的标志。飞船里面的旅程展示了一段通信技术进步的历史，这是一个传统的千禧年主题，可以追溯到印刷机在传播福音知识中的作用。

生活在路德 200 余年后的亚当·斯密及其同时代人，改变了新教思想方向，将圣经中对千禧年的描述以某种算得上松散的方式，与实际人类历史的发展进路联系起来，并遵循着后来包括米德、巴克斯特和伯内特在内的英国神学家对这一思想路线的贡献。到了斯密的时代，几个关键的假设在英国新教思想中站稳了脚跟，尤其是关于后千禧年主义的假设。随着时间

214

的推移，人类的进步被广泛认为不仅是灵性上的，而且是道德上和物质上的。人类已经从异教徒升至上帝的信徒，但他们的灵性旅程的多半程仍在前方。恰与之相应，他们社会的物质特征，以及他们社会生活中的物质特征，已有别于其祖先的认识。这一社会在未来也将继续向前推进。

尤其是在一个多世纪前米德的著作问世之后，这种进步被认为是不可避免的。然而，正如巴克斯特所特别指出的，不可避免并不意味着连续性。人类的进步，或许既在灵性领域也在物质领域，会分不同阶段出现。在这一次进步与下一次进步之间，很可能会有停滞不前甚至倒退的情况。但是每一个新阶段都把人类社会带向比以前更高的水平。过去非连续地向前发展。未来也是如此。

215 进言之，从一个阶段发展到下一个阶段，不仅依靠的是自然力量而非神的奇迹干预，而且重要的是，这些推动力里面包含了人的主动性。人们所做之事，对推动他们社会的前进至关重要。因为知识既激励又成就人的行动，所以知识的进步是这一进程的核心。出于宗教原因，知识越多本身便是有价值的。但是根据像巴克斯特和伯内特这样的千禧年主义者，以及美国的爱德华兹和霍普金斯的说法，增长的知识在人类进步中也扮演着工具性的作用，它使社会从一个阶段发展到下一个阶段成为可能。

亚当·斯密所采用的人类进步的概念，尤其是他的经济进步理论，体现出了这些紧密关联的要素中的每一个。斯密把匮乏这个不幸事实作为出发点，并不出人意料，匮乏随着人类的繁衍生息而变得愈加尖锐。正如他在《国富论》中详加阐释的，人类建制为匮乏所导致的问题提供了部分解决办法。商业，结合了专业化生产和自愿交换，是在有限资源的基础上满足人类欲求的一种极为高效的方式。此外，商业至少提供了少许正义——此种正义确实不完善，但在多数情况下，比任何其他可行的经济安排要更伟大。

但这些建制——尤其是商业——从何而来？到 18 世纪中叶，人们普遍认为它们是随着时间推移演化而来的。（然而，这种演化的概念并不是达尔文主义的，达尔文直到一个世纪后才提出他的自然选择思想。[59]）斯密同时代人的普遍观点是，不同人类制度的演化是相互联系的。正如斯密在《国富论》中对城镇生活发展的描述所表明的那样，经济制度的进步带来了政治制度的进步：城镇，因人们生产非农业产品参与货物贸易而发展起来，带来了优于农村封建主义制度的人身安全和政治自由。因此，经济发展对政治也很重要。而站在两者背后的便是知识的进步。"科学"进步带来了经济进步，而经济进步又带来了政治进步。

大卫·休谟在 1741 年撰写《论技艺的提高》(*Of Refinement in the Arts*) 一文时，斯密尚是少年，文中休谟阐述了对人类进步的一种全局性观点，旨在反驳越来越流行的说法（尤其是在南海泡沫事件之后），即商业只会导致奢侈和颓废。休谟写道："工业、知识和人性，由一条不可分割的链条联系在一起，从经验和理性方面来看，它们为越加精细的时代所特有，也为通常所谓越加奢华的时代所特有。"休谟将"人性"纳入他强调的三要素，表现出他所看重的，不仅仅是一个社会的物质生活水平如何。他解释说："工业、知识和人性，并不只在私人生活中有优势。""它们向公众传播有益影响，如它们引导个人走向幸福惬意那样，它们也引导政府走向欣欣向荣。"想到原始社会的可能前景，休谟反问道："我们能指望，一个不知道如何制造纺车或利用织布机的民族构建出一个良好的政府？"[60]显然他不这么认为。

然而，休谟的主要论点是关于政治自由的。他总结说，这种在"技艺"方面的进步"有利于自由，即使不说它能产生一个自由的政府，也可以认为它能保持自由的自然趋势"。休谟甚至为经济进步和政治进步之间的联系是如何产生的，提供了一种解释——事实上，这种解释在关注中产阶级的作用方面似乎有着鲜明的现代性："在奢华滋养工商业的地方，农民精心耕耘，变得富有、独立；而店主商家获得一份资财，把职位和权重引到中产者一边，他们是自由的最好和最坚实的基础。"[61]

同时，休谟认为自由是经济进步的基础。在一年后发表的一篇同主题文章中，他认为："除非一个民族享受到自由政府之幸，否则，技艺和科学不可能首先在这一民族中间兴起。"他的推理简洁易懂。"从法律中产生安全，从安全中产生好奇心，从好奇心中产生知识。"因此，决不要指望在专制政府的统治下，经济产业和进步的基石会出现。[62]

217　　因此，知识带来经济进步，经济进步带来自由和安全，而自由和安全又反过来使知识进一步提升。这一过程是相辅相成的，也是渐进累积的。但问题依然存在：最初是什么开启了这一进程？休谟没有给出答案。

早在亚当·斯密开始撰写《国富论》之前，作为格拉斯哥大学道德哲学教授的一员，他就发表了一系列关于自然法学的演讲——自然法学的含义不仅在于现行法律是什么、它们是何时由谁颁布的，还在于社会建制通过何种更广泛层面的人类进程，在更普遍的意义上形成了。斯密从未写下这些讲座的内容，至少没有以任何形式在他身后留存下来。然而，有两个学生这样做了：一个在1762—1763年听过讲座，另一个在1763—1764年听过。两人都留下了斯密口授的详细记录。这两份笔记直到一个多世纪前才向世人公开。学者们在1895年首次注意到1763—1764年的笔记，其内容于次年出版。

1762—1763 年的笔记迟至 1958 年才被发现，直到 1978 年才出版。[63] 最终出版的书，结合了这两套学生笔记，取名为《法理学讲义》。

在《法理学讲义》中，斯密像他之前的许多人一样，给出了一个现在人们熟悉的关于人类经济活动演进的经典描述："人类经历了四个不同阶段：第一，猎人时代；第二，牧人时代；第三，农耕时代；第四，商业时代。"[64] 就这一现在通常被称作为四阶段论的学说而言，斯密并非勾勒出满足人们生活需求的生产方式的第一人。[65] 他也不是第一个将经济发展的相续阶段，同治理体系和法律制度的变化联系起来的人。17 世纪上半叶的荷兰法律理论家雨果·格劳秀斯，17 世纪后期的德国哲学家萨缪尔·普芬多夫，以及 1748 年法国的孟德斯鸠的《论法的精神》，都以相同的四阶段为基础，以同样的顺序阐述了类似的历史演进图表。斯密非常了解这些作品。斯密 1766 年在巴黎期间结识的法国经济学家和政治家安 - 罗伯特 - 雅克·杜尔哥，曾在 1750 年索邦大学演讲中描述了"人类进步"的三阶段版本（通常是前三个，没有商业阶段）。[66] 苏格兰的约翰·达尔林普尔（John Dalrymple）在他的 1757 年英国财产法历史中，依据的便是完整的四阶段序列，卡姆斯勋爵亨利·霍姆（Henry Home）于 1758 年出版的法律史也是如此。（斯密同时代的爱德华·吉本在极负盛名的《罗马帝国衰亡史》中也是如此；不过，吉本的伟大作品是在斯密讲授过这个主题之后才出现的。）

如休谟在 1741 年的文章中表现出来的，斯密也不是唯一认为人们不同的维生方式对法律（尤其是对有关财产占有和使用的法律）有着不同影响的人。[67] 他们的朋友威廉·罗伯逊，在多卷本《美洲史》（*History of America*）中写道："在每一项关于人们社会合作方式的调查里，第一个要关注的对象应该是他们的生存方式。因此，随着生存方式的不同，它们的法律和政策也必然不同。"[68] 在《法理学讲义》中，斯密理所当然地认为："财产和政务，彼此高度依存。"事实上，"没有财产，就没有政府"。[69]

虽说杜尔哥在其索邦演讲中提出了同样的想法，[70] 斯密的叙述有新意的地方在于，它在讲述从一个经济阶段到下一个经济阶段的过渡是如何发生时，形成了一种动态演进、自成一体的理论。他解释说，驱动力来自人类繁殖造成的稀缺：具体来说，就是在任何既有生存模式下，人口扩张对社会有限生产力产生的压力。从猎人（一个更现代的叫法是狩猎采集者）时代开始，少数人最初通过他们发现的自然生长的可食用果蔬，以及能捕捉到的猎物来养活自己。然而，至少从圣经时代起，人们就认识到，当资源充足时，人口就会增加（"货物增添，吃的人也增添"[71]）。在食物充足时，群体的人数将会增加，渐渐地，他们的人数会超出以如此方式养活自己的能力范围之外。

根据斯密的说法，为了防止饥饿和饥荒，就要捕捉一些动物，但不立即杀死它们取肉，而是留下它们取奶和繁殖——因此出现了牧羊人时代。但是随着人口的不断增长，这种生存方式也逐渐不够用了。接下来人们的做法是播种和培育可食用作物。[72] 然而，经年累月，即便有了畜牧业和耕作农业，不断扩大的人口，再次超过了人们提供衣食住所和其他必需品的能力。个中原因，斯密显然非常清楚，但直到在十多年后的《国富论》的开篇，他才阐明，当时提高生产率的办法，是让不同的个体专门从事不同的生产活动。这种分工反过来要求他们交换各自所生产之物。由此产生的便是商业。[73]

从一个阶段进到下一个阶段的关键驱动力是稀缺。但知识扩展是另一个必要因素。畜养动物需要知道哪些动物适合畜养，以及如何畜养它们。（即使在今天，饲养羊和牛，也是为了奶和肉；老虎和鹿则不适合饲养。）转型到下一阶段，需要知道播撒哪些种子，何时收获它们，以及如何处理产品使其可食用。（人类不能不经处理直接食用小麦和大多数其他谷物，而是需要研磨和烹煮。）农业还需要如锄头、锹、犁之类的工具，以及后来出现的轮子。[74] 商业则需要进一步的知识扩展来辅佐，包括专业化生产技术以及交换机制。

就知识增长而论，非常重要的一点在于，知识进步通常是累积的（除非社会文化遭受严重的破坏）。一旦人们学会了如何饲养动物或栽培植物，他们就不会忘掉。根据斯密对四阶段论的阐述，从一种生存方式进步到由知识进步造就的另一种生存方式，这一过程是不可逆的。人类社会不会从狩猎到畜牧再到农业之后，又折返回去。这个过程的每一步都是进无可退式的改变。简言之，斯密提出的是一种进步理论。

此种经济进步理论，与休谟及许多其他著者关于这一主题的观点一致，也给出了一种政治制度进步的理论。如斯密所言，"很容易看出，在这几个社会阶段中，关于财产的法律和法规肯定是迥然有别的"。狩猎采集者拥有的财产很少，对法律或治理的要求也很低。[75] 然而，牧羊需要对动物和牧场确权。这也增加了公共防御的负担。（人们可能不害怕有人仅出于恶意而攻击他们，但偷窃他们的动物足以成为动机。）因此，"牧人时代是严格意义上政府开始之时"。[76]

接下来的定居农业，需要就栽种收获、土地使用以及保护收成的权利和义务进行约定。由于栽种和收获之间的时间差，这些安排自是更加复杂。[并非巧合的是，在罗马神话中，刻瑞斯（Ceres）——其名字是英语单词谷物（cereal）词源——不仅是农业女神，还是法律和立法女神。]以耕种为基础的农业，也使一群人能够在一个地方定居，从而进一步需要与经济

220

生产本身没有直接关系的法律和政府。[77]

最后，商业阶段，特别是其交换环节，需要整个制度基础架构来支撑市场活动，包括公认的度量单位、合约和所有已知商业经济中的货币。[78] 此外，商业以市场为中心的性质让人们在空间上进一步聚集，聚集不仅发生在散布于农村地区的村庄和一些城镇，还有城市，甚至是大都市地区（拿伦敦来说，斯密在世时人口接近 100 万），这也就对政府提出了更高的要求，如控制犯罪以及满足水、卫生设施等公共需求。四阶段每往前走一步，法律和治理的负担便会增加，人格（personhood）概念及其所体现的权利便会扩展。

因此，斯密的理论是一个自成一体、动态化的综合进步（integrated progress）理论，其中，知识的进步使得稀缺推动的经济转型成为可能，而由此产生的经济进步一旦实现，又为政治进步打下了基础。斯密没有诉诸任何外部影响，也没有诉诸人性或人的行为上的神秘改变。在前进的每一步，需要的只是由增长的知识成全的自利。时间流转——大概要经历很长一段时期——无数个体行为（各人都只是对眼前情势做出反应）的累积效应改变了社会。意外后果定律，在这里和别的地方一样起着作用。

日益增长的人口面临给养短缺的问题，斯密的理论聚焦于这种短缺，视之为经济转型的驱动力，就这一点而言，斯密实际上预见到了比他晚一辈的托马斯·罗伯特·马尔萨斯提出的著名的人口过剩问题，不过，斯密与马尔萨斯的解答大不相同。除非以某种方式受阻，否则人类人口会呈几何级数增长，马尔萨斯这一看法已广为人知。在初版于 1798 年的《人口论》中，马尔萨斯进一步主张食物供应只是呈算术级数增加，基于此，他预见到人口对可用资源的一种永无止境的压力，而这将导致永久的贫困和苦难，从而抑制人口。相反，斯密诉诸不断增长的知识，以及由此带来的食物供应的增加，作为人类解决前述问题的办法。在 1803 年出版的《人口论》修订版中，马尔萨斯考虑了斯密的观点，但拒绝了它。他略过了知识扩展的关键作用，认为仓廪空就难以催生新习俗。[79]

两百多年后来看，斯密显然是对的。随着知识的扩展，粮食产量的增长远远超出了马尔萨斯（或斯密）的想象。[80] 尽管生活水平提高了，但一个又一个国家的人口增长却放缓了——并没有来自马尔萨斯预测的苦难的压力。在当今大多数高收入国家，人口均保持稳定甚至减少（移民除外）。世界总人口继续增长，但这完全是因为最贫穷国家的人口在增长。[81] 尽管总人口在增长，但世界上遭受饥饿和营养不良的人数在下降。[82] 马尔萨斯的见解，可能对他没有考虑到的某种资源而言是正确的，例如地球生态系统在温室气体无限排放的情况下维系气候的能力，但至少到目前为止，他在食物方面的见解是错误的。斯密在这一点上更有先见之明。

即便如此，斯密仍未能给出一个今天意义上的完整的经济增长理论。在《法理学讲义》中，他解释了一系列转变是如何发生的：从狩猎到游牧，再到定居农业，然后到商业。但商业是这个序列的终点。一旦一个经济体达到了商业状态，生产力的进一步提高只能来自更加专门化的生产，正因如此，斯密在《国富论》中把劳动分工放在了首位。（他还对不断细化的劳动分工给人类带来的后果表示担忧，正如我们已经看到的那样，他建议将普及公共教育作为解决方案。[83]）尽管他重视资本积累，但无论是在《法理学讲义》还是在《国富论》中，他都没有意识到技术进步一路向前的可能性，而这一可能性正是现代经济增长理论的基础。他所生活的时代让他无法看到这一点。[84]

斯密的理论讲的是从一种生存方式推进到另一种生存方式的不可逆过程，以及由此带来的治理和自由的改善，它表现

222

出了对以往人类进步观（确切地说是此种进步观的缺失）的背离，在过去两千年的大部分时间里，这种进步观一直是西方历史思维的特征。希腊人和罗马人大多认为人类历史是进步的反面。与赫西俄德（Hesiod）一样，他们相信人类社会是从很久以前的黄金时代下堕的（*descended*）。此外，古典时代的思想家大多对人类发展持周期性观点：在某些时代有所改善，在另一些时代则有所退化。他们同意亚里士多德和卢克莱修的观点，认为知识的进步是累积的；但是这种单向的智识进步并没有产生实际的后果。[85] 在整个中世纪，对这一主题，大多数思想家也认为，人类历史只是在进步和倒退之间循环往复。[86]

文艺复兴标志着古典信仰的回归，相信人类历史是一个堕落的过程——在文艺复兴这里，堕落不是从神话叙事的某个黄金时代开始，而是从古典时期本身开始。自 14 世纪始，西欧人重新发现了希腊学问，并随之对异教古代的成就有了新的认识。尤其是受到彼特拉克的影响，人们对恢复古希腊以及古罗马文化遗产的兴趣激增。[87] 到了 15 世纪，对于受过教育的欧洲人来说，古希腊罗马时代代表了人类发展的巅峰，他们在文学和艺术方面不懈努力背后的动机，是要美化自己心驰神往的过去。拉斐尔 16 世纪早期的壁画《雅典学园》，将公元前 6 世纪的毕达哥拉斯和近一千年后的希帕提娅（Hypatia）等在时间上分离的人物聚在一个场景中，成为文艺复兴观念的缩影。托马斯·莫尔的《乌托邦》也是如此，该著作几乎与拉斐尔的画作完成于同一时期，寻求将罗马天主教会的神学与异教古代的荣耀融合起来。[88]［莫尔的书名来自希腊语，意思是"没有这样的地方"（no such place）。］"文艺复兴"一词本身——重生——意指一种回归过往的渴望。

承认人类历史进步前景的新世俗思想，至 18 世纪才出现。此时文艺复兴已然结束。但就新思想的出现而言，文艺复兴的

拉斐尔，《雅典学园》（1509-1511 年）。两个中心人物是柏拉图（左）和亚里士多德（右）。画中其他古典时代的代表人物，包括苏格拉底、毕达哥拉斯、欧几里得和希帕提娅（一位 4 世纪末、5 世纪初的数学家和哲学家，也是画中唯一的女性）

发生具有重要意义，因为正是文艺复兴重新点燃了欧洲人对自己历史的意识。没有历史感，进步的概念是不可能的。但同样重要的是，文艺复兴，以及随之而来的对失落世界的向往，对重新获得理想化过去的那种完善的渴望，都结束了。对古代物事皆优越的信仰，几乎没有为人类持续进步留什么余地。文艺复兴时期人文主义者在试图恢复欧洲的过往时，实际上已经成了它的奴隶。[89] 但到了 18 世纪，回归到两千年前的成就，不再是人类的至高心愿。

　　新思想出现的另一个原因是人类知识进步的速度越来越快：不仅仅是哥白尼和牛顿带来的影响广泛的科学革命，还有伽利略、莱布尼茨、波义耳、开普勒、帕斯卡、普里斯特利、胡克、惠更斯和其他许多人持续做出的一系列更具体的发现。同样重要的是，到了 18 世纪，越来越明显的是，知识的进步确实具有了实践意义。三百年前的古腾堡印刷机，在这

224

一点上并非孤例。蒸汽机，最早由托马斯·纽科门（Thomas Newcomen）在 1712 年开发出来，它开辟了一条将非人力（和非动物力）应用于实践的道路，这些力不受风向或水流方向的限制。到 18 世纪末，詹姆斯·瓦特已经将纽科门的发明应用于旋转运动，不管在当时还是现在都成为各种机械的标准设计。与此同时，詹姆斯·哈格里夫斯（James Hargreares）的珍妮纺纱机，哪怕使用人力，也能让一个纺工同时纺多个纱锭。随着之后理查德·阿克赖特（Richard Arkwright）的水力纺纱机和埃德蒙·卡特赖特（Edmund Cartwright）的动力织布机被发明出来，动力驱动的机械纺织生产——在当时是工业革命的核心地带——拉开大幕。

欧洲人对发现新大陆的反应，进一步影响了有关人类历史进程的思考。16 世纪的西班牙历史学家弗朗西斯科·洛佩斯·哥马拉（Francisco López de Gómara）写道："自世界创造以来，除创造者带来的生灭终始外，最伟大的事件是美洲的发现。"[90] 甚至比未知大陆的存在更吸引欧洲人注意的，是他们在新大陆发现的异国人——他们的住房、他们的衣服（或缺少衣服）、他们的食物、他们似乎对永久城镇或村庄的厌恶（欧洲人大大高估了这一点），最重要的是他们新奇的治理形式。[91] 旋即出现的问题是，"美洲人"与欧洲人自己有什么关系，因此，若有的话，观察他们可能会对理解欧洲人的过去带来什么启示。欧洲人的祖先是否曾经像这些奇怪的民族一样生活，以至于现代人能够在他们身上瞥见自己的起源？

洛克在 17 世纪结束之时给出了肯定的回答。他对这个问题兴趣，部分是出于为欧洲人对新大陆土地的权力主张找到一个正当理由；他提出的理据是，通过建造永久性建筑和农业设施，他们"改良"了这块土地，而美洲原住民却没有做到。但这项研究不可避免地让他思考：什么导致了这两个社会之间

如此根本的差异。洛克把原因总结为，随时间推移而来的进化
（这里也不是达尔文意义上的进化）。他写道："起初，整个世
界都是美洲。"更具体地说，美洲仍是"亚洲和欧洲原初时代
的样子"。[92]

　　言外之意，欧洲人确实可以通过观察这些可能在人类发展
道路上落后于他们的陌生人的生活方式，来了解他们自己的历
史——就像今天的天文学家通过观察距离我们遥远的其他星系
来研究我们自己星系的起源一样，其间距离，远到我们从它们
那里接收到的光是几十亿年前发出的。到 18 世纪上半叶，洛
克关于"美洲人"的看法，以及他们与同时代欧洲人的关系的
看法，已广为接受。[93] 但隐含在这种哲学史（如其支持者所称
的）背后的假设是：人类历史不是从某个较早、更高的阶段的
下堕，甚至也不是一个无休止的周期性起落的过程。人类历史
一直在进步。

　　最后，还有千禧年主义的影响。休谟的《论技艺的提高》
和斯密的《法理学讲义》问世之前的 200 年间，人们重新
信奉《启示录》是对现实世界里发生的事件的预言，随之而
来，出现了关于千禧年（不管它实际能持续多长时间）会发
生在人类历史之内还是之外的争论。根据后千禧年主义的看
法——不到预言的摆脱邪恶的时代，世界不会终结——人类历
史不可避免地是一个向更高阶段迈进的历史。此外，在这种
受信仰启发的观点的大力渲染下，到 18 世纪中叶，进步被认
为不是一次性地跃进地上乐园，而是一步一步地向前——简
言之，进步。[94]

　　斯密的"四阶段序列"概念，对于一种经济如何从满足人
类需求的一种方式发展到下一种方式，给出了自成一体的动态
性解释，与前两个世纪众多英国神学家提出的后千禧年主义思
想惊人的一致：在稀缺的推动下，发展是不可避免的。它分阶

226

段前行。驱动它的机制仅是自然力量，重要的是包括人类的能动性。不断增长的知识对人的主动角色至关重要。知识进步所带来的经济进步，让人类生活其他方面的进步得以出现。

与斯密和他那个时代的其他人的思想一致，这种人类进步理论，也无须依赖其行为带来进步的个人之意图。（如果依赖的话，进步就有了前提条件。）亚当·弗格森，爱丁堡大学道德哲学教授，可以被视为格拉斯哥大学道德哲学教授斯密的对标人物，在斯密于格拉斯哥就这一主题发表演讲几年后，阐述了更普遍的原则："人类……在努力消除不便，或努力获得……利益当中，达成他们想象不到的目的。"他接下去说道："大众每跨出一步，甚至在所谓的开明时代，都对未来同样盲目；各国建制机构一时兴起，它们确实是人们行为的结果，但并非在贯彻任何人的设计。"[95] 正如那个时代的诸多思想所理解的那样，起作用的是意外后果定律。

斯密后来在《国富论》中发展出的理论，阐释了竞争市场条件下自利行为的有益后果。正是有了这一理论，就没有理由，也没有必要认为，斯密或休谟或者他们的大多数同时代人，会把后千禧年思想奉为个人宗教信仰。他们不必如此。这些观念——不仅仅是属于宗教思想的，也是更广泛意义上的——环绕着他们。随着 18 世纪的推进，这样一种思想路径，为不同人类社会形态更广泛地接受统一进步思想提供了支撑：杜尔哥的《论人类精神的连续进步》(*On the Successive Advances of the Human Mind*)［他于 1750 年在索邦发表的《论文两篇》(*Two Discourses*) 中的第二篇］、威廉·罗伯逊的《欧洲社会进步观》(*A View of the Progress of Society in Europe*, 1769)、吉尔伯特·斯图亚特的《欧洲社会观：从粗野到文雅的进步》(*A View of Society in Europe, in its Progress from Rudeness to Refinement*, 1778)，名气大的

当数孔多塞的《人类精神进步史表纲要》(*Historical Picture* 　227
of the Progress of the Human Mind, 1795)。经济进步是这
一进步的关键组成。正如奥古斯特·孔德 (Auguste Comte)
在 19 世纪初所写的那样,"所有人类的进步,无论是政治的、
道德的,还是知识的,都离不开物质的进步"。[96]

　　现代经济增长理论的核心要素,仍未出现;这种核心要
素,不仅仅是偶发零星的技术改进 (这对当时的农业和制造业
而言并不陌生),还是持续的技术进步。它于 19 世纪早早出
现的地方,不是在苏格兰或英格兰,而是在新兴的美国。

第9章

新共和国的政治经济学

人类的历史表明，只要人们能通过掠夺获得生存，他们就绝不会为生存而劳动——只要人们能迫使别人为他们劳动，他们就永远不会自己劳动。

——丹尼尔·雷蒙德（Daniel Raymond）

身份平等不仅使劳动的概念变得崇高，而且引出了靠劳动谋利的观念。

——阿历克西·托克维尔

1790 年 7 月，亚当·斯密去世，享年 67 岁。此时距他伟大的朋友和导师大卫·休谟过世已 14 年。威廉·皮特，这位在北美战争失败后成为英国首相，并将斯密奉作政策良师及国家栋梁的人，已执政 7 年。大洋彼岸，乔治·华盛顿已担任新美国总统 16 个月了。

这个新国家呈现的经济环境，与斯密、休谟在英国所认知的经济环境迥然有别，为仍在发展、后来被称为"政治经济学"的研究领域提出了新的问题。从佐治亚州到后来的缅因州，只有不到 400 万美国公民散布于大西洋沿岸，这使马尔萨斯《人口论》中对人口过剩的恐惧，完全不存在。（就连马尔萨斯也承认，北美的定居者社会为人口的增长提供了公认的有利条件。[1]）到 19 世纪初，美国人口已经增长到 500 多万，但该国面积的增长比例超过了这一人口增长比例。截至1800 年，16 个州加上官方建制的美国领土，占据了这块大陆远至密西西比河（除佛罗里达半岛外）的部分。3 年后，杰斐逊从法国手中买下路易斯安那州，又将一大块土地收入囊中。在可预见的未来，美国不会面临太少土地上挤太多人这样的问题。[2]

新共和国，既是新成立的，又是一个共和国，这一事实也很重要。斯密撰写《国富论》的部分动机，是劝说英国取消一系列沉闷的垄断，它们阻碍了该国商品市场的竞争。这些长期存在的制度设计，要么拜英国君主所赐，要么为腐败政治体制的副产品，在这种政治体制下，只有极少数英国国民在议会选举中投票，选票和影响力都被待价而沽。相比之下，美国诞生的过程扫除了过去美洲殖民时期设下的经济竞争障碍。就在签署《独立宣言》的一个月前，约翰·亚当斯写道："法令既出……一个比地球其他地方更平等的自由国度，必在美洲建立。"[3]特别是在革命成功之后，美国公民乐观地认为，新共和国不会再有他们眼中旧世界君主制的腐败。美国例外论，以及美国在世界历史和未来发展中将起特殊作用的观念，已然形成。[4]

此外，这个新国家在北美以外几乎没有征服或建立帝国的野心。因此，与传统的欧洲强国相比，从强化军事力量的角度来解释经济发展的目标，就不太站得住脚了。解决地域广袤的问题，要靠人口自然增长，以及移民持续流入带来的人口增长，而不是依靠维持一支常备军或从事海外军事冒险。提高生活水平，其吸引力在于其自身，而非作为负担军备和雇佣军开支的手段。

在最初的几十年里，美国面临的经济问题是不同的，例如向西开拓这片大陆；从自给农业向市场经济不断演进；以运河、收费公路以及后来的铁路——用当时的话说叫内部改善（internal improvements），用更现代的语言说是基础设施建设——来促进西进运动，把产品带到市场，把货物送到人们生活的地方；设置关税，让这个新国家的"新兴产业"成长起来，免受海外竞争对手的影响；解决国家公共债务，包括革命战争遗留下的债务，以及为新政府有意支持的任何内部改善提供资金；开设银行机构，为普通商业支付提供便利，并使借贷正规化。所有这些问题，都是这个新生共和国早期激烈辩论的主题。所有这些问题，都不仅牵动着政治谋划，而且牵动着根本的经济问题。新政治经济学家们寻求去分析和理解它们，是很自然的事情。

还有奴隶制问题。到革命时期，北方各州大多已经废除了这种"特殊制度"。南方各州则没有，它们的农业主体是在奴隶劳动的基础上搭建起来的，因此不太可能去废除。[5] 这个问题从根本上说是一个道德问题，但也有经济维度。缺了奴隶制，种植园劳力就需要让早先的奴隶以自由工人的身份或由一些新劳动力来承担。而且，奴隶是那些奴隶主的资本资产，通常代表着奴隶主财富的可观部分。1787 年费城制宪会议的代表们已经清楚这一问题，但发现他们无法就此达成一个可接受的解决方案。最后，他们不仅回避了这个问题，而且在接下来的 20 年里把它从国家的议程中拿掉了。宪法第一条规定："对于现有任何一州所认为的应准其移民或入境的人，在 1808 年以前，国会不得加以禁止。"（在第五条，谨慎的起草者、制宪者，还防止通过修改宪法本身来逾越这一障碍的可能性。）然而，宪法的保护只持续了 20 年，此后，关于奴隶制的争论越来越激烈，直到它在这个国家以空前绝后的最大危机爆发出来。

虽然经济问题成为多数公民的日常关注焦点，但整个国家议程的基调是要建设一个新的民主共和国，这是世界上第一个在地理和人口两方面具有巨大规模的民主共和国。美国革命不仅创造了一个独立的政治实体，而且带来了对人类社会及个人在其中所起作用的全新见解。[6]逢此前所未有的境遇，公民们现在必须在规划社会发展进程时，找到精英看法和大众意见之间的平衡。他们还必须直面社会的诸多问题，他们要生活在什么样的社会里，以及如何看待它的未来。

随着独立战争的胜利，以及新政体的建立，多数人对未来抱持乐观态度。但在这种情况下，乐观到底意味着什么？像世界各地的人们一样，较早的邦联时期的美国人对待这些问题的态度，至少部分是由他们的宗教信仰决定的。[7]对多数人而言，问题在于我们生活在什么样的社会中？我们新生的国度将走向何方？这两个问题又离不开这样一个问题：什么样的上帝创造了我们？

丹尼尔·雷蒙德撰写的《政治经济学大纲》（*Elements of Political Economy*），是美国第一本政治经济学专著，1820年首次出版。雷蒙德生于康涅狄格州一个有着悠久清教传统的古老新英格兰家族。他的经济学思想，反映了他所在地区和他祖先的宗教渊源。

政治上，雷蒙德是一个辉格党人，信奉先由亚历山大·汉密尔顿提出、晚近又由亨利·克莱（Henry Clay）阐发的原则。他认为工业发展对这个年轻国家的经济未来至关重要。[8]基于这些理由，他倡议内部改善和其他公共工程，并主张用公共债务来支撑它们。他还主张征收关税，以保护新产业免受外来竞争的影响。他认为，在某些情况下，政府应该授垄断权给新兴行业的关键企业，让它们也免受国内竞争的影响。雷蒙德曾为辉格党计划撰文辩护，（按克莱对辉格党计划的称呼）将著述取名为《美国体制》(*The American System*)。[9]

像大多数新英格兰人一样，雷蒙德反对奴隶制。(辉格党在北方和南方都寻求支持，避免采取明确立场；迟至1848年，该党政纲在这个问题上还保持沉默。)1819年，雷蒙德凭借自己35岁左右出版的反奴隶制小册子《密苏里问题》(*The Missouri Question*)声名鹊起(在南方的话，用"恶名"这个词形容会更准确些)。[10]宪法只在联邦最初的13个州中保护奴隶制，但无论如何，到那时该条款已经失效，后续是否允许各州承认奴隶制仍未有定论。这一决定影响的不仅是那些生活在新成立的州的人，蓄奴州和自由州在国会中的代表数量的平衡也会受到影响。每成立一个新州，美国参议院就会增加两名议员，基于新州人口数量，众议院也会增加一些议员。

1819年，全国性政治争论的焦点是否接纳密苏里州为新州，如果接纳，条件是什么：蓄奴还是自由。雷蒙德的著作吸引了广泛的关注，尤其是因为他在抨击奴隶制时运用了统计分析。(在某种程度上，他依赖于马尔萨斯的几何级增长假设，并将其应用于奴隶人口，警告说最终将没有土地留给自由劳动力耕种。)第二年，国会通过《密苏里妥协案》(Missouri Compromise)解决了这一争端，接纳密苏里为一个由自由州缅因州所平衡的蓄奴州。但是关于奴隶制的争论仍在继续，雷蒙德的分析仍然适用。

1820年，雷蒙德出版了《政治经济学大纲》初版，之后在1823年修订了文本。[11]该书是美国出版的第一部有关经济学的全面、系统的著作，很快就得到了好评，尤其是新英格兰人的好评。卸任近四分之一世纪后仍健在的前总统约翰·亚当斯，称赞这本书具有国家意义。亚当斯写道："我从未如此满意地阅读过任何政治经济学著作。"它代表了"美国著述的骄傲丰碑"。他还说："我会将它热情地推荐给我认识的每一位学者。"[12][20]

年后，约翰·昆西·亚当斯在总统任期结束后到众议院任职时，向国会图书馆赠送了一本《政治经济学大纲》。[13]

雷蒙德经济学的中心主题可以追溯到美洲清教徒定居早期。约翰·温斯罗普（John Winthrop）于 1629 年被选为马萨诸塞湾殖民地总督，他是一名英国律师和土地所有者，在剑桥大学三一学院接受教育。他还是一名虔诚的清教徒。依循传统，1630 年 3 月，当要动身离开的殖民者们聚集在南安普敦，准备航行到新大陆时，温斯罗普在头船"阿尔贝拉号"（*Arbella*）上向其他殖民者布道。他的俗人布道《基督教仁爱的典范》（"A Model of Christian Charity"），仍是最著名的英语布道词之一。[14]

温斯罗普告诫他的新同胞，不要期待一个平等的社会。他告诉他们，全能的上帝"以他最神圣和明智的天意如此安顿人类境况：在所有的时间里，有些人必定是富有的，有些人必定是贫穷的，有些人必定是位高权重的，而其他人则必定是卑微顺从的"。在新的殖民地，人们也会经历收入和地位的不平等。但在将正统的加尔文主义原则运用于他们的属灵状态，以及他们的世俗状态时，他提醒人们，即使他们碰巧是富人（无论这对他们要往旷野去可能意味着什么）或一个行使权力的官员，也不要自视优胜："一人对比另一人，生而更荣耀或更富有……不是出于他本人有什么特异之处，而是出于他的创造者的荣耀和人类造物的共同利益。"[15] 物质上的福祉，就像救赎一样，乃是上帝的馈赠。这份馈赠纯粹源于上帝的恩典行为，而不是对接受者个人品行的认定。

温斯罗普接着指出，这种对人生差异的预定论理解，在实践上要求人们彼此之间有共同体主义立场，不论是在态度上还是行动上，这让人想起保罗和早期基督教会倡导的相互仁善。自利的个人主义，在他们即将脱离的英国这个已然成熟的世界

233

里，或许已经足够好，但是他们新家的条件让其他考虑变得重要起来。他解释说，"每个人都可能需要"彼此，因此重要的是，"他们可能会在兄弟般的感情纽带中更紧密地结合在一起"，"每个人在他人有求或困顿之时施以援手"。他们应该如何帮助陷入贫穷的殖民地同胞？用贷款？或者只是给那个人可能需要的东西？温思罗普非常明确地说："你必须留意你的弟兄是否当下或将来有可能偿付你。如果没有，你必须照其所需给他，而不是照其所需借予他。"[16]（把一个潜在的借款人称为"你的弟兄"，使人想起了《利未记》和《申命记》禁止取利的话，他的听众对圣经这两篇非常熟悉。[17]）

不过，这位总督对殖民者新家里需要共同体主义的呼吁，并不止于该出借还是该馈赠的问题。温思罗普解释道："对公众的关心，必须超越所有私心。"这种先公后私的顺序，要求那些富足有余之人，愿意去帮扶那些手头短缺之人。他总结道："我们必须愿意减少我们的多余物，以向他人提供必需品。"此外，关于殖民者应如何共同生活的忠告，不仅仅是一个涉及人类实际需要的问题。它具有神圣意义。他告诫说："它成了上帝与我们之间的结合点。""我们与他在这一工作上立了盟约。"他接着借用了《马太福音》中的意象，他的布道也因此而闻名于世："我们将成为整个世界的山巅之城。世人的目光都将注视着我们。"[18]

约翰·温斯罗普向殖民地同胞呼吁的共同体主义，成为美国清教徒经济思想的主要内容。[19]追求个人利益，是完全可以接受的；但这样做时忽略了对他人的关心，则是不可接受的。自利和自私是不一样的。将近一个世纪后，科顿·马瑟写道："不要让各人（只）为自己谋取财富，而要让每个人为别人谋取财富上心……乐意你的邻人和你自己一样都受益，都受到鼓舞。"[20]一个世纪后，丹尼尔·雷蒙德继承了这种共同体主义思维，将其置于自己政治经济学分析的核心。

    雷蒙德在《政治经济学大纲》中的出发点，是劳动之于经济生产的重要性，以及由此引申而来的，劳动的必要性与人类想方设法规避劳动之间永恒的紧张关系。他写道，人类的历史"表明，只要人们能通过掠夺获得生存，他们就绝不会为生存而劳动——只要人们能迫使别人为他们劳动，他们就永远不会自己劳动"。反对奴隶制是他前一本书的主题，现在他从更普遍意义上框定了自己探究经济关系的方法。强迫他人为我们劳作的倾向，何以"如此普遍地成为人类的特征"？如何解释"对如此不公行径的冥顽执守，况且此行径并不足以去实现它似乎被选定去达成的目标"？[21] 他认为自己已经指明，奴隶制不仅在道德上是错误的，而且在经济上也是低效的。

    为了解释这个难题，雷蒙德把目光转向传统加尔文主义所理解的人类败坏起源：堕落。"人类性格当中这种看似奇怪的反常，其解决办法在下面一段咒诅的话中或许可以找到，它是由创造者对堕落之人宣布的，'又对亚当说……你必汗流满面才得糊口'"。对雷蒙德来说，《创世记》中的咒诅是"上帝自己对堕落的受造物的明确宣判"。这是"不可改变的自然法"。但由于他们从亚当那里继承的堕落，人们并没有简单地接受上帝的咒诅，投入他们被谕告的劳动。"对人性来说不幸的是"，试图依靠他人的劳动过活，"一直是人的显著特征，在其拥有足够的力量之时"。[22]

    雷蒙德也完全遵循美国清教徒的传统。科顿·马瑟警告过不要为了追求自己的利益而排斥（甚至牺牲）他人的利益，他也强调过劳动本身的必要性。他写道："一名基督徒不该无所事事，那既不正派有信，也非基督徒所为"。除了认为违逆上帝对堕落者的咒诅，马瑟还认为不劳动等同于偷窃："无天职

235

（Calling）可言……这便违反了第八诫；它要求人们为自己寻求适意的生计。"[23]

　　即便如此，雷蒙德总结道："从判决宣布之时起到今天，人类一直在与判决抗争，并尽一切努力从它的施行当中解脱出来。"但是上帝的这个谕命是不可改变的自然法，所以逃脱是不可能的。结果是，"他们所有的挣扎都是徒劳的"，不仅是徒劳的，而且是有悖常理的，正如美国奴隶制的例子所表明的那样。"每一次背法而行只会让他们越来越深地陷入痛苦的无底洞。"[24]科顿·马瑟同样提到亚当被逐出伊甸园，他需要在园外的新生活中去劳作，他认为"咒诅成了福佑，我们的汗水有望阻止我们诸罪缠身"。[25]雷蒙德概言，哪里都有这样的人，"他们不靠自己的劳作过活，而是设法从别人的劳作中获取生活的必需品和舒适条件"。[26]

　　任何共同体中，一些个体都可能会以这种方式剥削他人，但雷蒙德指出，共同体作为一个整体，却别无选择，只能供给劳动力。雷蒙德的这一见解，比后来的经济学家从理论上在适应个体的对策与适应整个经济体的对策之间做出的区分，早了几十年。[27]他叹言，政治经济学方面的撰述者们"自以为能从个体推演到国家，未考虑到它们各自所处的不同情境"，从而犯下错误。他们没有看到"一个原则，运用于个体或国家的一部分时，可能是正确的；但如果把它无差别地运用于整个国家，可能就失之偏颇了"。[28]

　　雷蒙德虽是在1820年代的美国写作，当时大多数对经济问题感兴趣的人，却都是按照不同地区（新英格兰；南方；西部，意思是俄亥俄州和伊利诺伊州）的情况思考的，因此，雷蒙德算是把整个国家作为自己的分析单元。"一个国家是一体的，不可分割的，"他写道，"每一个真正的政治经济学体系都必须建立在这一理念之上，把它作为基本原则。"他的推理转向了供给劳动力这一基本需求。个体之人或许不工作也能生存。但是"就国家而言，人类几乎被纳入了全能的主对他们判决的效力范围，因此国家只能依靠自己的产业来享有生活的必需品和舒适条件"。的确，"一个国家不靠自己的汗水，就吃不上面包"。因此，他总结道："个体利益永远与国家利益有分歧。"[29] 在他首先想到的特例中，奴隶主可能在个体层面方便了自己，但他们正在伤害美国。

从政治经济学的角度来看，这种差异很重要，因为雷蒙德遵循亚当·斯密的方法，衡量一个国家的财富时，看的是该国人民生活水平，而不是它的军事力量，或者它拥有的黄金白银，或者它声称拥有的广袤领土。有形财产构成个人的财富，而不是构成国家的财富。个体之人可以把财产卖给另一个人，国民全体则不能向任何人出售财产。"国民财富的真正定义是什么？"他问道。"我将把它定义为一种获得生活的必需品和舒适条件的能力。"为此，上帝以咒诅形式要求的劳动，是必不可少的。最重要的是，产出这些必需品和舒适条件的能力，取决于"人民勤劳的习惯"。[30]

雷蒙德不赞成经济不平等严重到压低普通民众的生活水平致其适意难求的程度，在这一点上他追随的是斯密，温思罗普在这一立场上也追随了斯密。斯密曾写道，如果一个社会的大多数成员贫苦凄惨，那么这个社会就不可能繁荣幸福。[31] 雷蒙德也同样清楚，重要的是全体人民的生活水平。他写道："当我们讲到国民财富时，我们讲的是，或至少应该讲到整个国家的状况，而不是它任何组成部分的状况。"因此，对于像种植园奴隶制下的美国南方这样以不平等为特征的社会，雷蒙德否认它有什么价值。"如果一国国土和全部财产被少数人据有，而绝大多数人陷入无望的贫苦凄惨状态，那么个人财富的总和有多大就没有意义了。"只要把国家视为一个由全体公民组成

237

的单位，就"不能说这样的社会享有高水平的国家财富"。[32]

但是美国的经济思想走了一条不同的道路。虽然丹尼尔·雷蒙德的后继者们继续把经济整体视为相关的分析单位，但雷蒙德从其清教徒先辈那里继承过来的对劳动和共同体主体精神的强调，没有成为一条被选道路。宗教思想仍对内战前美国政治经济学家的主流思想产生了巨大影响。但是，这种宗教思想，不同于雷蒙德的预定论的、以堕落为中心的加尔文主义。它所培育出来的经济理念，也有了不同。

238　　部分原因在于，美国宗教思想家本身对自利有种矛盾心态，而且对自利的看法又不断发生着变化。科顿·马瑟曾告诫说，任何人都不应该只关注自己的利益，但他也承认，在明确的商业环境中追求自利在道德上是合法的——事实上，在道德上是必需的。马瑟劝诫道："一名基督徒应以勤勉之心守好职业本分。""让你的事业占据你大部分的时间。"在曼德维尔第一次发表那首奠定《蜜蜂的寓言》基础的诗的四年前，马瑟写下了一句与曼德维尔所用意象相同但传达了不同信息的话："让蜂巢里没有懒惰者。"[33]

乔纳森·爱德华兹同样赞同在适当的限度内追求自利。在他看来，基督教精神"并不全然排斥自爱。一个人应该爱自己，或换句话说，他应该爱自己的幸福，这不是一件违背基督教的事情"。像亚当·斯密一样，爱德华兹认为追求自利无非是人性的一部分。他指出，"一个人应该渴慕自己的幸福，这是他的天性所必需的"。此外，人性的这一面并不是亚当之罪的某种可悲后果。爱德华兹写道："从这个意义上说，自爱不是堕落结出之果，而是必要的，是属于造物主创造的所有智慧存在的本性。"即使是圣人也渴慕自己的幸福。宗教的要务不是驱逐自利，而是限制和规范自利。基督教精神所反对的自爱，只是"一种过度的自爱"，也就是自私。"当一个人归正和成圣时，他身上所发生的改变，不是通过减少他对幸福的渴慕做到的，而只是通过调节它做到的。"[34]

　　清教徒传统中的其他人采纳了与爱德华兹相似的利己主义观点。塞缪尔·库珀（Samuel Cooper）在波士顿布拉特尔街教会担任了 30 多年的牧师，他在 1753 年向该市的产业促进会布道时，谈到了"无私的仁慈"这个话题。库珀以确定无疑的口气对听众说道："我们当真无法想象，仁慈的人会不顾自己的利益。"相反，"自爱，对于世界的维系和幸福来说，至少和社会性一样必要：两者都是自然的创造者设计好的，在一定程度上在我们身上发挥着作用"。像马瑟一样，库珀坚持认为，自利不仅是可接受的，而且是宗教所要求的："我们的主教导我们，要把对自己的爱，作为爱别人的尺度和标准：爱人如己。"[35]没有对自己本身的应有尊重，就不会有对他人的尊重。

　　那么，出于宗教动机的个人是如何采取行动来增进其他人的福祉的呢？库珀称，这并不是因为他们放弃了对自己的关爱，"慈善的人并不缺乏对自己利益的审慎考虑"。库珀和之前的马瑟一样，把经济活动和主动性直接联系起来。他指出："这位心胸坦荡和无私的爱国者，形成了扩大自己国家财富和权力的计划。"这意味着要"引进和促进最有用的技艺和制造业"，他在产业促进会的听众，无疑很高兴听到这一点。此外，这种经济实业不仅在物质方面是有用的，而且对人类幸福也是必要的："只有产业，以及有工作能力的那些人的充分就业，才能使富足和幸福遍及整个共同体。"[36]

　　另一位持相同观点的殖民时代牧师是托马斯·克拉普（Thomas Clap），他是公理会教徒，也是 1740 年代中期至 1760 年代中期耶鲁大学的校长。在就"道德德性和义

239

务"主题提交的一篇名为《简明伦理研究导论》（"a Short Introduction to the Study of Ethics"）的文章里，克拉普将自利归因于上帝所赋予的本性，它不仅赋给了人类，而且赋给了所有活物。他指出："上帝在所有动物身上植入了自爱和自我保存的原则。"他也由此得出结论，宗教的合理目标不是取消这种自利，而是将其限制在适当的范围内。"既然这种自爱原则是上帝植入的，是要对接许多善好目标的，它就不会被根除，反而受一个无限更高更好的原则的约束，并服属于这个原则。"那个原则即"效法上帝的道德完善"。[37]

马瑟、爱德华兹、库珀、克拉普以及许多其他人所阐述的宗教思想方针，即在接受自利的道德合法性的同时，去寻找对自利做出限制和规范的手段，与亚当·斯密在《国富论》中提出的竞争性市场的观点如出一辙。此后，正是这种思维方式，成了美国这一新共和国经济思想得以发展的基础，而不是像丹尼尔·雷蒙德那样，对人们一心通过剥削他人劳动来逃避上帝咒诅的做法，以一种负罪感深重的眼光盯着不放。

但是也存在着一种偏离。斯密的见解是，竞争性市场是有效的甚至必然的调节自利的工具。然而，对于市场作为人类社会的一种制度从何而来，斯密没有多说。对前述那些神职人员来说，答案是显而易见的：如果市场对于让社会运行起来进而推动人类幸福至关重要，那么，市场必然是一个主动仁慈的上帝创造的。接受了斯密思想并使之适应19世纪初美国经济形势的这批政治经济学家，就是这么认为的。[38]

然而，这个时候，美国的宗教面貌发生了变化。变化是革命催生的新民主精神气质的结果，是该国向西扩张的产物，也受向市场经济大踏步迈进的影响。从美国宗教思想与宗教实践的角度来看，问题的核心在于精英观点和大众看法之间的新关系。

托克维尔，这位在 1830 年代初游历美国的法国律师和小贵族，根据自己的见闻，写下了在许多崇拜者眼里"有史以来关于民主的最好的书，也是关于美国的最好的书"，[39] 他详细评论了自己在这个新生国家的公民中观察到的非凡的平等意识。托克维尔写道："我在合众国逗留期间见到一些新鲜事物，其中最吸引我注意力的，莫过于身份平等。"[40]

他当然不是说每个人都享有同样的物质生活水平，或者有同样的体力或敏锐心智，从事同样的职业。托克维尔所说的条件平等，意指一种公民身份，在这种身份中——与他的祖国法国不同——没有基于出生的法律差别，所有男性公民在法律面前、在与自己国家的关系上，都平起平坐。[41] 这种新形式的平等，在托克维尔的评判中，不仅仅是哲学上的抽象。它对新美国社会的整个进程产生了"重大影响"。"它不仅在制造舆论，激发情感，移风易俗，而且在改变非它所产生的一切。"[42]

美国生活中的宗教领域，超脱不了这种巨大的影响。托克维尔来自一个传统的罗马天主教国家，对于美国这样一个虽无国教，但宗教仍在社会中举足轻重的国家，其宗教生活的独特性还是给他留下了深刻的印象。他写道："我一到美国，首先引起我注意的，就是宗教在这个国家发挥的作用。我在美国逗留的时间越长，就越感到这个使我感到新鲜的现象的强大政治影响。"与大多数欧洲国家不同，"在美国，宗教从来不直接参与社会的管理"，虽说如此，"它却必须被视为他们政治建制中最主要的建制"。要解开这一明显的逻辑不一致，就要看到宗教对美国法律的影响，在托克维尔看来虽然很小，但"它却在引导民情"。更要紧的是，他发现在美国"宗教精神和自由精神……紧密配合"。他这样描述它们之间的互动："美国人在他们头脑中把基督教和自由几乎混为一体，以致让他们想这个

241

而不想那个，简直是不可能的。"[43]

在托克维尔所观察到的平等和自由新精神的影响下，美国独立后的短短几十年内，宗教面貌发生了根本性变化。革命时期，13 个殖民地大约有 1800 名基督教牧师，他们几乎都接受过神学和其他职业所需的正式培训。到了 19 世纪的头几十年，许多人没有接受过神学院的培训，有时几乎是没有接受任何形式的正规教育。即使是在波士顿这样算得上在宗教层面最为传统的地区，18 世纪末和 19 世纪初，该市在非公理教会担任牧师的 19 人当中，有 10 人既没有上过大学，也没有上过神学院。[44] 此外，担任神职人员的人数急剧增加。到 1940 年代中期，美国有近 4 万名基督教牧师。人口增长了，但神职人员的数量增长了两倍之多。[45]

这种扩张大多发生在历史悠久的教派之外。19 世纪的头几十年，像循道宗和各种分离主义浸礼会团体这些以前被视为异端的教派，教徒人数在不成比例地增长。全新的教派也出现了：基督会（Disciples of Christ），后期圣徒会（Latter-Day Saints，也称摩门教），非洲裔美国人中的非洲循道宗主教制（African Methodist Episcopal，AME）教会，那些单称自己为基督徒派（Christians）的教派。18 世纪末和 19 世纪的头几十年，美国经历了第二次大觉醒，在某些方面可与 1730 年代和 1740 年代的复兴媲美，但现在的特征是多元绽放、万象更新。这些新兴教派或之前属异端教派的成员，与公理会和美国圣公会有所不同，从来不知道作为州邦的官方宗教的好处，通常对一般意义上的政府持怀疑态度。[46] 许多浸礼会信徒和其他"持异见者"，曾反对批准 1789 年创建这个新国家的宪法。[47] 共和国立国之初，这些团体的抵抗，在国家权威的迈进中起着一种刹车的作用（他们的反对之后一直存在，对美国政治产生了深远的影响）。[48]

　　因此，美国宗教生活格局的种种变化，是革命的民主后果的一个方面，到托克维尔访问时，它已经从后独立时期的最初形式和姿态，演变为了成熟的杰克逊式民主。在国家生活的一个又一个领域——不仅仅是政治领域，还有报纸出版、银行、法律实践，甚至是医疗领域——老牌精英的权威受到侵蚀，而缺乏专业培训和资质、缺乏任何正规教育的新团体，获得了影响力。宗教是这场民主运动的一部分。甚至在革命之前，民主倡导者就已攻击了老牌教会中神职人员的特权地位和贵族倾向。[49] 共和国初期，原先对神学院培养的神职人员的尊重，实际上让他们垄断了有组织的宗教生活，此时，对他们的尊重，在许多方面让位于一种反神职主义（anticlericalism）的形态，这种观念形态认为，未经训练、自我宣示为领导者的人才是真正的中保，他们为信徒所求指点迷津。在许多人看来，神学院里的书斋学习，阻碍了圣灵发挥影响。[50]

　　宗教实践也发生了变化。在第一次大觉醒中，皈依者的平均年龄在 25 岁左右；现在皈依者多数差不多十八九岁。[51] 被早期的受教育者经常诋毁为"狂热"的宗教表现形式，现在成了吸引普通公民的常规做法，而不只是如早前由怀特腓德和爱德华兹引领的那种偶发性复兴现象了。新的布道者，不是一心让信徒走到自己身边来，让信徒进入建筑精良甚至幽雅的教堂，新布道者中的许多人，是没有真正主场的巡回讲道者，他们通过帐篷布道会和营地布道会来实现公众的宗教参与，这些布道会一直蔓延到该国迅速扩张的边境。随着新技术让印刷变得更便宜（而且美国的识字率又比其他地方高），面向大众的宗教小册子在比以往更广泛的受众中，通过书面文字传播了传统宗教热忱。

　　这些发展往往是富有超凡魅力和创新精神的新宗教领袖个人持续努力的结果：约翰·利兰（John Leland），一位活

243

爱德华·威廉姆斯·克莱（Edward Williams Clay），《西部边境的营地聚会》（*Camp Meeting on the Western Frontier*, 1836 年）。随着美国西进和新教派的兴起，尤其是循道宗的兴起，美国的宗教生活越来越呈现出户外特征

跃在其家乡马萨诸塞州以及多年来也活跃在弗吉尼亚州的浸礼会牧师；洛伦佐·道（Lorenzo Dow），一位以近乎歇斯底里的布道风格而闻名的循道宗教徒；查尔斯·格兰迪森·芬尼（Charles Grandison Finney），19 世纪中叶的长老会领袖，曾担任欧柏林大学（Oberlin College）校长 15 年，同时领导复兴运动并带头致力于废除奴隶制。还有一些精力充沛的领袖创立了全新的教派，像 AME 教会的理查德·艾伦（Richard Allen），约瑟夫·史密斯（Joseph Smith）和当时领导摩门教的布里格姆·杨（Brigham Young），以及 19 世纪后期基督教科学运动（Christian Science movement）的玛丽·贝克·艾迪（Mary Baker Eddy）。就连威廉·米勒，其对天启的盼望在 1843 年和 1844 年如此公开地"令人失望"，也开创出了一个新教派，即今天的基督复临安息日会（Seventh Day Adventists）。

　　然而，伴随这种个人开拓精神而来的宗教活动之盛和宗教形态之多，却是新美国社会另一特征的产物，这一特征也引起了托克维尔的注意：公民热衷于组成志愿团体来达成某种特定目的。他注意到，"只要美国的居民有人提出一个想要向世人推广的思想或意见，他就会立即去寻找同道；而一旦找到了同道，他们就要组织社团"。因此，志愿协会建立起来，推动了一众行业、领域，包括公共安全、商业、工业、道德和宗教等。[52] 托克维尔看到，"不论年龄、不论地位、不论志趣的所有美国人"都具有成立协会的倾向，他认为这是这个新国家与欧洲社会相比在民主特性上的进一步表现。"在法国，凡是创办新的事业，都由政府出面；在英国，则由当地的权贵带头；在美国，你一定会找到人们自己组建的团体。"[53]

宗教领域也不例外，尤其是在一个没有国教的国家。每个教派维系自身的资金，须出于其支持者。不过，托克维尔所观察到的由私人协会激发的那股宗教热忱，远不止于投在支持国家教会上。就在托克维尔到访的前几年，在 1827 年的一次布道中，杰出的长老会牧师莱曼·比彻（Lyman Beecher）称赞了"基督教徒志愿协会"，这些协会开展宗教活动的形式灵活丰富：圣经协会、福音传单协会、教育协会，"帮助支持福音在家的协会，将福音传播到新的定居点，并传遍全地"，以及帮助"把落实每个家庭都有圣经、每个教堂都有牧师、每个孩子都能做教理问答为己任的个人协会"。[54]

1826 年由比彻和另一位长老会牧师贾斯汀·爱德华兹（Justin Edwards，可能是乔纳森·爱德华兹的远亲）创立的美国戒酒协会，尤为活跃。当时，普通美国人每年相当于喝下 7 加仑纯酒精。[55] 过去半个世纪里，7 月 4 日是一个举国庆祝的日子，但后来也成了一个满城酗酒的时间点，改革者们将这一天作为一个宣扬节制的日子，作为一个举办无酒野餐、宣传烈性酒危险的日子，也作为一个敦促参与者许下"禁酒誓言"（dry

245

oaths）和其他承诺的日子。数年内，禁酒婚礼在一些地区流行
起来，咖啡取代了更为传统的葡萄酒，烈性饮料就更不用说了。
许多城镇在 7 月 4 日举行禁酒游行。积极活跃者为这些场合谱
写禁酒歌曲，有些是为成年人写的，也有许多是为孩子们而作
（"这群年轻人 / 与我们携手 / 当下发誓 / 不再饮酒"）。[56]

美国日益多样化的宗教团体当中的这种积极动向，一定程
度上标志着第二次大觉醒运动认识到了私人道德的公共意义。[57]
它也反映出与正统加尔文主义思想渐行渐远。这种动向背后的
想法是：个体之人在适当的帮助下能够获得灵性救赎，同样，
在适当的帮助下，他们也能够摒弃他们在尘世的恶习。正如神
职人员的任务是让他们皈依宗教信仰，并且力所能及地做到这
一点，用宗教进行自我完善的协会则接受了在更为世俗的问题
上改造人们品行的挑战。让个体接受他们各自的社会责任和个
人责任，就是在将他们引入神的国度。因此，个人道德成了公
共责任的题中应有之义。持阿米尼乌派思想的多数团体，如循
道宗派，在这些努力中最为活跃，这并非巧合。但特别是经历
了 1840 年代初对米勒预言的"失望"之后，许多之前持前千
禧年主义的浸礼会教徒和长老会教徒，开始倾心一种更偏向于
后千禧年主义的观点，并由此与活跃的改革派走到了一起。[58]

托克维尔还相信，他所推崇的美国政治自由和平等，培
育出了他未曾见过的经济创新精神。他总结道，在美国，自由
"对于财富的生产特别有利"。[59]（如他所言的）条件平等，创
造了人人都能出人头地的信念；虽然不是每个人都能成功做到
这一点，但这种信念培养了一种态度，即每个人都应至少尝试
一下。实际上，对经济机会的这种认识，创造了一种与之并行
的要在经济上有所作为的责任感。

托克维尔来自一个非常不同的国家，他详细论述了这种广

246

泛感受到的责任是如何塑造普通公民的行为的。他说："看到美国人那种疯狂追求福利的样子……实在令人惊奇。""人人都想增加自己的财富或为子女多积点财富。"他并没有观察到任何像丹尼尔·雷蒙德所说的通过剥削他人劳动来逃避工作的普遍企图。托克维尔写道："世界上恐怕没有一个国家能像美国那样少有游手好闲的人。在美国，凡是有劳动能力的人，都热火朝天般地追求财富。"上述种种倾向是"平等唤起美国人产生人可无限完善的观念"的展现。[60] 其他来自国外的旅行者，也评论了经济上这一热火朝天的景象。1839 年，英国月刊《体育评论》（*The Sporting Review*）写道，即使是该国最富有的公民中，也少有人"能对职业或商业性质的事务无动于衷"。[61]

19 世纪初的美国人所感知到的普遍机会（也就是说，在白人男性当中是普遍的），在一定程度上也是经济快速扩张的产物，因为人口增加了，移民也向西迁移了。甚至在共和国成立之前，华盛顿和其他新国家的缔造者们，就已经认识到西部开发是新国家成功的关键。[62] 这一愿望在 19 世纪上半叶成为现实。1820 年之前，阿巴拉契亚山脉构成了美国的西部边界。到 1810 年，不到七分之一的公民居住在更远的西部。此时，河上的汽船、没有天然水路的地方修建而成的运河和高速公路，使得人们可以到达离水岸更远的地方。1825 年完工的伊利运河（Erie Canal），将农产品从纽约州西部及更远的地方运输到纽约市的成本降低了十分之一，结果带来了该国中西部北侧的迅速繁荣。[63] 仅仅 5 年后，巴尔的摩和俄亥俄州铁路的首段开通运行。从 1820 年开始，边界每年在内陆推进大约 20 英里。到 19 世纪中叶，该国 2300 万居民中有一半居住在阿巴拉契亚山脉以西。[64]

经济不仅在扩张，也在变化，这些变化带来了新的机遇。美国经济一直以农业为主。然而，19 世纪初，该国的农业开

247

始从自给农业向市场经济为导向的生产转变。过去，一个家庭经营一个单独的农场或者整个村庄时，会尽可能地实现自给自足。人们生产大部分他们需要的东西，除了食物，还包括他们自己的衣服以及地方铁匠锻造的器具；他们依靠流动小贩，或偶尔进城补充自己不能生产的少数东西。然而，到了1830年代，美国农民开始专业化，尽可能多地种植小麦或玉米等某一作物，并将大部分收成进行售卖。如此一来，他们越来越依赖市场经济来提供他们不再自产或自制的东西。拉尔夫·瓦尔多·爱默生在1860年写道："也就是几十年前，农场消费的都是自己产出的。农场的钱不外流，并且，农民不……也照常生活……而现在，农民要消费的东西大多靠购买。"[65] 经济上与更广阔世界打交道，不再是可有可无的细枝末节之事，而变得对生存不可或缺了。

　　这种加速的结构变化，极大地增加了个人的机会，因此也扩大了个人在经济领域的选择范围。与自给农业不同，商业化农业为大规模生产创造了动力，由此（通常以土地的形式）促进了财富积累。这也让该国许多公民面临前所未有的经济风险。农民以往总是面临恶劣天气和歉收的可能性，但一个独立的家庭农场由于种植多种作物，同时饲养多种动物，就不太可能在同一年没有收成或产出；而面向市场销售的农场，大多依赖单一作物。

　　除了收成变化无常，商业化农业也让农民面临一系列全新的市场风险。收成可能很好，但如果他们种植的单一作物的市场价格很低怎么办？大规模生产也需要大面积的土地，许多所有者通过借贷来为他们扩充的土地提供资金。因此，信贷市场的波动也会产生影响。"1837年大恐慌"之后贷款急剧收缩，造成了长达5年的困厄，压低了包括农业领域在内的整个经济的价格、工资和利润。一如既往，金融市场的发展为投机行为

提供了机会，它让投机者以及许多单纯依靠金融市场进行商业
交易的人，暴露于风险之下，这些风险与这些实际上属非金融
的经济活动本来是没什么关联的。

与此同时，农业以外的新产业正在兴起，不仅为如今规
模大得多的商业化农场提供了给付工资的就业机会，而且充实
了之后势必形成的城市劳动力体量。美国的制造业活动最初集
中在新英格兰，但后来逐渐向西部扩展。与之相似，最初主要
以纺织品生产起家的行业，在效法弗朗西斯·卡伯特·洛厄
尔（Francis Cabot Lowell）在美国首创的高度机械化工厂模
式之后，也将触角伸向了耐用消费品生产领域。制造业的发
展，还为创新和企业家精神创造了进一步条件。随着老农业区
人口的持续增长，它还为越来越多的农场不再需要的工人提供
了工作。一个世纪或更早以前，曾经规模适中的家庭农场，现
在已经分化了三次甚至四次，以满足后续几代人的独立性。到
1830 年代，这一过程已经达到了实际极限。此时，有至少一
个儿子的农场家庭，他们的成年子女要么去发展中的城市就
业，要么加入西进运动。[66]1836 年出版的一本名为《职业和行
业全景》（*The Panorama of Professions and Trades*）的流
行手册，就反映了各种各样的新机会；这本书还有一个打动人
的副标题——"人人书"（*Every Man's Book*）。[67]

在托克维尔看来，推动这些经济变动的个人有所作为，是
新共和国特有的平等和自由的产物。他写道："因此，在自由
和实业这两个事物之间，存在着紧密的联系和必然的关系。"
在其他情况下，劳动之必要，似乎是上帝对有罪之人的咒诅。
他在 1830 年代初期的美国看到，"身份平等不仅使劳动的概念
变得崇高，而且引出了靠劳动谋利的观念"。在平等和自由的
条件下，追求财富的劳动，不是咒诅。它是人们追求改善甚至
完善他们所生活的世界的一部分。托克维尔写道："人可完善

249

的观念，同世界本身一样古老。平等并没有创造这个观念，但它使这个观念具有了新的特点。"[68]

生机盎然的经济活动对宗教思想也产生了影响。在政治平等的背景下，对越来越多的机会的认识，增强了 19 世纪初众多美国人的这样一种意识，即他们的经济命运掌握在自己手中。这种在越来越多的人中间传播开来的新态度，对预定论的宗教思想是不利的。随着越来越多的美国人将生活道路把握在自己手里，个人能动性在经济领域中的作用，变得比以往任何时候都更加明显。要想象他们个人的属灵命运完全不受他们掌控，而是长久以前就被决定了，与他们的努力、行为或成功无涉，便会与他们的日常直觉相矛盾。一个多世纪以来，宗教前前后后如何看待人类能动性的潜力，曾影响人们对经济问题的思考，现在，经济机会得到扩展这一现实，同样也塑造了美国人对不同宗教诚命的接受程度。

正如托克维尔所指出的，由于没有国教，美国宗教团体争夺信徒和资金的实际需要，牵着这个新国家的大多数宗教思想循着这样的路线走，即满足信徒的灵性需求时，并不会表现得像在与他们的世俗干劲唱反调，或是弄得他们感觉太过别扭。他讲道，"随着人们的条件日益平等"，对宗教而言越发要紧的是，"愈加需要不与一般人都接受的观念和在群众中起着支配作用的利益，进行没有必要的对抗"。[69]

具体而言，随着向商业化农业的转变创造出了新机会，随着该国商业和制造业精英在增长（两种情况下都包括许多来自普通家庭的人），富裕起来的农民和商人，以及他们的家人，不太可能选择去那些他们总听到自己被诋毁、他们的道德品质在布道讲坛上受到谴责的教堂。纠缠于人类自古便从他们初代父母的罪恶中继承了内在堕落，不符合时代的精神。就连游离于偏建制性教派之外的震颤派，这一在 1840 年左右达到顶峰的教派，也谴责堕落说是"黑暗力量有史以来最具破坏性的谬误之一"。[70] 进入 19 世纪下半叶，总的趋势，不仅是继续接受以人类能动性为中心的宗教信仰、反对预定论，而且有了像循道宗这样一些团体的"资产阶级化"，它们当初发起时有着较为明显的工人阶级取向。[71] 因为，这些教派不顺势而为的话，便会让它们与作为年轻共和国特征的开创进取经济精神相抵牾。

这个时代的反预定论精神，自然有利于循道宗和浸礼会这样的教派。循道宗的创始人约翰·卫斯理，一直公开反对预定论。从第二次大觉醒运动开始，大多数（尽管肯定不是所有）浸礼会团体同样拒绝预定论。[72] 循道宗和非预定论的浸礼会教派，在这一时期经历了爆炸性的增长。从革命时代在美国几乎尚不存在，到内战时，循道宗人数增长到大约两万；浸礼会成员从 450 人增加到超过 12000 人。[73] 但是，长期以来信奉预定论思想的教派，甚至长老会（他们也是从乔纳森·爱德华兹接过衣钵的），对正统加尔文主义的固守姿态也有所收敛。

1830 年代，长老会牧师查尔斯·格兰迪逊·芬尼，在纽约北部领导了那个时代最成功的复兴运动之一。就复兴主题发表讲演后不久，芬尼没有像卫斯理那样明确拒绝预定论。相反，他只是对其做出反驳，把个体罪人在他们各自归正过程中看作一个积极能动者。他认为，"人不仅仅是上帝手中的工具"，一个罪人的归正不可能"在没有他的能动性下发生"。与正统的不可抗拒的恩典教义相反，芬尼解释说："罪人所做的，是服从真理，或者抗拒真理。"这是他们的选择。"没有其自身的能动性，罪人是无法归正的，因为归正在于他们自愿转向上帝。"[74]

虽然芬尼允许自己教会中别的神职人员信预定论，但他

251

仍然认为，当他们内心有此信仰时，为复兴取得成效之故，最好不要公开说出来。他告诫说："如果拣选和至高权力被宣扬得过多，罪人会把自己藏在他们无能为力的错觉背后。"宣讲预定论的困难在于，就"在同一次布道中，罪人被要求去忏悔，又被告知他们不能忏悔"。结果，一个潜在归正者得到的信息便是，"你能你又不能，你应该你又不应该，你会你又不会，如果你不这样做你会被咒诅"。芬尼认为，问题根源在于，许多信徒经常"所构想的上帝至高权力，与其真实情形大相径庭"。他们对该教义"怀有一种扭曲的看法"，认为这种至高权力"在对诸事的安顿上，特别是对圣灵馈赠的安顿上，到了任性专断的地步，排除了促进宗教复兴的手段的合理运用"。[75]而任何阻碍复兴之事都应当避免。

因此，19世纪初的美国，宗教价值观和经济价值观处于和谐而不是对立状态。这个新国家改天换地（后来发展出杰克逊民主）之初，已然提升了人们对政治领域中个人能动性的重视程度，就像18世纪远离正统加尔文主义运动在宗教领域中所做的那样。现在，快速的国家扩张与新的商业眼界的结合，也在经济领域培养着同样的机会意识和自我主宰的意识：由个人根据自己所感知的利益进行的生产活动，不仅为自己，也为国家带来了有利的结果。寻求分析经济行为及其后效的美国人，这个国家的"政治经济学家们"，把这些假设当作了自己的出发点。

第 10 章
神职身份的经济学家

因此，禁止国家间贸易，是一件非常不明智的事情，也是一件非常邪恶的事情，因为它违背了上帝的意志。

——约翰·麦维克（John Mcvickar）

如果有人问，人类工业的生产力能提高到何种程度，我们的回答是，这是不可能说清楚的，除非我们能确定上帝赐给人的福有多大。

——弗朗西斯·韦兰（Francis Wayland）

与大卫·休谟和亚当·斯密不同，那些在内战前几十年里为美国政治经济指明道路的重要人物，是从个人宗教信仰的角度开展研究工作的。他们中有些是牧师。其他人，虽未按立，却有很强的宗教情怀。不过，他们的宗教取向不同于丹尼尔·雷蒙德的清教主义。他们多为新教徒，[1]但对堕落和预定之类的教义不感兴趣。他们敬拜的上帝是仁慈的，他们相信人类的幸福和上帝的荣耀完全一致——事实上，人类幸福是上帝荣耀的主要手段。他们虽然很少把目光投向世界末日的景象，但大多持有一种世俗的乐观主义，这种乐观主义与当时形质可辨的后千禧年主义思想是彼此相合的。

美国第一所开设政治经济学课程的大学是哥伦比亚大学，课程始于1820年代。这门新课的教师约翰·麦维克，就像斯

密在格拉斯哥时那样，是一名道德哲学教授。但他也是一名圣
公会牧师，与哥伦比亚大学的信仰渊源保持着一致，该大学在
乔治二世的皇家特许下创建，最初被称为国王学院，但在革命
后更改了名字。像雷蒙德一样，麦维克也是汉密尔顿－克莱一
派的辉格党人，他支持内部改善，以促进国家向西扩张时的商
业发展。但是除了支持国内贸易的扩张，麦维克还在国际上倡
导自由贸易。他认为支持美国不同地区间贸易的论证也适用于
国家间贸易。

　　麦维克在 1825 年首次发表了他的经济学思想。这部名
为《政治经济学大纲》（*Outlines of Political Economy*）的
著作，大概收录了他当时在哥伦比亚大学授课的讲稿。[2] 几
年后，他单独出版了一本 38 页的《政治经济学导论：纽约
哥伦比亚大学新讲义》（*Introductory Lecture to a Course
of Political Economy; Recently Delivered at Columbia
College, New York*）。[3] 此时，他在大学的职位名称发生了变
化，变成道德哲学与政治经济学教授。麦维克还写了一份高
度简化的讲稿，旨在向纽约人和其他美国人——当时的大多数
人——传播他在这个问题上的观点，这些人是没有可能被哥
伦比亚大学或其他任何高等教育机构招录的。这本小书，用
大号字体印刷，举了很多具体例子，有的会让现代读者忍俊
不禁（"两个男孩对换刀子时会怎么样？能否双赢？"），更不
用说从圣经里撷取的道德教训了。该书在 1835 年出版时书名
为《政治经济学启蒙课（供公立小学使用）》（*First Lessons
in Political Economy, for the Use of Primary and Common
Schools*）。[4] 此时麦维克在哥伦比亚大学的职位名称又变了，
这本书将其作者简称为政治经济学教授。

　　麦维克当然看到了劳动在日常商品和服务生产中的重要
性。但是，麦维克并没有像雷蒙德几年前受奴隶制触动而撰写

的论文那样，赋予劳动无可置疑的中心地位，而是把经济活动描绘成一个将劳动与知识及其他人类属性结合起来的过程。而且，麦维克没有像雷蒙德那样把自己的观念建立在圣经的基础上，而是借用牛顿的意象。他在《绪论课》(*Introductory Lecture*)中告诉学生，"用这门科学的语言来说"，"人只是一台价值创造的机器；然而，这部机器在技能、知识、节制、勤奋和个人德性方面还是表现完美的"。如果一名工人未表现出这些德性，情况如何？"缺了这些，人就是一台失灵的机器。"[5]

在亚当·斯密那里，通往德性之路和通往财富之路对大多数人来说几乎是一样的（尽管对那些正占据着"生活优越地位"的人来说并非如此）；[6] 麦维克比斯密更进一步，坚信追求财富是一种有助于道德和宗教德性发展的积极力量。他告诉自己的学生，对财富的追求"无疑有利于道德品质的形成"，至少从国家视角来看是如此。诚然，财富并不等同于德性。但是，鄙视财富也并非品德高尚。相反，"追求它，有利于道德品行，在大多数人那里是必需之举"。[7]

254

此外，正如追求财富会通过提高个人的道德品质带来无形利益一样，国家间的经济往来，从总体层面上会促进和平关系。麦维克的这种想法，早于像诺曼·安吉尔（Norman Angell）这样的英国作家在20世纪初形成的观点，也早于像托马斯·弗里德曼（Thomas L. Friedman）这样的美国人在20世纪末普及的论说方式。[8] 麦维克指出，贸易是防止国际冲突的有效力量。在他看来，政治经济学在国家间传授"和平与互利的至关重要的课程。它不仅仅禁止战争，还消除那些引发战争的错误观点"。具体而言，国际贸易"不是通过有可能遭到背弃或规避的条约或联盟来团结各国，而是通过共同利益的法则，一旦完全理解了这些法则，任何成员都不会背弃或规避"。[9]

因此，在个人和国家当中，追求财富的经济活动，利用人类自利带来了意外却有益的结果。麦维克宣称："如果政治经济学被倾听，它将使民族和国家如兄弟般友爱。"因此，财富与和平携手并进。大卫·休谟写过关于国内贸易的文章，但如今其主张被提升到了国际层面，"通观全部历史，没有对外贸易，便没有文明、没有财富；有了它，才有财富、权力和优雅"。[10]麦维克也不认为政府有必要采取措施来引导对外贸易。他重复了斯密在《国富论》中有关外国投资的观点，但将它们更广泛地应用在了国际商业上，主张"商人与外国的贸易总会自我调节"。[11]

但是麦维克在一个重要的方面有别于斯密。研究上述主题时，麦维克不仅是一个宗教虔诚之人，还是一名神职人员，对他来说，人类行为带来的意外但有益的结果之所以发生，是因为仁慈的上帝令其如此。他写道，对政治经济学的研究"表明他们的利益何在，宗教则表明他们的利益乃是他们的义务所在"。为什么？"如果你问，在纯粹属人的治世之道（policy）上，这种和谐如何有幸存在于宗教和科学之间，我只能告诉你，是明智而善好的神意让我们的义务和利益不分彼此。"[12]

因此，为自由贸易辩，不仅仅是一个务实考虑；其核心是一种宗教需要。他总结道："我不得不把自由贸易称作某种神圣之事，此事关联着比人类更高位的神灵的那种治世之道。"[13]至1830年代，关税与自由贸易的问题，已经成为美国面临的最紧迫的经济政策问题，在麦维克看来，自由贸易的倡导者有上帝站在他们一边，"因此，禁止国家间贸易，是一件非常不明智的事情，也是一件非常邪恶的事情，因为它违背了上帝的意志"。[14]

麦维克的推理超越了那种简单的主张，即认为因自由贸易促进了国际和平，所以它一定是神圣的。20 年前，英国经济学家大卫·李嘉图解释了国际贸易中的比较优势理论。由于自然资源或人造资源不同，各国的生产能力各不相同；如果每个国家都将生产集中在它更容易生产的商品上，然后它们相互之间进行贸易，以便每个国家都获得想要消费的商品组合，那么每个国家最终都会比回避贸易而仅仅消费自己生产的商品获得更多的东西。[15]（比较优势这一称谓，反映出了如下推论：即使一个国家在生产每一种商品方面比另一个国家更有效率，只要不同商品的生产力是不同的，那么两个国家仍然可以从专业化和贸易中获益。）实际上，李嘉图的原则是将专业化生产的优势——斯密那里是劳动分工——应用于国家而非个人。麦维克很清楚这位英国经济学家的工作。他在自己的《政治经济学大纲》中经常提到李嘉图，在《绪论课》中也提到了李嘉图；麦维克没有把这个领域的原创贡献揽到自己身上。

但是问题仍然存在——李嘉图没有这样追问下去——为什么不同的国家一开始会有相异的资源？例如，为什么农业条件从北到南各不相同，为什么在一些国家发现了某些矿物，而在另一些国家却没有？对于像麦维克这样的牧师来说，答案显而易见：因为上帝就是这样创造了世界。但是上帝为什么要这样做呢？政治经济学里给出了这方面的解释：麦维克在为小学生而写的《政治经济学启蒙课》里问道："你认为，他给不同的国家如此不同的土壤、气候和产品，除了出于它们应自由地交换，从而都过得更幸福、更适意的考虑，还能出于其他什么原因吗？"[16]

政治经济学的应用甚至解释了地球地理的一个基本特征：地球表面的陆地和水的样态。到了 19 世纪，人们充分认识到，不论是客运还是货运，走水路比走陆路便宜。此外，伊利运河

256

在 1825 年刚刚全线开通，所以对于住在纽约市的麦维克来说，这是一个新近的教益，可将其直接放大到国际环境。如果国际贸易促进了和平关系，海洋使贸易更加便利，那么上帝创造出海洋必是将其作为促进各国经济交流的手段，从而促进世界各国之间的和平。他写道，不像一些人声称的那样是要分裂国家，"我们天父在用陆地和水域来构造我们的地球时，其用意无疑是要让人们像兄弟一般团结"。具体怎么做？海洋"在它们中间彼此可用，各国以自己的产品交换他国的产品，通过给人们带来比其他方式更多的享受和舒适，从而令所有人都更加幸福"。[17]

雷蒙德的论著导向的政治经济学方向，并不符合一个在 19 世纪初已基本告别正统加尔文主义的新国家的直觉意识，麦维克的书看来也不足以作为正统加尔文主义的替代观点。最成功地填补了这一真空的人是弗朗西斯·韦兰。韦兰生于纽约市，在联合学院（Union College）接受教育，成为神职人员之前学习过医学。在马萨诸塞州安多弗神学院（Andover Seminary）完成学习后，他成为一名浸礼会牧师，最初在波士顿第一浸礼会教堂服务。然而，1827 年，31 岁的他当上了普罗维登斯布朗大学的校长。布朗大学创始人大多为浸礼会信徒，反映出其为罗杰·威廉姆斯的罗得岛的传承遗产（原名是"罗得岛与普罗维登斯庄园英属殖民地大学"），大学章程要求多数董事也应是浸礼会信徒。韦兰担任布朗大学校长近 30 年，在引领该校从殖民地大学发展为国立大学的过程中发挥了重要作用。

19 世纪，美国大学校长给学校高年级学生讲授宗教或道德哲学课程，是常见的做法，韦兰在布朗大学就是这样做的。他还在自己课程的基础上编写了一本书，其他许多大学的教师也在使用。韦兰 1835 年出版的《道德科学要义》（*Elements of Moral Science*），卖出了十万多册。[18] 他还将其他科目引入了布朗大学的课程，包括"启示的证据"和"政治经济学"。

韦兰对当时经济问题的观点与麦维克的非常相似，支持国内商业和内部改善以及国际自由贸易。（然而，出于资金方面的考虑，他区分了两者；虽然他支持为港口之类的项目提供公共资金以促进国际贸易，但认为公路和运河等方面的内部改善应主要依靠私人的积极性。）1837 年，他出版了第二本书《政治经济学原理》（*The Elements of Political Economy*）。书中导言解释说："以下研究，实质上涵盖了过去几年我在布朗大学为高年级做的政治经济学讲座。"[19] 韦兰的书成为内战前美国使用最广泛的政治经济学教材，总共卖出了 5 万本。[20] 为了更广泛地传播自己的观点，10 年后他还出版了删减版，此版本"经删节和改编，供中学使用"。[21]

像麦维克一样，韦兰将政治经济学视为对牛顿科学的应用，并理所当然地认为，科学定律和原则之所以成立，乃是因为上帝如此创造了它们。他一开始便讲道："我们所理解的科学，指的是上帝已经建立起来的一整套法则。"固定法则的概念，宽泛来看，在韦兰的思想中起着突出作用，这一基本原则在经济学中的应用不亚于在其他研究领域。他写道，显然，"造物主让人一生所蒙之福服从于某种确定的法则"。[22]

和雷蒙德一样，韦兰也认识到劳动的必需是永恒不变的法则之一。他指出："无论是物质享受，还是物质必需品，倘无劳动在先，它们便都无法获得。"与雷蒙德相同的还有，他参引上帝对亚当的咒诅来解释这种必需性："我们存在的普遍法则是'你必汗流满面才得糊口，直到你归了土'。"试图逃避劳动会遭受惩罚，而且是以特定的形式。"拒绝用心劳动的人，

258

将遭受这种无知的惩罚……拒绝用双手劳动的人，除了遭受疾病的苦痛外，还会遭受贫穷、寒冷、食不果腹和衣不蔽体的一切困厄。"[23]

但是，韦兰并没有把劳动力需求视为人类道德缺陷的一种表现，也没有设想通过剥削他人劳动来逃避上帝的咒诅，而是单纯接受了劳动，以及为了满足人类需求而进行劳动的行为，这些需求在实践上可以理解，在道德上也是合法的。上帝创造世界，让"我们周遭一切由适合满足我们欲望的客体组成，以利于我们的幸福"。人类的能动性，以劳动的形式运用于这些客体，因此与神的创造携手合作，使这些客体为人类的目的服务。韦兰把对人类有用的自然物质（如谷物或铁矿石）的性质分为两类："第一类，由上帝的直接行为赋予物质性的；第二类，通过人的中间作用而被赋予物质性的。"第二类与第一类一样，都是上帝的恩赐。这两者共同构成了"满足欲望的能力"的基础，而"满足欲望的能力"是"进入我们财富观念的第一要素"。[24]

韦兰显然读过斯密的著作，在将专业化生产和自愿交换作为商业基础这一点上，他紧随斯密的解释。[25] 应和《国富论》开篇的句子，韦兰写道："通过团结协作和劳动分工，人力的生产效能会大大提高。"原因有二，其一，"每个人都有自己对某种特定劳动的偏好"；其二，"每个人集中自己的劳力于一件事情上能更有所成"。如斯密阐释的，劳动分工需要商品交换。通过专业化生产，"每个人都渴望用自己创造的价值交换他人创造的价值"。结果带来了"普遍和不断交换的必要性"。[26]

然而，重要的是，在这个过程中，就像在仁慈的上帝所造世界的其他方面，意外后果的法则——确切地说，有益的后果——产生了人们普遍共享的利益，这些利益来自单纯受自利驱动的个人行为。"在政治经济体系中，就像在道德中一样，每种利益都是相互的；两种情况下，我们都不可能在他人不受益时真正让自己受益，也不可能在他人受益时没让自己也受益。"最后，"一个人的利益就是所有人的利益……诚实增进自己福祉的人，也是在增进他所属的整个社会的福祉"。[27]

与斯密一样，韦兰不仅仅坚持自利行为的互利原则，还展示了对市场机制的清晰理解。在解释价格的核心作用时，他写道："正是这些原则的运作，保持了所有商品的供应……与需求一致；而且，这种结果如此精准，看在眼里，叫人惊奇。"例如，谈及食物和其他必需品的供应情况，"一线大城市里，总是有刚好够量的生肉、蔬菜和衣服来满足居民的需求，而没有过量"。出现这种令人满意的状况的原因在于，价格变动引导着生产活动："当一件商品的价格低于成本时，它就停止生产，直到价格上涨。一旦它涨到超过经常利润，资本和劳动力就会被引向它，足够多的产品就会被生产出来，以满足人们对它的超常需求。"[28] 韦兰对价格机制的信奉，超越了斯密更侧重细节的平实说明。经济学法则，是上帝统一性和完善性的表达，不亚于统辖物理宇宙的法则，如此，敬畏它们运行的范围和精度，看来就是不二之选。

接下来，韦兰解释美国不同地区之间或不同国家之间的商业时，认为它不过是专业化生产提高生产率收益的另一种应用。他写道："到目前为止，我考虑的劳动分工，是存在于同一个地方的居民中的。然而，同样的原则适用于不同地区的人们。"不过，在这种情况下，专业化不仅产生于个人在工作方面的不同才能和爱好，而且如李嘉图所指明的，产生于各地不同的物产资源。"没有哪个地区具备生产一切东西的优势"，"几乎每个地区都拥有生产某样东西的特殊便利"。因此，"各地区通过把自己的劳动力投到它最具自然便利的生产中，整个国家这方面的产量将会增长"。[29]

260

　　顺着这种论证思路，能直接递推到国家间商业。归因于一个仁慈的神，也是如此。韦兰总结说："上帝赋予了同一个国家不同地区不同的优势。""但人人都可以看到，同样的原则适用于居住在地球不同地区的不同国家。"因此，专业化带来的收益在国际层面也同样适用。当地球上每一个区域都致力于创造对其而言最具自然便利的产品时，每一个人都会更加富有和幸福。[30] 结果便是一个仁慈之神想要的那种全球和谐的呈现。

　　然而，就国家间贸易问题而言，韦兰追随麦维克，认为上帝的意图不仅仅是改善经济。他认为显而易见的是，"每个人都需要世界各地的产品，以满足他无害的欲望，也就是说，解决自己的便利乃至必需品问题"。因此，他推断说："为每个人的幸福所必需的那些物品，只在一些特定地区才被生产，这显然是我们的造物主的意愿。"他总结道，原因——"这一切的终极原因"——也是显而易见的，"上帝想让人们和睦相处"。上帝实现这一意图的方式是，"令每个人与所有其他人和睦相处时产生的利益，不亚于他们心怀义务感时能获得的利益"。[31] 自由贸易的良性后果体现了全球和谐的概念，斯密参鉴斯多亚派把这一理念视为自然的一个基本面向，麦维克和韦兰则把这一理念归因于仁慈上帝的意志。推进世界各国和平的前景，也是与后千禧年的时代精神相呼应。

261　　此外，韦兰在一个重要方面超越了麦维克（也超越了李嘉图）。他注意到新美国在经济上的迅速变化，也清楚随着时间推移，一个国家有可能改变那套"优势"，该国凭借该"优势"奠定了商品生产格局，也由此涉足国际贸易。新的伊利运河只是新近的一个例子。虽然从奥尔巴尼到布法罗的水路是美国内部的，但通过连接哈德逊河，它使内陆地区的农产品能够到达纽约市的海港，然后从那里出口。与生活在普罗维登斯的韦兰

小伊利亚·史密斯（Elijah Smith, Jr.），《波士顿制造公司》（*The Boston Manufacturing Company*，1823 年）。弗朗西斯·卡伯特·洛厄尔的纺织厂，位于马萨诸塞州的沃尔瑟姆（Waltham），使用水力，开创了集纺纱和织布于一家工厂的先河

更直接相关的是，到 1830 年代，19 世纪之初还几乎不存在的制造业，在新英格兰的许多地方迅速发展起来，包括罗得岛。假以时日，它们也可能争夺海外销售市场。

　　因此，韦兰打算根据各国在生产某种商品方面的不同优势，来解释国际贸易带来的好处，"绝不是说这种安排和关系就是永久性的"。显然，考虑到美国当时工业的快速发展，他推断"当一个国家积累了固定资金，就为造出几乎每一种制成品创造出了便利条件"。一个国家的公民如果对他们能进行贸易的比较优势（用李嘉图的术语来说）不满意，那他们有能力改变这些条件。凭借这一洞见，韦兰在近两个世纪前预见到了经济学家现在所说的动态比较优势理论。[32] 此外，他还预见到了经济学家一个多世纪后将深入探索的经济发展理论，推测"一个国家在另一个国家开始积累固定资金时，也会自然地开始积累固定资金，创造出自己的便利条件"。[33]

262

约翰·麦维克和弗朗西斯·韦兰等国际贸易倡导者，将论证建基于对仁慈上帝之意志的理解，在他们看来，上帝构建世界是以这样一种方式，即满足人类的基本经济需求，让各国在商业上走到一起，以促进各国之间的和平关系。但是，诉诸神的创造背后的仁慈意图，并不局限于自由贸易者。试图保护美国新兴产业免受外国竞争的政治经济学家们也声称，他们的论证不过是要弄清神的创造如何运行。

就像在奴隶制问题上的紧张态势一样，美国内战前的自由贸易之争，很大程度上也是一场地区之争。新英格兰是美国新兴制造业的大本营，大多倾向于保护主义。美国早期的制造厂和铸造厂所产之物，很少是国外生产者不能同样生产的，国外往往能做到质更优或价更廉。对大多数制造商来说，获得出口业务并不是一个被认真对待的事情。它们的兴趣是保护自身在国内市场上的竞争力，不仅新英格兰如此，大西洋沿岸和快速发展的内陆地区也是如此。关税，使得进口产品对于国内买家更加昂贵，因此符合他们的利益。（运河和收费公路使他们的商品能够到达国内众多买家手中，也符合他们的利益。）"1812 年战争"结束后，麦迪逊总统执政期间实施的贸易禁运被取消，纺织厂主弗朗西斯·卡伯特·洛厄尔亲自前往华盛顿游说征收关税，以保护美国制造商免受英国和东印度公司新一轮竞争的影响。

263 　　相比之下，南方各州的庄园生产着欧洲人特别需要的棉花、烟草、大米和其他作物。对南方人来说，从国外购买制成品，相较于依赖可能更贵（通常质量更差）的国产商品，效果差不多，甚至更好。往更深的层面说，南方和新英格兰现在是处于一个统一国家的统治之下，没有一个国家可以无限制地出口而不进口。如果南方庄园主打算继续向国外出售他们的棉花和烟草，美国人也必须从国外购买。

　　尽管弗朗西斯·韦兰成年后住在罗得岛，因此很可能和新英格兰的制造业利益绑在一起，但他置身于美国商业，就令事情大不相同了。韦兰最初来自纽约市，该市一直是美国最活跃的贸易港口之一。在罗得岛，创建了他领导的大学并为其提供持续支持的大多数家族，更深参与的是航运和贸易，而不是制造业。布朗家族长期以来与朗姆酒、奴隶贸易有关联（尽管一些家族成员是废奴主义者），为了纪念这一家族的捐赠，大学于 1804 年更名。

　　全力公开支持新英格兰制造商利益的政治经济学家，当数出生于波士顿的弗朗西斯·鲍恩（Francis Bowen）。鲍恩 1833 年毕业于哈佛大学，曾短暂任教于菲利普艾斯特中学（Phillips Exeter Academy），后执教于哈佛大学。与麦维克和韦兰不同，他并非一名按立牧师。但是与亨利·威尔（Henry Ware）所执掌的哈佛大学里的多数新英格兰人一样，鲍恩是一名坚定的唯一神论者。1838 年，拉尔夫·瓦尔多·爱默生在神学院的毕业典礼上发表了他经典的"神学院演讲"，阐述了后来被称为超验主义（唯一神论的下属分支）的原则。当时，鲍恩就在哈佛大学教书。

　　1843 年，鲍恩开始担任《北美评论》（*North American Review*）的编辑，也是其主要撰稿人，《北美评论》是几十年前由一些有声望的新英格兰人创办的文学和政治刊物。它比当时的任何其他出版物，都更能作为一个国家层面上发表评议和意见的渠道。[19 世纪担任该杂志编辑的其他杰出人物包括爱德华·埃弗里特（Edward Everett）、詹姆斯·罗素·洛威尔（James Russell Lowell）、查尔斯·埃里奥特·诺顿（Charles Eliot Norton）和亨利·亚当斯。][34] 1850 年，哈佛大学教授团邀请鲍恩以历史学教授的身份重返哈佛。然而，该大学的一些主管表示反对，大概是因为他在《北美评论》中所

264

持立场，董事会拒绝批准他的任命。三年后，在没有遇到什么阻力的情况下，他成为"自然宗教、道德哲学和公民政治体的教授"。他教授过的科目中包括政治经济学。

鲍恩是一个贸易保护主义者，与新英格兰的制造业利益完全一致，反对国家间无限制的贸易是他的教学和写作的核心。1856年，他出版了一部政治经济学著作《政治经济学原理：适用于美国人民的状况、资源和制度》(*The Principles of Political Economy: Applied to the Condition, the Resources, and the Institutions of the American People*)。[35] 该书的副标题意在暗示美国早期同一主题的著作，其中最突出的是韦兰1837年的畅销书，不加批判地且错误地接受了亚当·斯密的思想，没有正确看到英国和新美国之间的差异。更重要的是，鲍恩认为，斯密关于自由贸易的主张对于英国那样历史悠久的制造中心来说也许说得通，但它并不适用于一个刚刚打造出工业能力的新国家。[36]

与麦维克和韦兰一样，鲍恩明确指出，人类在经济领域和其他领域的行为的基础，在于他们是由仁慈的上帝创造的，而上帝又是以牛顿式自然法则在管理。他写道，社会是"一台复杂而精密的机器，其真正的创造者和管理者是上帝。人们往往是他的代行者，做他的工作，而不知道这一点"。这一如今已为人们所熟知的原则，特别适用于个人对经济利益的追求。尘世机器的神圣造作者和统治者，"把人类的自私转变成善；最睿智之人、最开明和最无私的公共精神之人、人类立法者和治理者所付出的最艰辛之努力，也无法实现的那些目标，甚至是借着人们的无知、任性和贪婪，直接地和不间断地达成的"。[37]

在鲍恩看来，经济分析的核心要义在于：人类行为虽出于自发，却因仁慈上帝的造物之工，带来意外但有益的结果。正如政治经济学原理所揭示的，这些设计"显示了神的策略、智

慧和仁慈，显示之清楚，毫不逊色于物质世界的奇妙安排"。 265
即使是人类最低级的情感，如炫耀、算计和获利之欲，"在它
们有助于社会利益的活动中被永久驯服了"。它们成了增进社
会福祉的最有效手段。与斯密一样，鲍恩总结道："我们都在
侍奉彼此，这并不是我们所希望的，甚至是我们所不知道的。"
他也附和了曼德维尔，"我们都像蜂巢里的蜜蜂那样忙碌而又
有效地合作"。[38]

　　这种基于神圣意图的对私人经济活动的解释，被移用到了
经济政策上。及至1850年代，"自由放任"一词在政治经济学
英语学界的讨论中越来越常见。[39]鲍恩为他的读者界定了这一
概念，其界定方式与自己在该学科的宗教取向一致："自由放
任，一般而言是指'事物的自我调节'，它当然也就意味着，
上帝通过自己的普遍法则在规范它们，从长远看，它们总是往
好的方向走。"[40]

　　然而，国家间贸易并不会自我调节。如果听之任之，它不
一定朝着公共善的方向走。鲍恩对保护的辩护，首先立足于经
济上自给自足，这是美国上一代人力争而来的国家独立的关键
条件，他的同时代人仍然珍视这一点。联邦各州之间的经济依
赖，是应该得到鼓励的，因为这加强了各州之间的政治联系，
与此有别，就整个国家来说，"政治独立——也就是说，享有
由我们自己选择和建立的独特的制度和法律"——要求"我们
不应该完全依赖外国人"。[41]

　　他承认，真正的独立并不要求一个国家放弃与其他国家的
所有商业往来。即便如此，"它确实要求每个国家都应该能够
在自己的范围内，操控旨在满足人们需求的所有产业主干"。
进言之，独立并不意味着实实在在制造出国家需要的一切，而
仅仅是说有能力这样做。但是，一个独立的国家，"如果它是
地球上唯一的国家，它就必须能够掌握所有为其自身福祉所必

需的技艺"。[42] 鲍恩的论证，以经济独立这一特定概念为基础，应和着马尔萨斯等人为维护《英国谷物法》而给出的论据，该

266　法情愿以经济效率低下为代价，也不鼓励谷物进口。[43]

　　但是这种论证也有道德的成分，它并不关注作为政治实体的国家，而是关注组成它的人民。鲍恩写道："如果它（国家）只局限于农业，或者只局限于制造业，它的人民的一部分精力就会丧失掉，它的一些自然优势就会浪费掉。"在他看来，这种损失，既是经济问题，也是道德问题，要防止损失发生，就要指望一些保护主义措施，最明显的是关税。"因外国人的压倒性竞争致使行业范围如此局促，无法涉足人类的一些自然和必要的工作，乃是一种大恶，这正是保护性政策要去避免或纠正的目标所在。"[44]

　　此外，鲍恩认为保护主义是维护经济自由而不是限制经济自由，弦外之音是他对国内生产者之自由的重视，要多于对可能偏爱国外商品的消费者之自由的重视。与这种看法一样，他将保护主义政策理解为是在加强而不是在限制自由放任的经济安排。他主张："无论这项政策可能会遭到什么理由的反对，它肯定不能被指责违反了自由放任原则，或者限制了每个人按自己的意愿使用自己的产业和资本的权利。"鲍恩再次诉诸仁慈造物主的意图指出，保护主义政策的目标"不是收窄，而是拓宽工业当中有利可图的就业领域，通过清除对神意运作而言所有人为的和不必要的阻碍，来配合神意在社会构造上善好设计的运行"。在鲍恩的推理中，要抵制的人为阻碍不是政府征收的关税，而是外国竞争。[45] 消除来自国外的竞争造成的障碍，为自由放任的经济体系在国内运行开辟空间。

　　麦维克和韦兰，曾通过主张和平国际关系的经济基础存在于他们眼中的上帝意图，来支持自由贸易，与他们相似，鲍恩现在提出了类似主张来支持保护主义。他告诫说："将人类

视为一个大家庭，我们不是在遵循，而是背离了神意的明显设
计。"韦兰将各大洋视作经由商业将各国联系在一起的设计，
与此观点相反，鲍恩得出结论说："神似乎已经明白无误地赋 267
予自然和人类特性，即各国应保持独立和不同，各自追求……
单独的利益。"他认为，无限制的贸易扰乱了上帝为这个世界
设计的自然状态。无论是倡导自由贸易还是贸易保护，美国内
战前的政治经济学家都将自己的观点锚定在宗教论辩中。[46]

　　美国内战前的政治经济学家，或支持或反对自由贸易，他
们还将市场竞争视作借自利实现公共善的手段，除了这些观点
立场，他们还得出了另一个重要的新见解——亚当·斯密和他
的同时代人是未曾把握到的。值得一提的是，这一新见解也奠
基于仁慈上帝的意图之上。

　　斯密生活的年代较早，无法看到生产力和生活水平随着时
间的推移有可能会无限提升。正如他和杜尔哥在传统四阶段理
论的动态版本中阐述的那样，从猎人到牧人到农耕再到商业的
每一次转变，都带来了物质生活水平断断续续的改善。不过，
商业是这一进程的最后一步。像英国或法国这样已经商业化的
国家，通过消除垄断和其他对竞争性市场构成阻碍的因素，可
以实现进一步发展；倡导这条道路，正是《国富论》成书背后
的一大动力。但这条获益之路毕竟无法往复。之后，进一步的
改进只能来自更加精细的劳动分工，而这一过程可能会受到收
益递减的影响。此外，正如斯密强调的，越来越细的专业化，
导致劳动人民的天性和道德品质衰颓。

　　一直到 1820 年代，尽管许多人意识到他们比父母辈和祖
父母辈生活得更好，但仍然不认为改善的可能性会无限持续下
去，又或者，即使这是可能的，问题在于什么可以使其成真。
在英国，拿破仑战争造成的经济波动，很大程度上掩盖了产出 268

增长和生活水平提高的长期趋势。在美国,独立战争、新共和国建立,到因杰斐逊 1807 年贸易禁令导致的外贸中断,再到后来的 1812 年战争,都有着同样的影响。

到 1830 年代,情况不同了。美国不只是一直在西进,交通的改善也使到诸多新的定居区越来越便利。1800 年,从纽约到波士顿或华盛顿特区新首府,需要 3 天时间,旅行者用一周时间只能到达阿巴拉契亚山脉。去山另一边的新州,像肯塔基州和田纳西州,或像今天的俄亥俄州和印第安纳州,则需要 3 到 4 周。抵达密西西比河,得耗费 5 周或更长时间。[47]

在接下来的 30 年里,内河汽船的效率翻了两番,[48] 这一时期的美国不仅在修路,还修建了连接内河和五大湖的运河网。伊利运河横贯纽约州,切萨皮克 – 俄亥俄运河从华盛顿向西延伸,俄亥俄 – 伊利运河很快又将伊利湖与俄亥俄河连接了起来。到 1830 年,从纽约州出发,一周的行程就足以到达肯塔基东部或俄亥俄州,再用一周便可抵达密西西比河——尽管铁路才刚刚开建。[49]

农业也变得更有生产力,在一个仍以农业为主的国家,这一点不可小觑。美国农民是最先使用蒸汽动力收割机的,从 1800 年到 1840 年,种植和收割小麦的生产率提高了 60%。重要的是,国家西进后新开垦土地的生产率并不低于前耕种地区的生产率:无论是用耕种 1 英亩土地需多少劳动时间来计算,还是用生产 1 蒲式耳小麦需多长时间来计算,生产率的提高都是一样的。[50] 马尔萨斯极为关切的问题,以及后来李嘉图颇有些复杂的顾虑(每英亩产量随着新土地投入使用而下降),在这里并不适用。生产力的提高和耕地面积的增加让收成大幅增加。例如,棉花产量保持稳步增长,从 1800 年的 7 万包增加到 1830 年的 73 万包,到 1840 年则超过了 130 万包。[51]

随着农业生产率的提高和人口的增长（美国人口从 1800 年的 500 万增长到 1840 年的 1700 万），已开发地区的农场不再需要所有可用劳动力。工业化也在迅速发展，提供了大量新的就业机会。与英国的情形一样，最初纺织业是扩张的核心产业。依赖新技术的工厂随即出现，尤其是在新英格兰。该地区的棉纺产品产量从 1805 年的 3 万码增加到 1840 年的 3 亿多码。[52] 当时马萨诸塞州的洛厄尔（以纺织企业家弗朗西斯·卡伯特·洛厄尔命名），拥有 22 家棉纺厂和 2 万人，是该州仅次于波士顿的第二大城市。居民当中有 7000 人（其中大多为年轻女性）在纺织厂工作，他们将 1600 万吨原棉加工成近 5000 万码成品布。[53] 因为工业化不可避免地导致城市化，许多美国人的日常生活也随之改变。现在更多的人住在城市，或者至少是大城镇。

最重要的是，生活水平正在迅速提高。在杰弗逊的贸易禁运和 1812 年战争的压力下，美国人的平均收入在 19 世纪头 20 年几乎没有增长。但此后一直到内战前夕，收入快速增长。平均收入（依据价格变化做出调整后）比 1820 年代增加了 24%，比 1830 年代又增加了 19%（尽管 1837 年金融恐慌在 1830 年代最后几年造成了不景气的局面）。[54]

因此，到 1830 年代，越来越明显的是，和 18 世纪后半叶相比，生产力和生活水平的提高不单纯是另一个不久会掉头下行的"长波"（long wave）的上扬而已。而且，随着新技术在交通、农业和工业领域的应用越来越广泛，这种持续进步的背后不只是劳动分工在细化（尽管劳动分工也很重要）。这一点也会越来越明显。

不仅在美国，放眼世界，弗朗西斯·韦兰也称得上第一个认识到——并以一种沿用至今的形式阐明——技术进步有无限推动经济增长的可能性的政治经济学家。韦兰把这种现象也归

270

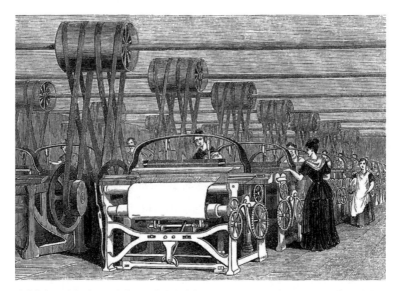

动力纺织厂内部（1844 年）。以蒸汽为动力，屋顶下运行的圆木用皮带将旋转运动传递给下方的机器，使纺织品的大规模生产成为可能

温斯洛·霍默（Winslow Homer），《钟点》（*Bell Time*，1868）。大型纺织厂创造了对城市劳动力的需求，这反过来扩大了位于工厂附近的城镇

因于仁慈上帝的意图。他在 1837 年的《政治经济学原理》中
思考了这一问题:"如果有人问,人类工业的生产力能提高到
何种程度,我们的回答是,这是不可能说清楚的,除非我们能
确定上帝赐给人的福有多大。"自己心中想到的福包括先进技
术的经济成果,他接着讲道:"谁能估算出磁铁、蒸汽或印刷
机给人类带来的好处?"[55] 磁铁使发电成为可能,蒸汽为纺织
厂、汽船、铁路提供了动力,印刷机使任何想利用这些新技术
的人都能获得有关它们的知识。

极为重要的是,经济增长可以无限地持续下去,因为如
果上帝愿意,技术进步不仅可以持续,而且会持续下去——
这一点韦兰完全相信,他接受了那个时代的后千禧年主义观
点。因此在他看来,使经济活动得以拓展的新技术,不是一
次性事件,而是一个持续的过程。他向怀疑者发出质疑:"我
们有什么理由去假定,上帝的恩赐已经穷尽,或没有其他更
佳的自然中介力量可被发现,或没有其他方式使用那些我们
已熟悉之物,而它们会带来比我们见证过的要更加令人惊奇
的结果?"[56]

他把目光转向过去,思考人们为何未能预见到现在已经成
为现实的进步。在摸索出电力和蒸汽机之前,"最丰富的想象
力也不会想到它们此时已经给社会带来的益处"。但那些怀疑
者错了——因为他们想象力有限,更重要的是,因为他们没有
理解上帝仁慈的实际意义。怀疑者对未来的态度也是错误的。
他总结道:"认为我们现在比三四百年前的祖先更有能力理解
上帝的仁慈,是没有道理的。"[57]

韦兰是对的,在他生命剩余的 30 年里(他死于 1865 年),
情形如其所言,自那以后的一个半世纪也是如此。西进运动
在继续。工业化也在继续。自然增长和移民让该国人口持续增

271

272

长。工业和农场的生产力也在持续提高。美国人的生活水平继续提升。

到 1840 年代，海上航行技术借助新式快船而不断提高，内河汽船的效率也进一步提高。加利福尼亚在 1840 年代末发现金矿，吸引着人们向西迁徙，并很快距美国东海岸只有 3 周路程。同样重要的是，铁路现在遍布全国。在 1830 年到 1860 年，美国公司铺设了 5 万英里铁轨，足以横贯大陆十几次（尽管当时还没有贯通的跨大陆铁路线），相当于该国最终建成铁路总里程的十分之一有余。[58] 到内战时，一个综合的铁路网络，覆盖了宾夕法尼亚州东部和纽约的大部分地区，以及从新英格兰到缅因州南部的所有地区。另一个尚未建成的铁路网，覆盖了俄亥俄州、印第安纳州和伊利诺伊州的大部分地区。还有些铁轨穿过弗吉尼亚、卡罗来纳和佐治亚的部分地区，并延伸到亚拉巴马州中部。（南北铁路发展的差异，不久之后对联邦的获胜起到了重要作用。）此时，从纽约出发，一周时间足以抵达密西西比河以东的任何地方；波士顿、费城、华盛顿、里士满和克利夫兰，路程都在一天之内。[59]

新技术也带来了通信进步。基于此前 20 年来在欧洲和美洲的一系列发明，塞缪尔·摩尔斯（Samuel F. B. Morse）于 1844 年首次公开演示了他的电报机。不到 10 年时间，就有近 700 个电报局遍布密西西比河以东的美国大部分地区，以及加拿大南部。[60]1858 年，一条跨大西洋电缆将美国通信网与英国和欧洲的通信网连接起来，第一条横跨北美大陆的电报电缆也于 1861 年铺设完成。（最初的跨大西洋电缆在运行两个月内就断了，直到 1866 年才更换。）

美国人口从 1840 年的 1700 万增加到 1860 年的 3100 万。农业产量爆炸式增长，工业化的情况也是如此。新英格兰的纺织品产量从 1840 年的 3 亿码棉布，增加到了 1860 年的 10 亿

《甜蜜的家》(*Home Sweet Home*,1880)。随着越来越多的人生活水平提高,中产阶级的家庭生活成为越来越多家庭可能的生活模式,也成为更多家庭的理想

码。[61] 此外,美国制造业不仅生产纺织品,还生产其他商品: 273 鞋、成品木材、金属器具等等。

　　强劲的经济活力让生活水平得到显著提高。继 1820 年代和 1830 年代的强势增长之后,美国人的平均收入(依据价格变化做出调整后)在 1840 年代又增长了 10%,在 1850 年代又增长了 24%。[62]1851 年,总部位于纽约的宗教周刊《独立》(*The Independent*)宣称:"我们时代的一个重大特征是一切都在进步。"编辑们表达了日益增强的后千禧年主义精神,期待着"预言能在一个文明的、开化的、神圣化的世界里圆满实现"。[63] 亚伯拉罕·林肯当选总统时，人均收入已是 40 年前的两倍。尤其是在这个国家不断发展的城镇里，美国人认为自己正在提升中产阶级文化。与英国的情形一样，过上条理有序的家庭生活，并享受舒适的物质生活，成为公认的理想。

公众认为经济的改善会带来更多的机会，这一观念进一步强化了美国新教中非预定论的思想倾向。美国人正在开发新土地，将已有农场转变为生产新产品，开办新业务，探寻新职业。在内战前的几十年里，几乎任何人——白人男性——都可以成为国家的经济精英。[64] 林肯于 1859 年在密尔沃基发表演讲，说出了一种流行观点，即同胞在当下时代迎来巨大机遇。他对听众讲"如果有人继续以雇佣劳动者的身份过活"，那他一定"要么是因为依赖成性，喜欢这样，要么是因为短视、愚蠢或实属不幸"。[65] 不过，如果个人的主动性和努力确实带来了物质上的成功，人们为什么不能通过他们自己的努力来获得灵性上的救赎呢？

内战前几十年的惊人扩张和进步，也影响着美国人（包括他们的宗教领袖）对他们的新国家和他们所创造的社会的看法。早在 18 世纪中叶，像乔纳森·爱德华兹和萨缪尔·霍普金斯这样的宗教思想家，就已经接受了人类未来进步前景的后千禧年主义观念。有的思想家，特别是爱德华兹，已经看到了这个尚不是独立国家的新社会的特殊地位，它从对欧洲人来说寂寂无名的荒野中诞生出来。在 18 世纪末，随着新民主共和国的建立，有关美国在千禧年中地位的观点获得了额外的力量。1776 年，托马斯·潘恩鼓舞他的同胞们投入战争，宣称："我们有能力让世界重获新生。自诺亚时代之后，还没有出现过类似于现在的情势。"[66]

革命胜利结束后，纽伯里波特（Newburyport）长老会

（乔治·怀特腓德去世后下葬于此）的牧师约翰·默里（John Murry）问道："我们不也是以色列的子孙吗？一个信奉圣约的民族、一片特享福音之光的土地上的子孙吗？"[67]耶鲁大学校长以斯拉·斯泰尔斯（Ezra Stiles）颂赞这个新共和国为"上帝的美洲以色列"。[68]许多美国城镇的名字，像康涅狄格州的新迦南（New Canaan）、南卡罗来纳州的应许地（Promised Land）、印第安纳州的锡安斯维（Zionsville）等，表达了同样的观念。在有关美国新宪法的通俗读物里，最常被引用的书（甚至超过了孟德斯鸠的《论法的精神》）是《申命记》。[69]

275

19世纪头几十年里，新共和国不仅生存下来，还发展壮大起来，因此认为美国有着特别的千禧年地位的想法，获得了更大的力量。1827年，莱曼·比彻（Lyman Beecher）在马萨诸塞州的普利茅斯布道时，表达出了"那种希望，即这个国家被神意高举起来，被寄希望于能在道德革新的大业中发挥有效作用"。世界需要的是"新创造"，而这个工程反过来需要一个榜样。"需要一个本身自由的国家来吹响号角，举起明灯。"虽说比彻是一个长老会信徒，但这种角色并非基于"无需作为的恩典狂想"。行动是必要的，而美国人最有能力动手实干。美国的自管自治、智识文化和宗教信仰，使这个国家适合这项任务。比彻断定："我们国家的历史表明，某种伟大的设计要由我们国家来完成。""上帝的目的，正是借我们国家让世上焕然一新。"[70]

到了1830年代，美国大规模的开疆拓土和快速的经济发展，使得这种思想被更加广泛地接受，并对美国人理解自己和理解社会更加重要了。此外，到目前为止，千禧年主义思想家越来越将该国的未来寄望于西部。虽然比彻是耶鲁大学毕业的新英格兰人，在康涅狄格州和波士顿开始职业生涯，但他在1832年搬到了辛辛那提，在该市第二长老会教堂担任牧师，并建立了后来的雷恩（Lane）神学院。在"为西部辩"
（"A Plea for the West"）这一原本是他为新神学院筹款而组
织的布道中，他宣称："显然，我们国家的宗教和政治命运将
由西部决定。"西部——他指的是新的俄亥俄州、印第安纳州、
伊利诺伊州和密苏里州——注定是这个国家伟大的中央权力，
处于天国之下，必须强有力地影响自由建制事业和世界自由
事业。[71]

在提出这一论点时，比彻应和的是爱德华兹的后千禧年主
题，强调了属灵和世俗领域的进步之间的平行。他指出："教
会所有伟大的繁荣时代，都得到了俗世政治条件的帮助。"《以
赛亚书》最后一章里有这么一段话，先知承认大地不是在一天
内诞生的，一个国家也不是一蹴而就的，他告诉听众："我认
为，这段经文是对世俗政治自由和宗教自由会快速而普遍扩展
开来的预测，昭告普世基督教要得胜凯旋。"他也认同上帝赋
予了美国一个特殊角色，来展现这一神圣进程如何实现。美国
"注定要引领世界的道德和政治的解放"。他提醒听众，乔纳
森·爱德华兹曾认为新千年将在美洲开始，"神意昭彰，世事
朗朗，皆可为证"。[72]正统加尔文主义的个体预定论正在丧失
阵地，但随着民主的传播和福音的传播联系在一起，个体预定
论向国家层面的位移正在获得力量。所谓"美国实验"，显然
具有神圣起源。

一代人之后，霍勒斯·布什内尔（Horace Bushnell）同
样提出了人类"存在于进步法则之下"的主题。布什内尔也
是在耶鲁接受教育，不过晚于比彻 20 多年，他是哈特福德北
公理会教堂（Hartford's North Congregational Church）的
牧师。像那个时代的许多新教徒一样，他信仰慈爱的上帝，
视上帝为救主，而非法官或惩罚者。他也相信人本善良，认
为人类是自我救赎的主动参与者。他的思想反映了一种强烈

的后千禧年主义乐观精神。他在 1858 年写道，"上帝磨炼我们""只为养成我们永远正直的品格"。但结果不仅仅是个人层面上的，它还涉及"社会秩序和福祉的极大可能"。[73] 其他著名的宗教领袖，如查尔斯·格兰迪森·芬尼，也提出过类似主张。

后千禧年主义思想的吸引力，尤其是美国在拯救世界中的特殊作用，不只表现在宗教人物身上。安德鲁·杰克逊（Andrew Jackson）在 1830 年向国会发表的年度咨文中，对美国从"一个被森林覆盖的国家"迅速发展为一个辽阔的共和国感到自豪，"我们辽阔的共和国，到处是城市、城镇和欣欣向荣的农场，随处可见技艺造就的精致或工业成就的进步"，"满是自由、文明和宗教的福佑"。他指出，人口和文明都在向西迁移；此外，这种向西扩张还有一个道德维度。这是"一种快乐之源，国家为我们的年轻一代提供了一片天地，让他们身心均能施展、不受约束，最大限度去拓展人类的力量和才艺"。[74] 杰克逊关于新国家肩负使命通过西进来传播文明和民主的主题，不久后获得了一个标语。1845 年，《民主评论》（*Democratic Review*）上一篇匿名文章欢呼得克萨斯州成为第 28 个州，称之为"实现了我们昭昭天命，去开拓神意分配给我们的大陆，让每年数以百万计增长的人口得以自由发展"。[75] 内战刚刚结束（从俄国手中购买了阿拉斯加之后），国务卿威廉·苏厄德（William Seward）在波士顿对听众说道："大自然设计好了，整个大陆，不仅仅是这 36 个州，而是整个大陆，迟早会进入美国联盟这一神奇的圈子中。"[76] 国家的"昭昭天命"观念，塑造了 19 世纪余下时间及之后的美国思想。

乔治·班克罗夫特（George Bancroft），第一部真正具有全国影响力和重要性的美国史著作的作者，对这个新国家正在取得的成就达到了顶礼膜拜的程度。1818 年从哈佛毕业后，班克罗夫特成为 19 世纪第一批在德国学习的美国人之一，这一批人当中还包括亨利·沃兹沃斯·朗费罗（Henry Wadsworth Longfellow）、霍瑞斯·曼（Horace Mann）和詹姆斯·罗素·洛厄尔（James Russel Lowell）。4 年后，他回到波士顿，成为哈佛大学的一名讲师，为《北美评论》和其他出版物撰稿，并开始撰写《美国史》（*History of the United States*），这是他最著名的成就。从 1830 年代开始，班克罗夫特还接受了一系列渐次重要的政治任命，先是担任波士顿港的海关征税员，然后在詹姆斯·波尔克（James Polk）总统的政府中先后担任海军部长、代理战争部长和英国公使。但他在奴隶制问题上与民主党决裂，最终成为内战期间联邦的积极代言人。战后，他在安德鲁·约翰逊总统和尤利西斯·格兰特总统手下担任普鲁士（1871 年后是统一的德意志帝国）公使。不过，自始至终，他对自己的历史巨作笔耕不辍，最终写下了 10 卷，最后一卷于 1874 年出版。

班克罗夫特在安德鲁·杰克逊任总统时就开始了这项工作，他描绘的美国形象与杰克逊在 1830 年的年度咨文中描绘的大致相同。（出于这个原因，他写的东西惹恼了他的波士顿同乡、哈佛毕业生约翰·昆西·亚当斯，1828 年总统竞选中亚当斯被杰克逊击败。[77]）班克罗夫特在他 1834 年出版的第一卷的序言中，称颂"平等权利……人民主权……繁荣……甚至是正义"和"国内和平"，这些在当时都是新政治民主的标志。他写道（显然仅指白人）"每个人都可以享受他的劳动成果"，"每个人都可以自由表达自己的信念"。像杰克逊一样，他赞扬了美国时下的开疆拓土和经济扩张。"新州正在荒野中形成，运河……为国内商业开辟众多渠道，制造业沿着我们的水路繁荣，我们铁路和河流上的蒸汽机车和汽船消除了距离。"在这个过程中，财富和人口都呈指数增长。班克罗夫特也钦佩这个新国家不仅有能力吸引海外移民，而且有能力将他们塑造成美国人。他写道："各族群的移民不断涌向我们的海岸，自由的原则通过平等法律的运作将全体利益结合起来，将不和谐的元素融汇成和谐的整体。"[78]

班克罗夫特在 1834 年写道，这一切完成速度之快，给他留下了特别深刻的印象。他指出："从我们最早的州获得第一块永久殖民地开始，才不过两个多世纪。""在那之前，整个地区是一片不毛之地"，"人类技艺尚未一显身手"，这片大陆的土壤"在繁茂但无用的植被里挥霍着自己的力量"。巨大进步得以发生，是因"那福佑的神意，它令我们的制度创生，引领这个国家走向当前的幸福和荣耀"。[79] 神意偏佑美国的观念，在当时早已为人熟知，不仅在宗教人士中如此，在该国政治领导人中也是如此。华盛顿在思考让新共和国成立的那些事件时表示，它的成功如人类历史上的任何事件一样，显明了"上帝之指"（the finger of Providence）的作用。[80] 到杰克逊和班克罗夫特时代，神意所趋，成了现实。

279

这个新国家的艺术和文学，同样反映了美国是一个崭新开始的主题；这个崭新开始，创造了一个没有旧世界的腐败的世界。乔治·加勒伯·宾汉（George Caleb Bingham）1851—1852 年的画作《丹尼尔·布恩护送定居者穿过坎伯兰峡谷》（*Daniel Boone Escorting Settlers Through the Cumberland Gap*），让人想到摩西带领以色列人前往应许之地（用布恩的来复枪代替摩西的手杖），以及这一神圣家族逃到埃及（用定居者妻子骑在马上代替玛利亚骑在马上）的经典画面。值得注意的是，布恩和他的团队从东往西旅行，就像他们在现实中那样——光线从西方照来。

乔治·加勒伯·宾汉，《丹尼尔·布恩护送定居者穿过坎伯兰峡谷》（1851—1852 年）。宾汉绘画中的宗教意象与美国西进运动的千禧年主义内涵产生了共鸣

280　　　新的制造业，甚至铁路的引入，都没有改变美国作为新伊甸园的形象。乔治·英尼斯（George Inness）在 1856 年对拉克万纳山谷（Lackawanna Valley）的描绘，显示了特拉华－拉克万纳－西部铁路在田园风光中逶迤前行，火车头留下一道蒸汽烟痕。在附近的斯克兰顿（Scranton）镇，铁路公司的圆形机车库［特拉华－拉克万纳－西部铁路公司（DL&W）建造的第一个圆形机车库］清晰可见。一座正在运转的工厂也一眼可见，浓烟从高高的烟囱中冒出。这些人类活动和技术的痕迹，并没有破坏英尼斯画面的和谐。相反，一个农业和半工业化的新伊甸园的形象，与南方奴隶经济的惨象，形成了鲜明的对照。[81]

　　　赫尔曼·梅尔维尔在 19 世纪中叶的作品中，也阐述了当时美国人的千禧年派自我概念。在基于他的海军服役经历而完

乔治·英尼斯,《拉克万纳山谷》(*The Lackawanna Valley*,约 1855 年)。无论是林地的开垦还是工业化的到来,包括铁路的出现,都没有改变持续西进运动正在造就的美国的伊甸园特质(这幅画的主色调是郁郁葱葱的绿色)

成的小说《白外套》(这本书写于他开始写《白鲸》之前)中,梅尔维尔呼应了托克维尔的主题——"一个像我们这样的国家,各种社会身份都享有政治平等"。但是,通过援引圣经语言,他也吸收了清教徒祖先在新世界的宗教使命感。他称:"我们美国人,是特殊的选民——我们时代的以色列人;我们承负着世界自由的约柜。"清教徒所信奉的预定论,可能不适用于个人,但它适用于国家,尤其是美国。"上帝已经预定,人类在期盼着,伟大事业从我们族群而出;我们在自身灵魂中感受到了伟大事业。"[82]

此外,这个国家的使命不只是为美国人。美国的命运是带领其他国家进入期待已久的新时代。不久,梅尔维尔总结道:"万国的先锋,理所当然,必须属于我们自己。"征服蛮荒之地的壮举,在当时的小说如詹姆斯·费尼莫尔·库柏(James

281

Fenimore Cooper）的《皮袜子故事集》(*Leatherstocking*)中有所叙述，也在像宾汉的《丹尼尔·布恩护送定居者穿过坎伯兰峡谷》的画作中有所描绘，这些壮举之后要汇入文明进步的洪流当中。梅尔维尔宣称："我们是世界的拓荒者、先遣队，被派去穿越未知荒野，在属于我们的新世界开辟一条新路。"重要的是，美国人的世界是新的，没有欧洲的腐败。"年轻，是我们的力量；经验，是我们的智慧。"这个新国家的使命，如果它能够实现的话，不亚于千禧年。"长久以来，我们一直对自身抱怀疑态度，怀疑政治弥赛亚是否真的降临了。但他已经在我们中间，我们要做的只是把他的提示说出来。"[83]

　　然而，还存在一个问题。托克维尔称赞为美国民主标志的平等条件，可能在白人男性中较普遍，女性的法律地位却受到多重限制，如在投票和财产权方面，而且到 1860 年，33个州中的 13 个州，仍存在奴役制度。正如 19 世纪初改革派浪潮所展现出来的——美国禁酒协会、家庭传教士协会、美国和平协会、美国教育协会、美国安息日学校联盟（American Sabbath School Union）以及其他许多团体——美国并不缺少可投身的事业，也不乏对这些事业的热忱。[84] 不过，正是奴隶制，在当时的美国人眼中，越来越不符合他们国家的千禧年使命。

282　　甚至在 1830 年代托克维尔来访的时候，这种紧张局势也在持续发酵。当时一份广为流传的被提交给国会的请愿书，邀请各个城镇和团体署上名字，之后一份副本被呈交到了华盛顿面前。在请愿书中，签名者宣称自己"深信奴隶制的罪恶，并因它的存在而有切肤之痛"。它呼吁"人类自由的神圣事业"，请求国会彻底废除哥伦比亚特区的奴隶制，并在全美范围内结束奴隶贸易。[85]

弗朗西斯·韦兰和弗朗西斯·鲍恩都反对奴隶制，这一点也不让人意外。韦兰在他的道德哲学教科书中，谴责奴隶制是"对个人自由的侵犯"，在他的政治经济学教科书中，他以奴隶贸易为例，视之为使贸易国家贫困的唯一现行国际商业形式。[86]十年后，他在与南卡罗来纳州的一位支持奴隶制的牧师合著的一本小册子中，表达了反奴隶制立场。[87]鲍恩的教科书只是简短地提到了奴隶制，没有进行道德评论。然而，多年以后，在评论内战时，他清楚地表明了自己的观点："我们也许不用担心后人对这场由叛乱引发的战争的评判，因为单是战争带来的废除奴隶制本身，就不仅对这个国家，而且对文明世界，都是一种伟大的善和一种永远的财富。"[88]

莱曼·比彻的女儿哈里特·比彻·斯托夫人所著《汤姆叔叔的小屋》，于 1851 年出版，让许多读者看到了奴隶制罪恶的一面。〔莱曼·比彻的其他几个孩子也出类拔萃，包括公理会牧师亨利·沃德·比彻（Henry Ward Beecher），他可能是美国内战后几十年里最著名的传教士，还有凯瑟琳·比彻（Catharine Beecher），她建立了几所女子学校，并撰写了关于宗教和道德问题的通俗读物。〕虽然斯托夫人尽量减少了出现在其他反奴隶制作品中的鞭打和其他酷刑的血腥场面，但这本书明白无误地将奴隶制描绘成一种罪和社会邪恶。几年后，亨利·詹姆斯写道，这部小说"懂得，至福之态是集卑不足道者和出类拔萃者于一体的"。他回忆说，它"首先会非常幸运地发现自己对无数人来说，与其说是一本书，不如说是一种视觉、感觉和意识的状态，在这种状态下，他们不是坐着阅读、品评和打发时间，而是走过、说起、笑着和哭了……这正是斯托夫人的难以抗拒之处"。[89]出版当年，这本书在美国售出了30 万册，国外的销量更多，这使它成为当时拥有读者最多的小说。[90]

废奴运动，先是在英国，然后在美国，其背后的推动力一直是宗教方面的。在1830年代和40年代，争论导致美国三大新教团体——浸礼会、循道宗和长老会——分裂为北部教派和南部教派。对于北方人来说，接下来的战争是一场圣战，一场宗教净化的仪式，旨在消除阻碍国家实现其千禧年使命的道德污点。[91] 朱莉亚·沃德·豪（Julia Ward Howe）激越人心的《共和国战歌》（*Battle Hymn of Republic*），于1862年2月首次发表在《大西洋月刊》上，通过"（上帝）怒剑进出夺目闪电"和"钢枪丛林映红的福音"等意象，抓住了这场武力审判的宗教精神。特别是在豪的最初版本中，最后一节——"他献身使人得圣洁，让我们献身使人得自由"——阐明了人们在这场战争中的牺牲，是与基督徒在耶稣之死中看到的救赎联系在一起的。（现代版本经常把结尾这句话改成"让我们为使人得自由而活"。）仅仅数年之内，在安提塔姆和葛底斯堡的血战之后，这个国家对"主降临的荣耀"有了新的理解。[92]

乔治·班克罗夫特活到了1891年，在1882年时，他出版了《美国史》（*History of the United States of America*）的最后修订本。回顾从他开始撰写巨著之后的国家发展历程，他选择只在出版于1834年的第一卷的导言中添加两句话："前面的话，写于近半个世纪前，被保留下来，因为中间这些年已证明我们对共和国势必走向进步所言不虚。分裂的种子已经死亡；普遍自由、互惠互利和宝贵传统，将诸州团结如一。"[93]

奴隶制——邪恶的种子，类似于早期宗教思想追溯的导致人类悲惨堕落的原罪——确实已经消失了。这个国家以鲜血为代价扫除了它。但是内战后的美国人面临新的挑战，对自我形象的新挑战并不亚于对他们物质环境的挑战。也是在这些挑战中，经济因素凸显了出来，当时的政治经济学家很快就被简称为"经济学家"，他们渴望解决这些问题。宗教思想的影响会再次左右他们的作为。

第 11 章
竞争的诸福音

美国未来的财富将是惊人的……我期待着那"黄金"未来（字面意义），它就在我们面前展开，我好奇最富诗意的财富增长的梦想，会否成真。

——亨利·沃德·比彻

人类学会创造财富的速度，比学会公平分配财富的速度要快得多。他们看向利润的眼睛，比他们倾听上帝之音和人性之音的耳朵更敏锐。这是现代人类的大罪，除非我们忏悔，否则我们将因那罪走向毁灭。

——沃尔特·劳申布施（Walter Rauschenbusch）

内战后的几十年里，美国人面临的挑战在很大程度上是经济方面的。当时，经济增长已经成为既定事实，这里不仅指整个大陆的人口在不断增加，也指普通公民的生活水平在不断提高。除了 1880 年代和 1890 年代上半叶出现了明显间断，这种改善一直持续到 20 世纪初。从内战结束到美国参加一战，美国人口增长了近两倍，人均生活水平提高了一倍多。美国经济的其他方面也持续发生变化。国内方面，曾经不相往来的地区，甚至不相往来的地方经济中心，在全国范围内日益一体化。1890 年，统计部门的年度报告称，美国不再有西部边境

线，西进拓荒的时代已经结束。[1] 对外方面，美国在海外商业
中表现得日益活跃，虽还不是世界头等经济强国，但正在行进
路上。

全国性政府将在这欣欣向荣的经济进程中发挥什么作用，
仍有待确定。运河，连同眼下越来越多的铁路，让西进成了可
能，它们在很大程度上是政府主导的产物。仅在 1860 年代和
1870 年代初，就有超过 1 亿美元的政府债券和贷款，以及超
过 1 亿英亩的政府土地用于铁路建设。但政府还应该承担哪些
其他经济职能？例如，许多农民此时依靠铁路运输将作物和牲
畜运往市场。肯定没有人打算授权铁路公司榨取农民的全部利
润。但对运费设置哪些限制才符合美国的施政原则呢？政府又
可通过什么机制来施加这些限制呢？

随着工业化程度不断加深，其他经济领域也出现了类似的
问题。美国制造业不再是一群小生产者自然地互相竞争、共同
抵制外国进口产品。在许多产业（钢铁、机械、造船），大公
司的规模化生产正在成为常态。革命之后，美国人第一次面对
规模足够大的公司，它们质疑了个体能动性的实效。[2] 弗朗西
斯·韦兰和其他战前政治经济学家的自由放任思想的基本假设
是，企业自然而然会步入竞争。这种想法还可信吗？如果不可
信，一个建立在自由放任原则基础上的政府，能保证让竞争发
生吗？

这些商业巨头也身处一系列类似的问题当中。在很大程度
上，它们也是政府行为的产物：公司章程，使得大量甚至可能
互不相识的股东能够共同享有所有权；限制责任的法律，让股
东在面临失去最初投资的风险时，不再承受更多风险；为新机
器提供专利保护，譬如麦考密克（McCormick）的收割机、奥
斯的电梯和辛格的缝纫机。内战后几十年出现的大公司带来
的挑战，远远超出了亚当·斯密在一百年前对商人的勾结和逐

利干政所表达的关切。没有人会把这些公司当作国有企业，但它们在民主社会中要扮演什么角色呢？

286 　　然而，另一个新的挑战，尤其是在 19 世纪后几十年，是城市劳动力的增长，以及随之而来的大规模城市贫困的出现。当然，贫困人口总是存在的，在某些情况下甚至会出现赤贫人口。但在一个以农业为主的经济体中，而且在一个似乎有无限新土地可供耕种的经济体中，这个问题总还是有限度的。现在，西部边境再无可进了，机械化正蚕食着对农业劳动的需求。农业生产率的提高，工业化的加速，这二者结合起来，让越来越多的美国人从农村地区迁移到了该国快速发展的城市当中，大量来自国外的新移民也聚集到城市。此外，随着大规模制造业逐渐取代小作坊生产，大多数城市工人几无可能靠自己去创业。雇佣劳动现在越来越成为一种长久状态，与林肯在内战前夕所描述的为别人工作相比，有了很大的不同。无业之人，时常遭受前所未有的贫困。

　　内战后的几年里，美国经济蓬勃发展。1869 年 5 月，西行的联合太平洋铁路公司（Union Pacific）线路和东行的中央太平洋铁路公司（Central Pacific）线路，在犹他州的突顶山（Promontory Point）接轨，这第一条横贯大陆的铁路线的建成让美国的重心向西移动。农业种植面积在扩大，但克利夫兰、芝加哥和圣路易斯等内陆城市的面积也在扩大。特别是随着铁路开辟了新的可能性，早在战前就开始发展的商业性农业，此时获得了更大的动力。不过，铁路不仅便利了经济扩张，而且很大程度上引领着经济扩张。至 1870 年代初，美国平均每年铺设 6000 英里的新铁路，是战前 10 年平均速度的 3 倍。[3] 到此时为止，十分之一的非农业工人直接从事铁路建设。

　　此外，铁路建设需要钢铁。新贝塞麦（Bessemer）炼钢

中央太平洋铁路公司线路与联合太平洋铁路公司线路于 1869 年 5 月 10 日在犹他州的突顶山接轨。首条横贯大陆的铁路线建成，加上内战四年前结束，让这个国家有了新的地理统一感

法在 1850 年代首次被研发出来，在内战结束后不久被安德鲁·卡内基（Andrew Carnegie）的匹兹堡工厂采用，此后美国钢厂的产量从 1870 年的 6.9 万吨增加到 10 年后的 150 万吨。[4] 钢铁产量的提高又使大规模制造成为可能，尤其是机械制造业。到 1880 年，机械制造业成为美国的主导产业。[5] 从宾夕法尼亚州到中西部的六大城市——匹兹堡、辛辛那提、底特律、印第安纳波利斯、密尔沃基和明尼阿波利斯——正在成为主要的制造业中心。此外，新的本土技术也带来了各种可能性。1875 年，亚历山大·格拉汉姆·贝尔首次展示了电是如何传递声音的，次年，他为第一部可用电话申请了专利。1879 年，托马斯·爱迪生制造了第一盏获得商业成功的电灯。

蓬勃的经济活动带来的最终结果是，美国人的生活水平得

287

到了迅速提高。从全国来看，1860 年代末至 1880 年代初，依据价格变化调整后的人均收入增长了 50% 以上，这是美国有史以来最快的持续性增长。[6] 诚然，美国人的这一进步并非平等的。新的大规模企业的所有者，获得了前所未有的财富，而他们的众多同胞仍在艰苦的条件下低薪工作。即便如此，在这样一个超常发展的时期，大多数美国人还是享受到了巨大的经济收益。而且，许多人受益于政府的新举措，特别是在州和地方一级的层面上。在此期间，将初中（通常指到八年级）纳入普遍免费公共教育成为主流，教育方面的公共支出迅速增加。公共卫生条件的改善，包括城市的清洁水供应，大大降低了疾病死亡率。

1880 年代和 1890 年代初，由于世界范围的农业萧条以及美国国内和国外的金融危机，经济增长速度放缓。（加拿大、阿根廷和澳大利亚的）新辟耕地使粮食产量增加，压低了全球农作物价格。小麦从 1870 年代初的每蒲式耳 1.25 美元跌至 1890 年代中期的不到 50 美分，玉米从每蒲式耳 52 美分跌至 21 美分，棉花从每磅超过 10 美分跌至不到 7 美分。[7] 越来越多的银行和普通企业，在危机频发之下难以为继。至 1890 年代初，伊利铁路公司、北太平洋铁路公司、费城和雷丁铁路公司（Philadelphia & Reading）、艾奇逊 - 托皮卡和圣达菲铁路公司（Atchison, Topeka & Santa Fe）都宣告破产，同时破产的还有近 500 家银行和 1.5 万多家企业。找工作越来越难。[8] 在 1890 年代中期，从非农就业人数看，失业率达到 17%，而在经济健康的年份仅为 4%。[9] 到 1895 年，即使依据价格下跌做出调整，人均收入也低于 15 年前的水平。

但在 1890 年代中期之后，经济得以复苏，之后一直到第一次世界大战都强劲增长。欧洲粮食连年歉收逆转了全球农产品价格下跌的趋势。新的氰化法提金工艺，大大增加了南非金矿的产量，让包括美国在内的金本位国家实施扩张性货币政策。到 1890 年代末，在阿拉斯加克朗代克河（Klondike River）沿岸和加拿大育空地区（Yukon Territory）的新发现，进一步扩大了世界黄金供应量。与此同时，新技术的不断涌现为经济扩张提供了持续的动力。

1890 年代中期之后，扩张重启，某种意义上可以说再现了美国内战结束后头几年的增长局面。钢产量继续增加。到 1913 年，美国钢铁厂不仅将炼钢设备从贝塞麦转炉改为西门子平炉炼钢，还适时将钢厂、密歇根州的矿区和将铁矿石运送到五大湖区的运输船队进行了垂直整合，实现每年钢产量 3100 万吨。经济萧条时期，铁路建设里程降到每年不足 2000 英里，此时则几乎恢复至 1870 年代的 6000 多英里。到 19 世纪末，该国铁路总里程的近五分之三已建成。[10] 铁路车辆制造，包括客用普尔曼卧车和新开发的用于运输肉类产品的冷藏车，也已成为该国的主导产业之一。

数十年来一直作为经济格局一部分的其他行业，规模虽小一些，但也在迅速扩张。到 1890 年代，美国制造商每年生产 100 多万辆新型"安全自行车"。到 19、20 世纪之交，制造业总产出比内战后初期增长了两倍。到一战前夕，这一数字又翻了一番，不仅食品、服装和烟草制品等消费品领域产量出现了爆发式增长，工业机械领域也出现了爆发式增长。汽车领域也是如此。1905 年时，马车的价值还几乎是汽车的两倍。但是，福特的 T 型车于 1908 年首次亮相之后，到 1914 年，仅福特公司每年就生产 25 万辆汽车，汽车产值是马车产值的 10 倍以上。[11] 总体而言，超过五分之一的美国工人受雇于某种形式的制造业（相比之下，今天不到十分之一）。当时，中西部显然是美国制造业的核心地带。

随着制造业蓬勃发展，城市化也在继续。到 1910 年，超

纽约市熨斗大厦（1903年）。这座20层的富勒大楼（它最初的名字）于1902年竣工，很快成为纽约市和城市发展新时代的象征

过五分之一的美国人居住在人口超过10万的城镇，近五分之二的人居住在人口超过1万的地方。城市化也让新产业发展起来。建筑技术的进步（连同电梯的发展），使新的"摩天大楼"成为可能，改变了大多数美国城市的面貌。纽约那座造型奇特的熨斗大厦建于1902年，坐落在百老汇、第五大道和东22街交会处的狭窄三角形空间上，为其他城市的城建树立了典范。大型的城市零售商店——纽约的梅西百货和金贝尔（Gimbel）百货、费城的沃纳梅克（Wanamaker）百货、芝加哥的马歇尔·菲尔德（Marshall Field）百货、伍尔沃斯（Woolworth）

连锁百货和大西洋与太平洋茶叶公司（简称 A&P）连锁店——改变了人们购物的方式。像西尔斯·罗巴克（Sears Roebuck）这样的邮购零售公司，也改变了人们购物的方式，尤其是对居住在城市以外的美国人来说。电气化，不仅仅发生在建筑物内部，随着街灯从煤气转换成了电力也拓展到了外部，这一变化开创了另一个全新的产业。托马斯·爱迪生在 1879 年获得了白炽灯的专利，在 1882 年获得了发电站的专利。30 年后，一战前夕，美国许多城市的部分地区，与近一个世纪后的样子没什么两样了。

生活水平在继续提高。从 1890 年代中期到美国参加一战这段时间，依据价格变化调整后的人均收入，再次增长了 50% 以上，就像内战结束后的 15 年里那样。此时的平均收入是半个世纪前的两倍半。经济不平等还在拉大，这一次仍然不是所有公民都平等分享了发展成果。即便如此，对绝大多数人来说，进步的感觉还是很明显的。到美国参加一战时，福特已经将一辆标准旅行车的价格降到制造业工人平均半年工资以下。

内战结束后不久，美国的新教牧师们就注意到了他们周围正在发生的经济进步。第一个欢呼新经济时代的人是亨利·沃德·比彻，他是莱曼·比彻的儿子，《汤姆叔叔的小屋》作者的弟弟。年轻的比彻先后在波士顿拉丁学校和阿默斯特学院（Amherst College）接受教育，当时他的父亲仍在新英格兰传教，他随后跟随父亲前往辛辛那提的莱恩神学院（Lane Theological Seminary）接受牧师培训。不久，他又回到了东部，在 1847 年成为位于纽约布鲁克林高地的普利茅斯公理会教堂的牧师。到南北战争时，亨利·沃德·比彻已经成为美国最著名的牧师之一，他每周都要向三千名教徒布道。正式成员中包括：亚瑟·塔潘（Arthur Tappan）和刘易斯（Lewis

Tappan）兄弟，他们是波士顿一个商业家族的后裔，战前是积极的废奴主义者；阿尔弗雷德·比奇（Alfred Beach），出版商和发明家，他设计了纽约地铁系统的雏形；约翰·塔斯克·霍华德（John Tasker Howard），他和父亲一起开创了第一条从纽约到加利福尼亚的轮船航线；还有许多其他富有显赫的人。比彻也是美国收入最高的牧师，他的年薪为 10 万美元（相当于今天的 160 万美元），这与他所在教会的富足程度相称。[12]

亨利·沃德·比彻与他父亲一样是神学上的温和派，对在预定等问题上的教义争议不感兴趣，而是强调上帝的仁慈和人与生俱来的善良。（一位牧师同人注意到，比彻和年轻一代的其他人所宣扬的基督教，与过去的正统几无瓜葛，以至于它相对于半个世纪前所宣扬的宗教而言，"实为另一种宗教"。[13]）与他的姐姐和许多教区居民一样，他在内战前一直是一个积极的废奴主义者。现在奴隶制废除了，他作为美国政治和经济结构的有力代言人出现，以乐观的后千禧年视角展望自己国家的未来。他很早就看到新时代会重新繁荣起来，在 1867 年便称："无限的财富在我们面前展开……我们正在进入一个财富的时代。"[14]

此外，比彻明确表示，新增财富对个人和社会都有好处。他写道，他不是守贫的信徒，也不认为贫穷是圣洁的条件。毫无疑问，考虑到许多教区居民过着富足的生活——他自己的也丝毫不逊——他解释说："一个人不论身居豪宅，还是身处陋室，都可以为他所在的社会出力效劳。为他人着想，并不必然要让自己活在穷困潦倒之中。"比彻叮嘱他的同胞们，面对新财富，他们既可泰然处之，也可奋力追求。他告诉他们："你们不必为富有而感到羞耻，你们也不必为给别人留下追求财富的印象而感到羞耻。"相反，财富是"被交到人类手中最重要的力量之一"。如果使用得当,它是一种向善的力量。[15]

美国内战后的经济增长没有让他失望。3 年后,在一次题为"美国进步的趋势"的感恩节布道中,比彻进一步阐发了该主题,即国家一天天繁荣起来,之所以是人心所向,不仅在于繁荣本身的意义,还在于它是道德健全社会的必要基础。他告诉会众,如果要有道德上的繁荣,就必须有物质上的繁荣。他的推理与大卫·休谟一个多世纪前就技艺的改进所讲的内容非常相似。比彻指出:"没有财富,一个社会不可能走向文明。""一个国家,若不借助财富来发挥中介作用,是不会从野蛮状态中崛起的。"[16] 商业繁荣"与公共道德密不可分"。[17]

在这个新时代,美国充分实现了文明和道德的基本前提。比彻指出,"我们劳动人口中的大多数","从来没有像现在这样丰衣足食、安居乐俗"。此外,在看到经济精英的惊人财富和炫耀性消费的同时,他也看到,即使是那些处于经济底层的美国人也在分享国家的繁荣。他总结说:"最底层的物质条件是在变好,而不是变差。"[18]

更重要的是,从后千禧年主义视角来看,比彻认为他所见证的不只是一场暂时的经济繁荣,随后的几十年证明了他在这一点上是正确的。他预言道:"美国未来的财富将是惊人的。""我期待着那'黄金'未来(字面意义的),它就在我们面前展开,我好奇最富诗意的财富增长的梦想,会否成真。"[19] 此外,这一前景不仅仅关乎物质生活水平,也关乎道德层面。在南北战争前夕,爱默生就指出:"一美元不是价值,而是价值的表现,最终是道德价值的表现……财富是道德性的。"[20] 继爱默生之后,比彻还借用了梅尔维尔在战前写的《白外套》中的一个比喻,在他预见的巨大财富和美国的千禧年角色之间建立了直接的联系。他断言:"没有别的地方的财富,会像美国这样,直指道德中的德性和宗教中的灵性";"我们已跻身国

293

际领先地位"。[21]

10 年后，在反思美国持续的经济增长和改善时，比彻仍然坚信繁荣和财富对更广泛意义上国家发展的关键作用。他注意到："人们嘴里说着'朴素生活、高尚思考'。""你从未见过一个生活俭朴而思想高尚的国家。"他再次重复了休谟的观点，宣称："没有哪个社会可不借财富之力而走向文明。仓廪虚，则教化不兴。"[22]

随着时间的推移，其他人开始探讨比彻的主题，经常援引他在财富和道德之间所设想的联系，认为它不仅是寻求财富的正当理由，也是这样做的道德要求。在 19 世纪的后几十年，浸礼会牧师拉塞尔·康威尔（Russell Conwell）提出了对这一观点最有力的论证，肯定也是流传最广的。虽然当时（以及较早时候的）大多数新教牧师年轻时便开始了牧师生涯——比彻和他的父亲都是 24 岁，弗朗西斯·韦兰 25 岁，查尔斯·格兰迪森·芬尼 28 岁——康威尔却直到 35 岁左右才加入牧师行列。从耶鲁大学（曾在战时服役于联邦军队）毕业后，他先是从事律师和房地产经纪人的职业，之后成为报纸作家和出版商。他还为参加过战争的共和党总统候选人撰写竞选传记，包括格兰特、海斯和加菲尔德，之后，他作为一名世界旅行家和专业讲师获得了很高的声誉。但他后来决定去马萨诸塞的牛顿神学院［安德沃牛顿神学院（Andover-Newton）］学习，并于 1879 年在 35 岁时被按立为牧师。[23]

3 年后，康威尔成为在费城成立 10 年、财务拮据的浸礼会永恩堂（Grace Baptist Church）的牧师，在他的领导下，加上他非凡的筹款才能，该教会发展成为美国第一个机构教会，所涉事宜远不止基督教礼拜。[24] 到 1891 年，该教会有了一座新建筑，俗称浸礼堂（很快成为永恩堂的通俗叫法），足以容纳 3000 名教徒。它是美国最大的新教教堂。不久，教会也赞助了三所医院。与此同时，康威尔开办了一所夜校，教授工薪阶层子弟。到 1887 年，它变身为天普学院（Temple College，即后来的天普大学）。在直到他去世的近 40 年时间里，康威尔一直身兼永恩堂牧师和天普学院校长两职。

康威尔借为永恩堂及其附属机构筹款的机会，走访了许多地方，所到之处他都会发表演讲。对于演讲内容，他不做改动，反复地（据说有 5000—1 万次）讲几乎相同的内容。在名为《钻石就在你家后院》（"Acres of Diamonds"）的演讲中，他以一则寓言开场，寓言讲述了一个年轻人外出寻找财富，在经历艰辛却无所成就后，返回家中，竟发现自己一直在寻找的财富，就在自己老家旁边的地下。接着，在引申这则故事的寓意时，康威尔说道："发家致富的机会，就在费城这里（或他演讲的任何城市），今晚听我演讲的几乎每一个人都有这样的机会。"[25]

然而，康威尔不只是告诉他们没有必要背井离乡地求取财富。在他的讲述中，故事成了一种媒介，宣传了财富本身具有道德价值，因此也宣传了寻求财富的道德必要性。他告诉听众："我要说，你应该变得富有，而且变得富有是你的责任……你要是有能力在费城诚实致富，去这样做，就是你的基督徒义务和神圣义务。"[26] 半个世纪前，托克维尔就注意到，美国人普遍感觉到有机会实现经济成功，这一点产生出一种追寻此种机会的道德感和社会义务感。对康威尔来说，这种义务也是宗教性的。

他给出的基本原理大致借鉴了亚当·斯密在《国富论》中提出的市场经济有益论。但是二者有一个重要区别。与其他启蒙思想一致，斯密认为个人经济活动给其他人带来的有益结果是不可预见的，当然也是无意的。屠夫、面包师和酿酒师，让我们享用上晚餐，不是出于对我们福祉的关心，而是为了营生。在康威尔的描述中，个人经济行为的有益结果变成了一种有意设计，其动机是基于道德和宗教的理由。个人在此过程中的得利，与他们惠及他人的程度是相对应的。他指出："你可以通过这座城市给你的报酬，来衡量你对这座城市的贡献。""一个人可以通过他收获之多寡，很好地判断出他价值之大小。"[27]

男人和女人（康威尔很早就接受了女性在经济上也可主动有为的观点），当然有宗教义务去工作以造福他人，因此，知道最好造福他人的方法，就是寻找赚钱的最佳方式。康威尔以一个开纽扣店发家致富的女人为例，说她开店是因为有一次留意到邻居需要纽扣但无处购买，康威尔告诉听众："你只要花点时间到街坊四邻走动一下，看看人们需要什么，你应该提供什么……计算一下如果你供货给他们，你会得到多少利润，你很快就会找到结果。财富所在之处，不出你嗓音所及之处。"赚取利润，从而造福他人，这不亚于一种宗教行为："诚实赚钱就是在传播福音。"[28]

• • •

296　　康威尔着力阐述了（今天许多人会说他有点夸大其词）这样一种观点，即致富之所以必要，是因为个人追求财富对社会有益。布道者当中，用心阐述此论者，不止康威尔一人。20世纪初，马萨诸塞州新教圣公会主教威廉·劳伦斯（William Lawrence），提出了与亨利·沃德·比彻在30年前提出的相同的主题。与比彻所处的时代一样，一个新的经济繁荣时期开始显现。劳伦斯欢迎它，不仅仅是因为它本身，还因为它带来的更广泛的益处。他看到，物质繁荣"有助于使国民性格更纯洁、更快乐、更无私、更像基督"。[29]

劳伦斯甚至比康威尔更直接地将追求财富与个人道德联系起来。他写道："长远看来，财富只会降临到有德之人身上。"[30]（康威尔曾声言，98% 的美国富人诚实有信；这就是他们富有的原因。[31]）劳伦斯总结道，原因在于，在一个由仁慈上帝设计的世界里，追求财富是人类既定角色的一部分。他指出："我们相信上帝的宇宙是和谐的。""我们知道，只有遵循他的自然法和属灵律法，我们才能高效地工作。"[32]康威尔认为，敬虔的基础和商业成功的基本原则"完全是一回事"。[33]劳伦斯说得更简单："敬虔与财富相通。"[34]

毫不奇怪，许多积累了大量财富的人对此表示赞同。除了隐含的斯密思想，即如果一个人寻求财富，那么其行动最终会使他人受益，康威尔还表达出，一个人获得财富后才有使用财富的诸种可能性。他应和比彻的观点指出："金钱就是力量，你应该胸怀抱负去拥有它。之所以应该，是因为你有了它，可以比没有它行更多的善。"[35]随着美国经济持续扩张，新工业时代使个人经济成就达到了前所未有的高度，国家的道德关注从单纯的获取财富转移到了后续问题上，即那些已经获得财富的人应该如何使用财富。

安德鲁·卡内基，因他在匹兹堡钢铁厂建立的庞大帝国，到 1889 年时，可能已是美国最富有的人，他阐述了对像他这样的坐拥财富者应尽义务的看法。他解释说，富人的职责是生活俭朴，"避免炫耀或铺张"，少量生活开支之外，要"考虑所有的盈余收入，这些收入之于他只是信托基金，他……责无旁贷要以最能产生对社会最有益结果的方式来打理"。照此行事，富人将成为"自己相对贫穷的同胞单纯的代理人和受托人，利用自己过人的智慧、经验和管理能力为他们服务，这样做，比他们仅为自己谋利做的要更好"。[36]

在卡内基的家长式立场看来，超级富豪有能力和义务代表同胞管理经济资源，由富人来管理比他们自己来管理可能会更好，这相当于允许个人积聚起像他那样的财富。为了激励和引导经济活动，这种观点赞同，事实上欢迎"当时最强烈的个人主义"。但考虑到要分配这种经济活动的最终成果，它期待"一种理想状态，在这种状态下，少数人的盈余最好成为多数人的财产"。最终的结果将是实现一个更好的社会——对每个人都更好——因为"相比于将财富按小笔金额分配给人民，财富被掌握在少数人手里，会为整个族群带来更强大的力量"。[37]

为了实现这一目标，卡内基首先寄望于那些已获财富之人的个人主动性，在他自己的生活中，他试图借助许多不同的慈善事业来实现理想：建立遍布美国各地的免费公共图书馆、卡内基理工学院（Carnegie Institute of Technology，即卡内基梅隆大学）、全国性的大学教师养老金和保险系统（"教师保险和年金协会"）、"卡内基国际和平基金会"，以及许多其他开创性事业。但假如富人未能像他那样做，他也看到了政府的作用。他主张，富人的一部分财产"应在他死后通过国家机构分配给公众"，他还呼吁对总额超过 100 万美元的遗产征收高达 50% 的累进遗产税。有人担心遗产税会挫伤个体商业经营者的积极性，他认为这种担心没有必要。相反，"对这一阶层而言，他们的抱负是要在身后留下巨额财富和被人谈起，事实上他们更关心的，也在某种程度上作为一种更高贵的抱负，是留有大笔财富交付国家"。没有遗产税的话，"一个身后留下数以百万财富的人，将会'不受悼念、不享荣誉、不被赞颂'地死去。……对于这样的人，公众的评判将会是'死得如此富有之人，死得并不光彩'"。[38]

当收入，甚至是财富的集中，达到前所未有的程度时，卡内基认为他有关财富积累和财富处置的概念是不平等分配的有效矫正方法，不平等分配回头看只会是暂时性的。获得财富之人，要成为穷人的受托人，"受托在一段时间内管理该社会增长起来的大部分财富"，受托从大局利益来处置这笔财富。"在我看来，这是关于财富的真正福音，遵从它，终有一天会解决掉富人和穷人的问题，并带来'地上的和平，众人之间的善意'"。[39]

然而，神职人员和其他思想家，尽管认同卡内基广为流传的、以"财富福音"著称的说法，但他们的思想里并没有明显的博爱主义一面。亨利·沃德·比彻一贯鲜对穷人表现出同情，曾声言："在这片土地上，没有人会受贫穷之苦，除非他不只有错在身——他罪当如此。"[40]如果他们觉得工作过度，那就接受现实吧。他一再谴责八小时工作制运动。拉塞尔·康威尔告诉全国各地的听众，"值得同情的穷人，少之又少"。像比彻一样，他为这种看似无情的观点辩护，理由是"美国没有一个穷人不是因为自己的缺点或别人的缺点而变穷的"。[41]

内战后几十年出现了大规模城市贫困，对穷人负责的问题变得越来越重要：谁对他们的状况负责，以及谁应该承担解决这个问题的责任。霍瑞修·爱尔杰（Horatio Alger）非常受欢迎的小说，从 1867 年的《衣衫褴褛的迪克》（*Ragged Dick*）开始，一直在刻画某位道德上值得称许的城市青年，因偶然引起了一个富有长者的注意而获得成功。[42]爱尔杰系列的标题"运气和勇气"（"Luck and Pluck"），突出了美国人所认为的成就个人财富的两个因素。相比之下，爱默生完全不考虑运气。爱默生写道："一个人的好运或厄运总是有原因的。"好运只不过是"目标坚定的别名"。[43]康威尔完全站在爱默生一边。他支持隐含在加尔文戒律中的对贫穷的看法，即困顿是上帝缺

299

席的标志，发达是上帝临在的标志，[44] 警告说："同情一个上帝因罪而惩罚他的人，在上帝仍要延续对他公正惩罚时还去帮助他，这是在犯错，这一点毫无疑问。"[45]

神职人员中的许多其他人也对不平等甚至是绝对贫困漠不关心。亨利·沃德·比彻轻视要求更大平等的呼声。"不用去考虑国外那些歪理邪说，进入市场而缺少男子气概者，当拿最低的报酬；根据神圣律则，踏足市场而最富男子气概者，当享至高地位、至上荣誉和最多报酬，因为他们自身当中有事当如此的原因。"讲到下面的情形时，他们更显不屑："要说一个勤劳多才的人，相比于一个每天喝三顿啤酒、半数时间在睡觉、半数时间发牢骚说自己不比别人差的人，地位更低，收入更逊，这实为荒谬。"[46]

比彻认为，在他那个时代，经济平等的新观念正开始从欧洲传入美国，这是一种特殊的威胁。他驳斥了所谓德国社会主义者的理论和法国公社政治经济学的理论——但也间接针对新生的美国劳工运动——以一种对抗口吻说道："欧洲的劳动者，无论是领导层还是追随者，都不适合在政治经济学和既有自由的问题上当美国人的老师。"当涉及人权和个人自由的问题时，美国人没有什么可以从欧洲人身上学习，也没有什么可以教给他们。他特别反对的主张是"政府有责任像父亲一样，照护自己国民的福祉，为他们提供劳动机会，并确保他们幸福"。这种想法只会导致"沙皇主义……恺撒主义……绝对君主制"。比彻最后得出，经济不平等是不可避免的："有这样一条伟大定律，据此定律，小存在一定会比大存在表现得更小，拥有的也一定更少，而比大存在更大的存在一定会表现得比大存在更大，拥有的也一定更多。"这是上帝的意志。"他想要让伟大趋于伟大，渺小趋于渺小。众人散布于两端之间的长距内；除非你能使人们在生产力上平等，否则平等化过程不会发生。"[47]

穷人必须善纳上帝的意志，接受他们位卑的不幸。

菲利普斯·布鲁克斯（Phillips Brooks），波士顿三一教堂的长任教区长，威廉·劳伦斯所任马萨诸塞州新教圣公会主教一职的前任［布鲁克斯还谱写了《哦，伯利恒小镇》（"O Little Town of Bethlehem"）的歌词］，同样大力宣扬个人信仰。在一封早期给父亲的信中，他把"对罪的谴责，既包括对公共之罪，也包括对私人之罪的谴责"接纳为自己受命布道的内容，但除了主张废除奴隶制这一点，他仍让自己处于大多数社会改革努力之外。[48] 布鲁克斯没表现出对穷人的关心，理由是"过度贫困，生活必需品上遭受的实际苦难，虽然可怕，但相对罕见"。[49] 他对反对当时日益加剧的经济不平等的人，态度更加严厉。他声言，"要求平等的本能是低级的本能"；"平等，如果完全实现的话，只会让人的低级本能和冲动登场"。事实上，不平等，甚至是在个人天赋、后天努力或智力没有差异的情况下产生的不平等，对布鲁克斯来说是生命价值的组成部分。"人类生存的趣味性和丰富性，很大程度上就是由存在特权这一事实带来的，特权此处可以理解为人们之间的不平等，人们似乎并不要对这些不平等负责。"[50]

从 1880 年代初持续到 1890 年代中期的经济萧条所造成的困难，让这种观点越来越与许多美国人的同情心格格不入，尤其是让许多新教牧师感到不舒服。农产品价格不断下跌，使得越来越多的农民无法维持体面的生活。蔓延的城市劳工骚乱及其引发的暴力，诸如 1886 年芝加哥干草市场骚乱（Haymarket riot）、1892 年匹兹堡附近的霍姆斯特德钢铁罢工（Homestead steel strike）、1894 年波及全美铁路系统大部分路段的普尔曼罢工（Pullman strike），同样吸引了公众对受压迫产业工人困境的关注。

1889 年，《斯克里布纳》（*Scribner*）杂志刊发了记者雅各布·里斯（Jacob Riis）的一篇文章，文中插图是他自己拍摄的一些纽约下东区贫民区照片，有意引起读者的不安。里斯的照片因使用移动闪光灯摄影新技术而引起了广泛关注，第二年他出版了单行本，名为《另一半人怎样生活》（*How the Other Half Lives*）。[51] 许多美国人此时亲身遭逢的困境，日益成为不可回避的问题，而说如此多的人陷入贫困是因为拉塞尔·康威尔口中"他们自身的缺点"，也越来越令人难以接受。把他们的困境仅看作上帝对他们诸罪的惩罚，即便不是对人性的完全漠视，也愈发显得虚伪。

人们采取多种形式反抗。像农业保护社（Patrons of Husbandry，通俗的叫法是 the Grange）这样的农场组织，以

雅各布·里斯，《街头阿拉伯人——露宿街头的男孩》（*Street Arabs—Night Boys in Sleeping Quarters*，1890）。里斯拍摄的纽约廉价公寓生活的照片凸显了美国长期经济萧条时期城市贫困的普遍性

及白人南方农场主联盟（Southern Farmers' Alliance）和有色人种农民联盟（Colored Farmers' Alliance），发展成了受欢迎的抗议团体。在城市中，苦苦挣扎的美国劳工运动获得了新的动力。工会积极活动者塞缪尔·龚帕斯（Samuel Gompers）最初在纽约雪茄制造商工会活动，后逐渐扩大活动范围，于 1886 年建立了美国劳工联合会。1894 年，格罗弗·克利夫兰（Grover Cleveland）总统决定在普尔曼罢工期间调动美国军队来保护铁路，之后 17 支不同的"产业军"在华盛顿游行，寻求获得某种形式的联邦援助，大多争取在新的道路建设或其他公共项目中有份工作。

新老政党也有了新的议题。新成立的人民党（People's Party，也称为 Populist Party）在 1892 年的选举中取得了巨大成功，赢得了几个州长职位和国会席位，后来陷入非主流的货币狂热和反犹偏见，最终以此为人所知。尽管威廉·詹宁斯·布赖恩（William Jennings Bryan）在 1896 年以民主党人的身份竞选总统，但他政纲的核心，以及他在那年夏天的党内提名大会上著名的《金十字勋章》（*Cross of Gold*）演讲，却与人民党人一样呼吁自由铸造银币。20 世纪伊始，西奥多·罗斯福的解散托拉斯行动（trust-busting campaign）与伍德罗·威尔逊深孚民意的进步运动（progressive movement），勾画出了共和、民主两个大政党的议题。到威尔逊竞选总统时（罗斯福作为第三党候选人竞选失败），美国政治中没有哪个重要政党不支持改革方案。

美国的宗教机构很难置身于这场运动之外。许多神职人员发现，越来越难以忽视在城市和农村失业人口中蔓延的贫困，以及就业人口中日益明显的剥削现象：低工资、不安全的工作条件、童工、对每个人（尤其是对女性）而言都过长的日工作时间。很少有人认为问题在于财富本身。如果说问题在于财富

302

的话，那就是它太少了。许多新教神职人员选择去解决的问题是愈加不均衡的财富分配。随着国内经济问题的恶化，宗教领袖们越来越不希望教会在解决这些问题上发挥更积极的作用。许多人认为教会的泰然自足是问题的根源。

神职人员的国字号人物当中，第一个对这种泰然自足做出反应的是华盛顿·格莱登（Washington Gladden）。从威廉姆斯学院毕业后，格莱登在1860年24岁时成为一名公理会牧师。但他起初也从事新闻行业，担任《纽约独立报》（New York Independent）的宗教编辑，其间他鼓动人们反对该市臭名昭著的特威德老大（Boss Tweed）的腐败。在布道中，格莱登有意设定了一种谦卑基调，这在他为后来广为流传的圣歌歌词中表现得淋漓尽致："主啊，容我与你同行，甘愿自卑，服侍他人。"但他也深切关注美国更广泛的社会和经济问题。早在1875年，在1880年代和1890年代初的经济萧条尚未到来之前，他就以一本名为《劳动人民及其雇主》（Working People and Their Employers）的书，预示了自己的兴趣所在。

然而，直到1880年代，长期商业低迷带来的困境愈发明显，格莱登作品针砭时弊的力量才真正发挥出来。当时，俄亥俄州哥伦布市第一公理教会的牧师格莱登（任此牧职一直到去世）出版了一系列被广泛阅读的著作，这些著作从宗教角度看待国家的经济问题，并呼吁教会在解决这些问题方面发挥积极作用。光是几本书的书名就能表现出他关注经济问题：《应用基督教：社会问题的道德方面》（Applied Christianity: Moral Aspects of Social Questions, 1887），《工具与人：基督教律法下的财产和工业》（Tools and the Man: Property and Industry under the Christian Law, 1893），以及《社会事实与社会力量：

工厂、工会、公司、铁路、城市、教堂》(*Social Facts and Forces: The Factory, the Labor Union, the Corporation, the Railway, the City, the Church*, 1897）。

建基于努力在地上创造一个新天堂的后千禧年主义愿景之上，格莱登的目标是让同人关注个体之人的世俗行为和属灵救赎，以及他们生活于其中的社会的特征。[52]他在《工具与人》中写道："基督教的目标是双重的：完善之社会里的完善之人。"这二者是同等重要的。"律法和福音关乎人的良心和情感，但它们也把人当作社会有机体的一员。"格莱登虽是一位公理会牧师，却能重拾内战前像威廉·埃勒里·钱宁这样的唯一神论者的布道观念，相信罪的概念不仅是个体性的，也是集体性的，有必要在两个层面上看待它。因此，美国的教会既要讲述个人的信仰和行为，也需要讲到社会的结构和状况。格莱登指出："所以，我们需要强调我们基督教工作的社会方面。""基督教给社会和个人都制定了法律。我们受呼召去做归正人心的工作，我们同时也受呼召，而且得到相应的授权，在人们归正之后给予他们一个基督教社会。"[53]

基督教社会由什么构成？对格莱登来说，"基督教社会"这个词不仅仅意味着有教堂可供教区居民礼拜。个体行为取决于他们生活的社会。他认为，存在某些特定形式的社会组织，它们倾向于"提升人类本身的价值和良善"。此外，还存在"其他倾向于使个人价值和个人良善相形见绌的外在条件"。[54]

他认为，选择是明确的。"我们需要鼓励的社会组织形式，是品格的价值会得到正确评判的社会组织形式，人不应仅被视为物质交换游戏中的物件筹码。"格莱登认为，这正是美国面临的选择。教会有责任让宗教影响人们的选择。他在 1893 年写道："现在摆在我们面前的问题是，是否可以诉诸什么更高的力量来挽救逐利之心给世界带来的那种善好。这是我们这些

304

为社会的基督教化而付出努力之人所面临的问题。"[55]

此外，格莱登明确指出了教会要引导社会去纠正的核心经济问题：贫困的蔓延和不平等的扩大。不同于其同时代人，如拉塞尔·康威尔和菲利普斯·布鲁克斯，在这个问题上的立场，格莱登对经济不平等的观点，让人想起较早时期的美国人（可以回溯到约翰·温斯罗普时）的态度："我们中间存在着巨大的条件和财产的不平等，并且还在不断加剧，巨大鸿沟的两边——既在富人这一边，也在穷人这一边——滋生出与基督教的性情态度相左的性情态度。一边是鄙夷，另一边是嫉妒，这两者使社会戾气漫溢。"[56]

在格莱登看来，这种情况不可能在现代社会持续下去，尤其是在美国。他承认，其他时代可能也存在同样严重的不平等，"但在一个建立在人人生而平等的信条基础上的社会，从来没有出现过这种不平等"，而且"在一个穷人手中有拼写书、报纸和选票的社会中，从来没有出现过这种不平等"。[57]他认为，识字、新闻自由和选举民主这三者结合起来，使得美国此时的经济情势不可持续。问题在于，如何来实现美国迫切需要的变革。

比格莱登年轻一代的沃尔特·劳申布施，甚至更明确地呼吁美国的新教教会牵头引领这种变化。格莱登被按立牧师的一年后，劳申布施出生于纽约罗切斯特的一个德国移民家庭，他先在德国接受教育，然后在罗切斯特新近成立的浸礼会赞助的大学和联合浸礼会神学院（associated Baptist seminary）接受教育。回到罗切斯特神学院担任教授之前，他在纽约市第二德国浸礼会教堂（Second German Baptist Church）担任了十多年的牧师。然而，劳申布施也将自身巨大能量发挥在教会和神学院之外，于1892年创建了王国兄弟会〔Brotherhood of

the Kingdom，最初称为 Society of Jesus（耶稣会）]。王国
兄弟会是一个非宗派的新教团体，信奉着其成员所认可的基督
教的社会教义，尤其包括关于财富及其分配的教义。

劳申布施与格莱登一样也是一位多产的作家，他的书有力
地推进了后被称为社会福音（Social Gospel）的思想传播：
《基督教与社会危机》（*Christianity and the Social Crisis*,
1907）；《为社会觉醒祈祷》（*Prayers for the Social Awakening*,
1910）；《基督教化社会秩序》（*Christianizing the Social
Order*, 1912）；《社会福音神学》（*A Theology for the Social
Gospel*, 1917）。[58] 在《基督教与社会危机》中，他接受了格
莱登的观点，即美国此时的经济情势是不可持续的，国家日益
严重的财富分配不均是问题的核心。他写道，"西方文明正在
经历一场社会革命，其范围和力量在历史上前所未有"，"这
场社会危机是我们这一代人面临的最大问题"。劳申布施指出
了极端的经济不平等会带来腐蚀性的社会和道德后果，他也清
楚地认识到，这种日益扩大的分配差异给民主社会带来的分裂
性政治斗争威胁。他警告说，"一方面是我们集中的财富的巨
量化和恣肆蔓延，另一方面是普通人的独立、道德活力和政治
权力"，它们"预示着竞争性力量之间的长期角力"。[59]

这些担忧并非新近才出现，即使在美国情况也是如此。甚
至在 1830 年代美国工业化的早期阶段，托克维尔就已经注意
到生产企业主和受雇员工之间的鸿沟越来越大，认为它潜在
威胁着他总体上所认同的美国社会当中的身份平等。他指出，
"老板和工人现已毫无共同之处，并且每天都在加大差距"。
他告诫说，如果美国的民主到头来让位于永久贵族制度，那
么，这种以工业为基础的社会不平等，便会是贵族制度进入的
大门。[60]70 年后，劳申布施看到工业化的进一步发展，它现在
延伸到大型制造厂和工厂，以及横跨全国的铁路公司，正在使

306

贫富之间的社会差距急速扩大。他写道，贫富两极分化越来越大，因此相对而言，穷人变得更穷了。美国正在变成一个由不同社会阶级组成的社会。富人阶级和穷人阶级，他们的生活方式越来越远离，他们的分界线也越来越明显。[61]

劳申布施的分析直接聚焦在分配问题上，和格莱登一样，他将那个时代日益扩大的不平等置于集体罪概念的背景下。"人类学会创造财富的速度，比学会公平分配财富的速度要快得多，"他总结道，"他们看向利润的眼睛，比他们倾听上帝之音和人性之音的耳朵更敏锐。这是现代人类的大罪，除非我们忏悔，否则我们将因那罪走向毁灭。"[62]

307　　劳申布施明白，他和格莱登以及其他新社会福音论的支持者，把重点放在社会，而不只是拯救个人灵魂的做法，代表了对美国新教思想的背离。但是，劳申布施认为，他们实际上是把基督教带回了它的历史之源。就他的理解而言，福音书和早期教父都表现出了对穷人持久的关注。他们同样接受了财产共有制等观念。他指出，"穷人的人性（manhood），在它（指《希伯来圣经》）那里，比富人的财产更神圣"。[63] 一旦基督教成为罗马帝国的官方宗教，希腊化思想中的个人主义特征逐渐取代了早期对重塑人类社会和实现上帝王国的强调。（君士坦丁不是从罗马进行统治，而是从拜占庭那座改名为君士坦丁堡的希腊城市进行统治。）正如劳申布施所看到的，社会福音论代表了对这些初始之源的回归。[64] 正如他在自己后来的一本书里所说的，社会福音论寻求让人们为他们的集体罪忏悔。它将他们召唤至古老先知的信仰那里，那是对万民之救赎的信仰。[65]

也是在强大的后千禧年主义的推动下，劳申布施对美国新教教会实现这一目标的能力寄予厚望，只要他们愿意投身于这项任务。他们的目的不应该仅仅是拯救个体之人的灵魂，而是要改革人们生活的社会。他看到，"耶稣是向着个人、借着个人来行事，但他真正的目的不是在个人层面，而在社会层面，他以自己的方式运用了强大的社会力量"。简言之，"他的目的不在于新的灵魂，而在于新的社会；不在于人（man），而在于人类（Man）"。[66]

面对巨大的挑战，泰然自足是行不通的，无所作为更说不过去。在社会面临何种局面这类问题上，只要有所选择，那么，也就没有中立立场可言。他认定，教会是西方文明中最强大的力量之一。因此，"它不由自主就会将巨大重量压向一边或另一边。它若不想采取行动，其实已经是在采取行动"。如果美国诸教会能积极站在社会变革一边的话，那么没有一个现存的社会机构能够抵抗它们的力量。劳申布施援引那些能直接体现他如何看待宗教的隐喻，以及那些认同现时代在深刻变革的隐喻，预言道："在宗教信仰的温暖气息下，所有的社会机构都变得可塑。"更为重要的是，宗教的积极力量是改变得以发生的必要条件。"除非经济和智力因素被宗教热情强力放大，否则整个社会运动可能会流产，新时代可能会在诞生之前夭折。"[67]

当务之急在于，美国的宗教领袖们要重新划定他们该在哪些方面下功夫。劳申布施敦促他们朝着社会福音运动所指明的方向前进。他叹言："宗教人士慑服于我们商业世界盛行的物质主义和傲慢自私。"现在他呼吁他们放弃顺从。他在美国神职人员中的同事，应当具有他们宗教信仰的勇气。他们应该清楚地表明："一个国家的生命'不在于它生产的东西是否丰富'，而在于人们公正相处和谦恭信靠上帝的生存之道。"[68]

格莱登和劳申布施领导的运动，不仅反映出对当代美国经济、社会显著缺陷的反应，还反映了后千禧年主义对未来的展

308

望，这种展望在 19、20 世纪之交日益成为美国主流新教教会的特征。[69] 正如劳申布施总结自己在教会内外众多工作的目标时说的那样，"这不是让个人进入天堂的问题，而是将地上的生活转化为天上的和谐"。[70] 19 世纪最后几十年和 20 世纪初，美国生活的许多其他方面都体现出了实用主义精神，社会福音运动的倡导者们本着这种精神，不愿仅依靠个人归正来实现国家所需要的社会变革。[71]

就像更普遍意义上的后千禧年主义思想一样，社会福音运动也从科学日益明显的进步中获得了信心，因为它有着越来越明显的实际应用。该运动的另一位主要人物约西亚·斯特朗认为，"科学，作为上帝律法和方法的启示，使我们能够有意地步入他的计划，并与他明智地合作，以完善人类，从而加速王国的到来"。[72] 神所命定的目的，是不可避免的；但要实现这一目的，却是亟待人们出力的。后千禧年主义将人类进步的理念与天启的象征结合了起来。[73] 社会福音论的实质内容和表达形式，都反映了这种结合。

即使在 20 世纪的最初几年，当美国经济回到了持续但不规则的增长轨道上时，这场运动的势头仍在上扬。一股通俗文学的浪潮，给许多不常去教堂的美国人，或对牧师可能少有兴趣的美国人，带去了社会福音思想。查尔斯·谢尔顿（Charles Sheldon）于 1896 年出版的小说《跟随他的脚踪》（*In His Steps*），讲述了某虚构小镇在本地牧师一番劝诫之后发生的故事，这位牧师劝诫会众，全年采取任何行动前都先自问"耶稣会怎么做"。这本书最终售出了超过 5000 万册，一个多世纪后，谢尔顿那个发人深思的问题，仍出现在美国各地的手链饰品和车尾贴上。[74] 其他社会福音小说，如温斯顿·丘吉尔（后来英国首相的美国表亲）写的《杯盘的里面》（*The Inside of the Cup*）和《光明的居所》（*The Dwelling-Place of Light*），同样拥有广泛的读者。

到第一次世界大战时，社会福音论已经在美国主流新教徒中获得了充分的认可，沃尔特·劳申布施当时只有 56 岁，但距离他生命结束只有一年，他写道，社会福音运动已经"不再停留于预言性和偶然性的意义上"。现在只有那些"落后"地方不熟悉它。社会福音已经成为正统。他自豪地宣称，"所有那些明显面向未来的社会群体"，清楚表现出"他们对基督教的社会解释和社会应用的需要和渴望"。他接着重申了该运动的核心信念，即"人类中一个正义共同体的建成，不啻上帝在拯救一个人脱离其天生自私和道德无力"。[75] 后来的情况证明，劳申布施过于乐观了，但对当时日益增长的共识，是一种很好的展现。

20 世纪伊始，社会福音运动在进一步发展中也采取了建制形式。1904 年，华盛顿·格拉登成为公理教会全国理事会（National Council of Congregational Churches）的教长。1908 年，一群来自 33 个新教教派的神职人员，共有 1800 万成员，组成了美国基督教联合会（Federal Council of Churches，1950 年更名为 National Council of Churches）。[76] 该组织代表了大多数所谓的主流教派，但通常并不代表那些自称为福音派的教派。推进社会福音论是这个新组织议题的核心。

这意味着宗教原则要应用到日常生活中，经济领域与其他日常生活领域一样都是应用的对象。变革的驱动力出自国家各新教教会，但每个教会都明白，实现这些想法需要政府实施积极的经济政策。劳申布施在自己 1907 年的著作《基督教与社会危机》中，敦促教会建立幼儿园（德国的另一项创新）、游乐场、儿童中心和其他教育设施；但他怀疑教会是否有足够的财力来完成这样一些有限的目标，更不用说他认为必要的、涉及面更广的经济再分配了。这项任务是公共政策的任务。

310

美国基督教联合会（FCC）第一次会议的官方报告，旗帜鲜明地支持了社会福音思想。该团体宣称，"富人和穷人，资本家和劳动者，不是基督教会做出的分类和区分"。"必须由美国教会来处理美国的社会和工业问题。"会议议题的核心是，"实践必须符合福音的基本标准，这些标准本身就是社会正义的最高理想"。关注重点要落在应当如何上，而不是过去如何上，不给在有害的不平等面前的消极被动找借口。"众多人被所谓的经济规律剥夺了人人有权享有的机会。当自主运动（automatic movements）造成不公正和灾难时，这种自主权就应该被摧毁。"[77] 近两千年来，不同的基督教派别一直信奉不同的宗教信条。1912 年，美国基督教联合会正式采纳了一项新的社会信条，该信条早先为循道宗派所信奉，此时则被称为"教会社会信条"（The Social Creed of the Churches），其中就阐述了上述原则。

新社会信条是一份原则声明。公共政策应该采取什么样的具体步骤来实现这些目标，这是属于政治经济学——此时越来越多地被称为"经济学"——的一个问题。

第 12 章
寻求社会进步的经济学

政治经济学的最终目标，并不像人们通常认为的那样，仅仅是财富数量的增加。社会作为一个有机单位，有着更高的经济目标。

——约翰·贝茨·克拉克（John Bates Clark）

一些真挚热诚之人成立了美国经济学会，研究社会科学问题，以期为人类进步做出贡献。

——理查德·T. 伊利（Richard T. Ely）

到 19 世纪末，美国的宗教思想为国家经济和公共政策应该如何（更根本上说，是否应该）引导经济，给出了两种对立的观点：财富福音和社会福音。每一种都反映出对未来强烈的后千禧年主义使命感，认为物质的改善是人类属灵进步的必要基础。每一种都体认到美国在这条道路上起着特殊的领导作用，无论是从物质上还是从灵性上。不过，这两种思潮在将他们的共同愿望转化为具体举措时，却是以不同的方式，尤其是在经济中的权力和决策的问题上。

经济思想上的差异，并不是在自由派神学与保守派神学上选边站队的问题，也不是在堕落和预定等传统教义上立场分歧的问题。[1] 例如，唯一神论派，内战前美国主要新教教派中神学上最自由的一派，在这一时期的大部分时间里主要宣扬财富

312 福音，他们宣扬时在用语上反映出的经济精英主义，甚至比表达类似观点的其他教会有过之而无不及。[2] 此外，虽然财富福音和社会福音的倡导者一致认为，如果人类要实现属灵进步，物质繁荣是必不可少的，但他们对如何实现这种繁荣存在巨大分歧，特别是如何让绝大多数美国公民分享国家日益增长的财富，并在此基础上加入它所推动的属灵进步。因此，他们的思想对经济学的影响，也就大有不同。

财富福音的支持者认为私人主动性是经济进步的主要源泉，因此也是文明进步的主要源泉。亨利·沃德·比彻和拉塞尔·康威尔这样的著名讲道者，鼓励他们的追随者去创业和创造财富。他们拥护国家教会在各行各业的努力，诸如医院、孤儿院、收容所、向缺衣少食者提供食物和衣物，旨在减轻个人在财富创造时无法消除的所有人类苦难。然而，其他形式的经济主导权，无论是政府层面的还是劳工层面的，他们都只视为障碍。随着 19 世纪 70 年代末劳工骚乱的开始，比彻强烈反对对工作时间或工作条件进行管制。他认为，"当人们不能按自己心意择时择地来工作时，个人的自由便会瓦解"。他同样反对在美国引入欧洲式工会，宣称："在救济劳工问题上将欧洲来使、欧洲理论和欧洲方法引入美国，在我眼中令人生厌"。下面这句话在更普遍的意义上反映了这种反感："我们要对政府说：'停手吧！'花心思让我们的权利和个体性受到保护，但不要再往前多迈一步。"[3]

华盛顿·格莱登和沃尔特·劳申布施，以及他们在社会福音运动中越来越多的追随者，没有这样的保留意识。劳申布施明确反对将私营企业置于政府监管范围之外的放任态度。他指出："一个雇佣数千人、使用国家自然资源、享有法律豁免和特权、对庞大共同体的福利至关重要的私营企业，并不是私营企业。""它是公共的，我们越早放弃它是私人的这一臆想，对

我们的正确决策就越有益。"[4] 那个时代的反托拉斯立法是这
种情绪的具体表现，它始于 1890 年的《谢尔曼法案》，该法
案后来成为美国反托拉斯法的主要基础，其效力因 1914 年的
《克雷顿法案》和美国联邦贸易委员会的创立而得到增强。西
奥多·罗斯福发起的"解散托拉斯"诉讼浪潮也是这种情绪的
具体表现。社会福音运动同样支持创建一个有组织的劳工运
动，之后美国基督教联合会找到了与国家迅速扩大的工会开展
合作的广阔领域。

　　恰逢此时，对经济学领域的发展非常重要的另外两大变
革，也在将这门学科重塑为一门知识学科：一种是组织上的，
另一种是方法论上的。19 世纪后半叶，美国诸社会科学，开
始效仿一代人或更早之前这些学科在欧洲（尤其是德国）已经
实现的专业化。[5] 其动机一定程度上在于，要在半个世纪前席
卷美国生活许多领域的大众民主化之后重建知识的权威。[6]

　　1865 年，来自不同学科领域的学者成立了美国社会科学
联盟（American Social Science Association）。20 年后，这
面大旗下曾经紧密联合的研究专业，开始分道扬镳。1884 年，
来自全国各地的历史学家成立了美国历史学会。（乔治·班克
罗夫特担任该团体的第二任会长。）次年，一个团体在纽约萨
拉托加温泉小镇聚会，创建了美国经济学会，与会之人意识
到，时下越来越多践行者们口中的"经济学"，并不仅仅是所
谓政治经济学的一部分。[7] 其他社会科学家群体，很快陆续组
建了类似名称的学会：政治学会、社会学会和人类学学会。每
一个新组织都是独立于其他组织的，并且每一个学会都从那时
起作为自己学科在美国的龙头组织继续存在。

　　作为知识专业化运动的一种反映，美国大学开始按照学科
门类划分院系。到 1890 年，芝加哥大学、哥伦比亚大学、哈
佛大学、约翰·霍普金斯大学、密歇根大学、宾夕法尼亚大

313

314

学、普林斯顿大学、威斯康星大学和耶鲁大学都有了正式的经济系。100 多年后，它们仍然是美国在该领域教学科研方面的佼佼者。专业化的另一个表现是创建专门的学术期刊，作为新思想的输出口。1886 年，哈佛大学的经济学人开始出版《经济学季刊》(*The Quarterly Journal of Economics*)，芝加哥大学的经济学人在 1892 年出版了《政治经济学杂志》(*Journal of Political Economy*，仍使用该学科的旧名称)。两者至今仍是该领域的顶级期刊。20 世纪初，美国经济学会推出了自己的期刊《美国经济评论》(*The American Economic Review*)，它随时间的推移而出类拔萃。

方法论革命是数学引入进来了，但还没有明确的方程式和符号（这将在以后出现），数学只是作为经济分析的概念框架。[8]亚当·斯密的"每个人都努力改善自己的条件"这一不那么严谨的说法，现在成为一个更为正式的假设，即家庭采取行动以最大化他们的福祉，公司最大化它们的利润，利润受它们所能接受的价格（作为劳动力价格的工资显然也包括在内）和市场呈现的任何其他约束条件的影响。在这个更明确的优化框架内，经济决策现在被描述为在从事某种活动（如家庭购物或公司雇人）上达到某一点，在这个点上，购买额外一单位产品或雇用额外一名员工的价值刚好与市场成本达到均衡。家庭会购买任何商品，直到他们拥有该商品的"边际价值"等于他们不得不去为它花费的价格，公司会雇用员工，直到他们劳动的"边际产品"等于现行工资。同样，企业会为销售而生产，直到生产产品的"边际成本"等于市场价格。所有这些所谓的边际关系，都只不过是某种优化形式的标准数学条件。这些关系使经济分析发生了革命性的变化。

到了 19 世纪晚期，经济学已经成为一门足够成熟的学科，不再像亚当·斯密甚至弗朗西斯·韦兰的时代那样，其基本理

论概念，容易受到更广泛的社会文化的影响。经济学人带入自
身研究工作当中的那套外部态度和预设（用爱因斯坦的话来说
是他们的世界观，用熊彼特的话来说是他们的前分析图景），
其影响范围现在更可能体现在应用和方法的层面。斯密对竞争
市场机制的基本洞见，仍是该学科的概念支柱，现在它获得了
由边际主义革命引入的数学所提供的扩展性分析能力。但要朝
向何种目标呢？在这个层面上，当时的宗教思想继续发挥着强
大的影响力。

　　鉴于美国新教的深度分化，我们说的是哪一派宗教思想
呢？宣扬财富福音的比彻、康威尔、威廉·劳伦斯及其他人都
认为，现有经济和政治建制，仰赖于对商品和劳动力基本不加
以限制的市场，这些建制能够完成经济活动所能实现的最大收
益和最广泛的公共利益。不仅仅是美国，英国和一些西欧国家
的总收入和财富，都达到了前所未有的水平。正像安德鲁·卡
内基指出并以自己的慈善事业证明的那样，这些神职人员认
为，经济产出成果在分配上的越来越不平等，只是一种暂时
现象，这让那些成功之人（他们表现出了卓越的管理和其他能
力），能够代表他们的同胞充当受托人。因此，人们应该尽最
大努力靠自己获得经济上的成功。政府应该退后一步，让他们
可以在恰当的时间和地点实现这一目标。

　　与之相反，格莱登和劳申布施等社会福音思想家认为，在
所谓民主的体制下，个人收入和财富的极度不平等分配，以及
这种扭曲分配造成的对经济资源和政治影响力的差异化掌控，
并非恼人的旁支现象，而是问题的核心所在。1880 年代和
1890 年代初的长期经济萧条只是加重了他们的担忧。他们认
为，经济不平等所带来的物质困难，以及由此引发的极端贫困
和劳动剥削等问题，是对宗教原则的公然违背，也是对任何民
主社会的稳定的威胁。财富福音要证明的是，政府在经济领域

的自由放任立场是合理的，而社会福音却在呼吁国家干预。联邦政府已经成为国家生活中许多其他领域创新举措的重要推动者，从废除奴隶制到创办公立赠地大学（尽管一旦建成，它们便在各州掌控之下）到横跨大陆的铁路建设。为什么不在经济中也这样做呢？

当时的一些经济学家采取了与财富福音思想一致的立场。威廉姆斯学院历史和政治经济学教授阿瑟·莱瑟姆·佩里（Arthur Latham Perry），在自己1891年的教科书中写到了"自由放任这条古典边沁主义原则，一个世纪以来，大多数英国思想家都认为这一原则在人性以及在神意、神圣治理计划中永远成立"。不过，佩里的思想不是那个时代的主导思想，至少在新一代经济学家中不是，他接着抱怨道，他的同时代人最近成立了该专业的新学会，正在抛弃自由放任的原则。[9]

1885年9月，聚集在萨拉托加温泉小镇创建美国经济学会的男性（没有女性在场），主要是社会福音运动的追随者。华盛顿·格莱登就是其中之一。[10] 其他许多人在决定从事经济学之前都认真考虑过成为神职人员。许多人在从事经济学写作之前，已经写过关于宗教和教会的书籍或文章。他们对宗教的理解，构成了他们对生活世界的感知的核心部分。他们现在热情地要为经济学家建立一个新组织，表明当时美国社会科学正在发生愈加分明的专业化，不过它也是对持续经济萧条下日益明显的创伤的回应。

像格莱登和劳申布施这样的社会福音派领袖，希望政府纠正该国经济形势中内生的道德错误，但他们对政府应该采取什么样的对策，却鲜有提及。对于经济学这门新科学来说，它是一个问题，也是新学会创始人所要接受的挑战——生发于他们那个时代的社会福音传递给他们的世界观之内。经济学，从其本身而言，就是一个非常值得从事的研究领域。它被应用于解决国家的经济困难，但它同时对道德起着作用，可以指明那条对道德进步至关重要的物质繁荣之路。

• • •

他们最重要的知识领袖是约翰·贝茨·克拉克（John
Bates Clark）。克拉克来自一个古老的新英格兰家庭，曾祖
父、曾外祖父都参加过美国独立战争，他在罗得岛的普罗维
登斯长大，并就读于阿默斯特学院。然而，他父亲的疾病迫使
他中断几年大学学习去打理家族企业，毕业时他已25岁。他
曾打算大学毕业后进入耶鲁神学院学习以备公理会神职。但在
高年级时，他邂逅了经济学，荷兰改革派牧师尤利乌斯·西列
（Julius Seelye）当时将经济学作为"精神和道德哲学"的一
个分支讲授。[11]［克拉克毕业数年之后，西列任满一届美国国
会议员，回到阿默斯特担任学院院长；他还担任公理会家庭传
教会（Congregational Home Missionary Society）主席。］
在西列的影响下，克拉克放弃了他出任神职的计划，转而选择
了经济学。

内战结束之后的几十年，美国大学还没有准备好提供研
究生水平的教学，但许多欧洲大学，尤其是德国大学，已经具
备了条件。克拉克因此出国读研究生，先在海德堡，然后是苏
黎世，再回到海德堡。在卡尔·克尼斯（Karl Knies）门下学
习，对他思想的形成产生了影响，克尼斯是当时占主导地位的
德国历史经济学派的创始人之一。[12]该历史学派与德国19世
纪的自由新教潮流密切相关，在解释政治和社会的发展（包括
经济领域的发展）时，将人类制度置于中心位置。人类行为受
到人们生活环境的影响，首先是受他们的物质环境以及社会所
施行的法律和社会制度的影响；其关键内涵在于拒绝任何决定

317

论的观点，那种把过去的和现在的社会结果都视作不可避免的观点。相反，人类所造成的结果是人类行动的结果，因此处于人类付诸努力可以改变的范围内。[13] 这种思想隐含地支持了贯穿 19 世纪美国的许多改革活动，包括禁酒运动和对教育的高度重视。克拉克在经济学方面的研究反映了这些基本假设。

318 　1875 年回到美国后，他因病休养了一年多，在成为哥伦比亚大学教授之前，他在一系列机构（包括阿默斯特学院）教了 20 年书，在哥伦比亚又待了近 30 年。他是美国经济学会的主要创始人之一，也是该组织初期几位会长之一。他与英国的斯坦利·杰文斯和阿尔弗雷德·马歇尔以及法国的里昂·瓦尔拉斯（Léon Walras）志同道合；身为美国人，为经济学方法论中的边际主义革命做出了最重要的贡献。往大的方面说，克拉克是第一个被公认为原创型经济理论家的美国人，而不仅仅是一个国外舶来思想的追随者，也不仅仅是一个对国内实际经济问题有见识的应用型思想家。[14]

克拉克早期由老师西列引入经济学领域，后来接触到了德国历史学派思想，这两个方面的影响，之后一直都有所表现。在《财富哲学》（*The philosophy of Wealth*）一书中，克拉克将其经济思想的宗教基础展现人前。他写道："（教会）扩散那传示于它的灵性脉动；虽然这项工作的主要目的仍是塑造人的性格本身，但它的次要目的则是要改善人们的经济关系。"克拉克呼应了格莱登和其他社会福音支持者当时着手阐述的观点，也明确表达出他希望教会在这方面发挥作用。"教会在新的经济体系中掌握着主导力量，从这个意义上说，它是人类现世命运的仲裁者。"教会在经济中的角色，不仅与它的传统属灵目标相一致，而且二者相辅相成。他解释说，虽然教会"可以通过更快地将人们聚集到其属灵领域，来加速地上和平的到来"，但在世俗事务中"它也可以通过促进外部和谐，来加速属灵工作"。"为委托其看护的每一项利益考虑，教会被要求去使用委托给它的经济权力。"[15]

正如克拉克承认教会之于经济的作用，他也为属灵关切在经济学研究中的作用进行辩护。尽管他是边际主义革命在美国方面的主要贡献者，有着更为形式的分析模式，但对于想要通过排除可能难以适应新数学框架的重要人类维度，来缩小经济学领域范围的任何念头，他都是反对的。在《财富哲学》中，他表达了这样一种担忧，即经济学家现在建构成他们讨论对象的人类形象，"可能与上帝创造之人相似，也可能不相似"；在他看来，"后者（上帝创造之人）才是政治经济学的真正主体"。他预见到了一个世纪后变得更加普遍（并持续到今天）的对经济思维的批评，抱怨说："这种假想出来的人，太机械、太自私，与现实不符。"上帝创造之人，在各方面都是作为人。"要说劳作机器只需提供食宿衣物便可驱策，没什么问题……这样说现代社会的劳动之人，肯定有失偏颇。"[16]

克拉克担心，在简单的数学表达中，特别缺少的是人们赋予他们个人道德价值感的分量，也就是亚当·斯密所说的"看重赞誉"（praise-worthiness）。对克拉克来说，"归根结底，人的正义感是一种至高无上的动机"。这种与生俱来的对道德价值的渴望，经常与人们的物质目标背道而驰，因此经济学家的理论将它考虑在内是很重要的。他坚称，"对个人价值的欲求，与自利是旗鼓相当的对手"。在这种动机的影响下，人永远不会是一个只为个人利益而奋斗的人，社会也绝不会完全沉溺于不光彩的逐利。[17]因此，不管哪一种经济理论，要是排除了诸如做道德上正确之事的愿望等隐性因素，怎么说都是不完整的。

克拉克从这一见解出发，与呼吁教会不仅要关注个人还要关注社会的格莱登（以及后来的劳申布施）同向而行。克拉克的论证，反映出了他在海德堡读研究生时吸收的德国历史学派的思想，立论之基在于信奉社会条件塑造了个人的态度和行为。他解释说，来自整个社会的影响能够改变个人的本性。作为一个精心设计的社会的一部分，个体之人会变得"更高等、更善好"。最重要的是，在适当的条件下，人的"更高需求"，包括"理智、审美和道德方面的成长"等内容，可以无限制地扩展，从而带来"生产能量的无限释放"。因此，预测人类社会将步入约翰·斯图亚特·穆勒及其他人在 19 世纪初所阐述的那种静态，毫无道理。按克拉克的评估，人类的无限能量被利用的程度，才是"真正的经济进步的衡量标准"。[18]

320　　克拉克认为，教会比任何其他人类机构，更有能力创造实现这种真正的经济进步所需的条件，而这些条件中最重要的是更加公正和平等地分配经济产出。他宣称："确保财富的最大数量、最高质量和最公平分配，是经济社会的理性目标。"他坦率承认，这些目标之间可能会有平衡取舍，但如果上述目标能够达成，这种代价是值得付出的。在他看来，"更好地分配工业成果，可能会弥补产量的减少"。[19] 指导原则是，"政治经济学的最终目标，并不像人们通常认为的那样，仅仅是财富的数量增加。社会作为一个有机单位，有着更高的经济目标"。此外，正如格莱登和劳申布施反复强调的那样，问题仍未解决的一个关键原因在于，"宗教对这一特定工作表现得过于冷漠"。[20]

　　克拉克之后继续沿着这些路线前进。到一战开始时，他认为政府干预国家经济事务的理由毋庸赘述。他注意到，"要求政府不要插手整个商业领域的规则，即曾经在文学和思想领域占主导地位的极端自由放任政策，现在已很少有人有足够的勇气去倡导它，或者蠢到去相信它"。仅仅创造财富是不够的。相反，主要目标是"在经济竞争中发展正义感，它让双方都寻求遵循一种权利规则，至少，人们的内心不必遭受煎熬了"。[21]

克拉克认为，在政府的适当干预下，"进一步改善的能力"已经"在望"，它所带来的机会是巨大的。克拉克从后千禧年主义视角出发，明确以圣经语言来迎接那些机会。他写道："我们可以用我们必须上手的困难材料来建造一个新地球，让正义和友善统治现在纷争盛行的地方。"有了这一正确引导，"一个新的耶路撒冷实际上可能会从现代市场的激烈竞争中崛起。人的愤怒可能要成全上帝的荣美，他的王国可能会到来，这些并非与经济领域的竞争无关，而是要经由经济领域的竞争来实现。"[22]经济学，如果构想和实施得当，会成为通向千禧年的道路。

• • •

理查德·T.伊利，这位担负起创建美国经济学会重任的人，与克拉克的背景相似。伊利出生于一个严格的长老会家庭，很早就认为预定论教义让上帝变得过于绝对，留给人类的意志太少。尽管因家人不满自己不从家庭笃守的信仰而感到苦恼，但他在短暂地考虑过普救论（Universalist）牧职后，还是成了一名圣公会教徒。[23]他早期对这些截然不同的宗教观的态度，其实从更普遍意义上表明了他的理智取向，包括他对经济学的态度。在他的职业想法和个人信仰中，伊利抵制任何一种决定论，而是强调人类的能动性不仅能塑造个人的属灵命运，而且能塑造物质世界的条件。[24]

伊利的教育也走了一条弯路。他开始在达特茅斯大学读本科，但由于他的父亲在1873年的经济危机中失业，所以不得不从大学退学。然后，他在哥伦比亚大学完成了本科教育，在那里他可以享受免交学费，并通过与纽约市的叔叔住在一起来尽量减少其他开支。[25] 像克拉克一样，他之后去了德国完成研究生阶段学习。起初，他在哈雷大学学习哲学，哈雷大学长期以来被认为是路德教会内部敬虔运动的中心。但是不久之后，他决定从事经济学和政治学研究。因此他搬到了海德堡，师从卡尔·克尼斯，并吸收了德国历史学派的反决定论思想。[26]

相比于克拉克，对人类制度及其对个人行为的影响的强调，以及对人类制度经由个人行为对社会结果的影响的强调，更是伊利世界观的核心所在，并且，它塑造了他整个职业生涯的经济学方法。[27] 在伊利看来，自由放任思想与预定论的道德自由是截然相反的。它是对另一种形式的决定论（这里可以指任何经济制度下的市场决定论）的投降，基于这一点，他反对自由放任思想。没有理由让过去生成的制度来支配现在，更不用说未来了。相反，他认为社会的经济状况是人类决策和行动的结果。此论之中透着一种精义：人们对自己和同胞的生活方式负有道德责任。

然而，与克拉克不同的是，伊利的兴趣在于实际应用，而不是理论。他认为自己所选学科的理想状态是能积极发现真正的问题，并为解决这些问题做出贡献。在他看来，自由放任的经济是实现这些目标的障碍。他撰写的原则声明，为美国经济学会的成立提供了最初的动力，其中明确宣示："我们认为自由放任学说在政治上是不安全的，在道德上是不健全的。"替代方案是什么？伊利的回答是政府行动："我们把国家视为一个教育和伦理的行动者，它的积极援助是人类进步不可或缺的条件。"[28] 若干年后，他写道："上帝通过国家来实现他的目的，比通过任何其他建制，都更为普遍。"[29]

伊利在海德堡完成了博士学位，在柏林深造一年后，回到了美国。1881 年，他加入了新成立的约翰·霍普金斯大学（伍德罗·威尔逊是他在该校带过的一名研究生）的教职队伍。受到前一年带头建立美国历史学会的一位同事的启发，伊利于 1885 年发起了推动美国经济学会成立的倡议。[30] 他与一个小型委员会合作，该委员会包括学院经济学家和其他人，华盛顿·格莱登也是最初的小组成员；伊利又为更大的团体起草了原则声明，在萨拉托加温泉小镇他召集的正是这一团体，共建了新学会。该组织成立的头七年里，他担任秘书，几年后，他成为该组织的主席。

一路走来，伊利还利用他的组织力来让他的宗教关切开花结果。1891 年，他帮助组织了美国圣公会的基督教社会联盟（Christian Social Union），两年后，他和几个同事创建了美国基督教社会学研究所（American Institute of Christian Sociology），为平信徒和神职人员提供以讲座系列为基础的夏季活动。伊利经常向《基督教联盟》（*Christian Union*）杂志投稿（亨利·沃德·比彻曾担任该杂志的编辑），作为"湖区运动"（Chautauqua movement）的讲师，他在该学会的年度夏季活动和其他场合尤为活跃。［他的经济学教科书最终成为美国数一数二的经济学教科书，销量超过 100 万册，最初是为他的湖区夏季课程编写的，由湖区出版社（Chautauqua Press）首次出版。］随着时间的推移，伊利成为社会福音的主要非神职讲演人之一，他的书成为包括循道宗和圣公会在内几个教派的牧师必修培训课程的一部分。[31]

1892 年，伊利从约翰·霍普金斯大学转到威斯康星大学，任该校经济学、政治学和历史学院的院长。他身边很快便聚拢了一批经济学家和其他学者，他们都认同伊利在德国见识到的那种基于制度和历史来研究经济学的方法。这条新路并非一帆风顺。伊利抵达威斯康星两年后，该州公共教学总监奥利弗·

威尔斯（Oliver Wells，因此也是该大学董事会的当然成员），在《国家》（*The Nation*）上发表了一封公开信，指责伊利支持罢工和抵制行动，试图为人身攻击和财产攻击辩护，并以其他方式倡导社会主义甚至无政府主义。威尔斯在信中呼吁将伊利从大学教师队伍中清除出去。然而，在就此事举行公开听证会后，委员会反而免除了伊利的责任，并谴责了威尔斯，对学院的言论自由进行了有力的辩护。[伊利在经济学家中杰出的学生约翰·R.康芒斯（John R. Commons），同样也是社会福音的主要学术倡言者，遇到了类似的困境。康芒斯先后被印第安纳大学和雪城大学开除，最后投奔了威斯康星大学的伊利。伊利退休后，他牵头该校的制度经济学研究，一直到1930年代。] 32

伊利在威斯康星待了30多年，在大部分时间里，他是该校最著名的教员。他传授的制度经济学方法，在接下来的两代人时间里继续让这所大学与众不同。1920年代，伊利以及他会聚起来的一批经济学家和其他学者，作为私人智囊团服务于威斯康星州改革派参议员老罗伯特·拉·福莱特（Robert La Folette Sr.），特别是在拉·福莱特1924年以进步党候选人身份竞选总统期间。

• • •

324　　伊利虽在教派归属上有前后变化，但在宗教信仰上始终保持笃定。在他为拟成立的美国经济学会起草的原则声明中，有这样的表述："我们认为，劳资冲突带来了大量的社会问题，如果没有教会、国家和科学的共同努力，这些问题不可能得到解决。" 33 1889年，在牵头这项工作后不久，尚在约翰·霍普金斯大学教书的他，出版了两部著作：《基督教的社会面向》

（*Social Aspects of Christianity*）和《政治经济学导论》（*An Introduction to Political Economy*）。从标题可以看出，一部是关于宗教的论著，特别是有关社会福音的，另一部则可能是传统的经济学教科书。[34] 事实上，两者内容相互交织，经济思想的重要元素进入了基督教著作中，而伊利的宗教态度很大程度上又塑造了他的经济思想。

然而，在这两本书里，伊利都清楚地表明了他的经济学目标，即从主要致力于描述和分析经济关系，扩展到改善经济关系。从某种程度上看，他寻求的改变，是向亚当·斯密在《国富论》中的动机回归，斯密的动机不仅是要提出自己对竞争市场机制的见解，还要在此基础上指出，像 18 世纪的英国这样的国家如何才能达到更高的生活水平。但是，斯密的方法在很大程度上是无为的问题，比如没有垄断，不干涉对外贸易，没有行业协会来限制谁可以做什么工作，他的美国追随者如弗朗西斯·韦兰很大程度上遵循了这一方法。在美国 19 世纪末社会福音运动的影响下，伊利试图给经济学一个更积极的、干预主义的方向，去找寻经由政府实施的公共政策来改善现状的积极步骤。个人经济困厄的根源，成了特别有待分析和有待矫正的对象。

不过，伊利对自由放任经济学的反对，也符合他对教会的一种愿望，即希望它在实现为社会所需的改善上发挥重要作用。他同意格莱登以及后来的劳申布施的观点，坚定地认为"教会必须在解决国家经济挑战中获得主导地位"。[35] 伊利认为社会福音运动是美国新教改革趋势的延续，这种趋势可以追溯到共和国建立之初，并在 19 世纪初表现为教会参与废奴、禁酒、教育、扫盲和国内外传教的工作。对比丰富的改革传统，他感到沮丧的是，他那个时代的新教教会倾向于把现状接受为不可避免和不可改变的。他抱怨说，教会在近些年"自满于陈词滥调和含糊的泛泛之谈，而这并没有搅扰有罪的灵魂，因此她让社会科学的领导地位从自己身边溜走了"。[36] 在他看来，自由放任思想是这种道德推责（moral abdication）的主因。[37]

伊利在《基督教的社会面向》直截了当地为经济学学科设计了新的理想方向，径直问道："为什么经济科学要让自己关心应当如何？"（而不仅仅是分析事实如何）。他给出了坚定的非预定论回答："更美好未来的萌芽总是存在于现在，但它们需要精心呵护"；与自由放任主义者的设想相反，"它们不会自发发展"。他强调人类选择和能动性的作用，认为人类经济生活在很大程度上是人的意志的产物。此外，正如社会福音和财富福音所宣称的那样，物质繁荣是属灵进步的基础，因此经济学家有积极的义务去展示如何实现这种繁荣。伊利指出，"义务的绝对命令，迫使每个理性存在者'各从其类'去走向完善"，而"经济生活是人类身上全部能力得以增长的基础"。[38]

与社会福音运动高度一致，伊利指出，收入和财富的分配是经济学家尤需关注的具体问题。他写道："有了现时代的创新和发现，我们差不多已经解决了生产问题：但产品的理想分配问题，仍有待令人满意地解决。"[39] 他和克拉克一样，理解并接受了这一点，即为了达到更理想的分配，生产上做些牺牲可能是有必要的。[40] 在他看来，"一项可以创造财富的实际举措，并不足以表明它就值得推荐"。"主要问题在于，它会对整个国家乃至全人类的生活带来什么影响？"[41]

因此，经济学家的目标是明确的：要实现"经济物品的这样一种生产和分配，必须在最可行的程度上，让人们存在的目的和目标对社会所有成员有益"。这种生产和分配的理想结合，将不同于当时普遍存在的情况。但它将"和基督教的伦理理想相一致"，对伊利来说，这是至关重要的。他写道："经济讨论的真正起点是伦理共同体，个人乃是其中一分子。"华盛顿·格莱登已经一直在宣扬极端不平等对富人和穷人两方的有害影响（而且不久之后会在《工具与人》中论述）。伊利同样对社会现状未能满足伦理的要求而心怀戚戚。"一方面，我们看到那些被经济物品过剩伤害的人；另一方面，我们看到那些没有物质基础来建立最理想的上层建筑的人。"在这两种情况下，结果都是"对人的糟蹋"（waste of man）。[42]

伊利完全明白，向工人支付低工资，甚至强迫他们在公然遭受剥削的条件下工作，可能会刺激出更大的产量。正如约翰·贝茨·克拉克和他的边际主义者同侪所展示的那样，在较低工资的情形下，也就是说在较低的劳动力边际成本下，雇主会最优地雇用更多的工人（直到随着总产量增加的边际产量下降到较低工资水平的那一点上）。但和克拉克一样，伊利认为用更少的产量换取更好的销售是划算的。他承认："有人认为低工资会增加可能的产量。""即便事实如此，低工资还是削弱了领薪者分享既存文明优越之处的能力，从而破坏了一切生产的目的和宗旨。"这个结论不仅仅适用于工资。"童工、女工和劳动时间过长，均受到同样的谴责。"[43]

对伊利来说，这些担忧并非无关紧要，它们是经济学理应成其所是的核心。他指出，"新政治经济学的本质特征，是它努力在伦理和经济生活之间建立的关系"。事实上，"正是在我们的经济生活中，任何真正有效的伦理原则必须显现出自身"。因此，目标在于，让经济学家的智识成果"与这个时代特有的伟大的宗教、政治和社会运动相协调"。实现这种一致的关键是一种新的社会伦理观念，这种观念"将社会置于个人之上，因为整体大于任何部分"。[44] 格莱登或劳申布施的笔下可能有同样的语句。

327

这也是几年前伊利和他的同事们建立这个新组织来促进经济学发展的目的。正如他后来描述的那样，"一些真挚热诚之人成立了美国经济学会，研究社会科学问题，以期为人类进步做出贡献"。他解释说，新学会的目的是要"认真研究两大诚命中的第二个，这两大诚命总括了律法和先知的一切道理，从而使科学受助于基督教"。[45] 他这里指的是《马太福音》中记载的耶稣的话："你要尽心、尽性、尽意，爱主你的神。这是诚命中的第一，且是最大的。其次也相仿，就是要爱人如己。这两大诚命是律法和先知一切道理的总纲。"[46] 该学会的181名创始成员中有23名新教牧师（也包括格莱登），这明确反映出要让经济学受助于基督教。[47]

伊利毫不犹豫地在他的经济学教科书中写到了宗教，正如他在自己关于基督教的著作中考虑了经济学应该研究什么一样。在《政治经济学导论》中，他指出："今天，文明人的经济活动主要是社会性的。"因此，"我们不仅仅关心狭义的人的物质生活，因为几乎没有一个社会生活阶段不属于经济学家的研究范围"。就实现他的研究领域的远大抱负而言，"基督教为我们提供了一个涵盖所有人的社会的最高概念，在这个概念中，给我们设定出一个必须迈向的目标"。[48]

伊利追随斯密和其他启蒙思想家，把对社会的关注建基于人类在经济上相互依赖的基本事实。此外，他认为，自斯密时代之后的一百多年里，随着经济的变化，这种相互依赖加深了——"因此，随着工业文明的进步，人对人的经济依赖也增加了"。但是任何形式的依赖要么是健康的，正如普芬多夫、休谟和斯密认为的那样，要么是不健康的。伊利认为，健康还是不健康，取决于之后产生的经济关系中有没有起码的平等，他也用宗教语言表达了这一观点。他指出："当一个人对另一个人的依赖表现为力量相当的人之间的相互义务时，人们通常根本不会觉得这是一种困难。""这显然是宇宙的统治者的意思，人类应该寻求与他的同伴的联合。这是他的救赎。"[49] 它对经济学领域的主要含义在于，经济学家应该研究和优化的，是社会经济产品的分配，而不仅仅是社会经济产品的总量。

对于这个仍在发展的领域的未来方向来说，重要的是，伊利没有止步于单纯告诫他的经济学家同事在他们的描述和分析工作中增加一个优化维度。到了19世纪的后几十年，在美国、英国和许多其他国家，有关生产、价格、贸易流动、就业以及经济活动各个层面的系统统计资料，越来越容易获得。[50]因此，有了对这些基本事实的直观掌握，经济学家能够超越斯密和马尔萨斯以及他们那个时代其他人所倚赖的那些粗略的、回过头看往往轶闻般的信息。涵盖经济行为众多方面的更优资料，现在更容易到手，这促使经济学家更仔细地去找寻可能支持或推翻他们理论的规律。伊利还在这种新的研究形式中看到了系统思考改善经济条件的机会。

伊利借助自己在德国历史学派思想方面的研究生阶段训练，为上述目的提出了一种新的方法论，这种方法论基于国家间比较的方法，来更深入理解研究有可能涉及的行为，以及引入有意做出改善干预的可能。他写道："我们可以在所有社会现象中观察到某些规律和趋势。"经济学家应从中得出什么结论？当人们观察到许多重要的社会现象似乎年复一年有规律地出现时，"一种类似于宿命论的感觉产生了，一些统计学家倾向于把这些规律视为……超出人的控制"。但这种态度在许多方面与伊利的世界观相矛盾：不仅是他研究生教育的课程，还有他对人类能动性潜力的非预定论意识以及他对改善的后千禧年主义向往，后两者从更普遍意义上看都是他那个时代美国知识界的特征。基于资料的国家间比较，在伊利手里派上了用场。他指出，更为深入的研究揭示了国与国之间这些规律的差异。更进一步的分析表明，这些差异"可能是由人的行为造成的"。[51]

从研究的方法论来看，伊利的方法不仅利用了他在德国学到的经济学，也反映了圣经研究在当时的同步发展。19世纪，德国学者引领了后来被称为"更高层次的圣经批评"的方式——利用严密的语文学研究来理解圣经文本（圣经虽受自神启，却由人书写，因此是对圣经文本自身产生的时代和地点的反映）。这一动向的领导者是尤利乌斯·威尔豪森（Julius Wellhausen），他先后在几所德国大学担任教授，还是信义宗牧师之子。威尔豪森的著作《古以色列史》（*The History of Israel*），于1878年首次出版，轰动一时，伊利当时还是海德堡的一名学生。[52] 威尔豪森立论中最为有名的（今天仍然为人熟知，尽管后来的学者又做了更加详细的阐述），是从文本本身的文献和语汇证据中识别出《摩西五经》的四个独立组成部分，它们被归于在不同时期进行撰述的不同群体名下，只是后来才汇编成我们今天所见《希伯来圣经》的前五卷。[53]

伊利求学海德堡期间，卡尔·克尼斯及其所在学校的其他人，躬行历史和制度的经济学研究方法，这种方法强调了同样新颖的、以经验为基础的方向。其指导原则是，几乎不存在或根本不存在任何时候、任何地方都行之有效的普遍经济规律。经济行为，像人类生活的其他方面一样，取决于当时的社会格局。伊利此时提倡的方法——将不同国家的具体经济成果与它们独特的法律和其他制度进行比较——反映了重经验和制度的取向。[54]

330　　　伊利以走私为例来说明他的观点。他写道："自利诱导一些人走私，也诱导另一些人不走私。""我们注意到走私者和非走私者之间的比例。现在让我们改变法律……看吧！走私者和非走私者的比例发生了变化。"简言之，经过政治上慎重选择的人类制度——此例中涉及关税、边境执法和走私者被捕后所受的法律惩罚——对经济行为至关重要。自利或许常存，但它并非一种恒定力量。除了个人动机之外，现行的法律和制度也决定了这些动机如何转化为行动。[55]（今天的经济学家会有不同的看法：自利可能是一种恒定力量，但这种力量指引个体行为的方式取决于现有的条件和制约因素。不过要点还是相同的。）把那些基本上是偶然的规律视为普遍规律，便在科学上犯了一个错误。既然事关重大的偶然性取决于人类的选择，那么，忽视改变的可能性，就是一种道德上的失败。

在这里，伊利的思想在很大程度上相当于重新引入——但也展示了如何科学地运用——斯密和休谟在现代经济学诞生之初就强调的洞见。虽然斯密将个人对改善自身状况的普遍和无止境的渴望置于中心位置，但他同时强调法律和制度的重要性，反复揭示出它们在形成激励中的作用。休谟也看到，"不可能改变或修正我们本性中的任何实际内容，我们所能做的就是改变我们的境遇和处境"。[56]

在伊利的时代背景下，华盛顿·格莱登和沃尔特·劳申布施同样强调了，人们生活于其中的社会（尤其包括社会强加给他们的经济关系），在塑造他们个人行为朝着或好或坏的方向发展时起到的作用。这是他们把罪（包括经济行为中的罪）既视作集体的也视作个体的思想的基础，因此，也是他们寻求改变社会结构以从物质和灵性两个方面提升人类的思想的基础。格莱登有力地论证了一些社会制度"促进了人的价值和良善"，而另一些则"阻碍了个人的价值和良善"。[57]现在伊利提供了一个具体的方法来进行甄别。哪些法律和行政政策导致了走私，哪些导致了诚实贸易？哪些促进了广泛共享的繁荣，哪些导致了具有道德腐蚀性的收入和财富不平等？哪些将人类引向千禧年（无论是形质的还是隐喻的），将个人引向救赎，哪些让无数男女深陷于痛苦和罪恶之中？既然与此相关的法律和其他社会制度是由人设计的，它们便会发生变化。每个国家都有不同的法律和制度，对这些国家进行比较，给出了一种探明前路的方法。

因此，伊利倡导的方法论，除了在更好地理解为什么经济行为是现在这个样子之外，还有别的用处。它还试图让经济科学关注"应当如何"。利用国家间比较来理解不同经济政策和其他制度安排的行为后果，直接可以让人们思考哪些政策和哪些制度能够培育出一个更好的社会。重点在于，人类的活动后果，并非预定的，这一点在经济学中跟在其他领域中没有什么不同。"人的意志是一切政治经济现象中的主要因素。"[58]

伊利的经济学观点的所有元素，并非都保留了下来（在这方面，克拉克也一样）。但是两位所取得的成果，一个多世纪后在这门学科中依然随处可见。

首先，今天的经济学仍是一项以政策为导向的研究，不仅旨在理解观察到的行为，还旨在探索改善全社会产出（societywide outcomes）的潜在途径。尽管确实有一些出版物专门研究纯经济理论或统计方法，但该领域学术期刊上发表的绝大多数文章会指出所研究问题与经济政策的联系，或者通过分析得出政策影响，进而对该问题下结论，抑或两者兼有。在面向广大公众读者的经济学书籍中，随着政策内容分析比重增大，这种模式变得更加流行。今天，受过教育的公众，期望经济学的讨论是关于公共政策的。当下的情形基本就是这样。在伊利的时代之前，情况并非如此。

其次，国家间（或在任何一个国家内跨州、跨省市）调查的方法——基于一个多世纪前伊利提出的逻辑——仍然是一种通行的研究方法。例如，为什么大多数美国人储蓄如此之少？我们的低储蓄率是对现有投资资产低回报的反应吗？或者有可能是对高税率的反应？或者说是对下述事实的反应：有了社会保障和医疗保险来满足我们年老时的基本需求，我们就没有必要存钱了？要获得深刻见解，现在通行的做法，就要与资产回报或税收或养老金和医疗安排有所不同的其他国家进行比较。

或者，提一个更宽泛的问题，为什么近几十年来大多数发达经济体的生产率增长以及随之而来的人民平均生活水平的提高都放缓了？考察这种放缓在各国之间的不一致，并考虑到它们之间潜在的关联差异（教育、投资率或产业政策的差异），同样是寻求政策导向之解的标准方式。移民对工资的影响、专利法对创新的影响、社会福利计划对贫困的影响、货币政策对通货膨胀的影响、关税对贸易流的影响、税收对投资分配的影响，这些都是当今经济学家通过比较不同国家的政策和制度并观察其结果而定期要解决的问题。构建这一分析的基本逻辑，与伊利的相同。这类工作的通常目标也与伊利的相同：推导出何种税收、养老金、教育或产业政策模式会带来经济和社会状况的改善。

理查德·T.伊利的经济学所代表的政策取向，以及约翰·贝茨·克拉克在许多方面所代表的政策取向，反映的不仅是他们在德国历史学派那里受到的知识培训，还有当时美国社会福音运动的更广泛的文化影响。[59]克拉克和伊利从周遭的宗教思想中得出的前设，对他们的专业思想的塑造，不亚于对他们个人宗教信仰和职业轨迹的塑造。特别是通过伊利的研究而进入经济学的制度–比较方法，成了社会福音影响经济学领域的主要表现。

对比之下，克拉克和伊利共有的对经济学的改良抱负，与像格莱登和劳申布施这样的美国社会福音派，以及像比彻、劳伦斯和康威尔这样的财富福音信徒共同宣扬的世界观（爱因斯坦意义上的），若合符节。这些杰出的宗教领袖都不相信预定论。尽管双方存在差异，但双方思维都不断强调各自派别看到的人类选择和人类行为的巨大可能性。虽然他们对经济的前设不同——现有的美国制度要么是最好的，要么不是；经济不平等要么是需要纠正的问题，要么不是；自由放任要么是合理的政策；要么不是——但他们共同的世界观，以及他们在那个时代帮助其他美国人创造的世界观，都接受了这些选择和行动的广泛可能性。进言之，这两派宗教思想家，对人类社会，对美国在推动人类社会中的独特作用，都持有强烈的后千禧年主义观点。无论是通过个人行为还是公共政策来改善世界，都不仅仅是一个实践层面、物质层面的目标。它具有宗教意义。

第 13 章
冲突与危机

> 我们必须能够用基督教的语汇清晰地思考我们的现代生活，要做到这一点，我们还必须能够用现代的语汇清晰地思考我们的基督教信仰。
>
> ——哈里·爱默生·福斯迪克
> （Harry Emerson Fosdick）

> 自由派神学家在将一个又一个基督教教义抛给敌人之后所保留下来的，根本不是基督教，而是一种与基督教截然不同的、属于一个独特类别的宗教。
>
> ——J. 格雷沙姆·梅钦（J. Gresham Machen）

1908 年，美国基督教联合会成立，把美国大部分主流新教教派囊括了进去，代表了社会福音和财富福音的融合。这两种宗教思想都信奉后千禧年主义的信仰，即物质进步和属灵进步是交织在一起的、不可避免的，无论接下来的千禧年是形质的还是隐喻的，加速这种进步的努力都具有宗教价值，美国肩负着上帝赋予的领导世界走向更美好未来的责任。美国的经济、政治和宗教制度是其他国家应该效仿的榜样。

到第一次世界大战时，主流新教徒基本上接受了既有的基于市场的竞争体系（当时还不叫"自由企业"[1]），这一体系受到财富福音派信徒的欢迎，但也受到社会福音派所提倡的政府指引甚至家长式做派等因素的影响：确保让竞争不落虚名的反垄断政策，保护雇员安全的工作条件监管，保护消费者权益的商品监管。在社会福音派的又一次胜利中，工会成为被普遍接受的美国秩序的一部分；1913 年通过宪法修正案引入的联邦所得税也一样。即便如此，与财富福音思想相一致，无论是收入还是财富都没有经历大规模的再分配。美国也没有设立国家层面的养老金，或针对疾病和失业的保险，而这些都是德国在俾斯麦时期实施过的。

包容和折中的精神也延伸到了宗教事务上。主流新教徒接受了 19 世纪威尔豪森和其他德国学者对圣经的"更高层次的批评"，以及查尔斯·达尔文和阿尔弗雷德·拉塞尔·华莱士的进化论（重要的是人类物种的进化）。[2]虽然每个教派继续为自己特有的信仰做见证，但主流教徒大多淡化了过去导致严重分歧的教义争端。随着大规模移民不断丰富美国的人口构成，包容和折中精神的某些方面也被新教徒以外的群体接受。主流新教徒没有掺和针对纽约天主教徒艾尔·史密斯（Al Simth）1928 年竞选总统的诋毁，许多人公开反对这种做法。此前一年，前最高法院法官查尔斯·埃文斯·休斯（Charles Evans Hughs），领导成立了全国基督教徒和犹太教徒联合会（National Conference of Christians and Jews），不久后返回最高法院担任首席大法官。

新兴主流共识的杰出代言人，有力地阐述了它的现代主义、普遍意义、非教条导向。例如谢勒·马修斯（Shailer Mathews），他于 1908 年成为芝加哥大学神学院的院长，时值美国基督教联合会成立。马修斯先后在科尔比学院和牛顿神学院接受教育，他是一名神学家，而不是神职人员。但在一战后的几年里，他成为自由新教阵营的主要代言人，并在芝加哥大学担任了 25 年的神学院院长。他在浸礼会也很活跃，1907

年出力创办美北浸礼会（Northern Baptist Convention），后担任会长。

马修斯的名作出版于1924年，阐述了其书名《现代主义的信念》（*The Faith of Modernism*）所示之内容。他坦率地拒绝了不仅仅是新教，而且是所有一神教几个世纪以来定义自己的方式。他写道，现代主义运动并不寻求组织一个特定的神学体系或制订一份成文信纲。事实上，"现代主义者的宗教主张与任何神学都不相同。它们表达出的是一种态度，而非教义"。他也没有回避将现代主义的开放立场，与他认为是教条主义的其他形式宗教思想进行对比。他宣称："如果教条主义思想的特质是刻板的定论，那么现代主义者的特质则是漠视定论。"此外，每个人都应该明白，早期新教徒所援引的许多具体的宗教意象，仅仅是隐喻上的——"现代主义者无法想象一个有火在燃烧的、字面意义上的地狱"。[3]

马修斯不仅觉得可以将前人的观念和意象视为隐喻，而且如果它们变得毫无用处，就可以完全舍弃它们。他所谓的现代主义的本质，是它的思维模式适应了时代。对于众多表现了在不同环境下生活、受不同社会习俗支配的基督徒的信念和态度的教义类型，他并不持一种恪守态度。相反，"只要有需要，我们就会从生活本身出发塑造新的类型"。为此，他建议不要仅仅依靠信仰和传统，还要寻求经验指导，无论它出自何处。现代主义者不会把自己的信仰建立在未经检验的传统上，而是建立在文献批评、历史和个人经历的基础上。虽然马修斯个人没有对更高层次的圣经批评做出贡献（他不是圣经学者），但他完全支持它。考察圣典各部分源出之诸社会和成书时代的法律、社会和哲学预设，会让人对圣经有更全面的理解，并赋予人更大的能力将其用作宗教灵感和指导的来源。[4]

虽然马修斯是美国现代主义新教神学背后的主要智识力

量，但一战后主流宗教实践的典型代表是哈里·爱默生·福斯迪克。同样是浸礼会教徒，但不同于被按立为牧师的马修斯，福斯迪克先后在科尔盖特大学和非教派性的纽约协和神学院（Union Theological Seminary）接受教育。不久后他便在主流新教的组织生活中变得活跃起来，他（和马修斯一起）在美国基督教联合会的战争和宗教观委员会（Committee on the War and the Religion Outlook）任职。该委员会在一战期间成立，刊行了一系列出版物，内容涉及战争如何影响美国人的个人经历，战争如何挑战国家的新教教会，以及诸教会的教义和它们对"时代的社会问题"的责任该有哪些适当的变化。它最突出的工作是一份篇幅近于著作的报告，题为《教会与产业重塑》（*The Church and Industrial Reconstruction*），发表于 1920 年。有感于美国和其他地方的经济混乱，也有鉴于战争、德国和其他战败国统治政权的崩溃、俄国的布尔什维克革命等，该报告以一个激荡人心的主题句开篇："世界范围的行业动荡……不仅仅是饿肚子的咕咕叫声；它是对人类灵魂的搅动。"[5]

与他在神学院接受的普世教育一致，在美国基督教联合会下属委员会提交报告时，福斯迪克虽被授以浸礼会神职，却是纽约第一长老会的牧师。他很快加入了谢勒·马修斯阵营，成为主流新教的现代主义新化身的主要公共发言人。然而，与马修斯对神学的关注相反，福斯迪克应和了 18 世纪末和 19 世纪初的唯一神论者，强调个人行为和集体行为均有宗教上的必须性。他在布道时经常引用他人的名言，常表现出与法国诗人和小说家阿纳托尔·法朗士（Anatole France）志趣相投，"人活着是靠行为，而不是靠思想"。[6]

福斯迪克一方面接受基本的社会福音原则，即社会结构对社会中人们的生活有着至关重要的影响，这毕竟是教会的社会信条和《教会与产业重塑》的核心内容，但他不能容忍任何形式的宿命式决定论。他在一本书里反驳道："生命不仅仅在于遗传和环境对我们的影响，还在于我们如何利用它们对我们的影响。"[7] 他以坚定的后千禧年主义展望，号召美国新教徒努力改善他们生活的世界。另一句经常让人联系到福斯迪克的表述是"基督徒不应该仅仅忍受变化，甚至不应从中获利，还要引起变化"。[8] 年轻一代的新教布道者诺曼·文森特·皮尔（Norman Vincent Peale）引用福斯迪克的箴言说："当今世界瞬息万变，那些断言某事不可为者，往往话音未落，便已被践行者打断。"[9]

然而，并非所有的美国新教徒都接受马修斯的自由主义神学，也并非都接受福斯迪克的后千禧年主义激进立场。此外，福斯迪克在第一长老会的任命一直在教派内部有争议。每当新教现代主义观点受到攻击，他为之辩护吸引了全国注意时，他就会卷入争议当中。在 1920 年代中期，他从第一长老会辞职，成为纽约公园大道浸礼会教堂的神职人员。

这一举动最终使他更加引人注目。福斯迪克一直与慈善家小约翰·D.洛克菲勒（石油大亨的儿子）关系密切，是洛克菲勒基金会的董事，并为洛克菲勒的个人慈善事业提供咨询。[10] 洛克菲勒是自由派基督教事业的长期支持者（美国基督教联合会成立时，他承诺至少承担第一年预算的 5%），也是福斯迪克的主要支持者之一。此时他也是一名教友。在福斯迪克转到公园大道浸礼会之前，两人曾讨论让福斯迪克成为洛克菲勒资助的一个新普世教会教堂的牧师。计划是让他去公园大道浸礼会，理由是该教会（受洛克菲勒资助）将在纽约上西区建造一个俯瞰哈得孙河的宏伟新教堂，完工后公园大道浸礼会会众将迁至新教堂。[11] 河岸教堂于 1930 年 10 月开放，它的设计像一个中世纪的大教堂，但实际上是不分教派的新教教堂。《时代》

338

杂志给了福斯迪克一期封面特写，称赞他"毫无疑问是最著名的在世新教布道者"。[12]

对马修斯现代主义和福斯迪克普世主义的反对，反映出美国新教思想有着一种长期传统，它与财富福音和社会福音判然有别。在美国的福音复兴运动呈现出更加繁荣、中产甚至中上阶层的特征之前，福音复兴主义秉持着长老会查尔斯·格兰迪逊·芬尼和其他时常与循道宗联系在一起的魅力型领袖的精神，一直持续到19世纪。但是，推动复兴运动的并不局限于经济条件一般的美国人。芝加哥的出版商和慈善家德怀特·穆迪（Dwight Moody）是其最重要的支持者之一。穆迪最初来自马萨诸塞州中部的诺斯菲尔德（Northfield），十几岁时搬到了波士顿，在那里他变得虔诚笃信。内战前不久，他搬到了芝加哥，那时他还不到20岁，尽管从未被按立为牧师，但他开始以复兴主义者的身份布道。他经常这样描述自己的经历："我把这个世界看作一艘失事的船。上帝给了我一艘救生船，并对我说：'穆迪，尽你所能地救人。'"[13]

与芬尼不同，穆迪的神学表现出自己是坚定的前千禧年主义者。虽然芬尼既寻求改变个人，也寻求变革社会——他在废奴运动和禁酒运动中都发挥了重要作用——但穆迪的重点完全是要让个人得救。在1879年写的一篇文章中，穆迪抱怨说："有很多关于改革的讨论。有政治改革，有宗教改革，有商业改革，这个改革，那个改革，不胜枚举，直到我厌倦了这个词。"他总结了自己的优先事项："与其说我们想要改革，不如说我们想要重生。我们想要的不是把传染病院粉刷一新，而是消灭这种疾病。"[14]解决社会或经济问题的方法不是政治改革，而是宗教复兴。

穆迪依靠其出版业务积累了大量财富，与其他富有的实业家关系密切，他将自己的资源和从朋友那里吸引过来的资源用于福音派教会的项目，如芝加哥的穆迪圣经学院（在当时和现在都是时代论前千禧年主义的重镇 15）和他家乡马萨诸塞州的赫曼山男子学校（Mount Hermon School，即今天男女合校的北野山中学），而不是像安德鲁·卡内基那样用于世俗慈善事业。穆迪教会，从穆迪赞助的主日学校发展而来，最终成为芝加哥最大和最有影响力的新教教会之一。

穆迪的福音派新教既不像财富福音，也不像社会福音，当这两种思想在美国基督教联合会走到一起时，穆迪宣讲内容的独特之处变得更加明显。不同于创建美国基督教联合会的主角们，穆迪的追随者拒绝更高层次的圣经批评，始终认为神圣经文不仅是神的启示，而且有着纯粹神圣的起源，因此不受它们所委身的特定人类社会的影响，也不受特定时间的影响。他们同样拒绝达尔文和华莱士的进化概念，不管是有关人类还是低等动物（甚至植物）。《创世记》中对创世的描述，准确地传达在字面意思上，如果进化论有不同的说法，那后者一定是错的。许多福音派信徒赞同 1654 年由英国安立甘宗主教詹姆斯·乌雪（James Ussher）提出的详细年表，他仔细研究《希伯来圣经》中的细节并得出结论，即世界是在公元前 4004 年 10 月 22 日晚上创造的。16

340

与主流的后千禧年主义相反，穆迪和其他复兴派新教徒支持的末世论大多是前千禧年主义的。他们几乎不支持最初由社会福音派提出、后被美国基督教联合会接纳的大多数改善政府行为的想法，包括大多数形式的市场监管和民生纾困的新政府计划。（呼吁政府限制私人行为则另当别论，禁止销售和消费酒品是复兴主义者和社会福音派的共同目标。17）改革社会，以加速千禧年的到来，并非他们计划的一部分。他们的目的是归正个人灵魂，期待新千年在上帝选择的时间到来，与此同时依靠传统的新教志愿精神来改善贫困公民的生活。同样，他们也反对劳工组织在经济中发挥任何作用。解决城市贫困、财富分配不均和压迫性工作条件等问题的方法，在于自愿遵守基督教慈善事业倡导的基督教原则。[18]

复兴派也反对适应性的、普世性的神学，此种神学被现代主义主流新教徒接纳，并很快由马修斯和福斯迪克等领导者在全国阐扬。1890 年代，保守的普林斯顿神学院的毕业生、纽约的牧师和作家丹尼尔·格雷戈里（Daniel Gregory）写道："基督的伦理原则从未改变，也永远不会改变。它们绝不会迁就人类社会或发展；要想人类社会不走向没落和毁灭，它们反而必须塑造人类社会和发展。"[19]20 世纪初，极受欢迎的复兴派布道者比利·桑戴（Billy Sunday）告诉听众："我不相信20 世纪出现的有关上帝乃普众之父和人类手足情谊的理论……你若不是基督徒，就不是上帝的孩子。"[20]

341

1908 年美国基督教联合会成立，它明确反对既不接受财富福音，也不接受社会福音的复兴派新教徒。作为回应，由新近成立的洛杉矶圣经学院（有意识地模仿穆迪圣经学院）组织的一群保守的神学家，编写了 90 篇系列论说文，在 1910 年至 1915 年出版了 12 卷，名为《基要真理》（*The Fundamentals*）。[21] 这些立论表态涉及广泛的主题，为抵制现代宗教的一些走向（如更高层次的圣经批评、普世主义以及社会主义和达尔文主义等世俗运动）奠定了基础。贯穿这些反对意见的主题是一种怀疑态度，怀疑人类理性是否足以获得道德和宗教真理；一种替代选项是必要的信仰，包括对圣经作为权威之超然来源的信仰。另一个常见的主题是反对改革派的社会行动主义。（《基要真理》中的一篇文章提到"一种所谓的'社会福音'，它抛弃了基督教的基本教义，而代之以一个讲善行的宗教"，结论落在"世界的希望，不在由未重生之人建立的新的社会秩序中，不在人为的千禧年中，不在一个作为社会主义国家组织起来的人类共同体，而在一个由基督建立的王国中，王者到来时，荣耀充满大地"。[22]许多文章还表达了保守的新教徒对美国其他宗教团体信仰的反对，这些团体包括天主教徒、摩门教徒和基督教科学家。

随后的时间证明，《基要真理》的另一个方面特别重要：它在神学上保守的新教教义变体与前千禧年派末世论之间建立起了一种更密切的联系。[23]1909 年，就在《基要真理》合订本第一卷出版的前一年，牛津大学出版社出版了新版的《詹姆斯国王圣经》，展示了 1611 年的原始文本以及注释和评注。评注由美国公理会牧师赛勒斯·斯科菲尔德（Cyrus Scofield）撰写，他与德怀特·穆迪的几项倡议有关联（他曾在马萨诸塞州诺斯菲尔德的穆迪教堂担任牧师），评注遵循了约翰·尼尔森·达比在近一个世纪前提出的对人类历史和圣经末时代的"时代论"诠释。[24]斯科菲尔德还为读者提供能够相互参照的经句，包括将《启示录》中的具体预言与《希伯来圣经》和《新约》早期经卷联系起来。该书作为《斯科菲尔德参考圣经》（Scofield Reference Bible）出版，对普及时代论的前千禧年主义意义重大，尤其是在美国。（据估计该书售出 1000 万册，是牛津大学出版社 500 年历史上最畅销的书，而且今天仍在出版销售。[25]）

342

《基要真理》之后不久便借力于这股势头。[26]虽然当时一些保守的新教神学家支持后千禧年主义末世论，《基要真理》背后的资金和能量实则来自虔诚的前千禧年主义者。莱曼·斯图尔特（Lyman Stewart），联合石油公司的总裁和创始人之一，他发起了这个项目并提供了大部分资金，还创建了自己的出版公司来出版这套丛书。两年前，斯图尔特帮助建立了洛杉矶圣经学院，并任命全国闻名的时代论前千禧年主义者威廉·布莱克斯通为首任院长。[27]〔几年后，R. A. 托里（R. A. Torrey）接替布莱克斯通，他是穆迪圣经学院的院长和穆迪教堂的牧师。〕身为一名坚定的前千禧年主义者，他本人在神学上更为保守，并强烈反对他认为不正确的异己观点，斯图尔特不仅挑选丛书的编辑人员，还在发现最早几卷中的一些文章不符合他的思想时，对内容的选择施加了越来越多的控制。[28] 最终，如其所料，该项目最重要的后效之一就是将前千禧年主义确立为美国保守新教的一个核心信条。[29]丛书在斯图尔特的支持下，很快印刷超过 300 万册，其中大部分被分发给了教堂、神学院、传教会和单独家庭。[30]

事实证明，福音派思想所受的巨大影响直接来自《基要真理》，尤其是来自福音派群体内对前千禧年主义近乎普遍的信奉（这在很大程度上是《基要真理》的结果）。福音派教徒不再以传统的新教唯意志论观念为基础，自寻方法以解决当时显而易见的问题，而是完全回避新的政治、社会或经济思维，并将之视为需要避开或者抵制的世俗威胁。因此，在 20 世纪初的大部分时间里，许多福音派新教徒继续接受与 1870 年代和 1880 年代初的主流观念基本相同的社会信息，这些主流观念出现的时间，早于 19 世纪末经济等领域的挑战引发的包括社会福音在内的新思维。[31]

及至 1920 年代，基要派——坚持《基要真理》之人的通称——对以马修斯和福斯迪克为代表的自由派新教提出了越来越强烈的反对，同时愈发抵制美国基督教联合会在美国商业和政治精英中日益增长的影响力。[32]在 1923 年出版的题为《基督教与自由主义》（*Christianity and Liberalism*）一书中，长老会神学家、普林斯顿神学院教授 J. 格雷沙姆·梅钦，把新教思维的那些新动向说成是调和传统基督教和现代科学（"一直埋伏着的敌人")的失败尝试。梅钦认为,这种努力注定要失败。他声言:"自由派拯救基督教的做法是错误的。"进言之,它是基于"对现代科学成就的过分高估"。[33]

梅钦声称,现代主义观点或许值得商榷,或许不值一辩,但它们展现出来的是某种别的宗教——而不是基督教。他指出:"自由派神学家在将一个又一个基督教教义抛给敌人之后所保留下来的,根本不是基督教,而是一种与基督教截然不同的、属于一个独特类别的宗教。"更具体地说,"试图调和基督教和现代科学的自由派做法,真正放弃了基督教的一切独特之处,乃至所保留下来的,从根本上看,只是基督教出现之前世界上那同样不成体统的宗教企望"。如果自由派思想盛行,"基督教将最终从地上消失,福音将最后一次响起"。后果,不仅在宗教领域,而且在更广泛的西方社会,便是"人类生活前所未有的贫瘠"。[34]梅钦把目光看向自己的学校,敦促普林斯顿神学院,要对任何妥协于哪怕更加温和的自由派观点的教职人员进行惩戒。

基要派的攻击反过来引起了主流派的强烈反应。惹人注目的是,仍在第一长老会的福斯迪克发表了一篇布道文,题为《基要派会赢吗?》。他的批驳毫不留情。他明言,"你不能把主基督塞进那种基要主义的模子中"。那些试图这样做的人的用意是"将持自由派观念的信徒赶出福音派教会"。他们的信条既狭隘又不宽容。他问道:"哪个人有权剥夺持异见者的教名,并对他们关闭基督教团体的大门?……基要派认为这是必须之举。"[35]

福斯迪克认为,把新教思想中新起的、现代主义的路线排除在外,不仅是狭隘的,还会阻止教会履行使命。他指出,"我们必须能够用基督教的语汇清晰地思考我们的现代生活,要做到这一点,我们还必须能够用现代的语汇清晰地思考我们的基督教信仰"。不断变化的环境促使教会重新思考它的信仰和实践,这并非第一次。他解释说,这种情况没什么新鲜的。这种事一再发生。尽管不同时代的具体情况也不一样,但对新思想的需求是永恒的——不是像梅钦提到"敌人"时所表达的与以前的东西相对立,而是与过去和谐共存。"每当这种情况出现时,只有一条出路:新知识和旧信仰必须混合成一个新组合。"在当时(诚如福斯迪克所见)的危机中,这正是他和他的伙伴们努力实现的目标。基要派发起了一场将他们拒之门外的运动。美国新教徒此时面临的问题是"他们是否应该获得成功"。[36]

福斯迪克还认为,他所说的基要派做法的"狭隘性"(illiberality)本身就是有害的。他问道:"不宽容是造成这种局面的原因吗?""它会让人信服吗?难道基督教会还不够大,不足以在其内部宽待持异见信友吗?……世界什么时候才能明白不宽容解决不了任何问题?"他的观点是明确的:"对于新一代的信徒来说,最糟糕的教会就是不宽容的教会。"[37]

345 这篇布道文使福斯迪克失去了讲坛。布道引发了争议,导致福斯迪克在两年后从第一长老会辞职。[38]但它极大地提高了他在国内的声誉。一个月内,布道文发表在了几个颇有名望的出版物上,包括《基督教世纪》(Christian Century)和《基督教事工》(Christian Work),在洛克菲勒资金的支持下以及他雇佣的公关人员的协助下,13万份略有删节的版本在全国范围内发行。[39]福斯迪克上述做法,使他成为美国最引人注目的基要派公开反对者,以及自由派、现代主义、普世教会观念(当时美国主流新教的几大特点)的最重要捍卫者。后来,他成为一个超越宗教领域的流行文化符号。1942年,漫画家阿尔·卡普(Al Capp)的长篇连环画《丛林小子》(Li'l Abner)引入了一个新角色——警探"无畏的福斯迪克",他是每个"精力十足的美国男孩"的"偶像"。1952年，美国全国广播公司（NBC）推出了每周一集的《无畏的福斯迪克》（*Fearless Fosdick*）电视连续剧。在发表改变他职业生涯的布道文一年后，福斯迪克本人反思道："我非常遗憾，布道文被曲解了；我深感抱歉，它引起了一场纷乱；但是老实说，我一点也不后悔我宣讲了这篇布道文。当我去到天堂时，我希望它是我王冠上的一颗星。"[40]

福斯迪克及其同道反对基要派抬头，这是可以预见到的。然而，在福斯迪克转到公园大道浸礼会的第二年，基要派运动遭受了更具毁灭性的打击，而且是来自一个意想不到的源头：一个审判法庭。1925年，田纳西州颁布了一项法令，禁止该州的公立学校讲授任何与圣经中关于人类起源的描述相矛盾的内容。为了挑战新法律，美国民权同盟（American Civil Liberties Union）让田纳西州戴顿（Dayton）小镇的年轻教师约翰·斯科普斯（John Scopes），承认自己在高中生物课上讲授了教科书中关于进化论的一章（讽刺的是，这一章出自该州的法定教材）。因此，有争议的不是斯科普斯的行为，而是法令的有效性，审判引起了全国的关注（正如它本来打算的那样——戴顿当地许多企业机构故意宣传这一讼案，以此为该镇招揽业务）。在世界基督教基要派协会的要求下，前国务卿和总统候选人、坚定的基要派信徒威廉·詹宁斯·布赖恩同意来戴顿担任检方律师。美国民权同盟则聘请克拉伦斯·达罗（Clarence Darrow，该国最著名的刑事律师）作为辩护律师。

这场在嘉年华气氛中进行的审判，获得了它想要的公众关注度。最终，这对基要派运动来说是一场灾难。陪审团判斯科普斯有罪——考虑到既有事实，很难不判他有罪——但达罗想方设法让反对进化论的基要派观点看起来很愚蠢。达罗公开嘲讽作为专家证人出庭作证的布莱恩——布赖恩在审判结束后仅

346

5 天就过世了，这让达罗的辩护更具轰动效应。令反达尔文势力更加失望的是，法官只判处斯科普斯 100 美元罚金，田纳西州最高法院甚至撤销了这一笔不足道的罚金（理由是应由陪审团确定金额），当地检察官拒绝重审此案。

众多从未听过哈里·爱默生·福斯迪克布道或读过谢勒·马修斯的书的美国人，在报刊和广播中密切关注着斯科普斯一案的报道，它使新教基要派在一代人的时间里陷入了低谷。[41] 与此同时，该派别逐渐把注意力转移到内部倾轧上。普林斯顿神学院成立于 1812 年，旨在抵制哈佛和其他机构的自由主义倾向，从一开始就与保守的长老会神学有关联。在该教派 1837 年的分裂中，神学院坚定地站在守旧派一边，反对芬尼等复兴主义者的新举措，以及长老会废奴主义者的要求。此后，它抵制过 19 世纪末和 20 世纪初的现代主义和基督教信仰合一趋势。"普林斯顿神学"开始意味着预定论加尔文派正统，强调人类之罪的中心位置，对进化和更高层次的圣经批评持怀疑态度，相信圣经的无误性，以及在基督教判定问题上持排他性立场。即便如此，1920 年代末，当普林斯顿神学院监督委员会的改组展现出容忍异见的可能前景时，常任教授 J. 格雷沙姆·梅钦领导了一场保守派的反抗，带着一半的教职员工建立了一个新的神学院（威斯敏斯特神学院）和一个新的教会［正统长老会（Orthodox Presbyterian Church）］。

• • •

347　　　然而，没过多久，以福斯迪克和马修斯为代表的主流教会力量遭遇了挫折，而且从未完全恢复过来。挫折的起因，在宗教之外。这一次的冲击是经济上的。

一战后的几年里，美国经济在曲折中发展。战前曾为国家经济增长做出贡献的主导产业，在扩大生产规模；工资上涨，尤其在制造业和其他快速扩张的行业；企业投资建设新工厂，引入新设备。在日益依赖装配线的产业中，公司能够降低价格，从而使他们的产品销路更广。1908年推出的T型福特汽车售价为850美元，1925年仅售260美元。[42]股票市场的持续上涨给1920年代制造了进一步繁荣的感觉，许多美国人积累了新的金融资产。但经济衰退使扩张势头中断了四次——1918—1919年（为应对战后复员和流感疫情）、1921—1922年、1923—1924年和1926-1927年——在1918年11月至1929年8月的129个月中，有52个月经济是呈收缩态势的。[43] 1920年代后半期，尽管股票价格继续攀升，但几个重要经济活动领域出现衰退。房地产开发在1925年达到峰值，到1929年，新建筑施工速度下降了一半。商业投资在1926年见顶。

即便如此，没有人预料到那场始于1929年的大萧条。持续到1933年的经济衰退，在时间和严重程度上都是前所未有的。生产总量下降了三分之一。在工业部门，产量下降了一半。许多行业的下降幅度更大。钢产量从每年6200万吨下降到1500万吨，铁矿石开采量从7400万吨下降到1000万吨。汽车制造从1929年的450万辆下降到1932年的100多万辆。新的投资几乎消失了。即使1920年代后半期出现衰退时，美国的各种投资——包括新工厂、机械、房产和商业库存——在1929年仍总计达170亿美元。到1932年，总投资不到20亿美元。1929年，美国公司制造了2300辆铁路车辆（三年前达到2900辆的峰值），包括客运列车和货运列车。1933年，该产业的总产量是7辆客运列车和2辆货运列车。

大萧条对人类的影响也是非同寻常的，对许多人来说是毁灭性的。股市的下跌抹去了750亿美元的家庭财富——相当于1929年全国总收入的四分之三——让数万名差价购股

萧条赏粥，纽约市（1932年）。大萧条给美国带来了近90年来前所未有的个人经济匮乏

的投机者破产，也让无数单纯持有股票的普通美国人的财富
化为乌有。随着工厂、矿山和零售店关闭，数百万美国人失
业。1929年，找工作的美国人当中只有不到3%找不到工
作。到1933年，五分之一的（统计口径）工人——全国超过
1000万——失业了。在农业部门（许多人生活在他们工作的
农场上，因此即使没有工作可做，他们也留在原地）之外，失
业人数达到劳动力的30%。[44] 此外，这触目惊心的失业率甚
至不包括全国各地数百万由联邦救济计划雇用的"急救人员"
（emergency workers），包括国民自然资源保护队（Civilian
Conservation Corps）和公共事业振兴署（Works Progress
Administration）。[45]（在1936年的高峰期，这些救济机构雇
用了370万名工人。[46]）

即使对最不经心的观察者来说，后果也是令人震惊的。在
大多数城市的商业区，正装求职者摩肩接踵，挤满了为数不多
的正在营业的职业介绍所，而更多面容憔悴的人在教堂和救世
军办的施粥厨房排起长队。家庭因不付房租而遭驱逐，房主因
无法继续偿还贷款而失去房屋，这些情况让无家可归者的临时

棚户（通常被称为胡佛村），一时间在许多城市的郊区冒了出 349
来。到 1933 年，全国每天有 1000 所房屋丧失了抵押赎回权。
一些城市（克利夫兰、印第安纳波利斯、伯明翰）里，超过一
半的房屋抵押贷款违约。

　农业部门甚至更加萧条。最普遍的问题是农作物和牲畜价
格的急剧下跌，跌幅远超经济领域其他部门。1929 年至 1933
年，全国零售价格平均下降了 24%，批发价格下降了 32%；
农产品价格平均下降了 52%。结果，美国农民的平均收入从每
年 960 美元降至 280 美元。在美国的一些地区，情况甚至更
糟，中西部的干旱尘暴区（Midwest Dust Bowl）首当其冲。
仅在 1932 年，因为银行取消了未偿还贷款的抵押品赎回权，
有 25 万农民失去了土地。到 1933 年，美国超过一半的农场债
务违约。

　然而，取消赎回权并不意味着银行和其他贷款人收回了
投资，因为房屋和农场的市场价值也下降了。数以千计的银行
倒闭，储户中的不幸者资产归零，信贷也被切断。破产的企业
不仅拖欠银行贷款，还造成债券违约，债券持有者包括保险公
司、养老基金和个人。州政府和地方政府都在咬紧牙关。3 个
州和全国 300 个大城市中的 30 多个拖欠债务。在大萧条期间
的几个时间点——1930 年的最后几个月、1931 年春天和 1933
年冬天——美国的银行系统处于崩溃的边缘。

　复苏是 1933 年才开始的。富兰克林·罗斯福就任总统时
实施的为期一周的"银行假日"是一个转折点。即便如此，复
苏仍然是缓慢和局部的。直到 1936 年，经济总产出才恢复到
1929 年的水平，然后在 1937 年春天又开始了新一轮衰退，一
直持续到 1938 年年中。到 1940 年，尽管联邦政府仍有 280
万"急救人员"，但美国劳动力的失业率仍接近 10%（农业部
门以外的失业率接近 14%）。直到 1943 年，美国有 900 万人

应征参加二战，失业率才回落到 1929 年的水平。

350 大萧条是一个世界现象。[47] 虽然各国的具体情况不同，但工业化世界普遍存在大规模失业、生产急剧而持续下降、企业破产、银行和其他金融机构普遍倒闭，以及资产价值和财富受损的情况。受打击最大的两个国家是美国和德国，但法国、英国、日本和一些小国也遭受了经济衰退。尤其是经济衰退发生在一战结束之后，超出了许多社会的承受能力。

在大多数国家，尽管方式大相径庭，但大萧条的后果远远超出了经济学范畴。德国走上了一条通向独裁、大屠杀、战争和最终彻底毁灭的道路。法西斯政权接掌了意大利和西班牙，法国在遭德国入侵之后也由法西斯揽政。类似的法西斯运动，也在英国和许多其他国家出现，尽管没有成功掌权。在国际上，新的世界秩序——联合国、世界银行、国际货币基金组织和一系列军事联盟——从大萧条和二战的废墟中诞生。在美国，大萧条重塑了国家的政治面貌，从根本上改变了公民对政府角色的态度。

这种冲击颠覆了人们广泛接受的假定，改变了流行思维。宗教难以独善其身。经济学也不能。

在一门学科走向成熟的过程中，它的观念内核通常较少受到外部影响，不管是来自世俗的，来自其他研究领域的，还是来自时代文化的。一个成熟学科的基本思维，越来越倾向于顺从自己的势头，而那种外部力量的作用，越来越成为一种应用和方法问题。[48] 在从亚当·斯密开始的一个半世纪里，经济学走过了一条符合这种演变的道路。在大部分讲英语的新教世界里，脱离正统加尔文主义的运动，给了像斯密和他同时代的

351 道德哲学家们一个拓宽的眼界，让他们看到人类能动性和人类建制中内在的向善潜力。这种新的（爱因斯坦意义上的）世界

观，催生了对下述问题一种别开生面的理解：在竞争市场环境下，仅仅由自利驱动的行为如何系统性地增进人类福祉。这种理解此后成了西方经济思想的观念内核。

19世纪上半叶，像大卫·李嘉图和约翰·斯图亚特·穆勒这样的英国政治经济学家，进一步夯实了这一观念基底，对经济生活的更具体方面进行了研究，如地租、国际贸易模式和实物资本积累，他们对每一种情形的分析都超出了斯密的分析，但这些见解仍处于个人自利行为要受市场竞争约束的斯密式观念框架内。他们的美国同行，如弗朗西斯·韦兰和弗朗西斯·鲍恩，同样接受了斯密的基本观念框架，并致力于阐发（两人都赞成的）自由放任经济政策，将其应用于自由贸易（韦兰赞成自由贸易，但鲍恩不赞成，尽管两人都是基于自由放任的理由）等现实问题。

在19世纪下半叶，这门学科在几个方面有了发展，不过，没有哪一个方面偏离了一个世纪前因斯密的贡献而建立起来的重要观念基础。包括英国的斯坦利·杰文斯和阿尔弗雷德·马歇尔、法国的里昂·瓦尔拉斯和美国的约翰·贝茨·克拉克在内的经济学家们，赋予了斯密的观点——自利的家庭和企业在竞争性的市场环境中相互作用——新的数学精确性，他们将家庭和企业这两组行为者的决策视为显性最优化（explicit optimization）的结果，即在某种市场导向定价或定酬（market-given price or wage）与受家庭管理或企业管理影响的某种增量价值（incremental value）之间确立起一种"边际"关系。这种方法上的进步，给了这门学科在表述上更充分清晰的理论工具，能够解决特定环境中各种各样的应用问题。不过，观念基底仍是一个世纪前由斯密建成的。

在方法论层面，理查德·T.伊利当时受到美国后千禧年主义的启发，并借鉴自己在德国历史学派思想中受到的研究生训练，推动该学科利用日益扎实的经济统计学基础，就家庭生活和企业运营的环境塑造他们追求自身利益的诸多方式，得出基于经验的推论。在伊利及其追随者的引领下，这种新的经验立场聚焦于社会对个人和企业所做选择的约束，这反过来又导致对社会自身做出的制度选择（也就是经济政策）的关注。其结果是，经济学作为一门学科有了一个向好的新趋势，不仅寻求理解和解释可观察到的行为模式，还寻求重塑产生这些模式的常规环境，从而改善结果。

为了应对 1930 年代的大萧条，这一新方法取向可应用的实际和潜在的政策举措范围，在经济学家们这里得到了极大的扩展，而同时，他们又保留了那种观念基底，它的根据是自利行为要受市场和制度的约束。在美国，罗斯福政府以开放的实验态度应对经济危机，引入了多措并举的政府干预。除了主动积极的精神之外，几乎没有连贯一致的打法，而且举措之间还相互抵牾。[49] 目标就是要发现什么有效，什么无效。正如罗斯福在其就职演说中所说，"这个国家要的是行动，现在就行动"。[50] 著名的新政首个百日，实施的措施包括，建立国民自然资源保护队以提供就业机会，建立联邦紧急救济署以增加城市收入，建立农业调整署（Agricultural Adjustment Administration）以支持农产品价格并为农业抵押贷款再融资。国会拨款超过 30 亿美元（对比经济规模，相当于今天的近 1 万亿美元）用于新的公共工程，政府采取了许多其他措施来保护农场主和城市房主的抵押品赎回权。

随着时间的推移，进一步行政措施涉及广泛的经济活动领域：农场信用管理署（Farm Credit Administration，也服务于农业抵押贷款的再融资），房主贷款公司（Home Owners' Loan Corporation，从事住宅抵押贷款），美国房屋管理局（U.S. Housing Authority，为低收入家庭提供住房），公共事业振兴署（为全国各地数百万建筑工程工人提供就业），《格拉斯－斯蒂格尔法》（Glass-Steagall Act，将投资银行业务与商业银行业务分离），社会保障（老年和残疾养老金），联邦存款保险公司（为个人账户提供高达 5000 美元的担保），证券交易委员会（改革股票的发行和交易），食品、药品、化妆品法（消费品监管），田纳西河流域管理局（为 7 个州的农村地区供电）。这些措施不仅花样繁多，而且规模巨大。在 1930 年代，五分之一的美国人（不算他们的家庭）直接受益于其中某一种形式的联邦援助。

这些措施中的每一项，以及许多从未实现的提议，都成了经济分析的主题。大萧条期间，美国政府成为世界上最大的经济学家雇主，传统政府部门和新机构都增添了该领域的成员。与此同时，大学里的和许多受影响的产业里的经济学者，将精力放在分析许多新出台的政策（甚至更多仍只是建言）的效果上。理查德·T.伊利的精神和方法渗透在这些努力当中。

在应对大萧条时，经济学思想也出现了更为基础性的偏离，这种偏离确实延伸到了该学科的理论核心。经济活动的波动，无论是农业的还是工业的，早已为人所知。银行业危机也是如此。然而，持续十多年的大规模失业是一个新现象，既有经济理论既无法解释这一现象，也无法制定补救措施。标准理论对此会有这样的疑问：为什么就业工人，尤其是那些在大萧条时期遭受苦难的人，不会为了找到工作而将就着接受更低的工资呢？为什么企业不会为了吸引顾客和维持生产而降价呢？事实上，在大萧条期间，工资和物价确实下降了。那么，为什么这些下降没有让人们和工厂都复工呢？问题仅仅是工资和价格下降得不够吗？进一步的下跌会奏效吗？[51]

一系列类似的问题，挑战了货币政策如何起作用的传统理论。随着物价和工资的下降，人们口袋里和银行账户里的钱的购买力增加了。为什么人们没有感到更富有，由此支出更多呢？如果消费者对其货币持有价值增加的反应，不足以刺激经济恢复到充分就业，为什么央行不干脆投放更多货币？在1836年至1914年没有中央银行的情况下，美国建立了美联储体系，不仅是为了防止银行危机——除了19世纪的记忆之外，1901年、1907年和1913年的历次危机极大地助长了对这一新生体系的支持——也是为了防止淤塞的金融市场阻碍非金融经济活动。后来美国有了中央银行，但它似乎无力完成这两项任务。

在最基本的层面上，既有经济理论（可回溯到斯密、李嘉图和穆勒，并且未遭到他们英国或美国追随者的反对）认为，经济活动的总体水平是由相关生产投入要素的利用效率和成本决定的，这些生产要素中最为重要的是劳动力和资本，在农业经济中还包括土地，与之相配套的，还有将它们结合起来的技术和组织。在1930年代，可用劳动力并不比以前少，职业介绍所门前的长队，清楚地表明人们仍然在找工作。工厂还在，但它们的所有者大吐苦水，无法再经营下去。人们还没有忘记几年前还在使用的技术。那么，为什么产出和就业会远低于1929年的水平呢？

英国经济学家约翰·梅纳德·凯恩斯的贡献是认识到生产的投入供应只是故事的一半，还必须有对产出的需求，这一点很快被阿尔文·汉森（Alvin Hansen）和美国的其他追随者接受。[52]一个经济体的产品和服务的总供给（aggregate supply）概念，基于该经济体可用的人力和物力资源，以及技术水平和专业化（劳动分工）程度，这一概念从斯密开始便一直是经济学的核心，自李嘉图以来更是如此。但是没有与之相对的总需求（aggregate demand）概念。一般的看法是，要让消费者购买企业生产的产品，价格就要调整。如果价格下跌得够厉害，一些公司便可能会削减产量；最后，消费者会购买这些公司生产的产品，市场得以恢复。

355

凯恩斯引入了总需求这一对应概念，总需求由多种影响因素决定，如利率、投资者预期、商人乐观或悲观的"动物精神"（animal spirits）以及政府的税收和支出。总需求水平很重要，因为公司不会雇用劳动力来生产它们卖不出去的东西，家庭也不会购买他们的收入负担不起的东西。没有工作，家庭便没有收入，因此无法购买公司的产品。没有消费者，企业就卖不出产品，因此也就不需要工人。

斯密设想的竞争性市场是能够平稳有效运转的，直到1930年代大萧条之前，他的追随者们基本上都接受了这一点，但后来普遍存在的情况却不是这样，是严重的协调失灵。工人想要工作，如果他们有工作，他们会购买产品和服务。公司需要消费者，如果他们有了消费者，他们就会雇佣劳动力，生产产品和提供服务。但是，自我行动的两个群体（更不用说任何单个工人或单个公司了），如果没有另一方的配合，它们就无法前行。斯密的伟大贡献在于，展示了竞争性市场是如何协调参与者多样且有时不一致的意图。大萧条时期，市场经济显然无法完成这项任务。

引入总需求的概念，以及有关什么决定总需求的理论，为经济学开辟了一个全新的维度：宏观经济学，即分析整个经济体的行为。大多数以前简单的"经济学"现在变成了微观经济学，旨在分析个体家庭和企业的行为。任何一个经济体的总产出，当然相当于该经济体中所有企业生产的产品和服务的总和，但同时也是该经济体中所有家庭（加上政府）的总购买量。类似的，任何经济体的总就业，都是企业提供就业机会方面和个人接受就业机会方面所有决策的结果。但源于凯恩斯的宏观经济学的根本基础是这样一种见解：在恰恰是由亚当·斯密的竞争性价格体系所协调的市场环境中，这些企业与个体工人、个体消费者之间的互动特征，可以使总体经济的运行不同于每个企业和每个人单独行动时所选择行为的简单累加。自此，这一新思路的目标，一直是要去理解这一经济互动的本质特征，并确立起一些条件，在这些条件下，整体经济的实际结果不同于在独立基础上简单累加相关个体可能行为而带来的局面。本着经济学作为一门改善性学科的精神，宏观经济学家也试图探索针对由此产生的病症的潜在政策补救，极为突出的病症是未能维持充分就业（或者，在大萧条之后的某些时期，导致价格通胀的过度就业趋势）。

凯恩斯的贡献及其带来的宏观经济学的发展，标志着基本概念层面的一种出离，这种出离在成熟的学科中往往并不是由外力推动的。但大萧条在这方面是一个例外，正如在许多其他方面一样。[53] 不仅在美国，而且在整个工业化世界，经济体的表现并不像斯密、李嘉图和穆勒——以及韦兰、克拉克和伊利——所设想的那样。大萧条造成的人类精神创伤，深重至此，不容忽视。

大萧条也对宗教态度产生了持久的影响，尤其是在美国。从一个角度来看，1930 年代的困难，可能增进了对社会福音极为重要的活动家思想的支持，他们的思想随着美国基督教联合会的成立而成为主流建制思想的一部分。在 19 世纪的后几十年，即使是普遍繁荣的时期，该国的大量公民也一直在为稻粱谋。[54] 后来，随着繁荣成为遥远的记忆，雅各布·里斯在纽约市拍摄的贫困家庭和无家可归的儿童，举国之内，比比皆是。华盛顿·格拉登和沃尔特·劳申布施甚至当时就争取过的活动家救济途径，以及美国基督教联合会在一战前信奉的社会信条，似乎比以往任何时候都更有必要。

罗斯福的道德教育完全可归于现代基督教的社会福音一派，他的政府的许多新政计划，只是对主流新教组织发表的更为宽泛的目标宣言增添了细节而已。[55] 他政府中的其他一些人，也有从活跃的社会福音背景起家的，最著名的是劳工部长弗朗西斯·珀金斯（Francis Perkins，美国第一位女内阁官员）和商务部长哈里·霍普金斯（Harry Hopkins，他还监管许多重要机构，如联邦紧急救济署和公共事业振兴署）。凯恩斯倡导的新宏观经济政策——如果有必要支持不足的总需求，政府应该支大于收——同样与讲求积极的干预主义思潮有着密切的关系，这种思潮首先由社会福音表达，后由美国基督教联合会及其支持者表达。

但大萧条带来的创伤，以及在长期复苏中挥之不去的大规模失业，侵蚀了公民对宗教和民政各级权威的信心。对许多宗教信徒而言，大萧条同样动摇了曾支撑 20 世纪"社会福音"与"财富福音"的乐天型后千禧年主义——该思想当时仍主导着主流新教思想。一战时期堑壕战中的杀戮——进言之，"以战止战"的目标显然未能奏效——越来越令人们对长期进步的乐观愿景产生怀疑。[56] 随之而来的全球大流感也是如此，它杀死的人比战争杀死的人还多。国家选举政治的风向转变也反映出了这一点，特别是社会福音思想在美国文化中失去了吸引力。战争破坏了这场运动赖以存在的对人类理性和人类基本尊严的假设。[57]

后来，大萧条进一步削弱了公众的乐观情绪。许多美国人有生之年所生活的世界，明显变得更糟，而不是更好。在大萧条的谷底时期，这个国家的人均收入低于 30 年前的水平。甚至仅仅恢复 10 年或 20 年前的生活条件，似乎也要成为一种美好奢望了。[58] 与以前相比，发现自己仍然能够接受沃尔特·劳申布施在战争期间表达的乐观主义的美国人，要少得多了，那时劳申布施说："我们当看到，神的国总会到来，总要胜过现在，总是充满着可能"。[59] 到了 1930 年代，更好的时代似乎并没有到来。未来像是再无可期。

358　　国外发生的事件让人们更加感受到，世界是在远离而不是趋向任何形式的新耶路撒冷。德国设法克服了第一次无政府状态以及接下来的恶性通货膨胀，建立了一个新的共和政府取代德国皇帝；但是在大萧条的重压下，这个国家转向了纳粹主义。法西斯主义者在意大利、西班牙和葡萄牙掌权。奥匈帝国在一战结束时崩解了，从那时起，它的许多成员在作为独立的民族国家时仍挣扎在生死线上，更不用说改善民生了。进步会导向地上未来千禧年的想法，似乎越来越成为一种异想天开。基要派长老会牧师 J. 弗农·麦基（J. Vernon McGee），在二战结束之后、冷战开始之时，总结了上述诸般灾难的影响，"两次世界大战，一次世界范围的大萧条，然后是原子弹，让后千禧年主义者偃旗息鼓"。[60]

尽管对后千禧年主义的未来心存疑虑，但在时代压力下，大萧条时期越来越多的美国人，在面临（无论是真真切切的还是潜在的）个人贫困时，在对他们生活世界的稳定性感到恐惧时，把目光投向了宗教，寻求慰藉。对许多人来说，主流教会的模糊性和理想化的抽象观念似乎远远不够。拒绝任何刻板信条的现代主义思想，以及强调教会对不同观点抱持宽容的自由主义原则，需要某种笃定的信心作为基础。在 20 世纪的前 30 年，主流新教的代言人一直吸引着大多数怀有这种信心的公众。[61] 后来，情况不同了。对主流教会及对其思想的忠诚，一并凋落了。

第 14 章
宗教保守主义与经济保守主义的联合

　　许多美国人，既有神职人员也有平信徒，把大萧条视为一种神罚。《希伯来圣经》曾描述古代以色列人遭受的连绵灾祸——瘟疫、外敌入侵、第一座犹太圣殿被毁、巴比伦的被掳和流放——是上帝对人们一再陷入偶像崇拜的回应。许多美国人认为大萧条是他们自己国家道德败坏的必然结果，其中某些败坏现象似乎被视为偶像崇拜的新形式。爵士乐时代催生了新的社会习俗和新的性道德观念。十年的股市繁荣给投资者带来了财富，而在许多同胞眼中，投资者仅仅是空手套白狼的"投机者"。第十八修正案禁止了含酒精饮料的生产、销售或运输，承诺要实现美国新教改革者的夙愿。结果却并未如愿，黑帮、暴力、腐败滋扰四方，酗酒现象甚至比以前更为严重。

　　赫伯特·胡佛总统的财政部长安德鲁·梅隆（Andrew Mellon）认为，引起大萧条的金融恐慌能够"清除系统腐败"，所以对这种金融恐慌持欢迎态度。梅隆没有抵制随之而来的经济衰退，而是建议顺其自然，就像对待杀死体内病菌的发烧那样。他给胡佛的建议是"清算劳工，清算股票，清算农场主，清算房地产"。[1] 许多神职人员赞同这一观点。1929年10月股市崩盘后的那个周日，温彻斯特主教访问纽约，在纽约圣公会恩典堂布道，承认金融危机无疑给许多无辜之人带来了痛苦。但是，他继续说道："如果它对那种试图不劳而获，以他人的毁灭来获取更大利润的投机精神造成了严重的打击，我不会感到遗憾。投机热实际上意味着谋求不劳而获，谋求获得远高于投资的实际价值的回报。"在圣公会诸天使教堂（All Angels Episcopal Church），乔治·特罗布里奇（George Trowbridge）牧师说，虽然他对如此多的人遭受的失败和羞辱感到非常遗憾，但"在我看来，人们一度狂热的投机之举，从道德上或经济上看都是不理智的……我不禁觉得他们在某种意义上得到了应得的报应"。[2] 富兰克林·罗斯福，时任圣公会高级教区长（平信徒最高职位），也是当时的纽约州州长，同样批评了"投机热"。[3]

然而，成为总统后，罗斯福便从对投机者幸灾乐祸转向出台一项又一项政策，让普通美国人重返工作岗位。[4] 在饱含圣经语言和典故的第一次就职演说中——"我们没有遭到什么蝗灾""货币兑换商已经擅离他们在神殿中的高位"——罗斯福从道德和物质两个层面阐述自己的政策。[5] 他说，"幸福不在于单纯占有金钱"，"幸福还在于取得成就后的喜悦，在于创造性努力时的激情。切莫再忘记劳动带来的喜悦和精神鼓舞，而去疯狂追逐转瞬即逝的利润"。[6]

361 然而，许多美国人，甚至那些赞同罗斯福关于工作的道德价值的人，并不接受他"行动起来，现在就行动起来"的紧急呼吁，因为它可能意味着政府要采取行动。特别是，宗教保守派越来越多地将讲求积极行动的政府与有组织的劳工运动和自由社会福音混为一谈，认为它们不仅在实践中误入歧途，还是政治上中央集权的敌基督者的先锋。沃尔特·劳申布施在一战期间写道，社会福音被誉为"社会主义宣传中的道德力量"。[7] 相比之下，在两年前出版的一卷《基要真理》中，长老会牧师、普林斯顿神学院教授查理·埃德曼（Charles Erdman）谴责道："许多人试图将社会主义等同于基督教。"他指出，两者不可相提并论。基督教，从埃德曼及其普林斯顿同事（如 J. 格雷欣・梅钦）所讲授的真正形式来看，"不是一种社会宣传，也不仅仅是一种经济理论"。[8]1917 年时新教神职者之间的争论可能只是小范围内的。到 1933 年时，其利害攸关，尤甚于前。

国外局势增强了紧迫感。许多美国人担心，法西斯主义在德国和意大利的崛起，以及布尔什维克主义在俄国的崛起，预示着美国的国家发展方向。一些保守的神职人员［包括年轻的哈罗德・奥肯加（Harold Ockenga），他在二战后成为美国福音派新教最重要的领导者之一］推测，希特勒、墨索里尼、斯大林和罗斯福正在密谋建立一个由敌基督者统治的联盟。[9]在罗斯福就职后几个月内，基要派的《穆迪月刊》（*Moody Monthly*）明确地将总统和希特勒相提并论，并警告说他的行为是在为"掌预言地之十国权柄的大独裁者、超人、不法的人"铺平道路。[10]该年晚些时候，新政府正式承认苏联（布尔什维克革命之后，没有哪位总统愿意迈出这一步），此举似乎最终证实了上述推测。

几年后，其他保守的宗教人士将"蓝鹰"标志解释为《启示录》中预言的"兽的印记"的先兆，"蓝鹰"是加入国家复兴管理局（National Recovery Administration）项目的企业需要展示的标志。比利・桑戴（Billy Sunday）将国家复兴管理局和其他针对大萧条的举措描述为"无神论的怪物的蛇盘体"。[11]路易斯・鲍曼（Louis Bauman）是洛杉矶基要派弟兄教会（Brethren Church）的牧师，在全国有一大批追随者，他在 1936 年写道（也提到了罗斯福）："独裁者不会长久保持仁慈的！仁慈的独裁者；然后，专制的独裁者；接着，敌基督者。"[12]在一些人看来，总统实施的貌似没完没了的经济举措，预示着圣经中预言的政治专制。基要派浸礼会布道者 J. 弗兰克・诺里斯，在罗斯福当选前就已称其为共产主义者，后来他写道，罗斯福新政"不过是苏联共产主义在美国的别名而已"。[13]

随着时间的推移，早期针对投机者和私酒贩子的道德狂热，发展成为针对罗斯福政府的基于宗教的全面反对。[14]到 1937 年，洛杉矶第一公理教会的牧师詹姆斯·费菲尔德（James Fifield）宣称："自清教徒时代以来一直是我们最大财富的节俭、进取、勤奋和智慧品质，遭到了有意或无意的破坏，美国的总统及其政府要对此负责。"[15]费菲尔德并非籍籍无名之辈。他所在的教会是世界上最大的公理教会。他在 1935 年成立了一个全国性的组织"精神动员"（Spiritual Mobilization），并担任主席，在全国范围内举办讲座、会议和培训，目的是动员起对自由市场经济原则和自由放任政策的宗教虔信。

费菲尔德是一位不太看重教条的神学温和派。然而，像德怀特·穆迪和早期其他复兴主义者一样，他认为基督教的目的是拯救个人，而不是沿着社会福音的路线纠正社会的弊病。如果公民陷入困境，传统的新教志愿主义会帮上他们。政府篡夺这一角色，无异于"异教国家主义"。[16]费菲尔德对政府减少种族歧视的努力也不同情，他批评"少数族裔试图闯入不受待见的地方"。[17]同样地，他的经济观点非常保守，他认为政府是美国资本主义体系面临的最大威胁。他把他的布道和组织能力用于发动针对罗斯福计划的宗教性对抗。费菲尔德写道："我讲到的是我对那些个人的切身观察，他们因新政摧毁灵性根基而失去了自己的理想、目标和动机。""每个基督徒都应该反对新政的极权主义倾向。"[18]

持这种观点的不只有费菲尔德一人，其他神职人员中的保守派随后也加入了他的行列。乔治·本森（George Benson）

在中国做了十年未获神职的传教士，然后在他的家乡阿肯色州成为教会资助的哈丁学院（Harding College）院长，他也成了美国知名的罗斯福政策的批评者。他批评政府的赤字开支，呼吁平衡预算。本森应保守团体的请求，在全国各地演讲，他还定期写专栏，转载于全美 2500 家报纸。此外，他在哈丁学院启动了"全国教育计划"（National Educational Program），以培养"虔诚和爱国主义"，并抵制施行市场监管的"有害"政策。[19]

浸礼会牧师查尔斯·富勒（Charles Fuller）通过每周一次的广播节目《老派复兴时刻》（*The Old Fashioned Revival Hour*），接触到了更广泛的听众（当时估计有 2000 万）。在节目中，他表示支持自由市场经济政策。二战后不久，富勒在加州建立了保守的富勒神学院（Fuller Seminary）。威尔伯·史密斯（Wilbur Smith），这位穆迪圣经学院的毕业生，后来成为富勒神学院的神学教授，他更明确地将罗斯福定性为独裁者，认为他的当选以及诸独裁政权在欧洲的突然崛起是在"为一个世界大独裁者的到来做准备"。[20]

这些反对美国实施积极干预的经济政策的保守派神职人员和神学家，得到了该国商界斗志昂扬、财力雄厚的成员的支持，以至于在许多情况下，那些想法和动议似乎不是来自神职人员，而是来自商人，他们招募志同道合的布道者来反对新政。保守派商人之前已经在积极反对罗斯福政策，尽管不是从任何明确的宗教立场出发。早在 1934 年，（杜邦化学公司家族的）杜邦三兄弟（他们都曾支持罗斯福），成立了美国自由联盟，反对罗斯福新政。但后来许多反罗斯福的商人开始依靠神职人员来推进他们的目标。[21]

J. 霍华德·皮尤［J. Howard Pew，其家族创立了太阳石油公司（Sun Oil），他本人担任该公司总裁］，在反罗斯

福这一点上尤为活跃，成为美国自由联盟、全国制造商协会
（National Association of Manufacturers）等其他世俗团体
的领头人。皮尤也资助了许多基于宗教立场的反对派，向詹姆
斯·费菲尔德和乔治·本森提供财政和组织方面的支持，并在
许多其他活动中发挥领导作用。[1950 年代，皮尤帮助建立了
基督教自由基金会（Christian Freedom Foundation），出版
了双周刊保守杂志《基督教经济学》（*Christian Economics*)，
还资助了面向更广大读者的《今日基督教》（*Christianity
Today*)]。西部汽配公司（Western Auto Supply Company）
的创始人乔治·佩珀代因（George Pepperdine），同样为反
新政运动提供了资金和行动支持。1937 年，他在洛杉矶建立
了佩珀代因学院，学院成为一所"受保守派、基要派基督教监
管"的教学机构。[22]

要说上述动向有什么新现象，有一点是神职人员和其他知
名宗教人士刻意利用宗教来推进特定的经济方略，即保守的、
自由放任的经济政策。在 19 世纪早期和中期，宗教思想影响
了美国的经济思想，市场经济理论自然而然地与启发它的宗教
思想有了积极的关联。19 世纪后期，一直到 1920 年代，社会
福音派代言者以及后来的美国基督教联合会，也基于宗教原因
主张过不同的经济政策。后来，事情的发展又回到了原点，那
些既非经济学家也非神职人员的人，鼓励甚至招募布道者（基
于宗教理由）为他们所支持的自由放任政策站台。

同属新现象的，还有一场运动，一场用宗教力量影响公众
对政策问题的看法的运动，这一趋势标志着宗教对经济思想的
影响又进了一步。一些反罗斯福活跃分子拉拢了经济学家加入
他们的事业。例如，阿尔弗雷德·哈克（Alfred Haake，曾
是罗格斯大学经济系主任，后成为通用汽车和其他实业公司的
杰出顾问），成为詹姆斯·费菲尔德"精神动员"芝加哥大区

办公室主管。但是，像皮尤、佩珀代因和杜邦家族一样，费菲
尔德的重点并不是影响经济学家的思维。他们的目标是普通
公民。

　　这两种变化都是持久的。美国神职人员得到商界和保守
派政治团体（他们自身也经常得到商界资助）的支持，从那时
起，他们往往置身于激进主义的最前沿，为保守经济政策站
台。随着经济学作为一门学科发展得越来越成熟，其基本概念
不再容易受到外部因素的影响，宗教思想的作用日益局限于影
响舆论的层面。[23] 大多数普通公民感兴趣的是经济现实如何影
响他们的生活，而不是经济如何运行的理论，或者经济学家在
研究中应用的方法；所以，在现代，宗教对经济思想的影响，
在左右民众对经济政策的态度上表现得最为明显。

　　利用宗教论点来为保守的经济政策服务的做法——由神
职人员牵头，由感兴趣的商人资助，有时也由商人发起，主
要以普通民众为目标人群——在因美国参加二战而中断五年后
重新开始。其目标，是要防止罗斯福十年前的新政计划在美
国的政治框架内生根发芽，避免这个国家演变为一个成熟的
社会主义福利国家。1946 年，循道宗牧师亚伯拉罕·韦雷德
［Abraham Vereide，他后来建立了全美祷告早餐会（National
Prayer Breakfast）］组织了全美基督教领袖理事会（National
Council for Christian Leadership），将政治上保守的参众两
院议员与经济上保守的商界领袖聚集在一顶宗教大伞之下。

　　次年，长老会牧师 J. 弗农·麦基成为敞门教会（Church
of the Open Door）的牧师，该教会是 30 年前由石油商莱曼·
斯图尔特的洛杉矶圣经学院（几年前还组织出版了《基要真
理》）成立的。麦基不久后开始做每日电台播讲，广播里他经
常谴责凯恩斯主义的经济政策和政府对经济的干预。和斯图尔

特一样，麦基是坚定的千禧年主义者，不同的是，他期待千禧
年为穷人带来正义。不过，实现千禧年不是教会的职责，当然
也不是政府的职责。在他看来，"神的国不是靠人的努力、人
的能力建立起来的"。"建一个国与我们无关……此一国从来
不是由教会、组织或运动建立起来的。此世不会长成天国。"[24]
他坚称，在千禧年到来之前，阻止个人在市场上做自由选择的
经济政策，也会损害他们在信仰问题上的自由。[25]

在大萧条和经济复苏时期领导反新政运动的商界大亨和神
职人员，在战后时期仍很活跃。1949 年，在商界保守派拥趸
的财政支持下，"精神动员"组织开始播放费菲尔德牧师的每
周电台评论。名为《自由的故事》(*The Freedom Story*) 的
节目很快在全国 800 多家电台播出。同年晚些时候，"精神动
员"开始出版月刊《信仰与自由》(*Faith and Freedom*)，该
杂志不仅攻击新政政策，还攻击支持这些政策的偏自由派新教
牧师。霍华德·皮尤的新杂志《基督教经济学》于 1950 年开
始出版。其刊头写道："我们支持自由企业制度——政府权重最
小、基督教权重最大的经济体系。"

二战快要结束时，弗里德里希·哈耶克出版了极具影响力
的著作《通往奴役之路》，为政府在经济中的作用这一论题，
提供了重要的学术支撑。这位奥地利哲学家和经济学家早先做
过开创性的理论工作，展示了去中心化市场如何处理来源广泛
的海量信息，并有效地将它们集中用于资源分配和其他经济决
策，其效率远远高于任何计划体制。他在 1944 年的著作中指
出，政府对私人经济决策的逐步侵犯，不仅威胁到市场经济的
效率，最终也会侵犯个人自由。同年晚些时候，哈耶克在美国
的巡回演讲，进一步传播了这本书的内容，《读者文摘》上刊
发了该书的精简版。许多积极为保守经济政策而战的神职人
员，也帮助了这本书的宣传。譬如，费菲尔德的"精神动员"

为这本书做了广告，还做了分销。(虽说受到多方支持，但哈耶克在政策问题上的观点，并不像人们认为的那样一贯保守，比如他支持医疗保健国有化。[26])

有点讽刺的是，1952 年德怀特·艾森豪威尔当选总统（共和党在美国参议院占多数席位）后，保守派对政府干预美国经济的担忧，表现得更加急迫了。许多共和党人支持这位没有政治背景的二战英雄，认为他是在民主党连续 20 年执政后，他们夺回总统宝座的机会；事实证明他们是对的。不过，艾森豪威尔上任后不久就明确表示，他无意废除 1930 年代社会保障、存款保险以及银行证券监管这类重要举措，而这些都曾被可敬的费菲尔德牧师和其他人贴上了社会主义标签。[27]尽管艾森豪威尔没有就此问题发表公开声明，但他一直拒绝支持那些意在取缔这些重要新政政策的活动。私下里，他解释说："如果任何政党试图废除社会保障、失业保险，并试图取消劳动法和农业计划，那么，你们便不会在我们的政治历史上再听到这个政党。"[28]

在美国持保守经济立场的新教神职人员的动员下，保守的神学团体也被组织了起来。从 1925 年斯科普斯审判的窘境中恢复过来，是一个缓慢的过程。保守教派的领导人继续坚持《基要真理》中规定的原则，但后来他们接受更具包容性的基督教团契概念，来取代梅钦这样的早期知识分子和比利·桑戴这样的布道者所阐述的狭隘观点。神学上的自由派主流在一代人之前设法超越了教派差异，在美国基督教联合会中走到一起；与自由派一样，许多保守派也愿意跨越教派分歧进行合作。也许最重要的是，在经历了斯科普斯审判、漫长的大萧条以及二战之后，他们越来越愿意与现代世俗文化打交道。

宗教保守派逐渐认识到，自由派凭借成立美国基督教联合会这种国家级伞形组织获得了很多优势，包括知名度、政治影响力和公众号召力。促使他们联合起来的另一个因素是，国家大型广播公司决定，广播时间不再向宗教类节目出售，而是免费分配给"获得承认的"宗教团体，对于新教一派来说，这种宗教团体实际上是指归属于美国基督教联合会的教派。因此，福音派认为自己有失去商业电台的风险，而商业电台当时已经成为他们联系广大受众的主渠道之一。

1941 年，一个以穆迪圣经学院为中心的团体，同意为福音诸派建立一个全国性机构。[29] 次年，在圣路易斯举行的第一次正式聚会上，该团体与会者一致认为需要一个永久性组织，他们将其命名为全美福音派联合行动协会［National Association of Evangelicals for United Action，不久后简称为全美福音派协会（National Association of Evangelicals, NAE）］。波士顿公园大道教堂牧师哈罗德·奥肯加，成为全美福音派协会的第一任主席。在 J. 格雷欣·梅钦独树一帜时，奥肯加还是普林斯顿神学院的学生，他和一些更保守的同学一起跟随梅钦来到了新成立的威斯敏斯特神学院。他一直是个坚定的保守派，不仅在神学立场上如此，在政治和经济上也是如此。他在圣路易斯会议的主题演讲中指出，美国福音派教会面临着双重威胁，一方面是罗马天主教的，另一方面是"可怕的自由派（八面玲珑）章鱼，它在我们的新教教会中伸展触角"。与此同时，他哀叹因国家政府角色的增强而出现的"我们政治形态上的革命"，将这一现象归因于美国国内"基督教的分裂"。[30]

奥肯加号召他的福音派教友团结一致时指出，这些和其他"不祥战地阴云将招致毁灭，除非我们愿意团结成一体"。在几十年的教派纷争之后，他承认，"福音派基督教除了失败连连，一无斩获"。结果，世俗主义渗透到了美国社会，导致了"美国人民道德肌理的溃破"。因此，团结势在必行。"撒旦最大的堡垒"，他对听众讲道，是"基督徒像今天那般掰成不同教派之局面"。[31] 在一年后对该团体的讲道中，他警告说："天上之国行将结束"，而"地狱之国即将到来……我们几乎处于野兽时代。"福音派所面临的直接问题在于，教会及其关涉到的国家的灵性发展，正被物质和意识形态的力量压制。但是，美国迫在眉睫的危机，不仅仅是道德上的，也是政治上和经济上的。一旦二战结束，新时代将是"饥荒、瘟疫、失业和危机的时代，其程度将超过一战后的情况"。[32] 在奥肯加的领导下，全美福音派协会很快成为美国基督教联合会的保守派对手。

即便如此，全美福音派协会要在神学上保守的美国新教徒当中获得广泛支持，也是需要时间的。许多参加过芝加哥成立大会的教派拒绝加入奥肯加所在的保守派公理教会联合会（Conservative Congregational Conference）。到 1945 年，只有 15 个教派报名参加，代表不到 50 万教区居民。（当时的美国基督教联合会只有 24 个成员教派，但他们代表了 2700 多万教民；仅卫理公会就代表 800 万人。[33]）到 1950 年代中期，全美福音派协会共有 40 个成员教派，包括神召会（Assemblies of God）和自由浸礼会全国总会（National Association of Free Will Baptists），这两个教派各自约有 40 万教民。即便如此，大多数教派，和奥肯加的保守派公理教会联合会一样，规模都比较小。至关重要的是，当时有 550 万信徒的美南浸信会（Southern Baptist Convention）遵循传统的浸礼会教义，拒绝这种教派间团体，认为它没有合法的权威，甚至可能威胁浸礼会的独特性。（今天，美南浸信会作为全美最大的新教教派，拥有 1500 万成员，仍既不属于全美福音派协会也不属于美国基督教联合会。）当时拥有 400 万会员的全国浸礼联会（National Baptist Convention）和拥有 150 万会员的美北浸礼会都留在了美国基督教联合会。

虽然奥肯加做了大量的组织工作，但全美福音派协会的主要智识领袖是浸礼会牧师卡尔·亨利（Carl Henry），他毕业于惠顿学院和北方浸礼会神学院（Northern Baptist Theological Seminary）。[34] 亨利的神学是前千禧年主义的，但他尖锐地批评了许多持此观点的人对改善社会条件的努力表现出的冷漠。他想让个体之人归正，但同时寻求更广泛地往现代社会注入基督教价值观。因此，他向他的福音派教友提出挑战，要求他们不要抵制公共参与。

亨利 1947 年的书《现代基要派不安的良心》（*The Uneasy Conscience of Modern Fundamentalism*），就是这种新的激进福音主义的宣言。他写道："教会需要一种跟进社会信息的进步基要派。""历史悠久的基督教，如果要再次作为一种重要的世界意识形态参与竞争，福音主义就必须为最紧迫的世界问题给出解决方案。它必须为一个具有精神目标的新世界心智提供一种法度，包括政治、经济、社会和教育领域的。"[35] 在第二年发表的后续文章中，亨利扩展了他认为适合新福音派努力的重点领域："一些较小国家的政治和经济压迫，种族紧张关系，资本主义与中间偏左经济之间的斗争，苏联共产主义争夺世界霸权，管理层和劳工之间的紧张关系，对世界和平的普遍渴望，另一场战争越来越不可避免。"[36] 不过，亨利针对这一大摊子问题的解决策略，始终是坚持复兴主义传统；答案不在于政府监管，而在于基督教道德。实际上，亨利接受了哈里·爱默生·福斯迪克发起的以行动为导向的挑战，但又使其局限在格雷欣·梅钦的传统神学范围内。

在亨利和其他志同道合的、更现代的福音派的推动下，1951 年，全美福音派协会举办了一个社会行动论坛（Forum on Social Action），全美福音派协会社会行动委员会（NAE

Commission on Social Action）这一常设机构后来得以成立。与此同时，在 1948 年，亨利当上了新成立的富勒神学院的第一位神学教授。1956 年，他成为《今日基督教》的创刊编辑，这是一份由复兴主义者葛培理创办的新的保守福音派杂志，资金主要由霍华德·皮尤提供。然而，1960 年代末，亨利辞去了职位，以抗议在他看来皮尤的过度干预。皮尤当时反对亨利想要福音派新教徒插手社会问题，希望刊物对主流教会在这些问题上的立场采取更明确的批评观点。亨利不赞成皮尤的做法，想要赢得多数教民的支持。但皮尤占得上风。[37]

然而，到了 20 世纪中叶，美国政治关注的焦点已经转移。这一变化，对新教福音派接棒卡尔·亨利的挑战从而涉足世俗事务，对宗教思想塑造美国公众关于经济和经济政策的看法，都产生了深远的影响。拥有核武器的苏联所支持的世界革命的威胁是变化背后的催化力。这种威胁让美国的宗教保守主义和经济保守主义联合在一起，这一联合远远超出了早先商人与牧师为反对新政而形成的合作。为了让公众参与国家事务，保守政治思想的各方力量开始谋求合作。

两种保守主义哲学曾经——在很大程度上，今天依然——在美国政治中占据突出的地位。传统主义（Traditionalism）源于 18 世纪爱尔兰裔英国政治家埃德蒙·伯克的著述，伯克强调治理形式和治理实质上的连续性的价值，以及日常生活里的连续性的价值。正如他在《对法国大革命的反思》一书中阐述的核心原则，"冒险推倒一座积年累月在某种程度上满足了社会共同目标的大厦，任何人要这样做时都应抱有万分谨慎之心"。[38] 在精神上，伯克式保守主义是社群主义的，而且常常是家长式的。从经济政策层面来说，它通常是干预主义的。传统的宗教机构和实践通常被认为是连续性的一部分，需要得到重视和维系。

相比之下，美国的自由意志主义（libertarianism）有着强烈的个人主义色彩，它在很大程度上与弗里德里希·哈耶克的《通往奴役之路》联系在一起，但也植根于早前约翰·洛克和其他强调个人权利的政治哲学家的思想。其经济立场通常偏向自由放任政策。自由意志主义自然支持宗教选择的自由，对许多人来说，这一原则也支持根本不选择宗教的自由。特别有别于伯克传统主义的是，自由意志主义的思想常带有无神论的意味。

在公共领域将这些截然不同的保守思想结合在一起，同时将美国的宗教保守派和经济保守派团结在一起的力量，是共产主义那看似不可阻挡的蔓延所构成的生存威胁。共产主义的独特之处在于，它与西方社会（尤其是美国）三大核心原则存在对立。首先，无产阶级专政与资产阶级民主相对立。随着工厂、机器和其他生产资料所有权的社会化，以及自上而下的资源分配，计划经济与自由资本主义存在对立。在宗教层面马克思把宗教称为"人民的鸦片"，恩格斯认为共产主义"是使一切现有宗教成为多余并使之消灭的发展阶段"，这与西方的一神论信仰截然不同。39

无产阶级专政，本身足以激起美国人普遍的反对。但是其他两个特征也扮演了重要的角色。商人和其他资本所有者、市场体系中的每一个利益相关者，以及那些单纯信奉竞争性市场会带来经济优势的人，都将计划经济体制视为对人们日常生活方式的威胁。另外，那些宗教信仰和实践在日常生活中发挥重要作用的人，也将共产主义的无神论宗教观视为对他们属灵幸福的威胁。反共产主义之所以能成为如此强大的力量——不仅动员起整个国家进行长达几十年的反苏冷战，而且深刻地影响了美国社会——是因为宗教保守主义者和经济保守主义者意识到，尽管各自立场不完全相同，但他们正进行同一场战斗。

在反共产主义的旗帜下将宗教保守主义和经济保守主义结合在一起的人是小威廉·F.巴克利（William F. Buckley Jr.）。巴克利是康涅狄格州一个富裕的罗马天主教家庭的后代（他父亲在墨西哥的石油生意中发家），出生于纽约，但成长过程中也在巴黎和伦敦待过。[40] 战时服兵役后，他进入耶鲁大学，于1950年毕业。第二年25岁的时候，他发表了一部作品，严厉谴责他在大学所接触到的思想。书名为《耶鲁的上帝与人》（*God and Man at Yale*），书中对自由主义思想发起广泛攻击，在他看来，自由主义思想不仅在耶鲁大学占据主导地位，而且在美国大部分地区的知识界也占据主导地位。[41] 相比之下，巴克利信奉形式更为纯粹的个人主义和自由市场经济，以及传统的（不一定是天主教）宗教。这本书引起了公众的广泛关注，使这位年轻作者一跃而为保守派圈子里的名人。

巴克利就宗教和自由市场经济写过很多文章，有力论证了这两大思维领域是紧密交织在一起的。在《耶鲁的上帝与人》出版一年后，他在回复一位批评者时强调："宗教必须影响个人的所有活动。"具体到生活的经济领域，他写道："我觉得当个人面对诸如什么是光彩的和什么是不光彩的财富积累方式，以及什么是负责任的和什么是不负责任的财富分配方式等问题时，宗教必须指引他。"[42]

任何社会福音的代言者想必都会赞成巴克利的观点。但他并未止步于此，就像在他自己的书中所说的那样，20世纪初受社会福音派青睐、由罗斯福在1930年代实施、在1950年代得到大多数自由主义者支持的经济政策，并不是他想要的。相反，他认为，他所谓的"伟大的美国调整——经济自由"，已经赢得了"高度令人信服的资历，无愧为一种基本人道主义的、有尊严的和可行的经济行为体系……一种最大限度地实现个人自由和个体繁荣的制度"。此外，正如他在《耶鲁的上帝与人》中所写，他反对与社会福音、罗斯福新政以及1950年代自由主义相关的干预主义政策，认为这些政策不仅无效，而且会适得其反，有损他们自己的目标。他写道："我们沿着集体主义的享乐之路前进，不仅不会减少曼彻斯特主义（英国人对不受约束的市场资本主义的称呼）的社会弊端，最终还会加剧这些弊端，并将个人自由束之高阁。"[43]

374

1954年，巴克利继《耶鲁的上帝与人》之后出版了第二本书，与他的妹夫布伦特·博泽尔（Brent Bozell）合著［几年后，博泽尔写了关于巴里·戈德华特（Barry Goldwater）的畅销书《一位保守主义者的良心》（*Conscience of a Conservative*)］。这本新书试图为参议员约瑟夫·麦卡锡辩护，此人因在调查共产主义者对美国政府和军队的渗透时所用的方法受到了强烈的批评。[44]这一努力没有成功，当年晚些时候，参议院正式谴责了麦卡锡，他在孤立和耻辱中结束了职业生涯，但这本书进一步巩固了巴克利作为保守派中坚分子和才华出众的作家的地位。

一年后，巴克利创办了一份新的周刊《国家评论》（*National Review*)，致力于倡导自由市场经济和自由主义政治的融合，并以恪守传统宗教为支撑，这一点是他在《耶鲁的上帝与人》中首次提出的。在新杂志的"出版人声明"（Publisher's Statement）中，他尖刻地抨击了当代美国社会。他写道："相对主义对美国人灵魂的侵蚀并不那么显而易见。""近来须是住在大学校园内或附近的人，才能真切地感受到所发生的事情。正是在这样的地方，我们看到，一些兜售自己宏伟蓝图显得干劲十足的社会创新者们，多年来是如何成功抓住自由派知识分子的想象力的。"[45]他的目标是发起一场针尖对麦芒的对抗。

　　与此同时，巴克利还批评了当代美国政治中保守派权势集团时常表现出的自私自利，特别是自 1930 年代之后一直领导反对干预主义经济政策的商界。在他看来，这些商业利益形成了"脑满肠肥的右派，他们无知无良的程度简直无可复加"。因此，他将自己的倡议视为一场全新的运动，坚决反对左派，但又不与当前的右派同流合污："我们开始出版……时，对不负责任的右派知根知底，对自由派的不妥协感到绝望。"[46] 但是在关键的问题上，他知道自己要站在哪一边。他写道，"我们时代的深刻危机"，是"在那些寻求改造人类以符合科学乌托邦的社会工程师与捍卫有机道德秩序的信奉真理者之间的冲突……我们毫无保留地站在保守派一边"。[47]

375

　　巴克利认为，苏联共产主义的威胁让这场冲突变得紧迫起来。一些美国人，包括政治人物以及许多没有担任公职的有思想的公民，认为美国现在应该接受这样的事实：苏联是一个核大国，共产主义会继续左右二战后苏联在欧洲的"卫星国"。巴克利重申了梅钦对自由派新教徒的态度，只不过针对的是外敌，他明确表达出《国家评论》坚定的保守立场："我们认为与共产主义'共存'既不可取，也不可能，更不光彩；我们发现自己无可挽回地处于与共产主义的战争中，不获胜不罢休。"[48]

　　《国家评论》获得了关注，尽管不久之后从每周一刊变为双周一刊，但它成为美国保守主义的重镇。与此同时，巴克利继续撰述，不仅为他自己的杂志而写，也为经济保守主义和宗教保守主义的融合而发声，因此声名日隆。他这一时期的著作包括《从自由主义中上升》（*Up from Liberalism*，1959 年）和《读懂左右两派》（*Rumbles Left and Right*，1963 年）。（晚年，他写了两本回忆录，一本是"文学自传"，另一本是"信仰自传"。）尽管他对自由市场和个人自由的承诺依然坚定，但他拒绝了让美国回到富兰克林·罗斯福打造的路线上去。他在《从自由主义中上升》中写道:"如果我们让自己继续谈论灾难迫在眉睫这类事情——如果我们认同社会保障法为我们逝去的自由敲响了丧钟的观点,或者国家破产将在下个月发生的观点——我们就会像基督复临安息日会那样,瞄准一个时间节点就想落下世界之幕,在公众舆论这一块失去我们的信用。"[49]

从1966年开始,巴克利还主持了每周一集的电视节目《火线》(*Firing line*),在节目中,他对各色嘉宾进行现场采访,包括像巴里·戈德华特和罗纳德·里根这样的著名保守派。这一节目一直持续到苏联解体。

反共产主义运动也得到了美国宗教活动人士的大力支持,尤其是新近重新活跃起来的新教福音派团体。早在二战之前,反对"无神论共产主义"(godless communism)就已经按部就班地进行着。[这个短语本身可以追溯到很久以前,1851年,马萨诸塞州罗克斯伯里的公理会牧师奥古斯都·汤普森(Augustus Thompson)对"一种新的社会制度,一种无神论共产主义"的呼声提出了警告。[50]] 1933年,从瑞士来访的苏黎世循道宗主教在对美国基督教联合会的一次会议上致辞时,称赞新当选的德国总理阿道夫·希特勒"正在扭转席卷德国的无神论共产主义乱局"。[51]但是这一用法并不仅限于纳粹同情者。1941年,天主教杂志《公益》(*Commonweal*)对德国入侵波兰和苏联随后吞并该国东部做出了回应,认为"希特勒对一同攻击信奉天主教波兰的犯罪同伙的背叛,是纳粹基本哲学的最好象征和明证,不应被视为针对无神论共产主义的圣战"。[52]

美国的政治领导人此时也加入了反对共产主义的行列,视后者为无神论者。1940年夏天,富兰克林·罗斯福在民主党全国代表大会上接受提名,史无前例地第三次当选总统,他在此次大会演讲中警告说,世界上冒出来的新力量正在逼出一个伟大的历史选择。摆在美国及其盟友面前的决断，不仅仅要在人民政府和专政政府之间做抉择，甚至也不仅仅是在自由制与奴隶制之间做抉择。这是"我们文明的延续在对抗我们所珍视的一切被最终毁灭——宗教在反对无神论，正义理念在反对武力实践，道德体面在对抗行刑队"。[53]

377

战后，在 1948 年——当年早些时候，苏联借助一场政变巩固了对捷克斯洛伐克的控制——哈里·杜鲁门有类似的说法，"我厌憎共产主义……我反感它所教导的不敬上帝的信条"。[54] 这一点对杜鲁门来说是一个永恒的主题。当他的总统任期接近尾声时，在 1952 年大选前一天晚上的公开讲话中，他向致力于把"自由国家的联合力量引向战胜无神论共产主义的阴谋"的做法，表达了敬意。[55] 两个月后，在告别演说中，他谈到共产主义世界，"他们的制度是一个无神的制度……"[56] 就此主题的讨论，在杜鲁门之后仍经久不息。1959 年，艾森豪威尔总统在华盛顿北大西洋理事会部长级会议开幕式上解释说，决定创建北约之时，"所虑之利害，不仅仅在于我们各国免受军事攻击的安全；真正的后效，在于我们有能力保护西方文明的精神基础免遭各种无情入侵，无论这种攻击是军事的、经济的还是政治的"。[57]

宗教保守主义和经济保守主义的联合——巴克利及其《国家评论》的同事们正努力实现着的——同样是福音派新教牧师的主要论题。在 1955 年发表的一篇题为《基督教与社会危机》的文章中，卡尔·亨利（Carl Henry）写道："仅仅在经济层面上讨论共产主义和资本主义之间的冲突，不只是一个判断失误的问题。"共产主义的无神论，对其反资本主义至关重要。"共产主义关于上帝、人类和世界的说法，是其经济理论形成的基础。"[58]

言外之意，与共产主义斗争的一个必要组成部分，是对传统西方宗教的坚守，在亨利那里则是对福音派新教的坚守。对他而言，"在生活的经济领域及其他领域里，只有基督教有神论才是人类福祉不可或缺的保证"。西方世界现在所面临的危机（包括经济挑战）的根源在于，受社会科学家和神职人员中的自由派的影响，民众对西方世界的宗教源头的普遍排斥。"事实上，西方对基于历史的激进圣经批评缴械投降了，以黑格尔和达尔文而不是以耶稣和保罗为其指导，并用乐观的'社会福音'代替救赎的好消息，为出自马克思主义者而不是基督教的对社会秩序的激进批判打开了大门。"[59]《希伯来圣经》曾一再把古代以色列的世俗苦难归因于人们对假神的崇拜。而亨利将整个西方世界面临的威胁归咎于公众对现代社会理论的接受，对新教徒而言，则是主流教派接受了社会福音而不是传统福音主义，在他眼中，这些步入"歧途"的信仰，为共产主义无神论打开了通路。

因此，前进的道路显而易见。在亨利看来，马克思主义纲领所指向的目标明确无误。共产主义"坚称，压制对上帝和超自然力量的信仰是建立公正经济秩序的根本基础"。由此可推出，拯救资本主义的第一步便是回归传统的福音派宗教。他宣称："因此，基督教的守护者不是资本主义"，"而是基督教自身，只有它才能保护自由企业免受扭曲之害"。[60]

在杜克大学任教 40 多年的著名政治学家约翰·哈洛韦尔（John Hallowell）指出，共产主义拒绝将宗教作为其经济纲领的基础。然而，在哈洛韦尔看来，共产主义本身就是一种宗教代换形式。这就是它的吸引力如此强大的原因。但它与传统西方宗教非常不同，与西方宗教竞争并最终与之对立。在与卡尔·亨利的《基督教与经济危机》（"Christianity and the Economic Crisis"）同年出版的《共产主义信条与基督教信条》（*The Communist Credo and the Christian Creed*）一书中，哈洛韦尔提出了这样一种观点：共产主义"不仅仅是一种经济学说，不仅仅是一种反对资本主义的经济体系……不仅仅是一种政治或经济理论"。他认为，它是"一种完整的人生哲学，一种世界观"。在他的分析中，"贯穿其中的激情是宗教性的"。[61]

哈洛韦尔继续阐述了共产主义是宗教的一种代换形式的观点，它为人们传统上在西方宗教中寻求的东西提供了一种替换项，也正因如此而获得了力量。他认为，共产主义许下救赎的承诺——不是为个人，而是在一个新社会中为所有人提供集体救赎。"它宣称的目标，就是要把人类从腐败和邪恶中拯救出来。"在更哲学的层面上，"马克思主义提供了对存在的完整解释"，因此"共产主义者……是一个有信仰的群体，对他们所理解的正义的最终胜利满怀信心"。[62] 几年后，二战后初期美国最重要的神学家之一保罗·蒂利希指出，就客观历史影响而言，卡尔·马克思是"宗教改革以来最成功的'神学家'"。[63]

认为共产主义提供了一个不同的经济体系的看法，进一步刺激了宗教层面的反对，这种反对不仅指向真正的苏联共产主义，也指向任何与共产主义声气相通的政策。艾森豪威尔的国务卿约翰·福斯特·杜勒斯（John Foster Dulles）总结了上述关联之意——"对我们来说，世界上有两种人。有些人是基督徒，支持自由企业，还有其他人"。[64] 可以肯定的是，反共产主义运动的一些成员代表了美国政治的极右翼，如基督会牧师杰拉尔德 L. K. 史密斯（Gerald L. K. Smith，"美国反犹主义主任牧师"[65]），身为记者、之前也任职学术机构的罗素·柯克，商人罗伯特·韦尔奇［Robert Welch，他在 1958 年创立了约翰·伯奇协会（John Birch Society）］。不过，他们的保守思想也大多源出于保守的宗教，并且他们几乎所有人都秉持反共产主义和极端保守的经济思想。

379

葛培理在特拉法尔加广场布道，伦敦，1954 年

　　全力投身于反共产主义运动的美国牧师是葛培理（Billy Graham）。葛培理出生于北卡罗来纳州的长老会家庭，在 21 岁被任命为美南浸信会牧师之前，加盟过一系列的宗教机构。[66] 他演讲口才出众，很快成为美国复兴主义者的台柱之一，通过全国各地受众众多的复兴活动以及广播和电视渠道，激励无数人接受"呼召"。随着时间的推移，葛培理在美国社会中起到的作用不再局限于福音派新教，甚至超出了宗教本身。几十年来，在问及谁是美国最受钦佩之人的盖洛普年度调查中，他一直位居或接近榜首。

　　特别是在早期职业生涯，葛培理极力倡导詹姆斯·费菲尔德和查尔斯·富勒等神职人员反对新政时持有的保守经济思想，他经常仰赖那些支持他们事业的商人的支持。经得克萨斯州石油大王锡德·理查森（Sid Richadson）牵线搭桥，葛培理第一次见到了德怀特·艾森豪威尔，当时，这位将军还在军队里。几年后，正是葛培理说服霍华德·皮尤资助《今日基督教》，并向他承诺："它不会像众多杂志那样是自由派的，而是保守派的、福音派的和反共产主义的。我真诚地相信，这是一个美国商人此刻在上帝之国里所能做的最大投资。"[67]〔葛培理的岳父，前中国传教士 L. 纳尔逊·贝尔（L. Nelson Bell），1956 年至 1973 年担任该杂志执行主编。〕后来，葛培理和哈罗德·奥肯加一起争取到皮尤的支持，在波士顿郊外建立了戈登-康威尔神学院（Gordon-Conwell Theological Seminary），作为东海岸加利福尼亚富勒神学院的对等机构；它合并了两所学校，其中一所以拉塞尔·康威尔命名。乔治·钱皮恩（George Champion），当时大通曼哈顿银行（Chase Manhattan Bank）的执行副总裁（后为该行的首席执行官），主持了葛培理那场创纪录的纽约布道会。

381

葛培理一贯拥抱商界，欢迎来自商界的支持，他在美国商会（U.S. Chamber of Commerce）的杂志上写道："成千上万的商人，在以上帝为工作伙伴时获得了满足感。"[68]早年的他对有组织的劳工持敌对态度，批评罢工以及工会为增加工资或改善工作条件而开展的其他活动。1951 年秋天，在他牵头举办的北卡罗来纳州格林斯博罗（Greensboro）的信仰复兴会议上，他反复提出这样的想法：伊甸园里是"没有工会会费，没有劳工领袖，没有蛇，没有疾病的"。复兴运动期间，葛培理布道了 35 次，听众加起来有近 40 万。[69]

尽管起初半遮半掩，经常含糊不清——格林斯博罗的信仰复兴活动只向白人开放，几乎没有黑人参加——但葛培理很早就表达了对种族问题的自由派观点。种族问题一直是美国社会最大的张力点之一，尤其是在当时和在他出身的南方。[70]甚至在最高法院1954年"布朗诉教育局"（*Brown v. Board of Education*）一案裁决之前，葛培理就明确表示反对种族隔离。在此一年前查塔努加（Chattanooga）的一次复兴活动中，他威胁要离开，除非组织方取走集会中用来隔离黑人和白人的绳子；当没有人这样做时，他自己动手解下了绳子。[71]1956年，他在《生活》和《乌木》（*Ebony*）上发表文章（白人和黑人读者都能读到），明确地将种族主义称为一种罪，并谴责美国教会中的种族隔离。后来，葛培理公开表示支持马丁·路德·金，邀请后者在1957年一次麦迪逊广场花园晚间活动时做祷告，并在他后来被捕后为其保释。1960年，葛培理在《读者文摘》（当时拥有大量福音派新教徒读者）上发表了一篇文章，谴责美国教会中的种族隔离。[72]他解释说，圣经中描绘的社会包括不同种族的人，种族隔离并没有圣经依据。所有的人，不管是黑人还是白人，在上帝的眼中都是平等的。

葛培理对神学和对复兴运动诸目标的理解上都是普世性的。虽出身于长老会家庭，但他是一位浸礼会信徒，坚持认为"任何人都可以被拯救"。[73]从很早开始，他的布道便不认可新教徒中的教派差异有任何重要意义。当全美福音派协会批评他与非基要派基督教团体牵扯不清时，他回答说，他可以"去任何地方，受任何人资助，宣讲基督的福音，只要不对我的演讲主题附加条件"。[74]后来，他接受了更广泛的开放性信仰立场，对和天主教徒、犹太教徒、非犹太－基督教信仰的信徒们的合作持开放态度。虽然他接受了他所领导的复兴运动的直接使命，要去归正每个人的信仰，但也接受了社会福音原则，即教会在改革社会中要发挥至关重要的作用。他明确地把下列"巨大的社会影响"归因于之前的复兴运动：废除奴隶制、禁止使用童工、减少工作时间、"我们伟大的工会"、"教育机构"、"我们大多数慈善组织"、"贫民窟清理计划"和妇女选举权。[75]

渐渐地，葛培理获得了越来越多的名望，他看重与两党政治家建起友谊。众所周知，从艾森豪威尔开始，在接下来的半个多世纪以来，他和每一位美国总统都保持着私人关系。（杜鲁门是个例外：在白宫第一次私下会见总统之后，葛培理跪在白宫前的草坪上为新闻摄影记者摆拍；从那时起，杜鲁门就认为他不过是个追求知名度的人。[76]）然而，他与很多保守的商界人士保持着密切关系，这说明他的早期职业生涯是带有党派性的。他在布道中反对大多数与民主党有关的举措，不仅在劳工问题上，还包括大多数福利项目。1951 年，他在讲坛上抱怨说："我们负债累累的通胀经济，它有着长达 15 年的财政赤字记录，以及惊人的国债规模。"[77] 他还反对美国对欧洲的经济援助，如马歇尔计划，在他看来，二战浩劫之后，欧洲人"最急需的不是更多的钱、食物，甚或药品，而是基督"。[78]

笼统地说，葛培理认为，政府对经济的干预带有社会主义的意味。[79] 相比于在经济领域或更广泛层面的政府干预，信仰复兴是他更偏爱的替代方案。不过他有时也认为宗教力量的着力点应该收敛一些。他在 1960 年代中期出版的《漫天烽火待黎明》（*World Aflame*）一书中，重复了人们耳熟能详的保守派的抱怨，即教会一直在"试图解决社会的每一种弊病"。相反，"如果教会回到传播福音和让人们皈依基督的主要任务，那么它对国家社会结构的影响将远远超过它在其他任何事情上所能做到的"。同样，对于那些在"裁军、联邦教育援助、生育控制、联合国，以及种种社会政治问题"发表倾向性言论的宗教人物，不管是左翼的还是右翼的，葛培理都进行了批评。[80]

葛培理很早就站到了反苏联共产主义运动的前沿。1949 年 9 月，苏联透露拥有原子弹几天后，他在洛杉矶的一次布道中，用世界末日的术语解释了这一新事态的走向。他警告说：

383

"我有理由相信，时间紧迫！"他指出，就在几个月前，一名英国议员断言："不出五到十年的时间，我们的文明将会终结。"但"那是在他听说苏联拥有原子弹之前"。谈及自己在欧洲访问时看到的"德国被毁城市和战争废墟"，葛培理预判"一场世界历史上前所未有的军备竞赛正在疯狂地将我们推向毁灭"！他紧接着让听众认清这一威胁，敦促他们改过自新，寻求拯救。他告诫说："除非人们悔改并归信，否则全能的上帝将对这座城市进行审判。"之后他的布道又回归主题："我能看到上帝对洛杉矶的审判之手。我可以看到审判即将降临。"接近尾声时，他再次说道："这可能是上帝对洛杉矶的最后一次召唤！"[81]

葛培理认为，苏联人的新武器，显明了会有一场《启示录》中预言的光明力量和黑暗力量之间的末日之战。如果洛杉矶市民不悔改并寻求信仰，城市的毁灭是不可避免的。他对他们说："我正告你们要整城悔罪，整城转向耶稣基督，否则便太迟了。""如果所多玛和蛾摩拉不能逃脱罪恶；如果庞贝和罗马逃不掉，那么洛杉矶也逃不掉！……除非上帝的子民转向他，整城悔改，否则我们将看到上帝的审判降临在我们身上。"[82]

苏联共产主义的威胁一直是葛培理在整个冷战时期布道的主题。在 1954 年一篇题为《撒旦的宗教》的文章中，他写道："这是一场生死之战——要么共产主义必定灭亡，要么基督教必定灭亡，因为这实际上是基督和敌基督之间的战斗。"[83]

他认为共产主义是与人相关的教义世俗化。"例如，他们信奉分享和平等分配。对分享这条教义的宣扬和践行，没有能超过耶稣基督。"（和通常的情况一样，葛培理在这个问题上的观点偏离了《基要真理》中阐述的保守思想。按神学家查尔斯·埃德曼一篇文章的说法，"根本性的经济问题和财富的分配有关；在这一点上，基督拒绝表态"。[84]）葛培理宣称："一场意识形态的战争正在席卷全世界，这是一场属世与属灵之间的战争。""战场上的实际战斗，只是那场更大的人心之战的外现而已。"[85]

葛培理认为，前进的道路不是妥协，也不是共存，而是对抗。他写道："苏联拥有了核武器，美国人理当披挂上帝的全副铠甲，如此我们方能在邪恶时代立于不败。"[86]

15 年后，葛培理仍在推进反苏联共产主义运动。1969 年，在巴克利的电视节目《火线》中，他在回答一个问题时称，核战争威胁的重要意义并没有降低。在回答巴克利的另一个问题时，他说："我的想法是，比方说，圣经《启示录》第 18 章（详述了未来巴比伦的毁灭），搁在 50 年前来理解，会是非常困难的。但自从有了原子弹和氢弹，我们现在看到，人类已经掌握了可以实现所有这些预言的武器……我们生活在这类炸弹的阴影之下。"[87] 正如葛培理 1983 年一部作品的书名《蹄声渐近：〈启示录〉四骑士》(*Approaching Hoofbeats: The Four Horsemen of the Apocalypse*) 所示，这一主题，在整个冷战时期一直是葛培理思考的重心。[88]

葛培理对末日启示的看法，在美国保守派中很受欢迎。罗纳德·里根在 1961 年的一次演讲中，也就是他开始谋求加州州长职位的 5 年前，反思道："我们正在进行的这场战争只可能有一种结局……非胜即败。"此外，时间紧迫。"当今世界上研究共产主义的顶尖专家之一，一位前医疗传教士说过，我们有 10 年时间，但这 10 年不是用来做决定的，而是做出最终裁决，因为在这 10 年内，世界要么完全自由，要么完全奴化。"[89] 同年，巴里·戈德华特宣称："也没有和平共处这回事。"[90] 3 年后，戈德华特在竞选总统时发表了同样的声明，明确指出了冲突的宗教根源。"只要不相信上帝"，"便无共处"之可能。[91]

20年后，以总统身份发表讲话的里根，在论及这一主题时说道：宗教是这场冲突的核心。在对全美福音派协会的讲话中，他请听众回顾他就任总统后在第一次新闻发布会上的评断，"苏联领导人，以虔诚的马克思列宁主义者身份，公开宣布，他们判定正当与否的唯一标准是能否推进他们的事业，即世界革命的事业"。他宣称，他们的道德标准"完全服从于阶级斗争的利益"。西方的道德标准（全美福音派协会诸教派对此了然于胸），则与他们不同。里根向听众保证："我们绝不会在我们的原则上妥协，我们绝不会放弃对上帝的信仰。"[92]

里根接着讲述了他几年前听到的一位年轻父亲的故事，当时冷战正酣，这位年轻父亲在加利福尼亚的一个大型集会上发表演讲。在里根的讲述里，这位年轻人告诉听众"我爱我的女儿们胜过一切"，"我宁愿看到我的小姑娘们带着对上帝的信仰死去，也不愿她们……长大却有一天不再信仰上帝"。里根表达了自己的赞同——不仅如此，还有他的钦佩之情。他回忆道："当时听众中有成千上万的年轻人。""他们起立欢呼。他们立刻明白了其中的含义。"[93]

第15章
公众交谈中的经济学

救助病人、贫困者和无助者是一种宗教义务，因此应该像其他宗教义务一样，成为一种志愿服务。

——弗朗西斯·韦兰

一个自发回应自身需求的社会，优于一个人们的福利全由政府来负责的社会。

——卡尔·亨利

从1991年圣诞节开始，苏联解体。俄罗斯采用了议会民主的形式，彻底的国家所有制和中央计划经济一去不复返，许多市场（比如，个体劳动力市场）确实可以自由运行，但重要的经济决策以及相当大一部分国家财富，都被政府控制。俄罗斯在与美国政治上、外交上以及经济上虽然存在分歧和对抗，但由此产生的紧张局势如今遵循的是大国间竞争的传统路数。这个世界主要共产主义国家曾经构成的生存威胁，已经不复存在。随着苏联解体，俄罗斯政府再次支持东正教。

中国走了一条不同的道路，对西方而言，成为一种不同的挑战。中国仍是一个社会主义国家，由中国共产党执政。该党对宗教仍保持谨慎态度。在经济领域，毛泽东于1976年去世，两年后，邓小平带领这个国家走上了一条新经济道路，充分发挥市场和私营企业的功能（尽管许多企业，尤其是大型企业，仍然部分国有）。自邓小平改革以来，中国实现了有史以来最快的持续经济增长，经济日益现代化，居民人均收入翻了几番。中国现在与美国竞争影响力和市场，特别是在亚洲，而且越来越多地在世界其他地区，如非洲和南美洲。不过，这场竞争多数情况下还是因循过去大国角逐中常见的招式。[1]

简而言之，苏联共产主义造成的威胁已经消失，这种威胁在整个 20 世纪下半叶刺激了葛培理等保守宗教领袖和威廉·F. 巴克利等在俗人物，更不用说从里根、戈德华特到各级政府中包括不甚著名者在内的政客了。当今的古巴和朝鲜，很难被视为前述意义上的威胁。几十年前，古巴一度是美国和苏联核对峙的起因，但多年来，古巴的经济一直表现糟糕，以至于对任何国家都不构成威胁。朝鲜，这一严格说来仍和美国、韩国和其他盟国处于战争状态的国家，之所以构成军事威胁，不是因为它是共产主义国家，而是因为它具有潜在的核打击能力。

389　　巴克利和葛培理领导的宗教保守主义和经济保守主义的融合，虽很大程度上是为了应对苏联共产主义的威胁，但仍然延续了下来。这种模式我们并不陌生。马克斯·韦伯在寻找他所谓的新教伦理的历史根源时指出，他赋给预定论加尔文主义和其他形式的禁欲主义新教的思想和行为模式，远比最初产生它们的宗教信仰存续长久。韦伯称，渴望用外部迹象来揭示一个人是否在选民之列，让信徒将宗教价值与勤俭等实践美德以及商业成功本身联系在一起。随着时间的推移，这种宗教价值观演变为对这些"新教"行为形式做更普遍意义上的道德评判，此种道德评判与任何特定的灵性内容相分离，并且独立于任何神学基础。因此，韦伯总结道，在禁欲主义新教盛行的国家，对个性特征的尊重，在最初催生它们的宗教信仰的吸引力减弱后依然存在。实际上，这些信仰所孕生的态度立场，已经世俗化了。

保守的经济思想，尤其是那些与公共经济政策相关的思想，其所附着的连续不断的宗教含义，也遵循着类似的过程。这一过程中，苏联共产主义对自由市场经济与西方宗教同时构成的生存威胁，成了历史催化剂。面对这种双重威胁，也由于巴克利和葛培理以及其他强势领头者的鼓动，对罗斯福新政的反对之声，以及对艾森豪威尔"温和共和主义"、林登·约翰逊"大社会计划"下政府继续在经济中发挥作用的反对之声，在保守的新教信仰中激起了共鸣。这一过程中，失势的不是宗教信仰，而是外部威胁。然而，这种威胁在保守的新教和保守的经济态度之间建立起来的密切联系，并没有随着苏联的解体而不复存在。

从大萧条时期对罗斯福新政一揽子计划的反应开始，这种宗教共鸣的力量，后来影响的对象主要是公众意见，而不是职业经济学家的理论。经济学作为一门知识学科早已成熟，以至于绝大多数从业者不再根据外部影响来塑造他们的专业思维。这个领域获得了自己的内在动力。然而，普通公民就不同了。像其他地方的普通公民一样，大多数美国人对专业经济学家的抽象理论不感兴趣，他们感兴趣的是，那些跟他们生活于其中的经济领域和管理经济的政策相关的实际问题。

宗教对经济思想的持续影响在美国表现尤为明显，不过，后来这种影响集中于有关经济和经济政策的公众意见上，而不是经济学家的理论上。按总人口来看，美国的信教人数属于一种异常值。世界上大多数国家（除了穆斯林占多数的石油生产国）都遵循一个通则：生活水平越高，宗教信仰就越不普遍，信仰宗教之人也就越少参加宗教仪式。在瑞典、法国、加拿大和日本等高收入国家，表示相信超自然之神、死后的生命、天堂或地狱的，占总人口比重较低。即使在持有这种信仰的人中，去教堂或参加其他宗教仪式的频率，以及与教堂或其宗

390

教机构保持联系的程度，也比其他地方要低。［这并非新鲜事：半个多世纪前，英国宗教作家 C. S. 路易斯发出了著名的慨叹之词——"欧洲在非基督教化"（unchristening of Europe）。[2]］在墨西哥、智利和黎巴嫩等中等收入国家，信仰的普及程度和参与度要高很多。在印度、巴西、尼日利亚和印度尼西亚等低收入国家，绝大多数人口都是信徒，大多数人定期参加正式的宗教活动。

美国是一个明显的例外。尽管美国的人均收入超过了其他任何一个高收入大国——美国的人均收入为 64000 美元，德国的人均收入为 56000 美元，在 G7 国家中排名第二，其他五个国家的人均收入平均为 46000 美元[3]——但美国人中去教堂做礼拜或信仰上帝的比例要高得多。在调查中，69% 的美国人认为自己是信徒，而在其他 G7 国家中平均只有 51%，35% 的美国人每周至少去一次教堂，或犹太会堂，或清真寺，而在其他六个国家中平均只有 15%。[4] 在美国，53% 的人说宗教在他们的生活中非常重要，而在其他六个国家中只有 15%。55% 的美国人每天至少祷告一次；G7 中的其他国家，平均只有 17% 的人这样做。[5] 按上述几个方面和其他宗教信仰的衡量指标，美国人更像收入低得多的国家的公民，如墨西哥（人均收入 20000 美元）或黎巴嫩（16000 美元）。

因此，特别是在美国，宗教对公众如何看待经济和经济政策的影响是强有力的。通过联系韦伯对新教伦理之起源的解释，可以看到，即使最初将宗教思想和经济思想的相关方面结合在一起的力量已经消失，上述影响仍然广泛存在，这种情况并不出人意料。美国人与众不同的宗教信仰，塑造了这个国家大众文化的许多方面，从教育到政治到通俗文学。[6] 说公众在经济问题和经济政策问题上能游离其外，是站不住脚的。

近几十年来，引起美国政治观察家广泛关注的一个谜题是，大量低收入甚至中等收入的美国人，在全国选举中的投票决定越来越背离他们个人的经济利益，州和地方一级的投票情况也是如此。[7] 2015 年，《纽约时报》有文章写道："这是我们这个时代的一个核心政治难题：依赖民主党支持的安全网计划①的部分地区，越来越多地投票给支持取缔安全网的共和党人。"像密西西比州、肯塔基州和缅因州这样的低收入州就是最好的例子。这篇文章所称的"低收入美国人中间的政治脱节"，在 2016 年的选举中变得更加明显。[8] 据 2018 年的另一篇题为《政府支票背后的脱节现象》（*The Government Check Disconnect*）的文章的说法，通观全美，平均而论，人们接受政府援助最多的县，共和党的得票率更高。文章重点讨论了肯塔基州，其七分之一的居民领取食品券（全国依赖比率最高的州之一），但 62.5% 的选民支持特朗普。[9]

对税收的态度是一个典型例子。截至 2020 年，美国人支付的个人所得税中的高档所得税率（top-bracket rate）为 37%。[10] 但该税率仅适用于减去个人所得扣除额后合计收入超过 622000 美元的夫妻，或超过 518000 美元的单身纳税人。因此，只有不到 1% 的纳税人需要缴纳 37% 的税率。如果算上数千万收入太少而根本不用缴税的人，这个比例就更小了。然而，超过三分之一的美国人（在一项典型调查中为 38%）表示，他们反对提高高档收入人群的所得税。[11] 33% 的人反对大幅提高 1000 万美元以上收入人群的税率。[12] 支持提高税率的候选人通常会发现，这样做对他们的选举不利。

一个更极端的例子是遗产税（"死亡税"）。个人在去世

---

① safe-net programs，该计划包括食品券、医疗补助、住房补贴在内的一系列社会保障内容。——译者注

时可以留给他人的免税金额，目前为1160万美元。（2018年
之前，这一数字要少一半；2017年，这一数字不到550万美
元）。已婚夫妇的每个成员都单独免税，配偶之间的额度转移
完全免税；因此，两人的免税遗赠限额合计为2320万美元。
除了这个相当大的数额（对大多数人来说）之外，一个人在世
时的馈赠在一定程度上也是免税的，信托和其他合法的结构性
工具 ① 可以进一步减少税额。

因此，即使在2018年免税额增加一倍之前，美国发生的
涉遗产税法律纠纷，也不到死亡人数的0.25%。[13]然而，调查
表明，近一半的美国人——在一次有代表性的民意调查中占比
48%——赞成完全废除遗产税，包括那种只有最富裕的家庭需
要支付的遗产税。[14]（在2020年民主党总统初选期间，一些候
选人主张开征财富税，换句话说，做遗产税做的事，但不是人
过世之后；该建议似乎吸引了一些民众支持，[15]但主张它的候
选人没有获胜，该提议随后从竞选中消失；现在判断对这一想
法的支持是否会持续下去，还为时过早，如果会的话，它是否
也会延伸到遗产税。）人们对其他各种公共政策，如有关医疗
卫生、失业工人福利等，也一直是类似的态度。

393　　　这个谜题的一个可能答案是：也许人们认为，不提高高档
收入所得税率和不征收遗产税，从长远来看符合他们的利益，
即使不是他们的利益，那么也符合他们孩子的利益。大多数人
都非常清楚，他们今天的收入没有超过60万美元，他们的财
富也远没有达到2300万美元。但他们或许认为自己会变得富
有起来，因此在未来的某个时候会面临那些更高的税率。抑

---

① structured vehicles，结构性工具包括结构性金融产品、结构性投资工具、结构性
财富管理工具等，之所以用结构性来形容，是强调对于各类工具的一个灵活组合
运用。——译者注

或，即便他们自己没有变得那么富有，他们的孩子或许可以。

然而，证据很清楚，对绝大多数美国人来说，这样的信念是错误的。除了少数非常成功的企业家，以及少之又少的通过彩票发家致富的人，大多数人一生的收入轨迹，在他们奔往 30 岁或 30 岁出头时已经确定。[16]那些很有可能赚取巨额收入并积累大量财富的人——企业高管、体育明星、娱乐圈名人、一些医生和律师——可能还没有成功，但到了那个年龄，他们已经从事有可能获得巨额经济回报的职业。相比之下，大多数美国人在奔往 30 岁或 30 岁出头的时候，已经开始有稳定的工作，他们知道，或者至少应该知道，高收入和巨额财富按他们的工种是遥不可及的。孩子的未来有着更多的不确定，不过，流动性格局会像拦路虎一样，挡在大多数尚未进入高档收入阶层的美国人面前，使他们不可能看到自己的孩子取得财务上的巨大成功。[17]大多数反对向高档收入课以更高税率或呼吁废除遗产税的美国人，因此一直是在抵制其他人要支付的税款。

还有一种可能是，人们认为他们或他们的子女将间接受益于高档收入低税收的经济效应。或许较低的税率会让高档收入人群创办新企业，或者投资扩大所经营的企业，从而创造新的就业机会，让现有工作更有效率。如果是这样，工资便会上涨，其他人也会受益。这个故事在 40 年前听起来似乎有理，当时罗纳德·里根提议将最高个人所得税税率从 70% 往下调，遗产税免税额仅为 60 万美元。但 1987 年之后，最高税率一直在 30% 至 40% 之间波动，后来已婚夫妇的遗产税免税额超过 2300 万美元，上述看法的说服力就大打折扣了。

此外，近几十年的经验也不支持这一看法。1993 年，当克林顿总统提议将高档所得税率从 31% 提高到 39.6% 时，反对者预测，这样做会扼杀当时从 1990—1991 年经济衰退中艰难复苏的势头，特别是不利于对新工厂和机器的投资。相反，在税率上升后，美国经济经历了有记录以来持续时间最长的增长，直到 2001 年才结束；这也是最快速的增长之一，加税后的 8 年里，平均每年增长 3.7%。商业投资非但没有表现出任何疲软的迹象，反而引领了经济扩张。

政治学家及其他领域的一些人解释了中低收入选民的行为，其中名气较大的是记者托马斯·弗兰克（Thomas Frank）及其畅销书《堪萨斯怎么了？》（*What's the Matter with Kansas?*），他看到了美国民主运作方式的两个显著特征的共有含义。[18] 其一，在宪法层面，美国是一个代议制民主国家，而不是直接民主国家。在联邦一级，以及大部分州和地方一级，公民投票的对象是候选人，而不是政策。对可以构成直接民主的公投（referendum）程序的使用，因州而异。有些州在具体政策问题上有约束性投票，有些州没有约束性投票，有些州则根本没有公投程序。联邦一级不存在这种程序。美国宪法里没有公投的条款。

其二，起因不在于宪法，而在于实践，在大多数联邦或州职位的一般性选举中，候选人数量被限制为两个。对于政党的数量，并没有明文规定；美国宪法对政党的角色只字未提。但事实上，美国历史上一直遵循两党制，这种结构久而久之表现出相当的稳定性。到目前为止，民主党和共和党作为美国两大政党的局面已经存在了一个半世纪以上。有时，任何一个职位都有许多候选人在党内初选中竞争，但在绝大多数情况下，大选只提供了两个表现得有竞争力的候选人：一个民主党人，一个共和党人。

代议制民主和有限候选人的共同后果是，选民必然会在提出政策组合（combinations of policies）的候选人中做出选择，他们可能会喜欢其中一些政策，而对另一些则态度相反。如果在任何选举中只有一个问题与选民息息相关，那么，两个候选人就可以给他们一个完整的选择：两个候选人可以在这个问题上采取对立的立场。但是，当有两个重要问题出现，只有两个候选人，就不能提供充分选择。两个问题有四种可能的政策组合，因此要有充分选择，至少需要四个候选人。由于许多政策问题处于辩论之中，所以通常情况下，只有两个候选人可供选择的事实，让选民必须在代表不同政策组合的候选人之间进行选择。

在当代阵营中，两大政党往往呈现出相当稳定的政策组合。共和党候选人大多主张有利于高收入公民的经济政策（低税收，特别是对高档所得纳税人来说的，对失业者和其他低收入人群的有限支持，社会服务方面的有限提供等等），以及更保守的社会政策（比如限制或完全禁止堕胎，或反对同性婚姻）。民主党人通常主张相反的观点：经济政策更有利于低收入者，同时采取更加自由的社会政策。因此，选民如果偏向有利于高收入群体的经济政策和保守社会政策，自然倾向于把票投给共和党。相反，选民如果偏向有利于低收入群体的经济政策和自由社会政策，则很可能把票投给民主党。[19]

到目前为止，对投票谜题的传统解释的焦点，反倒聚在选民身上，他们的自身利益在于有利于低收入群体的经济政策，但他们也倾心于保守的社会政策。来自民调的证据表明，近三分之一的美国选民（根据最近的一项研究，占比 29%）属于这一类。[20] 能从更优厚的失业救济金和福利计划中受益的，同时没有机会赚到足够的钱来按高档所得税率缴税的，但又在道德上反对堕胎和同性婚姻的人，会做出什么样的选择呢？在大多数选举中，共和党和民主党候选人都不能令人满意地代表这种选民的偏好。

常见的说法是，在社会问题上持保守态度的低收入选民，越来越多地投票给共和党。[21] 一个原因可能在于，随着收入的增加，经济问题对大多数人来说已经变得不那么重要，甚至包括那些在日益富裕的社会中收入低于同时期标准的人。另一个原因可能在于，堕胎和同性婚姻这类人们看法严重分化的问题，走到了中心舞台，使得社会问题比过去更加突出。托马斯·弗兰克提出的另一种可能性（尽管许多人不同意），是两党在经济问题上已经走得足够近，实际上，社会问题现在成了他们唯一的区别所在。[22] 无论出于何种原因，一般认为，低收入选民对保守社会政策的偏好，导致了他们当中越来越多的人以违背自身经济利益的方式投票。

有人指出，低收入美国人越来越多地在投票时违背他们个人经济利益，因为在美国两党代表制下，这是他们表达对保守社会政策偏好的唯一方式，这种说法有一定的合理性。在 1950 年代，约翰·哈洛韦尔将共产主义描述为不仅仅是一种与资本主义相对立的经济体系，事实上也不仅仅是一种政治或经济理论。它是"一种完整的人生哲学，一种世界观"，基于此，它不仅威胁着美国的商业，也威胁着西方的民主，当然还有西方的宗教。[23] 葛培理同样警告说，共产主义不仅仅是一种经济格局，还有它自己的"宗教观"。[24] 由于这个原因，葛培理得出结论："要么共产主义必定灭亡，要么基督教必定灭亡。"[25]

随着苏联共产主义威胁的消退，保守的新教牧师们转变了他们对敌人的理解，把目光聚焦于更近的地方。弗朗西斯·谢弗（Francis Schaeffer）是一名长老会牧师和神学家，他的著作在 1970 年代和 80 年代名气甚大（谢弗在某种程度上是卡尔·亨利的继任者，不过他的著作比亨利的有更多受众），他后来将"世俗人文主义"斥为无所不包的世界观，威胁着西方文明的灵性和世俗两个方面。[26] 尤其是当福音派新教徒加入罗马天主教徒反对堕胎的行列（转变可谓姗姗来迟）时，世俗人文主义取代苏联共产主义，成为国家内部政治斗争中的智识之敌和文化之敌。[27]

来自民意调查的证据确实支持这样一种观点：许多低收入美国人的投票有违自身的经济利益，这是他们更渴望投票支持保守的社会政策的副产品。近年来，社会问题对各个收入阶层的选民来说都变得更加重要起来，尤其对选民投票率也显得分量很重。证据还表明，平均而言，低收入选民对社会问题的看法比中高收入选民更保守。[28]鉴于现有的两党格局，低收入选民在社会政策上的偏好与他们在经济政策中的自身利益之间的冲突，因此会更大。

然而，还是有理由持怀疑态度的。细究起来，投票模式的关键特征，否定了把这些冲突当成低收入选民行为的驱动因素的想法。自 1950 年代以来，收入处于下半部分的白人选民，他们在全国选举中投票给共和党的比例，并没有持续增加或减少。在 2016 年大选之前，对于没有受过大学教育的白人来说仍是如此，甚至对于那些收入低于未受过大学教育者的收入平均值的人来说也是如此——这一群体通常处于由偏好保守社会政策和有利于低收入人群的经济政策造成的所谓冲突的中心。平均而言，在 2000 年开始的前四次总统选举中，只有 51% 的低收入、未受过大学教育的白人投票给共和党候选人，而在 1952 年、1956 年和 1960 年，这一群体中有 58% 的人把票投给了共和党候选人。2016 年，这一群体中有 62% 的人投票支持唐纳德·特朗普，仅略高于 60 年前投给共和党的比例。[29]没有受过大学教育的美国人，特别是那些收入低于该群体平均收入的人，最有可能受益于政府支持计划。他们缴纳的税款也更少。近年来他们并没有表现出投票给共和党的一致倾向，这一事实与低收入群体投票悖论的传统解释，产生了明显的矛盾。

398

　　过去 40 年的民意调查证据，同样否定了民众在社会问题上日益两极化的看法，因此也否定了社会问题在选民决策中可能会更加突出的看法。相反，在此期间，居住在共和党通常占多数的州的选民与居住在民主党通常占多数的州的选民，在社会问题上的观点差距略有缩小。更令人惊讶的是——也与对低收入群体投票有违其自身经济利益的明显倾向的传统解释相反——对经济问题看法的类似差距则扩大了。[30] 此外，证据表明，社会问题更牵动受教育程度较高的选民和教育层次更高的选民，这两者都与为何如此多低收入选民的投票选择有违其经济利益的谜题没有多大关系。同样，虽然社会问题的重要性在所有群体中都有所增加，但在教育程度较高的选民中增加的幅度更大。

　　第二个因素是两党在种族和民权问题上各自立场的转变，它使得人们难以从所观察到的投票模式出发进行推论。直到1960 年代，共和党人——历史上的林肯党——大多支持扩大美国黑人的公民自由，包括禁止种族隔离。民主党人，尤其是"坚固南方"（"solid South"）的民主党人，大多对此持反对态度。然而，在 1960 年代中期，林登·约翰逊总统推动国会通过了《1964 年民权法案》和《1965 年选举权法案》，在这个问题上牢固地确立了民主党的领导地位。反过来，理查德·尼克松在 1968 年总统竞选中采取的"南方战略"使共和党转向相反的方向。[31] 从那时起，大多数美国人认为民主党是民权党，共和党是这个问题上的反对党。

　　这一历史性的逆转，和低收入选民那一谜题是有关系的，因为，南方的平均收入低于全国其他地区，也因为南方一直是选民从民主党转向共和党的主要中心。1960 年，代表内战期间属于邦联的 11 个州的所有 22 名参议员都是民主党人。到2020 年，只有 3 名民主党人和 19 名共和党人。1960 年，这些州在众议院的代表团由 100 名民主党人和仅 6 名共和党人组成。到 2020 年，共有 48 名民主党人和 89 名共和党人。[32] 这些转变足以解释，美国何以从过去民主党在国会两院似乎始终占多数的状态切换为近几十年来更趋竞争性的平衡态（共和党人往往占多数）。在最近的总统选举中，南方的选举人票也大多投给了共和党候选人。

对保护和扩大美国黑人公民权利进行持续抵制，在某些情况下也对保护和扩大拉美裔公民权利进行持续抵制，都属于"保守"社会政策之列，那些在低收入美国白人投票谜题上支持传统解释的人，便是从这些政策着眼的。在某种程度上，指明南方的效忠对象从民主党转向了共和党，也就是在让他们的整体论证贯通起来。但是，要把这种论证具体到一个问题上，具体到这个国家的一个地区，情况就不是提出这种解释的人通常想象的那样了。（托马斯·弗兰克的书名提到的是堪萨斯。）因此，在过去的半个世纪里，南方在美国选举发生转变中所扮演的举足轻重的角色，是另一个让人心生犹疑的原因。[33]

然而，对于这样一种说法，即美国民主的代议制性质和盛行的两党制解释了低收入选民令人困惑的行为，其让人怀疑的第三个原因，来自这些选民所思所想方面更为直接的证据。没错，在美国，公民不会直接投票对政策逐一表达支持。相反，他们投票给通常代表许多政策立场的候选人，在这些立场中，任何特定的选民都可能赞成其中一些，而反对另外一些。不过，民意调查可以做到单独询问人们对个别政策问题的看法，但不会要求，对某一问题表达某种观点的人必须对其他问题做出某种回应。

因此，民调给出了投票行为本身不能给出的证据，包括人们对各政策问题的单独看法。这些民调中反复出现的结果，表明大量美国人确实选择了有违他们自身经济利益的政策，例如

38%的人反对不到1%的人所支付的更高的高档收入所得税率，或者48%的人支持取消只有少量家庭才有责任缴纳的遗产税。但这里不存在这样的情况：他们为了投票支持其他选项，不得已只能附和这些政策。

还有大量证据表明，美国人的投票行为，以及他们对经济政策问题的独立看法，与他们的宗教信仰和参与度密切相关——这种关联模式，是那种在代议制民主身上找原因，认为候选人太少、无法提供全方位政策选择的通行表述不会去解释的。

例如，在2004年的选举中，收入较高的选民更愿意把票投给共和党，这并不令人奇怪。但是他们这样做的倾向很大程度上取决于他们宗教参与的频率。在那些自称从不去教堂的人中，大约有40%的人投票支持乔治·W.布什，而他们的收入如何不会对这一比例有什么影响。然而，在那些每月去一两次教堂的人当中，收入则很重要。58%的高收入教徒投票给布什，相比之下，中等收入者为53%，低收入者只有45%。在每周去教堂一次以上的选民中，收入对他们如何投票甚至更为重要。在这个特殊的宗教群体中，75%的高收入群体投票给布什，而中等收入群体的比例为70%，低收入群体的比例仅为52%。简而言之，收入很重要，但当选民更虔诚时，收入就更重要了。[34]

尽管具体情况不同，但2016年出现了类似的局面。在那些说自己从不去教堂的选民中，不论他们的收入如何，投票支持唐纳德·特朗普的是29%。在每月去一两次教堂的人中，55%的高收入教徒投票给特朗普，而低收入人群中只有46%的人投票给特朗普。在每周去教堂一次以上的选民中，61%有较高收入的选民投票给了特朗普，而低收入选民中只有47%

的人投票给特朗普。再一次,当选民在宗教上更活跃时,收入表现得更重要。[35]

选民宗教信仰的重要性,在人们对经济政策问题的看法中也清楚地显示出来。譬如,高收入群体反对增税的声音更大,这一点不奇怪。但是,对税收的反对立场,也随着人们宗教归属的差异而相应地发生变化,有时会与他们个人的经济状况相矛盾。同样的局面,即经济问题上的看法与人们的宗教归属协同并进的情况,也出现在政府支出和商业监管等其他政策问题上。它也表现在关乎我们经济体系的更为根本性的哲学问题上,比方说,努力工作是不是人生成功的背后原因。在所有这些情况中,表现最突出的群体是福音派新教徒。[36]

例如,在 2008 年的一项调查中,44% 的美国人赞成完全废除遗产税(这一比例略低于晚近的 48%)。单就收入而言,共和党人和民主党人在这个问题上的差距并不出人意料。共和党人的平均收入明显高于全国平均水平,更大比例的共和党人(62%)支持取消该税。民主党人的平均收入略低于全国平均水平,支持取消该税的比例更低(33%)。主流新教教派的成员也符合此预期模式。主流新教徒的平均收入略高于全国平均水平,49% 的人赞成废除该税。相比之下,福音派新教教派的成员表现出明显的背离。福音派的平均收入远低于全国平均水平——甚至低于民主党人的平均收入。然而,53% 的白人福音派教徒(相比之下,在这次调查中仍是 44% 的美国人)赞成完全废除遗产税。[37]

同样,福音派新教徒对更普遍意义上政府所扮演的角色的态度也更为突出。[38] 美国人在政府应该做得更多还是更少的问题上,正反意见比例相当。51% 的人说他们更喜欢一个提供更少服务的小政府,而不是一个提供更多服务的大政府。(在这次民调中,没有人愿意选择与今天干预程度相同的政府。)在主流新教徒中，倾向于更小政府的比例更大，为59%。但是在福音派新教徒中，这个比例达到64%。在福音派教徒中，也有69%的人说他们希望他们的教派保留传统信仰和习俗，而不是根据新情况进行调整。毫不奇怪，这些态度上的差异延伸到了政府安全网项目的效用性问题上——这是美国人总体上意见比例相当的另一个领域。刚好一半的美国人，说他们认为"政府对穷人的援助利大于弊，因为人们只有在基本需求得到满足后才能摆脱贫困"。在主流新教徒中，这个比例是46%；福音派中是38%，传统主义福音派中则只有33%。[39] 关于政府在经济中的作用的另一个方面，声称自己没有重生的新教徒，赞成将其所在州的最低工资（在这次民调中为每小时12美元）提高到31美元的有69%，实际上与总人口中的比例持平。重生的新教徒赞成这个提议的只有57%，另有43%持不同态度。[40]

不同宗教信仰之间的差异，同样影响到税收和支出方面的政策选择。当被问及联邦政府应如何减少预算赤字时，主流新教教派的成员再次表达了与美国人总体立场相符的观点。37%的美国人更倾向于削减非国防开支，而不是增税或削减国防开支。在那些认为自己既不是福音派也不是重生派的新教徒中，同样有37%的人倾向于削减非国防开支。然而，在福音教派的成员中，46%的人倾向于削减非国防支出，在那些认为自己重生的人当中，则占到了49%——尽管实情是，福音派信徒的收入低于平均水平，更有可能从许多可能被削减的项目中受益。[41] 无论主题是税收和支出，还是政府安全网项目，或政府对企业的监管，或更普遍意义上在大政府和小政府之间做选择，比例形态都是一致的。

更多因果联系也经常可以证实这种关联性。至少在唐纳德·特朗普2016年当选之前，对于二战以来人们会将哪些总统与反对税收和政府监管紧密关联起来的问题，通常的回答是罗纳德·里根或乔治·W.布什，或者两者都是。当人们被问及他们眼中哪些美国总统属意国内福音派新教教会时，回答通常也是一样的：里根和小布什——甚至排在吉米·卡特之前，卡特当总统时是一位信奉重生的美南浸信会教徒。〔2000年，卡特宣布自己正脱离美南浸信会，主要是因为该派拒绝按立女性牧师；然而，他仍然是一名浸礼会教徒，加入了一个具有美南浸信会和浸信会合作团契（Cooperative Baptist）双重从属关系的教会。[42]〕特朗普在认为自己获得重生的白人新教徒中赢得了75%的选票（相比之下，在没有这种宗教体验的白人新教徒中只得到48%的选票），现在似乎在延续那种比例形态。[43]

尤其引人注目的是，尽管福音派新教徒的收入通常较低，但他们比其他美国人更偏向于相信生活中的经济成功是个人努力的结果。在19世纪，像亨利·沃德·比彻和拉塞尔·康威尔这样的财富福音传道者，反复告诉会众，明辨笃行、勤勉精进，便会带来经济上的成功。20世纪初，马克斯·韦伯在论新教伦理的著作中指出，美国人在奉守新教这种信仰上一直表现得与众不同，并认为美国的加尔文主义源流是这种情结的根源，纵使该源流早已世俗化。1950年代，另一位社会学家西摩·马丁·李普塞特（Seymour Martin Lipset）试图解释这样一个矛盾：尽管美国的代际经济流动性并没有明显高于其他西方民主国家（李普塞特写下这些内容之后，已有充分证据表明，美国的流动性是更低的[44]），但美国人和外国人对美国社会的普遍印象，却重在凸显美国的流动性。今天，美国人和外国人都高估了美国社会的流动性，而低估了别的地方的流动性。[45]

把个人努力和经济成功联系起来，仍然是当今美国人的典型特征。在欧盟国家的公民中，54%的人认为决定一个人收入高低的主要因素是运气。只有 30% 的美国人同意这一观点。相反，26% 的欧洲人认为穷人之所以穷是因为他们懒，而 60% 的美国人认为原因就在于懒。对流动性机会的信念，显现出类似的差异。在欧洲，60% 的公民认为穷人无法摆脱贫困。但只有 29% 的美国人认为穷人陷入贫困难以自拔。[46] 根据最近的另一项（仅针对美国的）调查，61% 的美国人（尽管这一比例在过去 20 年中有所下降）仍然认为，"大多数想脱颖而出的人，如果愿意努力工作就能够达成目标"，而只有 36% 的人认为，"苦干和决心并不能保证大多数人取得成功"。[47]

然而，除了这些国家间差异之外，在美国，对这些事情的看法也取决于个人的宗教信仰。在主流新教徒中，认为工作能带来成功的比例为 61%，与美国整体人口中的比例相同。但是在认为自己重生的新教徒中，71% 的人这样认为。相反，27% 的重生新教徒，以及 37% 的主流新教徒认为，"苦干和决心并不能保证大多数人成功"。[48] 在另一项调查中，46% 的基督教信仰者（无论是罗马天主教的还是任何新教教派的）和 53% 的白人福音派信徒认为，一个人的贫穷通常要归咎于不够努力，而所有非基督徒中只有 29% 的人这么认为。[49] 同样，今天的"繁荣福音"（Prosperity Gospel）在美国教导人们，上帝会给予那些遵循圣经、笃信不移的人物质上的祝福，它很大程度上是和基本被视作福音派的五旬节教派有关。[50]

相似差异也描述了人们对社会问题产生原因的理解。超过五分之四认为自己是宗教保守派的美国人说，他们认为，"如果足够多的人与上帝建立起个人关系，社会问题本身便会迎刃而解"。自认为持宗教进步立场的人士当中，对此表示认同的，占三分之一弱；在自认为不信教的人当中，则占五分之一弱。[51] 类似差异也适用于对经济政策的态度。在主流新教徒自认为属于"现代主义"教派的人当中，71% 赞成向富裕公民征

税以消除贫困,而自视属于"传统主义"教派的人中只有50%
赞成。福音派总体上不太支持这样的政策,但不同福音教派的
比例形态是相同的:现代主义教派中有69%的人赞成对富人
课征更高的税以消除贫困,但传统主义教派中只有46%的人
赞成。(在非基督徒中,对这一政策的支持率明显更高:例如,
80%的犹太人支持这一政策。)[52]

　　不同宗教团体的人在对待经济问题上的系统性差异,对于
低收入选民谜题至关重要,因为在过去的半个世纪里,更保守
投票模式的趋向,主要发生在福音派和其他保守的新教徒中。
总的来说,主流新教徒朝着相反的方向缓步前行;几十年前,
主流派相比总体美国人,在大选中更有可能投票给共和党,但
随着时间的推移,这种差异已经基本消失。在非新教徒选民
中,也没有能够保持长久的趋势。除了1960年代约翰·肯尼
迪将天主教选民的大量选票收入囊中,在过去的半个世纪里,
美国天主教徒的投票模式几乎没有任何连贯的趋向。[53]非西班
牙裔白人天主教徒投票给共和党的比例在2012年略有上升,
并在2016年再次上升,但现在判断这两次选举是否标志着一
种新趋势还为时过早;拉美裔天主教徒(他们在天主教徒中所
占的比例越来越大),一直倾向于投票给民主党一方。尽管与
总体美国人相比,犹太人在历史上对民主党的投票支持度高得
不成比例,但撇开两次选举之间的波动不说,他们的行为也是
没有明显的趋势可言的。相比之下,在这段漫长的时间里,福
音派新教徒表现出了一种不规则却明显的趋势,即在大选中更
多地投票给了共和党。[54]从民主党阵营转投共和党阵营的地区
中,美国南部是最惹眼的,它是福音派占全国人口最大比例的
地区,这一点并非巧合。[55]

　　美国人对经济政策问题的看法,和他们个人(尤其是在福

405

音派新教徒那里）的宗教信仰之间的关联，无疑反映出了各种各样的影响因素。不过，有三个尤为突出。

首先，历史上和预定论的分道扬镳，曾为18世纪经济思想中的斯密革命奠定了基础，这一分道而行所产生的持续影响，在美国公众对经济和经济政策事务的态度中，仍然显而易见。在亚当·斯密的时代，宗教思想的这种变化对经济学产生的最重要的影响，是对人类选择潜力和行动潜力有了更开阔的视野，当然它有一定的条件，斯密主要强调的是竞争市场。到目前为止，公众已经基本上接纳了这一观点。此外，尤其是在美国人当中，对个人有可能获取经济成功的信念，也极为符合非预定论派的观点。大多数美国人拒绝接受这种观点，即他们自己的能力和努力之外的一些因素会决定他们个人的命运，在加尔文那里是神的拣选，在更现代的世俗语汇中是单纯的运气。任何人都可以获得属灵救赎的信念，在今天的世俗化背景下有着与其对应的一种信念：任何人都可以通过天赋和努力在经济上获得成功。

非预定论思维的优势，以及它在对待个人经济成功机会的态度上的反映，从继续相信美国作为一个国家有着神圣命运的观点来看，变得愈发引人瞩目。现在很少有美国人谈论"昭昭天命论"，只有一小部分新教徒所在的一些教派，会把预定论像《威斯敏斯特信仰告白》所描述的那样置入他们的信条中。最大的一支是（美国）基督教长老会［Presbyterian Church（USA）］，有150万成员，美国长老会（Presbyterian Church in America）则只有不到40万成员。然而，大多数美国人，包括大多数新教福音派教徒，的确相信，美国凭借其悠久的民主政治制度和公民自由的历史传统，在世界上发挥着特殊的作用。许多人将这一角色视为神圣的使命，要带领世界走向自由和民主，即使不是这样，也是将这一角色视为受某种历史天命启发的结果。二战前夕，哈罗德·奥肯加若有所思地说道："这几乎就像上帝把他最后的希望寄托在美国身上。"[56]40年后，罗纳德·里根在1980年接受本党总统候选人提名时，提出了下面的问题（不仅是代表他自己的政治支持者）："把这片土地、这个自由之岛，安设为世界上所有渴望自由呼吸之人的庇护所的，只能是神圣天命，对此我们能怀疑吗？"[57]

407

然而，对绝大多数美国人来说，这种归给整个国家的特殊性格和预定角色，并不会顺延至个人的注定命运，特别是在经济问题上。[58]因此，美国人继续相信美国比其他国家有更大的经济流动性，即使遭逢越来越矛盾的证据。更重要的是，倘若人们的经济命运确实掌握在自己手中，美国人支持的经济政策，就多半是那些最有道德意涵的经济政策，例如，相比其他高收入国家而言受到严格限制的福利制度。同样，他们所支持的一些政策（比如，比其他类似国家更低的税率和更少的政府监管），旨在为个人经济主动性提供更广阔的空间，并嘉勉其带来的成功。此外，美国人对这些经济政策的态度，一定程度上取决于他们个人的宗教热忱，福音派新教徒即使在他们自身的经济利益无法受这些政策惠及时，也会全力支持它们。

第二，这些态度（尤其是福音派当中的），有许多反映出了新教唯意志论的强大历史传统。[59]甚至在美国革命之前，像约翰·威瑟斯庞（John Witherspoon）这样的重要神职人员就明确表示，在他们看来，强有力的宗教建制，是他们从洛克和孟德斯鸠等政治理论家那里获得并奉为圭臬的有限政府论的前提条件。作为《独立宣言》签署人之一，威瑟斯庞本人在关于创建新美国的辩论中是一位有影响力的人物，担任新泽西学院（后改名为普林斯顿大学）校长期间指导过詹姆斯·麦迪逊，通过自己这名学生，威瑟斯庞的影响更大了。但他也积极参与教会事务，召集过美国长老会的第一次总会，并担任了该机构的教长。

在威瑟斯庞和与其论见相同者看来，宗教建制对于像他们正在建立的新民主共和国这样的政体是必不可少的。强大的宗教建制，培育出使个人自由成为可能的公民德性，因此，这些建制填补了作为个人自由对应物的有限政府必然会留下的真空。[60] 该论点类似于同一时间段亚当·斯密的提法：他在《道德情操论》中论及的个人道德行为，支撑着《国富论》中阐述的市场经济的运行。[正如 20 世纪经济学家肯尼斯·阿罗（Kenneth Arrow）所言，"经济生活主体的存活力，有赖于一定程度的伦理操守。个人纯粹的自私行为，与任何经济生活都极不相容。"[61]]在威瑟斯庞的思想中，宗教建制扮演着双重角色：限制个人行为以使人们能够友善地生活在一起，并满足那些由于某种原因无法自谋生计之人的物质需求——两种情况下，政府都不必再多此一举。

在 1830 年代，众多基于宗教的志愿社团，给托克维尔留下了深刻印象，像美国圣经协会、美国福音传单协会、美国禁酒协会、美国反奴隶制协会（American Anti-Slavery Society），这里仅举几个例子，它们都是在联邦早期试图填补前述真空的努力中成长起来的。弗朗西斯·韦兰在托克维尔访问几年后写下的《政治经济学原理》中，同样认识到政府以外的建制在满足一些特定之人的需求方面所具有的重要性，这些人是他所倡导的自由市场不可避免会遗落下来的，他特别指出了宗教建制在这方面的作用。他写道："救助病人、贫困者和无助者是一项宗教义务，因此，应该像其他宗教义务一样，成为一项志愿服务。"在一个道德和宗教的共同体中，慈善应该主要来自个人自己的资源，或来自志愿团体的资源，而不是来自政府。[62] 正如威瑟斯庞不仅是美国的开国元勋，也是长老会的牧师，韦兰是美国 19 世纪上半叶首屈一指的政治经济学家，也是一名浸礼会牧师。

这种对宗教建制作用的根深蒂固的信念，此后一直支撑着美国新教思想的基本面，在福音派当中尤其如此。[63] 查尔斯·格兰迪森·芬尼和德怀特·穆迪的复兴主义，与政治自由的概念有着密切的关系，特别是穆迪那里，表现出了对政府一种深深的不信任。一个自由的社会需要一个道德核心，而教会的职责就是提供这个核心。19 世纪末和 20 世纪头几十年，社会福音派呼吁政府采取行动，这是对前述方面的一种偏离，其原因一定程度上在于，日益民族化甚至国际化的经济中出现了大规模生产。即便如此，发出呼吁的人也从来没有弄明白，政府和教会在满足这种新经济创造的需求时各自所起的作用，要达到什么样的平衡才是他们愿意看到的。

在 1930 年代的大萧条期间，宗教方面对罗斯福新政的反对，部分是基于对激进政府的更为普遍的反感，但它也反映了一种对不良前景的特殊抵制，抵制政府在许多人认为是国家教会的社会使命上越俎代庖。此后，美国宗教界积极动员起来反对苏联共产主义带来的威胁，这股势头在一定程度上也利用了同样基于宗教立场的反国家干涉主义。1980 年代，卡尔·亨利指出："一个自发回应自身需求的社会，优于一个人们的福利全由政府来负责的社会。"[64] 同样在 1980 年代，福音派神学家哈罗德·林赛尔（Harold Lindsell），在他广为流传的对自由企业的"犹太 – 基督教辩护"（"Judeo-Christian defense"）里坚称，虽然上帝要求一些保护措施，如公平对待雇员、安全的工作条件以及为伤病和老迈者提供服务，但这些措施只有在雇主自愿实施的情况下才是合法的。[65] 有鉴于这段历史，今天在美国超过三分之二的白人福音派新教徒说，他们认为政府正在提供应该留待宗教团体和私人慈善机构来提供的服务，就不足为奇了。[66] 即便是那些从各种形式的政府监管中受益最大的福音派教徒，许多人也照样反对政府监管，对此我们也同样不必感到奇怪。[67]

第三，美国福音派不仅有别于主流新教徒，而且更宽泛层面上有别于其他美国人的一个地方，是他们当中几乎普遍信奉前千禧年主义。[68]美国人对末世论的观点在过去一个世纪里不匀称地发生着变化。今天，早期将宗教意义与世俗进步联系在一起的明确的后千禧年主义，已经基本消失了。大多数主流新教教会对千禧年，甚至对基督复临并没有标准立场。但是自一个多世纪前，保守的美国新教徒开始接纳《基要真理》以来，他们就一直是末世论的前千禧年主义者，至少以非正式的标准看是如此。全美福音派协会的信仰声明包括耶稣"在权能和荣耀中再来"。大多数基督复临派、五旬节派、圣洁派和基要派，总共占到 1600 万成员，正式接受复临的预言，许多教派都有对前千禧年论的标准解释。[69]大多数浸礼会教派——包括美南浸信会（1500 万成员）和美国全国浸礼联会（700 万）——同样坚称耶稣将重返人间，但对千禧年不作正式表态；然而，他们的绝大多数成员显然是通过前千禧年主义神学来理解这一未来事件的。拥有 600 多万成员的摩门教会［Mormon (LDS) Church］，虽不是传统形式的新教，但也正式接纳了前千禧年主义的教义。

此外，对许多福音派教徒来说，这些并不是对某个不确定或遥远事件的预言。2010 年所做的一项调查发现，41% 的美国人认为，到 2050 年，耶稣肯定会（23%）或可能会（18%）重返人间。福音派在这点上也风头显露。不到三分之一的天主教徒持有这种信仰，四分之一稍强的主流新教徒持有这种信仰。但 58% 的福音派新教徒认为复临肯定会或可能会在 2050 年发生。[70]

新千禧年主义在福音派新教徒中的风行，在美国文化中有许多显而易见的反映，从哈尔·林赛1970年的书《逝去的伟大行星地球》的持续流行，到随后蒂姆·莱希和杰瑞·詹金斯的"末日迷踪"系列小说，再到对围绕当代事态演进、基于宗教的阴谋论的欣然接纳。正如半个世纪前苏联掌握核武器的消息引发了对世界末日的广泛解读，2001年9月11日的暴行、阿富汗和伊拉克无休止的战争，以及看似永久的基于宗教的恐怖主义威胁，让这种解读在当今时代延续了下来。对社会稳定的非军事性威胁，也引起了类似的反应。1930年代，许多美国人用末世论的术语解释大萧条。[71]1960年代，许多人以同样的方式解释城市骚乱和民权运动引致的其他动荡。[72]一些人以同样的方式看待2008年的金融危机。[73]近来，近一半接受调查的美国人认为，新冠疫情及与之相关的经济崩溃，代表了信仰警钟已经敲响，或表征了即将到来的上帝的审判，或两者兼有。[74]

　　19世纪以来的实情是，一种信念，即相信目前形态的人类历史将随着基督复临而结束，并且相信这一事件的发生要先于《启示录》中预言的有福之千年（因此，如我们所知，有福之千年不会发生在人类历史中），经常被证明既不利于接受社会进步之可能，也不利于在这些末日事件发生前努力去实现社会进步。这种建基于神学之上的世俗悲观主义与推动改革的强烈愿望之间的张力，一直是美国福音派思想的核心特征。19世纪和20世纪初，福音派对改善生活条件和更普泛意义上改善社会的勉力之举不以为意。即便如此，他们不仅与主流新教徒一道，努力清除奴隶制、酗酒这样的特定之罪，而且积极寻求政府在这些方面进行干预，先在废奴、后在禁酒令上求得终果。

　　20世纪中叶，卡尔·亨利哀叹"福音派基督教与伟大的社会改革运动离心离德"，他将此归咎于前千禧年主义在广大

411

地区遭到滥用。[75] 哈罗德·奥肯加同样呼吁更讲求主动的福音主义，宣扬"毫不懈怠直到基督降临，乃是基督徒的职责。这意味着，我们要致力于开展人道主义活动，致力于福音运动和传教事业"。[76] 亨利和奥肯加的共同关切，是推动全美福音派协会成立的关键因素，并在此后不久推动成立了该组织的社会行动委员会。葛培理一方面当然希望政府抵制苏联共产主义，但他着力宣扬的复兴主义，实则是要在政府重塑国内社会的举措外另辟蹊径。他在 1960 年代写道，"政府可能想要给基督徒行为立法"，或许是他想到了禁酒令的失败，话锋一转，"但很快发现，人还是老样子"。[77]

结果，不仅三分之二的福音派新教徒认为政府正在履行更应留给宗教团体和其他私人慈善机构去履行的职能，而且在几乎所有虔诚的美国信众看来，政府服务和政府干预并没有其他高收入国家大多数公民眼中的那种必要性。加之美国人中有相当大比例认同一种或另一种宗教，并参与教会服务和其他宗教活动，这种局面，对于经济学和经济政策的公共讨论——最终也对于实际的经济政策——具有深远的意义。

从一开始作为一门公认的知识学科，经济学就受到了宗教观念的影响。起初，这种影响范围很窄，主要关涉道德哲学家的思想，以及其后一直钻研这门学科基本理论和结构的政治经济学家的思想。随着时间的推移，按照通常的模式，这门学科的成熟，会让它的专业思维变得较少受到外部影响。然而，伴随着美国现代经济的形成，以及政府在其中发挥越来越大的作用，经济问题，尤其是经济政策，却在此期间对公众而言变得越来越重要，宗教观念对经济思维的影响越来越受大众观点的影响，而非受专业经济学家的研究的影响。在经济发展的可比较阶段，美国人相比其他国家的公民要更加虔诚，特别容易受上述影响牵动，经济学和经济政策在美国的公开讨论表明了这

一点。美国新教的非预定论和唯意志论取向，特别是福音派新
教徒的前千禧年主义，当下尽显其本色。

　　托马斯·卡莱尔有一句名言，称经济学是忧郁的科学。[78] 遗
憾的是，这一标签仍然有效。卡莱尔写下这句话的时间是 1840
年代末，彼时，英国不断增长的人口似乎超过了该国生产食物
的能力——这一时期通常被称为"饥饿的 40 年代"——卡尔·
马克思笔下"贫困化"城市劳动力挤满了该国的城市和制造业
中心。约翰·斯图亚特·穆勒，在其 19 世纪下半叶世界最畅
销的经济学教科书中，分析了以零增长为特征的经济"稳定状
态"，而没有涉及其他形式的进步。[79] 不过，及至 1840 年代，
尤其是在英国，这种想法并不算新颖。当时，经济问题上的长
期悲观主义，已经主导了英国政治讨论半个世纪，时间可以从
马尔萨斯的警告——以几何级数增长的人口，对比在他看来只
是算术级数增加的粮食供应，会产生所谓不可避免的压力——
算起。[80] 对卡莱尔来说，这似乎一语中的。

　　但经济学作为一门知识学科，其核心仍然是启蒙思想的产
物，对那场划时代运动所带来的人类事业充满乐观。此外，无
论是马尔萨斯、穆勒还是马克思的分析，都与美国迥然有异的
情势没有太大关系。美国不是太多的人挤在太少的可用土地
上，而是（直到今天很大程度上仍然是）一个有大片无人居住
区域可待开发的大陆。美国的精神气质，从一开始就不待见任
何稳定状态的概念，而是讲求一种进步，尤其是期许物质生活
水平的提高。在这个国家存在的大部分时间里，技术进步和物
质扩张的结合，兑现了这一期许，起初是农业耕地的扩张，后
来是工厂库存和机械存量的扩张。（当情况并非如此时，公众
会明显表现出失望，随之而来的往往是可预见到的不幸的社会
和政治后果。[81]）在近两个世纪里，美国不断增长的劳动人口

413

非但没有变得贫困化，反而在生活水平上大约每40年翻一番。

经济思想一路走来，基本上反映出了这种增长和进步经验所证实的人类可能性的广阔图景，以及自亚当·斯密和大卫·休谟时代以来，英语世界的主流宗教思想赋予它的对世界未来的乐观态度。经济学作为启蒙运动产物的历史刻画是准确的；但不等于说，由于这种出身，经济学就不会受到宗教思想的影响。斯密和休谟生活的时代，现代西方经济学兴起的那个时代，也是大多数人所共有的宗教想法发生根本性转变的时代之一。特别是在宗教思想发生转变的那段漫长时期，围绕它的争论异常激烈，引起了公众的广泛关注，包括休谟（肯定在其列）和斯密（有可能在内），他们从内心深处来说对这些事情是不感兴趣的。那些长期争论中探讨的基本宗教思想，深刻地影响了他们的世界观。他们对经济问题的看法，反映了这种影响。

就连我们今天所知的经济政策这一概念，在很大程度上也是宗教思想不断变化的结果。任何公共政策的目的都是有意识地、深思熟虑地要让社会变得更好。经济政策也不例外。但是，这种改善切实可行的想法，仰赖于对我们所生活的世界的根本性假设，仰赖于我们通过集体选择的行动来塑造这个世界的能力。17世纪后期和18世纪的新宗教思想，以及在美国一直到19世纪的新宗教思想，为人们提供了思考这种可能性的文化土壤。有创造力的思想家之后将这种努力引向经济这样的日常生活核心领域是很自然的，因为经济关乎他们的生活、工作和谋生。随着时间的推移，信息越来越畅通，公众参与的机会越来越多，公众对相关论争产生兴趣也是很自然的。但这种接触同样在一定程度上仰赖于那个时代风行的宗教假设所塑造的世界观。今天依然如此。

宗教思想以这种方式影响并继续影响着的人类思想和论争

的主题，远非只有经济学这一个。话虽如此，但在这种背景下关注经济学，自有其深意，原因有二。因为经济学确实产生于启蒙运动，也因为启蒙运动给人的传统印象就不重视宗教对人文主义思想的影响，所以人们普遍认为经济学也就与宗教思想无关了。实情并非如此，自经济学作为一门现代知识学科诞生以来，也从来不是如此。要全面理解现代人类思想的一个重要领域，考虑宗教思想的影响是至关重要的。

又因为，经济政策的实际问题，对大多数公民来说事关重大，在今日由于经济更具国家性质、政府作用大增，而比亚当·斯密的时代还重要得多，公众参与到有关经济政策问题的持续辩论中，便日益成为民主共和国现代政治生活的核心。这些问题包括：税收和政府支出，扶持产业和创造就业机会，鼓励研发，国际贸易壁垒，出于安全目的对工作场所进行监管和出于保护消费者目的对产品进行监管，环境约束条件，经济不平等的可接受程度以及当普遍存在的不平等恶化时应该做什么，甚至还有，在面对疫情时如何保持经济活动。

然而，普通公民同样会将他们所持的某种世界观带入论争。不管是有意识的还是无意识的（多数情况下是无意识的），这种世界观也建立在源于今天或过去某个时候的宗教思想的假设之上。在一个民主社会中，没有人会告诉公民他们的宗教假设是错误的，或者他们对经济政策的推断是错误的。但是，弄清同胞公民在参与我们民主的这一重要部分 ① 时所秉持的世界观的实质和起源，肯定能使这种世界观更好地发挥作用。

415

---

① 即经济领域，对此也可参看本书导言中的第一段话。——译者注

致　谢

　　我是一名经济学家，所以这是一本关于经济学的书。但我在书中所讲述的，很大程度上是关于经济学思想所受到的诸种影响，它们来自这门学科之外，甚至是在经济学作为学科出现之前：极为重要的有神学、宗教思想史和宗教制度，还有政治史、社会史和政治理论。因此，求教于其他学科的学者，对这项研究工作至关重要。在大学环境中生活和工作，让我有大量的机会做到这一点，我有幸生活在一群学识渊博的学者中间。他们也非常慷慨地与我交流和探讨。

　　我最感谢两位优秀的年轻学者，他们都是毕业于哈佛大学神学院的学生，有他们的不懈支持，本课题才得以完成。大卫·史密斯（David Smith）从一开始就和我一同工作，在我知之甚少的神学和历史学方面对我进行指导。埃里克·诺德白（Erik Nordbye）在研究后期发挥了同样的作用。没有他们的帮助，我不可能完成这项工作。我个人非常珍视与他们的友谊。除了他们之外，帮助我推进这一研究的其他哈佛大学学生包括克里斯·奇克（Chris Chaky）、布莱恩·陈（Brian Chen）、雅明·道迪（Jamin Dowdy）、列弗·梅南（Lev Menand）、杰里米·派特歇克（Jeremy Patashnik）、奇普·理查森（Kip Richardson）和瑞贝卡·瓦格纳（Rebecca Wagner）。我感谢他们。我还要感谢哈佛大学经济系的克里斯汀·林奇（Kristen Lynch）和亚丁·吉迪恩（Aden Gideon）

的行政协助。

许多朋友和同事——有些在哈佛大学，也有许多在其他地方——与我讨论或阅读个别章节的初稿，或以其他方式帮助我。在我们共同牵头一个研究生研讨会的几年中，理查德·塔克（Richard Tuck）耐心地听取了本书多个章节的论点。安东尼·沃特曼（Antony Waterman）在部分章节写好后做了精辟的点评。丹尼尔·芬恩（Daniel Finn）也是如此。弗兰克·肖特（Frank Schott）通读了手稿，并给出有益评论［还将我写的东西与他在普林斯顿大学的论文导师雅各布·维纳（Jacob Viner）的著作联系起来，实为幸事］。其他朋友和同事，阅读部分草稿后，或与我讨论交流，或耐心地回答我的问题，他们包括阿尔贝托·阿莱西纳（Alberto Alesina）、斯蒂芬·安索拉比赫（Stephen Ansolabehere）、哈罗德·阿特里奇（Harold Attridge）、杰弗里·巴尼森（Jeffrey Barneson）、布拉德利·贝特曼（Bradley Bateman）、斯蒂芬·伯格曼（Stephen Bergman）、大卫·博克（David Bock）、迈克尔·布丁（Michael Boudin）、亚当·布罗德本特（Adam Broadbent）、菲利波·切萨拉诺（Filippo Cesarano）、萨拉·科克利（Sarah Coakley）、斯蒂芬·格里农（Stefan Collignon）、史蒂文·科伊（Steven Coy）、罗伯特·达恩顿（Robert Darnton）、查尔斯·多纳休（Charles Donahue）、詹姆斯·恩格尔（James Engell）、尼尔·弗格森（Niall Ferguson）、查尔斯·弗里曼（Charles Freeman）、查尔斯·弗里德（Charles Fried）、玛丽·富勒（Mary Fuhrer）、爱德华·格莱泽（Edward Glaeser）、克劳迪娅·戈尔丁（Claudia Goldin）、查尔斯·古德哈特（Charles Goodhart）、皮特·戈登（Peter Gordon）、罗伯特·戈登（Robert Gordon）、威廉·格雷厄姆（William Graham）、斯蒂芬·格林布拉特（Stephen Greenblatt）、大卫·霍尔（David Hall）、大卫·汉普顿（David Hempton）、杰拉德·霍尔顿（Gerald Holton）、丹尼尔·豪（Daniel Howe）、劳伦斯·卡茨（Lawrence Katz）、卡尔·凯尔森（Carl Kaysen）、汉斯-赫尔穆特·科茨（Hans-Helmut Kotz）、大卫·莱布森（David Laibson）、迈克尔·麦道威尔（Michael MacDowell）、查尔斯·迈尔（Charles Maier）、格雷戈里·曼丘（Gregory Mankiw）、斯蒂芬·马格林（Stephen Marglin）、罗伯特·马戈（Robert Margo）、乔治·马斯登（George Marsden）、蕾切尔·麦克利里（Rachel McCleary）、贾斯汀·穆齐尼奇（Justin Muzinich）、埃里克·尼尔森（Eric Nelson）、罗伯特·尼尔森（Robert Nelson）、阿吉瓦·奥芬巴赫（Akiva Offenbacher）、保罗·奥斯灵顿（Paul Oslington）、理查德·帕克（Richard Parker）、尼古拉斯·菲利普森（Nicholas Phillipson）、马修·普莱斯（Matthew Price）、梅琳达·拉布（Melinda Rabb）、迈克尔·罗森（Michael Rosen）、艾玛·罗斯查尔德（Emma Rothschild）、詹姆斯·辛普森（James Simpson）、罗伯特·索罗（Robert Solow）、约拿·斯坦伯格（Jonah Steinberg）、迈克尔·曾伯格（Michael Szenberg）、皮特·特明（Peter Temin）、马克·瓦莱利（Mark Valeri）、卡米罗·冯·米勒（Camillo von Mueller）、理查德·沃特莫尔（Richard Whatmore）、詹姆斯·威布尔（James Wible）、约翰·温斯罗普（John Winthrop）和斯蒂芬·伍尔曼（Stephen Woolman）。我感谢他们所有人。文中可能出现的任何错谬，与他们无关；错谬之责在我一人。

　　令人感伤的是，也许是任何需要花费如此长时间的研究课题所必然面对的，是一路上大力支持和帮助我的一些同事和朋友无法亲睹成书。感谢他们的鼓励和友谊，虽为时已晚，但我会以感激和爱戴之心铭记：丹尼尔·贝尔（Daniel Bell）、威廉·哈奇森（William Hutchison）、约翰·奥尔凯（John Olcay）、弗兰克·肖特（Frank Schott）和罗伯特·西尔弗（Robert Silvers）。我怀念他们。

该课题的启动资金来自鲍恩·H. 和贾尼斯阿瑟慈善基金会（Bowen H. and Janice Arthur McCoy Charitable Foundation）。之后，约翰·邓普顿基金会（John Templeton Foundation）的资助，使我得以继续这项工作。感谢巴兹·麦考伊（Buzz McCoy）和邓普顿基金会的基蒙·萨金特（Kimon Sargeant），感谢他们对我的鼓励和信心。哈佛大学还提供了两个学期的假期，在此期间，我可以专注于这项工作，而不必承担课堂教学。

我很高兴再次与编辑乔纳森·西格尔（Jonathan Segal）合作。感谢他对我所做之事的兴趣和支持。克诺夫出版社的整个团队，包括弗里德·蔡斯（Fred Chase）、安德鲁·乔尔科（Andrew Dorko）和伊琳·塞勒斯（Erin Sellers），始终乐于助人且易于合作。我也感谢罗伯特·巴奈特（Robert Barnett）再次代表我与克诺夫出版社对接工作。

妻子和儿子们的支持，是我生命中的道德之锚、恒星。至今仍是事实。这些年来，我的家庭不断扩大，现在还有了新的一代。他们都是恩福。但最大的福分还在于有芭芭拉（Barbara）。这本书也要献给她。

注 释

缩 写

EMPL David Hume, *Essays Moral, Political, and Literary* (Indianapolis: Liberty Fund, 1987).

EPE Francis Wayland, *The Elements of Political Economy* (New York: Leavitt, Lord & Company, 1837).

FB Bernard Mandeville, *The Fable of the Bees: Or, Private Vices, Publick Benefits*. 2 vols. (Oxford: Clarendon Press, 1924).

ICR John Calvin. *Institutes of the Christian Religion*. 2 vols. (Louisville: Westminster John Knox Press, 1960).

IPE Richard T. Ely, *An Introduction to Political Economy* (New York: Chautauqua Press, 1889).

LJ Adam Smith, *Lectures on Jurisprudence* (Oxford: Oxford University Press, 1978).

OPE John McVickar, *Outlines of Political Economy* (New York: Wilder & Campbell, 1825).

PPE Francis Bowen, *The Principles of Political Economy: Applied to the Condition, the Resources, and the Institutions of the American People* (Boston: Little, Brown, 1856).

PW John Bates Clark, *The Philosophy of Wealth: Economic Principles Newly Formulated* (Boston: Ginn & Company, 1894).

SAC Richard T. Ely, *Social Aspects of Christianity: And Other Essays* (New York: Thomas Y. Crowell, 1889).

TMS Adam Smith, *The Theory of Moral Sentiments* (Oxford: Oxford University Press, 1976).

WJE Jonathan Edwards, *Works of Jonathan Edwards*. 26 vols. (New Haven: Yale University Press, 1957–2008).

WN Adam Smith, *An Inquiry into the Nature and Causes of the Wealth of Nations*. 2 vols. (Oxford: Oxford University Press, 1976).

导 言

1　Keynes, *General Theory*, 383。凯恩斯在其他地方写道，尽管我们多数人没有读过霍布斯、洛克、休谟和亚当·斯密等思想家的作品，"然而，我认为，如果（他们）没有如他们那样的思考和写作，我们就不会像我们现在这般思考"；Keynes, *End of Laissez-Faire*, 15–16。

2　Stern, "German History in America," 133.

3　我心目中的宗教概念，是关于神圣事物的统一信仰体系的传统概念，此体系将信徒团结成一个道德共同体，类似于埃米尔·涂尔干的观点，而不是更现代的（尤其是美国式的）关于孤独个体的情感和经验的概念，如威廉·詹姆斯的观点。参见 Durkheim, *The Elementary Forms of the Religious Life*, 47，以及 William James, *Varieties of Religious Experience*, 31–32。

4　Phillipson, *Adam Smith*, 190.

5　Wood, "Rhetoric and Reality," 16; 23.

6　Tawney, *Religion and the Rise of Capitalism*.

7　有关对贝林观点的简明概述，参见 Wood, "Rhetoric and Reality," 23；另见 Bailyn and Garret, eds., *Pamphlets of the American Revolution*。

第 1 章　经济学、政治学与宗教

1　Paine, *American Crisis*, in *Rights of Man*, 63.

2　Lai, *Adam Smith Across Nations*。1800—1801 年，道德哲学教授、斯密的第一位传记作者杜格尔德·斯图尔特（Dugald Stewart），在爱丁堡大学举办的一系列有影响力的讲座，以及他在 1794 年出版的斯密传记，也扩大了《国富论》的声誉。参见 Stewart, "Plan of Lectures on Political Economy," xvii–xx；以及 "Account of the Life and Writings of Adam Smith, LL.D"。

3　有关牛顿科学对苏格兰启蒙运动的影响，可参见 Wilson, *Seeking Nature's Logic*, 1–68; Wood, "Science in the Scottish Enlightenment"；以及 Grabiner, "Maclaurin and Newton"。斯图尔特清楚意识到斯密著述中的这种影响。

4　Hume, *Treatise of Human Nature, 185.

5　例如，斯蒂芬·格林布拉特（Stephen Greenblatt）就写过文章："the programmatic, devastating disbelief expressed in Diderot, Hume, and many other Enlightenment figures"；Greenblatt, *The Swerve*, 262。

6　罗伯逊致玛格丽特·赫本（Margaret Hepburn）的书信（f. 235r）。

7　Einstein, "Motive des Forchens"。该句译文引自 Holton, "On Einstein's *Weltbild*," 3。

8 事实上，在谈及人们的思想过程时，这个概念的运用已司空见惯。有关经济学文献中一个新近的例子，可参见 Galperti, "Persuasion"。

9 Erikson, *Toys and Reasons,* 148.

10 Holton, *Scientific Imagination,* 70.

11 Holton, "Einstein and the Cultural Roots of Modern Science," 1；以及 "On Einstein's *Weltbild*," 1。

12 Merton, *Science, Technology and Society,* 238.

13 Nelson, "What Kind of Book?," 151; 148; 155–56. 在谈到政治思想的演变时，纳尔逊认为这种影响"根本没有得到充分的研究"；第 169 页。他指出"政治和宗教的历史经验"是它们的起源；第 171 页。

14 Emerson, *Journals and Miscellaneous Notebooks*, Vol. 9, 253, 以及 *Representative Men*, 30–31, 189；也引录于 Reynolds, *Beneath the American Renaissance*, 4–6。

15 Marshall, *Principles of Economics*, 332.

16 Whitehead, *Science and the Modern World*, 48.

17 Holton, Advancement of Science, xiv.

18 Einstein, "The Problem of Space, Ether, and the Field in Physics," in *Ideas and Opinions*, 276.

19 霍尔顿用过爱因斯坦"世界观"的德文原词（Weltbild）来代换自己的"世界观"（world image）。

20 唐纳德·温奇（Donald Winch）将这一过程称为"策略选择，旨在从日常观察的无序中提炼出一种假设和变量，当这些假设和变量以演绎方式联系在一起时，将揭示一种情况下起作用的主要因果要素"；Winch, "Introduction," in Ricardo, *Principles of Political Economy and Taxation*, xviii。

21 Samuelson, "Liberalism at Bay," 20.

22 Schumpeter, *History of Economic Analysis*, 41.

23 Galbraith, *Economics in Perspective*, 1.

24 Kuhn, "History of Science," 109, 118（此文最初刊载于 *International Encyclopedia of the Social Sciences*, 1968, Vol. 14, 74–85）。

25 苏格兰启蒙运动远非独立于当时和更早时候欧洲大陆发生的启蒙运动，例如在法国和德国发生的。苏格兰这一时期的主要人物特别看重法国，休谟和斯密都在法国生活过。参见 Haakonssen, *Natural Law and Moral Philosophy*，以及 Porter and Teich, *Enlightenment in National Context* 中收录的几篇文章。

26 休谟和斯密相继过世后，柯克柏恩仍在世。参见她的书信和回忆录，她去世很久才得以出版：*Letters and Memoir of Her Own Life*。

27 称赞苏格兰启蒙运动重要性的文献浩如烟海。一些可读性强的作品，包括 Sher, *Church*

and University in the Scottish Enlightenment; Broadie, *Scottish Enlightenment*; Herman,
How the Scots Invented the Modern World; 以及 Buchan, *Crowded with Genius*。

28　正餐是一天中的主餐，在 18 世纪其时间和地点因地而异，开始于中午到傍晚之间的任
何时间。在简·奥斯汀的小说中，通常是四点。

29　Emerson, "Social Composition of Enlightened Scotland."

30　*LJ*, 540–41.

31　*WN*, 97–98.

32　参见 Goodspeed, *Legislating Instability*。

33　Smith, *Correspondence of Adam Smith*, 162.

34　斯密预测，如果美洲殖民地真留在大英帝国之内，并在议会中获授代表席位（"议会代
表的数量从一开始就应该相当可观"），他认为"用不了一百年"，"帝国的所在地"就
会转移到美国；*WN*, 625–26。

35　可参见 Carroll, *Christ Actually*, 156。

36　Waterman, "Mathematical Modeling as an Exegetical Tool," 558.

37　Wood, *Friends Divided*, 44.

38　Rae, *Life of Adam Smith*, 12–13.

39　David Hume, *Letter from a Gentleman*.

40　Mossner, *Life of David Hume*, 162.

41　MacCulloch, *The Reformation*, 160, 后又引述于 Bornkamm, *Luther in Mid-Career*, 635–
36。"教随君定"是在 1526 年斯拜尔（Speyer）帝国议会上首次提出的。回溯几个世纪，
在这一传统（特别是在欧洲北部地区）之前的情况是，个人所服属的法律的众多特征取
决于他所属的种族群体，而不是他的居住之地；可参见 Le Goff, *Medieval Civilization,
400–1500*, 30。

42　毋庸讳言，并不是所有人都这样看待劳德的行为。甚至许多不信奉国教的英国人也有更
为正面的看法；可参见 Hume, *History of England*, Vol. 5, 460。

43　参见 Gaunt, *English Civil Wars*, 8。

44　Swift, *Gulliver's Travels*, 120.

45　有些记载甚至提到更多死亡人数，可参见 Schmidt, *Dreissigjahrige Krieg*。

46　第一次世界大战后，当波希米亚成为新捷克斯洛伐克的一部分时，捷克新教教会复兴
了，算是一个明显的例外。

47　可参见 Sher, *Church and University in the Scottish Enlightenment*, 尤其是第 35 页。

48　*WN*, 810.

49　这种类比并不是严丝合缝的：在牛顿定律中，分母中距离函数是距离的平方，而在经济
学家的贸易模型中，该函数是距离的幂，而不一定是平方。

50　国际贸易领域运用引力方程最有影响力的早期著作，是 Tinbergen, *Shaping the World*

Economy。有关最近这个领域的相关研究综述，参见 Head and Mayer, "Gravity Equations"。

51　Allen and Gale, "Financial Contagion"，是危机之前发表的一篇有关金融"传染"的开创性论文。有关危机后对该领域研究的概述，参见 Shleifer and Vishny, "Fire Sales in Finance and Macroeconomics"，相关研究强调"抛售"（fire sales，另一个物理性类比）遵循着传染病扩散机制。Scott, *Connectedness and Contagion*，利用金融传染的观点，来处理各种政策问题。

52　参见 Gort and Klepper, "Time Paths"，Parente and Prescott, "Barriers to Technology Adoption and Development"。有关比较不同技术扩散机制的实际表现的概述，参见 Comin and Hobijn, "Cross-Country Technology Adoption"。关于人们熟悉的一种技术（计算机）上的具体应用情况，参见 Caselli and Coleman, "Cross-Country Technology Diffusion"。

53　这方面开创性的现代研究，当属西蒙·库兹涅茨（Simon Kuznets）的著述；极为有名的一篇是 "Economic Growth and Income Inequality"；分析鞭辟入里的是 "Quantitative Aspects of the Economic Growth of Nations"，特别是第三部分。关于这个主题其他比较有名的研究有 Sjaastad, "Costs and Returns of Human Migration"；以及 Stark and Bloom, "New Economics of Labor Migration"。

第 2 章　通向亚当·斯密之路

1　《申命记》11:13-15。除非另有说明，所有的圣经译文都出自《詹姆斯国王钦定版圣经》（斯密和他同时代人所知道的译本）。

2　Matthew 5:9.

3　Matthew 6:19.

4　1 Timothy 6:9.

5　尽管圣经禁止，但在实践层面，即使是中世纪的教会也容忍借贷，只要不借给个人，如借给国王或出于商业目的借贷。

6　Matthew 19:23.

7　Mayhew, Malthus, 195；另可参见第 7 章和第 8 章。

8　Mun, *England's Treasure by Forraign Trade*, 173.

9　Slack, *Invention of Improvement*, 144.

10　Fletcher, *Two Discourses Concerning the Affairs of Scotland*，尤其是第 8-18 页。

11　Smout, *History of the Scottish People, 1560-1830*, 242.

12　Hume, "Of the Jealousy of Trade," in *EMPL*, 331.

13　此观念有一些早期的表述。16 世纪法国政治哲学家让·博丹写道："君主做商人比做暴君更得体，绅士从事贩卖比去偷窃更得体。"Bodin, *Six Bookes*, 660.

14　*WN*, 96; 99.

15　参见 Pocock, *Machiavellian Moment*, Part III。

16　参见 Whatmore, "Luxury, Commerce, and the Rise of Political Economy"，以及 Slack, *Invention of Improvement*，第 5–6 章。

17　Mun, *England's Treasure by Forraign Trade*, 180.

18　Sidney, *Discourses Concerning Government*, 254; 西德尼的论著首次发表于 1698 年。

19　MacCulloch, *The Reformation*, 643.

20　可参见 Addison, in *The Spectator*。

21　Whiston, *England's State Distempers*, 13; 3.

22　Bailyn, *Ideological Origins of the American Revolution*, 51.

23　《禁止无耻买卖股票恶习条例》（"An act to prevent the infamous practice of stockjobbing"）(7 George II, c.8)。参见 Ross, "Emergence of David Hume as a Political Economist," 36。

24　Swift, *The Bubble*, 5–6.

25　有关贺加斯的版画，参见 Stratmann, *Myths of Speculation*, 132–37。

26　有所助益的相关概览，参见 Brooke, *Philosophic Pride*，第 5 章。

27　Hobbes, *Leviathan*, 97; *De Cive*, 49.

28　Norris, *Theory and Regulation of Love*, 55.

29　Brown and Morris, *Starting with Hume*, 107。从更宽泛意义上讨论沙夫茨伯里对情感的关注（包括关注我们自己情感）的相关研究，参见 Baier and Luntley, "Moral Sentiments and the Difference They Make," 15–45；以及 Frazer, *Enlightenment of Sympathy*, 17–25。

30　如我们之后所见，相比之下，亚当·斯密把城市生活的发展看作自由和善治意义上有利于公共道德的积极力量。

31　Defoe, *Review of the State of the English Nation*, 17–18.

32　Hume, *Treatise of Human Nature*, 316.

33　有关詹森主义，参见 Van Kley, "Pierre Nicole, Jansenism, and the Morality of Enlightened Self-Interest"，以及 Orain, "Second Jansenism"。

34　就詹森主义思想对经济领域发展的影响，几位经济史学家撰述颇丰。可参见 Faccarello, *Foundations of Laissez-Faire*; Waterman, "Changing Theological Context of Economic Analysis"；以及 Orain, "Second Jansenism"。

35　相关有益概览，参见 Force, *Self-Interest Before Adam Smith*。另可参见一篇回应颇有见地的文章：Faccarello, "Tale of Two Traditions"。

36　Nicole, *Moral Essays*。尼科尔的名字并未出现在书名页上，论著被认为"出自法国人之手，出自王港学派人士"。

37　Yolton, *Locke as Translator*.

38　Nicole, "Of Charity and Self-Love," in *Moral Essays*, Vol. 3, 123–76。这篇文章在 1675

年首次以法文发表，英文版出现于 1680 年。尽管一些作者就这一主题区分了"自利"（self-interest）和"自爱"（selflove）——可参见 Force, *Self-Interest Before Adam Smith*——此处出于行文考虑二者通用。正如安东尼·沃特曼（Anthony Waterman）所言，"自爱……仅仅是神学伪装下的自利"；Waterman, "How Did Economics Get Its Shape?," 13–14。

39 Nicole, "Of Charity and Self-Love," 123.

40 Nicole, "Of Charity and Self-Love," 125; 134–35; 145; 148.

41 Nicole, "Of Charity and Self-Love," 126; 128。相关有益讨论，参见 Faccarello, "Tale of Two Traditions"，尤其是第 708 页。

42 Nicole, "Of Charity and Self-Love," 128.

43 Pierre Nicole, "Of Grandeur: Part I," in *Moral Essays*, Vol. 2, 165–67。法卡雷洛（Faccarello）给出了不同的翻译；*Foundations of Laissez-Faire*, p. 28。

44 Nicole, "Of Charity and Self-Love," 124.

45 有关布阿吉尔贝尔的贡献，特别要参见 Faccarello, *Foundations of Laissez-faire*。另可参见 Force, *Self-Interest Before Adam Smith*; Faccarello, "Tale of Two Traditions"; Faccarello and Philippe Steiner, "Religion and Political Economy"，以及 Waterman, "Changing Theological Context of Economic Analysis"。

46 Boisguilbert, *Le Detail de la France*, Vol. 2, 581662。布阿吉尔贝尔的著述一直没有被译成英文。文中用的书名采自 McCollim, *Louis XIV's Assault on Privilege*, 148。

47 Boisguilbert, *Traite de la nature*, Vol. 2, 827–78. 此书译名采自 Maifreda, *From Oikonomia to Political Economy*, 180。

48 Boisguilbert, *Traite de la nature*；译文采自 Faccarello, "Tale of Two Traditions," 709。

49 Boisguilbert, *Traite de la nature*；译文采自 Faccarello, *Foundations of Laissez-faire*, 97。

50 Cantillon, *Essay on the Nature of Trade in General*.

51 van den Berg, "Cantillon on Profit and Interest."

52 Mizuta, *Adam Smith's Library*, 45; *WN*, 85.

53 有关曼德维尔生平和著述的概述，参见 Hundert, Enlightenment's Fable; Kaye, "Introduction," in *FB*；以及 Cook, "Bernard Mandeville and the Therapy of 'The Clever Politician'"。Dekker, "'Private Vices, Public Virtues' Revisited"，对曼德维尔移居背后的政治情形给出了有益探讨。

54 Henry V, Act I, Scene 2。值得注意的是，大主教的说法也大致表达出了对亚当·斯密后来所说的劳动分工的早期理解："所以上天把人体当作一个政体，赋予了性质各不相同的机能；不同的机能使一个个欲求不断地晃之于行动。"

55 蜜蜂在私人场合也被用作象征。罗马的巴尔贝里尼（Barberini）家族用的是有三只蜜蜂的盾徽。罗马城的建筑大约装饰了 1 万多只蜜蜂，部分原因就在于马费奥·巴尔贝里尼

（Maffeo Barberini）当过教宗，即乌尔班八世（Urban VIII）。

56 譬如，Hartlib, *Reformed Common-wealth of Bees*。

57 Hundert, *Enlightenment's Fable*, 23; Le Goff, *Your Money or Your Life*, 11.

58 *FB*, 87。

59 *FB*, 261.

60 *FB*, 86; 91.

61 *FB*, xlvi; 18; 24.

62 *FB*, 25.

63 *FB*, 26.

64 Macaulay, *History of England*, Vol. 1, 397。关于这一时期和稍早时期针对改进之态度的有用概述，参见 Appleby, *Economic Thought and Ideology in Seventeenth-Century England*，第七章，以及晚近些的 Slack, *Invention of Improvement*。

65 不过，曼德维尔为这些罪犯辩护之事，可能部分属实。1724 年，他单独出版了一本小册子，呼吁对卖淫场所进行公共管理和监督。参见 *FB*, 19；86。另见他的匿名小册子，以 Phil-Porney, *Modest Defense of Publick Stews* 形式出版。

66 *FB*, "A Search into the Nature of Society," 355.

67 Houghton, *Collection for the Improvement of Husbandry and Trade*, 382–83; 389.

68 *FB*, 34–35.

69 还可参见 Cook, "Bernard Mandeville and the Therapy of 'The Clever Politician'"。

70 *FB*, 36–37.

71 譬如，弗里德里希·哈耶克称赞曼德维尔是经济学的"开创性人物"，强调他对人性的深刻理解，并称他"为大卫·休谟奠定了基础"；Hayek, "Lecture on a Master Mind," 138。不过，就连哈耶克也承认，曼德维尔"可能从未充分理解自己的主要创见"（127）。

72 有关该概念在牛顿之前发端情况的讨论，参见 Greenblatt, *The Swerve*，第 3 章，尤其是第 74 页。

73 该书于 1803 年重译（1848 年出了美国修订版），1934 年再次重译，最近一次是在 1999 年。

74 库克认为，促使曼德维尔产生这一想法的是一种类比，是在"有技巧的政治家"如何把控社会中的各种"激情"，与（曼德维尔时代的）医生如何把控病人的激情之间的类比；参见 Cook, "Bernard Mandeville and the Therapy of 'The Clever Politician'"。

75 Hundert, *Enlightenment's Fable*, 7; 154.

76 哈耶克在提到曼德维尔的《蜜蜂的寓言》时写道，"也许没有其他类似的作品可以让人同样确信，同时代所有相关领域的作家都知道它，不管他们是否明确提到它"；Hayek, "Lecture on a Master Mind"，128。

77 曼德维尔的著作显然也影响了斯密在另一个主题上的观点：人类制度的进化（见下面第 8 章）。关于曼德维尔贡献这一方面的讨论，参见 Rosenberg, "Mandeville and Laissez-Faire" 以及 "Adam Smith on the Division of Labour: Two Views or One?"

78 差不多两个世纪后，英国评论家莱斯利·斯蒂芬（Leslie Stephen）写道，曼德维尔的论证是"一个愤世嫉俗的道德体系"，"巧妙的悖论使其具有吸引力"。Stephen, "Mandeville, Bernard," 21。

79 Hundert, *Enlightenment's Fable*, 16.

80 Hundert, *Enlightenment's Fable*, 8.

81 Butler, *Fifteen Sermons*, 9; 54; 两处内容都被引述于 Waterman, "Changing Theological Context of Economic Analysis," 129，措辞稍有不同。Butler, *Fifteen Sermons*, 2nd ed., 153。圣经出处是《马太福音》（22:39）。有关巴特勒更大范围的影响，参见 Waterman, *Political Economy and Christian Theology*。

82 参见 Price, "Liberty, Poverty and Charity"。

83 有关于此的概述，参见 Tennant, *Conscience, Consciousness and Ethics*。

84 Hutcheson, *Inquiry into the Original of Our Ideas of Beauty and Virtue*, 104。哈奇森在这本书中赞扬了巴特勒。

85 Hutcheson, *System of Moral Philosophy*, Vol. 1, 321。这本书到他过世后才（由其子）刊行，但该书显然早在 1730 年代便流传在他朋友中间。

86 Charles Rollin, *Histoire ancienne*, Vol. 12, 360–61，引述于 Orain, "Second Jansenism," 467。

87 Pope, *Essay on Man*, 18.

88 David Hume, "Of Refinement in the Arts," in *EMPL*, 269。此文在 1752 年的初版中题为《论奢侈》（*Of Luxury*）。

89 Samuel Johnson, "Luxurious," *Dictionary of the English Language*.

90 参见 Berry, *Idea of Luxury*。Slack, *Invention of Improvement*, 146，提到了"奢侈的去道德化"（demoralization of luxury）。

91 Aristotle, *Politics*, 第 6 卷，第 5 章，第 375 页。

92 Hume, "Of Refinement in the Arts," 302; 313; 306。休谟还认为，奢侈品的消费会使国家变强，因为出于此目的而动员的劳动力，在需要的情况下，可以直接引向"公共服务"（307）。关于休谟奢侈观的分析，参见 Berry, "Hume and Superfluous Value"。

93 Tucker, *Brief Essay on the Advantages and Disadvantages*, 126.

94 有关塔克的著述及它们的影响，参见 Price, "Liberty, Poverty and Charity"，以及 Waterman, *Political Economy and Christian Theology*。

95 Josiah Tucker, "A Preliminary Discourse, setting Forth the natural Disposition, or instinctive Inclination of mankind toward Commerce," in *Elements of Commerce*, 6–7.

96 Tucker, *Seventeen Sermons*, 139.

97 Mizuta, *Adam Smith's Library*, 256–58. 还可参见 Waterman, "Changing Theological Context of Economic Analysis," 129。

第 3 章 哲学基石

1 有关斯密的传记，参见 Ross, *Life of Adam Smith*，以及 Phillipson, *Adam Smith*。

2 爱德华·雷诺兹（Edward Reynolds），一位 17 世纪的主教，同时也是一位清教徒，做出了如下区分："有一种关于上帝的知识，自然存在于且见识仁上帝的造化中；还有一种关于超自然的知识，来自圣言的启示"；引自 *New England Mind*, 82。不是每个人都同意，通过观察上帝的创造便有可能做出有关上帝的推论。大卫·休谟身后出版的《自然宗教对话录》中，明确拒绝了这一观点；参见 Hume, *Dialogues*，第 2 部分，第 17–28 页。

3 Adam Smith, "To Dr. Archibald Davidson," in *Correspondence*, 309.

4 Baxter, *A Paraphrase on the New Testament*, I Corinthians, Ch. II, "Annotations."

5 Ray, *Wisdom of God*.

6 Newton, *Four Letters*, 1.

7 Hetherington, "Isaac Newton's Influence".

8 Smith, "History of Astronomy," in *Essays on Philosophical Subjects*, 98; 105.

9 Smith, "History of Astronomy," 105.

10 Smith, *Lectures on Rhetoric and Belles Lettres*, Lecture 24, 145–46。另见 Weingast, "Adam Smith's 'Jurisprudence'" 中的相关讨论。

11 Mizuta, *Adam Smith's Library*, 179.

12 *WN*, 761.

13 Ross, *Lord Kames and the Scotland of His Day*, 374–77.

14 Hume, *Treatise of Human Nature*, 4。休谟的《人性论》首次出版于 1739 年。休谟的智识研究常被称为"牛顿式精神科学"；参见 Grune-Yanoff and McClennen, "Hume's Framework for a Natural History of the Passions," 102。

15 休谟《人性论》的开篇部分将想象（连同记忆）确定为两种机制之一，通过这两种机制，人们的印象变成了观念，《人性论》第 1 卷的大部分内容集中在四种能力上——理解、理性、感官和想象，认为前三种能力的运作以第四种为基础；参见 Fogelin, "Hume's Scepticism," 101。许多启蒙思想家强调理性是区别人类的特征，休谟则不同；《人性论》第 1 卷第 4 章第 1 节，题为"论理性方面的怀疑主义"（Of skepticism with regard to reason）。许多研究斯密著述的学者都强调了他对想象力的重视；可参见 Griswold, *Adam Smith and the Virtues of Enlightenment*，以及 Otteson, *Adam Smith's Marketplace of Life*。

16 参见哈康森（Haakonssen）为《道德情操论》撰写的导论，*Theory of Moral Sentiments*, xii–xiii。

17 *TMS*, 9。斯密有关设身处地为他人着想的观念，与现代关于"心智理论"的研究惊人的一致；可参见 Dennett, *Consciousness Explained*。儿童实验的证据表明，这种能力显然是在 4 岁左右发展起来的。

18 *TMS*, 13.

19 *TMS*, 116.

20 这些大写首字母可能只是反映了英国印刷商当时的习惯做法。例如，在出版于 10 年前的乔赛亚·塔克的 *A Brief Essay on...Trade* 中，所有名词都是首字母大写。在《道德情操论》中，那些特殊名词仍然是首字母大写，而其他大多数名词则不是。

21 *TMS*, 235–37。所有这些内容是斯密对该书第 6 版所做的增补，该版于 1790 年他去世前不久出版。但在《道德情操论》的其他地方，斯密也写道："甚至在人类的软弱与愚蠢中，也有神的智慧与仁慈，值得我们钦佩"，因此，这种基本思想看来不是一种新的思想转变；*TMS*, 106。斯密思想中神学内容的问题，一直备受关注。可参见 Hill, "Hidden Theology of Adam Smith"；Graham, "Adam Smith and Religion"；以及更普遍意义上的讨论，Waterman, "Economics as Theology"，以及 Oslington, *Political Economy as Natural Religion*，第 4 章。

22 *TMS*, 149；23。互动对于生活满意度的重要性，也是一个古老的观念。希腊哲学家菲洛德穆（Philodemus）写道，"倘若没有谨慎、体面和公正的生活，也没有勇敢、温和和宽宏大量的生活，没有朋友之交，没有慈善之爱"，生活中便不可能有快乐；转引于 Greeblatt, *The Swerve*, 77。在这里，斯密的思想再次与休谟的思想一致，休谟写道："友谊是人类生活的主要快乐"，"人类生活中最伟大和最纯粹的两种快乐是学习和社交"；*Enquiry Concerning Human Understanding*, 102; *Dialogues Concerning Natural Religion*, 4。

23 Hume, *Treatise of Human Nature*, 206。休谟同样称赞了交谈的益处："那时血液流入一个新的高潮，心跳加速：整个人的精神焕发。这是他在孤独和平静的时候感受不到的"；*Treatise of Human Nature*, 228。

24 大卫·黑格（David Haig），一位生物学家，对斯密有关"同情"的思想给出了进化论的解释。Haig, "Sympathy with Adam Smith and Reflexions on Self"。

25 *TMS*, 9; 21; 10; 13.

26 *TMS*, 25.

27 *TMS*, 200.

28 此处，斯密也从休谟那里得到了启示：可参见 *Treatise of Human Nature*，第 3 卷，第 3 章，第 1 节（尤其是第 368–369 页）。他的"公正的旁观者"的概念也借鉴了约瑟夫·巴特勒的思想，他称后者为"一位睿智机敏的已故哲学家"；*TMS*, 43。

29　Burns, "To A Louse, On Seeing One on a Lady's Bonnet at Church," in *Poems*, 192–94.

30　*TMS*, 24.

31　*TMS*, 25.

32　约翰·罗尔斯参考了休谟和斯密，提出了"公正同情的旁观者"，并指出"井然有序的社会，是可以博取到理想观察者的认同的社会"；Rawls, *Theory of Justice*, 184。

33　可再参见 Haakonssen, xii–xv。

34　*TMS*, 114–19。约瑟夫·巴特勒早些时候就提出过《名誉法》(Law of Reputation)，它通过让某些恶习"声名狼藉"，而让与之相对的美德获得"良好声誉"，来落实众多民事法律；Butler, *Sermon Preached before the House of Lords*, 6。

35　*TMS*, 115–17.

36　*TMS*, 185.

37　*TMS*, 184.

38　*TMS*, 184–85.

39　Gibbon, *Decline and Fall*, Vol. 1, 68.

40　塔克在自己仅两年前出版的书（斯密去世时拥有该书的一个版本）中写道："每个人的自爱和自利，会促使他寻求此类赚取、交易和营生之道，如此，他在为自己服务时，将同时增进公共福祉"；Tucker, *Instructions for Travellers*, 31–32。

41　*TMS*, 184–85.

42　可参见 Martin, "Economics as Ideology"："著名的'看不见的手'不过是斯密对上帝的另一种提法"（279）。近来，Harrison, "Adam Smith and the History of the Invisible Hand" 一文表明，看不见的或隐藏的手这样的提法，早前在布道和其他宗教著述中很常见。另见 von Mueller, "The Invisible Hand and the Case of the Additional Tamquam"。

43　可参见 Weisskopf, "The Method Is the Ideology," 877。

44　*TMS*, 87; 236.

45　*TMS*, 185.

46　斯密在《国富论》中给出了一种有所偏向的解释，在他看来，当物品只占一个人预算一小部分时，消费选择就会变得马虎随意；参见 Hollander, "Making the Most of Anomaly," 19。

47　*TMS*, 180.

48　*TMS*, 61; 181; 64.

49　*FB*, 25.

50　*TMS*, 183.

51　*TMS*, 149.

52　对此问题的不同看法，可参见 Easterlin, "Does Economic Growth Improve the Human

Lot?" 以及 "Income and Happiness"；Inglehart, *Culture Shift in Advanced Industrial Society*, 第 1 章；Sacks et al., "New Stylized Facts"。

53 这样做一般被称为"理性适配"（rational adaptation）。参见 Constantinides, "Habit Formation"；Campbell and Cochrane, "By Force of Habit"；Becker and Murphy, "Theory of Rational Addiction"。

54 不过，这一观念难说是曼德维尔的新见："我又见人为一切的劳碌和各样灵巧的工作，就被邻舍嫉妒"；《传道书》4：4。如阿马蒂亚·森（Amartya Sen）指出的，一些情况下，甚至像最低营养要求（required minimum nutrition）这类基本知识，都是在社会基础上形成的。Sen, *Poverty and Famines*, 12.

55 *FB*, 127; 128.

56 *TMS*, 50.

57 *WN*, 869–70.

58 *WN*, 870.

59 参见 Veblen, *Theory of the Leisure Class*。凡勃伦的观念仍是经济学研究的重点，不过，晚近的用语是"地位商品"（status goods）；相关文献可参见 Burstyn et al., "Status Goods"。

60 *TMS*, 182.

61 *WN*, 421.

62 *WN*, 99.

63 *TMS*, 304.

64 *TMS*, 63.

65 Nunn and Qian, "The Potato's Contribution," 594；取材于 Chandler, *Four Thousand Years of Urban Growth*，以及 Bairoch, *Cities and Economic Development*。

66 Montesquieu, *De l'esprit des loix*。英译引自 Hirschman, *Passions and Interests*, 60。

67 Boyd, "Manners and Morals," 67.

68 Price, "Liberty, Poverty and Charity," 765。另见 Price, "Sociability and Self-Love"。

69 Butler, *Sermon Preached before the Incorporated Society*, 12.

70 Tucker, *Seventeen Sermons*, 138–39.

71 Priestley, *Lectures on History and General Policy*, 386.

72 Mizuta, *Adam Smith's Library*, 205–6; 216.

73 Robertson, "A View of the State of Europe," in *Works*, Vol. 4, 97.

74 Hume, "Of the Rise and Progress of the Arts and Sciences," in *EMPL*, 119.

75 Rush, "Thoughts upon the Mode of Education Proper in a Republic," 689.

76 Jefferson, Franklin, and Adams, "American Commissioners to De Thulemeier, March 14, 1785," 28；引述于 Wood, *Friends Divided*, 157。

77　Paine, *Rights of Man*, 266.

78　有关对这一观念及其来源的阐释，参见 Hirschman, *Passions and Interests*。

79　Hume, "Of Refinement in the Arts," in *EMPL*, 280.

80　C. A. Helvétius, *De L'esprit*。译文采自 Hirschman, *Passions and Interests*, 28。

81　Baron d'Holbach, *Système de la Nature ou Des Lois du Monde Physique et du Monde Moral*。译文采自 Hirschman, *Passions and Interests*, 27。

82　参见 James Madison, "No. 51"，以及 Alexander Hamilton, "No. 72"，载于 Hamilton et al., *Federalist Papers*, 256–60；354–58。

83　例如，在马克斯·韦伯看来，"资本主义就意味着依靠持续的、理性的资本主义企业手段去追求利润，而且是不断再生的利润"；Weber, *The Protestant Ethic and the Spirit of Capitalism*, xxxi–xxxii。

84　Hume, "Of the Rise and Progress of the Arts and Sciences," in *EMPL*, 113。这种思想不仅限于哲学家当中。乔治·华盛顿在 1784 年致詹姆斯·麦迪逊的书信中谈道，"人类事务背后占绝对主导地位的动机是自爱和自利"；*Papers*, Vol. 2, 166。

第 4 章　竞争性市场机制

1　*LJ*, 5.

2　*LJ*。这些讲义的另一版本是基于另一套笔记，参见 Smith, *Lectures on Police, Revenue, and Arms*。

3　参见 Goodspeed, *Legislating Instability*。

4　参见 Stewart, "Account of the Life and Writings of Adam Smith, LL.D.," 52。

5　正如一位历史学家所推测的，"如果路易完全信任杜尔哥，并全盘接受后者的建议，他很可能会让自己的国家免于一场革命"；Norwich, *History of France*, 187。

6　彼得·格罗尼韦根（Peter Groenewegen）仔细研究了斯密和杜尔哥著作中的相似之处，以及斯密得以借鉴杜尔哥思想的机缘，并得出结论，尽管斯密无疑从杜尔哥那里有所习得，但很难说是受其直接影响；参见 Groenewegen, "Turgot and Adam Smith"。

7　可参见 Skinner, "Adam Smith: The French Connection"，以及文中所引用的众多参考文献。

8　近两个世纪后，魁奈《经济表》对华西里·列昂惕夫（Wassily Leontief）投入产出分析的发展，产生了深刻的影响。

9　Quesnay, *Physiocratie*.

10　*WN*, 678.

11　Phillipson, *Adam Smith*, 194.

12　参见 Faccarello, *Foundations of Laissez-faire*，以及 Faccarello and Steiner, "Religion and Political Economy"。近来对斯密法国之行所产生的影响的概述，参见 Blomert, *Adam Smiths Reise nach Frankreich*。

13 "To David Hume, Jul. 5, 1764," *Correspondence of Adam Smith*, 102。按尼古拉斯·菲利普森的说法，斯密说自己正着手写的那本书，到底是不是《国富论》，"仍是有争议和流于猜测的问题"；Phillipson, *Adam Smith*, 188。

14 Keynes, *End of Laissez-Faire*, 12.

15 评论《国富论》（以及斯密其他著作）的学术文献浩如烟海。Hollander, *Economics of Adam Smith*, Winch, *Riches and Poverty*, Griswold, *Adam Smith and the Virtues of Enlightenment* 以及 Fleischacker, *On Adam Smith's Wealth of Nations*，只是过去半个世纪中最杰出的几本。另见 Haakonssen, *Cambridge Companion to Adam Smith*, Berry et al., *Oxford Handbook of Adam Smith*, 以及 Hanley, *Adam Smith* 中列的许多条目，以及这些书中参引的其他资料。最后，参见 Campbell and Skinner, "General Introduction," *WN*, 1–60。

16 *WN*，341。斯密有关人们渴望改善自身生活条件的观点，与古代拉比对"邪恶倾向"的观点出奇相似，即倘无邪恶倾向，"没有人会建造房子，或娶妻生子，或从事商业"，当然，二者之间很可能没有关联；拉比所针对的"邪恶倾向"，是与生俱来的，而"善良倾向"，通常被解释为灵魂，只是后来才发展起来（女孩 12 岁，男孩 13 岁）。*Genesis Rabba* 9:7。

17 Haakonssen, "Introduction" to *Cambridge Companion to Adam Smith*, 16–17.

18 *WN*, 341.

19 Rousseau, *Social Contract*, 45。同样，休谟认为，"主权者必须接受他们所治之人本来的样子，不能妄求在他们的原则和思维方式上引起任何激变"；Hume, "Of Commerce," in *EMPL*, 260。

20 *WN*, 343.

21 *WN*, 13.

22 *WN*, 13; 660; 25.

23 据估计，在工业革命期间，纺织业至少贡献了英国全部生产率增长的一半；Clark, *Farewell to Alms*, 表 12.1。相比之下，在《国富论》中，斯密则讲到了手表价格相比上一世纪的大幅下跌（第 260 页）；参见 Kelly and Ó Gráda, "Adam Smith, Watch Prices, and the Industrial Revolution"。

24 相反的观点，参见 Appleby, *Relentless Revolution*，第 5 章；另见 *Slack, Invention of Improvement*。

25 斯密想必也清楚，圈地运动、轮作制度、铁犁推广以及牲畜选育等农业改良措施带来了生产率提升。但正如他对重农主义者的反应所表明的，他的兴趣不在农业。

26 WN, 28–29。近来的一本书名，从斯密那里获得灵感：Peart and Levy, *The Street*

Porter and the Philosopher。

27 斯密的朋友亚当·弗格森早前表达过类似的担忧；参见 Ferguson, *Essay on the History of Civil Society*, 276–87。

28 *WN*, 781–82.

29 自那以后，斯密的担忧在工业化国家引起了共鸣。流行文化中最著名的描绘，也许当数查理·卓别林 1936 年的电影《摩登时代》。

30 *WN*，782。斯密接下去的顾虑是，这样的工人会变得"在战时同样没有能力保卫自己的国家"。理查德·谢尔（Richard Sher）认为，他可能想到的是低地人在 1745 年詹姆斯二世党人叛乱中的一触即溃；Sher, *Church and University in the Scottish Enlightenment*, 40。

31 *WN*, 25.

32 *WN*, 26。斯密的分析是针对商业社会，而不是针对别的，例如家庭或其他类似家庭的共同体的内部运作。可参见 Folbre, *Invisible Heart, and Morse, Love and Economics*。

33 *LJ*, 347.

34 詹姆斯·斯特亚特，早在近十年前就引入了供给和需求的词汇。托马斯·马尔萨斯在他《人口论》扩编版第二版中，首次提出了一个算术需求函数，但他隐含地假设了固定供给；参见 Malthus, *Essay on the Principle of Population* (1803)。

35 *WN*, 83.

36 *WN*, 26–27。1760 年代早期，斯密在格拉斯哥的演讲中几乎用同样的语言提出了同样的观点，这些演讲后来成为《法理学讲义》："当你向一个酿酒师或屠夫要啤酒或牛肉时，你不会向他解释你有多么需要这些东西，而是向他解释，让你出一定价格拥有它们，你的（学生笔记作者想说的大概是"他的"）利益有多大。你的话语所调动的，不是他的仁慈，而是他的自爱。"参见 *LJ*, 348。

37 *WN*, 343.

38 *WN*, 266.

39 并非有见解的读者都会认同，斯密讲的"看不见的手"仅仅是一种隐喻。参见 Viner, *Role of Providence in the Social Order*, 82; Evensky, "Two Voices of Adam Smith"; Martin, "Economics as Ideology"; Grampp, "What Did Smith Mean by the Invisible Hand?"; Rothschild, *Economic Sentiments*, chapter 5。

40 Hume, *Treatise of Human Nature*, 316; *WN*, 341.

41 近 200 年后，丹尼尔·贝尔写道："斯密在这里提出了一个在文明社会历史上几乎全新的命题：在自由交换中，交易双方都可以获益。" Bell, *Coming of Post-Industrial Society*, 303。

42 *TMS*, 183–84; *WN*, 419–22.

43 无论当时还是后来，斯密论点的这一方面都没有得到普遍认同。一个长期存在的传统——例如，在美国与托马斯·杰斐逊有关——认为乡村生活在道德上优于城市生活。詹姆斯·麦迪逊写道："住在感化院或疯人院里的，不是在乡村。这些藏纳不幸的院子，住满了因膨胀都市的困厄和罪恶而流离失所之人……农民在整个社会中所占的比例越大，社会本身就越自由、越独立、越幸福。"Madison, "Republican distribution of Citizens," 147。

44 参见 Hume, *History of England*, Vol. 6, 223–28；以及 Smout, History of the Scottish People, 199。休谟提到了当时盛行的"极不完善的法律和自由的概念"，对比于《联合法案》（233）之后出现的"完全正常、没有了暴力和不公正的政府"。沃特曼（Waterman）在 "David Hume on Technology and Culture" 一文中给出了令人受益的综述。

45 *WN*, 418; 421; 412. 对封建法律下的乡村生活的冷峻看法，要说为斯密所独有，是站不住脚的。1765 年，约翰·亚当斯表达了大致相同的观点，他还写道，普通人过去一直生活在"对领主的奴性依赖状态中"；Adams, "Dissertation on the Canon and Feudal Law"。

46 *WN*, 422.

47 *WN*, 429; 431; 660.

48 乔赛亚·塔克 1755 年的著作《商业要素》（*Elements of Commerce*）有一个冗长的附录，详述了"排他性专利和垄断企业对商业的奴役"，列数了大量它们已经造成和正在造成的危害；Tucker, *Elements of Commerce*, 136。

49 *WN*, 84 岁；267。从表面上看，斯密对商人的负面看法，似乎与他的导师休谟的观点相矛盾，休谟将商人称为"人类最有益的群体之一"；Hume, "Of Interest," in *EMPL*, 300。不过，休谟对商人"有益性"的解释，与斯密在《国富论》中对商业运作的描述是完全一致的。

50 相较而言，当时的政治著述者们更普遍地认为，英国宪法是"一台精致、精美、精密的机器"，如此，"它的完美便取决于这般复杂的运动，以至于像人体一样容易紊乱"。John Adams, *Boston Gazette*, February 8, 1773; *Papers*, Vol. 1, 292.

51 *WN*, 842; 725; 888–91; 893.

52 可参见 Roth, "Repugnance as a Constraint on Markets"。

53 罗伯特·索洛在其 "Remembering John Kenneth Galbraith" 一文中表明了对斯密的这种看法。

54 *WN*, 540; 606; 343.

55 在斯密著作发表长达一百年后，许多英国投资者仍然认为，即便美国也不是一个安全的投资地。可参见 Pagnamenta, *Prairie Fever*, 135。

56 *WN*, 456.

57 一个显著的例子是保罗·萨缪尔森的说法："亚当·斯密的传统表述，即一个竞争的市场体系，一个关注着只追求自身狭隘利益的原子的体系，'仿佛被一只看不见的手'引导着要去实现所有人的利益。" Samuelson, "Liberalism at Bay," 20。对于在斯密原话中误插"仿佛"一词的历史考察，以及对这一插入语如何改变其含义的分析，参见 von Mueller, "The Invisible Hand and the Case of the Additional Tamquam"。

58 *WN*, 456; Mandeville, "An Essay on Charity and Charity-Schools," in *FB*, 261.

59 Hume, "Of the Balance of Trade," in *Political Discourses*.

60 *WN*, 75。这个时代，牛顿语言在物理学之外的语境中的使用，几乎不独见于斯密身上，或独见于思考经济问题上。1774 年，美国法律理论家詹姆斯·威尔森（James Wilson，不久后成为《独立宣言》和美国宪法的签署人），在谈到英国政府制度时写道："国王被委托指导和管理宏大的政府机器。因此，他最适合调整不同的轮子，并调节它们的运转。" Wilson, *Considerations on the Nature and the Extent of the Legislative Authority of the British Parliament*, 33.

61 Winch, "Introduction," in Ricardo, *Principles of Political Economy and Taxation*, vii.

62 我们还记得，斯密作为一名大学生，曾学习尼科尔和阿尔诺的逻辑学教材。然而，与曼德维尔不同的是，斯密从未提及尼科尔，无论是在《国富论》中，还是在他现存的其他著作中。斯密去世时，他的私人藏书里也没有尼科尔的任何作品。

63 斯密的藏书包括坎蒂隆、弗格森、塔克和斯图亚特的作品，当然还有休谟的作品；Mizuta, *Adam Smith's Library*。也有与斯密思想相似的前人作品，比如 14 世纪的伊本·哈勒敦（Ibn Khaldun），但对于斯密是否熟悉他们的著作，我们无从知晓。

64 有关斯多亚主义对斯密思想的影响，参见 Brown, *Adam Smith's Discourse*，以及 Force, *Self-Interest before Adam Smith*，尤其是第 2、3 章。另见吉尔伯特·法卡雷洛（Gilbert Faccarello）为佛尔斯（Force）著作撰写的书评；Faccarello, "Tale of Two Traditions"。对自然和谐的信念，同样支撑着当代人物如托马斯·杰斐逊对最小政府的偏爱；参见 Wood, *Friends Divided*, 328。

65 参见 Viner, "Adam Smith and Laissez Faire," 117。

66 例如，整整半个世纪前，约瑟夫·巴特勒——斯密对其著述既了解也钦佩——就援引过"上帝之手"来描述意外后果法则的有益运行："通过仅出于名誉考虑地行事，而没有虑及他人的利益，人们常常为公共利益做出贡献……他们显然是他者手中的工具，是神意手中的工具，为的是去实现目的，维护个人和社会的利益，而他们自身并没有这种想法或意图"；Butler, *Fifteen Sermons*, 12。

第 5 章　预定与堕落

1 参见 Simpson, *Burning to Read*, 32; 54。

2 公会议从 1545 年持续到 1563 年，以使教会团结应对宗教改革（后来被称为"反宗教改革"运动），但它在圣经翻译的立场上表达出了一个生命力更为长久的观点。

3　围绕圣经翻译的争议，在英国比其他地方都要大。约翰·威克里夫的翻译是在 1370 年到 1390 年由他指导下的一个团队完成的，但在 1409 年被英国的教会官员禁止。宗教改革开始后不久，威廉·廷代尔翻译的《新约》于 1526 年首次印刷；它也是被禁止的，直到英国教会从罗马分离出来。宗教改革中最著名的译本是路德的。他在 1522 年出版了他的《新约》译本，并在 1534 年出版了完整的圣经译本。

4　de Hamel, *Meetings with Remarkable Manuscripts*, 506.

5　同样，宗教改革得势后，教会想以 1557 年制定的禁书条目来压制异端观点的种种做法，但大多被证明是徒劳无功的。

6　有关对这一历史的叙述，参见 Massing, *Fatal Discord*，第 14 章。

7　Massing, *Fatal Discord*, 304; 309; 448.

8　Genesis 2:15, 1:26, 2:17.

9　Genesis 3:14–19.

10　Genesis 1:27.

11　Augustine, *City of God against the Pagans*, 555–56. 奥古斯丁的观点，附应了大致跟基督教发端同期的《死海古卷》中的作品。例如，这首感恩赞美诗的讲者宣称："我是一个水土混合的造物，是耻的本质和不洁的源泉，是由罪构成的熔炉，是错误和堕落的灵。"（1QHa Thanksgiving Hymns, col 9:23–25）；译文采自 Kugel, *Great Shift*, 198。同样，中世纪的《光辉之书》（*Zohar*），作为犹太卡巴密教（mystical Kabbalistic Judaism）的核心作品，"强烈地感觉到，人类及身处的宇宙，是以一种堕落状态存在的"；Green, *Guide to the Zohar*, 152。

12　Luther, "Freedom of a Christian," in *Works*, Vol. 31, 346–47.

13　Psalm 14:3. 保罗同样写道，"都是偏离正路"；Romans 3:12。

14　Luther, *Freedom of a Christian*, 348.

15　*ICR*, 36; 251。甚至在加尔文之前，威廉·廷代尔在他 1525 年《新约》英译本的"序言"中，就已经将所有的人称为"愤怒的孩童"和"出生即为上帝复仇的继嗣"；即使在母亲的子宫里，他们也"充满了自然的毒性，那里是所有罪的肇端之地，时机一到（我们呱呱落地时）必倾泻而出"。Tyndale, "Prologue," in *The New Testament*.

16　*ICR*, 251–52; 296.

17　"撒旦"一词（或任何类似的词）也没有出现在《创世记》的叙述中。经文只是说"惟有蛇比田野一切的活物更狡猾"（3:1）。圣经注释的一个传统，遵循着这一路线，表明蛇只是向亚当和夏娃展示了通往知识的道路，并没有邪恶的内涵。《马太福音》（10:16）有类似的用法，引述了耶稣嘱咐其追随者的话，"你们要灵巧像蛇，驯良像鸽子"。参见 Kugel, *Great Shift*, 59–66。

18　1 Corinthians 15:20–21.

19 *ICR*, 466.

20 有关亚当和耶稣之间联系的传统艺术表现的讨论，参见 Greenblatt, *Rise and Fall of Adam and Eve*。

21 Pierre Nicole, "Of Charity and Self-Love," in *Moral Essays*, Vol. 3, 135。相关方面令人受用的讨论，参见 Grewal, "Political Theology of Laissez-Faire"。

22 可参见 Simpson, *Permanent Revolution*，第 1–4 章。正如辛普森（Simpson）解释的，1571 年后，预定论成为"英国安立甘宗的官方教义"，"安立甘教会政治体是以加尔文主义和预定论为中心的"（26–27）。原罪和堕落方面的争议较少，因为这些观念已经是天主教神学的一部分，而且关于它们的共识也普遍存在。例如，迪尔梅德·麦卡洛克（Diarmaid MacCulloch）便提到了"上帝无与伦比的威严和人类的完全'堕落'一直在被强调"；MacCulloch, *Later Reformation in England*, 73。另见 Todd, *Christian Humanism and the Puritan Social Order*, 18。

23 一个更早的版本，完成于伊丽莎白的弟弟爱德华六世治下的 1552 年，有 42 条信纲。有关对《三十九条信纲》的历史和解释的权威文献，见 Bicknell, *A Theological Introduction to the Thirty-Nine Articles of the Church of England*。Simpson, *Permanent Revolution* 称《三十九条信纲》是"英国教会的官方正式声明"（66）。

24 有关这一历史的概述，参见 Benedict, *Christ's Churches Purely Reformed*。

25 Article IX, *Thirty-Nine Articles*, in Leith, *Creeds of the Churches*, 269.

26 Chapter VI, Articles I, III, and IV, *The Westminster Confession of Faith*, in Leith, *Creeds of the Churches*, 201.

27 Genesis 42:38, 25:8; 1 Samuel 28:15。《詹姆斯国王钦定版圣经》的译法是，"使我白发苍苍、悲悲惨惨地下坟墓去了"（"bring down my gray hairs to the grave"），但大多数其他翻译更准确地把这个词译成"阴间"（"Sheol"）：这里表达的不是一个单独的坟墓，而是某种未指明的地下世界。《诗篇》和其他后期篇目也含蓄提到了永恒的来世。例如，在《诗篇》第 16 篇中，诗人说："你必不将我的灵魂撇在地狱（更好的翻译也应是'阴间'）……你必将生命的道路指示我……在你右手中有永远的福乐。"同样，《诗篇》第 73 篇说道："你要以你的训言引导我，以后（死后？）必接我到荣耀里。……我的肉体和我的心肠衰残，但神是我心里的力量，又是我的福分，直到永远。"在《传道书》中，传道者（Koheleth）谈到死亡时说，"尘土仍归于地，灵仍归于赐灵的神"（12:7）。（根据一些解释，传道者的说法是对《创世记》2:7 的再现。）

28 《以西结书》中有关神使"气息进入""枯干的骸骨"的讨论，有时被解读为个人的复活，但这位先知很清楚，他所见的骨头象征着整个族类："这些骸骨就是以色列全家。"Ezekiel 37: 4, 5, 11。

29 Daniel 12:2–3.

30 Matthew 22:1–14。马太在别处引用了耶稣的如下说法：上帝会"把麦子收在仓里，把糠用不灭的火烧尽了"（3:12）。

31 4 Ezra 8:1–3。该段继续说，"就像如果你去问大地，它会告诉你，它供出很多制陶的黏土，却只有少量炼金的沙尘，所以，当今之世，虽有众多人被造，却只有少数人得救"；译文采自 Kugel, *Great Shift*, 297。

32 可参见 Carroll, *Christ Actually*, 223。

33 Romans 11:1–6。在标准译本修订本的翻译中，其含义可能更容易理解："照着拣选的恩典，还有所留的余数……既是出于恩典，就不在乎行为，不然恩典就不是恩典了。"

34 Ephesians 2:8–9.

35 Galatians 2:16.

36 Genesis 25:23.

37 Exodus 33:19。另一种译法是："我要爱谁，就爱谁"——有的翻译用的动词是"育养"，有的甚至用"护住"（被译动词的词源指的是子宫）。

38 Kugel, *Great Shift*, 278.

39 可参见 Stroumsa, *End of Sacrifice*, 85。

40 Dead Sea Scrolls, 4Q181 1, II, 3–6。《死海古卷》中有对拣选和预定的讨论，有关的概述，参见 Schiffman, *Reclaiming the Dead Sea Scrolls*，第 9 章。

41 Dead Sea Scrolls 1QH9(a) XI, 19–25.

42 Romans 8:29.

43 Ephesians 1:4–6.

44 Augustine, *Treatise on the Gift of Perseverance*, 539–40.

45 ICR, 921; 926; 931。有关预定论历史发展的准确概述，参见 Thuesen, *Predestination*，第 1 章。

46 "双重预定论"（gemina praedestinatio）这一后来的表述（但仍在宗教改革之前），出现在 9 世纪撒克逊修士奥拜的高特沙尔克（Gottschalk of Orbais）的作品中。参见 Isidore of Seville, *Sententiae*, 2, 6, 1；另见 McGrath, *Iustitia Dei*, 161。有关葛示察的情况，参见 Otten, *Manual of the History of Dogmas*, Vol. 2, 67–72。

47 ICR, 921–922; 931.

48 在《基督教要义》论预定的部分，加尔文在序言之后，紧接着便从"亚伯拉罕的后代"切入，拉开了对预定论的讨论；ICR, 926–929。

49 Weber, *The Protestant Ethic and the Spirit of Capitalism*, 56–80.

50 Weber, *The Protestant Ethic and the Spirit of Capitalism*, 67；可参见 Tillich, *Courage to Be*，尤其是第 40–54 页，实际上也可在全书许多地方看到。

51 ICR, 922.

52 ICR, 224; 921.

53 Article XVII, *Thirty-Nine Articles*, in Leith, *Creeds of the Churches*, 272.

54 Chapter III, Articles III–VII, *Westminster Confession*, in Leith, *Creeds of the Churches*, 198–99.

55 Isaiah 43:7, 43:20–21; 6:3; Habakkuk 3:3。许多世纪后，以诸天之宏阔来述说神的荣耀，同样是《光辉之书》的主题。

56 John 17:4; 1 Corinthians 10:31; Matthew 24:30（另见 Luke 21:27）。

57 在这方面，信义宗和归正宗都认同。1530 年的《奥格斯堡信纲》，路德和他的追随者明确脱离罗马天主教会后颁布的信义宗信仰的最初编纂声明，指明："善行当做且必须做，不是说我们要靠它们来得恩典，而是说我们可以按上帝的意志来行事，并荣耀他。"参见 Article XX, *The Augsburg Confession*, in Leith, *Creeds of the Churches*, 77。

58 *ICR*, 43.

59 Proverbs 16:4.

60 Calvin, *Treatise on the Eternal Predestination of God*, 69.

61 Augustine, *Confessions*, 273.

62 Kadane, "Original Sin and the Path to the Enlightenment," 110.

63 *ICR*, 256.

64 Calvin, Treatise on the Eternal Predestination of God, 69.

65 *ICR*, 1004.

66 *ICR*, 1005.

67 Hesselink, "Calvin's Theology," 90; 85.

68 Chapter II, Article II; Chapter IV, Article I, *Westminster Confession*, in Leith, *Creeds of the Churches*, 197; 199.

69 Chapter V, Article I, *Westminster Confession*, in Leith, *Creeds of the Churches*, 200.

70 *Humble Advice Of the Assembly Of Divines*, 3.

第 6 章　对正统加尔文主义的攻击

1 参见 W. R. Bagnall, "A Sketch of the Life of the Author," in *The Works of James Arminius*, Vol. 1。当时围绕加尔文主义神学产生的争论，其复杂性从下面例证可见一斑：来自代尔夫特的两位宣教士实际上试图为贝扎辩护，反对他的批评者；但他们仍然认为对他的思想做出某些修正是有必要的。

2 阿米尼乌后来（在 "A Declaration of the Sentiments of Arminius" 中）写道："这一谕旨的基础是上帝的预知，他自永恒中便知晓那些个人，他们借着他的预设恩典（preventing grace）而相信，并借着他的后继恩典（subsequent grace）而保守。"意义与之相近的先备恩典（prevenient grace）的概念至少可以追溯到奥古斯丁。后来，阿米尼乌派——著名的是约翰·卫斯理——同样区分了两种恩典："先备"恩典（阿米尼乌称之为"预设"恩典），它是给予每个人的，可（在堕落后）恢复一个人选择得救的能力；"拯救恩典"［卫斯理称之为"称义恩典"（"justifying grace"），或"圣化恩典"（"sanctifying grace"）］，只延及接受这一选择并蒙保守直至死亡的那些人。参见 Arminius, *Works*, Vol. 1, 248。另可参见 *Book of Discipline of the United Methodist Church*，50。

3　Arminius, *Works*, Vol. 1, 254.

4　Arminius, *Works*, Vol. 1, 254.

5　Benedict, *Christ's Churches Purely Reformed*，第 10 章。

6　对自己观点最完整的阐述，是他在 1600 年针对英国加尔文主义者威廉·帕金斯（William Perkins）的一部早期作品所撰写的评论，该评论首次发表于 1612 年。参见 Arminius, *Examination of A Treatise, Concerning the Order and Mode of Predestination and the Amplitude of Divine Grace*, in *Works*, Vol. 3, 279–525。

7　该声明的（英文）正式名称是 *The Decision of the Synod of Dort on the Five Main Points of Doctrine in Dispute in the Netherlands*（《多特总会关于尼德兰教义争议中五大要义的决定》）。它一般被称为《多特信经》（*Canons of Dort*）。

8　TULIP（郁金香）助记法的广泛使用，要归功于 1936 年出版的一本加尔文神学通俗教科书：Boettner, *Reformed Doctrine of Predestination*, 60–61。在伯特纳（Boettner）的解释里，T 代表的是"全然无能"（Total Inability）［他和"全然败坏"（Total Depravity）有着相同的含义］。

9　近来的研究表明，这一过程的进展比以往一般认为的要慢，对罗马天主教礼拜和敬虔的忠诚仍然普遍存在。参见 Duffy, *Stripping of the Altars*。

10　一些学者甚至宣称一种"加尔文主义共识"。可参见 Lake, *Moderate Puritans and the Elizabethan Church*; Tyacke, *Anti-Calvinists*；以及 Collinson, *Birthpangs of Protestant England*。

11　加勒特·马丁利（Garrett Mattingly）还强调了德雷克在 1588 年之前的几年所做的有效后勤准备；Mattingly, *The Armada*。

12　Simpson, *Permanent Revolution*, 26.

13　可参见 Tyacke, *Anti-Calvinists*。

14　Richard Hooker, "Notes toward a Fragment on Predestination" 以及 "The Dublin Fragments," in *Works*, Vol. 4, 81–167；有关胡克对预定的认可，参见第 167 页。

15　Parker, *English Sabbath*, 139–216（尤其是第 158–60 页）。严守安息日主义（Sabbatarianism）并不仅限于清教徒，虽然它在《文娱告谕》出版后变得与该派紧密地联系在一起。甚至非清教徒也试图执行更严格的安息日规条。

16　之后（自 1628 年开始）担任主教一职时，蒙塔古表现出了对英国天主教徒"不从国教者"的宽宏，促进了英国国教会内同情阿米尼乌者的事业，总体上看在对抗正统加尔文派。

17 Seaver, *Wallington's World*, 158.

18 参见约翰·科顿（John Cotton）为约翰·诺顿（John Norton）的 *Answer to the Whole Set of Questions* 所写的前言，第 11 页。

19 对于那些留下来的清教徒，有关他们生活的第一人称记述，参见 Seaver, *Wallington's World*。

20 "Articles presented against Laud by Henry Vane"，转引自 Laud and Wharton, *History of the Troubles and Tryal of the Most Reverend Father in God, and Blessed Martyr, William Laud*, 156。

21 Howe, "Cambridge Platonists of Old England"，尤其是第 471 页；以及 Collie, *Light and Enlightenment*, x。

22 可参见 Spurr, *Restoration Church of England*，以及 Hampton, *Anti-Arminians*。不过，超越内战和无王时期（Interregnum）乱局的努力，不仅限于宗教层面。1660 年通过的名号响亮的"大赦令"（Act of Free and General Pardon, Indemnity, and Oblivion），意在消除"倾向于唤醒对不久前的分歧或其继发局面的记忆"的言论，并敦促英国人"埋葬未来不和谐的所有种子和对前者的记忆"；Rabb, "Parting Shots," 120–21。

23 1828 年和 1829 年，《宣誓法》对公职人员的要求被废除了。但在某些领域，它们存续的时间要更长。牛津和剑桥对师生的相关要求，直到 1871 年才取消。此种宗教限制有着悠久的历史；在罗马帝国晚期，根据 597 年的一项法案，非正统的信徒被禁止担任何民政和军事职务。

24 Simpson, *Permanent Revolution*, 153.

25 Wootton, *Invention of Science*, 459.

26 在这方面，宽容自由主义者遵循的是一个多世纪前的伊拉斯谟传统，伊拉斯谟间接表达过，人民信仰什么相比于维护世上和平，不那么重要；Massing, *Fatal Discord*, 672。

27 可参见 Sorkin, *Religious Enlightenment*，尤其是第 161、231 页。

28 这种意义上的自然神学思想至少可以追溯到古希腊的斯多亚派。但《诗篇》第 19 篇传达了同样的思想："诸天述说神的荣耀，穹苍传扬他的手段。"中世纪时期，犹太教（迈蒙尼德）和伊斯兰教（阿威洛伊、阿维森纳）都接受了它。基督徒萨本德的雷蒙（Raymond of Sabunde）在 1430 年代撰写了他的《自然神学》（*Theologica Naturalis*）。相比之下，大卫·休谟认为，既然原因不能从观察中推断出来，那么就不能从钟表中了解钟表匠；Waterman, "Changing Theological Context of Economic Analysis," 134。

29 Locke, *An Essay concerning Human Understanding*, in *Works*, Vol. 2, 244; 269; 280.

30 转引自 Loconte, *God, Locke, and Liberty*, 59。

31 Locke, *Two Treatises of Government*, in *Works*, Vol. 4, 344; 341; 373; 436.

32 Locke, *An Essay concerning Human Understanding*, in *Works*, Vol. 2, 273。在《人类理

解论》其他地方，洛克总结道："存在一个上帝，符合理性；存在一个以上上帝，有悖理性；死者复活，超出理性"（261）。

33 Locke, *The Reasonableness of Christianity*, in *Works*, Vol. 6, 133。休谟后来谈到了同样的主题，在其《宗教自然史》中详述了理性的重要性。

34 Locke, *The Reasonableness of Christianity*, in *Works*, Vol. 6, 133.

35 Locke, *The Reasonableness of Christianity*, in *Works*, Vol. 6, 135–36.

36 牛顿因持对三一论的非正统观点而拒绝在建制教会中任职。在三一学院院长伊萨克·巴罗（Isaac Barrow）的助力下，他获得了皇家特许，免除了任神职这一要求。参见 Force, "Sir Isaac Newton, 'Gentleman of Wide Swallow' ?," in *Essays*, 124。

37 Wootton, *Invention of Science*, 31.

38 参见 Merton, *Science, Technology and Society*，尤其是第 6 章；以及 Webster, *Great Instauration*。即便如此，在皇家学会的早期成员中也有疑似无神论者的——埃德蒙多·哈雷（Edmond Halley）或许是突出的一位。（与大卫·休谟 60 年后的经历类似，1691 年哈雷没能成为牛津大学的天文学教授，显然是因为他信仰上的怀疑态度。）

39 参见 Baxter, *Paraphrase on the New Testament*, I Corinthians, Ch. II, "Annotations"。

40 参见 Dolnick, *Clockwork Universe*, 117。

41 荷兰犹太哲学家斯宾诺莎早些时候强调过上帝是有形宇宙的内在因，但这一观念与牛顿观念有着显著的差异。对斯宾诺莎来说，上帝不是造物主或万物；相反，上帝就是万物。因此，上帝没有脱离自然。二者对"奇迹"的解释也不同。对于斯宾诺莎来说，奇迹仅仅是一些有着人类无法理解的自然原因的现象。相比之下，牛顿坚持认为，上帝能够而且有时确实中止了自然法则：上帝"实为整个自然的基础和原因，据确然法则，恒常与万物协作，倘有例外，则因以别种方式运行乃善好之故"；Newton，转引自 Force, *Essays*, 87。

42 Brooke, *Science and Religion*, 148.

43 Bentley, *Eight Sermons*, 127.

44 Clarke, *Demonstration of the Being and Attributes of God*, 180; 207。克拉克在几年后出版的一部著作中，还给出了一个重要早期文本，开启了通往唯一神思想的道路；参见 Clarke, *Scripture-Doctrine of the Trinity*。

45 这些都不太能算作新问题。早在 1530 年代，路德的主要信徒菲利普·梅兰希通（Philipp Melanchthon）就质疑过，堕落和预定是否让上帝成了世上之恶的造作者。

46 可参见 Seaver, *Wallington's World*, 104。

47 South, "False Foundations Removed," in *Discourses on Various Subjects and Occasions*, 45.

48 Barrow, "On the Love of our Neighbor," in *Works*, Vol. 1, 256; 257.

49 Tillotson, "Of the Nature of Regeneration," in *Works*, Vol. 5, 306–7.

50 Tillotson, "Of the Nature of Regeneration," in *Works*, Vol. 5, 307–8.

51 Tillotson, "Of the Nature of Regeneration," in *Works*, Vol. 5, 308–9; 320（这是两篇不同的布道文，取了相同的标题）。值得注意的是，蒂洛森对个人实现救赎时与上帝"协作"的强调，附应了四百多年前托马斯·阿奎那在《神学大全》中的观点。早在加尔文之前，路德就严厉驳斥了阿奎那在这个问题上的观点。相比之下，伊拉斯谟则接纳了人类能动性的重要作用。参见 Massing, *Fatal Discord*, 80; 307; 346。

52 Tillotson, "The Goodness of God," in *Works*, Vol. 7, 33–34.

53 1750 年代，时为哈佛学生的约翰·亚当斯，手抄了许多蒂洛森的布道文和其他作品；Wood, *Friends Divided*, 40。

54 因为上面引用的蒂洛森的布道文直到 1697 年才出版，也就是他过世 3 年后，所以不清楚洛克在写《基督教的合理性》时是否读过；但他可能熟悉蒂洛森的观点。

55 Locke, *Reasonableness of Christianity*, in *Works*, Vol. 6, 4.

56 Locke, *Reasonableness of Christianity*, in *Works*, Vol. 6, 6.

57 Locke, *Reasonableness of Christianity*, in *Works*, Vol. 6, 7.

58 参见 Nelson, *Royalist Revolution* 以及 "Representation and the Fall"。

59 ICR, 248.

60 Perkins, *Golden Chaine*, 16.

61 *Humble Advice of the Assembly of Divines*, 7.

62 Locke, *Reasonableness of Christianity*, in *Works*, Vol. 6, 4–5.

63 可参见 Spellman, "Locke and the Latitudinarian Perspective on Original Sin," 215–28。

64 书名全称看得更为清楚：Daniel Whitby, *A Discourse Concerning: I. The True Import of the Words Election and Reprobation II. The Extent of Christ's Redemption III. The Grace of God IV. The Liberty of the Will V. The Perseverance or Defectibility of the Saints*。

65 Whitby, *Discourse*, 305; 313.

66 Whitby, *Discourse*, 339–41。圣经出处是《申命记》30:15–19 和《约书亚记》24:15。

67 可参见 Kadane, "Original Sin and the Path to the Enlightenment"。卡登（Kadane）引述了以赛亚·伯林的话："整个启蒙运动的共同点是拒斥基督教里原罪这一核心教义。"（105）

68 Taylor, *Scripture Doctrine of Original Sin*, 169.

69 Taylor, *Scripture Doctrine of Original Sin*, 179–80.

70 Taylor, *Scripture Doctrine of Original Sin*, 184–85。泰勒关于人类"正直"本性的观点，不仅追随了洛克和蒂洛森以及英语世界的其他人，还与德国的莱布尼茨（比洛克和蒂洛森都略年轻）的观点一致。后来，康德（亚当·斯密同时代人）也持类似的观点，同样基于人类的理性能力。

71 Clarke, "Sermon VII: Of the Immutability of God," in *Sermons on the Following Subjects, Viz: Of Faith in God*, 152.

72 Clarke, "Sermon XIII: Of the Wisdom of God" in *Sermons on the Following Subjects, Viz: Of Faith in God*, 298.

73 Clarke, "Sermon XIV: Of the Goodness of God," in *Sermons on the Following Subjects, Viz: Of Faith in God*, 327–28.

74 这些布道文在其身后才发表：参见 Clarke, "Sermon XVII: Of the Justice of God," in *Sermons on the Following Subjects, Viz: Of Faith in God*, 414; Clarke, "Sermon I, II: Of the Glory of God," in *Sermons on the Following Subjects, Viz: Of the Glory of God*, 18。

75 Doddridge, *Rise and Progress of Religion in the Soul*, 9; 147.

76 Doddridge, *Rise and Progress of Religion in the Soul*, 69; 98; 214.

77 Gay, "Preliminary Dissertation concerning the Fundamental Principle of Virtue or Morality," in King, *Essay on the Origin of Evil*。盖伊之"论"（"Dissertation"）是作为 William King, *On the Origin of Evil* 这部论著的英译本序言发表的。[金 (King) 这时才刚刚过世，此前他是都柏林大主教；他的书最初以拉丁文出版于 1702 年。] 另见 Waterman, "William Paley," 215。

78 Gay, "Preliminary Dissertation," xix.

79 新近对这一时期苏格兰教会温和派的研究，参见 Ahnert, *Moral Culture of the Scottish Enlightenment*。另见 Sher, *Church and University in the Scottish Enlightenment*。

80 高教会是使用圣吉尔斯作为他们教堂的四大教团（都是长老会）之一。布莱尔不是座堂牧师（principal minister），而是"堂会"牧师（"Collegiate" minister 或 "Second Charge" minister）。

81 有关给温和派的对手贴的标签，参见 Ross, *Life of Adam Smith*, 395。今天人们通常将他们称为福音派，但这并不是当时的称谓。

82 这篇题为《论人的真正荣耀》（"On the True Honour of Man"）的布道，作为布莱尔布道集的一部分，于 1790 年出版；但据推测，它是几年前发表的（布莱尔在布道集的导言中称"许多年前"）。参见 Blair, "To the Reader," in *Sermons*, Vol. 5, vii。

83 Blair, "On the True Honour of Man," in *Sermons*, Vol. 3, 4–5.

84 Blair, "On the True Honour of Man," 5.

85 Blair, "On the True Honour of Man," 5.

86 Carlyle, *Usefulness and Necessity of a Liberal Education for Clergymen*, 30.

87 Mizuta, *Adam Smith's Library*, 151.

88 *TMS*, 43。塔克反过来从他与克拉克的著名通信中引出他的阿米尼乌主义；参见 Tennant, *Conscience, Consciousness and Ethics*, 19–37。

89 参见 Brown, *The Nature of Social Laws*, 18–23 中的有益讨论。

90 奥兰就法国詹森派提出了类似的论证；Orain, "Second Jansenism"，尤其是第 466 页。
正如本章前面的讨论已经表明的那样，神学对斯密及其同时代人思想的影响，与启蒙思
想（包括对经济问题的思考）对当代和后世神学家思想的"反向"影响并不矛盾。

91 *ICR*, 270.

92 一些英国宽容自由主义者和苏格兰温和派只是单纯地重新解释原罪，以让该教义不涵摄
加尔文意义上的堕落，而其他人则完全拒斥原罪。例如，卡登认为，拒斥原罪让众多启
蒙思想走到了一起；Kadane, "Original Sin and the Path to the Enlightenment"。

93 这些宗教思想和亚当·斯密著作有区别但并不矛盾，相关看法，参见 Waterman, "Economics
as Theology," 907–21。

94 参见 Weber, *The Protestant Ethic and the Spirit of Capitalism*。

第 7 章　美国殖民时期的加尔文主义之争

1 在南方殖民地，建制教会是英格兰教会，争辩情形自是不同。关于新英格兰历史上在美
国整体知识和政治发展中发挥了巨大作用这一论点，参见 Baltzell, *Puritan Boston and
Quaker Philadelphia*。

2 随后的许多美国文学作品都详细描述了早期新英格兰的清教徒性格和政治。纳撒尼
尔·霍桑的小说和故事——例如，《牧师的黑面纱》（"The Minister's Black Veil"）《恩
迪科特与红十字架》（"Endicott and the Red Cross"）《年轻的古德曼·布朗》（"Young
Goodman Brown"），尤其是《红字》——可能是最常被阅读的例子。正如文学评论家
劳伦斯·布伊尔（Lawrence Buell）描述《红字》的开头那样，"对清教徒社会的开场
速写，强化了一个已然堕落的世界的印象。这一乌托邦冒险事业几乎是全新的，但它已
经有了墓地、监狱和犯罪问题"。Buell, *Dream of the Great American Novel*, 77。

3 Gaustad, *Liberty of Conscience*, 38.

4 Shepard, *Eye-Salve or A Watch-Word From our Lord Jesus Christ unto his Churches*,
14.

5 Oakes, *New England Pleaded with*, 54.

6 Ward, *Simple Cobler of Aggawam*, 3.

7 对罗马天主教的反感持续了更长时间。1775 年，约翰·亚当斯写过"托利主义巧滑者
所发明的最糟糕的暴政；我指的是罗马迷信"；Adams, Political Writings, 28。

8 "Charter of the Province of the Massachusetts Bay, 1691," 22。然而，非清教徒敬拜者
仍然处于不利地位，因为他们要继续承担（除了他们自愿为自己的教会支付的费用之
外）维系建制教会的税款。一些城镇还对不去建制教会的人征收罚金。贵格会教徒也因
拒绝履行民兵职责而遭受处罚。

9 1662 年之后，根据"折中契约"（Halfway Covenant），尚未经历再生的教会成员子女，

被接纳为教会的边缘成员（partial members）。

10 Whitefield, *Journals*, 301.

11 数据来源于 Steele, *English Atlantic.*

12 Wright, *Beginnings of Unitarianism in America*, 18.

13 Johnson, *Letter from Aristocles to Authades*, 2–3.

14 Johnson, *Letter from Aristocles to Authades*, 3–4, 9.

15 Mayhew, *Grace Defended*, iii.

16 Edward Wigglesworth，转引自 Goodwin, "Myth of 'Arminian-Calvinism,'" 236。

17 Briant, *Absurdity and Blasphemy of Depretiating Moral Virtue*, 26.

18 怀特腓德起初也被认为是循道宗创立小组的一员，尽管他在神学上持预定论立场。他和卫斯理在牛津大学是好友，也是同道中人。但怀特腓德一脉的循道宗是严格的加尔文主义。后来，他的支派和卫斯理派分道扬镳。卫斯理团体信奉阿米尼乌神学，在名称之争中胜出。（威尔士循道宗是个例外，仍属加尔文主义。）

19 Wesley, *Free Grace*, 10; 13; 16.

20 Wesley, *Free Grace*, 20–21；引文出自 Matthew 23:37。

21 Wesley, *Free Grace*, 10–11; 17; 22; 25–26.

22 Mather, *Awakening Soul-Saving Truths*, 3; 70; 75.

23 Shepard, *The Sincere Convert*, 94.

24 Mather, *Awakening Soul-Saving Truths*, 80–84.

25 Mather, *Awakening Soul-Saving Truths*, 91; 95.

26 Peterson, *City-State of Boston*, 240.

27 Mather, *Free-Grace, Maintained & Improved*, 1–2.

28 *Mather, Free-Grace, Maintained & Improved*, 2; 11.

29 讨论爱德华兹生平和著作的二手文献非常多。可参见 Marsden, *Jonathan Edwards*，以及书中引用到的其他文献。

30 参见 Sweeney, "River Gods and Related Minor Deities"。

31 惠洛克对当天发生之事的描写，以及斯蒂芬·威廉姆斯（Stephen Williams）的相关描写，在 Marsden, *Jonathan Edwards*, 220–21 中有篇幅较长的综述。

32 Edwards, "Sinners in the Hands of an Angry God," in *WJE*, Vol. 22, 405–8.

33 譬如，《诗篇》28:1 写道："倘若你向我闭口，我就如将死的人一样。"又如，上帝可以将某人从坑中救起："他从祸坑里，从淤泥中把我拉上来。"（《诗篇》40:2）另见《启示录》20:3。

34 Edwards, "Sinners in the Hands of an Angry God," 406; 409.

35 Edwards, "Sinners in the Hands of an Angry God," 410; 412.

36 Edwards, "Sinners in the Hands of an Angry God," 411–12.

37　Edwards, "Sinners in the Hands of an Angry God," 406–7; 416.

38　Williams, Diary, July 8, 1741。另见 Marsden, *Jonathan Edwards*, 220。

39　Mather, *Ratio Disciplinae Fratrum Nov-Anglorum*, 5.

40　Edwards, "Farewell Sermon," in *WJE*, Vol. 25, 486.

41　Wright, *Beginnings of Unitarianism in America*, 76.

42　Edwards, *Original Sin*, in *WJE*, Vol. 3, 107–8.

43　Edwards, *Original Sin*, in *WJE*, Vol. 3, 113.

44　Edwards, *Dissertation I: Concerning the End for which God Created the World*, in *WJE*, Vol. 8, 526–27.

45　Edwards, *Dissertation I: Concerning the End for which God Created the World*, in *WJE*, Vol. 8, 533.

46　Mayhew, *Seven Sermons*, 38.

47　Mayhew, *Seven Sermons*, 39; 97.

48　早前的一位公理会牧师约翰·怀斯（John Wise），强调了人类社交性的作用：因为人"极其渴望自己的保存"，但"没有同伴的帮助他无法确保自己的安全和存续……他必须在社会里合群"。的确，这是"一条基本的自然法，每个人尽可能地与他人保持社会交往"。Wise, "Vindication of the Government of the New England Churches," 1216。怀斯的文本最初发表于 1717 年。

49　Mayhew, *Seven Sermons*, 101.

50　Wright, *Beginnings of Unitarianism in America*, 123.

51　Mayhew, *Seven Sermons*, 120; 125。梅休也是加尔文主义预定论的强烈反对者，谴责它是"最虚假和不符合圣经的，可怕到了极点，对所有人在做一种僭越审判（undepraved judgment），是对天地之神的亵渎"；Mayhew, *Two Sermons on the Nature, Extent and Perfection of the Divine Goodness*, 66。

52　考虑到行文方便，此处，"自然宗教"是"自然神学"的同义词。可参见 Hume, *Principal Writings on Religion* 一书的编者注，第 200 页。

53　Gay, *Natural Religion as Distinguished from Revealed*, 6; 21–22.

54　Gay, *Natural Religion as Distinguished from Revealed*, 6; 8; 10–13。梅休同样诉诸了牛顿式形象化描述："爱是将人类凝聚在一起的精神；维护着他们之间的秩序与和谐，爱之所以必要乃是为了总体的安全和福祉；正如天体的规则运动与和谐取决于它们相互间的引力"；Mayhew, *Seven Sermons*, 126。

55　Gay, *Natural Religion as Distinguished from Revealed*, 12–13.

56　参见 Baltzell, *Puritan Boston and Quaker Philadelphia*, 240–41，其中讲到了独立战争引发的贵格会到安立甘宗的这场运动。

57　他也看不上许多复兴主义者："那些人，虽然他们没有学识，能力又小，却想象他们不加学习还有能力道出那些愿意听讲者的灵性福祉所在。"Chauncy, *Seasonable Thoughts on the State of Religion in New-England*, 226。

58 Wright, *Beginnings of Unitarianism in America*, 174.

59 Chauncy, *Benevolence of the Deity*, viii.

60 Chauncy, *Benevolence of the Deity*, 131–32.

61 虽然在英国也有唯一神论运动，但美国的唯一神思想大多是本土自生的。参见 Wright, *Beginnings of Unitarianism in America*, 6。唯一神思想吸引了"更为上层的社会圈子"，而加尔文主义则"占据了社会地位较低者的人心"，参见 Adams, *New England in the Republic*, 355。在 19 世纪初的几十年里，波士顿的一些精英家庭，甚至把他们的女儿送到罗马天主教修院女校，而不是让她们上三一论立场的公立学校；Peterson, *City-State of Boston*, 366。

62 Clarke, *Scripture-Doctrine of the Trinity*.

63 克拉克反对三位一体说，部分原因就在于此，他写道，"现在，在信仰问题上，圣经不仅是我们的准则，还是整全、唯一的真理准则。"Clarke, *Scripture-Doctrine of the Trinity*, v。

64 当然，也有为三位一体思想辩护的反对者——例如，乔纳森·爱德华兹和他的女婿、新泽西学院第一任校长阿伦·伯尔；参见 Burr, *Supreme Deity of Our Lord Jesus Christ*。

65 在《国富论》中，斯密写道："纯粹的和合理的宗教，不受荒谬、欺骗或狂信等一切混合物的影响，这种宗教是世界上一切时代的贤明人士希望建立的；但是任何一国的成文法或从未建立过，或许永远也不会建立这种宗教；因为，在宗教方面，成文法总是，或许永远或多或少地受到大众迷信或狂热的影响"；*WN*, 793。

66 Larson, *Return of George Washington*, 116–18.

67 Thomas Jefferson to Doctor Benjamin Waterhouse, in *Works*, Vol. 12, 243.

68 Ware, *Letters Addressed to Trinitarians and Calvinists*, 52.

69 Ware, *Letters Addressed to Trinitarians and Calvinists*, 52.

70 下述表态显示出了该争论的激烈程度，据信出自一位保守的公理会牧师杰迪狄亚·莫尔斯（Jedidiah Morse）："马萨诸塞的人民，除了少数例外，是不会激进、迷狂到把自己孩子交到放荡、错误的唯一神论者手里接受教育的"；"Affairs of the University," *Columbian Centinel*, vol. 42, no. 26 (November 24, 1804)。另见威尔（Ware）当选后出版的小册子，Morse, *True Reasons on which the Election of a Hollis Professor of Divinity in Harvard College, was Opposed*。

71 钱宁的布道，通常被称为"巴尔的摩讲道"（"Baltimore Sermon"），是在巴尔的摩举行的贾里德·斯帕克斯（Jared Sparks）授职仪式上宣讲的，斯帕克斯后来凭自己的能力成为著名的唯一神论牧师。斯帕克斯也是乔治·华盛顿文集的第一位编辑，他还担任了几年哈佛大学校长。参见 Channing, *Sermon Delivered at the Ordination of the Rev.*

Jared Sparks, 16。

72 Channing, *Remarks on the Rev. Dr. Worcester's Second Letter to Mr. Channing*, 42.

73 Blair, "On the True Honour of Man," in *Sermons*, Vol. 3, 5.

74 Wright, *The Unitarian Controversy*, 23; 132.

75 Channing, *Sermon Delivered at the Ordination of the Rev. Jared Sparks*, 16; 21–22.

76 Channing, *Sermon Delivered at the Ordination of the Rev. Jared Sparks*, 17。生命的最后阶段，钱宁在为自己作品的第一个全集写的导言中写道，"对人性……的高度评价"，是最能显出其作品的与众不同之处；Channing, *Works*, Vol. 1, vi.

77 Thomas Jefferson, "To the Danbury Baptist Association" (January 1, 1802), in *Papers*, Vol. 36, 258.

78 斯密在《国富论》的导言中提到了"不同的政治经济学理论"（"different theories of political oeconomy"），而展现这些不同理论的第四编，其标题是"论各种政治经济学体系"（"Of Systems of Political Oeconomy"）；*WN*, 11；428。法国著者安徒安·蒙克莱田（Antoine de Montchrestien）于 1615 年在他的《政治经济学论》（*Traicté de l'oeconomie politique*）中首次使用了这个短语。

第 8 章　对人类进步的各种看法

1 Daniel 2:31–35.

2 Daniel 2:44, 12:1.

3 Mark 13:19.

4 Matthew 24:6–7, 29–30, 40–41。在《帖撒罗尼迦前书》（4:17）中，保罗也再次讲到"被提"："以后我们这活着还存留的人必和他们一起被提到云里，在空中与主相遇。"这些记述成为蒂姆·莱希（Tim LaHaye）和杰瑞·B·詹金斯（Jerry B. Jenkins）的流行小说《末日迷踪》（*Left Behind*）的基础；可参见 LaHaye and Jenkins, *Left Behind*。

5 Carroll, *Christ Actually*, 160。然而，一些学者推测，作者是来自公元 70 年被罗马人摧毁的耶路撒冷的难民，叙述当中的那些部分试图描述他在这座城市陷落时所看到的情况。叙事的其他部分似乎是描述 79 年的维苏威火山爆发。参见 Pagels, *Revelations*。

6 Revelation 20:1–3.

7 Revelation 20:7–10, 21:1–4。《启示录》这几章中的许多象征手法（尽管直叙不是），来自《希伯来圣经》，最常见的是自《但以理书》和《以赛亚书》第 65 章。最明显的例子是《以赛亚书》65:17，"看哪，我造新天新地，从前的事不再被记念，也不再追想"。

8 四个王国的意象里，第四个经常被认为是罗马，在当时其他犹太著作中这种看法也很普遍，例如《以斯拉四书》12:11–36，《巴路克二书》39:2–6，以及《以诺一书》89–90。它也出现在《死海古卷》中，例如，4Q552 和 553。相关文献清单，参见 Kugel, *Great*

Shift, 394。

9　Matthew 24:30–34.

10　Matthew 16:28.

11　"但那日子、那时辰，没有人知道，连天上的使者也不知道，子也不知道，惟有父知道。"（《马可福音》13:32）最初大约产生于同一时期的《塔木德》，同样谴责了预言弥赛亚降临的企图："计算末日的人，他们的形骸要飞灰湮灭。"(B.T. Sanhedrin 97a)

12　与《新约》对随后发生之事作出形形色色的解释相反，很少或没有证据表明当时的犹太人预见到了世界末日。可参见 Wright, *The New Testament and the People of God*, 333；引述于 Carroll, *Christ Actually*, 128。

13　参见 Freeman, *Closing of the Western Mind*, 154–77；另见 Freeman, *A.D. 381*。

14　最突出的例外是 12 世纪修士菲奥雷的约阿希姆（Joachim of Fiore），他持有的是前奥古斯丁的观点，认为《启示录》中描述的千禧年和天启，确实指未来真实世界的事件。参见 McGinn, *Visions of the End*, 126–41。

15　Luther, "Preface to the Revelation of St. John," in *Luther's Spirituality*, 47.

16　特别是恩斯特·图维森（Ernest Tuveson）提出了这一观点。参见 Tuveson, *Millennium and Utopia*, 24–25。

17　参见 Mede, *Key of the Revelation*。米德思想的一个早期先驱是 William Perkins, *Godly and Learned Exposition or Commentarie*。帕金斯（Perkins）的论点不太明朗，但他给出了对经文的字面解释，认为世界的状态将在现在和世界末日之间得到改善。另见 Gribben, *Evangelical Millennialism in the Trans-Atlantic World*, 35。

18　不过，米德不会称之为清教徒革命。该用语直到 1826 年才出现；Simpson, *Permanent Revolution*, 24。

19　至于英国当时如何看待这些问题，相关概述参见 Christianson, *Reformers and Babylon*。

20　Milton, *Animadversions*, 38–39.

21　标准译本修订本中的翻译更清楚："非由人手。"

22　Revelation 13:1.

23　Cotton, *Exposition upon the Thirteenth Chapter of the Revelation*, 93。科顿身后出版的论著，雏形是 1639—1640 年在波士顿的系列讲座。另见 Toon, *Puritans, the Millennium and the Future of Israel*, 34–36。

24　Mather, *Theopolis Americana*, 43。在这一次布道中，马瑟接着强调了商业市场改革、废除奴隶贸易、传教和教育等举措之于千禧年的意义。（他还为早前对贵格会信徒和那些被指控施行巫术的人的迫害道歉。）

25　Baxter, *Glorious Kingdom of Christ*, 13–14。然而，在巴克斯特的部分作品中，他所说的"千禧年"到底是什么意思并不清楚。从他的一些表述来看，似乎他认为千禧年已经发生过了，时间从合法化罗马帝国境内基督教的米兰敕令（313 年）开始，到君士坦丁堡被奥斯曼人攻陷（1453 年）为止——非常接近圣经中所说的一千年。

26 Burnet, *Theory of the Earth*, 4.

27 Burnet, *Doctrina Antiqua de Rerum Originibus*, 246.

28 Burnet, *Theory of the Earth*, 215; 72.

29 伯内特去世一个多世纪后，赫尔曼·梅尔维尔在他的小说《白外套》中提到 "伯内特和那批最优秀的神学家"。

30 Whiston, *New Theory of the Earth*, 81.

31 Blair, "On the Importance of Religious Knowledge to Mankind," in *Sermons*, Vol. 2, 457–58.

32 Edwards, *History of the Work of Redemption*, in *WJE*, Vol. 9, 353.

33 Edwards, *Two Dissertations: I. Concerning the End for Which God Created the World and II. On the Nature of True Virtue*, in *WJE*, Vol. 8, 533.

34 Edwards, *Some Thoughts Concerning the Revival*, in *WJE*, Vol. 4, 353.

35 Edwards, *Some Thoughts Concerning the Revival*, 353–58.

36 Adams, "THURSDAY. FEBRUARY 21ST. 1765," in *Diary and Autobiography*, Vol. 1, 257。后来一些文本把这处表述写成恢弘 "计划"（scheme）；可参见 Wood, *Friends Divided*, 73；但是，马萨诸塞州历史学会（Massachusetts Historical Society）所藏原件的数字化版本表明，"场面"（scene）是正确的。

37 关于前千禧年主义起源及历史的文献，数量很大。可参见 Weber, *Living in the Shadow of the Second Coming*；Boyer, *When Time Shall Be No More*；以及 Wacker, *Heaven Below*。

38 Daniel 12:11–12.

39 Revelation 11:2–3, 12:6, 13:5.

40 《诗篇》90:4 为区分圣经中的时间单位和人类传统计时提供了经文依据："在你看来，千年如已过的昨日，又如夜间的一更。"伪托彼得之名的经文，明确地把上帝时间中的一日等同于一千年（《彼得后书》3:8）。

41 参见 Noll, "Jekyll or Hyde?"

42 将《启示录》征象视同于当今某些个人或团体的做法也一直存在。譬如，冷战期间，持前千禧年论的基督徒往往会将苏联等同于《启示录》中的野兽（或《以西结书》中的玛各，或《耶利米书》中经常提到的来自北方的威胁力量）。

43 Paine, *Common Sense*, in *Rights of Man, Common Sense, and Other Political Writings*, 53.

44 Rush, "The Pennsylvania Convention, Wednesday, 12 December," in Jensen, *Documentary History*, 592–93，转引自 Larson, *Return of George Washington*, 194。

45 Emerson, *Lectures on the Millennium*, 243–45.

46 Cogswell, *Harbinger of the Millennium*, iii.

47 Finney, "Hinderances to Revivals," in *Lectures on Revivals of Religion*, 282.

48 Strong, Our Country, 180。这本书是由美国国内传教会（American Home Missionary Society）赞助的。当该会在 1891 年推出这本书的新版时，斯特朗将文本编辑为"未来 10—15 年"，从而保持了他预期的时间范围不变。

49 Hopkins, *Treatise on the Millennium*, 40.

50 Hopkins, *Treatise on the Millennium*, 57; 71–72.

51 Green and Wells, *Summary View of the Millennial Church*, 10。另见 Jennings, *Paradise Now*, 29。斯蒂芬·斯坦（Stephen Stein），当前研究贵格派的一流学者，在他看来，前千禧年派和后千禧年派的标签都不适合他们。参见 Stein, "American Millennial Visions"。

52 Crowe, *George Ripley*, 181，转引自 Jennings, *Paradise Now*, 220。

53 Delano, *Brook Farm*, 372.

54 Jennings, *Paradise Now*, 321.

55 Taylor, "Society's Future"；该出版物的编辑之一泰勒是一名美南浸信会牧师。有关后千禧年主义正宗思想的式微和最终消失，可参见 Moorhead, "Between Progress and Apocalypse"，以及 "Erosion of Postmillennialism in American Religious Thought"。

56 Strong, *The New Era*, 30.

57 Clarke, "Five Points of Calvinism," in *Vexed Questions in Theology*, 15–16.

58 MacMillan, *War That Ended Peace*, 9.

59 直到 19 世纪上半叶，人们用"演进"（"evolution"）一词来指一种形式引发另一种不同的（可能是更高级的）形式的过程；但是达尔文的随机性变异概念尚不存在；Haig, *From Darwin to Derrida*，第 1 章。另见 Bowler, "Changing Meaning of 'Evolution'"。

60 Hume, "Of Refinement in the Arts," in *EMPL*, 271–73.

61 Hume, "Of Refinement in the Arts," 277.

62 Hume, "Of the Rise and Progress of the Arts and Science," in *EMPL*, 115, 118.

63 参见 Meek et al., "Introduction," in *LJ*, 4。

64 *LJ*, 14.

65 参见 Meek, "Smith, Turgot, and the 'Four Stages' Theory"。近年来，这种历史演进——尤其是农业的引入——重新引起了人们的兴趣。关于最近的一篇文章，以及它广泛参引的其他研究，参见 Matranga, "The Ant and the Grasshopper"。

66 Turgot, "On Universal History"。杜尔哥在经济学领域最为人所知的是他的《关于财富的形成和分配的考察》，这是一部重要的论著，1776 以法文出版，1795 年英文译本出版。这本书第一次对后来所谓的"工资铁律"（iron law of wages）做了描述。参见 Turgot, *Reflections on the Formation and Distribution of Riches*，尤其是第 46–49 页。

67 斯密没有使用"生存方式"（modes of subsistence）这个描述性短语，但后来在围绕他在这一领域的研究的学术文献中，这个短语变得为人熟悉。尤其是罗纳德·米克（Ronald Meek）让这种用法普遍起来；参见 Meek, *Social Science and the Ignoble Savage*, 第 6 页以及文中其他地方。有关该短语使用的谱系情况，参见 Lieberman, "Adam Smith on Justice, Rights, and Law," 230。在（撰述于斯密讲座百年之后的）卡尔·马克思看来，更为现代的表述应该是"生产方式"（modes of production）；词义不变。

68　Robertson, *History of America*, Vol. 1, 324。罗伯逊在书中其他地方也使用了"生存方式"这个短语（例如，第 305–306 页）。

69　*LJ*, 404.

70　斯密很有可能是在巴黎逗留期间遇见杜尔哥的，但那发生于他在格拉斯哥任教多年之后。至于斯密自己做的那些讲演（后整理出《法理学讲义》），是否受到杜尔哥 1750 年索邦大学演讲的影响，我们不得而知。参见 Groenewegen, "Turgot and Adam Smith"，以及 Skinner, "Adam Smith: The French Connection"。

71　Ecclesiastes 5:11.

72　气候变化是现代科学家所强调的向农业转变的一个因素，但斯密并没有意识到这一点。可参见 Suzman, *Affluence Without Abundance*，第 14 章。

73　斯密的崇拜者和普及者杜格尔德·斯图尔特称这种思想为"推测史"（conjectural history），并将其誉为"18 世纪后半叶的殊荣"；Stewart, *Works*, Vol. 7, 31，以及 *Dissertation First*, 86。

74　在这种发展中，因果关系通常是双向的。有关私有财产的发展导致了农业的出现这种立论，参见 Bowles and Choi, "Neolithic Agricultural Revolution"。

75　然而，与这种传统观点相反，现代人类学家报告了在一些狩猎 – 采集社会中存在的相当复杂的劳动分工。参见 Hooper et al., "Skills, Division of Labour and Economies of Scale"。

76　*LJ*, 16；202。斯密对这一过程的描述，通常被认为是对卢梭思想的回应；可参见 Force, *Self-Interest Before Adam Smith*, 以及 Hont, *Politics in Commercial Society*。

77　农业的起源，以及人类定居发展的结果，吸引了考古学家、人类学家和其他人的极大关注。最近的一次研讨支持了斯密关于人口增长导致饥饿的观点，参见 Cline, *Three Stones Make a Wall*，第 7 章。

78　货币、契约履行、砝码和标准化度量都是极古老的。圣经里提到了这三者；例如，"要用公道天平，公道砝码，公道升斗，公道称"（《利未记》19:36）。

79　Malthus, *Essay on the Principle of Population* (1803), 37–43。再后来，马尔萨斯认识到了食物生产的技术进步——这种进步在整个 18 世纪都有发生——但是他没有看到这种可能性可以避免他所写的那个问题。

80　参见 Cohen, "Hunger Does Not Pay"。

81　参见 United Nations, *World Population Prospectus*。

82　可参见 Deaton, *Great Escape*。

83　斯密同时代人亚当·弗格森，同样对过度劳动分工的后果发出警告，尽管他的重点更多放在分工带来的社会分化上。

84　一些学者认为，斯密是提出过相当于经济增长理论的内容的，尤其是在《国富论》中。可参见 Samuelson, "A Modern Theorist's Vindication"；Kurz, "Technical Progress, Capital Accumulation and Income Distribution"；以及 Waterman, "Is There Another, Quite Different 'Adam Smith Problem'"。这种说法不能令人信服。一种更准确的解读可见于罗伯特·索洛（Robert Solow）的表述："这位伟大古典经济学家的显著不足……是未能充分反映出工业革命的意义以及推动工业革命的几项技术突破"；Solow, "Stories About Economics and Technology," 1113。内森·罗森博格（Nathan Rosenberg）注意到，在《国富论》中，即使在讨论农业改良时，斯密的重点也是"资本形成，而不是发明创造"；Rosenberg, "Adam Smith on the Division of Labour," 129, 132。

85　参见 Greenblatt, *The Swerve*，其中论及卢克莱修《物性论》在 15 世纪初重见天日的意义。

86　菲奥雷的约阿希姆是例外；可再参见 McGinn, *Visions of the End*。

87　Greenblatt, *The Swerve*, 116.

88　参见 Jennings, *Paradise Now*, 248–53。

89　Massing, *Fatal Discord*, 43.

90　转引自 Parker, *Emperor*, 342。

91　宗教信徒也对"美洲人"如何到达那里感兴趣。圣经没有提及单独创造过一类人，要说他们是当时既有不同血统哪一脉的后代，似乎也难以置信。鉴于许多生活在热带地区的人（这是哥伦布和其他早期探险家首先遇到的）缺少衣服，甚至有人猜测他们是否可能是第二伊甸园的居民。

92　Locke, *Two Treatises of Government*, in *Works*, Vol. 4, 352–67; 402。洛克撰写《政府论》下篇第 5 章时，正专注于维护卡罗来纳州的殖民计划；见 Nelson, *Theology of Liberalism*, 135。

93　可参见 Lafitau, *Customs of the American Indians*。拉菲托（Lafitau）的著作最初（以法文）出版于 1724 年，次年斯密诞生。

94　保罗·斯莱克（Paul Slack），同样强调了斯密诞生前夕英国发展起来的那种进步感的宗教基础；可再参见 Slack, *Invention of Improvement*。

95　Ferguson, *Essay on the History of Civil Society*, 119.

96　Comte, *Positive Philosophy of Auguste Comte*, Vol. 2, 118.

第 9 章　新共和国的政治经济学

1　Bashford and Chaplin, *New Worlds of Thomas Robert Malthus*, 70.

2 例如，杰斐逊就曾把"广阔的未开垦和肥沃的土地"视为粮食生产可以满足人口以几何级数增长的依据；Jefferson, letter to Jean-Baptiste Say (February 1, 1804), *Works*, Vol, 4, 526–27。早期美国人对马尔萨斯论著的印象的相关述评，参见 Cady, "Early American Reaction to the Theory of Malthus"，以及 Cocks, "Malthusian Theory in Pre-Civil War America"。

3 Adams, "To Patrick Henry, June 3, 1776," in *John Adams: Revolutionary Writings*, 78.

4 戈登·伍德（Gordon Wood）认为，托马斯·杰斐逊比任何人都更多地为美国例外论奠定了基础；Wood, Friends Divided, 325。

5 参见 Freehling, *Road to Disunion*, Vol. 1，第 12 章。

6 Wood, *Radicalism of the American Revolution*.

7 参见 Lynerd, *Republican Theology*，第 4 章。

8 当时并非人人都乐见这个新国家的工业发展。众所周知，托马斯·杰斐逊偏爱农业社会。当代相关讨论的述评，参见 Hofstadter, *Age of Reform*，第 1 章。

9 Raymond, *American System*。亨利·凯里（Henry Carey）是汉密尔顿政策后来更著名的捍卫者，他拒绝接受大卫·李嘉图对贸易的分析，以及更普遍意义上的自由放任政策；Carey, *Principles of Political Economy*。

10 Raymond, *Missouri Question*.

11 Raymond, *Thoughts on Political Economy, and Elements of Political Economy*.

12 Adams, "From John Adams to Daniel Raymond, 8 February 1821."

13 "House of Representatives, Tuesday, June 23, 1840," 479；参见 Lee, *Slavery, Philosophy, and American Literature*, 60。

14 有关近来的评价，参见 Rodgers, *As a City on a Hill*。罗杰斯（Rodgers）对温思罗普在"阿尔贝拉号"上布道表示怀疑。

15 Winthrop, "Model of Christian Charity," 82–83.

16 Winthrop, "Model of Christian Charity," 83–85.

17 Leviticus 25:35–37; Deuteronomy 23:19–20.

18 Winthrop, "Model of Christian Charity," 89–91；引文出处是 Matthew 5:14。

19 这也落实到了他们实践当中。一个世纪后，据一位去波士顿的游客说，他看到了"一个玉米仓库，每年当价格最低时，里面储存了大量的玉米，当冬天食物变得昂贵，人们开始挨饿时，他们可以按当初购买时的价格购买他们所需的玉米"，此外，他还看到一所医院和四所孤儿学校；"Travel Diary of Commissioner Von Reck"，转引自 Peterson, *City-State of Boston*, 244。

20 Mather, *Theopolis Americana*, 16–17.

21 Raymond, *Elements of Political Economy*, Vol. 1, 13; 18。抛开宗教和道德背景，甚至许多奴隶主都同意雷蒙德的观察。1780 年代，托马斯·杰斐逊写下这样一句名言："温和的气候下，如果有人能替自己劳动，那么没有人愿意自己去劳动"；Jefferson, *Notes on the State of Virginia*, 163。

22 Raymond, *Elements of Political Economy*, Vol. 1, 18–19; 16.

23 Mather, *A Christian at his Calling*, 39–41; 第八诫，不可偷盗。

24 Raymond, *Elements of Political Economy*, Vol. 1, 19.

25 Mather, *A Christian at his Calling*, 41.

26 Raymond, *Elements of Political Economy*, Vol. 1, 27.

27 最著名的例子可能是约翰·梅纳德·凯恩斯强调的"节约悖论"，这一特别的称呼是保罗·萨缪尔森起的；Keynes, *General Theory*, 84; Samuelson, *Economics*, 269–72。

28 Raymond, *Elements of Political Economy*, Vol. 1, 44–45.

29 Raymond, *Elements of Political Economy*, Vol. 1, 44–47; 26.

30 Raymond, *Elements of Political Economy*, Vol. 1, 47–48.

31 *WN*, 96.

32 Raymond, *Elements of Political Economy*, Vol. 1, 52.

33 Mather, *A Christian at his Calling*, 46; 48; 42.

34 Edwards, "Charity Contrary to a Selfish Spirit," in *WJE*, Vol. 8, 254–55.

35 Cooper, "Sermon Preached in Boston," 2–3.

36 Cooper, "Sermon Preached in Boston," 3; 7–8.

37 Clap, *Essay on the Nature and Foundation of Moral Virtue and Obligation*, 15–16.

38 参见 Davenport, *Friends of the Unrighteous Mammon*。

39 Mansfield and Winthrop, "Editors' Introduction," Tocqueville, *Democracy in America*, xvii。托克维尔并不是唯一一位在 1830 年代游历新美国并将见闻写成书的欧洲人。另一个杰出的例子是英国人查尔斯·默里（Charles Murray）呈献维多利亚女王的《北美游记》（*Travels in North America*）。

40 Tocqueville, *Democracy in America*, Vol. 1, 3.

41 托克维尔对男性公民的关注——具体来说，把妇女和奴隶排除在外——与古典时代对民主的定义一致。可参见 Beard, *SPQR*, 188。

42 Tocqueville, *Democracy in America*, Vol. 1, 3.

43 Tocqueville, *Democracy in America*, Vol. 1, 308; 305; 304; 306.

44 Wright, "Ministers, Churches, and the Boston Elite," in *Unitarian Controversy*, 43–44.

45 Hatch, *Democratization of American Christianity*, 4.

46 Gaustad, *Liberty of Conscience*, 211.

47 Klarman, *Framers' Coup*, 391; 484.

48 参见 Porterfield, *Conceived in Doubt*。

49 Wright, *Beginnings of Unitarianism in America*, 249.

50　这种反智潮流，无论是在神职人员内部还是在一般公众如何看待神职人员方面，都从 19 世纪美国人对时代论前千禧年主义的兴趣中得到了加强。（可再参见第 8 章），其本身是一种对圣经的反学院派理解。参见 Noll, "Jekyll or Hyde？"另见 Hatch, *Democratization of American Christianity*，第 2 章和第 6 章。

51　Fuhrer, *Crisis of Community*, 66.

52　在托克维尔到访前的几年里，仅波士顿一地就已有了海洋学会（Marine Society）、波士顿图书馆（Boston Athenaeum）、美国艺术与科学学院（American Academy of Arts and Sciences）、传播福音协会（Society for Propagating the Gospel）、人道协会（Humane Society）、马萨诸塞州公理慈善协会（Massachusetts Congregational Charitable Society）、圣公会慈善协会（Episcopal Charitable Society）、马萨诸塞州慈善协会（Massachusetts Charitable Society）、医学协会、农业协会、马萨诸塞州历史学会、马萨诸塞州慈善消防协会（Massachusetts Charitable Fire Society）、陌生人信息协会（Society for the Information of Strangers）、印第安协会、移民援助协会、马萨诸塞州传教协会、马萨诸塞州圣经协会、基督教知识促进会（Society for Promoting Christian Knowledge）以及一个独立的（有竞争性的）基督教知识、敬虔和慈善促进会（Society for Promoting Christian Knowledge, Piety, and Charity）——这个列表并不完整。Wright, "Ministers,Churches, and the Boston Elite," in *Unitarian Controversy*, 42; 54–57。

53　Tocqueville, *Democracy in America*, Vol. 2, 109; Vol. 1, 192; Vol. 2, 106。许多历史学家主张这种唯意志论源于加尔文主义宗教原则。最近的两个例子，参见 Lynerd, *Republican Theology*, 50，以及 Fea, *Bible Cause*, 59–60。时间稍早但也很重要的有，Young, *Bearing Witness Against Sin*，以及 Hirrel, *Children of Wrath*。

54　Beecher, *Memory of Our Fathers*, 18。一年前的大选选举日，比彻在康涅狄格州议会宣讲过这篇布道的类似版本。

55　Chernow, *Grant*, 10.

56　Fuhrer, *Crisis of Community*, 155–68.

57　Lynerd, *Republican Theology*, 2; 102; 109–10.

58　Smith, *Revivalism and Social Reform*, 236.

59　Tocqueville, *Democracy in America*, Vol. 2, 140.

60　Tocqueville, *Democracy in America*, Vol. 2, 136; 153; 142; 33。一些当代学人试图论证这种责任感的宗教基础（可参见 Hunt, *The Book of Wealth*），但这并非托克维尔的叙述核心。

61　*The Sporting Review* (June 1839), 425；转引自 Pagnamenta, *Prairie Fever*, 108。《体育评论》是一本专注于猎狐、障碍赛和其他户外运动的杂志，这一观察的意义，在于解释何以鲜有美国人从事这些活动。

62 Larson, *Return of George Washington*, 246.

63 参见 Bernstein, *Wedding of the Waters*。

64 Frieden, *Lessons for the Euro*, 18.

65 Emerson, "Wealth," in *Conduct of Life*, 102–3.

66 Fuhrer, *Crisis of Community*, 77–80.

67 Hazen, *Panorama of Professions and Trades*.

68 Tocqueville, *Democracy in America*, Vol. 2, 140; 152; 33.

69 Tocqueville, *Democracy in America*, Vol. 2, 26.

70 Green and Wells, *Summary View of the Millennial Church*, 99。有关震颤派群体的情况，参见 Brewer, *Shaker Communities, Shaker Lives*, 217，以及 Bainbridge, "Shaker Demographics," 355。

71 Howe, "Decline of Calvinism."

72 该教派内部的分歧一直持续到今天，包括美国最大的浸礼会团体——美南浸信会内部。

73 Lynerd, *Republican Theology*, 104–5.

74 Finney, *Lectures on Revivals of Religion*, 15–17; 259.

75 Finney, *Lectures on Revivals of Religion*, 188; 190; 18; 186; 19.

第 10 章　神职身份的经济学家

1 马修·凯里（Mathew Carey）和他的儿子亨利明显是例外，二人都是罗马天主教徒。

2 *OPE*.

3 McVickar, *Introductory Lecture*.

4 McVickar, *First Lessons*, 24.

5 McVickar, *Introductory Lecture*, 5.

6 *TMS*, 63.

7 McVickar, *Introductory Lecture*, 6–8.

8 Angell, *Great Illusion*; Friedman, *The Lexus and the Olive Tree*。这一看法与康德在 1795 年"永久和平论"中的预测也有相似之处，即政治民主国家之间不会发动战争；参见 Kant, "Toward Perpetual Peace," in *Toward Perpetual Peace and Other Writings*。

9 McVickar, *Introductory Lecture*, 8–9.

10 McVickar, *Introductory Lecture*, 9; 34.

11 McVickar, *First Lessons*, 28–29.

12 McVickar, *Introductory Lecture*, 9。70 多年前，乔赛亚·塔克——无独有偶，他也是一名牧师——同样用宗教语言表达了这一观点，他写道，"人与人之间应该相互依赖和联系，这是神意所望"，并继续将这一原则应用于国家间的贸易；Tucker, *Essay on*

Trade, ii。到了麦维克的时代,对斯密经济学的神意论解读在英国也占了上风;可参见 Whately, *Introductory Lectures on Political Economy*。

13 McVickar, *Introductory Lecture*, 34.

14 McVickar, *First Lessons*, 31.

15 Ricardo, *On the Principles of Political Economy and Taxation*, 128–49.

16 McVickar, *First Lessons*, 31.

17 McVickar, *First Lessons*, 32.

18 Wayland, *The Elements of Moral Science*。韦兰还出版了一个删减版,供未上大学的学生用:Wayland, *Elements of Moral Science: Abridged and Adapted to the Use of Schools and Academies by the Author*。韦兰通常被认为是美国 19 世纪最受欢迎的道德哲学家;可参见 Marsden, "The Gospel of Wealth, the Social Gospel, and the Salvation of Schools," 15。美国大学在内战前广泛使用的另一本关于道德哲学的书,是半个世纪前由一位英国牧师撰写的:William Paley, *Principles of Moral and Political Philosophy*。

19 *EPE*, v.

20 这一时期在英国使用最广泛的教材,是约翰·斯图亚特·穆勒首版于 1848 年的《政治经济学原理》。韦兰的教材与亨利·凯里的教材同一年面世,但前者吸引了更广泛的读者;Carey, *Principles of Political Economy*。

21 参见 Wayland, *Elements of Political Economy: Abridged and Adapted to the Use of Schools and Academies*。一个更早的删节本,并非出于韦兰本人之手,面世于 1838 年。

22 *EPE*, 3.

23 *EPE*, 107–9.

24 *EPE*, 3–4; 7.

25 出版自己著作的前几年,他在布朗大学所教授课程中指定的教材不是《国富论》,而是一部受斯密著作影响的晚近作品:让-巴蒂斯特·萨伊(Jean-Baptiste Say)的《政治经济学论集》(*Treatise on Political Economy*),1803 年首次(以法文)出版。萨伊此书的第 4 版于 1821 年被翻译成英文并在美国出版。参见 Heyne, "Clerical Laissez-Faire"。

26 *EPE*, 15.(在该书后来的版本中,他修改了这句话,说"人人都渴望交换自己创造的价值的一部分"。)韦兰在书中 5 次提到了斯密的名字——其中 3 次是在他讨论劳动分工的语境中。

27 *EPE*, 186–87; 429.

28 *EPE*, 11.

29 *EPE*, 86–88。不同于麦维克,韦兰没有提到过李嘉图。

30 *EPE*, 88–89.

31 *EPE*, 88–90.

32 参见 Krugman, "The Narrow Moving Band"; Grossman and Helpman, *Innovation and Growth*

in the Global Economy，第 7 章，以及 "Dynamic Comparative Advantage," 15–39。

33 *EPE*, 91. 有关韦兰思想在后来经济发展理论中的反映，可参见 Rostow, *Stages of Economic Growth*。

34 《北美评论》在 1940 年代初期至 1960 年代中期停刊一段时间后，一直出版至今。

35 *PPE*.

36 尽管鲍恩因为他的教科书声名大噪，但他不是唯一也不是第一位倡导保护主义关税的美国经济学家。1824 年从德国移民来的弗里德里希·李斯特（Friedrich List）曾倡导过，就此扩展了汉密尔顿 – 克莱 "美国体制"（American System）。

37 *PPE*, 22–23.

38 *PPE*, 27.

39 这个短语应用于经济领域，可以追溯到 17 世纪后期；参见 Keynes, *End of Laissez-Faire*, 18。它最早出现在英国人乔治·沃特利（George Whatley）的论作中（沃特利的朋友本杰明·富兰克林显然合写了部分内容）；Whatley, *Principles of Trade*, 33–34。然而，直到 19 世纪，詹姆斯·穆勒在《大英百科全书》1824 年增补的 "经济学家" 这一条目中使用了这个词，这个词才被广泛使用；Mill, "Economists," 708。

40 *PPE*, 23.

41 *PPE*, 26.

42 *PPE*, 26.

43 在 1817 年出版的《人口论》第 5 版中，马尔萨斯新增了一章，题为 "谷物法，进口限制"（Of Corn-Laws, Restrictions upon Importation）。

44 *PPE*, 26–27.

45 *PPE*, 27.

46 *PPE*, 473。有关宗教思想对内战前美国政治经济学家（不止这里概述的三位经济学家）的影响的进一步讨论，参见 Davenport, *Friends of the Unrighteous Mammon*。进一步的综述，参见 Noll, ed., *God and Mammon*。关于这一时期宗教思想对美国思想更普遍的影响，参见 Noll, *America's God*。

47 Paullin, *Atlas of the Historical Geography of the United States*, Plate 138A.

48 Mak and Walton, "Steamboats and the Great American Surge in River Transportation," Appendix Tables 1 and 2.

49 Paullin, Atlas of the Historical Geography of the United States, Plate 138B.

50 Cooper, *Progress of Farm Mechanization*, 3.

51 *Statistical Abstract of the United States*, 594.

52 Atack and Passell, *New Economic View of American History*, Fig. 7.2 [基于兰斯·戴维斯（Lance Davis）和路易斯·斯特特勒（Louis Stettler）汇编的基础系列，以及罗伯特·B. 泽文（Robert B. Zevin）汇编的基础系列]。

53 Bigelow, *Statistical Tables: Exhibiting the Condition and Products of Certain Branches of Industry in Massachusetts, for the Year Ending April 1, 1837*, 转引自 Peterson, *City-State of Boston*, 473。

54 David, "Growth of Real Product in the United States Before 1840."

55 *EPE*, 53.

56 *EPE*, 53.

57 *EPE*, 53–54。将近 200 年后，预测尚未发生的技术进步的能力，仍然是经济学家们争论的话题。有关与文中见解相对立的论断，可参见 Brynjolfsson and McAfee, *Second Machine Age, and Gordon, Rise and Fall of American Growth*。

58 *Historical Statistics of the United States Colonial Times to 1970*, Series Q321 and Q329.

59 此处及相关前文，参见 Paullin, *Atlas of the Historical Geography of the United States*, Plate 138C。

60 参见 Chas. B. 巴尔（Chas. B. Barr）所制地图，名为《美国、加拿大和新斯科舍的电报局》（"Telegraph Stations in the United States, the Canadas, and Nova Scotia"）。

61 参见 Atack and Passell, *New Economic View of American History*, Fig. 7.2。

62 参见 David, "Growth of Real Product in the United States Before 1840"。

63 "The Coming Age," *The Independent* 3 (January 16, 1851): 10.

64 Freehling, *Road to Disunion*, 42.

65 Lincoln, "Address to the Wisconsin State Agricultural Society," 98.

66 Paine, *Common Sense*, in *The Rights of Man, Common Sense, and Other Political Writings*, 53.

67 Murray, Jerubbaal, 32.

68 Engell, "The Other Classic," 345–46.

69 Levinson and Berman, "King James Bible at 400," 8.

70 Beecher, *Memory of Our Fathers*, 7; 12–14; 16; 19–20.

71 Beecher, *Plea for the West*, 11.

72 Beecher, Plea for the West, 8–11。圣经出处是《以赛亚书》66:8。

73 Bushnell, *Nature and the Supernatural*, 221–23.

74 Jackson, "Message to Congress," 60–61.

75 ［O'Sullivan］, "Annexation," 5. 此文的作者一般被认为是约翰·奥沙利文（John O'Sullivan），该出版物的一位编辑。

76 "Summary—This Day: American," 2.

77 Gaustad, *Liberty of Conscience*, 212.

78 Bancroft, *History of the United States*, Vol. 1 (1834), 1–3.

79　Bancroft, *History of the United States*, Vol. 1, 3–4。托克维尔的书在次年出版，他给出了类似的描述："但在北美，只有一些到处漂泊的不定居部落，他们从未想过利用土壤的天然地力；严格说来，北美还是一个没有人烟的大陆，一片等待人去居住的荒野。"Tocqueville, *Democracy in America*, Vol. 1, 291。不过，班克罗夫特所谓"无用的植被"（useless vegetation）的悲观看法，并非新提法。半个世纪前，塞缪尔·约翰逊在有名的苏格兰之行后，写下了"无用植被的阴沉力量"；Johnson, *Journey to the Western Islands of Scotland*, 59。

80　Washington, "To Lafayette," in *Papers*, Vol. 6, 299.

81　Jennings, *Paradise Now*, 89.

82　Melville, *White-Jacket*, 117; 153.

83　Melville, *White-Jacket*, 153.

84　到内战时，波士顿拥有女性反奴隶制协会（Female Anti-Slavery Society），预防贫穷协会（Society for the Prevention of Pauperism），向印第安人传播福音协会（Society for Propagating the Gospel Among the Indians），不信教者救济协会（Infidel Relief Society），禁酒协会（Temperance Association），女性道德改革协会（Female Moral Reform Society），完全戒酒协会（Total Abstinence Society），以及利比里亚教育捐赠信托基金（Trustees for Donations for Education in Liberia）（也见更早成立的那些协会，录于前文第9章）。波士顿总计至少有46个志愿协会。Volo and Volo, *Antebellum Period*, 68。

85　1836年有过一例，当时马萨诸塞州博伊尔斯顿（Boylston）镇的一群女性写了请愿书；参见 Fuhrer, *Crisis of Community*, 235。另见 *Annual Report of the Boston Female Anti-Slavery Society*, 32。

86　Wayland, *Elements of Moral Science*, 220; *EPE*, 186.

87　Fuller and Wayland, *Domestic Slavery Considered as a Scriptural Institution*.

88　Bowen, *Gleanings from a Literary Life*, 83.

89　James, *Small Boy and Others*, 159.

90　参见 Buell, *Dream of the Great American Novel*，第7章对这部小说及其影响的讨论。

91　甚至身为奴隶主的托马斯·杰斐逊，也把奴隶制称作"致命污点"；Jefferson, letter to Ellen Randolph Coolidge, 27 August 1825, in *Family Letters of Thomas Jefferson*, 457。

92　Howe, "Battle Hymn of the Republic," 145。另见 Smith, *Revivalism and Social Reform*, 232。还可见 Noll, *America's God*, Part V。

93　Bancroft, *History of the United States of America*, Vol. 1 (1882), 3.

第 11 章　竞争的诸福音

1　这一发现催生了弗雷德里克·杰克逊·特纳（Frederick Jackson Turner）的"边疆假

说"以及随后又由"边疆假说"引发的美国史学运动；参见 Turner, "Significance of the Frontier in American History"。

2 Bateman, "Make a Righteous Number," 70.

3 *Historical Statistics of the United States: Earliest Times to the Present, Millennial Edition* Series Df882–85.

4 Rogers, *Economic History of the American Steel Industry*, 16.

5 Atack and Passell, *New Economic View of American History*, Table 17.4.

6 在本章的此处和下文，人均收入方面的数据是基于 Gallman, "Real GNP, Prices of 1860, 1834–1909" 的美国总收入，以及 Mitchell, *International Historical Statistics* 的美国总人口数。

7 *Historical Statistics, Millennial Edition*, Series Da719, Da697, and Da757.

8 有关银行停业的情况，参见 *Historical Statistics of the United States, 1789–1945*, Series N 135。有关企业倒闭的情况，参见 *Historical Statistics, Bicentennial Edition*, Series V 24。

9 *Historical Statistics, Millennial Edition, Series Ba475.*

10 *Historical Statistics, Millennial Edition*, Series Df931。(以前公布的估计数，有时会出现还要高的完成率。可参见 Atack and Passell, New Economic View of American History, Fig. 16.1，它采信的是大约四分之三的完成数，基于 1975 年 *Historical Statistics, Bicentennial Edition* 中的 Series Q321 和 Q329。)

11 *Historical Statistics, Millennial Edition*, Series Dd309, 334, 336, 347, 348.

12 比彻还以一种不怎么光彩的方式引起了人们的关注。1874 年，一位名叫西奥多·蒂尔顿 (Theodore Tilton) 的教区居民控告他与蒂尔顿夫人通奸。(比彻主持了这对夫妇的婚礼。) 这次审判成了一桩公共丑闻，吸引了全国的关注。近来有关于此的解释，参见 Fox, *Trials of Intimacy*。

13 Mayo, "Liberal Christianity in Western Massachusetts," 65.

14 Beecher, "Administration of Wealth," 225.

15 Beecher, "Administration of Wealth," 225–27.

16 Beecher, "Tendencies of American Progress," 203; 211.

17 Beecher, "Lessons from the Times," 98.

18 Beecher, "Tendencies of American Progress," 205.

19 Beecher, "Tendencies of American Progress," 211.

20 Emerson, "Wealth," in *Conduct of Life*, 89.

21 Beecher, "Tendencies of American Progress," 215; 218.

22 Beecher, "The Strike and its Lessons," 114.

23 有关康威尔的生平，参见 Burr, *Russell H. Conwell and His Work*，以及 Bjork, *Victorian*

Flight。

24 康威尔的组织和筹款才能，在他加入永恩堂之前就已经显露出来。在牛顿神学院学习期间，他便对马萨诸塞州列克星顿一个濒临关门的浸礼会教堂进行了成功的重组和财政救助；Bjork, *Victorian Flight*, 16–17。

25 Conwell, Acres of Diamonds, 17。康威尔的寓言与亚当·斯密在《道德情操论》中对"穷人家的儿子"的描述，有一些表面相似之处，但故事的结尾是不同的，因此旨趣也是不同的。在斯密的故事中，这位儿子在艰难困苦、追逐财富中度过一生。"于是，在生命只剩下最后的渣滓，在他的身体已被辛劳与疾病消耗殆尽，在他回想起……使他遭遇到的数以千次的伤害与失望，而感到痛心与气恼时，他终于开始觉悟到，富贵只不过是没啥效用的小玩意儿。"（*TMS*, 181）。在"钻石就在你家后院"中，那个年轻人的错误，不在于他对物质财富的欲求，而在于认为自己需要离开家去寻找财富。

26 Conwell, *Acres of Diamonds*, 18; 20.

27 Conwell, *Acres of Diamonds*, 25.

28 Conwell, *Acres of Diamonds*, 25; 18.

29 Lawrence, "The Relation of Wealth to Morals," 290.

30 Lawrence, "The Relation of Wealth to Morals," 287.

31 Conwell, *Acres of Diamonds*, 19.

32 Lawrence, "The Relation of Wealth to Morals," 287.

33 Conwell, *Acres of Diamonds*, 26.

34 Lawrence, "The Relation of Wealth to Morals," 287.

35 Conwell, *Acres of Diamonds*, 20.

36 Carnegie, "Wealth," 661–62.

37 Carnegie, "Wealth," 660.

38 Carnegie, "Wealth," 659–60; 664.

39 Carnegie, "Wealth," 660; 664.

40 Beecher, "Economy in Small Things," 263.

41 Conwell, *Acres of Diamonds*, 21.

42 Alger, *Ragged Dick*.（1867 年，该作品最初以连载形式出现在刊物 *Student and Schoolmate* 上。）

43 Emerson, "Wealth," 86.

44 Calvin, *Commentary on Genesis*, Vol. 2, 39:1, 292。基督教对不平等的接受（尽管不像加尔文那里归因于神的在场或缺位）要古老得多。6 世纪后期的教宗和圣徒格里高利一世写道："神意设下不同的等级和有别的秩序……受造物不能被平等地治理，天军的例子晓谕了我们这一点；有天使，也有大天使，这显然不是平等的"；参见 Duby, *Three Orders*, 35。

45 Conwell, *Acres of Diamonds*, 21.

46 Beecher, "The Strike and its Lessons," 113–4.

47 Beecher, "The Strike and its Lessons," 112.

48 "Phillips Brooks to his Father"，录于 Allen, *Life and Letters of Phillips Brooks*, Vol. 1, 523。另见 May, *Protestant Churches and Industrial America*，第 3 章中对布鲁克斯的讨论。詹姆斯・F. 伍尔夫顿（James F. Woolverton）对布鲁克斯有不同的看法，将他更多地置于社会福音传统中；Woolverton, *A Christian and a Democrat*, 37；但梅（May）的立场更符合布鲁克斯本人的著述，以及布鲁克斯长期的传教经验，传教是要努力影响听众的个人精神变化，而非致力于促进社会改革。也是基于这种见地，布鲁克斯评论说，他认为比彻是"美国和本世纪最伟大的布道者"；May, *Protestant Churches and Industrial America*, 67。

49 Brooks, "Sermon XI: The Man with Two Talents," in *Twenty Sermons*, 194–95.

50 Brooks, "The Duties of Privilege," in *New Starts in Life*, 88.

51 Riis, *How the Other Half Lives*.

52 有关后千禧年主义对社会福音的影响，参见 Smith, *Revivalism and Social Reform*，尤其是第 14 章。

53 Gladden, *Tools and the Man*, 1; 4.

54 Gladden, *Tools and the Man*, 5.

55 Gladden, *Tools and the Man*, 5; 26.

56 Gladden, *Tools and the Man*, 26.

57 Gladden, *Tools and the Man*, 26–27.

58 社会福音运动开始衰落后，很长一段时间，劳申布施的书仍然在美国和国外有影响力。二战中期，坎特伯雷大主教威廉・坦普尔（William Temple）出版了一本书名呼应了劳申布施的书：《基督教与社会秩序》。经济学家 D．L．芒比（D. L. Munby）后来称这本书为英国"福利国家的一个基座"；Munby, *God and the Rich Society*, 157。

59 Rauschenbusch, *Christianity and the Social Crisis*, xi-ii.

60 Tocqueville, *Democracy in America*, Vol. 2, 159; 161.

61 Rauschenbusch, *Christianity and the Social Crisis*, 249.

62 Rauschenbusch, *Christianity and the Social Crisis*, 218; 372。劳申布施未能预见到共产主义在俄国以及随后在东欧和中国的未来走势，他还指出，"往后任何可能推翻资本主义的社会革命，几乎不可能比资本主义崛起时倚赖的工业革命造成更多的不公正、更多的物质苦难和更多的内心苦痛"（218）。

63 Rauschenbusch, *Christianity and the Social Crisis*, 21.

64 Hanson, *Political History of the Bible in America*, 79–80。另见 Freeman, *Closing of the Western Mind*。

65 Rauschenbusch, *Theology for the Social Gospel*, 5.

66 Rauschenbusch, *Christianity and the Social Crisis*, xii, 60–61.

67 Rauschenbusch, *Christianity and the Social Crisis*, xii.

68 Rauschenbusch, *Christianity and the Social Crisis*, 372.

69 有关后千禧年主义在这段时期的"称霸地位"（hegemony），参见 Moorhead, "Between Progress and Apocalypse," 525。

70 Rauschenbusch, *Christianity and the Social Crisis*, 65.

71 可参见 Buell, *Dream of the Great American Novel*, 266–67。

72 Strong, *New Era*, 30。从后来的走向看，斯特朗成了一个有争议的人物，因为他在自己最著名的书《我们的国家》（*Our Country*）中表达了种族主义。

73 Moorhead, "Between Progress and Apocalypse," 525.

74 Great Christian Books, http://greatchristianbooks. storenvy. com/products/1526181–in-his-steps.

75 Rauschenbusch, *Theology for the Social Gospel*, 2–3; 139–40.

76 Bateman, "Make a Righteous Number," 67.

77 Sanford, *Report of the First Meeting of the Federal Council*, 228–30; 233.

第 12 章　寻求社会进步的经济学

1 Marsden, "The Gospel of Wealth, the Social Gospel, and the Salvation of Souls in Nineteenth-Century America."

2 参见 Howe, *Unitarian Conscience*，第 5 章。另见 Marsden, "The Gospel of Wealth, the Social Gospel, and the Salvation of Souls in Nineteenth-Century America," 19, note 4。马斯登（Marsden）特别指出，从早期历史看，说唯一神论是社会福音运动的源头也说得通，不过，"这种说法背后的证据，指向的是一些例外情况，而非通则"。

3 Beecher, "Strike and its Lessons," 112.

4 Rauschenbusch, *Christianizing the Social Order*, 427。十几年后，约翰·梅纳德·凯恩斯在牛津大学的一次演讲中应和了劳申布施的观点，提到"当股份制机构达到一定年数和规模时，它们的趋势是接近公营公司的地位，而不是个人主义企业的地位"，并认为"近几十年来最发人深思而又最不受注意的动向之一是大企业社会化的趋势"；Keynes, *End of Laissez-Faire*, 42。

5 Stern, "German History in America," 131–32.

6 参见 Haskell, *Emergence of Professional Social Science, and Dorothy Ross, Origins of American Social Science*。

7 有关对促成协会创建的组织努力的描述，参见 Ely, "Founding and Early History of the

American Economic Association" 以及 Dorfman, *Economic Mind in American Civilization*, Vol. 3, 205–12。

8　1947 年保罗·萨缪尔森的《经济分析基础》的出版，标志着数学在经济理论中应用的转折点。有关 1950 年代开始的数学在理论研究和实证研究中的普及应用，参见 Lurie, *Cowles Catalyst* 中的叙述，其强调了考尔斯基金会 (Cowles Foundation) 赞助的作用。

9　Perry, *Principles of Political Economy*, 251–52.

10　Ely, "American Economic Association, 1885–1909," 58。关于社会福音运动对美国经济协会建立的更广泛的影响，也可参见 Bateman and Kapstein, "Between God and the Market," 249–58。

11　有关西列的指导及其对克拉克的影响的叙述，参见 Everett, *Religion in Economics*，第 2 章。

12　有关克尼斯对克拉克以及这一时期其他经济学家的影响，参见 Papadopoulos and Bateman, "Karl Knies and the Prehistory of Neoclassical Economics"。

13　马克斯·韦伯在此期间也就读于海德堡，他在 1904 年写道，人们生活其间的制度，甚至支配着决定他们行为的心理过程，就此而言，人类制度也是优先于人类心理的。参见 Weber, *Die "Objektivität" sozialwissenschaftlicher und sozialpolitischer Erkenntnis*；英译参见 "The 'Objectivity' of Knowledgein Social Science and Social Policy," in *Max Weber: Collected Methodological Writings*, 100–138。

14　参见 Everett, *Religion in Economics*，第 2 章。更广泛层面的讨论，还可参见 Henry, *John Bates Clark*。

15　Clark, *The Philosophy of Wealth* (1894), 236。这些表述没有出现在 1886 年刊行的该书首版中；它们被添加到 1887 年开始的所有后续印本中。

16　*PW*, 34–35.

17　*PW*, 48; 44.

18　*PW*, 42; 40; 95。此处，克拉克是在应和另一位社会福音派的领袖。乔赛亚·斯特朗，他那部被广泛阅读的著作《我们的国家》，出版时间恰早于克拉克著作一年，斯特朗在书中写道："世界将基督教化和文明化……文明的进程，不是创造更多更高的欲望，还能是什么呢？"；Strong, *Our Country*, 14。而斯特朗关于经济学的著述，又显示出了弗朗西斯·韦兰早期作品的影响，这说明这一时期经济思想和宗教思想是双向互动的；可见 Hanson, *Political History of the Bible in America*，第 6 章。

19　在一些著述中，特别是关于边际关系性质的著述中，克拉克提出，纯粹竞争的市场分配有公正的一面。例如，克拉克在 1899 年的著作《财富的分配》(*The Distribution of Wealth*) 中写道："自由竞争倾向于将劳动创造的东西给予劳动者，将资本创造的东西给予资本家，将协调功能创造的东西给予主办者。"不过，这种说法与克拉克成果的主体是背道而驰的。参见 Clark, *Distribution of Wealth*, 3。

20 *PW*, 58; 107; 205; 157.

21 Clark, *Social Justice Without Socialism*, 4–5; 46.

22 Clark, *Social Justice Without Socialism*, 47–48.

23 伊利在他的自传中解释说："我一直反对这样一种看法，即认为善好上帝创造了人类，之后又容忍那些让人类大多数遭受永恒折磨的安排。这与上帝的全能和基督所教导的博爱如何相容呢？……我最后转向了美国圣公会，我认为那里提供了一种更充实、更丰富的生活"；Ely, *Ground Under Our Feet*, 16。

24 Ely, *Ground Under Our Feet*。另见 Frey, "Impact of Liberal Religion on Richard Ely's Economic Methodology" 以及 Handy, *Social Gospel in America*, 173–83。

25 在自传中，伊利没有解释为什么他的学费是免费的；他显然获得了某种形式的择优奖学金。Ely, *Ground Under Our Feet*, 31。

26 除了克拉克和伊利，美国经济学会的主要创始人中还有几位曾在德国学习并吸收了德国历史学派的思想。亨利·卡特·亚当斯（Henry Carter Adams）在密歇根大学任教多年。埃德温·R. A. 塞利格曼（Edwin R. A. Seligman）是克拉克在哥伦比亚大学的同事，也是后来《社会科学百科全书》的编辑。西蒙·N. 帕滕（Simon N.Patten）和埃德蒙·J. 詹姆斯（Edmund J. James）当时都在宾夕法尼亚大学沃顿商学院。（詹姆斯先是转到芝加哥大学，后来成为西北大学校长，之后是伊利诺伊大学校长。）

27 在 1901 年写给阿尔弗雷德·马歇尔的一封信中，伊利写道："在我看来，今天德国经济学家和美国同行之间的联系，比英美学者之间的联系更紧密。我讲的联系既是个人联系也是思想联系。" Coats, "Alfred Marshall and Richard T. Ely," 192。

28 参见 "Report of the Organization of the American Economic Association," 16; 6。

29 Ely, *Social Law of Service*, 162–63。另一句大意相同的表述，伊利是这样说的，"现在可以合理地主张，如果地球上有任何神圣的东西，那便是国家，它是上帝赋予的诸本能的产物，这些本能促成过教会和家庭的建立"；Ely, "Recent American Socialism," 303。

30 1884 年，西蒙·帕滕和埃德蒙·詹姆斯已经开始筹办一个研究国民经济的学会，学会效仿的是德国历史学派的类似协会；参见 Dorfman, *Economic Mind in American Civilization*, Vol. 3, 205。1889 年，两人建立了另一个专业组织：美国政治社会科学学会（American Academy of Political Social Science）。几年后，伊利将他们发起的平台与自己的进行了比较；Ely, "Founding and Early History of the American Economic Association," 144。

31 Rader, "Richard T. Ely," 61–74。另见 Everett, *Religion in Economics*，第 3 章，以及 Handy, *Social Gospel in America*, 173–83。

32 康芒斯 1934 年的著作《制度经济学》，成为他和伊利讲授过的大部分内容的经典教材。

33 "Report of the Organization of the American Economic Association," 7.

34 伊利的《政治经济学导论》是他最畅销的教科书、首版于 1893 年的《经济学大纲》的前身。在《经济学大纲》第一版序言中,伊利对给两者预设的关系解释如下:"本书最初是作为我的《政治经济学导论》的修订版,但它实际上已经成为一本新书,出版商会在市场上保留旧作。……将来两本书不管哪一本修订,都将进一步发展出各自特色;《政治经济学导论》的目的主要是提供历史的和描述性的材料;《经济学大纲》的目的则是给这种理论一个系统的概述";Ely, *Outlines of Economics*, v–vi。这两本书在结构上非常相似,导言的部分在《经济学大纲》中没有改变。《政治经济学导论》于 1894 年重版,1901 年又再版。《经济学大纲》再版了五次,最后一次再版是在 1937 年。有关这两本书的影响和销售,参见 Tabb, *Reconstructing Political Economy*, 117。

35 *SAC*, 147。早期的一本关于劳工运动的书,同样强调了伊利认为教会在社会和经济改革中需要扮演的那种重要角色;Ely, *Labor Movement in America*。

36 *SAC*, 11.

37 Frey, "Impact of Liberal Religion on Richard Ely's Economic Methodology," 306.

38 *SAC*, 119; 121; 123–24.

39 *SAC*, 121.

40 然而,伊利和当时的其他经济学家在多大程度上吸收了与杰文斯、瓦尔拉斯和克拉克有关的边际革命的新思维,尚不得而知。一位历史学家的看法是,"他们中的多数,在 1880 年代似乎完全没有意识到此时正在发生的'边际革命'"。Heyne, "Clerical Laissez-Faire," 260。

41 *IPE*, 84.

42 *SAC*, 124; *IPE*, 84; *SAC*, 127.

43 *SAC*, 126–27.

44 *SAC*, 127; *IPE*, 68; *SAC*, 128–29.

45 *SAC*, 24–25。该学会早年明确的基督教宗旨,招致了一些反对;参见 Coats, "First Two Decades of the American Economic Association," 555–74。

46 《马太福音》22:37–40(《马可福音》12:29–31 也类似);所依托的文本是《申命记》6:5 和《利未记》19:18。类似伊利的表述——接近但并非逐字对应——出现在华盛顿·格莱登后来(1893 年)的著作《工具与人》中。不过,自 1870 年代中期以来,格莱登便一直宣讲和写作有关经济学方面的内容,他和伊利在 1880 年代中就认识了,所以谁影响了谁实难厘清。参见 Gladden, *Tools and the Man*, 1。

47 Coats, "First Two Decades of the American Economic Association," 562。科茨(Coats)指出,牧师的人数在 1894 年达到了 39 人这一峰值,此时成员总数已经达到了 800 人。另见 "List of Members"。

48 *IPE*, 21; 25; 14.

49 *IPE*, 26; 29.

50 这些资料的更易获取产生了一种后效,有关于此的历史,参见 Bateman, "Make a

Righteous Number"。

51 *IPE*, 126–27。伊利的著作甚至更早就提出了这一总体性思想。在约翰·霍普金斯大学任教仅两年后，他写道，政治经济学"不是被视为固定不变的东西，而是随着社会的变化而成长和发展的。……今天的政治经济学不是昨天的政治经济学；而德国的政治经济学并不等同于英国的或美国的"；Ely, "Past and the Present of Political Economy," 45–46。

52 Wellhausen, *Geschichte Israels*。另见 Wellhausen, *Prolegomena zur Geschichte Israels*。

53 有关于此的评述和讨论，可参见 Friedman, *Who Wrote the Bible*？虽然四部分划分仍然被用作方便的简略表达法，但从晚近学术研究保守估算来看，《希伯来圣经》有 75~100 位编著者，可能还会更多；参见 Friedman, *The Exodus*, 102。威尔豪森开辟的学术路径，依赖于用语法、语文学和历史的知识仔细阅读圣经文本，遵循的是 16 世纪由伊拉斯谟首先在新教欧洲引入的传统。休谟的著作在这方面也有影响；参见《休谟宗教著述择要》的编者导言（Hume, *Principal Writings on Religion*, xii）。

54 参见 Frey, "Impact of Liberal Religion on Richard Ely's Economic Methodology"。

55 *IPE*, 125–26.

56 Hume, *Treatise of Human Nature*, 344.

57 Gladden, *Tools and the Man*, 5.

58 *SAC*, 119; *IPE*, 126.

59 这一时期在德国学习的美国人当中，受德国历史学派直接影响的，并非只有克拉克、伊利和其他经济学家。约翰·霍普金斯大学任教多年的历史学家赫伯特·巴克斯特·亚当斯（他的学生里有伍德罗·威尔逊和弗雷德里克·杰克逊·特纳）、哥伦比亚大学的长期法学教授约翰·W. 伯吉斯，也在其列。参见 Stern, "German History in America," 131–63。

第 13 章　冲突与危机

1 这个短语的使用在 1930 年代才开始流行。美国最早使用该短语的出版物之一是 Johnson, "Fetich of Free Enterprise"。

2 达尔文的《物种起源》阐述了自然选择的进化理论，但小心翼翼地避免将该理论明确应用于人类；他后来的书《人类的起源》才开始那样做。

3 Mathews, *Faith of Modernism*, 169; 171; 172; 177.

4 Mathews, *Faith of Modernism*, 176–77; 170.

5 Committee on the War and the Religious Outlook, *The Church and Industrial Reconstruction*, 287; 1.

6 France, "Sérénus," 14。这句表述在一些通行的二手文献中被归到福斯迪克名下，像

The Ultimate Book of Quotations, 203；以及 *Daily Bread for Your Mind and Soul*, 154；但这些文献并没有给出福斯迪克真正说或写这句表述的原始出处。

7 Fosdick, *On Being a Real Person*, 5.

8 Brown, He Came from Galilee, 148，就持这样一种归到福斯迪克名下的看法（并没有原始文献的支撑）。像 *The Westminster Collection of Christian Quotations*（第 31 页）这样一些书中都可以看到。这些书并没有给出原始出处。

9 Peale, *You Can If You Think You Can*, 116。这句话在 *Treasury of Spiritual Wisdom*（第 365 页）这样的通俗读物中，也被归到福斯迪克名下。同样，这些书都没有给出原始出处。

10 福斯迪克从 1916 年到 1921 年在基金会董事会任职。当他离开董事会时，他的兄弟雷蒙德接替了他的位置。参见 Miller, *Harry Emerson Fosdick*, 106。关于福斯迪克与洛克菲勒的关系，另见 Dochuk, *Anointed with Oil*, 第 4 章；多丘克（Dochuk）强调了标准石油公司高管弗雷德里克·盖茨（Frederick Gates）的中间人角色。

11 教堂会众卖掉了在公园大道的建筑物来资助新教堂，于 1929 年 10 月搬到临时场所，并一直在那里聚会，直到第二年新教堂落成。

12 "Religion: Riverside Church"。另见 Coffman, *The Christian Century and the Rise of the Protestant Mainline*, 19。

13 Moody, "Second Coming of Christ," 279.

14 Moody, "Regeneration," 695.

15 有关穆迪圣经学院的地位，参见 Gloege, *Guaranteed Pure*。

16 Ussher, *Annales Veteris Testamenti*, 1.

17 禁酒运动是查尔斯·谢尔登最畅销的社会福音小说《跟随他的脚踪》的主线。福音派新教传统回避大多数形式的政府经济监管，同时又希望政府在个人领域里强制实施私人行为规范，有关这方面的分析，参见 Lynerd, *Republican Theology*。

18 可参见 Hanson, *Political History of the Bible in America*，第 6 章。

19 Gregory, "Review: Christian Ethics, by Newman Smith," 353.

20 桑戴说这番话的日期无法确定。它刊出于 1914 年，收录在他的布道文以及其他著述选集里。参见 Sunday and Ellis, *Billy Sunday*, 360。

21 *The Fundamentals*.

22 Charles R. Erdman, "The Church and Socialism," in *The Fundamentals*, Vol. 12, 116; 119.

23 保罗·D. 汉森将美国新教对社会福音支持的削弱归因于当时前千禧年主义的兴起；Hanson, *Political History of the Bible in America*，第 6–7 章。另见后面第 14 章。

24 Scofield, *Scofield Reference Bible*. 新版本出版于 1917 年，甚至取得了更大的成功。

25 Wright, "Music Publishing, Bibles, and Hymnals," 464; Pietsch, *Dispensational*

Modernism, 249–50, note 31.

26 有关这一时期前千禧年主义思想的进展，参见 Sandeen, *Roots of Fundamentalism*; Weber, *Living in the Shadow of the Second Coming*; Boyer, *When Time Shall Be No More*; Moorhead, *World Without End*; Marsden, *Fundamentalism and American Culture*; 以及 Sutton, *American Apocalypse*。

27 与后千禧年主义的改进观点相反，布莱克斯通指出："这个邪恶的世界，铁了心地背离上帝，落入他大敌的摆布下，它不会变得更好的。"而且，"有教养的、懂科学的无神论者，如同窃贼或杀人犯一样，肯定是在为撒旦服务"。Blackstone, *Jesus Is Coming*, 148; 150。

28 Gloege, *Guaranteed Pure*, 183–88.

29 有关前千禧年主义在美国福音派当中的优势地位，可参见 Weber, *Living in the Shadow of the Second Coming*。有关社会福音的衰落，可参见 Hanson, *Political History of the Bible in America*，第 6 章。

30 *The Fundamentals*, Vol. 12, 4, 转引自 Marsden, *Fundamentalism and American Culture*, 119。

31 Marsden, "The Gospel of Wealth, the Social Gospel, and the Salvation of Souls in Nineteenth Century America," 10–21; 尤其是第 18 页。另见 Marsden, *Fundamentalism and American Culture*。

32 马修·艾弗里·萨顿（Matthew Avery Sutton）也强调了"全球事件对基要主义神学和政治的影响"（此处指美国的基要主义神学和政治）。Sutton, "Was FDR the Antichrist?," 1053。

33 Machen, *Christianity and Liberalism*, 6; 8.

34 Machen, *Christianity and Liberalism*, 5–7; 9.

35 Fosdick, "Shall the Fundamentalists Win?," 713–15。这种对美国自由派新教徒的攻击并非新鲜事。1822 年，在福斯迪克布道的整整一百年前，*Unitarian Defendant* 发表了一系列题为《论剥夺唯一神论者基督徒之名的尝试》的文章，控诉"排外和不宽容的宗教主义者"和"暴力倾向的党徒"，控诉他们正试图在一场"取名和拒绝名字的恶意游戏"中强加"无情和荒谬的不义"；*Unitarian Defendant*, Vol. 1, No. 2, 5–8; No. 3, 9–10; No. 4, 13–15. 甚至更早的时候，反对亨利·威尔（Henry Ware）当选哈佛大学神学教授的人认为，威尔和其他更自由倾向的神职人员已经如此偏离了真正的信仰，以致他们应该被排除在基督教团体之外；参见 Wright, *Unitarian Controversy*, 115。

36 Fosdick, "Shall the Fundamentalists Win?," 713.

37 Fosdick, "Shall the Fundamentalists Win?," 713–14; 716.

38 长老会的一位批评家克拉伦斯·马卡特尼（Clarence Macartney），发表了一篇题为《不信教者能赢吗？》（*Shall Unbelief Win?*）的布道文。当教会大会调查福斯迪克时，活跃的长老会成员、未来的国务卿约翰·福斯特·杜勒斯带头为他辩护。

39　*Christian Century*, June 8, 1922; *Christian Work*, June 10, 1022.

40　Miller, *Harry Emerson Fosdick*, 117; Miller, "Harry Emerson Fosdick and John D. Rockefeller, Jr.," 300.

41　有关不同的观点，参见 Sutton, *American Apocalypse*。萨顿认为，在这方面"历史学家夸大了斯科普斯审判的意义"（xiii）。

42　Winchester, *The Perfectionists*, 167.

43　基于美国国家经济研究局的商业周期数据。

44　失业数据来源于 *Historical Statistics: Earliest Times to the Present, Millennial Edition*, Series Ba475–76。

45　Darby, "Three-and-a-half Million U.S. Employees Have Been Mislaid"，以及 Weir, "A Century of U.S. Unemployment"。

46　*Historical Statistics of the United States, Millennial Edition*, Series Ba477.

47　可参见 Eichengreen, Golden Fetters, and Temin, *Lessons from the Great Depression*。

48　托马斯·库恩提出："在一个新领域的发展早期……社会需求和价值观是该领域专业人员所关注问题的主要决定因素。也是在这个时期，他们在解决问题时运用的概念受到当时常识的广泛制约。"相比之下，"成熟科学共同体的相对隔绝状态……主要是一种概念方面的隔绝状态"。参见 Kuhn, "History of Science"，118–119。

49　可参见 Hofstadter, *Age of Reform*，第 7 章，以及 Brinkley, *End of Reform*，第 1–5 章。

50　Roosevelt, "Inaugural Address."

51　当罗斯福政府着手设立旨在防止行业价格进一步下跌的国家复兴管理局时，质疑之声变得尤为密集。凯恩斯 1936 年的著作一定程度上就是要论证，工资和价格的进一步下降无助于复苏。参见 Keynes, *General Theory*。

52　Keynes, *General Theory*.

53　参见 Friedman, *The Moral Consequences of Economic Growth*，第 7 章。当熊彼特写道，他所谓的前分析图景的一种升级形式，会在"每当有人教我们以一门现有科学的事实、方法和结果中找不到来源的观点看问题时，有可能再汇入（re-enter）这一门既有科学的历史之中"，他想到的主要例子是凯恩斯对大萧条的回应；Schumpeter, *History of Economic Analysis*, 41。

54　亨利·乔治的畅销书的书名《进步与贫困》（*Progress and Poverty*），其重要性得以彰显。到 1870 年代末，至少一些美国人开始质疑经济进步会消除贫困这样一种假设。

55　关于罗斯福所受的道德教育，包括起过重要作用的美国圣公会牧师、格罗顿学校（Groton School）校长恩迪科特·皮博迪（Endicott Peabody），参见 Woolverton, *A Christian and a Democrat*，第 2 章。

56　可参见 MacMillan, *The War That Ended Peace*, 640。

57 Bateman, "Make a Righteous Number," 73–74.

58 1930 年，美南长老会宣教士、葛培理未来的岳父纳尔逊·贝尔（Nelson Bell），提笔写下"世界变得越来越好的幻象"。参见 Sutton, "Was FDR the Antichrist?," 1058–59。

59 Rauschenbusch, *Theology for the Social Gospel*, 141.

60 McGee, "The Millennium," 222.

61 可参见 Coffman, *The Christian Century and the Rise of the Protestant Mainline*。

第 14 章　宗教保守主义与经济保守主义的联合

1　Hoover, *Memoirs*, 30.

2　"Calls Stock Crash Blow at Gamblers"。另见 James, "1929"。

3　Galbraith, *Great Crash of 1929*, 107。罗斯福从 1928 年到去世一直担任他家乡教区的平信徒高级执事。

4　一直到 1932 年大选时，罗斯福还批评胡佛允许政府出现预算赤字，而没有在收入下降致使税收减少的情况下削减支出来平衡预算。

5　参见 Isetti, "Moneychangers of the Temple"。

6　Roosevelt, "Inaugural Address."

7　Rauschenbusch, *Theology for the Social Gospel*, 3.

8　Charles R. Erdman, "The Church and Socialism," in *The Fundamentals*, Vol. 12, 108; 111.

9　Sutton, "Was FDR the Antichrist?," 1063.

10　"Dictatorships," 480；也引述于 Sutton, "Was FDR the Antichrist?," 1063。

11　Sutton, *American Apocalypse*, 242。相关出处，参见 Sunday, "Sermon Notebook," Sunday Papers, folder 10, box 31。

12　Bauman, "1935——A Prophetic Review," 92。另见 Sutton, *American Apocalypse*, 255。

13　Norris, "The New Deal Uncovered," 11。关于诺里斯在选举前给罗斯福贴上共产主义者的标签，参见 Hankins, *God's Rascal*, 96；转引自 Sutton, "Was FDR the Antichrist?," 1062。

14　有关这一发展的叙述，参见 Phillips-Fein, *Invisible Hands*；Dochuk, *From Bible Belt to Sunbelt*；以及 Kruse, *One Nation Under God*。

15　Kruse, *One Nation Under God*, 12；参见 Fifield, "Religious Ideals and the Government's Program"。

16　Dochuck, *From Bible Belt to Sunbelt*, 117.

17　Phillips-Fein, *Invisible Hands*, 73.

18　Kruse, *One Nation Under God*, 12.

19　参见 Dochuk, *From Bible Belt to Sunbelt*, 65–66。

20　Sutton, "Was FDR the Antichrist?," 1063.

21　可以肯定，许多神职人员是支持罗斯福政府及其政策的。一个突出的例子是约翰·
A. 瑞安（John A. Ryan）神父——通常被称为"新政派右派牧师"（The Right Reverend
New Dealer）——他在罗斯福 1937 年的就职典礼上主持祈祷仪式（第一位行此仪式的
罗马天主教神父）。

22　参见 Dochuk, *From Bible Belt to Sunbelt*, 71。

23　参见 Kuhn, "History of Science," 80–81。

24　McGee, "The Millennium," 218; 229.

25　Dochuk, *From Bible Belt to Sunbelt*, 188.

26　Hayek, *Road to Serfdom*, 148–49.

27　Fifield, *Spiritual Mobilization*, 13。另见 Roy, *Apostles of Discord*, 292。

28　Eisenhower, "Letter to Edgar Newton Eisenhower," 1147。这句话经常被引用，尽管对
其出处往往不加引证；可参见 Thernstrom, *History of the American People*, Vol. 2, 804。

29　当时提议的名称是全国福音派联合行动会（National Conference for United Action
Among Evangelicals）。筹建这样一个团体，此次并非首开先河。1846 年，美国代表
出席了在伦敦举行的旨在建立一个全球福音派联盟的会议。但是主办会议的英国福
音派拒绝接纳美国奴隶主。第二年，美国人建立了他们自己的美利坚合众国福音联盟
（Evangelical Alliance for the United States of America）。这个团体于 1850 年解散，也
是由于奴隶制上的分歧。内战后，北方福音派复兴了这个团体，它一直延续到了 1898 年。
参见 Jordan, *Evangelical Alliance for the United States of America*。尽管当时 EAUSA 的关切
点与社会福音派发起的美国基督教联合会（成立于 1908 年），以及与 20 世纪中期成立的
NAE，保持着大致相当的默契，但今天它归属于福音派联盟 [Evangelical Alliance，后来又
更名为世界福音派联盟（World Evangelical Alliance）]。

30　Ockenga, "Unvoiced Multitudes," 26; 29.

31　Ockenga, "Unvoiced Multitudes," 20; 24; 29; 33.

32　Ockenga, "Christ for America," 4; 3; 4.

33　数据来源于 Landis, *Yearbook of American Churches*。

34　美北浸礼会（今天称为美国浸礼会）从未离开过全美基督教联合会。亨利在全国福音派
协会中的领导角色是一个有用的提醒，提醒人们当时和现在盛行的宗派划界是有较大活
动余地的。

35　Henry, *Uneasy Conscience of Modern Fundamentalism*, 65.

36　Henry, "Vigor of the New Evangelicalism," 32.

37　有关亨利的不赞成表态，参见它的自传：Henry, *Confessions of a Theologian*, 161–62;
264–78。

38　Burke, *Reflections on the Revolution in France*, 153.

39　Marx, *Critique of Hegel's "Philosophy of Right,"* 131; Engels, "Draft of a Communist Confession of Faith," 103.

40　参见 Bogus, *Buckley*，以及 Kimmage, "Buckley Jr., William F"。

41　Buckley, *God and Man at Yale.*

42　Buckley, "Father Fullman's Assault," 330.

43　Buckley, "Father Fullman's Assault," 330–31.

44　Buckley and Bozell, *McCarthy and His Enemies.*

45　Buckley, "Publisher's Statement," 5.

46　Buckley, "Publisher's Statement," 5.

47　Buckley, "Magazine's Credenda," 6。[这算是巴克利的梅开二度，也是出现在创刊号上，它通常与"发行人声明"合在一起被称为"宗旨"（Mission Statement）。]

48　Buckley, "Magazine's Credenda," 6.

49　Buckley, *Up from Liberalism*, 161.

50　Thompson, *Last Hours*, 200–201.

51　"Rebuke to Rolph Is Seen"。罗斯福也在这次会议上发表了讲话。

52　Williams, "Views and Reviews," 303.

53　罗斯福在 1940 年演讲时，大概也想到了纳粹德国。但在演说的先前部分，他指出，"在欧洲，许多经历独裁或入侵的国家，被迫放弃正常的民主程序"。鉴于前一年苏联入侵芬兰以及德国和苏联联合入侵波兰，不难看出，他话锋至少一定程度上指向了苏联共产主义。Roosevelt, "Radio Message Accepting 3rd Term Nomination"。

54　Truman, "Address at Mechanics Hall in Boston," 884。美国众议院议长约瑟夫·马丁（Joseph Martin）对捷克斯洛伐克政变做出回应时宣称，"文明的命运危在旦夕"；Steil, *Marshall Plan*, 251。

55　Truman, "Radio and Television Remarks on Election Eve," 1047.

56　Truman, "President's Farewell Address to the American People," 1201.

57　Eisenhower, "Remarks at the Opening Session of the Ministerial Meeting," 306–7.

58　Henry, "Christianity and the Economic Crisis," 14.

59　Henry, "Christianity and the Economic Crisis," 14–15.

60　Henry, "Christianity and the Economic Crisis," 43–44.

61　Hallowell, *The Communist Credo and the Christian Creed*, 1–2; Joffe, "Godfather of Post-Truth Politics," 18；Shore, "Unbreakable Broken," 10.

62　Hallowell, *The Communist Credo and the Christian Creed*, 2; 4–5。Halfin, *From Darkness to Light* 也提出了相似的观点。

63　Tillich, *History of Christian Thought*, 476。这本书基于他 1962—1963 年的演讲，在

他过世后出版（蒂里希于 1965 年去世）。

64　Morgan, *The United States and West Germany*, 54；当时的法国外交部长克里斯蒂昂·皮诺（Christian Pineau）回顾了杜勒斯的声明。

65　几位名作家曾用此短语来称呼史密斯，参见 Lipset and Raab, *Politics of Unreason*, 244；以及 Ribuffo, *Old Christian Right*, 177。

66　有关葛培理的生平，参见 McLoughlin, *Billy Graham; Aikman, Billy Graham*；以及 Wacker, *America's Pastor*。

67　Lichtman, *White Protestant Nation*, 215.

68　Graham, "God Before Gold," 34；也引述于 Kruse, *One Nation Under God*, 37。

69　来自沃伦·阿什比（Warren Ashby）和威廉·帕克（William Parker）的第一手报告，转引于 McAllister, "Evangelical Faith and Billy Graham," 23。（提到蛇有点令人费解。）

70　有关葛培理在种族和民权问题上不断演变的立场，参见 Wacker, *America's Pastor*, 120–36。对于废除种族隔离，《今日基督教》接受的速度较慢。相比之下，与《今日基督教》地位对等的新教徒主流杂志《基督教世纪》，很快便接受了。

71　Wacker, *America's Pastor*, 123–24.

72　Graham, "Why Don't Our Churches Practice the Brotherhood They Preach?"

73　Graham, "We Need Revival," 62.

74　Aikman, *Billy Graham*, 152.

75　Graham, "We Need Revival," 79.

76　反过来，葛培理严厉批评了杜鲁门在朝鲜战争上的表现："有史以来最大的悲剧之一就是朝鲜的分裂。我们国家必须为三八线的划分承担一定责任。我确信，我们某些领导人对于这片土地上可怕的苦难和死亡，将来总得要给上帝一个交代。我们失去的每一位士兵，每一名死亡或遇害的平民，都可归咎于那些在和平谈判桌上的秘密协议中出卖我们的人做出的可耻决定。" Graham, *I Saw Your Sons at War*, 34。

77　Graham, *America's Hour of Decision*, 144.

78　Graham, "Three Minutes to Twelve," 7:23–7:32.

79　葛培理担心政府计划有可能导致社会主义，有关这方面更具体的例子，参见 Graham's radio program, *Hour of Decision*, June 8, 1952，转引自 McLoughlin, *Billy Graham*, 102。另见 Kruse, *One Nation Under God*, 38。

80　Graham, *World Aflame*, 154–56.

81　Graham, "We Need Revival," 73; 70–71; 75.

82　Graham, "We Need Revival," 72–75.

83　Graham, "Satan's Religion," 41.

84　Charles R. Erdman, "The Church and Socialism," in *The Fundamentals*, Vol. 12, 110.

85　Graham, "Satan's Religion," 42–44.

86 Graham, "Satan's Religion," 42.

87 *Firing Line* (transcript pp. 23; 2–3).

88 Graham, *Approaching Hoofbeats.*

89 Reagan, "Encroaching Control"。里根这里提到的前医疗传教士，很可能是沃尔特·贾德（Walter Judd）；他是一名公理会教徒，曾于 1920 年代后半期和 30 年代后半期在中国做医疗传教士。贾德在 1942 年至 1963 年是美国国会议员，以强硬的反共立场而有名。此前一年，贾德在亚伯拉罕·林肯协会的一次演讲中使用了"半奴半自由"（half slave and half free）这一表述（因林肯而出名）。

90 Goldwater, "How to Win the Cold War," 17.

91 Mohr, "Goldwater Met Warmly in South," 10.

92 Reagan, "Remarks at the Annual Convention of the National Association of Evangelicals."

93 Reagan, "Remarks at the Annual Convention of the National Association of Evangelicals."

第 15 章　公众交谈中的经济学

1 参见 Allison, *Destined for War*，其中分析了传统大国竞争框架下的中美竞争。

2 Lewis, *De Descriptione Temporum*, 7。有关来自同一时代的相似看法，参见 Casserley, *Retreat from Christianity in the Modern World*。

3 数据来源于 2018 年度世界银行《世界发展指标》（*World Development Indicators*）。

4 数据来源于《世界价值观调查》（*World Values Survey*）。另见 Gelman, *Red State, Blue State*。

5 数据来源于 Pew Foundation, "Age Gap in Religion Around the World"。

6 可参见 Buell, *The Dream of the Great American Novel*, 97。

7 分析这一现象的文献，数量众多而且还在增加，近来的一项相关分析，参见 Mettler, *Government-Citizen Disconnect*。

8 MacGillis, "Who Turned My Blue State Red?"

9 Porter, "The Government Check Disconnect"。关于食品券［补充营养援助计划（Supplemental Nutritional Assistance Program）］使用的数据，来自美国农业部食品与营养服务局（Food and Nutrition Service）。

10 从 1993 年到 2017 年，这一比例为 39.6%；对一些纳税人来说，在某些年份，失去多达五分之一的分项扣除额，加上工资税起征点以上收入的额外医疗保险税等情况，使得总体最高边际税率提高了几个百分点。

11 参见 "Americans' Views of the Economy and the State of the Country," CBS News/*New*

York Times Poll, 2008。2008 年，高档税率仅为 28%，纳此税者为收入超过 200300 美元的夫妇或收入超过 164550 美元的个人。

12　"Republicans Lower Expectations for a 2020 Trump Victory," *Economist*/You Gov Poll.

13　估算来自 Tax Policy Center, "Briefing Book"。根据美国国税局（Internal Revenue Service）的数据，2016 年（有数据可查的最近一年）提交的遗产税申报表中只有 5219 份涉及纳税义务。其中，3012 份是 500 万美元以下的遗产，根据新的免税规定，这些遗产都不需要纳税。参见 Internal Revenue Service, Statistics of Income Division, "Estate Tax Returns Study"。

14　Quinnipiac University Poll, "November 15, 2017"。2017 年 5 月的一项类似的昆尼皮亚克民调发现，同样有 48% 的人赞成废除死刑。有证据表明，明确告知人们缴纳遗产税的家庭何其之少，确实会增加对遗产税的支持。（相比之下，在对其他再分配政策的支持度上，如所得税或最低工资，这种影响就不明显了。）参见 Kuziemko et al., "How Elastic Are Preferences for Redistribution?"

15　可参见 Tankersley and Casselman, "Many Voters Are in Favor of Taxing the Wealthy" 以及 "Voters Back Warren Plan to Tax Rich, Poll Shows"。

16　可参见 Gottschalk and Moffitt, "Growth of Earnings Instability in the U.S. Labor Market"。

17　可参见 Solon, "Intergenerational Income Mobility in the United States"; Mazumder, "Fortunate Sons"; 以及 Chetty et al., "Where Is the Land of Opportunity?"

18　Frank, *What's the Matter with Kansas?* 对弗兰克立论的众多批评中的两个，参见 Bartels, "What's the Matter with What's the Matter with Kansas?", 以及 Wuthnow, *Red State Religion*。

19　在这种二元框架内思考政治选择是很常见的。例如，凯恩斯注意到，在一个民主国家，任何政党必须通过说服选民，"要么它打算促进他们的利益，要么它打算满足他们的激情"，来赢得他们的信任；Keynes, "Am I a Liberal?," 295.［这句话没有出现在 1925 年首次发表的文章版本中，也没有出现在 1931 年出版的《劝说集》（*Essays in Persuasion*）中；事实上，它出现在凯恩斯 1925 年给自由派暑期学校的一次演讲的打字稿中，这篇打字稿就是后来那篇文章的底稿。］

20　Drutman, "Political Divisions in 2016 and Beyond," Fig. 2. 对于其余三个群体，德鲁特曼（Drutman）的研究发现，45% 的人更喜欢有利于低收入群体的经济政策和更自由的社会政策，23% 的人更喜欢有利于高收入群体的经济政策和更保守的社会政策，4% 的人更喜欢有利于高收入群体的经济政策和自由的社会政策。类似的分析中，收入和教育是两条可量化分析的分界线，参见 Kitschelt and Rehm, "Secular Partisan Realignment in the United States"。

21　参见 Frank, *What's the Matter with Kansas?* 近来持此论的另一本书是 FitzGerald, *The Evangelicals*。

22　Frank, *What's the Matter with Kansas?*, 175–78.

23　Hallowell, *Communist Credo and the Christian Creed*, 1–2.

24　Graham, "We Need Revival," 72–75.

25　Graham, "Satan's Religion," 41.

26　Schaeffer, *A Christian Manifesto*, in *Complete Works*, Vol. 5, 479.

27　FitzGerald, *The Evangelicals*, 358–61.

28　Ansolabehere et al., "Purple America," Fig. 3.

29　基于 Bartels, "What's the Matter with What's the Matter with Kansas?," Fig. 3 进一步更新和细化的数据。数据来源于 "Time Series Cumulative Data File, 1948–2016"。以稍微不同的方式组织数据（具体来说，就是把未受过大学教育的底层三分之二的群体包括进来）后，基奇特（Kitschelt）和雷姆（Rehm）发现，2012 年，特别是 2016 年，投票转到共和党一方的倾向很明显；"Secular Partisan Realignment in the United States," Fig. 3 。不过，他们还报告说，当他们以不同的方式调整收入划分，采用更符合巴特尔（Bartels）的方法时，他们也发现，真正低收入、未上过大学的白人，把票从民主党转投给共和党的，并未显著增加；参见他们的文章注 48。

30　Ansolabehere et al., "Purple America," Fig. 2.

31　参见 Phillips, *Emerging Republican Majority*。

32　2020 年的总数比 1960 年的要大，原因在于这些州的人口相对于美国其他州增长得更快。

33　关于种族立场在美国选举政治中的作用，可参见新著 Tesler, *Post-Racial or Most-Racial?* 中的相关见解。

34　Gelman, *Red State, Blue State*, Fig. 6.10.

35　基于 2016 年大选后的合作国会选举研究（Cooperative Congressional Election Study）的民调数据，更新了 Gelman, *Red State, Blue State*, Fig. 6.10。数据来源于 Ansolabehere and Schaffner, "Cooperative Congressional Election Survey Common Content, 2016," *Harvard Dataverse*, V4。

36　詹姆斯·布拉特（James Bratt）提到了"经济保守派"……与美国福音派，他们自认为他们各自的立场之间有种下意识的亲和力"；Bratt, *Abraham Kuyper*, 224。

37　基于 2008 年《纽约时报》联合哥伦比亚广播公司关于经济的民调数据。在最近的一次民调中，只有 18% 自称重生新教徒的受访者支持遗产税，而表示没有重生的新教徒（占调查总人数的 30%）则占到 38%。Burns, "CCES 2014, Team Module of University of Michigan (UMI)"。

38　参见 Lynerd, *Republican Theology*, 26–33。

39　Pew Research Center, "2014 Religious Landscape Study."

40　Schaffner et al., "CCES Common Content, 2018.

41 基于 2017 年的合作国会选举研究的民调数据。数据来源于 Ansolabehere and Schaffner, "2017 CCES Common Content"。

42 Sengupta, "Carter Sadly Turns Back on National Baptist Body." For Carter's current church's affiliations, see http://www.mbcplains.org/.

43 来自美国国家选举研究（American National Election Survey）数据的投票权份额；参见 Aldrich et al., *Change and Continuity in the 2016 Elections*, 146。福音派支持唐纳德·特朗普的相关历史背景，参见 Kidd, *Who Is an Evangelical?* 中较为全面的概述。

44 可参见，Solon, "Cross-Country Differences in Intergenerational Earnings Mobility," 59–66；以及 Corak, "Income Inequality, Equality of Opportunity, and Intergenerational Mobility"。

45 Lipset and Bendix, *Social Mobility in Industrial Society*. Alesina et al., "Intergenerational Mobility and Preferences for Redistribution."

46 Alesina et al., "Why Doesn't the United States Have a European-Style Welfare State?," *Table* 13。数据来源于《世界价值观调查》。

47 Pew Research Center, "Political Typology 2017"。在 1990 年代末，双方比例态势为 74% 对 23%，比例之差达到最高点。

48 Pew Research Center, "Political Typology 2017."

49 Zauzmer, "Christians Are More than Twice as Likely to Blame a Person's Poverty on Lack of Effort."

50 虽然大多数研究"繁荣福音"的学者会说，它在本质上仍然是个人主义的，但美国以外的一些五旬节派教徒从"繁荣福音"中吸取了更偏集体主义的东西，认为它是指国家而不是个人；参见 Hummel, "The New Christian Zionism"。与此同时，即使在美国，基督教犹太复国主义者也经常诉诸集体主义观念，认为上帝会赐福给这个护佑以色列人的国家。另一个属于高度个人主义运动的例子是基督徒重建主义（Christian Reconstructionism），它接受加尔文主义关于把贫穷与原罪、堕落相联系的观点；参见 Ingersoll, *Building God's Kingdom*, esp. 73–77。

51 Jones et al., *Do Americans Believe Capitalism and Government Are Working?*, 35.

52 基于阿克伦大学幸福研究所第四次全国宗教和政治调查（Fourth National Survey of Religion and Politics, Bliss Institute, University of Akron）的数据。参见 Green, "American Religious Landscape and Political Attitudes," Table 12。

53 天主教徒中投民主党票数的增加不仅限于 1960 年；这种情况一直持续到 1964 年，当时，肯尼迪 1960 年的竞选搭档林登·约翰逊成为民主党总统候选人。

54 Gelman, *Red State, Blue State*, Fig. 6.9; Aldrich et al., *Change and Continuity*, Fig. 5-5。关于西班牙裔白人天主教徒和非西班牙裔白人天主教徒二者的投票差异，参见 Aldrich et al., 145；161–62。

55 截至 2017 年，拥有超过 1500 万成员的美南浸信会是美国最大的新教教派。顾名思义，

SBC 的教会和成员不均衡地分布在南部各州。不过，除了美南浸信会外，美国还有许多福音派教会——最近的一次分类将 61 个教派和教派团体归为福音派新教徒；参见 Green, *Faith Factor*, Appendix A——其中有不少扎堆南方。就全美福音派协会网站来看，该组织目前有"近四十个"成员教派。

56 Ockenga, *God Save America*, 15。几年后，身为全美福音派协会主席的奥肯加说得更加直白："我相信美利坚合众国被赋予了与古代以色列相似的命运"；Ockenga, "Christ for America," 3。

57 Reagan, "Address Accepting the Presidential Nomination at the Republican National Convention in Detroit"。在 1989 年 1 月的告别演说中，里根回到了他熟悉的主题（源出《马太福音》而由约翰·温斯罗普中继），即美国看作一座山巅上的光辉城市，在他看来，"如果须设城墙，而城墙又有门，则门向任何有心、有志前往的人敞开"；Reagan, "Farewell Address to the Nation"。

58 Solon, "Cross-Country Differences in Intergenerational Earnings Mobility"; Corak, "Inequality from Generation to Generation"; Corak, "Income Inequality, Equality of Opportunity, and Intergenerational Mobility."

59 美国新教的唯意志论传统可以追溯到殖民时期；参见 Winthrop, "Model of Christian Charity"。乔治·怀特腓德在 1730 年代末和 40 年代初大觉醒时期传教，他所强调的信仰，是上帝秉着自己的慈善和神意赐下的。怀特腓德在这个问题上的想法，又反映出了德国敬虔主义者奥古斯特·赫尔曼·弗兰克（August Hermann Francke）的思想。

60 Lynerd, *Republican Theology*, 85–86.

61 Arrow, "Social Responsibility and Economic Efficiency," 314.

62 *EPE*, 461.

63 参见 Lynerd, *Republican Theology*。另见 Porterfield, *Conceived in Doubt*。

64 Henry, *Christian Mindset in a Secular Society*, 23.

65 Lindsell, *Free Enterprise*, 118–20。在林赛尔任教过的其他地方，像富勒神学院，他是里面最早的一批教员。

66 Jones et al., *Do Americans Believe Capitalism and Government Are Working?*, 12。在另一项调查中，52% 认为自己重生的新教徒同意类似的主张（相比之下，其他新教徒的这一比例为 40%，美国人的这一比例为 36%）；Jones and Cox, *Attitudes on Child and Family Wellbeing*。福音派反对政府插手社会计划，特别是再分配计划的实施，这与他们支持政府把手伸向酒精饮料、同性恋和堕胎等涉及个人道德的问题，处于张力之中；Lynerd, *Republican Theology, and Porterfield, Conceived in Doubt*。Kruse, *One Nation Under God* 一书指出，尽管"基督教自由至上主义"（"Christian libertarianism"）开始时是一场反国家主义运动，但它无意中导致了联邦政府的神圣化。Gay, *With Liberty and Justice for Whom?* 是一部研究福音派经济观的早期作品。

67 环境监管方面一个显著的例子，参见 Hochschild, *Strangers in Their Own Land*。

68 Weber, *Living in the Shadow of the Second Coming, and Wacker*, Heaven Below.

69 参见 Weber, *Living in the Shadow of the Second Coming*，以及 Wacker, *Heaven Below*。

70 *Life in 2050*, 15.

71 可参见 Hanson, *A Political History of the Bible in America*, 89–94。

72 例如，葛培理在 1965 年的著作《漫天烽火待黎明》(*World Aflame*) 中，援引了《马太福音》24:12 中耶稣的话（"只因不法的事增多……"），还有《提摩太后书》3:1–5 中的，接着写道："要看到，经文的内容明确教导我们，这些是末日的特征。我们的报纸充斥着世界上几乎各个国家的青年反叛、政府被推翻和暴乱的报道。我们只需引犯罪记录就可以看出，世界各地无法无天的现象正以惊人的速度增长。耶稣教导说，末日要来之前，无法无天的状况将会在全世界蔓延。他说："你们听见打仗和扰乱的事。"（《路加福音》21:9）"扰乱"（commotions）这个词带有反叛、革命和无法无天的意思，它是一个时代行将结束的征象。" Graham, *World Aflame*, 189。

73 可参见 Seigle, "Growing Economic Crisis" 以及 Malkin, "Global Financial Crisis an 'Act of God'"。

74 Dias, "The Apocalypse as an 'Unveiling.'"

75 Henry, *Uneasy Conscience of Modern Fundamentalism*, 27。另见 Sutton, *American Apocalypse*, 293。

76 Harold Ockenga, "When the Time Is Short Turn to God" (1947)，这是一篇未发表的布道，转引自 Sutton, *American Apocalypse*, 315。

77 Graham, *World Aflame*, 155.

78 Carlyle, "Occasional Discourse on the Negro Question," 672–73.

79 Mill, *Principles of Political Economy*.

80 Malthus, *Essay on the Principle of Population* (1798)。有关马尔萨斯对 19 世纪上半叶英国政治思想的影响，参见 Hilton, *Age of Atonement*。

81 Friedman, *The Moral Consequences of Economic Growth*, Chs. 5–8.

参考文献

Adams, James Truslow. *New England in the Republic, 1776–1850*. Boston: Little, Brown, 1926.

Adams, John. "To the Printer." *The Boston Gazette* (February 8, 1773). In *Papers of John Adams*, Vol. 1, 292. Edited by Robert J. Taylor, Mary-Jo Klein, and Gregg L. Lint. Cambridge: Harvard University Press, 1977.

———. *The Diary and Autobiography of John Adams*. Edited by Mary-Jo Klein and Gregg L. Lint. Cambridge: Harvard University Press, 1961.

———. "A dissertation on the Canon and Feudal Law." *The Boston Gazette*, August 12, 1765.

———. "From John Adams to Daniel Raymond, 8 February 1821." *Founders Online*, National Archives. Accessed February 9, 2018. http://founders.archives.gov /documents/Adams/99-02-02-7463.

———. *John Adams: Revolutionary Writings, 1775–1783*. New York: Library of America, 2011.

———. *The Political Writings of John Adams*. Edited by George W. Carey. Washington, DC: Regnery, 2000.

Ahnert, Thomas. *The Moral Culture of the Scottish Enlightenment, 1690–1805*. New Haven: Yale University Press, 2014.

Aikman, David. *Billy Graham: His Life and Influence*. Nashville: Thomas Nelson, 2007.

Aldrich, John H., et al. *Change and Continuity in the 2016 Elections*. Thousand Oaks, CA: CQ Press, 2019.

Alesina, Alberto, Edward L. Glaeser, and Bruce Sacerdote. "Why Doesn't the United States Have a European-Style Welfare State?" *Brookings Papers on Economic Activity* (No. 2, 2001): 187–277.

Alesina, Alberto, Stefanie Stantcheva, and Edoardo Teso. "Intergenerational Mobility and Preferences for Redistribution." *American Economic Review* 108 (February 2018): 521–54.

Alger, Horatio. *Ragged Dick, or, Street life in New York with the Boot-Blacks*. Boston: Loring, 1868.

Allen, Alexander V. G. *Life and Letters of Phillips Brooks*. New York: E. P. Dutton, 1901.

Allen, Franklin, and Douglas Gale. "Financial Contagion." *Journal of Political Economy* 108 (February 2000): 1–33.

Allison, Graham. *Destined for War: Can America and China Escape Thucydides's Trap?* Boston: Houghton Mifflin Harcourt, 2017.

"Americans' Views of the Economy and the State of the Country." CBS News/*New York Times* Poll. April 3, 2008. Accessed January 31, 2018. http://www.cbsnews.com/htdocs /pdf/Mar08c-economy.pdf.

"An act to prevent the infamous practice of stock-jobbing." In *The Statutes at Large*, Vol. 16, 443–48. Cambridge: Joseph Bentham, 1765.

Angell, Norman. *The Great Illusion: A Study of the Relation of Military Power in Nations to Their Economic and Social Advantage.* New York: Putnam, 1910.

Annual Report of the Boston Female Anti-Slavery Society. Boston: Boston Female Anti-Slavery Society, 1836.

Ansolabehere, Stephen, and Brian Schaffner. "Cooperative Congressional Election Survey Common Content, 2016." Harvard Dataverse, V4. Accessed June 20, 2019. https:// doi.org/10.7910/DVN/GDF6Zo.

———. "2017 CCES Common Content." Harvard Dataverse, V2. Accessed June 20, 2019. http://doi.org/10.7910/DVN/3STEZY.

Ansolabehere, Stephen, Jonathan Roden, and James Snyder. "Purple America." *Journal of Economic Perspectives* 20 (Spring 2006): 97–118.

Appleby, Joyce O. *Economic Thought and Ideology in Seventeenth-Century England.* Princeton: Princeton University Press, 1978.

———. *The Relentless Revolution: A History of Capitalism.* New York: W. W. Norton, 2010.

Aristotle. *The Politics.* New York: Penguin, 1992.

Arminius, James. *The Works of James Arminius, DD.* 3 vols. Auburn and Buffalo: Derby, Miller & Orton, 1853.

Arrow, Kenneth J. "Social Responsibility and Economic Efficiency." *Public Policy* 21 (July 1973): 303–317.

Atack, Jeremy, and Peter Passell. *A New Economic View of American History: From Colonial Times to 1940.* 2nd ed. New York: W. W. Norton, 1994.

Augustine. *The City of God against the Pagans.* Cambridge: Cambridge University Press, 1998.

———. *Confessions.* New York: Oxford University Press, 1991.

———. *A Treatise on the Gift of Perseverance.* In *A Select Library of the Nicene and Post-Nicene Fathers of the Christian Church.* Vol. 5. New York: Charles Scribner's Sons, 1908.

Baier, Annette C., and Michael Luntley. "Moral Sentiments and the Difference They Make." *Proceedings of the Aristotelian Society, Supplemental Volumes* 69 (January 1995): 15–45.

Bailyn, Bernard. *The Ideological Origins of the American Revolution.* Cambridge: Harvard University Press, 1992.

Bailyn, Bernard, and Jane N. Garrett, eds. *Pamphlets of the American Revolution, 1750–1776, Volume I: 1750–1765.* Cambridge: Harvard University Press, 1965.

Bainbridge, William Sims. "Shaker Demographics, 1840–1900." *Journal for the Scientific Study of Religion* 21 (December 1982): 352–365.

Bairoch, Paul. *Cities and Economic Development: From the Dawn of History to the Present.* Chicago: University of Chicago Press, 1988.

Baltzell, E. Digby. *Puritan Boston and Quaker Philadelphia: Two Protestant Ethics and the Spirit of Class Authority and Leadership.* New York: Free Press, 1979.

Bancroft, George. *A History of the United States.* Boston: Charles Bowen, 1834.

———. *History of the United States of America.* New York: D. Appleton & Company, 1882.

Barr, Chas. B. "Telegraph Stations in the United States, the Canadas, and Nova Scotia." Pittsburgh: Barr, 1853.

Barrow, Isaac. *The Works of Isaac Barrow*. 3 vols. New York: John C. Riker, 1845.

Bartels, Larry M. "What's the Matter with What's the Matter with Kansas?" *Quarterly Journal of Political Science* 1 (April 2006): 201–26.

Bashford, Alison, and Joyce E. Chaplin. *The New Worlds of Thomas Robert Malthus: Rereading the "Principle of Population."* Princeton: Princeton University Press, 2016.

Bateman, Bradley W. "Make a Righteous Number: Social Surveys, the Men and Religion Forward Movement, and Quantification in American Economics." *History of Political Economy* 43 (annual supplement, 2001): 57–85.

Bateman, Bradley W., and Ethan Kapstein. "Between God and the Market: The Religious Roots of the American Economic Association." *Journal of Economic Perspectives* 13 (Fall 1999): 249–58.

Bauman, Louis S. "1935—A Prophetic Review." *Kings Business* (March 1936).

Baxter, Richard. *The Glorious Kingdom of Christ, Described and Clearly Vindicated*. London: T. Snowden, 1691.

———. *A Paraphrase on the New Testament*. London: B. Simmons, 1685.

Beard, Mary. *SPQR: A History of Ancient Rome*. New York: Liveright, 2015.

Becker, Gary S., and Kevin M. Murphy. "A Theory of Rational Addiction." *Journal of Political Economy* 96 (April 1988): 675–700.

Beecher, Henry Ward. "The Administration of Wealth." *Herald of Health and Journal of Physical Culture* 10, no. 5 (November 1867): 225–27.

———. "Economy in Small Things." In *Plymouth Pulpit*. New York: J. B. Ford, 1875.

———. "Lessons from the Times." In *New Star Papers; or, Views and Experiences of Religious Subjects*. New York: Derby & Jackson, 1859.

———. "The Strike and its Lessons." *Christian Union* 16, no. 6 (August 8, 1877):112–14.

———. "The Tendencies of American Progress." In *The Original Plymouth Pulpit: Sermons of Henry Ward Beecher*. Boston: The Pilgrim Press, 1871.

Beecher, Lyman. *The Memory of Our Fathers: A Sermon Delivered at Plymouth on the Twenty-Second of December, 1827*. Boston: T. R. Marvin, 1828.

———. *A Plea for the West*. Cincinnati: Truman & Smith, 1835.

Bell, Daniel. *The Coming of Post-Industrial Society: A Venture in Social Forecasting*. New York: Basic Books, 1973.

Benedict, Philip. *Christ's Churches Purely Reformed: A Social History of Calvinism*. New Haven: Yale University Press, 2002.

Bentley, Richard. *Eight Sermons Preach'd at the Honourable Robert Boyle's Lecture*. Cambridge: Cornelius Crownfield, 1724.

Bernstein, Peter. *Wedding of the Waters: The Erie Canal and the Making of a Great Nation*. New York: W. W. Norton, 2005.

Berry, Christopher J. "Hume and Superfluous Value (or the Problem with Epictetus' Slippers)." In *David Hume's Political Economy*. Edited by Carl Wennerlind and Margaret Schabas. London: Routledge, 2008.

———. *The Idea of Luxury: A Conceptual and Historical Investigation*. Cambridge: Cambridge University Press, 1994.

Berry, Christopher J., Maria Pia Paganelli, and Craig Smith, eds. *The Oxford Handbook of Adam Smith*. Oxford: Oxford University Press, 2013.

Bicknell, E. J. *A Theological Introduction to the Thirty-Nine Articles of the Church of England*. London: Longmans, Green, 1919.

Bjork, Daniel W. *The Victorian Flight: Russell Conwell and the Crisis of American Individualism*. Washington, DC: University Press of America, 1979.

Blackstone, William E. *Jesus Is Coming*. New York: Fleming H. Revell, 1898.

Blair, Hugh. *Sermons*. 5 vols. London: Printed for W. Strahan; and T. Cadell in the Strand; and W. Creech, Edinburgh, 1777–1801.

Blomert, Reinhard. *Adam Smiths Reise nach Frankreich oder die Entstehung der Nationalökonomie*. Berlin: Die Andere Bibliothek, 2012.

Bodin, Jean. *The Six Bookes of a Commonweale*. Cambridge: Harvard University Press, 1962.

Boettner, Loraine. *The Reformed Doctrine of Predestination*. Grand Rapids: Eerdmans, 1936.

Bogus, Carl T. *Buckley: William F. Buckley Jr. and the Rise of American Conservatism*. New York: Bloomsbury Press, 2011.

Boisguilbert, Pierre Le Pesant de. *Le Detail de la France, la cause de la diminution de ses biens, et la facilité du remede, en fournissant un mois tout l'argent dont le Roi a besoin, et enrichissant tout le monde*. In *Pierre de Boisguilbert, ou la naissance de l'économie politique*. Edited by Jacqueline Hecht, vol. 2, 581–662. Paris: INED, 1966.

———. *Traité de la nature, culture, commerce et interest des grains*. In *Pierre de Boisguilbert, ou la naissance de l'économie politique*. Edited by Jacqueline Hecht, vol. 2, 827–78. Paris: INED, 1966.

The Book of Discipline of the United Methodist Church. Nashville: United Methodist Publishing House, 2012.

Bornkamm, Heinrich. *Luther in Mid-Career, 1521–1530*. London: Darton, Longman & Todd, 1983.

Bowen, Francis. *Gleanings from a Literary Life, 1838–1880*. New York: Charles Scribner's Sons, 1880.

———. *The Principles of Political Economy: Applied to the Condition, the Resources, and the Institutions of the American People*. Boston: Little, Brown, 1856.

Bowler, Peter J. "The Changing Meaning of 'Evolution.'" *Journal of the History of Ideas* 36 (January–March 1975): 95–114.

Bowles, Samuel, and Jung-Kyoo Choi. "The Neolithic Agricultural Revolution and the Origins of Private Property." *Journal of Political Economy* 127 (October 2019): 2186–2228.

Boyd, Richard. "Manners and Morals: David Hume on Civility, Commerce, and the Social Construction of Difference." In *David Hume's Political Economy*. Edited by Carl Wennerlind and Margaret Schabas. London: Routledge, 2008.

Boyer, Paul. *When Time Shall Be No More: Prophecy Belief in Modern American Culture*. Cambridge: Harvard University Press, 1992.

Bratt, James D. *Abraham Kuyper: Modern Calvinist, Christian Democrat*. Grand Rapids: Eerdmans, 2013.

Brewer, Priscilla J. *Shaker Communities, Shaker Lives*. Hanover, NH: University Press of New England, 1986.

Briant, Lemuel. *The Absurdity and Blasphemy of Depretiating Moral Virtue: a Sermon preached at the West-Church in Boston, June 18th. 1749*. Boston: J. Green for D. Gookin, in Marlborough Street, 1749.

Brinkley, Alan. *The End of Reform: New Deal Liberalism in Recession and War*. New York: Alfred A. Knopf, 1995.

Broadie, Alexander. *The Scottish Enlightenment: The Historical Age of the Historical Nation*. Edinburgh: Birlinn, 2001.

Brooke, Christopher. *Philosophic Pride: Stoicism and Political Thought from Lipsius to Rousseau.* Princeton: Princeton University Press, 2012.

Brooke, John Hedley. *Science and Religion: Some Historical Perspectives.* Cambridge: Cambridge University Press, 1991.

Brooks, Phillips. *New Starts in Life, and other Sermons.* New York: E. P. Dutton, 1910.

———. *Twenty Sermons.* New York: E. P. Dutton, 1886.

Brown, Charlotte R., and William Edward Morris. *Starting with Hume.* New York: Continuum, 1988.

Brown, Parker. *He Came from Galilee.* New York: Hawthorn Books, 1974.

Brown, Robert. *The Nature of Social Laws: Machiavelli to Mill.* Cambridge: Cambridge University Press, 1984.

Brown, Vivienne. *Adam Smith's Discourse: Canonicity, Commerce and Conscience.* London: Routledge, 1994.

Brynjolfsson, Erik, and Andrew McAfee. *The Second Machine Age: Work, Progress, and Prosperity in a Time of Brilliant Technologies.* New York: W. W. Norton, 2014.

Buchan, James. *Crowded with Genius: The Scottish Enlightenment: Edinburgh's Moment of the Mind.* New York: HarperCollins, 2003.

Buckley, Theodore Alois, trans. *Canons and Decrees of the Council of Trent.* London: Routledge, 1851.

Buckley, William F., Jr. "Father Fullman's Assault." *Catholic World* 175 (August 1952): 328–333.

———. *God and Man at Yale: The Superstitions of Academic Freedom.* Chicago: Regnery Books, 1951.

———. "The Magazine's Credenda." *National Review* 1, no. 1 (November 19, 1955): 6.

———. "Publisher's Statement." *National Review* 1, no. 1 (November 19, 1955): 5.

———. *Up from Liberalism.* New York: McDowell, Obolensky, 1959.

Buckley, William F., Jr., and Brent Bozell. *McCarthy and His Enemies: The Record and Its Meaning.* Chicago: Henry Regnery, 1954.

Buell, Lawrence. *The Dream of the Great American Novel.* Cambridge: Harvard University Press, 2014.

Burke, Edmund. *Reflections on the Revolution in France.* In *Select Works of Edmund Burke.* Indianapolis: Liberty Fund, 1999.

Burnet, Thomas. *Doctrina Antiqua de Rerum Originibus; or an Inquiry into the Doctrine of the Philosophers of all Nations Concerning the Original of the World.* London: E. Curll, 1736.

———. *The Theory of the Earth.* London: By R. N. for Walter Kettilby at the Bishop's Head in St. Paul's Church Yard, 1697.

Burns, Nancy. "CCES 2014, Team Module of University of Michigan (UMI)." Harvard Dataverse, V1 (2017). Accessed February 7, 2020. https://doi.org/10.7910/DVN/UHVP4U.

Burns, Robert. *Poems, Chiefly in the Scottish Dialect.* Kilmarnock: John Wilson, 1786.

Burr, Aaron. *The Supreme Deity of Our Lord Jesus Christ, Maintained.* Boston: J. Draper, 1757.

Burr, Agnes Rush. *Russell H. Conwell and His Work: One Man's Interpretation of Life.* Philadelphia: John C. Winston, 1926.

Burstyn, Leonardo, et al. "Status Goods: Experimental Evidence from Platinum Credit Cards." *Quarterly Journal of Economics* 133 (August 2018): 1561–95.

Bushnell, Horace. *Nature and the Supernatural, as Together Constituting the One System of God.* New York: Charles Scribner, 1858.

Butler, Joseph. *Fifteen Sermons Preached at the Rolls Chapel*. London: W. Botham, 1726.
———. *Fifteen Sermons*. 2nd ed. London: W. Botham, 1729.
———. *A Sermon Preached before the House of Lords, in the Abbey-Church of Westminster, on Friday, Jan. 30, 1740–41*. London: J. & P. Knapton, 1741.
———. *A Sermon Preached before the Incorporated Society for the Propagation of the Gospel in Foreign Parts*. London: J. & P. Knapton, 1739.
Cady, George Johnson. "The Early American Reaction to the Theory of Malthus." *Journal of Political Economy* 39 (October 1931): 601–32.
"Calls Stock Crash Blow at Gamblers." *New York Times*, October 28, 1929.
Calvin, John. *Commentary on Genesis*. Grand Rapids: Eerdmans, 1948.
———. *Institutes of the Christian Religion*. 2 vols. Louisville: Westminster John Knox Press, 1960.
———. *A Treatise on the Eternal Predestination of God*. London: Wetheim & Macintosh, 1856.
Campbell, John Y., and John H. Cochrane. "By Force of Habit: A Consumption-Based Explanation of Aggregate Stock Market Behavior." *Journal of Political Economy* 107 (April 1999): 205–51.
Cantillon, Richard. *Essay on the Nature of Trade in General*. Indianapolis: Liberty Fund, 2015.
Carey, Henry C. *Principles of Political Economy*. Philadelphia: Carey, Lea & Blanchard, 1837.
Carlyle, Alexander. *The Usefulness and Necessity of a Liberal Education for Clergymen*. Edinburgh: William Creech, 1793.
Carlyle, Thomas. "Occasional Discourse on the Negro Question." *Fraser's Magazine* 40, (December, 1849): 672–73.
Carnegie, Andrew. "Wealth." *North American Review* 148, no. 391 (June 1889): 60–64.
Carroll, James. *Christ Actually: The Son of God for the Secular Age*. New York: Viking, 2014.
Caselli, Francesco, and W. John Coleman II. "Cross-Country Technology Diffusion: The Case of Computers." *American Economic Review* 91 (May 2001): 328–35.
Casserley, J.V. Langmead. *The Retreat from Christianity in the Modern World*. London: Longmans, 1952.
Chandler, Tertius. *Four Thousand Years of Urban Growth: An Historical Census*. Lewiston, NY: Edwin Mellen Press, 1987.
Channing, William Ellery. *Remarks on the Rev. Dr. Worcester's Second Letter to Mr. Channing, on American Unitarianism*. Boston: Wells & Lilly, 1815.
———. *A Sermon Delivered at the Ordination of the Rev. Jared Sparks*. Boston: Hews & Goss, 1819.
———. *Works*. 5 vols. Boston: J. Munroe, 1841.
"Charter of the Province of Massachusetts Bay, 1691." In *Publications of the Colonial Society of Massachusetts*. Vol. 2. Boston: Colonial Society of Massachusetts, 1913.
Chauncy, Charles. *The Benevolence of the Deity, Fairly and Impartially Considered in Three Parts*. Boston: Powars & Willis, 1784.
———. *Seasonable Thoughts on the State of Religion in New-England*. Boston: Rogers & Fowle, 1743.
Chernow, Ron. *Grant*. New York: Penguin, 2017.
Chetty, Raj, et al., "Where Is the Land of Opportunity? The Geography of Intergenerational Mobility in the United States." *Quarterly Journal of Economics* 129 (November 2014): 1553–1623.

Christianson, Paul. *Reformers and Babylon: English Apocalyptic Visions from the Reformation to the Eve of the Civil War*. Toronto: University of Toronto Press, 1978.

Clap, Thomas. *An Essay on the Nature and Foundation of Moral Virtue and Obligation: Being a Short Introduction to the Study of Ethics*. New Haven: B. Meacom, 1765.

Clark, Gregory. *A Farewell to Alms: A Brief Economic History of the World*. Princeton: Princeton University Press, 2007.

Clark, John Bates. *The Distribution of Wealth: A Theory of Wages, Interest and Profits*. London: Macmillan, 1899.

———. *The Philosophy of Wealth: Economic Principles Newly Formulated*. Boston: Ginn & Company, 1894.

———. *Social Justice Without Socialism*. Boston: Houghton Mifflin, 1914.

Clarke, James Freeman. *Vexed Questions in Theology: A Series of Essays*. Boston: Geo. H. Ellis, 1886.

Clarke, Samuel. *A Demonstration of the Being and Attributes of God*. London: Will. Botham, for James Knapton, 1705.

———. *The Scripture-Doctrine of the Trinity*. London: James Knapton, 1712.

———. *Sermons on the Following Subjects, Viz: Of Faith in God. Of the Unity of God. Of the Eternity of God. Of the Spirituality of God. Of the Immutability of God. Of the Omnipresence of God. Of the Omnipotence of God. Of the Omniscience of God. Of the Wisdom of God. Of the Goodness of God. Of the Patience of God. Of the Justice of God*. London: W. Botham, 1730.

———. *Sermons on the Following Subjects, Viz: Of the Glory of God. Of God's being the Father of Mankind. Of being the Children of God. Of Loving God. Of the Wisdom of being Religious. Of Imitating the Holiness of God. Of the Love of God towards Sinners. Of Believing in God. Of the Grace of God. Of the Kingdom of God*. London: W. Botham, 1730.

Cline, Eric H. *Three Stones Make a Wall: The Story of Archaeology*. Princeton: Princeton University Press, 2017.

Coats, A. W. "Alfred Marshall and Richard T. Ely: Some Unpublished Letters." *Economica* 28 (May 1961): 191–94.

———. "The First Two Decades of the American Economic Association." *American Economic Review* 50 (September 1960): 555–74.

Cockburn, Alison. *Letters and Memoir of Her Own Life*. Edinburgh: D. Douglas, 1899.

Cocks, Edmond. "The Malthusian Theory in Pre–Civil War America: An Original Relation to the Universe." *Population Studies* 20 (March 1967): 343–63.

Coffman, Elesha. *The Christian Century and the Rise of the Protestant Mainline*. Oxford: Oxford University Press, 2013.

Cogswell, William. *The Harbinger of the Millennium*. Boston: Pierce & Parker, 1833.

Cohen, Joel E. "Hunger Does Not Pay." Unpublished manuscript, Rockefeller University, 2018.

Collie, Rosalie. *Light and Enlightenment: A Study of the Cambridge Platonists and the Dutch Arminians*. London: Cambridge University Press, 1957.

Collinson, Patrick. *The Birthpangs of Protestant England*. New York: Palgrave Macmillan, 1988.

Comin, Diego, and Bart Hobijn. "Cross-Country Technology Adoption: Making the Theories Face the Facts." *Journal of Monetary Economics* 51 (January 2004): 39–83.

"The Coming Age." *The Independent* 3 (January 16, 1851): 10.

The Committee on the War and the Religious Outlook. *The Church and Industrial Reconstruction*. New York: Association Press, 1921.

Commons, John Rogers. *Institutional Economics: Its Place in Political Economy*. New York: Macmillan, 1934.

Comte, Auguste. *The Positive Philosophy of Auguste Comte*. London: John Chapman, 1853.

Constantinides, George M. "Habit Formation: A Resolution of the Equity Premium Puzzle." *Journal of Political Economy* 98 (June 1990): 519–43.

Conwell, Russell H. *Acres of Diamonds*. New York: Harper, 1915.

Cook, Harold J. "Bernard Mandeville and the Therapy of 'The Clever Politician.' " *Journal of the History of Ideas* 60 (January 1999): 101–24.

Cooper, Martin R. *Progress of Farm Mechanization*. Washington, DC: United States Department of Agriculture, 1947.

Cooper, Samuel. *A Sermon Preached in Boston, New-England, Before the Society for Encouraging Industry and Employing the Poor*. Boston: J. Draper, 1753.

Corak, Miles. "Income Inequality, Equality of Opportunity, and Intergenerational Mobility." *Journal of Economic Perspectives* 27 (July 2013): 79–102.

———. "Inequality from Generation to Generation: The United States in Comparison." In *The Economics of Inequality, Poverty, and Discrimination in the 21st Century*. Edited by Robert S. Rycroft. Santa Barbara: Praeger, 2013.

Cotton, John. *An Exposition upon the Thirteenth Chapter of the Revelation*. London: Tim Smart, 1655.

Crowe, Charles. *George Ripley: Transcendentalist and Utopian Socialist*. Athens: University of Georgia Press, 1967.

Daily Bread for Your Mind and Soul. Bloomington: Xlibris, 2012.

Darby, Michael R. "Three-and-a-half Million U.S. Employees Have Been Mislaid: Or, an Explanation of Unemployment, 1933–1941." *Journal of Political Economy* 84 (February 1976): 1–16.

Darwin, Charles. *The Descent of Man, and Selection in Relation to Sex*. London: John Murray, 1871.

———. *On the Origin of Species by Means of Natural Selection, or the Preservation of Favoured Races in the Struggle for Life*. London: John Murray, 1859.

Davenport, Stewart. *Friends of the Unrighteous Mammon: Northern Christians and Market Capitalism, 1815–1860*. Chicago: University of Chicago Press, 2008.

David, Paul A. "The Growth of Real Product in the United States Before 1840: New Evidence, Controlled Conjectures." *Journal of Economic History* 27 (June 1967): 151–97.

Deaton, Angus. *The Great Escape: Health, Wealth, and the Origins of Inequality*. Princeton: Princeton University Press, 2013.

Defoe, Daniel. *A Review of the State of the English Nation*. Vol. 3, No. 5 (January 10, 1706).

de Hamel, Christopher. *Meetings with Remarkable Manuscripts: Twelve Journeys into the Medieval World*. New York: Penguin, 2017.

Dekker, Rudolf. " 'Private Vices, Public Virtues' Revisited: The Dutch Background of Bernard Mandeville." *History of European Ideas* 14 (January 1992): 481–98.

Delano, Sterling F. *Brook Farm: The Dark Side of Utopia*. Cambridge: Harvard University Press, 2004.

Dennett, Daniel Clement. *Consciousness Explained*. Boston: Little, Brown, 1991.

Dias, Elizabeth. "The Apocalypse as an 'Unveiling': What Religion Teaches Us about the End Times." *New York Times*, April 2, 2020.

"Dictatorships." *Moody Monthly* (July 1933): 480.

Dochuk, Darren. *Anointed with Oil: How Christianity and Crude Made Modern America*. New York: Basic Books, 2019.

———. *From Bible Belt to Sunbelt: Plain-Folk Religion, Grassroots Politics, and the Rise of Evangelical Conservatism.* New York: W. W. Norton, 2011.

The Documentary History of the Ratification of the Constitution. Madison: University of Wisconsin Press, 1976.

Doddridge, Philip. *The Rise and Progress of Religion in the Soul.* London: J. Waugh, 1745.

Dolnick, Edward. *The Clockwork Universe: Isaac Newton, the Royal Society and the Birth of the Modern World.* New York: HarperCollins, 2011.

Dorfman, Joseph. *The Economic Mind in American Civilization.* 3 vols. New York: Viking, 1949.

Drutman, Lee. "Political Divisions in 2016 and Beyond: Tensions Between and Within the Two Parties." Democracy Fund Voter Study Group (June 2017).

Duby, Georges. *The Three Orders: Feudal Society Imagined.* Translated by Arthur Goldhammer. Chicago: University of Chicago Press, 1980.

Duffy, Eamon. *The Stripping of the Altars: Traditional Religion in England, 1400–1580.* New Haven: Yale University Press, 2005.

Durkheim, Émile. *The Elementary Forms of the Religious Life.* New York: Macmillan, 1915.

Easterlin, Richard. "Does Economic Growth Improve the Human Lot? Some Empirical Evidence." In *Nations and Households in Economic Growth: Essays in Honor of Moses Abramovitz.* Edited by Paul A. David and Melvin W. Reder. New York: Academic Press, 1974.

———. "Income and Happiness: Towards a Unified Theory." *Economic Journal* 111 (July 2001): 465–84.

Edwards, Jonathan. *Works of Jonathan Edwards.* 26 vols. New Haven: Yale University Press, 1957–2008.

Eichengreen, Barry. *Golden Fetters: The Gold Standard and the Great Depression, 1919–1939.* New York: Oxford University Press, 1992.

Einstein, Albert. "Motive des Forchens" ("Principles of Research"). In *Zu Max Plancks sechzigstem Geburtstag. Ansprachen, gehalten am 26 April 1918 in der deutschen physikalischen Gesellschaft.* Edited by Emil Warburg. Karlsruhe: C. F. Mueller, 1918.

———. "The Problem of Space, Ether, and the Field in Physics." In *Ideas and Opinions,* edited by Cal Seelig. New York: Three Rivers Press, 1954.

Eisenhower, Dwight David. "Letter to Edgar Newton Eisenhower." In *The Presidency: The Middle Way,* in *The Papers of Dwight David Eisenhower.* Vol. 15. Baltimore: Johns Hopkins University Press, 1996.

———. "Remarks at the Opening Session of the Ministerial Meeting of the North Atlantic Council (April 2, 1959)." In *Public Papers of the Presidents of the United States, Dwight D. Eisenhower, 1959.* Washington, DC: U.S. Government Printing Office, 1960.

Ely, Richard T. "The American Economic Association, 1885–1909." *Publications of the American Economic Association,* Third Series, Vol. 11. London: Swan Sonnenschein, 1910.

———. "The Founding and Early History of the American Economic Association." *American Economic Review* 26 (Supplement, 1936): 141–150.

———. *Ground Under Our Feet: An Autobiography.* New York: Macmillan, 1938.

———. *An Introduction to Political Economy.* New York: Chautauqua Press, 1889.

———. *The Labor Movement in America.* New York: Thomas Y. Crowell, 1886.

———. *Outlines of Economics.* New York: Chautauqua Century Press, 1893.

———. *The Past and the Present of Political Economy.* In *Johns Hopkins University Studies in Historical and Political Science.* Second Series. Vol. 3. Baltimore: Johns Hopkins University, 1884: 5–64.

———. "Recent American Socialism." In *Johns Hopkins University Studies in Historical and Political Science. Third Series, Vol. 4.* Baltimore: Johns Hopkins University, 1885.

———. *Social Aspects of Christianity: And Other Essays.* New York: Thomas Y. Crowell, 1889.

———. *The Social Law of Service.* New York: Eaton & Mains, 1896.

Emerson, Joseph. *Lectures on the Millennium.* Boston: Samuel T. Armstron, 1818.

Emerson, Ralph Waldo. *The Conduct of Life.* Boston: Ticknor & Fields, 1860.

———. *The Journals and Miscellaneous Notebooks of Ralph Waldo Emerson.* 16 vols. Cambridge: Harvard University Press, 1960–1982.

———. *Representative Men.* Boston: Phillips, Sampson & Company, 1849.

Emerson, Roger. "The Social Composition of Enlightened Scotland: The Select Society of Edinburgh, 1754–64." *Studies on Voltaire and the Eighteenth Century* 114 (January 1973): 291–329.

Engell, James. "The Other Classic: Hebrew Shapes British and American Literature and Culture." In *The Call of Classical Literature in the Romantic Age.* Edited by K. P. Van Anglen and James Engell. Edinburgh: Edinburgh University Press, 2017.

Engels, Friedrich. "Draft of a Communist Confession of Faith." In *Karl Marx, Friedrich Engels: Collected Works.* Vol. 6, *Marx and Engels: 1845–1848.* New York: International Publishers, 1976.

Erikson, Erik. *Toys and Reasons: Stages in the Ritualization of Experience.* New York: W. W. Norton, 1977.

Evensky, Jerry. "The Two Voices of Adam Smith: Moral Philosopher and Social Critic." *History of Political Economy* 19 (Fall 1987): 447–68.

Everett, John Rutherford. *Religion in Economics: A Study of John Bates Cark, Richard T. Ely, and Simon N. Patten.* New York: King's Crown Press, 1946.

Faccarello, Gilbert. *The Foundations of Laissez-faire.* New York: Routledge, 1999.

———. "A Tale of Two Traditions: Pierre Force's *Self-Interest Before Adam Smith.*" *European Journal of the History of Economic Thought* 12 (December 2005): 701–12.

Faccarello, Gilbert, and Philippe Steiner. "Religion and Political Economy in Early-Nineteenth-Century France." *History of Political Economy* 40 (annual supplement, 2008): 26–61.

Fea, John. *The Bible Cause: A History of the American Bible Society.* Oxford: Oxford University Press, 2016.

Ferguson, Adam. *An Essay on the History of Civil Society.* Edinburgh: A. Kincaid & J. Bell, 1767.

Fifield, James. "Religious Ideals and the Government's Program." In Herbert Hoover Presidential Library and Archives. Number 9, series III (July 25, 1937), Box 59.

———. *Spiritual Mobilization* (September 1952).

Finney, Charles G. *Lectures on Revivals of Religion.* New York: Leavitt, Lord, 1835.

Firing Line. Program 153. June 12, 1969.

FitzGerald, Frances. *The Evangelicals: The Struggle to Shape America.* New York: Simon & Schuster, 2017.

Fleischacker, Samuel. *On Adam Smith's Wealth of Nations: A Philosophical Companion.* Princeton: Princeton University Press, 2004.

Fletcher, Andrew. *Two Discourses Concerning the Affairs of Scotland.* Edinburgh, n.p., 1698.

Fogelin, Robert J. "Hume's Scepticism." In *The Cambridge Companion to Hume.* Cambridge: Cambridge University Press, 1993.

Folbre, Nancy. *The Invisible Heart: Economics and Family Values.* New York: New Press, 2001.

Force, James E. *Essays on the Context, Nature, and Influence of Isaac Newton's Theology.* Boston: Kluwer, 1990.

Force, Pierre. *Self-Interest Before Adam Smith: A Genealogy of Economic Science.* Cambridge: Cambridge University Press, 2003.

Fosdick, Harry Emerson. *On Being a Real Person.* New York: Harper & Brothers, 1943.

———. "Shall the Fundamentalists Win?" *The Christian Century* 39 (June 8, 1922): 713–17.

———. "Shall the Fundamentalists Win?" *Christian Work* 102 (June 10, 1922): 716–22.

Fox [Foxe], John. *Acts and Monuments of Matters Most Special and Memorable Happening in the Church* (also known as *Foxe's Book of Martyrs*). 3 vols. London: Company of the Stationers, 1684.

Fox, Richard Wightman. *Trials of Intimacy: Love and Loss in the Beecher-Tilton Scandal.* Chicago: University of Chicago Press, 1999.

France, Anatole. "Sérénus." In *La Vie Littéraire.* Series I. Paris: Calmann-Lévy, 1889.

Frank, Thomas. *What's the Matter with Kansas? How Conservatives Won the Heart of America.* New York: Metropolitan Books, 2004.

Frazer, Michael L. *The Enlightenment of Sympathy: Justice and the Moral Sentiments in the Eighteenth Century and Today.* Oxford: Oxford University Press, 2010.

Freehling, William W. *The Road to Disunion, Volume I: Secessionists at Bay, 1776–1854.* Oxford: Oxford University Press, 1990.

Freeman, Charles. *A.D. 381: Heretics, Pagans, and the Dawn of the Monotheistic State.* New York: Overlook Press, 2009.

———. *The Closing of the Western Mind: The Rise of Faith and the Fall of Reason.* New York: Vintage, 2002.

Frey, Donald E. "The Impact of Liberal Religion on Richard Ely's Economic Methodology." *History of Political Economy* 40 (annual supplement, 2008): 299–314.

Frieden, Jeffrey. *Lessons for the Euro from Early American Monetary and Financial History.* Brussels: Breugel, 2016.

Friedman, Benjamin M. *The Moral Consequences of Economic Growth.* New York: Alfred A. Knopf, 2005.

Friedman, Richard Elliott. *The Exodus: How It Happened and Why It Matters.* New York: HarperCollins, 2017.

———. *Who Wrote the Bible?* New York: Summit Books, 1987.

Friedman, Thomas L. *The Lexus and the Olive Tree.* New York: Farrar, Straus & Giroux, 1999.

Fuhrer, Mary Babson. *A Crisis of Community: The Trials and Transformation of a New England Town, 1815–1848.* Chapel Hill: University of North Carolina Press, 2014.

Fuller, Richard, and Francis Wayland. *Domestic Slavery Considered as a Scriptural Institution: In a Correspondence Between the Rev. Richard Fuller, of Beaufort, S.C., and the Rev. Francis Wayland, of Providence, R.I.* Boston: Gould, Kendall & Lincoln, 1845.

The Fundamentals: A Testimony. 12 vols. Chicago: Testimony Publishing Company, 1910–1915.

Galbraith, John Kenneth. *Economics in Perspective: A Critical History.* Boston: Houghton Mifflin, 1987.

———. *The Great Crash 1929.* Boston: Houghton Mifflin, 1979.

Gallman, Robert E. "Real GNP, Prices of 1860, 1834–1909." Unpublished manuscript, University of North Carolina, undated.

Galperti, Simone. "Persuasion: The Art of Changing Worldviews." *American Economic Review* 109 (March 2019): 996–1031.

Gaunt, Peter. *The English Civil Wars, 1642-1651.* Oxford: Osprey Press, 2003.

Gaustad, Edwin S. *Liberty of Conscience: Roger Williams in America.* Valley Forge: Judson Press, 1999.

Gay, Craig M. *With Liberty and Justice for Whom? Recent Evangelical Debate over Capitalism.* Grand Rapids: Eerdmans, 1991.

Gay, Ebenezer. *Natural Religion as Distinguished from Revealed.* Boston: John Draper, 1759.

Gay, John. "Preliminary Dissertation Concerning the Fundamental Principle of Virtue or Morality." In *An Essay on the Origin of Evil.* London: W. Thurlbourn, 1731.

Gelman, Andrew. *Red State, Blue State, Rich State, Poor State: Why Americans Vote the Way They Do.* Princeton: Princeton University Press, 2008.

George, Henry. *Progress and Poverty: An Inquiry into the Cause of Industrial Depressions, and of Increase of Want with Increase of Wealth: The Remedy.* New York: Sterling Publishing Company, 1879.

Gibbon, Edward. *The Decline and Fall of the Roman Empire.* 12 vols. New York: Fred De Fau, 1906.

Gladden, Washington. *Tools and the Man: Property and Industry under the Christian Law.* Boston: Houghton, Mifflin & Company, 1893.

Gloege, Timothy E.W. *Guaranteed Pure: The Moody Bible Institute, Business, and the Making of Modern Evangelicalism.* Chapel Hill: University of North Carolina Press, 2015.

Goldwater, Barry. "How to Win the Cold War." *New York Times,* September 17, 1961.

Goodspeed, Tyler Beck. *Legislating Instability: Adam Smith, Free Banking, and the Financial Crisis of 1772.* Cambridge: Harvard University Press, 2016.

Goodwin, Gerald. "The Myth of 'Arminian-Calvinism' in Eighteenth-Century New England." *New England Quarterly* 41 (June 1968): 213–37.

Gordon, Robert J. *The Rise and Fall of American Growth: The U.S. Standard of Living Since the Civil War.* Princeton: Princeton University Press, 2016.

Gort, Michael, and Steven Klepper. "Time Paths in the Diffusion of Product Innovations." *Economic Journal* 92 (September 1982): 630–53.

Gottschalk, Peter, and Robert Moffitt. "The Growth of Earnings Instability in the U.S. Labor Market." *Brookings Papers on Economic Activity* No. 2 (1994): 217–72.

Grabiner, Judith V. "Maclaurin and Newton: The Newtonian Style and the Authority of Mathematics." In *Science and Medicine in the Scottish Enlightenment.* Edited by Charles W. J. Withers and Paul Wood. East Linton, UK: Tuckwell Press, 2002.

Graham, Billy. *America's Hour of Decision.* Wheaton, IL: Van Kampen Press, 1951.

———. *Approaching Hoofbeats: The Four Horsemen of the Apocalypse.* Waco: World Books, 1983.

———. "God Before Gold." *Nation's Business,* September 1954.

———. *I Saw Your Sons at War: The Korean Diary of Billy Graham.* Minneapolis: Billy Graham Association, 1953.

———. "Satan's Religion." *The American Mercury,* August 1954: 41–46.

———. *Three Minutes to Twelve.* February 1953. Radio Broadcast. Accessed January 19, 2018. https://billygraham.org/audio/three-minutes-to-twelve/.

———. "We Need Revival." In *Revival in Our Time.* Wheaton, IL: Van Kampen Press, 1950.

————. "Why Don't Our Churches Practice the Brotherhood They Preach?" *Reader's Digest* 77 (August 1960): 52–56.

————. *World Aflame.* New York: Pocket Books, 1966.

Graham, Gordon. "Adam Smith and Religion." In *Adam Smith: His Life, Thought, and Legacy.* Edited by Ryan Patrick Hanley. Princeton: Princeton University Press, 2016.

Grampp, William. "What Did Smith Mean by the Invisible Hand?" *Journal of Political Economy* 108 (June 2000): 441–65.

Great Christian Books. "In His Steps." Accessed May 10, 2019. http://greatchristianbooks.storenvy.com/products/1526181-in-his-steps.

Green, Arthur. *A Guide to the Zohar.* Stanford: Stanford University Press, 2004.

Green, Calvin, and Seth Y. Wells. *A Summary View of the Millennial Church, or United Society of Believers (Commonly Called Shakers).* Albany: Packard & Van Benthuysen, 1823.

Green, John C. "The American Religious Landscape and Political Attitudes: A Baseline for 2004." Unpublished manuscript, University of Akron, 2004.

————. *The Faith Factor: How Religion Influences American Elections.* Westport: Praeger, 2007.

Greenblatt, Stephen. *The Rise and Fall of Adam and Eve.* New York: W. W. Norton, 2017.

————. *The Swerve: How the World Became Modern.* New York: W. W. Norton, 2011.

Gregory, Daniel S. "Review: *Christian Ethics*, by Newman Smith." In *The Presbyterian and Reformed Review.* Vol. 5. Philadelphia: MacCalla & Co., 1894.

Grewal, David Singh. "The Political Theology of Laissez-Faire: From Philia to Self-Love in Commercial Society." *Political Theology* 17 (September 2016): 417–33.

Gribben, Crawford. *Evangelical Millennialism in the Trans-Atlantic World, 1500–2000.* New York: Palgrave Macmillan, 2011.

Griswold, Charles L., Jr. *Adam Smith and the Virtues of Enlightenment.* Cambridge: Cambridge University Press, 1999.

Groenewegen, P. D. "Turgot and Adam Smith." *Scottish Journal of Political Economy* 16 (November 1969): 271–87.

Grossman, Gene M., and Elhanan Helpman. *Innovation and Growth in the Global Economy.* Cambridge: MIT Press, 1991.

Grune-Yanoff, Till, and Edward F. McClennen. "Hume's Framework for a Natural History of the Passions." In *David Hume's Political Economy.* Edited by Karl Wennerlind and Margaret Schabas. London: Routledge, 2008.

Haakonssen, Knud. *Natural Law and Moral Philosophy: From Grotius to the Scottish Enlightenment.* Cambridge: Cambridge University Press, 1996.

Haakonssen, Knud, ed. *The Cambridge Companion to Adam Smith.* Cambridge: Cambridge University Press, 2006.

Haig, David. *From Darwin to Derrida: Selfish Genes, Social Selves, and the Meanings of Life.* Cambridge: MIT Press, 2020.

————. "Sympathy with Adam Smith and Reflexions on Self." *Journal of Economic Behavior and Organization* 77 (January 2011): 4–13.

Halfin, Igal. *From Darkness to Light: Class, Consciousness, and Salvation in Revolutionary Russia.* Pittsburgh: University of Pittsburgh Press, 2000.

Hallowell, John H. *The Communist Credo and the Christian Creed.* New York: National Council of the Episcopal Church, 1955.

Hamilton, Alexander, James Madison, and John Jay. *The Federalist Papers.* Oxford: Oxford University Press, 2008.

Hampton, Stephen. *Anti-Arminians: The Anglican Reformed Tradition from Charles II to George I*. Oxford: Oxford University Press, 2008.

Handy, Robert T., ed. *The Social Gospel in America, 1870–1920: Gladden, Ely, Rauschenbusch*. New York: Oxford University Press, 1966.

Hankins, Barry. *God's Rascal: J. Frank Norris and the Beginnings of Southern Fundamentalism*. Lexington: University Press of Kentucky, 1996.

Hanson, Paul D. *A Political History of the Bible in America*. Louisville: Westminster John Knox Press, 2015.

Harrison, Peter. "Adam Smith and the Invisible Hand." *Journal of the History of Ideas* 72 (January, 2011): 29–49.

Hartlib, Samuel. *The Reformed Common-wealth of Bees*. London: Giles Calvert, 1655.

Haskell, Thomas L. *The Emergence of Professional Social Science: The American Social Science Association and the Nineteenth-Century Crisis of Authority*. Urbana: University of Illinois Press, 1977.

Hatch, Nathan. *The Democratization of American Christianity*. New Haven: Yale University Press, 1989.

Hayek, F. A. "Dr. Bernard Mandeville." In *New Studies in Philosophy, Politics, Economics and the History of Ideas*. Chicago: University of Chicago Press, 1978.

———. "Lecture on a Master Mind." *Proceedings of the British Academy* 52 (1967): 125–41.

———. *The Road to Serfdom*. Chicago: University of Chicago Press, 2007.

Hazen, Edward. *The Panorama of Professions and Trades; or, Every Man's Book*. Philadelphia: Uriah Hunt & Sons, 1836.

Head, Keith, and Thierry Mayer. "Gravity Equations: Workhorse, Toolkit and Cookbook." In *Handbook of International Economics*. Vol. 4. Edited by Gita Gopinath, Elhanan Helpman, and Kenneth Rogoff. Amsterdam and New York: Elsevier, 2014.

Henry, Carl. "Christianity and the Economic Crisis." *Eternity* 6 (June 1955): 14–15, 43–45.

———. *The Christian Mindset in a Secular Society: Promoting Evangelical Renewal and National Righteousness*. Portland: Multnomah Press, 1984.

———. *Confessions of a Theologian*. Waco: World Books, 1986.

———. *The Uneasy Conscience of Modern Fundamentalism*. Grand Rapids: Wm. B. Eerdmans, 1947.

———. "The Vigor of the New Evangelicalism." *Christian Life and Times*, January 1948.

Henry, John F. *John Bates Clark: The Making of a Neoclassical Economist*. New York: Macmillan, 1995.

Herman, Arthur. *How the Scots Invented the Modern World*. New York: Three Rivers Press, 2001.

Hesselink, I. John. "Calvin's Theology." In *The Cambridge Companion to John Calvin*. Edited by Donald K. McKim. Cambridge: Cambridge University Press, 2004.

Hetherington, Norriss S. "Isaac Newton's Influence on Adam Smith's Natural Laws in Economics." *Journal of the History of Ideas* 44 (July–September, 1983): 497–505.

Heyne, Paul. "Clerical Laissez-Faire: A Case Study in Theological Ethics." In *"Are Economists Basically Immoral?" and Other Essays on Economics, Ethics, and Religion*. Edited by Geoffrey Brennan and A. M. C. Waterman. Indianapolis: Liberty Fund, 2008.

Hill, Lisa. "The Hidden Theology of Adam Smith." *European Journal of the History of Economic Thought* 8 (No. 1, 2001): 1–29.

Hilton, Boyd. *The Age of Atonement: The Influence of Evangelicalism on Social and Economic Thought, 1785–1865*. Oxford: Oxford University Press, 1986.

Hirrel, Leo P. *Children of Wrath: New School Calvinism and Antebellum Reform*. Lexington: University Press of Kentucky, 1998.

Hirschman, Albert. *The Passions and the Interests: Political Arguments for Capitalism Before Its Triumph.* Princeton: Princeton University Press, 1977.

Historical Statistics of the United States, 1789–1945: A Supplement to the Statistical Abstract of the United States. Washington, DC: Bureau of the Census, 1949.

Historical Statistics of the United States: Colonial Times to 1970, Bicentennial Edition. Washington, DC: U.S. Government Printing Office, 1975.

Historical Statistics of the United States: Earliest Times to the Present, Millennial Edition. Cambridge: Cambridge University Press, 2006.

Hobbes, Thomas. *De Cive.* Oxford: Oxford University Press, 1983.

———. *Leviathan.* Oxford: Oxford University Press, 1909.

Hochschild, Arlie Russell. *Strangers in Their Own Land: Anger and Mourning on the American Right.* New York: New Press, 2016.

Hofstadter, Richard. *The Age of Reform: From Bryan to F.D.R.* New York: Alfred A. Knopf, 1955.

Hollander, Samuel. *The Economics of Adam Smith.* Toronto: University of Toronto Press, 1973.

———. "Making the Most of Anomaly in the History of Economic Thought: Smith, Marx-Engels, and Keynes." In *Perspectives on Keynesian Economics.* Edited by A. Arnon et al. Berlin: Springer-Verlag, 2011.

Holton, Gerald. *The Advancement of Science, and Its Burdens: With a New Introduction.* Cambridge: Harvard University Press, 1998.

———. "Einstein and the Cultural Roots of Modern Science." *Daedalus* 127 (Winter 1998): 1–44.

———. "On Einstein's *Weltbild.*" Unpublished manuscript, Harvard University [undated].

———. *The Scientific Imagination: Case Studies.* Cambridge: Cambridge University Press, 1978.

Hont, Istvan. *Politics in Commercial Society: Jean Jacques Rousseau and Adam Smith.* Cambridge: Harvard University Press, 2015.

Hooker, Richard. *The Folger Library Edition of the Works of Richard Hooker.* 4 vols. Cambridge: Harvard University Press, 1982.

Hooper, Paul L., et al. "Skills, Division of Labour and Economies of Scale Among Amazonian Hunters and South Indian Honey Collectors." *Philosophical Transactions B* 370 (December 2015): 1–11.

Hoover, Herbert. *The Memoirs of Herbert Hoover: The Great Depression, 1929-1941.* New York: Macmillan, 1952.

Hopkins, Samuel. *A Treatise on the Millennium.* Boston: Isaiah Thomas & Ebenezer Andrews, 1793.

Houghton, John. *A Collection for the Improvement of Husbandry and Trade.* London: Printed for Woodman and Lyon in Russel-street Covent Garden, 1728.

"House of Representatives, Tuesday, June 23, 1840." In *The Congressional Globe.* 26th Congress, 1st Session. Vol. 8. Washington, DC: Globe Office, 1840.

Howe, Daniel Walker. "The Cambridge Platonists of Old England and the Cambridge Platonists of New England." *Church History* 57 (December 1988): 470–85.

———. "The Decline of Calvinism." *Comparative Studies in Society and History* 14 (June 1972): 306–26.

———. *The Unitarian Conscience: Harvard Moral Philosophy, 1805–1861.* Cambridge: Harvard University Press, 1970.

Howe, Julia Ward. "Battle Hymn of the Republic." *Atlantic Monthly* 9, no. 52 (February 1862): 145.

The Humble Advice of the Assembly Of Divines, Now by Authority of Parliament sitting at Westminster, Concerning A Larger Catechism. London: Robert Bostock, 1648.

Hume, David. *Dialogues Concerning Natural Religion and Other Writings.* Cambridge: Cambridge University Press, 2007.

———. *An Enquiry Concerning Human Understanding.* Oxford: Oxford University Press, 2007.

———. *Essays Moral, Political, and Literary.* Indianapolis: Liberty Fund, 1987.

———. *History of England: From the Invasion of Julius Caesar to the Revolution in 1688.* 6 vols. Indianapolis: Liberty Fund, 1983.

———. *A Letter from a Gentleman to His Friend in Edinburgh.* Edited by Ernest C. Mossner and John V. Price. Plaistow: Curwen Press, 1967.

———. *Political Discourses.* Edinburgh: R. Fleming, 1752.

———. *Principal Writings on Religion including Dialogues Concerning Natural Religion and The Natural History of Religion.* Edited by J.C.A. Gaskin. Oxford: Oxford University Press, 2008.

———. *A Treatise of Human Nature.* Vol. 1. Edited by David Fate Norton and Mary J. Norton. Oxford: Oxford University Press, 2007.

Hummel, Daniel. "The New Christian Zionism." *First Things* (June 2017). Accessed March 20, 2020. https://www.firstthings.com/article/2017/06/the-new-christian-zionism.

Hundert, E. J. *The Enlightenment's Fable: Bernard Mandeville and the Discovery of Society.* Cambridge: Cambridge University Press, 1994.

Hunt, Thomas. *The Book of Wealth: in which it is proved from the Bible that it is the duty of every man to become rich.* New York: E. Collier, 1836.

Hutcheson, Francis. *An Inquiry into the Original of Our Ideas of Beauty and Virtue in Two Treatises.* Indianapolis: Liberty Fund, 2004.

———. *A System of Moral Philosophy.* Glasgow: R. & A. Foulis, 1755.

Ingersoll, Julie J. *Building God's Kingdom: Inside the World of Christian Reconstruction.* Oxford: Oxford University Press, 2015.

Inglehart, Ronald. *Culture Shift in Advanced Industrial Society.* Princeton: Princeton University Press, 1990.

Internal Revenue Service, Statistics of Income Division. "Estate Tax Returns Study, October 2017." Accessed August 30, 2018. https://www.irs.gov/statistics/soi-tax-stats-estate-tax-statistics-filing-year-table-1.

International Encyclopedia of the Social Sciences. 19 vols. New York: Crowell Collier & Macmillan, 1968.

Isetti, Ronald. "The Moneychangers of the Temple: FDR, American Civil Religion, and the New Deal." *Presidential Studies Quarterly* 26 (Summer 1996): 678–93.

Isidore of Seville. *Sententiae.* Turnhout, BC: Brepolis Publishers, 2010. Accessed June 9, 2020. http://clt.brepolis.net/llta/pages/Toc.aspx?1239830.

Jackson, Andrew. "Message to Congress, Communicated December 7, 1830." In *Annual Messages, Veto Messages, Protest, &c of Andrew Jackson.* Baltimore: Edwards J. Coale & Co., 1835.

James, Harold. "1929: The New York Stock Market Crash." *Representations* 110 (Spring 2010): 129–44.

James, Henry. *A Small Boy and Others.* New York: Scribner's, 1913.

James, William. *The Varieties of Religious Experience: A Study in Human Nature.* New York: Modern Library, 1902.

Jefferson, Thomas. "Thomas Jefferson, letter to Jean-Baptiste Say (February 1, 1804)." In *The Family Letters of Thomas Jefferson*. Vol. 4. Edited by Edwin Morris Betts and James Adam Bear Jr. Columbia: University of Missouri Press, 1966.

———. *Notes on the State of Virginia*. Chapel Hill: University of North Carolina Press, 1955.

———. "Thomas Jefferson to Doctor Benjamin Waterhouse, June 26, 1822." In *The Works of Thomas Jefferson*. Vol. 12. Edited by Paul Leicester Ford. New York: G. P. Putnam's Sons, 1905.

———. "To the Danbury Baptist Association" (January 1, 1802). In *The Papers of Thomas Jefferson, Volume 36: 1 December 1801 to 3 March 1802*. Edited by Barbara G. Oberg. Princeton: Princeton University Press, 2009.

———. *Works of Thomas Jefferson*. 9 vols. Edited by H. A. Washington. New York: Townsend Mac Coun, 1884.

Jefferson, Thomas, Benjamin Franklin, and John Adams. "American Commissioners to De Thulemeier, March 14, 1785." In *The Papers of Thomas Jefferson, Volume 8: 25 February to 31 October 1785*. Edited by Julian P. Boyd. Princeton: Princeton University Press, 1953.

Jennings, Chris. *Paradise Now: The Story of American Utopianism*. New York: Random House, 2016.

Joffe, Josef. "The Godfather of Post-Truth Politics." *New York Times*, October 22, 2017.

Johnson, Alvin S. "The Fetich of Free Enterprise." *The New Republic* 6 (February 12, 1916): 36–38.

Johnson, Samuel. *A Dictionary of the English Language*. London: W. Strahan, 1755.

———. *A Journey to the Western Islands of Scotland*. London: J. Pope, 1775.

———. *A Letter from Aristocles to Authades Concerning the Sovereignty and the Promises of God*. Boston: Fleet, 1745.

Jones, Robert P., and Daniel Cox. *Attitudes on Child and Family Wellbeing: National and Southeast/Southwest Perspectives*. Washington, DC: Public Religion Research Institute, 2017. Accessed July 16, 2019. https://www.prri.org/research/poll-child-welfare-poverty-race-relations-government-trust-policy/.

Jones, Robert P., et al. *Do Americans Believe Capitalism and Government Are Working? Religious Left, Right and the Future of the Economic Debate*. Washington, DC: Public Religion Research Institute and The Brookings Institution, 2013.

Jordan, Philip. *The Evangelical Alliance for the United States of America: An Evangelical Search for Identity in Ecumenicity in the Nineteenth Century*. PhD diss., University of Iowa, 1971.

Kadane, Matthew. "Original Sin and the Path to the Enlightenment." *Past and Present* (May 2017): 105–40.

Kant, Immanuel. *Toward Perpetual Peace and Other Writings on Politics, Peace, and History*. New Haven: Yale University Press, 2006.

Kelly, Morgan, and Cormac Ó Gráda. "Adam Smith, Watch Prices, and the Industrial Revolution." *Quarterly Journal of Economics* 131 (November 2016): 1727–52.

Keynes, John Maynard. "Am I a Liberal?" In *Essays in Persuasion*. London: Macmillan, 1972.

———. *The End of Laissez-Faire*. London: Hogarth Press, 1926.

———. *The General Theory of Employment, Interest, and Money*. New York: Harcourt, Brace & World, 1936.

Kidd, Thomas S. *Who Is an Evangelical? The History of a Movement in Crisis*. New Haven: Yale University Press, 2019.

Kimmage, Michael. "Buckley Jr., William F." In *American National Biography* (April 2014). Accessed October 26, 2018. http://www.anb.org/view/10.1093/anb/9780198606697 .001.0001/anb-9780198606697-e-1603594.

Kitschelt, Herbert P., and Philipp Rehm. "Secular Partisan Realignment in the United States: The Socioeconomic Reconfiguration of White Partisan Support Since the New Deal Era." *Politics & Society* 47 (September 2019): 425–79.

Klarman, Michael J. *The Framers' Coup: The Making of the United States Constitution.* Oxford: Oxford University Press, 2016.

Krugman, Paul. "The Narrow Moving Band, the Dutch Disease, and the Competitive Consequences of Mrs. Thatcher: Notes on Trade in the Presence of Dynamic Scale Economies." *Journal of Development Economics* 27 (October 1987): 41–55.

Kruse, Kevin M. *One Nation Under God: How Corporate America Invented Christian America.* New York: Basic Books, 2015.

Kugel, James L. *The Great Shift: Encountering God in Biblical Times.* Boston: Houghton Mifflin Harcourt, 2017.

Kuhn, Thomas. "The History of Science." In *The Essential Tension: Selected Studies in Scientific Tradition and Change.* Chicago: University of Chicago Press, 1977.

Kurz, Heinz D. "Technical Progress, Capital Accumulation and Income Distribution in Classical Economics: Adam Smith, David Ricardo and Karl Marx." *European Journal of the History of Economic Thought* 17 (December 2010): 1183–1222.

Kuziemko, Ilyana, et al. "How Elastic Are Preferences for Redistribution? Evidence from Randomized Survey Experiments." *American Economic Review* 105 (April 2015): 1478–1508.

Kuznets, Simon. "Economic Growth and Income Inequality." *American Economic Review* 45 (March 1955): 1–28.

———. "Quantitative Aspects of the Economic Growth of Nations: II. Industrial Distribution of National Product and Labor Force." *Economic Development and Cultural Change* 5 (July 1957, Supplement): 1–111.

Lafitau, Joseph-François. *Customs of the American Indians Compared with the Customs of Previous Times.* Toronto: Champlain Society, 1974.

LaHaye, Tim, and Jerry B. Jenkins. *Left Behind: A Novel of the Earth's Last Days.* Wheaton, IL: Tyndale House, 1995.

Lai, Cheng-chung, ed. *Adam Smith Across Nations: Translations and Receptions of "The Wealth of Nations."* Oxford: Oxford University Press, 2000.

Lake, Peter. *Moderate Puritans and the Elizabethan Church.* Cambridge: Cambridge University Press, 1982.

Landis, Benson, ed. *The Yearbook of American Churches, 1945 Edition.* Lebanon, PA: Sowers, 1945.

Larson, Edward J. *The Return of George Washington: 1783–1789.* New York: William Morrow, 2014.

Laud, William, and Henry Wharton. *The History of the Troubles and Tryal of the Most Reverend Father in God, and Blessed Martyr, William Laud, Lord Arch-Bishop of Canterbury.* London: Rt. Chiswell, 1695.

Lawrence, William. "The Relation of Wealth to Morals." *The World's Work,* Vol. 1 (1901): 286–92.

Lee, Maurice S. *Slavery, Philosophy, and American Literature, 1830–1860.* Cambridge: Cambridge University Press, 2005.

Le Goff, Jacques. *Medieval Civilization, 400–1500.* Oxford: Blackwell, 1988.

————. *Your Money or Your Life: Economy and Religion in the Middle Ages*. New York: Zone Books, 1988.

Leith, John H., ed. *Creeds of the Churches: A Reader in Christian Doctrine from the Bible to the Present*. Louisville: John Knox Press, 1982.

Levinson, Bernard M., and Joshua A. Berman. "The King James Bible at 400: Scripture, Statecraft, and the American Founding." *The History Channel Magazine* (November 2010): 1–11.

Lewis, C. S. *De Descriptione Temporum: An Inaugural Lecture*. Cambridge: Cambridge University Press, 1955.

Lewis, W. A. *The Evolution of the International Economic Order*. Princeton: Princeton University Press, 1978.

Lichtman, Allan J. *White Protestant Nation: The Rise of the American Conservative Movement*. New York: Grove Press, 2008.

Lieberman, David. "Adam Smith on Justice, Rights, and Law." In *The Cambridge Companion to Adam Smith*. Edited by Knud Haakonssen. Cambridge: Cambridge University Press, 2006.

Life in 2050: Amazing Science, Familiar Threats. Washington, DC: Pew Research Center, 2010.

Lincoln, Abraham. "Address to the Wisconsin State Agricultural Society, Milwaukee, Wisconsin." In *Speeches and Writings, 1859-1865*. New York: Library of America, 1989.

Lindsell, Harold. *Free Enterprise: A Judeo-Christian Defense*. Wheaton, IL: Tyndale House, 1982.

Lipset, Seymour Martin, and Earl Raab. *The Politics of Unreason: Right Wing Extremism in America, 1790-1970*. New York: Harper & Row, 1970.

Lipset, Seymour Martin, and Reinhard Bendix. *Social Mobility in Industrial Society*. Berkeley: University of California Press, 1959.

"List of Members." *Publications of the American Economic Association* 1 (March 1886): 43–46.

Locke, John. *The Works of John Locke in Nine Volumes*. 9 vols. London: C. and J. Riving, 1824.

Loconte, Joseph. *God, Locke, and Liberty: The Struggle for Religious Freedom in the West*. Lanham, MD: Lexington Books, 2014.

Lurie, Mark. *The Cowles Catalyst: Why Did Economics Become a Mathematical Science When It Did?* AB Thesis, Harvard University, 2007.

Luther, Martin. "The Freedom of a Christian." In *Luther's Works*. Vol. 31. Philadelphia: Muhlenberg Press, 1957.

————. *Luther's Spirituality*. New York: Paulist Press, 2007.

Lynerd, Benjamin. *Republican Theology: The Civil Religion of American Evangelicals*. Oxford: Oxford University Press, 2014.

Macartney, Clarence. *Shall Unbelief Win? A Reply to Dr. Fosdick*. Philadelphia: Wilbur Hanf, 1922.

Macaulay, Thomas Babington. *The History of England from the Accession of James II*. 5 vols. New York: Harper & Brothers, 1849-1861.

MacCulloch, Diarmaid. *The Later Reformation in England, 1547-1603*. New York: St. Martin's Press, 1990.

————. *The Reformation: A History*. New York: Viking, 2003.

MacGillis, Alec. "Who Turned My Blue State Red? Why Poor Areas Vote for Politicians Who Want to Slash the Safety Net." *New York Times*, November 22, 2015.

Machen, J. Gresham. *Christianity and Liberalism*. Grand Rapids: Eerdmans, 2009.

MacMillan, Margaret. *The War That Ended Peace: The Road to 1914*. New York: Random House, 2014.

Madison, James. "Republican distribution of Citizens." *National Gazette* 1, no. 37 (March 5, 1792): 147.

Maifreda, Germano. *From Oikonomia to Political Economy: Constructing Economic Knowledge from the Renaissance to the Scientific Revolution*. Translated by Loretta Valtz Mannucci. Surrey, UK: Ashgate, 2012.

Mak, James, and Gary M. Walton. "Steamboats and the Great Productivity Surge in River Transportation." *Journal of Economic History* 32 (September 1972): 619–40.

Malkin, Bonnie. "Global Financial Crisis an 'Act of God': An Australian MP Has Raised Eyebrows by Claiming the Global Financial Crisis Is an Act of God." *The Telegraph*, December 5, 2008. Accessed October 4, 2018. https://www.telegraph.co.uk/news /worldnews/australiaandthepacific/australia/3566499/Global-financial-crisis-an-act -of-God.html.

Malthus, T. R. *An Essay on the Principle of Population, as it Affects the Future Improvement of Society. With Remarks on the Speculations of Mr Godwin, M. Condorcet, and Other Writers*. London: J. Johnson in St. Paul's Churchyard, 1798.

———. *An Essay on the Principle of Population, or, A View of its Past and Present Effects on Human Happiness: With an Inquiry into Our Prospects Respecting the Future Removal or Mitigation of the Evils which it Occasions*. 2nd ed. London: J. Johnson, 1803.

———. *An Essay on the Principle of Population, or, A View of its Past and present Effects on Human Happiness: With an Inquiry into Our Prospects Respecting the Future Removal or Mitigation of the Evils which it Occasions*. 5th ed. 3 vols. London: John Murray, 1817.

Mandeville, Bernard. *The Fable of the Bees: Or, Private Vices, Publick Benefits*. 2 vols. Oxford: Clarendon Press, 1924.

[Mandeville, Bernard] Phil-Porney. *A Modest Defense of Publick Stews: or, an Essay upon Whoring, as it is Now Practis'd in these Kingdoms*. London: A. Moore, 1724.

Mansfield, Harvey C., and Delba Winthrop, trans. and eds. Alexis de Tocqueville, *Democracy in America*. Chicago: University of Chicago Press, 2000.

Marsden, George. *Fundamentalism and American Culture*. Oxford: Oxford University Press, 2006.

———. "The Gospel of Wealth, the Social Gospel, and the Salvation of Souls in Nineteenth-Century America." *Fides et Historia* 5 (Fall 1972): 10–21.

———. *Jonathan Edwards: A Life*. New Haven: Yale University Press, 2003.

Marshall, Alfred. *Principles of Economics*. London: Macmillan, 1890.

Martin, David A. "Economics as Ideology: On Making 'The Invisible Hand' Visible." *Review of Social Economy* 48 (Fall 1990): 272–87.

Marx, Karl. *Critique of Hegel's "Philosophy of Right."* Cambridge: Cambridge University Press, 1970.

Massing, Michael. *Fatal Discord: Erasmus, Luther and the Fight for the Western Mind*. New York: HarperCollins, 2018.

Mather, Cotton. *A Christian at his Calling. Two Brief Discourses. One Directing a Christian in his General Calling; Another Directing him in his Personal Calling*. Boston: B. Green and J. Allen, for Samuel Sewall Junior, 1701.

———. *Free-Grace, Maintained & Improved. Or, The General Offer of the Gospel, Managed with Considerations of the Great Things done by Special Grace, in the Election and Redemption and Vocation of those who Embrace that Offer. And the Illustrious*

Doctrines of Divine Predestination and Humane Impotency, Rescued from the Abuses, which they too frequently meet withal; and rendered (as they are) highly Useful to the Designs of Practical Piety.: In two brief Discourses; Published at the Desire of Some, who have been greatly Apprehensive of Growing Occasions for such Treatises. Boston: B. Green, 1706.

———. *Ratio Disciplinae Fratrum Nov-Anglorum: A Faithful Account of the Discipline Professed and Practised; in the Churches of New-England: With Interspersed and Instructive Reflections on the Discipline of the Primitive Churches.* Boston: S. Gerrish, 1726.

———. *Theopolis Americana: An Essay on the Golden Street of the Holy City.* Boston: B. Green, 1710.

Mather, Increase. *Awakening Soul-Saving Truths, Plainly Delivered, in Several Sermons. In which is Shewed, I. That Many are Called, who are not Effectually Called. II. That Men may be of the Visible Church, and yet not be of the Lord's Chosen. III. That the Chosen of God are Comparatively but Few.* Boston: Kneeland for Gray and Edwards, 1720.

Mathews, Shailer. *The Faith of Modernism.* New York: Macmillan, 1924.

Matranga, Andrea. "The Ant and the Grasshopper: Seasonality and the Invention of Agriculture." Unpublished manuscript, New Economic School, 2017.

Mattingly, Garrett. *The Armada.* Boston: Houghton Mifflin, 1959.

May, Henry F. *Protestant Churches and Industrial America.* New York: Octagon, 1963.

Mayhew, Experience. *Grace Defended.* Boston: B. Green, & Company, 1744.

Mayhew, Jonathan. *Seven Sermons.* Boston: Rogers & Fowle, 1749.

———. *Two Sermons on the Nature, Extent and Perfection of the Divine Goodness.* Boston: D. & J. Kneeland, 1763.

Mayhew, Robert. *Malthus: The Life and Legacies of an Untimely Prophet.* Cambridge: Harvard University Press, 2014.

Mayo, A. D. "Liberal Christianity in Western Massachusetts." *Religious Magazine and Monthly Review* 50 (July 1873): 58–69.

Mazumder, Bhashkar. "Fortunate Sons: New Estimates of Intergenerational Mobility in the United States Using Social Security Earnings Data." *Review of Economics and Statistics* 87 (May 2005): 235–55.

McAllister, James L. "Evangelical Faith and Billy Graham." *Social Action* 19 (March 1953): 3–36.

McCollim, Gary B. *Louis XIV's Assault on Privilege: Nicolas Desmaretz and the Tax on Wealth.* Rochester: University of Rochester Press, 2012.

McGee, J. Vernon. "The Millennium." In *On Prophecy: Man's Fascination with the Future.* Nashville: Thomas Nelson, 1993.

McGinn, Bernard. *Visions of the End: Apocalyptic Traditions in the Middle Ages.* New York: Columbia University Press, 1979.

McGrath, Alister E. *Iustitia Dei: A History of the Christian Doctrine of Justification.* Cambridge: Cambridge University Press, 1986.

McLoughlin, William G., Jr. *Billy Graham: Revivalist in a Secular Age.* New York: Ronald Press Company, 1960.

McVickar, John. *First Lessons in Political Economy.* Albany: Common School Depository, 1837.

———. *Introductory Lecture to a Course of Political Economy.* London: John Miller, 1830.

———. *Outlines of Political Economy.* New York: Wilder & Campbell, 1825.

Mede, Joseph. *The Key of the Revelation, Searched and Demonstrated out of the Naturall and Proper Charecters of the Visions.* London: Phil Stephens, 1643.

Meek, Ronald L. "Smith, Turgot, and the 'Four Stages' Theory." *History of Political Economy* 3 (Spring 1971): 9–27.

———. *Social Science and the Ignoble Savage*. Cambridge: Cambridge University Press, 1976.

Melville, Herman. *White-Jacket or the World in a Man-of-War*. Oxford: Oxford University Press, 1990.

Merton, Robert K. *Science, Technology and Society in Seventeenth-Century England*. New York: H. Fertig, 1970.

Mettler, Suzanne. *The Government-Citizen Disconnect*. New York: Russell Sage Foundation, 2018.

Mill, James. "Economists." *Supplement to the Fourth, Fifth, and Sixth Editions of the Encyclopaedia Britannica*. Vol. 3. Edinburgh: Archibald Constable, 1824.

Mill, John Stuart. *Principles of Political Economy*. 2 vols. London: John W. Parker, 1848.

Miller, Perry. *The New England Mind: The Seventeenth Century*. Cambridge: Harvard University Press, 2014.

Miller, Robert Moats. "Harry Emerson Fosdick and John D. Rockefeller, Jr.: The Origins of an Enduring Association." *Foundations* 21 (October–December 1978): 292–310.

———. *Harry Emerson Fosdick: Preacher, Pastor, Prophet*. New York: Oxford University Press, 1985.

Milton, John. *Animadversions upon the Remonstrants Defence, against Smectymnuus*. London: Thomas Underhill, 1641.

Mitchell, B. R. *International Historical Statistics: The Americas 1750–1988*. New York: Stockton Press, 1993.

Mizuta, Hiroshi. *Adam Smith's Library: A Catalogue*. Oxford: Clarendon Press, 2000.

Mohr, Charles. "Goldwater Met Warmly in South." *New York Times*, January 18, 1964.

Montchrestien, Antoine de. *Traicté de l'oeconomie politique: Dedié en 1615 au Roy et à la Reyne Mere du Roy*. Paris: E. Plon, Nourrit et cie, 1889.

Montesquieu, Charles de Secondat, baron de. *De l'Esprit des Loix*. Geneve: Barrillot & fil, 1748.

Moody, D. L. "Regeneration." *Friends' Review*, June 14, 1879.

———. "The Second Coming of Christ." *Northfield Echoes: A Report of the Northfield Conferences for 1896*. Vol. 3. East Northfield: E. S. Rastall, 1896.

Moorhead, James H. "Between Progress and Apocalypse: A Reassessment of Millennialism in American Religious Thought, 1800–1880." *Journal of American History* 71 (December 1984): 524–42.

———. "The Erosion of Postmillennialism in American Religious Thought, 1865–1925." *Church History* 53 (March 1984): 61–77.

———. *World Without End: Mainstream American Protestant Visions of the Last Things, 1880–1925*. Bloomington: Indiana University Press, 1999.

Morgan, Roger. *The United States and West Germany, 1945–1973: A Study in Alliance Politics*. London: Oxford University Press, 1974.

[Morse, Jedidiah]. "Affairs of the University." *Columbian Centinel* 42, no. 26 (November 24, 1804).

———. *True Reasons on which the Election of a Hollis Professor of Divinity in Harvard College, was Opposed at the Board of Overseers, Feb. 14, 1805*. Charlestown: Printed for the Author, 1805.

Morse, Jennifer Roback. *Love and Economics: Why the Laissez-Faire Family Doesn't Work*. Dallas: Spence, 2001.

Mossner, E. C. *The Life of David Hume.* New York: Oxford University Press, 1980.

Mun, Thomas. *England's Treasure by Forraign Trade. Or, The Ballance of our Forraign Trade is The Rule of our Treasure.* London: Printed by J.G. for Thomas Clark, 1664.

Munby, D. L. *God and the Rich Society: A Study of Christians in a World of Abundance.* Oxford: Oxford University Press, 1960.

Murray, Charles Augustus. *Travels in North America during the years 1834, 1835, & 1836. Including a summer residence with the Pawnee tribe of Indians, in the remote prairies of the Missouri, and a visit to Cuba and the Azore islands.* London: R. Bentley, 1839.

Murray, John. *Jerubbaal, Or Tyranny's Grove Destroyed, and the Altar of Liberty Finished.* Newburyport: John Mycall, 1784.

National Bureau of Economic Research. "US Business Cycle Expansions and Contractions." Accessed February 5, 2020. http://www.nber.org/cycles/cyclesmain.html.

Nelson, Eric. "Representation and the Fall." *Modern Intellectual History* (December 19, 2018): 1–30. Accessed March 20, 2020. https://doi.org/10.1017/S1479244318000501.

———. *The Royalist Revolution: Monarchy and the American Founding.* Cambridge: Harvard University Press, 2014.

———. *The Theology of Liberalism: Political Philosophy and the Justice of God.* Cambridge: Harvard University Press, 2019.

———. "What Kind of Book Is 'The Ideological Origins of the American Revolution'?" *New England Quarterly* 91 (March 2018): 147–71.

Newton, Isaac. *Four Letters from Sir Isaac Newton to Doctor Bentley Containing Some Arguments in Proof of a Deity.* London: R. & J. Dodsley, 1756.

Nicole, Pierre. *Moral Essays.* 4 vols. London: Printed for R. Bentley and M. Magnes, 1677–1682.

Noll, Mark A. *America's God: From Jonathan Edwards to Abraham Lincoln.* Oxford: Oxford University Press, 2002.

Noll, Mark A. ed. *God and Mammon: Protestants, Money, and the Market, 1790–1860.* Oxford: Oxford University Press, 2002.

Noll, Mark A. "Jekyll or Hyde? Two Stories about American Evangelicalism." *Books and Culture: A Christian Review* 21 (March–April 2015): 22–25.

Norris, J. Frank. "The New Deal Uncovered." In *New Dealism Exposed.* Fort Worth: Fundamentalist Publishing Co., 1935.

Norris, John. *The Theory and Regulation of Love: A Moral Essay in Two Parts.* Oxford: Printed at the Theatre for Hen. Clements, 1688.

Norton, John. *The Answer to the Whole Set of Questions of the Celebrated Mr. William Apollonius, Pastor of the Church of Middelburg.* With a preface by John Cotton. Cambridge: Harvard University Press, 1958.

Norwich, John Julius. *A History of France.* New York: Atlantic Monthly Press, 2018.

Nunn, Nathan, and Nancy Qian. "The Potato's Contribution to Population and Urbanization: Evidence from a Historical Experiment." *Quarterly Journal of Economics* 126 (May 2011): 593–650.

Oakes, Urian. *New England Pleaded with, And pressed to consider the things which concern her Peace at least in this her Day.* Cambridge: Samuel Green, 1673.

Ockenga, Harold. "Christ for America." *United Evangelical Action* (May 4, 1943): 3–6.

———. *God Save America.* Boston: John W. Schaeffer & Co., 1939.

———. "The Unvoiced Multitudes." In *A New Evangelical Coalition: Early Documents of the National Association of Evangelicals.* Edited by Joel E. Carpenter. New York: Garland, 1988.

"On the Attempt to Deprive Unitarians of the Name of Christians." *The Unitarian Defendant* 1, no. 2 (July 6, 1822): 5–8; no. 3 (July 20, 1822): 9–10; no. 4 (August 3, 1822): 13–15.

Orain, Arnaud. "The Second Jansenism and the Rise of French Eighteenth-Century Political Economy." *History of Political Economy* 46 (Fall 2014): 463–90.

Oslington, Paul. *Political Economy as Natural Religion.* London: Routledge, 2018.

[O'Sullivan, John]. "Annexation." *Democratic Review* 17 (July, 1845).

Otten, Bernard John. *A Manual of the History of Dogmas.* London: B. Herder Book Co., 1918.

Otteson, James R. *Adam Smith's Marketplace of Life.* Cambridge: Cambridge University Press, 2002.

Pagels, Elaine. *Revelations: Visions, Prophecy, and Politics in the Book of Revelation.* New York: Viking, 2012.

Pagnamenta, Peter. *Prairie Fever: British Aristocrats and the American West 1830–1890.* New York: Norton, 2012.

Paine, Thomas. *The Rights of Man, Common Sense, and Other Political Writings.* Oxford: Oxford University Press, 1995.

Paley, William. *The Principles of Moral and Political Philosophy.* London: Faulder, 1785.

Papadopoulos, Kosmos, and Bradley W. Bateman. "Karl Knies and the Prehistory of Neoclassical Economics: Understanding the Importance of 'Die Nationaloekonomische Lehre vom Werth' (1855)." *Journal of the History of Economic Thought* 33 (April 2011): 19–35.

Parente, Stephen L., and Edward C. Prescott. "Barriers to Technology Adoption and Development." *Journal of Political Economy* 102 (April 1994): 298–321.

Parker, Geoffrey. *Emperor: A New Life of Charles V.* New Haven: Yale University Press, 2019.

Parker, Kenneth. *The English Sabbath: A Study of Doctrine and Discipline from the Reformation to the Civil War.* Cambridge: Cambridge University Press, 1988.

Paullin, Charles O. *Atlas of the Historical Geography of the United States.* Washington, DC: Carnegie Institution, 1932.

Peale, Norman Vincent. *You Can If You Think You Can.* New York: Simon & Schuster, 1974.

Peart, Sandra J., and David M. Levy, eds. *The Street Porter and the Philosopher: Conversations on Analytical Egalitarianism.* Ann Arbor: University of Michigan Press, 2008.

Perkins, William. *A Godly and Learned Exposition or Commentarie upon the Three First Chapters of the Revelation.* London: Printed by Adam Islip for Cuthbert Burbie, 1606.

———. *A Golden Chaine: or, The Description of Theologie.* Cambridge: John Legat, 1600.

Perry, Arthur Latham. *Principles of Political Economy.* New York: Scribner, 1891.

Peterson, Mark. *The City-State of Boston: The Rise and Fall of an Atlantic Power, 1630–1865.* Princeton: Princeton University Press, 2019.

Pew Foundation. "The Age Gap in Religion Around the World." June 13, 2018. Accessed June 12, 2019. https://www.pewforum.org/2018/06/13/the-age-gap-in-religion-around-the-world/.

Pew Research Center. "Political Typology 2017." Accessed July 16, 2019. https://www.people-press.org/dataset/political-typology-2017/.

———. "2014 Religious Landscape Study." Accessed July 22, 2019. https://www.pewforum.org/dataset/pew-research-center-2014-u-s-religious-landscape-study/.

Phillips, Kevin. *The Emerging Republican Majority.* New Rochelle: Arlington House, 1969.

Phillips-Fein, Kim. *Invisible Hands: The Businessmen's Crusade Against the New Deal.* New York: W. W. Norton, 2009.

Phillipson, Nicholas. *Adam Smith: An Enlightened Life.* New Haven: Yale University Press, 2010.

Pietsch, B. M. *Dispensational Modernism.* Oxford: Oxford University Press, 2015.

Pocock, J. G. A. *The Machiavellian Moment: Florentine Political Thought and the Atlantic Republican Tradition.* Princeton: Princeton University Press, 1975.

Pope, Alexander. *An Essay on Man.* In *Epistles to a Friend. Epistle IV.* London: J. Wilford, 1734.

Porter, Eduardo. "The Government Check Disconnect." *New York Times*, December 22, 2018.

Porter, Roy, and Mikuláš Teich, eds. *The Enlightenment in National Context.* Cambridge: Cambridge University Press, 1981.

Porterfield, Amanda. *Conceived in Doubt: Religion and Politics in the New American Nation.* Chicago: University of Chicago Press, 2012.

Price, Peter Xavier. "Liberty, Poverty and Charity in the Political Economy of Josiah Tucker and Joseph Butler." *Modern Intellectual History* 16 (November 2019): 741–70.

———. "Sociability and Self-Love in Joseph Butler's *Fifteen Sermons*." In *Providence and Political Economy: Josiah Tucker's Providential Argument for Free Trade.* PhD diss., University of Sussex, 2016.

Priestley, Joseph. *Lectures on History and General Policy.* Birmingham: Pearson & Rollason, 1788.

Quesnay, François. *Physiocratie, ou Constitution Naturelle du Gouvernement le plus Avantageux au Genre Humain.* Leyde: Merlin, 1767.

Quinnipiac University Poll. "November 15, 2017—Latest Massacre Drives Gun Control Support to New High, Quinnipiac University National Poll Finds; Voters Reject GOP Tax Plan 2-1." November 2017. Accessed June 13, 2019. https://poll.qu.edu/national/release-detail?ReleaseID=2501.

Rabb, Melinda. "Parting Shots: Eighteenth-Century Displacements of the Male Body at War." *ELH* 78 (Spring, 2011): 103–35.

Rader, Benjamin G. "Richard T. Ely: Lay Spokesman for the Social Gospel." *Journal of American History* 53 (June 1966): 61–74.

Rae, John. *The Life of Adam Smith.* London: Macmillan, 1895.

Rauschenbusch, Walter. *Christianity and the Social Crisis.* London: Macmillan, 1920.

———. *Christianizing the Social Order.* New York: Macmillan, 1912.

———. *A Theology for the Social Gospel.* New York: Macmillan, 1917.

Rawls, John. *A Theory of Justice.* Cambridge: Harvard University Press, 1971.

Ray, John. *The Wisdom of God Manifested in the Works of the Creation.* London: Samuel Smith, 1691.

Raymond, Daniel. *The American System.* Baltimore: Lucas & Deaver, 1828.

———. *Elements of Political Economy: In Two Parts.* Baltimore: Fielding Lucas, Jun., & E. J. Coale, 1823.

———. *The Missouri Question.* Baltimore: Schaeffer & Maund, 1819.

———. *Thoughts on Political Economy: In Two Parts.* Baltimore: Fielding Lucas, Jun'r, 1820.

Reagan, Ronald. "Address Accepting the Presidential Nomination at the Republican National Convention in Detroit," July 17, 1980. Accessed June 8, 2020. http://www.presidency.ucsb.edu/documents/address-accepting-the-presidential-nomination-the-republican-national-convention-detroit.

———. "Encroaching Control." Speech Delivered Before the Phoenix Chamber of Commerce, Phoenix, AZ, March 30, 1961. Accessed January 23, 2018. https://archive.org/details/RonaldReagan-EncroachingControl.

———. "Farewell Address to the Nation," January 11, 1989. Accessed June 11, 2020. https://www.reaganlibrary.gov/research/speeches/011189i.

———. "Remarks at the Annual Convention of the National Association of Evangelicals in Orlando, Florida," March 8, 1983. Accessed January 22, 2018. https://www.reaganlibrary.gov/index.php?option=com_content&view=article&id=2177:30883b&catid=31:1983.

"Rebuke to Rolph Is Seen; Roosevelt Scores Our Pagan Ethics." *New York Times*, December 7, 1933.

Redding, Stephen. "Dynamic Comparative Advantage and the Welfare Effects of Trade." *Oxford Economic Papers* 51 (January 1999): 15–39.

"Religion: Riverside Church." *Time*, October 6, 1930.

"Report of the Organization of the American Economic Association." In *Publications of the American Economic Association*. Vol. 1. Baltimore: John Murphy, 1886.

"Republicans Lower Expectations for a 2020 Trump Victory." *Economist*/YouGov Poll, February 1, 2019. Accessed June 13, 2019. https://today.yougov.com/topics/politics/articles-reports/2019/02/01/republicans-2020-trump-victory-tax-reform.

Reynolds, David S. *Beneath the American Renaissance*. New York: Alfred A. Knopf, 1980.

Ribuffo, Leo P. *The Old Christian Right: The Protestant Far Right from the Great Depression to the Cold War*. Philadelphia: Temple University Press, 1983.

Ricardo, David. *On the Principles of Political Economy and Taxation*. In *The Works and Correspondence of David Ricardo*. Indianapolis: Liberty Fund, 2004.

———. *The Principles of Political Economy and Taxation*. With an introduction by Donald Winch. London: Dent, 1973.

Riis, Jacob A. *How the Other Half Lives: Studies Among the Tenements of New York*. New York: Scribner, 1890.

Robertson, William. *The History of America*. 2 vols. London: W. Strahan, 1777.

———. Letter to Margaret Hepburn, February 20, 1759. National Library of Scotland, MS 16711, ff. 234–36.

———. *The Works of William Robertson, DD*. 12 vols. Edinburgh: Peter Hill & Co.; Oliver & Boyd; and Stirling & Slade, 1818.

Rodgers, Daniel T. *As a City on a Hill: The Story of America's Most Famous Lay Sermon*. Princeton: Princeton University Press, 2018.

Rogers, Robert P. *An Economic History of the American Steel Industry*. New York: Routledge, 2009.

Rollin, Charles. *Histoire ancienne des Egyptiens, des Carthaginois, des Assyriens, des Babyloniens, des Mèdes et des Perses, des Macédoniens, des Grecs, par M. Rollin*. Paris: J. Estienne, 1752.

Roosevelt, Franklin D. "Inaugural Address," March 4, 1933. Accessed January 31, 2018. http://www.presidency.ucsb.edu/documents/inaugural-address-8.

———. "Radio Message Accepting 3rd Term Nomination, July 19, 1940 [Acceptance Speech to Democratic National Committee]." In *Franklin D. Roosevelt, Master Speech File, 1898–1945*, Box 52, No. 1291, 15; 19–20. Accessed January 31, 2018. http://www.fdrlibrary.marist.edu/_resources/images/msf/msf01336.

Rosenberg, Nathan. "Mandeville and Laissez-faire." *Journal of the History of Ideas* 24 (April–June 1963): 183-196.

———. "Adam Smith on the Division of Labour: Two Views or One?" *Economica* 32 (May 1965): 127–139.

Ross, Dorothy. *The Origins of American Social Science*. Cambridge: Cambridge University Press, 1991.

Ross, Ian Simpson. "The Emergence of David Hume as a Political Economist: A Biographical Sketch." In *David Hume's Political Economy*. Edited by Carl Wennerlind and Margaret Schabas. London: Routledge, 2008.

———. *The Life of Adam Smith*. Oxford: Oxford University Press, 1995.

———. *Lord Kames and the Scotland of His Day*. Oxford: Oxford University Press, 1972.

Rostow, W. W. *The Stages of Economic Growth: A Non-Communist Manifesto*. London: Cambridge University Press, 1964.

Roth, Alvin E. "Repugnance as a Constraint on Markets." *Journal of Economic Perspectives* 21 (Summer 2007): 37–58.

Rothschild, Emma. *Economic Sentiments: Adam Smith, Condorcet, and the Enlightenment*. Cambridge: Harvard University Press, 2001.

Rousseau, Jean-Jacques. *The Social Contract*. Oxford: Oxford University Press, 1994.

Roy, Ralph Lord. *Apostles of Discord: A Study of Organized Bigotry and Disruption on the Fringes of Protestantism*. Boston: Beacon Press, 1953.

Rush, Benjamin. "Thoughts Upon the Mode of Education Proper in a Republic." In *American Political Writing*. Edited by Charles S. Hyneman and Donald S. Lutz. Indianapolis: Liberty Fund, 1983.

Ryan Patrick Hanley, ed. *Adam Smith: His Life, Thought, and Legacy*. Princeton: Princeton University Press, 2016.

Sacks, Daniel W., Betsey Stevenson, and Justin Wolfers. "The New Stylized Facts About Income and Subjective Well-Being." *Emotion* 12 (December 2012): 1181–87.

Samuelson, Paul. *Economics*. New York: McGraw-Hill, 1948.

———. *Foundations of Economic Analysis*. Cambridge: Harvard University Press, 1947.

———. "Liberalism at Bay." *Social Research* 39 (April 1972): 16–31.

———. "A Modern Theorist's Vindication of Adam Smith." *American Economic Review* 67 (February 1977): 42–49.

Sandeen, Ernest. *The Roots of Fundamentalism: British and American Millenarianism, 1800–1930*. Chicago: University of Chicago Press, 1970.

Sanford, Elias B., ed. *Report of the First Meeting of the Federal Council, Philadelphia. 1908*. New York: The Revell Press, 1909.

Say, Jean-Batiste. *Traité D'économie Politique*. Paris: Chez Deterville, 1803.

Schaeffer, Francis. *The Complete Works of Francis Schaeffer*. 5 vols. Wheaton, IL: Crossway, 1982.

Schaffner, Brian, Stephen Ansolabehere, and Sam Luks. "CCES Common Content, 2018." Accessed September 2, 2019. https://doi.org/10.7910/DVN/ZSBZ7K.

Schiffman, Lawrence. *Reclaiming the Dead Sea Scrolls: The History of Judaism, and the Background of Christianity, the Lost Library of Qumran*. Philadelphia: Jewish Publication Society, 1994.

Schmidt, Georg. *Der Dreissigjahrige Krieg*. 5th ed. Munich: C. H. Beck, 2002.

Schumpeter, Joseph A. *History of Economic Analysis*. New York: Oxford University Press, 1954.

Scofield, C. I. *The Scofield Reference Bible*. London: Oxford University Press, 1909.

Scott, Hal. *Connectedness and Contagion: Protecting the Financial System from Panics*. Cambridge: MIT Press, 2016.

Seaver, Paul. *Wallington's World: A Puritan Artisan in Seventeenth Century London.* Stanford: Stanford University Press, 1985.

Seigle, Mario. "The Growing Economic Crisis: A Biblical Perspective." Accessed October 4, 2018. https://www.ucg.org/the-good-news/the-growing-economic-crisis-a-biblical-perspective.

Sen, Amartya. *Poverty and Famines: An Essay on Entitlement and Deprivation.* Oxford: Oxford University Press, 1983.

Sengupta, Somini. "Carter Sadly Turns Back on National Baptist Body." *New York Times,* October 21, 2000. Accessed October 4, 2018. https://www.nytimes.com/2000/10/21/us/carter-sadly-turns-back-on-national-baptist-body.html.

Sheldon, Charles M. *In His Steps.* New York: George Munroe's Sons, 1896.

Shepard, Thomas. *Eye-Salve or A Watch-Word From our Lord Jesus Christ unto his Churches: Especially those within the Colony of Massachusetts in New-England, To take heed of Apostacy.* Cambridge: Samuel Green, 1673.

———. *The Sincere Convert: Discovering the Paucity of True Believers and the Great Difficulty of Saving Conversion.* London: T. Paine, 1640.

Sher, Richard B. *Church and University in the Scottish Enlightenment: The Moderate Literati of Edinburgh.* Edinburgh: Edinburgh University Press, 1985.

Shleifer, Andrei, and Robert Vishny. "Fire Sales in Finance and Macroeconomics." *Journal of Economic Perspectives* 25 (Winter 2011): 29–48.

Shore, Marci. "The Unbreakable Broken." *New York Times,* August 20, 2017.

Sidney, Algernon. *Discourses Concerning Government.* Indianapolis: Liberty Press, 1990 (1698).

Simpson, James. *Burning to Read: English Fundamentalism and Its Reformation Opponents.* Cambridge: Harvard University Press, 2007.

———. *Permanent Revolution: The Reformation and the Illiberal Roots of Liberalism.* Cambridge: Harvard University Press, 2019.

Sjaastad, Larry A. "The Costs and Returns of Human Migration." *Journal of Political Economy* 70 (October 1962, Part II): 80–93.

Skinner, Andres S. "Adam Smith: The French Connection." University of Glasgow Business School, Working Paper 9703 (1997).

Slack, Paul. *The Invention of Improvement: Information and Material Progress in Seventeenth-Century England.* Oxford: Oxford University Press, 2015.

Smith, Adam. *The Correspondence of Adam Smith.* Edited by E. C. Mossner and I. S. Ross. Oxford: Clarendon Press, 1987.

———. *Essays on Philosophical Subjects.* Oxford: Oxford University Press, 1980.

———. *An Inquiry into the Nature and Causes of the Wealth of Nations.* 2 vols. Oxford: Oxford University Press, 1976.

———. *Lectures on Jurisprudence.* Oxford: Oxford University Press, 1978.

———. *Lectures on Police, Revenue, and Arms.* Edited by Edwin Cannan. Oxford: Clarendon Press, 1896.

———. *Lectures on Rhetoric and Belles Lettres.* Oxford: Oxford University Press, 1983.

———. *The Theory of Moral Sentiments.* Oxford: Oxford University Press, 1976.

———. *The Theory of Moral Sentiments.* With an introduction by Knud Haakonssen. Cambridge: Cambridge University Press, 2002.

Smith, Timothy L. *Revivalism and Social Reform: American Protestantism on the Eve of the Civil War.* Baltimore: Johns Hopkins University Press, 1980.

Smout, T. C. *A History of the Scottish People, 1560–1830.* London: Collins, 1969.

Solon, Gary. "Cross-Country Differences in Intergenerational Earnings Mobility." *Journal of Economic Perspectives* 16 (Summer 2002): 59-66.

———. "Intergenerational Income Mobility in the United States." *American Economic Review* 82 (June 1992): 393-408.

Solow, Robert. "Remembering John Kenneth Galbraith." Accessed July 19, 2017. http://www.epsusa.org/publications/newsletter/2006/nov2006/solow.pdf.

———. "Stories About Economics and Technology." *European Journal of the History of Economic Thought* 17 (December 2010): 1113-26.

Sorkin, David. *The Religious Enlightenment: Protestants, Jews, and Catholics from London to Vienna.* Princeton: Princeton University Press, 2008.

South, Robert. *Discourses on Various Subjects and Occasions.* Boston: Bowles & Dearborn, 1827.

The Spectator. 8 vols. London: Printed for Sam. Buckley and sold by A. Baldwin, 1711-1714.

Spellman, W. M. "Locke and the Latitudinarian Perspective on Original Sin." *Revue Internationale de Philosophie* 42 (January 1988): 215-28.

Spurr, John. *The Restoration Church of England, 1646-1689.* New Haven: Yale University Press, 1991.

Stark, Oded, and David E. Bloom. "The New Economics of Labor Migration." *American Economic Review* 75 (May 1985): 173-78.

Statistical Abstract of the United States, No. 53. Washington, DC: U.S. Government Printing Office, 1933.

Steele, Ian K. *The English Atlantic, 1675-1740: An Exploration of Communication and Community.* New York: Oxford University Press, 1986.

Steil, Benn. *The Marshall Plan: Dawn of the Cold War.* New York: Simon & Schuster, 2018.

Stein, Stephen. "American Millennial Visions: Towards Construction of a New Architectonic of American Apocalypticism." In *Imagining the End: Visions of Apocalypse from the Ancient Middle East to Modern America.* Edited by Abbas Amanat and Magnus Bernhardsson. London: I. B. Tauris, 2002.

Stephen, Leslie. "Mandeville, Bernard." In *Dictionary of National Biography.* London: Smith, Elder, & Co., 1893.

Stern, Fritz. "German History in America, 1884-1984." *Central European History* 19 (June 1986): 131-63.

Steuart, James. *An Inquiry into the Principles of Political Oeconomy.* London: Millar & Cadell, 1767.

Stewart, Dugald. "Account of the Life and Writings of Adam Smith, LL.D." *Transactions of the Royal Society of Edinburgh* 3 (1794): 55-137.

———. *Dissertation First: Exhibiting a General View of the Progress of Metaphysical, Ethical, and Political Philosophy since the Revival of Letters in Europe.* Boston: Wells & Lilly, 1817.

———. "Plan of Lectures on Political Economy for 1800-1801." In *Lectures on Political Economy.* 2 vols. Edinburgh: Thomas Constable, 1855.

———. *Works.* 7 vols. Cambridge: Hilliard & Brown, 1829.

Stratmann, Silke. *Myths of Speculation: The South Sea Bubble and 18th-Century English Literature.* München: Fink, 2000.

Strong, Josiah. *The New Era, or, The Coming Kingdom.* New York: Baker & Taylor, 1893.

———. *Our Country: Its Possible Future and its Present Crisis.* New York: Baker & Taylor, 1885.

Strousma, Guy G. *The End of Sacrifice: Religious Transformation in Late Antiquity*. Chicago: University of Chicago Press, 2012.

"Summary—This Day: American." *The Montreal Gazette*, June 27, 1867.

Sunday, Billy, and William Thomas Ellis. *Billy Sunday: The Man and His Message*. Philadelphia: John C. Winston Company, 1914.

Sunday, William Ashley. William A. Sunday Papers. Billy Graham Center Archives. Wheaton, IL.

Sutton, Matthew Avery. *American Apocalypse: A History of Modern Evangelicalism*. Cambridge: Harvard University Press, 2014.

———. "Was FDR the Antichrist? The Birth of Fundamentalist Antiliberalism in a Global Age." *Journal of American History* 98 (March 2012): 1052–74.

Suzman, James. *Affluence Without Abundance: The Disappearing World of the Bushmen*. New York: Bloomsbury, 2017.

Sweeney, Kevin. "River Gods and Related Minor Deities: The Williams Family and the Connecticut River Valley, 1637–1790." PhD diss., Yale University, 1986.

Swift, Jonathan. *The Bubble: A Poem*. London: Printed for B. Tooke, and sold by J. Roberts, 1721.

———. *Gulliver's Travels*. Oxford: Oxford World Classics, 2005.

Tabb, William. *Reconstructing Political Economy: The Great Divide in Economic Thought*. New York: Routledge, 1999.

Tankersley, Jim, and Ben Casselman. "Many Voters Are in Favor of Taxing the Wealthy." *New York Times*, February 20, 2019.

———. "Voters Back Warren Plan to Tax Rich, Poll Shows." *New York Times*, December 2, 2019.

Tawney, R. H. *Religion and the Rise of Capitalism: A Historical Study (Holland Memorial Lectures, 1922)*. London: J. Murray, 1926.

Tax Policy Center. "Briefing Book." Accessed August 22, 2018. http://www.taxpolicycenter .org/briefing-book/how-many-people-pay-estate-tax.

Taylor, George B. "Society's Future." *The Christian Review* 22 (July 1857): 356–380.

Taylor, John. *The Scripture Doctrine of Original Sin Proposed to Free and Candid Examination*. London: J. Waugh, 1750.

Temin, Peter. *Lessons from the Great Depression*. Cambridge: MIT Press, 1989.

Temple, William. *Christianity and Social Order*. London: Penguin, 1942.

Tennant, Bob. *Conscience, Consciousness and Ethics in Joseph Butler's Philosophy and Ministry*. Woodbridge, UK: Boydell & Brewer, 2011.

Tesler, Michael. *Post-Racial or Most-Racial? Race and Politics in the Obama Era*. Chicago: University of Chicago Press, 2016.

Thernstrom, Stephan. *A History of the American People*. San Diego: Harcourt Brace Jovanovich, 1984.

Thompson, A. C. *Last Hours, or Words and Acts of the Dying*. Boston: Perkins & Whipple, 1851.

Thuesen, Peter J. *Predestination: The American Career of a Contentious Doctrine*. Oxford: Oxford University Press, 2009.

Tillich, Paul. *The Courage to Be*. New Haven: Yale University Press, 2000.

———. *A History of Christian Thought: From Its Judaic and Hellenistic Origins to Existentialism*. Edited by Carl E. Braaten. New York, Simon & Schuster, 1967.

Tillotson, John. *The Works of the Most Reverend Dr John Tillotson*. 10 vols. Edinburgh: Wal. Ruddiman & Company, 1772.

"Time Series Cumulative Data File, 1948–2016." American National Election Survey. University of Michigan and Stanford University. December 8, 2018, update.

Tinbergen, Jan. *Shaping the World Economy: Suggestions for an International Economic Policy*. New York: Twentieth Century Fund, 1962.

Tocqueville, Alexis de. *Democracy in America*. Translated by Henry Reeve. 2 vols. New York: Vintage, 1990.

Todd, Margo. *Christian Humanism and the Puritan Social Order*. Cambridge: Cambridge University Press, 1987.

Toon, Peter. *Puritans, the Millennium and the Future of Israel: Puritan Eschatology, 1600–1660*. Cambridge: James Clarke, 1970.

Treasury of Spiritual Wisdom. Compiled by Andy Zubko. New Delhi: Shri Jainendra Press, 1996.

Truman, Harry S. "Address at Mechanics Hall in Boston. October 27, 1948." In *The Public Papers of the Presidents of the United States: Harry S. Truman, 1948*. Washington, DC: U.S. Government Printing Office, 1964.

———. "The President's Farewell Address to the American People. January 15, 1953." In *The Public Papers of the Presidents of the United States: Harry S. Truman, 1952–1953*. Washington, DC: U.S. Government Printing Office, 1966.

———. "Radio and Television Remarks on Election Eve. November 3, 1952." In *The Public Papers of the Presidents of the United States: Harry S. Truman, 1952–1953*. Washington, DC: U.S. Government Printing Office, 1966.

Tucker, Josiah. *A Brief Essay on the Advantages and Disadvantages, Which Respectively Attend France and Great Britain, With Regard to Trade*. London: Printed for the Author; and sold by T. Tyre, 1749.

———. *The Elements of Commerce and the Theory of Taxes*. Privately published, 1755.

———. *Instructions for Travellers*. Privately published, 1757.

———. *Seventeen Sermons on some of the Most Important Points on Natural and Revealed Religion*. Gloucester: R. Raikes, 1776.

Turgot, Anne-Robert-Jacques. "On Universal History: Plan of the Discourses on Universal History." *Turgot on Progress, Sociology and Economics*. Edited by Ronald L. Meek. Cambridge: Cambridge University Press, 1973.

———. *Reflections on the Formation and Distribution of Riches*. New York: Macmillan, 1914.

Turner, Frederick Jackson. "The Significance of the Frontier in American History." *Annual Report of the American Historical Association for the Year 1893*, 197–228. Washington, DC: U.S. Government Printing Office, 1894.

Tuveson, Ernest. *Millennium and Utopia: A Study in the Background of the Idea of Progress*. New York: Harper & Row, 1964.

Tyacke, Nicholas. *Anti-Calvinists: The Rise of English Arminianism, 1590–1640*. New York: Oxford University Press, 1987.

Tyndale, William. "The Prologue." In *The New Testament*. Cologne: H. Fuchs, 1525.

The Ultimate Book of Quotations. Raleigh: Lulu Enterprises, 2012.

United Nations, Department of Economic and Social Affairs, Population Division. *World Population Prospectus: 2017 Revision, Key Findings and Advance Tables*. Working Paper No. ESA/P/WP/248. Accessed May 30, 2018. https://esa.un.org/unpd/wpp/Publications/Files/WPP2017_KeyFindings.pdf.

Ussher, James. *Annales Veteris Testamenti, prima mundi origine deducti*. London: J. Flesher, 1650.

van den Berg, Richard. "Cantillon on Profit and Interest: New Insights from Other Versions of His Writings." *History of Political Economy* 46 (Winter 2014): 609–40.

Van Kley, Dale. "Pierre Nicole, Jansenism, and the Morality of Enlightened Self-Interest." In *Anticipations of the Enlightenment in England, France, and Germany.* Edited by Alan Charles Kors and Paul J. Korshin. Philadelphia: University of Pennsylvania Press, 1987.

Veblen, Thorstein. *The Theory of the Leisure Class.* Oxford: Oxford University Press, 2007.

Viner, Jacob. "Adam Smith and Laissez Faire." *Journal of Political Economy* 35 (April 1927): 198–232.

———. *The Role of Providence in the Social Order: An Essay in Intellectual History.* Princeton: Princeton University Press, 1976.

Volo, James M., and Dorothy Denneen Volo. *The Antebellum Period.* Westport: Greenwood Press, 2004.

von Mueller, Camillo. "The Invisible Hand and the Case of the Additional Tamquam." Unpublished manuscript, 2020.

Wacker, Grant. *America's Pastor: Billy Graham and the Shaping of a Nation.* Cambridge: Harvard University Press, 2014.

———. *Heaven Below: Early Pentecostals and American Culture.* Cambridge: Harvard University Press, 2001.

Ward, Nathaniel. *The Simple Cobler of Aggawam in North America.* London: J. D. & R. I for Stephen Bowtell, 1647.

Ware, Henry. *Letters Addressed to Trinitarians and Calvinists.* Cambridge: Hillard & Metcalf, 1820.

Washington, George. *The Papers of George Washington: Confederation Series.* 6 vols. Edited by W. W. Abbot. Charlottesville: University of Virginia Press, 1992–1997.

Waterman, A.M.C. "The Changing Theological Context of Economic Analysis since the Eighteenth Century." *History of Political Economy* 40 (annual supplement, 2008): 121–42.

———. "David Hume on Technology and Culture." *History of Economics Review* 28 (Summer 1998): 46–61.

———. "Economics as Theology: Adam Smith's *Wealth of Nations.*" *Southern Economic Journal* 68 (April 2002): 907–21.

———. "Is There Another, Quite Different 'Adam Smith Problem.' " *Journal of the History of Economic Thought* 36 (December 2014): 401–20.

———. "Mathematical Modeling as an Exegetical Tool: Rational Reconstruction." In *A Companion to the History of Economic Thought.* Edited by W. J. Samuels, J. E. Biddle, and J. B. Davis. Malden: Blackwell, 2003.

———. *Political Economy and Christian Theology Since the Enlightenment: Essays in Intellectual History.* Basingstoke: Palgrave Macmillan, 2004.

———. "Review of Rudi Verburg's *Greed, Self-Interest and the Shaping of Economics.*" *Erasmus Journal for Philosophy and Economics* 12 (Winter 2019): 86–96.

———. "William Paley (1743–1805)." In *The Palgrave Companion to Cambridge Economics.* Edited by Robert A. Cord. London: Palgrave Macmillan, 2017.

Wayland, Francis. *The Elements of Moral Science.* New York: Cooke & Co., 1835.

———. *Elements of Moral Science: Abridged and Adapted to the Use of Schools and Academies by the Author.* Boston: Gould, Kendall & Lincoln, 1835.

———. *The Elements of Political Economy.* New York: Leavitt, Lord & Company, 1837.

———. *Elements of Political Economy: Abridged and Adapted to the Use of Schools and Academies.* Boston: Gould, Kendall, & Lincoln, 1848.

Weber, Max. *Die "Objektivität" sozialwissenschaftlicher und sozialpolitischer Erkenntnis.* Tübingen: J. C. B. Mohr, 1904.

————. *Max Weber: Collected Methodological Writings.* New York: Routledge, 2012.

————. *The Protestant Ethic and the Spirit of Capitalism.* New York: Routledge, 2005.

Weber, Timothy. *Living in the Shadow of the Second Coming: American Premillennialism, 1875-1925.* Chicago: Chicago University Press, 1987.

Webster, Charles. *The Great Instauration: Science, Medicine, and Reform, 1626-1660.* London: Duckworth, 1975.

Weingast, Barry. "Adam Smith's 'Jurisprudence.'" Unpublished manuscript, Stanford University, 2017.

Weir, David R. "A Century of U.S. Unemployment, 1890-1990: Revised Estimates and Evidence for Stabilization." *Research in Economic History* 14 (January 1992): 301-46.

Weisskopf, Walter A. "The Method Is the Ideology: From a Newtonian to a Heisenbergian Paradigm in Economics." *Journal of Economic Issues* 13 (December 1979): 869-84.

Wellhausen, Julius. *Geschichte Israels.* Berlin: Reimer, 1878.

————. *Prolegomena zur Geschichte Israels.* Berlin: Reimer, 1883.

Wesley, John. *Free Grace: A Sermon Preach'd at Bristol.* Bristol: S. & F. Farley, 1739.

The Westminster Collection of Christian Quotations. Compiled by Martin H. Manser. Louisville: Westminster John Knox Press, 2001.

Whatley, George. *Principles of Trade.* London: Brotherton & Sewell, 1774.

Whately, Richard. *Introductory Lectures on Political Economy.* London: J. W. Parker, 1832.

Whatmore, Richard. "Luxury, Commerce, and the Rise of Political Economy." In *The Oxford Handbook of British Philosophy in the Eighteenth Century.* Edited by James A. Harris. Oxford: Oxford University Press, 2013.

Whiston, James. *England's State Distempers Trace'd from their Originals.* London, 1704.

Whiston, William. *A New Theory of the Earth.* London: University-Press, 1708.

Whitby, Daniel. *A Discourse Concerning: I. The True Import of the Words Election and Reprobation II. The Extent of Christ's Redemption III. The Grace of God IV. The Liberty of the Will V. The Perseverance or Defectibility of the Saints.* London: John Wyat, 1710.

Whitefield, George. *George Whitefield's Journals.* Lafayette, IN: Sovereign Grace Publishers, 2000.

Whitehead, Alfred North. *Science and the Modern World.* London: Cambridge University Press: 1925.

William, Stephen. Diary. Storrs Memorial Library, Longmeadow, MA.

Williams, Michael. "Views and Reviews." *Commonweal* 34, no. 13 (July 18, 1941): 303.

Wilson, David B. *Seeking Nature's Logic: Natural Philosophy in the Scottish Enlightenment.* University Park: Pennsylvania State University Press, 2009.

Wilson, James. *Considerations on the Nature and the Extent of the Legislative Authority of the British Parliament.* Philadelphia: William & Thomas Bradford, 1774.

Winch, Donald. *Riches and Poverty: An Intellectual History of Political Economy in Britain, 1750-1834.* Cambridge: Cambridge University Press, 1996.

Winchester, Simon. *The Perfectionists: How Precision Engineers Created the Modern World.* New York: HarperCollins, 2018.

Winthrop, John. "A Model of Christian Charity." In *The Puritans in America: A Narrative Anthology.* Edited by Alan Heimert and Andrew Delbanco. Cambridge: Harvard University Press, 1985.

Wise, John. "Vindication of the Government of the New England Churches." In *The American Puritans: Their Prose and Poetry.* Edited by Perry Miller. New York: Anchor, 1956.

Wood, Gordon S. *Friends Divided: John Adams and Thomas Jefferson*. New York: Penguin, 2017.

———. *The Radicalism of the American Revolution*. New York: Vintage, 1993.

———. "Rhetoric and Reality in the American Revolution." *William and Mary Quarterly* 23 (January 1966): 3–32.

Wood, Paul. "Science in the Scottish Enlightenment." In *Cambridge Companion to the Scottish Enlightenment*. Edited by Alexander Broadie. Cambridge: Cambridge University Press, 2003.

Woolverton, James F. *A Christian and a Democrat: A Religious Biography of Franklin D. Roosevelt*. Grand Rapids: Eerdmans, 2019.

Wootton, Paul. *The Invention of Science: A New History of the Scientific Revolution*. New York: HarperCollins, 2017.

World Bank. *World Development Indicators* (2019).

World Values Survey. Wave 5: 2005–2009. Accessed January 25, 2017. http://www.worldvaluessurvey.org/WVSDocumentationWV5.jsp.

Wright, Conrad. *The Beginnings of Unitarianism in America*. Boston: Beacon Press, 1954.

———. *The Unitarian Controversy: Essays on American Unitarian History*. Boston: Skinner House Books, 1994.

Wright, N. T. *The New Testament and the People of God*. Minneapolis: Fortress, 1992.

Wright, Simon. "Music Publishing, Bibles, and Hymnals." In *History of Oxford University Press: Volume IV: 1970 to 2004*. Oxford: Oxford University Press, 2017.

Wuthnow, Robert. *Red State Religion: Faith and Politics in America's Heartland*. Princeton: Princeton University Press, 2012.

Yolton, Jean S., ed. *Locke as Translator: Three of the Essais of Pierre Nicole in French and English*. Oxford: Voltaire Foundation, 2000.

Young, Michael P. *Bearing Witness Against Sin: The Evangelical Birth of the American Social Movement*. Chicago: University of Chicago Press, 2006.

Zauzmer, Julie. "Christians Are More than Twice as Likely to Blame a Person's Poverty on Lack of Effort." *Washington Post*, August 3, 2017. Accessed January 31, 2018. https://www.washingtonpost.com/news/acts-of-faith/wp/2017/08/03/christians-are-more-than-twice-as-likely-to-blame-a-persons-poverty-on-lack-of-effort/?utm_term=.4e861bbb3205.

索 引

（此部分页码为英文版页码，即本书页边码）

（用斜体表示的页码指插图）

abolition, 15, 211, 212, 243, 282–3, 292, 315–16, 325, 339, 346, 411

abortion, 395–6, 397, 473n66

Act of Free and General Pardon, Indemnity, and Oblivion (1660), 438n22

Act of Toleration (1689), 147, 149, 171

Act of Uniformity (1559), 136, 143

Act of Uniformity (1662), 144

Act of Union (1707), 12, 13, 14, 23, 34, 432n44

Adam and Eve. See Fall of Adam

Adams, John, 171, 205, 229, 232, 432n45, 440n53

Adams, John Quincy, 232, 278

Addison, Joseph, 36

African Methodist Episcopal (AME), 242, 243–4

afterlife, 114, 121–7; chosenness and, 121–3 (see also predestination doctrine); Jewish thinking on, 123; references in Bible to, 121–2, 197, 198, 435n27

Ages of Creation, 123

aggregate economy: aggregate demand concept and, 354–6, 357; in Depression, 353–6; international relations and, 254; Social Gospel's focus on distribution rather than product and, 325–6, 328; in time of Smith and his contemporaries, 31, 56, 354

agriculture, 27, 286, 288, 300, 301, 449–50n84; Age of, 217, 219, 220, 222, 448n65; Bible's view of harvest conditions, 31; Depression and, 349, 352; evolution from subsistence farming to commerce and, 42–3, 247, 249; government initiatives and, 285; Jefferson's views on agrarian life and, 432n43, 450nn2, 8; in new American republic, 246, 247–8; physiocrats and, 87–8, 431n25; productivity improvements in, 268–9, 272, 286; slavery in Southern states and, 230

alcohol, 362, 437n66; government restriction of private behavior and, 340, 359–60, 411, 464n17, 473n66; temperance and, 211, 244–5, 281, 317, 325, 339

Alger, Horatio, 298–9

Allen, Richard, 243–4

American Civil Liberties Union (ACLU), 345–6

American Economic Association, 311, 313, 314, 316, 318, 321, 322, 324, 327, 461n26, 462n47

American exceptionalism, 229, 450n4

American Historical Association, 313, 322

American Liberty League, 363, 364

American Revolution, 3, 15–16, 22, 83, 84, 157, 189, 210, 229, 230, 231, 240, 242, 251, 268, 274, 317, 407

"American System," 231, 454n36
Anglican Church. *See* Church of England
Anne, queen of England, 36
antitrust policy, 313, 334
apocalypse, 213, 309, 410, 446n14, 447n42,
    468n62; biblical texts on, 198–201,
    206, 225 (*see also* Revelation, book
    of); Graham's vision of, 383–4, 385,
    474n72; Second Coming and, 206,
    208, 210, 211, 212, 409–11; timing
    question and, 205–9, *207–9*. *See also*
    millennialism; premillennialism
Aristotle, 49, 60, 65, 222, *223*
Arkwright, Richard, 224
Arminians, Arminianism, 133–5, 138,
    139, 144, 147, 153, 155, 158, 164, 245,
    437n2, 438n16, 441n88, 443n18; in
    colonial America, 172–5, 178, 183–4,
    185, 193
Arminius, Jacob, 131–4, 437n2
Arnauld, Antoine, 45, 63, 433n62
Arrow, Kenneth, 408
ascetics, asceticism, 32, 389
atheists, atheism, 6, 152, 164, 192, 372, 378,
    439n38, 464n27
Augustine, 32, 128, 133, 200, 437n2;
    City of God, 200–1, 434n11; on
    predestination, 124, 125, 127, 131, 133;
    on sinful nature of men, 44, 116–117
automobile industry, 289, 291, 347

Bailyn, Bernard, xiv, 37
Bancroft, George, 277–9, 283, 313, 456n79
banking, 26, 230, 353–4; Scottish banking
    crisis of 1772 and, 14–15, 87, 89
Bank of England, 15, 43
Baptists, 147, 171, 212, 241, 242, 245, 250,
    257, 283, 335, 370, 410, 467n34
Barrow, Isaac, 154
Bauman, Louis, 361–2
Baxter, Richard, 64, 151, 203, 204, 209, 211,
    214, 215, 447n25
Beecher, Henry Ward, 282 , 284, 291–3,
    296, 315, 322, 333, 403, 458n48;
    economic inequality downplayed by,
    299–300; government initiatives for
    workers opposed by, 312; optimism
    about American economic

prospects, 284, 292–3; poor, lack of
    sympathy for, 298; wealth-seeking
    and morality connected by, 292–3
Beecher, Lyman, 244, 275–6, 282, 291, 293
bees and beehives, *50,* 424n55; good order
    associated with, 49–50; Mandeville's
    The Fable of the Bees and, 49–54,
    57–8, 59, 61, 238; Cotton Mather's
    imagery and, 238
Bell, Alexander Graham, 287
Bell, L. Nelson, 381, 466n58
Benson, George, 363, 364
Bentham, Jeremy, 162, 316
Bentley, Richard, 152
Beza, Theodore, 131, 132, 133, 437n1
Bible, 244, 404; accounts of end of world
    in, 198–201, 206, 225; allegorical
    readings of, 200–1, 204, 209,
    212; fundamentalism and, 346;
    Gutenberg's printing press and, 111;
    on harvest conditions, 31; higher
    biblical criticism and, 329, 335, 336,
    339, 341, 463n53; King James Version,
    138, 341–2; references to afterlife
    in, 121–2, 197–8, 435n27; *Scofield
    Reference Bible* and, 341–2; as source
    of happiness, 161; theologians'
    doctrinal disputes over revelation
    in, 176, 185, 187, 189; as transcendent
    source of authority, 339–40, 341;
    translated into languages other
    than Latin, 110–11, 434nn2, 3. *See
    also* Hebrew Bible; New Testament;
    specific books
Bible Institute of Los Angeles, 341, 342,
    365
Bingham, George Caleb, 279, *279,* 281;
    *Daniel Boone Escorting Settlers
    through the Cumberland Gap, 279*
Blackstone, William, 208, 342, 464n27
Blair, Hugh, 164–5, 194, 204, 441n80
Bodin, Jean, 423n13
Boisguilbert, Pierre de, 47–9, 51, 56, 85,
    88–9, 98, 107
Boleyn, Anne, 136
Bolshevism, 337, 358, 361, 468n61
Book of Common Prayer, 119, 140 , 144,
    162

Book of Sports, 138, 140, 143, 438n15
Boone, Daniel, 279, *279,* 281
born-again Protestants, 155, 402, 403, 404, 472n37, 473n66. *See also* evangelical Protestants; fundamentalists
Boston Manufacturing Company, *261*
Bowen, Francis, 263–7, 282, 351, 454n36; free trade opposed by, 264,265 –6; *The Principles of Political Economy,* 264
Boyle, Robert, 151–2, 224
Boyle Lectures: of Clarke, 152–3, 160, 172, 191; of Whiston, 204
Bozell, Brent, 374
Briant, Lemuel, 174–5
Brooks, Phillips, 300, 304, 458n48
Brotherhood of the Kingdom, 305
Brown University, 257, 454n25
Bryan, William Jennings, 302, 345–6
Buccleuch, Duke of, 14, 86–7
Buckley, William F., Jr., 359, 373–6, 377, 385, 388, 389
Burke, Edmund, 371, 372
Burnet, Thomas, 203–4, 209, 211, 214, 215, 447n29
Burns, Robert, 71
Burr, Aaron, 179, 444n64
Bush, George W., 400, 403
Bushnell, Horace, 276
businessmen, Smith on, 101–2, 103, 104, 432–3n49
Butler, Joseph, Bishop, 60, 61, 80, 82, 85, 165, 428nn28, 34, 434n66; Mandeville's *Fable* and, 57–8, 59, 107

California gold rush (1948–1955), 272
Calvin, John, 23, 109, 113, 187, 201, 299; on election and predestination, 124–7, 131, 133, 161, 175, 233, 406; on glorification of God as purpose of human existence, 128–30, 131, 160; *Institutes of the Christian Religion,* 113, 124–5, 128–9; on Jesus's sacrifice on the cross, 117–18; on original sin and humans' inborn depravity, 116–20, 121, 186
Calvinists, Calvinism, 233, 237, 346, 350, 389, 444n61, 472n50; confidence

in salvation among, 44, 45–6; controversy in America over, 169–96; creation as glorification of God in, 127–30, 160, 165, 184; creed of, 18 (*see also* Westminster Confession of Faith); debate over religious ideas in early days of, 113–30; divine or unconditional election in, 125, 134–5, 151, 166–7, 173, 176–7, 178–9, 406; election and predestination in, xiii, 124–7, 131–5, 435n22 (*see also* predestination doctrine); French Jansenist thinkers and, 44–9 (*see also* Boisguilbert, Pierre de; Nicole, Pierre); Orthodox, movement away from, 5, 22, 131–68, 183, 245, 249–51, 256, 276, 291–2, 350–1, 438n16, 444n51 (*see also* Arminians, Arminianism; *specific ministers and topics*); separation between English and Roman churches and, 135–7, 438nn9, 16; sinfulness and depravity of human nature following the Fall as tenet of, 113–20, 134–5, 235 (*see also* depravity, universal human); spiritual salvation in, 44, 45; TULIP mnemonic and, 134–5, 438n8. *See also* Puritans, Puritanism
Camping, Harold, 209
camp meetings, 243, *243*
canals, 246, 256, 261, 262, 268, 284–5
Cantillon, Richard, 49, 88–9, 107, 433n63
capital, accumulation of, 222
Capp, Al, 345
Carey, Henry, 450n9, 454n20
Carlyle, Alexander, 165
Carlyle, Thomas, 412, 413
Carnegie, Andrew, 286, 296–8, 315
Carter, Jimmy, 403
Cartwright, Edmund, 224
Catherine of Aragon, 119, 136
Catholicism. *See* Roman Catholics, Roman Catholic Church
Chamber of Commerce, U.S., 381
Champion, George, 381
Channing, William Ellery, 194–5, 303, 445nn71, 76

charity, 41, 46, 51, 97, 312; appearances of self-love and, 46-7, 55-6; eventual salvation and, 44. *See also* philanthropy

Charles I, king of England, 21-2, 139, 140-2, *142*, 146, 148, 162, 202

Charles II, king of England, 36, 142, 144, 145, 162-3, 171

Charles V, Holy Roman Emperor, 136, 201

Charles Edward Stuart (Bonnie Prince Charlie), 21

Chauncy, Charles, 169, 189-90, 191, 444n57

Chautauqua movement, 322-3

checks and balances, political system of, 84

Chicago World's Fair (1893), 213

childbearing, God's curse on Adam and Eve and, 114, 115

China, 4, 27, 266, 375, 376, 388, 469n89

chosenness, 121-4. *See also* election, predestination doctrine

Christian Century, 345, 469n70

Christian Economics, 364, 366

Christianity Today, 364, 370-1, 380-1, 469n70

Christian Science, 243-4, 341

Church and Industrial Reconstruction, The, 337

churchgoers: in United States vs. other G7 countries, 390-1; voting patterns of, 400-1

Churchill, Winston (novelist), 309

Church of England (Anglican Church), xi, 21, 36, 147, 435n22; in America, 169, 171, 172, 173, 189; charity schools of, 36, 57, 58; disputes over matters of doctrine and observance in, 137-43; Elizabeth's Act of Uniformity and, 136; Test Act oath requirement and, 144-5, 146, 147, 438n23; Thirty-Nine Articles of, 119-20, 121, 126, 435n23; turmoil in early years of, 119, 135-43

Church of Scotland: England's relations with, 23, 162-3; Moderate faction in, 23- 24, 163-5, 166

Church of the Open Door, 365

civil rights movement, 213, 398, 399, 410

Civil War, English. *See* English Civil War

Civil War, U.S., 40, 272, 277, 282, 283; economic expansion in decades following, 284-93

Clap, Thomas, "Moral Virtue and Obligation," 239

Clark, John Bates, 311, 317-20, 321, 322, 325, 326, 332, 351, 460-1n19, 462n40; *The Philosophy of Wealth*, 318-19, 460n15

Clarke, James Freeman, 213, 440n44, 444n63

Clarke, Samuel, 152-3, 160-1, 165, 172; *Scripture-Doctrine of the Trinity*, 191, 192-3, 440n44, 444n63

Clay, Edward Williams, *Camp Meeting on the Western Frontier*, 243

Clay, Henry, 231, 454n36

Clayton Act (1914), 313

Cleveland, Grover, 302

Clinton, Bill, 394

clockwork imagery, 151, 210

Cockburn, Alison, 11

Cogswell, William, *Harbinger of the Millenium*, 210

Colbert, Jean-Baptiste, 33, 48

Cold War, 358, 372, 383-6

Coleman, Benjamin, 171

college education, voting patterns related to, 397

Columbia University, 173, 252, 253, 313-14

commandments, 31, 116, 160, 327

Commerce, Age of, 217-19, 220, 222

Commons, John R., 323

Commonweal, 376

Commonwealth, English, 22, 36, 142, 202

communications technology, 211, 213, 214, 272

communism, 359, 370, 374, 459n62, 468n53; as alternative form of religion, 378-9, 384, 396; as antithesis of free market capitalism, 372, 378; as antithesis of Western democracy, 372; disappearance of existential threat posed by, 387-8; disparate conservative philosophies unified by opposition to, 371-2; elements of Christian thinking

in, 384, 468nn61, 62; "godless
communism" phrase and, 376, 377;
Graham's opposition to, 379, 383–5,
388, 389, 396; religion rejected by,
372, 376–8, 384, 386, 389; religious
conservatism and economic
conservatism brought together by
fight against, 371–9, 389; Roosevelt's
initiatives labeled as, 361–2; world,
danger posed by, 370, 371, 372, 375,
386, 387–8, 389, 391, 396, 410
Communist Party, 372, 387, 388
communitarianism, 233–4, 237, 371,
451n19
comparative advantage, in international
trade, 255–6, 260, 261–2
competition, 83–5; government
policies and, 285; Smith critical
of impediments to, 100–2; Smith's
insights on, 4, 24, 56, 97–8, 106–7,
314–15
Comte, Auguste, 227
Condorcet, Nicolas de, 226–7
Congregationalists, 143, 147, 171, 172,
189, 192, 194, 195, 241, 242, 309, 362,
369. *See also specific ministers and
churches*
Congress, U.S., 352, 398–9; slavery
question and, 230, 232, 282
Connecticut Colony, 172–3; Great
Awakening of 1730s and early 1740s
in, 179–83
conservative Protestantism, 338–46,
376–86, 396–7; cooperation across
denominational boundaries
and, 367–8; influence of *The
Fundamentals* on, 341–3;
premillennialism of, 339, 340, 341–2,
409–11; Scopes trial and, 345–6,
367, 465n41. *See also* evangelical
Protestants; fundamentalists
conservatives, conservatism, 359–86;
activist government opposed by, 361;
Depression and, 359–65; Graham's
apocalyptic vision and, 383–4, 385–6;
in religious and economic spheres
brought together by fight against
communism, 371–9, 389; religiously

based arguments deployed by, 365–6;
Roosevelt's initiatives opposed by,
361–5; traditionalist and libertarian
philosophies in, 371–2. *See also
specific conservatives*
conservative social policies, 395–6, 397,
399
conspicuous consumption, 78–9, 293,
429n59
conspiracy theories, 410
Constantine, Roman emperor, 200, 307
Constitution, U.S., 16, 84, 195, 210, 242,
275, 335, 394; slavery protected by,
230, 232
Constitutional Convention (1787), 192,
210, 230
consumer choices, 75–80; conspicuous
consumption and, 78–9, 293,
429n59; Smith's scorn for among the
rich, 79; social basis for, 77–8
"contagion" metaphors, 26, 422n51
conversation, Hume on benefits of,
428n23; Smith on benefits of, 69
Conwell, Russell, 293–6, 298, 299, 301,
304, 312, 315, 333, 381, 403; "Acres of
Diamonds" lecture, 294–6, 457n25
Cooper, James Fenimore, 281
Cooper, Samuel, 238–9
Copernicus, 5, 17–18, 224
Corn Laws, 265–6
corporate charters, 285
corruption, 42, 43, 49, 229; Church's sale
of indulgences and, 112; commerce,
associated with, 35–8; as focus of
concern in Britain, 35–40; human
nature and, 46–7; South Sea Bubble
and, 37–8, 39, 43, 49, 81, 216
Cotton, John, 140, 177, 202, 205, 206–7
cotton production, 263, 268, 269, 272, 288
COVID-19 pandemic, 411
Cranmer, Thomas, Archbishop of
Canterbury, 119
creation, 164, 340; Fall of Adam and,
114–18, *115*; as glorification of God,
127–30, 160, 165, 184, 436n55; human
happiness as purpose of, 160;
McVickar's application of political
economy and, 256

Cromwell, Oliver, 21, 22, 142, 143, 144, 202
cross-country comparisons, 328–31, 332,
    411–12; of voting patterns, 403–4
Crucifixion, 117–18
Cuba, 4, 388
cuius regio, eius religio (your religion is
    that of your ruler), 20, 422n41
Cutler, Timothy, 172
Czechoslovakia, coup in (1948), 468n54

Dalrymple, John, 218
Dana, Charles, 212
Daniel, book of, 121, 122, 123, 124, 197–8,
    200, 202, 206
Darby, John Nelson, 207, 342
Darrow, Clarence, 345–6
Darwin, Charles, 213, 215, 335, 340, 378,
    448n59; *On the Origin of Species*,
    25, 463n2; wide range of intellectual
    disciplines influenced by, 25
Darwinism, 341; Scopes trial and, 345–6,
    367, 368, 465n41
Dead Sea Scrolls, 123, 434n11, 446n8
Declaration of Colonial Rights (1774),
    190
Declaration of Indulgence (1687), 146
Declaraton of Independence (1776), 3,
    190, 210, 229, 407, 433n60
Defoe, Daniel: *Moll Flanders*, 37;
    Roxana, 43
deists, deism, xi, 152, 164, 191–2
Delaware, Lackawanna & Western
    railroad, 280, *280*
democracy, 15; American, representative
    nature of, 394, 395, 399, 400;
    America's mission and, 277;
    communism's opposition to, 372;
    inequality as threat to, 305–6, 315;
    in new American republic, 240,
    242, 244, 251, 281; standard of living
    and, 60; two-dimensional frame for
    political choices in, 471n19
Democratic Party, 277, 367, 382, 391,
    394–9, 401, 405, 471n29, 472n53
Democratic Review, 277
demography, 27
Deng Xiaoping, 388
depravity, universal human, 113–20, 131,
    134–5, 193, 235, 435n22, 472n50;

Calvin's notion of, 116–20, 157;
    controversy over, in colonial
    America, 169, 173, 181–90; Edwards's
    preaching on, 181–4; election and
    predestination as rescue from, 123,
    124; English clergy's resistance to,
    154–5, 158, 159–60; Fall as source
    of, 115–20, 121, 126, 127, 128, 156–7,
    159, 193, 235; Locke's rejection of,
    150, 156–7; rejected in American
    republic, 194, 249–50, 252; Scottish
    clergy's discomfort with, 162,
    163, 165; Smithian revolution in
    economics shaped by movement
    away from belief in, 165–8
Depression, Great (1930s), 10, 347–50,
    348, 358, 368, 409, 410; discipline
    of economics and, 352–6; religious
    attitudes changed by, 356–8;
    religious conservatives' opposition
    to Roosevelt's initiatives in, 360–5,
    366, 389, 409; seen as consequence
    of moral failings, 359–60
Descartes, René, 151
destiny assigned to America, 275–9, 281,
    406–7, 473nn56, 57
Deuteronomy, 158, 234, 275, 462n46
Diet of Speyer (1529), 113, 422n41
Disciples of Christ, 241
Disney World's EPCOT, Orlando, Fla.,
    214
dispensational premillennialism, 207, *207*,
    245, 309, 341–2, 452n50
division of labor. *See* specialized
    production
Doddridge, Philip, 161
Domat, Jean, 45, 47, 48, 50
Dort Synod (1618), 134–5, 138, 158
double predestination, 124–7, 436n46
Dow, Lorenzo, 243
Drake, Francis, 137
Drutman, Lee, 471n20
Dudley, Paul, 187
Dulles, John Foster, 379, 465n38
DuPont family, 363, 364, 365
Dutch Reformed Church, 131–5

early Christian thinking, 31–2, 200, 233
East India Company, 43

Ecclesiastes, 435n27

economic growth, 221–2, 227, 269,
    271, 284, 347, 388, 422n53; role of
    technical progress in, 26–7, 92,
    93, 222, 227, 269, 271, 413, 422n52;
    Smith's failure to advance a full
    theory for, 271–2

economic independence, Bowen's
    argument for, 265–6

economic policy, xii, xiv, 6, 331, 352,
    414–15; focus of attention for
    economists, x, xiv, 331, 352, 365;
    preferences and voting patterns on,
    x, 395, 401–2, 404–7, 471n20; Social
    Gospel and, 310

economic progress, 215–17, 219; Smith's
    Four Stages theory of, 215, 217–22,
    225–6, 267, 448n65

economics: bearing of religious thinking
    on, ix–xv, 165–8, 315, 390, 412,
    413–14; cross-country comparisons
    in, 328–31, 332; idealized description
    of research in, 8–9, 421n20;
    individual vs. nation as unit of
    reasoning in, 236; in its inception
    at time of Hume and Smith, 10–11;
    marginalist revolution and, 314–15,
    318, 460–1n19, 462n40; mathematics
    and methodology of, 314–15, 318,
    460n8; maturation of discipline,
    313–15, 328–33, 350–6, 389–90,
    412–15; professionalization of, 313–15,
    316, 321, 332, 389–90, 412, 481n30;
    systematic statistical data and,
    328–9, 352; worldview of the time
    and, 9–11, 195–6, 314–15, 332–3, 415

economic success: equality of
    opportunity for, in America, 245–6;
    intergenerational mobility and, 393,
    403, 404, 407; non-predestinarian
    thinking and attitudes toward,
    406–7; role of luck vs. effort in, 299,
    403–4, 406; Smith's "effort of every
    man to better his condition" and,
    86, 90, 103, 314; spiritual progress
    intertwined with, 311, 312, 316, 325–6,
    394

ecumenicalism, 185, 335, 340–1, 345, 346,
    382

Eddy, Mary Baker, 243–4

Eden: Adam's expulsion from, 115, 235–6
    (see also Fall of Adam); discovery
    of New World and, 450n91; new,
    American self-image as, 279–80,
    280; paradise of, 115, 381

Edict of Nantes (1598), 145, 149

Edison, Thomas, 287, 290

education, 102, 211, 222, 288, 317

Edward VI, king of England, 136, 435n23

Edwards, Jonathan, 179–84, 193, 211, 215,
    238, 239, 243, 250, 444n64; The Great
    Christian Doctrine of Original Sin
    Defended, 183–4; millennial thinking
    of, 204–5; postmillennial notions of,
    274, 275–6; "Sinners in the Hands
    of an Angry God" sermon, 180–3;
    support for Great Awakening
    revivals, 180, 183, 185

Edwards, Justin, 244

Einstein, Albert, 3; on worldview that
    shapes individual's thinking
    (Weltbild), 6–9, 10, 28, 66, 108, 314,
    332, 351

Eisenhower, Dwight, 367, 375, 377, 379,
    380, 382, 389

election, divine or unconditional, 125,
    134–5, 151, 166–7, 173, 176–7, 178–9,
    406

electricity, 213, 271, 287, 290, 353

Elizabeth I, queen of England, 21, 119,
    136–7, 138, 143, 202

Ely, Richard T., 311, 321–33, 351–2, 353,
    356, 461nn23, 25, 27, 29, 462nn40,
    46, 51; American Economic
    Association, role in founding, 321,
    322; cross-country comparison and,
    328–31, 332; influenced by study in
    Germany, 321, 322; An Introduction
    to Political Economy, 324, 327–8;
    Social Aspects of Christianity,
    324, 325; socialism, accused of
    advocating, 323. See also Social
    Gospel

Emerson, Joseph, 210

Emerson, Ralph Waldo, 7, 8, 193, 210, 247,
    263, 293, 299

Engels, Friedrich, 372

English Bill of Rights, 146–7

English Civil War (1642–1651), 21–2, 36, 40, 118, 120, 140–4, 148, 162, 185, 202, 438n22

English constitution, 21, 433n50

English Navigation Laws, 13, 33

Enlightenment, xi–xii, 41, 60, 68, 195, 203, 295, 413, 414, 427n15; French, 11, 84, 87, 421n25. *See also* Scottish Enlightenment

Epictetus, 63, 68

epicureans, 31

Episcopalians, 242, 322, 323, 360, 461n23

equality: economic, European ideas about, 299–300; in new American republic, 240, 241, 245–6, 248–9, 281, 304–5. *See also* inequality

Erdman, Charles, 361, 384–5

Erie Canal, 246, 256, 261

Erikson, Erik, 7

estate tax, xii, 297–8, 392–4, 400, 401, 470nn13, 14, 472n37

European Union, 403–4

evangelical Protestants, 155, 161, 172, 310, 341–6, 361, 376–86, 473n55; anticommunism of, 376–9, 386; British, 467n29; engagement of, with social and economic issues of the day, 364–5, 370–1, 376–9, 380, 382, 397, 411; historical turn away from predestinarian thinking as influence on, 406–7; influence of *The Fundamentals* on, 341–3, 409–10 (*see also* fundamentalists); nationwide body for (NAE), 368–71, 382, 386, 410, 411, 467nn29, 34; policy preferences and voting patterns of, 397, 401–12, 473n66; premillennialism of, 339, 340, 341–2, 409–11; revivalism and, *174*, 175, 338–43, 382; tradition of Protestant voluntarism and, 407–8. *See also* Graham, Billy

evangelicals (Scottish conservative faction), 23, 24, 441n81

"evil inclination," rabbinic view of, 431n16

evolution, Darwin's theory of, 213, 215, 335, 340, 448n59, 463n2; as metaphor, 25; Scopes trial and, 345–6, 367, 368, 465n41

evolution of human institutions, 215–16, 425n77

"evolution," uses of word not in Darwin's sense, 215, 225, 448n59

existential anxiety, 126

Exposition Universelle, Paris (1900), 213

Ezekiel, 123

4 Ezra, Apocryphal book of, 122, 436n31, 446n8

Fairfax, Thomas, 142

Faith and Freedom, 366

Fall of Adam, 114–20, *115*, 127, 131, 158, 186, 235, 237, 435n17, 468n62; humans' inborn depravity and, 115–20, 121, 126, 127, 128, 156–7, 159, 193, 235; Jesus's sacrifice on cross and, 117–18; need to work and, 114, 115, 235–6, 258

Family Radio, 209

fascism, 350, 358, 361

Fawkes, Guy, 138

Fearless Fosdick television series, 345

Federal Council of Churches (FCC), 309–10, 313, 334–41, 343, 356–7, 364, 368–70, 376, 467n34

Federalist Papers, The, 84

Federal Reserve System, 354

Ferguson, Adam, 17, 107, 164, 197, 226, 431n27, 433n63, 449n83

Fielding, Henry, 39, 57

Fifield, James, 362–3, 364–5, 366, 367, 380

Fifth Monarchy Men, 202

financial crises, 288; development and spread of, 26, 422n51; economic depression of early 1880s to mid-1890s, 300–5, 315; Panic of 1837, 207, 248, 269; of 2008, 26, 410. *See also* Depression, Great

financial markets, development of, 43, 81, 248

Finney, Charles Grandison, 210–11, 243, 250–1, 276, 293–4, 338, 339, 346, 408

Firing Line televsion show, 375–6, 385

First Amendment, 195

First Congregational Church, Los Angeles, 362

First Presbyterian Church, New York, 337, 338, 344, 345

Flatiron Building, New York City, 289–90, *290*
Fletcher, Andrew, 34
Flower, William, *135*
food production and supply, 221, 450n2. *See also* agriculture
Ford Motor, 289, 291, 347
Fordyce, Alexander, 14
Fosdick, Harry Emerson, 334, 336–8, 340, 346, 347, 370, 463n10, 465n38; fundamentalists' opposition to, 343, 344–5, 346
Fourier, Charles, 212
Four Stages theory, 215, 217–22, 225–6, 267, 448n65
Fourth of July, 245
Foxe, John, *Book of Martyrs*, 136
France, 229; deadly history of religious conflict in, 22; Jansenists in, 44–9 (*see also* Boisguilbert, Pierre de; Nicole, PIerre); mercantilism in, 33, 48, 88, 89; Smith's travels in, 86–9
France, Anatole, 337
Francke, August Hermann, 473n59
Frank, Thomas, *What's the Matter with Kansas?*, 394, 396, 399
Franklin, Benjamin, 83, 84, 454n39
freedom: in new American republic, 241, 245, 248–9; of religious choice, 372
Freedom Story, The, 366
free enterprise, 366
free trade, x, 61, 351, 362, 373, 379; Boisguilbert's insight on, 48; between nations, American advocates for, 253, 254, 255, 257, 260; Bowen's opposition to, 264, 265–6; religious imperative for, 255, 256; Smith as advocate of, 100–2; threat posed by communism to, 372, 379
free will, 116, 152, 153, 158, 159, 167, 468n61
Freeman, James, 192, 213
French Enlightenment, 11, 84, 87, 421n25
French Revolution, 16, 371
Friedman, Thomas L., 254
Fuller, Charles, 363, 380
Fuller Theological Seminary, 363, 370, 381
fundamentalists, 341–6, 361–2, 370, 410; mainline Protestants' opposed by, 341, 343–5; Scopes trial and, 345–6, 367, 465n41
Fundamentals, The, 341, 342, 361, 365, 367, 384–5, 409–10

Galbraith, John Kenneth, 3, 9
Galileo, 17–18, 224
Gay, Ebenezer, 169, 187–8
Gay, John (1685–1732), *Beggar's Opera*, 38–9, 162
Gay, John (1699–1745), *Dissertation*, 162
General Electric, 213–14
Genesis, 198, 435n27, 439n28, 443n33, 458n44; account of creation given in, 127, 340; Fall of Adam in, 114–18, *115*, 235, 435n17
George I, king of England, 37, 147
German historical school of economics, 317, 318, 319, 321, 323, 328, 332, 352, 461n26, 463n59; higher biblical criticism and, 329, 335, 336, 339, 341, 463n53
Germany, 335, 337, 350, 358, 390; Nazi, 32, 358, 361, 376, 468n53
Gibbon, Edward, *The Decline and Fall of the Roman Empire*, 3–4, 74, 218
Giovanni di Paolo, *The Mystery of Redemption*, 118
Gladden, Washington, 302–5, 306–7, 308, 309, 312, 315, 316, 318, 319, 320, 322, 324, 327, 330, 333, 356; American Economic Association, role in founding, 316; *Tools and the Man*, 303, 326, 462n46
Glorious Revolution (1688), 21, 36, 108, 146–7, 148, 149, 151, 153, 154, 162, 163, 176
God, 439n41; benevolence of, 24, 58, 68, 153, 156, 158–62, 164, 167, 168, 187, 189–90, 191, 193, 194, 240, 252, 255, 256, 259, 260, 262, 264–5, 266–7, 269–71, 291, 296; commandments of, 31, 116, 160, 327; deists' notion of, 192; glorification of, 114, 118, 127–30, 160, 161, 166, 167, 184, 436n55; inferences about, from observing wonders of universe, 191–2 (*see also* natural theology)
Golden Age, 222

gold supply, 288
Goldwater, Barry, 374, 376, 386, 388
Gompers, Samuel, 302
Gordon-Conwell Theological Seminary, 381
Gospel of Wealth, 311–12, 315, 316, 325, 333, 334–5, 338, 339, 341, 357, 403; Carnegie's vision of, 296–8; Social Gospel contrasted with, 311–12, 315–16
Gospels, 121–2, 123, 128–9, 161, 307. *See also specific Gospels*
Gottschalk of Orbais, 436n46
government initiatives, 320, 340; cross-country comparisons of, 329–31, 332, 411–12; in Gospel of Wealth vs. Social Gospel, 312–13, 315–16; voluntarism as alternative to, 407–9
government regulation, xii, 312–13, 340, 363; Smith's views on, 89, 100–3, 107; voters' religious affiliations and policy choices on, 402–3, 407, 409
government spending, voters' religious affiliations and policy choices on, 402–3
Graham, Billy, 359, 370, 379–85, *380*, 388, 389, 411; anticommunism of, 383–5, 388, 389, 396; apocalyptic vision of, 383–4, 385, 474n72; conservative economic ideas advocated by, 380–1, 382–3; ecumenical stance of, 382; racial segregation deplored by, 381–2; revival tradition and, 379–80, 381–2, 383, 411; Truman's conduct of Korean War criticized by, 469n76; *World Aflame*, 383, 474n72
gravity, 25, 152; Newton's universal law of, 26, 188, 422n49
"gravity model" of international trade, 25–6, 422nn49, 50
Great Awakening: First (1730s and early 1740s), 179–83, 189, 205, 242, 473n59; Second (end of eighteenth century into first few decades in nineteenth century), 242–5, 250–1
Great Disappointment (1843–1844), 207, *208*, 244, 245
Great Migration, 140, 169

Great Society, 389
Greece, ancient, 31, 49, 63, 123, 222–4, 223
Gregory I, Pope, 458n44
Gregory, Daniel, 340
Grotius, Hugo, 217
"Gunpowder Plot" (1605), 138, 201
Gutenberg, Johannes, 111, 211, 224

Haake, Alfred, 364
Habakkuk, 127
Hall, John G., *207*
Hallowell, John, 378–9, 396
Hamilton, Alexander, 84, 179, 231, 450n9, 454n36
Hampton Court Conference (1604), 137–8
Hansen, Alvin, 354
happiness. *See* human happiness
Harding College, Searcy, Ark., 363
Hargreaves, James, 92, *92*
Harvard College, later University, 170, 172, 176, 187, 263, 264, 313–14
Harvard Divinity School, 17, 193, 346, 465n35
Harvey, William, 88
Hayek, Friedrich, 425nn71, 76; *The Road to Serfdom*, 366–7, 371–2
Hebrew Bible, 31, 129, 307, 329, 340, 342, 359, 378, 446n7, 463n53; references to end of world and afterlife in, 121, 122, 123, 124, 197–8, 200, 202, 206, 435n27. *See also* individual books
Hegel, G.W. F., 377–8
Helvétius, Claude, 84, 87
Henry VIII, king of England, 119, 135–6
Henry, Carl, 370–1, 377–8, 384, 387, 396–7, 409, 411, 467n34
Hesiod, 222
higher biblical criticism, 329, 335, 336, 339, 341, 463n53
history, Renaissance Europeans' views on, 222–5
Hitler, Adolf, 32, 361, 376
Hobbes, Thomas, 11, 15, 22, 56, 61, 106, 148, 157, 164, 420n1; on human nature and dangers posed by self-interest, 41–2, 46, 85, 100, 118; *Leviathan*, 157; on the natural state,

41; on the social contract, 41, 42, 85; "war of all against all" posited by, 41, 42, 100, 118

Hogarth, William, 39–41; *Gin Lane*, 40; *The South Sea Scheme*, 39

d'Holbach, Baron, 84, 87

Holton, Gerald, 7, 8

Holy Roman Empire, 22, 136

Homer, Winslow, *Bell Time*, 270

Home Sweet Home (1880), 273

homosexuality, 473n66; same-sex marriage and, 395, 396

Hooker, Richard, 137

Hoover, Herbert, 360, 466n4

Hopkins, Harry, 357

Hopkins, Samuel, 211–12, 214, 215, 274

Howe, Julia Ward, 283

Hughes, Charles Evans, 335

Huguenots, 22

human existence, glorification of God as purpose of, 114, 127–30, 160, 184, 436n55

human happiness, 114; God's glorification and, 160, 166, 167, 252; God's intent and, 160–2, 184, 187, 189–91, 195; material consumption and, 76–7, 80; Smith's assumptions about, 68–9; as standard by which to judge moral goodness, 18; virtuous life and, 41, 194–5

humanism, xi, 8, 31, 224, 397, 414

human nature, xii, 5; Augustine's view of sin in, 44; Hume's *Treatise of Human Nature* and, 5, 43, 65–6, 427nn14, 15, 428nn23, 28; late-seventeenth-century and early-eighteenth-century English thinking on, 40–2, 51, 59; religious debate over moral essence of, 113–20; self-interest as inherent aspect of, 30 (*see also* self-interested behavior)

human sociability, 58, 443–4n48; economic need and origin of, 95–6; Mayhew on, 186; prospects for peaceful governance and, 41–2, 118; Smith's thinking on, 66–9, 95–6, 98

Hume, David, 4–6, 41, 57, 58, 61, 64, 68, 83, 89, 90, 104, 106, 163, 164, 216–17, 219, 226, 228, 328, 330, 413, 420n1, 427–8nn22, 23, 431n19, 432–3n49, 439nn28, 33; on competition, 83–4; *The History of England*, 11, 17, 60; on imagination, 427n15; impact of new ideas in theology on, 4, 5–6, 16; Mandeville's *Fable* and, 57, 59–60, 83, 107; on material comforts and luxury, 59–60, 216, 292, 293, 426n92; mercantilism rejected by, 34–5; "Of Refinement in the Arts," 216, 218, 225; prevailing worldview as influence on, 9–28 (*see also* Scottish Enlightenment); as religious skeptic, xi, 6, 19, 192; Smith's relationship with, 12; as thinker of great intellectual range, 11; *Treatise of Human Nature*, 5, 43, 65–6, 427nn14, 15, 428nn23, 28; unable to secure university appointment, 19

Hunters, Age of, 217, 218, 219–20, 222

Hutcheson, Francis, 19, 24, 57, 64, 66, 107, 119, 162, 167, 426nn84, 85; heresy charges against, 18; moral-sense theory of, 59, 61, 67–8, 186, 188; on promotion of happiness, 68; Scottish Moderates and, 163, 164, 165; on self-interested behavior, 58–9, 60, 61–2; Smith's admiration for, 18, 24

Hypatia, 223, 223

idolatry, 139, 143, 359

imagination: Hume's ideas on, 427n15; inability to anticipate future and, 226, 271; Smith on sympathy and, 66–71, 73, 76, 77–8, 90, 91, 95, 96, 98, 167–8, 427n15, 428n24

immigration, 229, 272, 278, 286, 332

"impartial spectator," Smith's mental construct for, 70–1, 186, 428nn28, 32; moral force of, 71–2

imports: prohibitions on, in mercantilism, 33–4. *See also* protectionism

income, per capita, in America, 273–4, 287, 291, 357; and prevalence of churchgoing and belief in God, 390–1 income taxes, xii, 400, 407, 470nn10, 11; lower- and middle-income Americans' attitudes toward, 392–4; Reagan's proposed cuts in, 393–4; Smith's advocacy of, 102

Independent, 273

individualism, 233, 297, 307, 372, 373–4, 375, 472n50

indulgences, church's sale of, 112

industrialization, 231, 261–2, 269, 271, 272–3, *280*, 285–6, 306, 431n29, 450n8; extreme inequality resulting from, 306; large-scale businesses and, 285, 288; urban workforce and, 269, *270*, 286. *See also* manufacturing

Industrial Revolution, 92–4, 212, 224, 431n23, 449n84, 459n62

inequality, 340; Christian acceptance of, 458n44; clergy's attempt to address, 302–10 (*see also* Social Gospel); contrasting approaches of Gospel of Wealth and Social Gospel to, 315–16; economic, Beecher's disregard for, 299–300; extreme, harmful effects of, 305–6, 315, 326; living standard of general public and, 237; predestinarian understanding of, 233–4; widening of, 237, 287–8, 291, 304–5; Winthrop's concerns regarding, 233–4. *See also* poor people, poverty

influenza epidemic (1918–19), 347, 357

Inness, George, *The Lackawanna Valley*, 280, *280*

Inquisition, 17–18

intent, morality of, 50–1, 53–4, 57

interest on loans, 89; religious prohibitions against, 32, 234, 423n5

internal improvements, commerce and, 230, 231, 253, 257, 262, 284–5

international trade, 284; American political economists' views on, 253, 254, 255, 257, 259, 260–7; comparative advantage in, 255–6, 260, 261–2; God's benevolence and intent and, 256, 260, 262, 264–5,

267; "gravity model" of, 25–6, 422n49; Hume's theory and, 34–5, 254; interests of New England manufacturers vs. Southern plantation owners and, 262–3; peaceful relations fostered by, 83, 254, 256, 260; protectionism and, 262, 264, 265–7; tariffs and, 230, 231, 255, 262, 266, 330, 332, 454n36

"invisible hand," 29, 30, 54, 72–5, 77, 80–1, 98, 100, 103–4, 107, 428n42, 432n39, 433n57; use by Smith in *The Theory of Moral Sentiments*, 72, 74, 75, 77, 81, 100; use by Smith in *The Wealth of Nations*, 30, 73, 103

irresistible grace, 134, 166, 250

Isaiah, 127, 129, 276, 446n7

Isidore of Seville, Archbishop, 125

Islam, 31, 439n28

Israel, 472n50

Jackson, Andrew, 276–7, 278, 279

Jacksonian democracy, 242, 251

Jacobite Rebellion (1745), 13–14, 20–1, 65, 99, 431n30

James I, king of England (James VI in Scotland), 137–8, 139, 201

James II, king of England (James VII in Scotland), 20–1, 145–6, 163, 171

James, Henry, 282

Jansen, Cornelius, Bishop, 44–5; *Augustinus*, 44–5

Jansenists, Jansenism, 44–9, 56, 59, 63, 441–2n90. *See also* Boisguilbert, Pierre de; Nicole, Pierre

Jazz Age, 359

Jefferson, Thomas, xi, 17, 83, 193, 195, 229, 433n64, 446n91, 450n4, 451n21, 454n39; agrarian life as viewed by, 432n43, 450nn2, 8; trade embargo of 1807 and, 268, 269

Jenkins, Jerry, *Left Behind* novels, 410–11

Jerome, Saint, 110, *111*

Jesus Christ, 128, 176, 199, 200, 211, 283, 309, 327, 340; parable of the wedding feast and, 121–2, 124; sacrifice on cross of, 117–18, *118*, 156, 177; as second Adam, 117–18, 156; self-love

commanded by, 58; on sharing
of wealth, 384–5. *See also* Second
Coming
Jevons, William Stanley, xiii-xiv, 318, 351,
462n40
Jewish Temple, destruction of, 123, 359
Jews, Judaism, 31, 123, 405, 431n16, 434n11,
439n28, 446nn 11, 12
Joachim of Fiore, 446n14, 450n86
Joffe, Josef, 468n61
John, Gospel according to, 128
John of Patmos, 199, 200
Johnson, Lyndon, 389, 398, 472n53
Johnson, Samuel (Congregational
minister), 172–3
Johnson, Samuel, 456n79; *Dictionary,*
10, 60
Judaism. *See* Jews, Judaism
Judd, Walter, 469n89
Julius II, Pope, 112

Kames, Henry Home, Lord, 65, 218
Kant, Immanuel, 441n70, 453n8
Kennedy, John F., 405, 472n53
Keynes, John Maynard, ix, 10, 354–6,
357, 365, 420n1, 451n27, 454n39,
459–60n4, 465n51, 466n53, 471n19
King, Martin Luther, Jr., 381–2
King James Bible, 138, 341–2
King's Chapel, Boston, 171, 192–3, 213
Kirk, Russell, 379
Knies, Karl, 317, 321, 329
knowledge, advancement of, 211–12;
economic and political advance
and, 215–17, 219, 220–1, 226; holiness
and, 211–12; increased pace of, in
eighteenth century, 224
Koheleth, 435n27
Korean War, 469n76
Kuhn, Thomas, 10, 465n48

labor: division of (*see* specialized
production); God's curse on Adam
and, 114, 115, 235–6, 258; McVickar's
analysis of, 253–4; migrating from
one sector or industry to another,
27, 269; and need for urban
workforce, 269, *270,* 286; Raymond

on tensions between necessity
for, and human attempts to avoid
it, 234–7, 239, 246, 258 ; Social
Gospel goals and, 326, 334, 335;
Wayland's analysis of, 258–9. *See also*
unemployment
labor movement, 299, 301–2, 312, 313, 335,
340, 361, 381, 382
labor-saving inventions, 212, 214
La Folette, Robert, Sr., 323
LaHaye, Tim, *Left Behind* novels, 410–11
laissez-faire, 265, 266, 285, 320, 321,
322, 324, 325, 333, 351, 355, 362, 364,
372, 450n9, 454–5n39; economists'
differing view toward, 265–6, 285,
316, 320, 321, 322, 334–5, 351; Gospel
of Wealth and, 315, 316; as viewed
from Social Gospel perspective, 320,
321, 322, 324, 325
land-grant universities, 316
Lane Theological Seminary, 275, 291
Larkin, Clarence, *207*
Latitudinarians, 148–59, 163, 164, 165, 166,
172, 194, 439n26, 442n92; Newtonian
science and, 150–1
Laud, William, Archbishop of
Canterbury, 21, 22, 139–40, 141, *141,*
143, 169, 422n42
Lawrence, William, 296, 300, 315, 333
Lee, Mother Ann, 212
Leibniz, Gottfried Wilhelm, 224, 441n70
Leland, John, 243
Lenin, Vladimir, 384, 388, 468n61
Leo X, Pope, 112
Leverett, John, 171
Leviticus, 234, 462n46
Lewis, C. S., 390
liberal Protestants. *See* mainline
Protestants; Social Gospel
libertarianism, 371–2, 374, 473n66
liberty, 108, 241, 407–8; economic
advance and, 215–17; value placed on
by Enlightenment thinkers, 15, 60,
99, 102, 103, 106, 108, 148, 149, 152–3,
215–16, 222
lighting, electric, 287, 290
Li'l Abner comic strip, 345
limited atonement, 134–5

Lincoln, Abraham, 273, 274, 286, 398, 469n89
Lindsell, Harold, 409, 473n65
Lindsey, Hal, *The Late Great Planet Earth*, 208, 410
Lipset, Seymour Martin, 403
living standards, 77, 221, 229, 236, 272, 332; American, rapid advance in, 273–4, 284, 287–8, 291; extreme economic inequality and, 237, 287–8; higher, democracy fostered by, 60; higher, economic self-interest and, 52; Hume's views on, 60; kept low in mercantilist programs, 34; middle-class culture and, 273, 273–4; of nation, of little interest before Smith, 31–4; of nation, Smith's goal of improvement in, 35, 324; of people as whole, gauging nation's wealth according to, 236–7; prevalence of religious belief and observance in relation to, 390; productivity improvements and, 267–71, 273; subordinated to "reasons of state," 32–3
loans: commercial agriculture and, 247–8; gifts vs., 233–4; Winthrop's endorsement of forgiveness of, 233–4
Locke, John, 11, 15, 22, 45, 149–50, 159, 161, 165, 167, 185–6, 204, 371–2, 407, 420n1, 441n70; candle metaphor of, 150, 161, 167, 186, 203; discovery of New World and, 225; *An Essay on Human Understanding*, 63, 149–50, 165; *Letter Concerning Toleration*, 149; *The Reasonableness of Christianity*, 149–50, 156–7, 185, 195, 440n54; theory of property, 225; *Two Treatises of Government*, 149, 165
López de Gómara, Francisco, 224
Louis XIV, king of France, 21, 33, 44–5, 48, 145, 149
Louisiana Purchase (1803), 229
Lowell, Francis Cabot, 248, *261*, 262, 269
lower-income Americans, policy preferences and voting patterns of, 391–4, 395–6, 397–9, 471nn20, 29

Lucretius, 66, 222
Luke, Gospel according to, 128
Luther, Martin, 7, 116, 201, 214; human sinfulness, view of, 116; Reformation initiated by, 20, 23, 109–10, 112, 113
Lutheranism, 112, 437n57
luxury, 36, 37, 49, 52, 53, 112, 144; Hume's ideas on, 59–60, 216, 292, 293, 426n92

Macartney, Clarence, 465n38
Macaulay, Thomas Babington, 52
Machen, J. Gresham, 334, 343–4, 346, 361, 367, 368, 370, 375
Maclaurin, Colin, 55, 106
macroeconomics, 355–6, 357
Madison, James, 84, 407, 432nmainline
Protestants, 334–8, 356–8, 410, 411, 469n70; Depression and, 347, 356–8; evangelical revivalism at odds with, 338, 339–41; fundamentalists' opposition to, 341–5; policy preferences and voting patterns of, 401, 402, 404–5, 409, 410
Malenkov, Gregory, 384
Malthus, Thomas Robert, 221, 228–9, 232, 265, 268, 328, 413, 432n34, 449n79, 455n43; *Essay on Population*, 221, 228, 432n34
Mandeville, Bernard, 29, 62, 80, 83, 85, 95, 98, 99, 104, 425nn65, 71, 77, 78, 433n62; debate triggered by, 56–61; *The Fable of the Bees*, 49–54, 55, 56–61, 67, 70, 74, 75–6, 80, 81, 85, 97, 107, 238, 425n76; *The Grumbling Hive*, 49; mocking and humorous tone of, 53, 57
Manifest Destiny, 212, 277, 406
manufacturing, 27, 248, 249, 261–2, 273, 279–80, 286–7, 289. *See also* industrialization; textile production
Mao Zedong, 32, 266, 375, 376, 388, 469n89
Marcus Aurelius, 63, 68
marginal relations, marginalist revolution, 314–15, 318, 326, 351, 460–1n19, 462n40
Mark, Gospel according to, 198–9

market economy, ix–xiv, 10; Smith's analysis of mechanisms in, 4, 24, 56, 90–108, 315. *See also specific topics*

Marsh, George, *135*

Marshall, Alfred, xiii, 7, 318, 351

Marshall Plan, 383

Martin, Joseph, 468n54

Marx, Karl, 372, 379, 384, 388, 412, 413, 448n67

Marxism, 378, 379, 385, 386, 468n62

Mary I, queen of England ("Bloody" Mary), *135*, 136, 137

Mary II, queen of England, 36, 146, 147, 149, 163, 171

Massachusetts Bay Colony, 140, 169–72, 176–9, 192, 232–4, 442n8, 445n70

mathematics, methodology of economics and, 314–15, 318, 460n8

Mather, Cotton, 172, 176, 177–9, 183, 187, 202, 234, 235–6, 237–8, 239, 447n24

Mather, Increase, 176–7, 181, 187

Mather, Richard, 176

Mathews, Shailer, 335–6, 337, 338, 343, 346, 347

Matthew, Gospel according to, 121–2, 124, 128, 176, 198, 200, 234, 327, 473n57, 474n72

Mayhew, Experience, 173–4, 185

Mayhew, Jonathan, 185–7, 189–90, 444n54

McCarthy, Joseph, 374

McGee, J. Vernon, 358, 365–6

McVickar, John, 252–6, 257, 261, 263, 453n12; *First Lessons in Political Economy*, 255, 256; free international trade advocated by, 253, 254, 260, 262, 264, 266; *Introductory Lecture*, 253, 255; *Outlines of Political Economy*, 253, 255

Mede, Joseph, 201–2, 203, 204, 210, 211, 214, 446n17

Mellon, Andrew, 360

Melville, Herman, 280–1, 447n29; *White Jacket*, 280–1, 293

Memling, Hans, *The Last Judgment*, 120

mercantilism, 30, 33–4, 37, 53; in France, 33, 48, 88, 89; Hume's rejection of, 34–5; Smith's opposition to, 88, 89, 100–1; Tucker's opposition to, 61, 107

mercenaries, 33, 229

Merton, Robert, 7

Methodists, Methodism, *174*, 175–6, 241, 243, 245, 250, 283, 310, 323, 338, 369, 443n18. *See also specific ministers*

microeconomics, 355

Middle Ages, 30, 31–2, 49

middle class, 216, *273*, 274

military strength, 32, 229, 236; mercenaries and, 33, 229

Mill, James, 455n39

Mill, John Stuart, xiii, 319, 351, 354, 356, 365, 413, 454n20

millennialism, 202–9, 225; allegorical vs. literal interpretations of scripture and, 200–3, 206; biblical accounts of end of world and, 198–201, 225; earthly progress and, 203–5; timing question and, 205–9, 207–9. *See also* postmillennialism; premillennialism

millennium, the , 447n25

Miller, William, 207, *208*, 209, 244, 245

Milton, John, *Animadversions*, 202

Missouri Compromise (1820), 232

Moderates, Scottish, 23–4, 163–5, 166

modernist Protestants, 335–8, 340–1, 343–5, 346, 358, 404–5. *See also* mainline Protestants

"modes of subsistence," 448n67

monetary metals, state's holding of, 33, 34

monetary policy, 354–6

monopolies, 61, 242, 267, 432n48; Raymond's defense of, for young industries in America, 231; Smith's critique of, 14, 89, 100, 101, 102, 107, 229, 324; state-granted, in mercantilism, 33, 34, 37, 89, 100; taxes on profits of, 102

Montagu, Richard, 138–9, 438n16; *A New Gagg for an Old Goose*, 138

Montesquieu, Charles de Secondat, baron de, 11, 15, 407; *The Spirit of the Laws*, 81–2, 83, 217, 275

Moody, Dwight, 338–9, 340, 341, 362, 408

Moody Bible Institute, Chicago, 339, 341, 342, 363, 368

Moody Church, Chicago, 339, 342

Moody Monthly, 361

moral behavior, morality, 75, 157–8, 159, 175, 192; and dichotomy between intent and consequences, 50–1, 53–4, 57; positive influence of commerce on, 81–3; public, concern over (end of seventeenth century and beginning of eighteenth), 36–40; Smith's "impartial spectator" and, 70–1, 186, 428n28; specialization's impact on, 94, 267; wealth-seeking and, 254, 292–6

moral failings: Depression seen as consequence of, 359–60; economic dimension of, 37–8; religiously based opposition to Roosevelt administration's policies related to, 362; Roosevelt administration's policies and, 362; self-interested behavior and, 47

moral philosophy, 11, 19, 64, 106, 164, 226, 252, 253, 257, 264, 282, 317, 424n18; Smith as professor of, xi, 10, 17, 18, 66, 69, 86, 93, 217

moral-sense theory: of Gay, 187–8; of Hutcheson, 59, 61, 67–8, 186, 188; of Mayhew, 186–7; of Shaftesbury, 41, 186

moral worth, inborn desire for, 319; Smith's praise-worthiness and, 71–2

More, Thomas, *Utopia*, 223

Mormons (Latter-Day Saints), 50, 241, 243, 341, 410

Morse, Jedidiah, 445n70

Morse, Samuel F. B., 272

mortality, Fall and, 115, 157

Mun, Thomas, 33, 36

Murray, John, 274

Napoleonic Wars (1803–1815), 267–8

National Association of Evangelicals (NAE), 368–71, 382, 386, 410, 411, 467n34

National Association of Manufacturers, 364

National Baptist Convention, 369–70

National Conference of Christians and Jews, 335

National Council for Christian Leadership, 365

National Council of Churches. *See* Federal Council of Churches

National Educational Program, 363

National Prayer Breakfast, 365

National Recovery Administration (NRA), 361, 465n51

National Review, 374, 375, 377

Native Americans, 170, 173, 179, 225

NATO, 377

natural jurisprudence, 64, 217–22

natural selection, 215, 463n2

natural theology, xi, 17, 148, 160, 164, 439n28, 444nn52, 54; in America, 171, 187–92; as field of study, 63–4; Unitarianism and, 191–2

Nazi Germany, 32, 358, 361, 376, 468n53

Nebuchadnezzar, 198, 202

Necker, Jacques, 87

Nelson, Eric, 7, 420–1n13

Newcomen, Thomas, 92, 224

New Deal, 356–7, 362, 373, 380, 409; Eisenhower's continuation of, 367, 375; religious conservatives' opposition to, 362–3, 365, 366, 371, 389, 409

New Testament, 31, 129, 185, 342. *See also* Bible; Gospels; *specific books*

Newton, Isaac, 56, 60, 63, 67, 105, 160, 167, 185, 187, 213, 224, 253, 257, 264, 420n3, 444n54; Latitudinarian thought and, 150–1; natural theology and, 17; pervasive influence of, across wide range of intellectual disciplines, 5, 25–6, 422n49; *Principia Mathematica,* 5, 17, 55, 64–5, 106, 151, 152; scientific worldview created by, 54–5, 61; Smith's thinking influenced by, 64–5, 105, 420n3; theological views of, 18, 151, 152, 439nn36, 41; universal law of gravitation and, 26, 188, 422n49

New World, discovery of, 224–5, 450n91

New York World's Fair (1964), 214

Nicole, Pierre, 29, 54, 63, 97, 98, 104, 107, 118–19, 424nn36, 38, 433n62; observations rather than substantive theory given by, 55–6; on self-interested behavior, 45–7, 48, 49, 50–1, 53, 55–6, 58, 61, 62, 74, 80

Nixon, Richard, 398
Norris, J. Frank, 362
Norris, John, 41
North American Review, 263–4, 277,
    454n34
Northern Baptist Convention, 335, 370,
    467n34
North Korea, 4, 388
Noyes, John Humphrey, 212
nuclear weapons, 371, 375, 383, 385, 388,
    410

Oakes, Urian, 170
Ockenga, Harold, 361, 368–9, 370, 381,
    406, 411, 473n56
original sin, 191, 283, 435n22, 472n50;
    Calvin's doctrine of human
    depravity and, 117–20, 121; Edwards's
    treatise on, 180, 183–4; opposition to
    orthodox Calvinist thinking on, 159,
    166, 440n67, 442n92; Taylor's treatise
    on, 159, 183
outdoor preaching, *174, 175, 243*
overpopulation, 221, 228–9
Oxford University Press, 341–2

Paine, Thomas, 3, 83, 210, 274
Panic of 1837, 207, 248, 269
parable of the wedding feast, 121–2, 124
Park Avenue Baptist Church, New York,
    338, 345
Parliament, 18, 21–2, 37–8, 120, 138, 139,
    140–3, 157, 202
Parsons, Theophilus, 194
patent laws, 285, 332, 432n48
Paul, 117, 122, 123–4, 125, 127, 128, 133, 155,
    233, 434n13
Peale, Norman Vincent, 337
Pentateuch, 329
Pentecostals, 404, 410, 472n50
People's Party, or Populist Party, 302
Pepperdine, George, 364–5
perfectibility of man, 246, 249
Perfectionists, 212
Perkins, Francis, 357
Perkins, William, 131, 157, 437n6, 446n17
Perry, Arthur Latham, 316
perseverance of saints, 134–5, 166
personhood, 220

Petrarch, 222
Pew, J. Howard, 363–6, 370–1, 380–1
philanthropy, 297, 315, 338, 339, 427n22
Philip II, king of Spain, 137
Phillipson, Nicholas, xi–xii, 430n13
Philodemus, 427n22
physics: economists' borrowing from, 25,
    27, 422nn49, 50; Newton's *Principia*
    and, 55
physiocrats, 87–8, 431n25
Pitt, William, 15, 228
Plato, 49, 74, 123, *223*
pleasure in life, 427–8nn22, 23
political choices, two-dimensional frame
    for, 471n19
"political economy," as label for discipline
    that later became "economics," 10,
    195, 228
political institutions, progress in, 215,
    219–20
poor people, poverty, 36, 211, 237, 292,
    403–5, 472n50; Beecher's disregard
    for, 298, 299–300; clergy's attempt
    to address, 302–10 (*see also* Social
    Gospel); Depression and, *348,*
    348–9; economic depression of early
    1880s to mid-1890s and, 300–5, 315;
    role of individual effort vs. luck
    in, 299, 403–4; urban, 286, 298–9,
    300–1, *301,* 340
Pope, Alexander, *Essay on Man,* 59
population, larger, preference for, 32–3
population growth, 218–19, 221, 271–2,
    284; in North America's settler
    society, 228–9, 269; scarcity and, 215,
    218–19, 221
postmillennialism, 209–14, 225–7, 245,
    252, 260, 271, 273, 274, 275–6, 292–3,
    311, 334; advancement in stages and,
    203–5, 214–15, 225–6; events of 1930s
    and 1940s and, 357–8; human-
    caused improvement of world and,
    209–13; secularized expressions
    of, 213–14; self-conception of
    Americans and, 274–81; spread of
    human knowledge and, 211–12. *See
    also* reform movements; Social
    Gospel
poverty. *See* poor people, poverty

praise-worthiness, Smith on, 71–2, 319
preanalytic Vision, 9, 28, 188, 314–15, 466n53
predestination doctrine, xiii, 114, 123–7, 136, 197, 276, 435n22, 443n18, 468n61; applied to nations, especially to America, 281; Arminius and dispute over, 131–5; Calvinist confidence in salvation and, 44, 45; continuing influence on Americans of historical turn away from, 406–7; controversy over, in colonial America, 169, 172–9, 181–90, 444nn51, 54; double, 124–7, 436n46; English clergy's resistance to, 137–8, 139, 148, 153–6, 159, 160–1, 165; and falling from grace after receiving it, 132–5; human agency and, xiii, 44–5, 125, 126, 132, 134; irrestible grace and, 134–5, 166, 250; life's disparities and, 233–4; Locke's rejection of, 150, 156; rejected in American republic, 194, 249, 250–1, 252, 274, 276, 291–2, 321; Scottish Moderates' discomfort with, 162, 163, 164–5; Smithian revolution in economics shaped by movement away from, 165–8
premillennialism, 206–9, *207, 208*, 212, 245, 340, 366, 368, 370, 409–10, 411, 412, 447n42, 464n27, 484n23; dispensational, 207, *207*, 245, 309, 341–2, 452n50; of evangelicals and fundamentalists, 339, 340, 341–2, 409–11
Presbyterians, Presbyterianism, 18, 245, 283, 346, 441n80; in America, 210–11, 243, 244–5, 250–1, 283, 346, 406, 407, 408, 465n38 (*see also specific ministers*); conflicts in seventeenth-century England and, 143, 147, 162–3; governance structure of, 143; Popular, or High-flying Party and, 164; Scottish Moderates and, 23–4, 163–5, 166
presidential elections: of 1892, 302; of 1896, 302; of 1928, 335; of 1952, 367, 397; of 1956, 397; of 1960, 397, 398–9, 405, 472n53; of 1964, 472n53; of

2000, 397; of 2004, 397, 400; of 2008, 397; of 2012, 397; of 2016, 397, 400–1; of 2020, 392
prevenient grace, 132–5, 437n2
prices, 48, 81, 87, 88, 89; connection between money and, 34, 35; in Depression, 353–6; Hume's insights on, 11, 34, 35; justness of, 30, 32; Smith's insights on, 96–7, 101, 105, 314, 355–6; Wayland's emphasis on central role of, 259
Priestley, Joseph, 82, 224
Princeton Theological Seminary, 340, 343–4, 346, 361, 368
printing press, 111, 112, 201, 211, 224, 243, 271
production: ownership of means of, 372; and Social Gospel's emphasis on distribution, 325–6
productivity, 222, 267, 272; rise in living standards and, 267–71, 273; technological advances and, 92–3, 289–90
profit motive, 295
progress, 52; advancement in stages and, 203–5, 214–15, 225; beliefs about human history and, 222–5; earthly, propelling world toward millennial, 203–5; human efforts to improve world and, 204–5, 209–13; influence of postmillennialism on thinking about, 225–7; integrated views of, 215–17, 220–1, 226–7; in political institutions, 215, 219–20; postmillennial thinking and, 274–81, 309; scientific and technological, 213–14, 215, 224; Smith's Four Stages theory of, 215, 217–22, 225–6, 267, 448n65. *See also* economic progress
progressive movement, 302, 323
Prohibition, 359–60, 411, 464n17
property: civil government and, 218, 219–20; communal ownership of, 307; Locke's theory of, 225; physical, gauging nation's wealth by, 236–7
Prosperity Gospel, 404, 472n50
protectionism, 262, 264, 265–7; Bowen's advocacy of, 264, 256–6; tariffs

and, 230, 231, 255, 262, 266, 330, 332, 454n36

Protectorate, 22, 142–3, 202

Protestant Ethic, xiii, 389, 391, 403

Protestants, Protestantism: debate over rival views in early days of, 21–2, 112–20; revolt against Roman Catholic Church leading to, 109–12 (*see also* Reformation); violent hostilities between Catholics and, 20, 22–3, *135*, 135–7, 185. *See also specific topics*

"Protestants," origin of label, 113

Providence, 377, 434n66; economic policies related to designs of, 255, 266–7, 316, 453n12; God's design of world and, 47, 58, 74, 154, 233, 458n44; millennial thinking and, 203–5; special role for America and, 275–9, 406–7, 473nn56, 57

Psalms, 116, 127, 129, 181, 435n27, 439n28, 447n40

Pufendorf, Samuel, 95–6, 217, 327–8

punishment, divine, 123; indulgences and, 112

"Puritan," as name for England's strict Calvinists, 138

Puritans, Puritanism, 18, 36, 50, 125–6, 130, 147, 185, 191, 202, 438n15; revolution and, 21, 22, 140–4 (*see also* English civil war)

Puritans, Puritanism, in America, 172, 176–9, 202, 281; communitarianism and, 233–4, 237; evolving attitude toward self-interest among, 237–40; Massachusetts Bay Colony and, 140, 169–71; Raymond's political economy and tradition of, 231–7, 239, 252; self-interested behavior and, 233–4, 237–9

Pythagoras, 223, *223*

Quakers, 147, 170, 171, 189, 442n8, 447n24

Quesnay, François, 87–8, 430n8

race, 362, 370, 381–2, 410, 469n70; civil rights movement and, 213, 398, 399,

410; reversal of two parties' positions on, 398–9

railroads, 230, 246, 271, 272, 280, *280*, 285, 286–7, 289, 316, 347; bankruptcies of, 288; transcontinental, 272, 286, *287*

Raphael, *The School of Athens*, 223, *223*

Rapture, 199, 203, 207, 208–9, 445n4

Rauschenbusch, Walter, 284, 305–8, 309, 312, 315, 316, 319, 320, 324, 327, 330, 333, 356, 357, 361, 458n58, 459nn4, 62; *Christianity and the Social Crisis*, 305–6, 310; distribution, emphasis on, 305–8; 315, 325; government regulation of private companies supported by, 312–13

Rawls, John, 428n32

Ray, John, 64

Raymond, Daniel, 228, 231–7, 252, 253, 451n21; *Elements of Political Economy*, 231, 232, 234–7, 256; slavery opposed by, 231–2, 234–5, 236, 237; on tensions between necessity for labor and human attempts to avoid it, 234–7, 239, 246, 258; Winthrop's economic thinking as precursor to, 232–4

Reader's Digest, 367, 382

Reagan, Ronald, 376, 385–6, 388, 403, 406–7, 469n89, 473n57; cut in tax rates proposed by, 393–4; evangelical churches, support for, 386, 403

redemption, 201, 276; communism's promise of, 379; Jesus's sacrifice on the cross and, 117–18, *118*, 156, 177

referendum procedures, 394

Reformation, 5, 20, 23, 40, 43, 112, 125, 201, 379, 434n2; issues at core of, 109–10

Reformed Protestantism, 113, 125. *See also* Calvinism

reformers, reform movements, 211, 212–13, 281, 317, 324–5, 341, 411, 456n84. *See also* abolition; temperance

religiosity in American life, 390–1; in early years of republic, 240–4, 249–51

Renaissance, 31, 32, 41, 49, 222–4

Reni, Guido, *Angel Appearing to Saint Jerome*, 111
Republican party, 367, 391, 394–9, 400, 401, 405, 471n29
Restoration, 144, 147, 162–3, 202
resurrection, 117–18, 121, 123, 129, 198, 203, 436n28, 439n32
retailing, 290
revelation, 192; biblical, theologians' doctrinal disputes over meaning of, 176, 185, 187, 189; logic and systemic observation of nature in place of, 63–4, 164, 187–8; relationship between reason and, 148–50
Revelation, Book of, 181, 197, 199, 200–1, 202, 206–7, 210, 342, 361, 384, 411, 445n5, 446nn7, 14, 447n42, 448n7
revivalists, revivalism, 164, 362, 370, 408, 444n54; "enthusiasm" in, 242–3; evangelical, *174*, 175, 338–41; Graham's crusades and, 379–80, *380*, 381–2, 383, 411; Great Awakening of 1730s and early 1740s and, 179–83, 189, 205, 242, 473n59; outdoor preaching and, *174*, 175, 180, *243*; Second Great Awakening and (end of eighteenth century into first few decades in nineteenth century), 242–5, 250–1; tent revivals and camp meetings in, 243, *243*
Revolutionary War. *See* American Revolution
Reynolds, Edward, 426n2
Ricardo, David, xiii, 255–6, 260, 261, 262, 268, 351, 354, 356, 450n9, 454n29; theory of comparative advantage, 255–6, 262
Richardson, Sid, 380
Riis, Jacob, 301, *Street Arabs—Night Boys in Sleeping Quarters*, *301*
Riverside Church, New York, 338
road building, 262, 268
Robertson, William, 6, 16–17, 24, 82–3, 164, 165, 226; *History of America*, 218; Hume, view of, 6; moderator of Church of Scotland General Assembly, 16; principal of University of Edinburgh, 24, 82–3

Rockefeller, John D., Jr., 338, 345
Rockefeller Foundation, 338, 463n10
Rollin, Charles, 59
Roman Catholics, Roman Catholic Church, 30, 42–3, 44, 84, 147, 163, 202, 223, 335, 341, 368, 410, 435n22; anticommunism and, 376; centralized institutional role of, 109–10; in colonial America, 169, 171, 178; Democratic voting among, 472n53; Henry VIII's break from, 119, 135–7, 438n9; Luther's revolt against, 109–12 (*see also* Reformation); policy preferences and voting patterns of in America, 397, 403, 405, 472n53; violent hostilities between Protestants and, 20, 22–3, *135*, 135–7, 185
Roman Empire, 31, 49, 200, 201, 222–4, 307, 438n23; Gibbon's account of fall of, 3–4, 74, 218
Roosevelt, Franklin D., 349, 352, 356–7, 367, 373, 375, 376, 389, 409, 465n51, 466nn3, 4, 467n21, 468n53; moral language and biblical allusions of, 360; religion, influence on, 356–7; 360; religious conservatives' opposition to anti-Depression initiatives of, 360–5, 389, 409; Soviet Union and, 361
Roosevelt, Theodore, 302, 313
Root and Branch Petition, 143
Rosenberg, Nathan, 449–50n84
Rousseau, Jean-Jacques, 11, 15, 90, 449n76
Royal Society, 7, 55, 151, 152, 154, 439n38
Rush, Benjamin, 83, 210
Russia: after collapse of Soviet Union, 387–8; Bolshevism in, 337, 358, 361, 468n61. *See also* Soviet Union
Ryan, Monsignor John A., 467n21

Sabbath observance, 36, 138, 140, 143, 438n15
Saint Bartholomew's Day Massacre (1572), 22
St. Peter's Basilica, Rome, 112
Salem witch trials (1693), 171, 176, 178

salvation, 114; Calvinist notion of divine or unconditional election and, 125, 134–5, 151, 166–7, 173, 176–7, 178–9, 406; Calvinists' confidence in, 44, 45–6; chosenness and, 121–7 (*see also* predestination doctrine); impossibility of determining for any individual , 44; impossibility of unfluencing under predestination, xiii, 44, 124–6

same-sex marriage, 395, 396

Samuelson, Paul, 9, 433n57, 449n84, 451n27, 460n8

saving rate, cross-country comparison of, 332

Say, J. B., *Treatise on Political Economy*, 454n25

scarcity, 115, 215, 218–19, 220, 221, 226

Schaeffer, Francis, 396–7

Schumpeter, Joseph, 9, 10, 28, 315, 466n53

science: advance of, 213–14, 215, 224, 308; liberal attempt at reconciling Christianity with, 343; as revelation of God's laws and methods, 213; Wayland's notion of fixed laws in, 257–8. *See also* Newton, Isaac

Scofield, Cyrus, *Scofield Reference Bible* 341–2

Scopes trial, 345–6, 367, 368, 465n41

Scotland: Act of Union of 1707 and, 12, 13, 14, 23, 34, 432n44; banking crisis of 1772 in, 14–15, 87, 89; Calvinist theology in, 22, 162–5; Jacobite Rebellion in (1745), 13–14, 20–1, 65, 99, 431n30; Moderates in clergy of, 23–4, 163–5, 166; Smith's analysis of landholding in, 72–4, 81, 98–100

Scottish Enlightenment, 4, 9, 11–28, 63, 65, 163, 421n25; cross-fertilization among intellectual disciplines in, 24–5, 27–8; economic problems of concern in, 14–15; intellectual calliber of "literati" in, 11–13; interweaving of religion and politics in, 19–24; political issues of importance in, 13–14, 15–16; social life of key figures in, 12–13; university life in, 16–18

Scottish Episcopal Church, 163

Scribner, 300–1

Second Coming, 206, 208, 210, 211, 212, 409–11. *See also* premillennialism

secular humanism, 397

secularism, 369; communism and, 384–5

Seelye, Julius, 317

Select Society, 12–13, 16, 24, 165

self-interested behavior, xiii, 70, 351; communitarian spirit at odds with, 233–4, 237, 371; countervailing passions and, 84–5; cross-country comparisons and, 329–31, 332; desire for personal worthiness as antagonist to, 319; dichotomy between intention and consequences and, 50–1, 53–4, 61–2; in economic sphere, 42–9, 51–3, 56, 58–9, 61; higher living standards resulting from, 52; historical perspective on thinking about, prior to Smith, 29–62; hostilities and warfare and, 40–1; inability to determine eventual salvation and, 44; inability to determine motives of others and, 45–6, 50–1, 55–6, 58; as inherent aspect of human nature, 30; Jansenists' views on, 44–9, 55–6, 59, 424n38 (*see also* Boisguilbert, Pierre de; Nicole, Pierre); Mandeville's *Fable* and, 49–54, 55, 56–61, 80, 81; Mather's endorsement of, 237–8; McVickar's analysis of, 254–5; negative presumptions about, before Smith, 29–30, 31, 35–43; Puritan tradition and, 233–4, 237–9; rabbinic view of "evil inclination" and, 431n16; Smith's insights on beneficial consequences of, 4, 24, 29, 30, 52, 74, 80, 96–100, 103–4, 105, 220–1; social order and, 41, 42, 43, 46–7; struggling for survival and, 41, 42, 85; Wayland's analysis of labor and, 258–9

self-love, 61; religious basis for, 58, 60

September 11 attacks (2001), 410

Seventh Day Adventists, 244, 375, 410

Seven Years' War (1756–1763), 210

Seward, William, 277
Shaftesbury, Anthony Ashley Cooper,
    Earl of, 11, 41–2, 51, 59, 61, 62, 148,
    172, 186
Shakers (United Society of Believers in
    Christ's Second Appearing), 212, 250,
    448n51
Shakespeare, Willliam, *Henry V*, 49,
    424n54
Sharp, James, Archbishop of St. Andrews,
    163
Sheldon, Charles, *In His Steps*, 309
Shepard, Thomas, 170, 172, 177
Shepherds, Age of, 217, 218–19, 220, 222
Sherman Act (1890), 313
"shining city on a hill" theme, 234, 473n57
Shore, Marci, 468n61
Sidney, Algernon, 36, 60
sin, 303; Augustine's view of centrality
    of, 44; collective concept of, 303,
    306, 307; inborn tendency toward,
    115–20, 121. *See also* original sin
skyscrapers, 289–90, *290*
slavery, 44, 175, 263, 277, 280, 281–3,
    411, 446n91, 451n21, 467n29;
    abolition and, 15, 212, 243, 282–3,
    292, 315–16, 325, 339, 346, 411;
    Missouri Compromise and, 232;
    protected by U.S. Constitution,
    230, 232; Raymond's opposition to,
    231–2, 234–5, 236, 237, 253; Smith's
    opposition to, 15, 101, 102
Smith, Adam, xiii, *xvi*, 4–6, 41, 57, 66–81,
    89–108, 119, 163, 165, 180, 195–6,
    214, 228, 236, 237, 238, 253–4, 265,
    267, 295, 319, 327, 328, 330, 350–1,
    354, 406, 413, 420n1, 425n77,
    427n15, 430n6, 448n67, 454nn25,
    26; on beneficial consequences of
    self-interested behavior, 4, 24, 29,
    30, 52, 74, 80, 96–100, 103–4, 105,
    220–1; books in personal library
    of, 49, 61, 65, 82, 165, 428n40,
    433nn62, 63; on British relations
    with American colonies, 15,
    421n34; on businessmen, 101–2,
    103, 104, 432–3n49; on consumer
    preferences, 75–80; Edinburgh

lectures of (1748 to 1751), 65–6, 86;
    education of, 18, 45, 63–5, 107; on
    "effort of every individual to better
    his own condition," 90, 103, 314; on
    evolution of human institutions,
    425n77; Four Stages theory of, 215,
    217–22, 225–6, 267, 448n65; on
    government and rule of law, 100–3,
    107; Hume's relationship with, 12;
    on imagination and sympathy,
    66–71, 73, 76, 77–8, 90, 91, 95, 96,
    98, 167–8, 427n15, 428n24; impact of
    new ideas in theology on, x, xi–xii,
    4, 5–6, 16, 27–8, 165–8; "invisible
    hand" of, 29, 30, 54, 72–5, 77, 80–1,
    98, 100, 103–4, 107, 428n42, 432n39,
    433n57; on landholding in Scotland,
    72–4, 81, 98–100; *Lectures on
    Jurisprudence*, 217–22, 225; marginal
    relations and, 314–15; on market
    competition, 4, 24, 56, 90–108,
    315; mercantilism opposed by, 88,
    89, 100–1; on moral influence of
    commerce, 81–3; natural theology
    studied and taught by, xi, 17, 63–4;
    Newton's influence on thinking
    of, 64–5, 105, 420n3; philosophical
    underpinnings for thinking of,
    63–85; postmillennialism and,
    225–6; on praise-worthiness, 71–2,
    319; prevailing worldview and,
    9–28, 108, 165–8 (*see also* Scottish
    Enlightenment); as professor of
    moral philosophy, xi, 10, 17, 18, 66,
    69, 86, 93, 217; religious beliefs of, xi,
    6, 23–4, 192; slavery opposed by, 15,
    101, 102; on specialized production
    ("division of labour"), 91–6, 100,
    102, 215, 219, 222, 258–9, 267; taxes
    advocated by, 102; *The Theory of
    Moral Sentiments*, 57, 66–81, 86, 87,
    88, 90–1, 95, 98–9, 100, 105, 186,
    407–8, 427–8nn20–22, 457n25; on
    voluntary exchange, 83, 91, 102–3,
    215, 258–9; *The Wealth of Nations*,
    4, 10, 11, 12, 14, 15, 24, 30, 35, 48,
    49, 56, 61, 66, 67, 79, 80, 81, 84, 85,
    88, 89–108, 215, 217, 219, 222, 226,

229, 239–40, 254, 258–9, 267, 295, 324, 408, 420n2, 430–1n15, 433n62, 444n65, 445n78, 449–50n84, 454n25

Smith, Al, 335

Smith, Elijah, Jr., *261*

Smith, Gerald L. K., 379

Smith, Joseph, 243–4

Smith, Wilbur, 363

sociability. *See* human sociability

social contract, metaphorical, of Hobbes, 41, 42, 85

Social Creed of the Churches, 310, 337, 356

Social Gospel, 211, 213, 305–28, 334–5, 338, 339, 341, 343, 362, 364, 373, 378, 382, 408–9, 458n48, 459n2, 467n29; advance of science and, 308; American Economic Association, influence on founding, 316, 321, 322, 324, 327; church's leadership role in, 309–10, 318, 324–5; collective concept of sin and, 303, 306, 307, 330; Depression's impact on, 356–7; discipline of economics and, 313–15, 316, 325–6, 328, 332–3; distribution of income and wealth as primary problem addressed by, 325–326, 328; emphasis on society rather than individual souls in, 306–7, 319–20, 327–8, 333; Gospel of Wealth contrasted with, 311–12, 315–16; government initiatives and, 312–13, 315–16, 340, 408–9; Graham's acceptance of, 382; labor movement and, 313; laissez-faire thinking as viewed from perspective of, 320, 321, 322, 324, 325; new social ethics as goal of, 326–7; popular literature and, 309; postmillennial outlook and, 303, 307, 308–9, 320; reformist tendency in Protestantism and, 324–5; religious basis of economic thinking in, 310, 316, 318–19, 320, 324–5, 326, 327; as return to Christianity's historical roots, 307

socialism, 299, 323, 341, 361, 365, 367, 383

social issues, policy preferences and voting patterns on, 395–9

social sciences, professionalization of, 313

Social Security, 367, 375

social welfare programs, 332, 335

Societies for the Reformation of Manners, 36, 57

Solow, Robert, 449n84

soul, immortal, 123

South, Robert, 154

Southern Baptist Convention (SBC), 369, 403, 473n55

South Sea Bubble, 37–8, *39*, 43, 49, 81, 216

Soviet Union, 4, 266, 361, 376–7, 388, 447n42, 468nn53, 61; Cold War against, 372; collapse of (1991), 376, 387–8; communism in, 358, 371, 386, 459n62; European satellites of, 375, 376; nuclear arsenal of, 371, 375, 383, 385, 410

Spanish Armada, defeat of (1558), 137, 201, 210

Spanish-Dutch Wars, 40

Sparks, Jared, 445n71

specialized production (division of labor), 61, 247, 269, 354, 424n54, 449nn75, 83; commerce, essential element of, 91–5, 219, 258–60; applied to countries rather than individuals, 255, 259–60; Smith's insights on and concerns about, 91–6, 100, 102, 215, 219, 222, 258–9, 267; Wayland's discussion of, 258–60, 454n26

Spectator, 36

speculators, 42; moral fervor directed at, 359, 360, 362; South Sea Bubble and, 37–8, *39*, 43, 49, 81, 216

spinning jenny, 92, *92*

Spinoza, Baruch, 439n51

Spiritual Mobilization, 362, 364, 366, 367

spontaneous order, 97–8, *99*–100

Sporting Review, 246

Stalin, Joseph, 266, 361, 384

standard of living. *See* living standards

Star Chamber trials, 21, 140

steamboats, 268, 271, 272

steam engine, 92, 224, *270*, 271

steel production, 286–7, 289, 347

Stephen, Leslie, 425n78

Stern, Fritz, ix

Steuart, Sir James, 107, 431–2n34, 433n63

Stewart, Dugald, 106, 420nn2, 3
Stewart, Lyman, 342, 365, 366
Stiles, Ezra, 274–5
Stoddard, Solomon, 172, 179
stoics, stoic philosophy, 31, 41–2, 58, 63,
    68–9, 70, 76, 165, 433n64, 439n28
Stowe, Harriet Beecher, *Uncle Tom's
    Cabin*, 282–3
Strong, Josiah, 211, 213, 308
Stuart, Gilbert, 226
Stuart, James Francis Edward, 20–1, 65
Sunday, Billy, 340–1, 367
supply and demand, 96, 97, 105, 259,
    431–2n34
Swift, Jonathan: *The Bubble*, 38; *Gulliver's
    Travels*, 21
sympathy, Smith on imagination and,
    66–71, 73, 76, 77–8, 90, 91, 95, 96, 98,
    167–8, 427n15, 428n24

tariffs, 230, 231, 255, 262, 266, 330, 332,
    454n36
Tawney, R. H., xiii
taxes: estate, xii, 297–8, 392–4, 400,
    401, 470nn13, 14, 472n37; lower-
    and middle-income Americans'
    attitudes toward, 392–4; progressive,
    advocated by Smith, 102; voters'
    religious affiliations and policy
    choices on, 402–3, 404–5, 407;
    wealth, 392. *See also* income taxes
Taylor, John, 131, 183, 188, 191; *Scripture
    Doctrine of Original Sin*, 159, 183, 191,
    441n70
technological advances, 211, 213, 214, 222,
    272; pace and pattern of transfer of,
    26–7, 422n52; productivity and, 92–3,
    269–71
telegraph, 211, 272
telephone, 211, 213, 287
temperance, 211, 244–5, 281, 317, 325, 339
Temple, William, Archbishop of
    Canterbury, 458–9n58
terrorism, 410
Test Acts (1673), 144–5, 146, 147, 438n23
textile production, 93, 248, *261*, 269,
    272–3, 431n23; power-driven
    production and, 92, *92*, 224, *270*, 271

Thanksgivings (Dead Sea Scrolls), 123
Theodosius, Roman emperor, 207
Theory of Moral Sentiments, The. See
    Smith, Adam
Thirty-Nine Articles, 119–20, 121, 126, 136,
    137, 147, 163, 435n23
Thirty Years' War (1618–1648), 22–3, 40,
    44, 118, 139–40
Thomas à Kempis, 110
Thompson, Augustus, 376
Tillich, Paul, 126, 379
Tillotson, John, Archbishop of
    Canterbury, 131, 147–8, 149, 154–6,
    157, 158, 160, 165, 167, 172, 173, 174,
    178, 183, 190, 440nn51, 53, 54, 441n70;
    predestination, criticism of doctrine
    of, 148–9, 154–6
Tocqueville, Alexis de, 228, 240–1, 244,
    245–6, 248–9, 280, 281, 295, 306,
    408, 456n79; on industrialization,
    245–6, 248–9, 306; on religion in
    America, 240–1, 249; on volumtary
    associations, 244, 408
top-down initiatives, 4, 13, 30, 34, 48, 107,
    372. *See also* mercantilism
total depravity. *See* depravity
town life: market interactions and, 42–3,
    73–7, 81–2, 88, 99–100, 215, 247;
    moral decline associated with, 36,
    38–40, *39*, *40*, 42–3, 423n30; need for
    urban workforce and, 269, *270*, 286;
    New World peoples and, 224; Smith's
    view of political consequences of,
    99–100, 215, 423n30; urban poverty
    and, 286, 298–9, 300–1, *301*, 340. *See
    also* urbanization
traditionalism, libertarianism vs., 371, 372
traditionalist Protestants, 402, 404–5
transatlantic telegraph cable, 211, 272
transcendentalism, 263
transcontinental railroad, 272, 286, *287*
transportation: cheaper by water than
    over land, 256; improvements in,
    as spur to economic and territorial
    expansion, 246, 256, 261, 268, 272,
    284–5
Trinitarian doctrine, 191–2, 194, 444nn61,
    63, 64

Trowbridge, Rev. George, 360

Truman, Harry, 367, 377, 382, 469n76

Trump, Donald, 391, 397, 400-1, 402, 403

Tucker, Josiah, 60-1, 74, 82, 85, 98, 107, 165, 427n20, 428n40, 432n48, 433n63, 441n88, 453n12; on Mandeville's *Fable*, 60-1

TULIP mnemonic, 134-5, 438n8

Turgot, Anne-Robert-Jacques, 87, 217-18, 226, 430n6, 448n66

two-party system, 394-5, 396, 397, 399

unconditional election. *See* election, predestination

unemployment, 14-15, 369; benefits and economic programs for, 335, 367, 392, 395-6; in Depression, 348-9, 353, 357; financial crises of 1800s and, 207, 288; Mandeville's bees and, 53; mass, Depression and, 348-50, 353, 357

unintended consequences, law of, 51, 72-3, 97-8, 100, 104, 221, 226, 259, 434n66

Unitarianism, 191-5, 311-12, 337, 440n44, 444n61, 445nn70, 71, 459n2, 465n35

United Nations, 213, 350, 383

University of Edinburgh, 17, 19, 55, 106, 164, 204, 226, 420n2

University of Glasgow, Smith as student, and later professor of moral philosophy at, xi, 10, 17, 18, 45, 63-5, 66, 86, 93, 217

Urban VIII, Pope, 44, 424n55

urbanization, 43, 81-2, 99-100, 215, 220, 248, 269, 277, 286, 289-90, *290*. *See also* town life

Ussher, James, Bishop, 340

utopianism, 35, 42, 375, 468n61

Veblen, Thorstein, 78-9, 429n59

Vereide, Abraham, 365

Virgil, 49, *50*

virtue and vice: English debate framed in context of, 35-6, 40-2, 62; happiness of virtuous life and, 41, 194-5; Mandeville's *Fable* and, 51-4, 57-8;

Nicole's insight on motives and, 46-7, 51, 53

voluntarism, 244, 340, 342, 362, 407-9, 452n53, 456n84, 473n59

voluntary exchange, 82, 83, 91, 102-3, 215, 258-9; commerce, essential element of, 83, 91, 102-3, 215, 258-9; specialized production, consequence of, 91-2, 258-9

wage-based employment, 248, 266, 286

wage mechanisms: during Depression, 353-4, 465n51; ; economic inequality and, 299-300, 302; Ely's analysis of, 326, 332, 351; "iron law of wages" and, 448n; marginal relations and, 314, 326, 351; mercantilism and, 34; minimum wage and, 402, 470n14; Montesquieu's analysis of, 82; Smith's analysis of, 49, 79, 96-7, 98, 101-2, 103, 314; tax rates and, 393-4

Wallace, Alfred Russel, 335, 340

Walpole, Robert, 39, 57

Walras, Léon, 318, 351, 462n40

Ward, Nathaniel, 170

Ware, Henry, 193, 485n35

War of 1812, 268, 269

"war of all against all," Hobbesian, 41, 42, 100, 118

Washington, George, 192, 228, 246, 279, 445n70

Watt, James, 92, 224

Wayland, Francis, 252, 256-62, 263, 264, 282, 285, 293, 314, 324, 351, 356, 387, 408, 454nn20, 25, 26; on economic growth propelled by technological progress, 269-71; *The Elements of Moral Science*, 257, 453-4n18; *The Elements of Political Economy*, 257, 264, 271, 408, 454nn18, 20; free international trade advocated by, 259, 260-2, 264, 266-7; on need for labor, 258; on price mechanisms related to supply and demand, 259; religious imperatives underlying arguments of, 258, 259, 260; on specialized production, 258-60, 454n26 wealth: clergy's reactions to disparate distribution of, 302–10 (*see also* Social Gospel); and connection of morality to wealth-seeking, 254, 292–6; Conwell's endorsement of pursuit of, 293, 294–6; exaggerated value attached to, 75; freedom and equality conducive to production of, 245; inequitable distribution of (*see* inequality); McVickar's endorsement of pursuit of, 254; national, standard of living of people as whole and, 236–7; obligations that go along with, 296–8; sharing, Christian doctrine of, 384–5. *See also* Gospel of Wealth

Wealth of Nations, The. See Smith, Adam

wealth tax, 392

Weber, Max, 125–6, 168, 176, 179, 430n83; *The Protestant Ethic and the Spirit of Capitalism*, xiii, 389, 391, 403

Welch, Robert, 379

welfare programs, 332, 340, 382–3, 395–6, 407

Wellhausen, Julius, 329, 335, 463n53

Wells, Oliver, 323

Wesley, John, *174*, 175–6, 177, 185, 250, 437n2, 443n18; criticism of doctrine of predestination, 175–7, 250, 437n2

West, Benjamin, *The Expulsion of Adam and Eve from Paradise*, 115

Westminster Confession of Faith, 18, 109, 120, 121, 126–7, 130, 143, 159, 163, 171, 172, 185, 192, 406

Westminster Larger Catechism, 130, 157

westward expansion, 240, 246, 253, 268, 271, 277, 279, 279, 284–5, 286

Whatley, George, 454–5n39

Wheelock, Eleazar, 180–1

Whigs, 231–2

Whiston, James, 36–7

Whiston, William, 204

Whitby, Daniel, 158–9

Whitefield, George, 172, 180, 189, 242–3, 274, 443n18, 473n59

Whitehead, Alfred North, 7–8

Wigglesworth, Edward, 174

William III, king of England, 36, 146, 147, 149, 163, 171

Williams, Roger, 170

Williams, Stephen, 182

Wilson, James, 433n60

Wilson, Woodrow, 302, 322

Winch, Donald, 421n20

Winchester, Bishop of, 360

Winthrop, John, 232–4, 237, 304, 473n57; communitarian economic ideas, 233–4, 237, 304

Wise, John, 443–4, n48

Wishart, William, 19

Witherspoon, John, 407–8

women: economic initiative by, 295; ordination of, 403; unequal status of, 281

Woolverton, James F., 458n48

work. *See* labor

World Christian Fundamentals Association, 345

World Evangelical Alliance, 467n29

world peace, efforts to establish, 211, 370

world's fairs and expositions, 213–14

World's Parliament of Religions (1893), 213

worldview, 6–11, 314; economic ideas linked to, 9–11, 195–6, 314–15, 332–3, 415; Newtonian, 54–6, 61

World War I, 22, 32, 213, 336–7, 347, 350, 357, 358, 369

World War II, 22, 213, 349, 350, 358, 365, 366, 368, 369, 375, 383

Yale College, later University, 172, 179, 314

Yale Divinity School, 17

Young, Brigham, 243–4

Zionists, Christian, 472n50

Zohar, 434n11, 436n55

图书在版编目（CIP）数据

宗教与资本主义的兴起 /（美）本杰明·M. 弗里德曼
(Benjamin M. Friedman) 著；尹景旺译 . -- 北京：社
会科学文献出版社 , 2025. 7. -- ISBN 978-7-5228
-4629-3

Ⅰ . D091.5

中国国家版本馆 CIP 数据核字第 202500SY53 号

宗教与资本主义的兴起

著　者 /［美］本杰明·M. 弗里德曼（Benjamin M. Friedman）
译　者 / 尹景旺

出 版 人 / 冀祥德
组稿编辑 / 段其刚
责任编辑 / 周方茹
责任印制 / 岳　阳

出　　版 / 社会科学文献出版社·教育分社（010）59367151
　　　　　 地址：北京市北三环中路甲29号院华龙大厦　邮编：100029
　　　　　 网址：www.ssap.com.cn
发　　行 / 社会科学文献出版社（010）59367028
印　　装 / 南京爱德印刷有限公司

规　　格 / 开　本：889mm×1194mm　1/32
　　　　　 印　张：18.75　字　数：466 千字
版　　次 / 2025年7月第1版　2025年7月第1次印刷
书　　号 / ISBN 978-7-5228-4629-3
著作权合同
登 记 号 / 图字01-2021-7096号
定　　价 / 129.00元

读者服务电话：4008918866